中国人事人才纪事

纪 事

1949-2011

CHINA PERSONNEL
MATTERS
TALENT CHRONICLE

主 编 潘晨光

副主编 李晓琳

社会科学文献出版社
SOCIAL SCIENCES ACADEMIC PRESS (CHINA)

中国人事人才纪事（1949～2011）
编 委 会

前言

我们党和国家历来高度重视人才事业。自中国共产党建党以来，特别是新中国成立后，我国人才思想理论逐渐形成，并在此基础上制定了大量的人才政策。这些政策涉及人才培养开发、评价发现、选拔任用、流动配置、激励保障等各个方面内容，对于调动各类人才的积极性、主动性和创造力发挥了重要作用，使人才的创新思想不断涌现，创业激情竞相迸发。

为了贯彻落实人才政策，各级政府配套制定了一些切实有效的措施和方法，解决了很多重点、难点问题。通过一系列人才政策的实施，逐渐形成了一整套适应形势发展需要的人才制度、机制、体制，为经济社会各行各业的发展创造了良好的人才环境。

本书编写的目的主要是为广大组织、人事干部及人才学研究人员提供人才发展方面的历史资料，主要包括三个方面：思想理论篇、专题人才篇和专题制度篇。在思想理论篇中，本书系统梳理了党和国家领导人关于人才问题的重要论述，总结了新中国人事人才思想理论的产生、发展和创新。在专题人才篇中，本书按照各类人才活动和发挥作用的领域不同，分门别类地整理了新中国成立后关于党政人才、科技人才、高层次人才、企业经营管理人才、技能人才、农村人才、教育人才、民族人才、体育人才、博士后人才、出国留学人才等各类人才培养和使用的重要政策。在专题制度篇中，本书概括介绍了人才选拔任用制度、人才流动制度和功勋荣誉制度等各项重要的人才制度的发展历程以及取得的成绩。

编写本书之际正值中国共产党第十八次全国代表大会胜利召开。党的十八大报告在党的建设、文化建设、创新社会管理等多个方面多次提到人才问题，指出要深入实施人才强国战略，坚持党管人才原则，把各方面优秀人才积聚到党和国家事业中来，开创人人皆可成才、人人尽展其才的生动局面。这让我们对党和国家下一步在人才方面提出新思想、出台新政策、激发人才新活力等充满了期待。我们相信，未来的中国一定会人才辈出，必将实现人才强国之梦，必将实现中华民族的伟大复兴。

由于编者能力所限，加上历史文献资料浩如烟海，许多内容可能尚未收入其中。因此本书肯定存在诸多疏漏甚至谬误之处，敬请广大读者大度谅解和不吝赐教。

编　者

二〇一二年十二月

目录

第一部分
思想理论篇

党和国家领导人关于人才培养
问题的重要指示 [*]

　　人才作为我国经济社会发展的第一资源，是推动社会文明进步、人民富裕幸福和国家繁荣昌盛的重要力量。党和国家历来高度重视人才培养工作，在新民主主义革命时期和社会主义革命时期，对政治人才、军事人才和经济人才等各方面人才的培养，都被作为推进革命进程的重要工作来抓。

　　以毛泽东为代表的中共中央第一代领导集体创造性地将马克思主义人才观和中国革命与建设的具体实际相结合，强调培养无产阶级自己的庞大的技术队伍和理论队伍的重要性，培养造就了一大批德才兼备的杰出人才。毛泽东、周恩来等中共中央第一代领导集体成员在人才培养问题上开拓了思路，树立了典范，结合时代需要与时代特色，制定了一系列人才培养的方针、政策，创造性地构建了在革命中成长的人才培养思路及模式。为了建立新民主主义国家，中国共产党在加强党内人才培养的同时，还团结党外的有识之士，凡是在为人民服务的工作中做出成绩的人，无论是党内还是党外，都被作为新中国人才培养的对象。同时，为了完成夺取全国政权的任务，中国共产党也提出了急需培养大批多方面人才的目标，在政治、经济、军事、文化、教育、卫生等领域，全方位地开始了对专门人才的培养。

　　新中国建立后，人才培养需要细致入微的周密安排，为此，中共中央第一代领导集体在多种场合号召各个领域都要把培养人才放在重要位置，除了经济、政治等领域外，还特别强调在体育、影视等领域培养出类拔萃的人才。1956 年 9 月，周恩来代表中央政府明确提出在第二个五年计划期间，要打好社会主义工业化的基础，进行国家建设和推进国民经济的技术改造，必须努力培养建设人才，加强科学研究工作。1961年 10 月，周恩来作了题为《我们国家需要一批专门人才》的报告，明确指出"我们

---

　　* 编写者：解扬，男，中国社会科学院历史研究所博士后，历史研究所助理研究员，研究方向为人才思想史；潘晨光，男，中国社会科学院人力资源研究中心研究员，研究方向为人才建设与人力资源管理。

是有造就一批专门人才的可能的"，旗帜鲜明地提出了中国人才培养的方法、领域和目的。

邓小平继承和发展了毛泽东关于人才重要性的重要思想，充分肯定了人才在开展社会主义现代化建设中的重要作用，创造性地提出了干部队伍的"革命化、年轻化、知识化、专业化"的标准。在20世纪80年代又提出了人才选拔需要"人民公认、坚持改革开放、有政绩"的标准，在人才的培养、选拔上凸显了时代特色与时代要求。

在改革开放初期，邓小平更加明确了人才培养的重要性和紧迫性，在军队、国防工业企业和工业等领域，率先推动建立人才的科学选拔、培养机制。1978年3月邓小平在《在全国科学大会开幕式上的讲话》中预见到了通过合理健全的人才选拔机制，我国会出现可喜的人才发展前景，他说："我们培养、选拔人才，有广阔的源泉，有巨大的潜力。最近，高等学校招生制度改革之后，发现了一批勤奋努力的、有才华的优秀青少年。看到他们的优异成绩，我们都感到高兴。……今天，党中央这样关注科学和教育事业，这样着力于培养选拔人才，我们可以预见，一个人才辈出、群星灿烂的新时代必将很快到来。"在这个讲话中，邓小平特别提出要打破常规去发现人才、培养人才，并且强调我们的科学家、教师发现人才，培养人才，本身就是一种成就，就是对国家的贡献。同年4月，邓小平出席全国教育工作会议开幕式并发表讲话，在讲话中邓小平提出了培养社会主义建设合格人才的目标。1978年12月邓小平在《解放思想，实事求是，团结一致向前看》中，进一步明确："要善于选用人员，量才授予职责。要发现专家，培养专家，重用专家，提高各种专家的政治地位和物质待遇。用人的政治标准是什么？为人民造福，为发展生产力、为社会主义事业作出积极贡献，这就是主要的政治标准。"

1979年，邓小平进一步指出：现在我们国家面临的一个严重问题，不是四个现代化的路线、方针对不对，而是缺少一大批实现这个路线、方针的人才，道理很简单，任何事情都要人干，没有大批的人才，我们的事业就不能成功。在科研领域，邓小平十分关心科技界的发展，尤其关注中国科学院的发展、建设，多次听取有关报告，对培养青年科技人才，引进海外优秀人才等工作，经常给予具体指导。邓小平还积极听取国际著名华人科学家的意见，多次会见李政道、丁肇中、杨振宁等，倾听、采纳他们有关科技人才培养的合理建议。对教育、艺术等领域人才的发现和培养，也成为当时国家建设的一项重要内容。邓小平在多个场合表示人才难得，要认真地注意培养和发现人才，对人才要使用得当，改变论资排辈的现象。1988年9月邓小平在《科学技术是第一生产力》中明确提出了创造条件，吸收在海外留学和工作的人才回国。

江泽民继承了邓小平有关人才选拔和培养的根本指导思想，根据时代发展的需要，结合中国进行社会主义现代化建设的实际，把选拔人才和培养人才提到了关系我国社会主义建设事业成败的高度，指出"实施科教兴国战略，关键是人才"。在建党

70 周年大会上，明确提出"必须努力培养和造就千百万社会主义事业的接班人"的战略任务。这是在新的历史时期我国人才培养工作的重要举措。为创造培养和使用人才的良好社会环境，江泽民对全社会特别是各级党委和政府明确提出"尊重知识、尊重人才"的方针，努力为知识分子创造和提供良好的工作条件和生活条件。2001年 8 月，江泽民进一步提出"人才问题，关系党和国家的兴旺发达和长治久安"，"做好人才工作，首先确立人才资源是第一资源的思想"。这是在 1997 年党的十五大报告提出人才是"最重要的资源"之后，对人才工作具有理论意义和实践意义的指导思想。

胡锦涛丰富和发展了江泽民的人才思想，进一步突出了根据我国当前面临的新形势、新任务、新要求，科学地培养选拔人才的思想。在党的十六届三中全会上正式提出的人才强国战略，是中国共产党为适应以人为本和知识经济的时代要求，适应国际人才竞争的要求而作出的重大战略决策。2003 年 12 月中央人才工作会议召开，胡锦涛在会上全面阐述了人才强国战略，指出着眼于人才总量的增长和素质的提高，加强人的能力发展和人力资源能力建设，是我国人才工作的重点。在"任人唯贤、德才兼备而又不求全责备、不拘一格、搞五湖四海又唯才是举、用其所长防其所短"的思想基础上，明确提出衡量人才必须要与人的社会实践活动相联系、用实践检验人才。"要坚持德才兼备原则，把品德、知识、能力和业绩作为衡量人才的主要标准，不唯学历、不唯职称、不唯资历、不唯身份、不拘一格选人才"。

通过整理中国共产党三代领导集体有关人才问题的讲话、论述，特别是通过还原当时的历史场景，来深刻理解领袖们有关人才的重要论述，不仅可以明确人才问题在实现新民主主义革命胜利和深入开展社会主义现代化建设过程中的重要性，还可以明确根据社会发展的特点和时代特色以及我国的具体国情，中共中央三代领导集体对人才重要性的认识不断提升的过程，以及培养人才的渠道不断拓宽，激励人才的方式也不断创新，在选拔人才和使用人才上也不断完善和发展的问题。

2010 年国家制定了《国家中长期人才发展规划纲要（2010～2020）》，提出在当前和今后一个时期，我国人才发展的指导方针是：服务发展、人才优先、以用为本、创新机制、高端引领、整体开发。编辑新中国三代领导集体及中共中央第一代领导集体在新中国成立前的革命历程中有关人才培养问题的论述和讲话，有助于我们深入理解并贯彻落实当前人才发展的方针，更加坚定不移地走人才强国之路，实现科学规划，深化改革，重点突破，整体推进，不断开创人才辈出、人尽其才的新局面。

1933 年

8 月 12 日，毛泽东出席在瑞金召开的中央苏区南部十七县经济建设大会，作题为

《粉碎五次"围剿"与苏维埃经济建设任务》的报告，这个报告的一部分编入《毛泽东选集》时，题为《必须注意经济工作》。在报告中毛泽东指出：

> "人们常常叹气没有干部。同志们，真的没有干部吗？从土地斗争、经济斗争、革命战争中锻炼出来的群众，涌出来了无数的干部，怎么好说没有干部呢？丢掉错误的观点，干部就站在面前了。"

《毛泽东选集》（第2版），第1卷，人民出版社，1991年，第125页。《毛泽东年谱》上册，人民出版社、中央文献出版社，1993年，第444页。

1934 年

1月27日，毛泽东代表中央执行委员会及人民委员会向第二次全国苏维埃代表大会作结论。其中一部分编入《毛泽东选集》时，题为《关心群众生活，注意工作方法》。其中，毛泽东指出：

> "同志们，真正的铜墙铁壁是什么？是群众，是千百万真心实意地拥护革命的群众。这是真正的铜墙铁壁，什么力量也打不破的，完全打不破的。反革命打不破我们，我们却要打破反革命。"

《毛泽东选集》（第2版），第1卷，人民出版社，1991年，第139页。《毛泽东年谱》上册，人民出版社、中央文献出版社，1993，第459页。

1936 年

12月，毛泽东完成了《中国革命战争的战略问题》一书前五章的写作。原计划写作的战略进攻、政治工作及其他问题，因为西安事变发生，没有工夫再写而搁笔。本书是对十年内战经验的总结，是当时党内在军事问题上的一场大争论的结果。这部著作阐明了马克思主义的战争观，论述了中国共产党对中国革命战争绝对领导的重要性和迫切性，……为抗日战争战略问题的提出做了理论准备。毛泽东当时曾以这部著作在陕北红军大学做过演讲。书中指出：

> "读书是学习，使用也是学习，而且是更重要的学习。从战争学习战争——这是我们的主要方法。没有进学校机会的人，仍然可以学习战争，就是从战争中学习。革命战争是民众的事，常常不是先学好了再干，而是干起来再学习，干就是学习。"

《毛泽东选集》（第2版），第1卷，人民出版社，1991年，第181页。

12 月，毛泽东在《中国革命战争的战略问题》中指出：

"经验对于干部是必需的，失败确是成功之母。但是虚心接受别人的经验也属必需，如果样样要待自己经验，否则固执己见拒不接受，这就是十足的'狭隘经验论'。"

《毛泽东选集》（第 2 版），第 1 卷，人民出版社，1991 年，第 213~214 页。

1937 年

3 月 1 日，毛泽东在《中日问题与西安事变》中指出：

"对知识分子的关系，过去与现在也是一贯的保护政策，优待技术人员、文化人员与艺术家，对他们都采取尊重的态度。"

《毛泽东文集》，第 1 卷，人民出版社，1993 年，第 482 页。

9 月 10 日，毛泽东就教材和教学法等问题发表意见，强调教学要理论联系实际，军事理论应讲授战略思想、战略原则。并指出：

"有的高级军事干部，对战略问题毫无兴趣，上不联系战略，下不联系红军实际，变成外国教条主义；教学法要研究，旧的考试方法要改变，现在的教学法多是注入式，要注意启发式。"

《毛泽东年谱》中册，人民出版社、中央文献出版社，1994 年，第 21~22 页。

10 月，毛泽东撰写《目前抗战形势与党的任务报告提纲》。《提纲》分析了中日战争的现状和国际形势，指出中国抗战现实的失利是暂时的与局部的失利，不是最后的与全部的失败，最后胜负要在持久战中去解决。《目前抗战形势与党的任务报告提纲》指出：

"使我们的干部不但能治党，而且能治国，要懂得向全中国与全世界人民讲话，并为他们做事，要有远大的政治眼光与政治家的风度。"

《毛泽东文集》，第 2 卷，人民出版社，1993 年，第 60 页。

11 月 1 日，毛泽东在陕北公学开学典礼上作关于目前时局的讲话，在《目前的时局和方针》中指出：

"我们要造就大批的民族革命干部，他们是有革命理论的，他们是富于牺牲精神的，他们是革命的先锋队。"

《毛泽东文集》，第2卷，人民出版社，1993年，第63页。《毛泽东年谱》中册，人民出版社、中央文献出版社，1994年，第39页。

1938 年

10月12日下午，毛泽东代表中共中央政治局在扩大的六届六中全会上作政治报告，题目是《抗日民族战争与抗日民族统一战线发展的新阶段》。10月13日下午，14日下午和晚上，继续作报告。报告共分八个部分，第七部分"中国共产党在民族战争中的地位"编入《毛泽东选集》，其中指出：

"中国共产党是在一个几万万人的大民族中领导伟大革命斗争的党，没有多数才德兼备的领导干部，是不能完成其历史任务的。十七年来，我们党已经培养了不少的领导人材，军事、政治、文化、党务、民运各方面，都有了我们的骨干，这是党的光荣，也是全民族的光荣。但是，现有的骨干还不足以支撑斗争的大厦，还须广大地培养人才。在中国人民的伟大的斗争中，已经涌出并正在继续涌出很多的积极分子，我们的责任，就在于组织他们，培养他们，爱护他们，并善于使用他们。政治路线确定之后，干部就是决定的因素。因此，有计划地培养大批的新干部，就是我们的战斗任务。"

《毛泽东选集》（第2版），第2卷，人民出版社，1991年，第526页。《毛泽东年谱》中册，人民出版社、中央文献出版社，1994年，第103～104页。

10月14日，毛泽东在《中国共产党在民族战争中的地位》中指出：

"不但要关心党的干部，还要关心非党的干部。党外存在着很多的人材，共产党不能把他们置之度外。去掉孤傲习气，善于和非党干部共事，真心诚意地帮助他们，用热烈的同志的态度对待他们，把他们的积极性组织到抗日和建国的伟大事业中去，这是每一个共产党员的责任。"

《毛泽东选集》（第2版），第2卷，人民出版社，1991年，第526～527页。

10月14日，毛泽东在《中国共产党在民族战争中的地位》中指出：

"必须善于使用干部。领导者的责任，归结起来，主要地是出主意、用干部两件事。一切计划、决议、命令、指示等等，都属于'出主意'一类。使这一切主意见之实行，必须团结干部，推动他们去做，属于'用干部'一类。在这个使用干部的问题上，我们民族历史中从来就有两个对立的路线：一个是'任人唯贤'的路线，一个是'任人唯亲'的路线。前者是正派的路线，后者是不正派的路线。共产党的干部政策，应是以能否坚决地执行党的路线，服从党的纪律，和群众有密切的联系，有独立的工作能力，积极肯干，不谋私利为标准，这就是'任人唯贤'的路线。过去张国焘的干部政策与此相反，实行'任人唯亲'，拉拢私党，组织小派别，结果叛党而去，这是一个大教训。鉴于张国焘的和类似张国焘的历史教训，在干部政策问题上坚持正派的公道的作风，反对不正派的不公道的作风，借以巩固党的统一团结，这是中央和各级领导者的重要的责任。"

《毛泽东选集》（第 2 版），第 2 卷，人民出版社，1991 年，第 527 页。

10 月 14 日，毛泽东在《中国共产党在民族战争中的地位》中指出：

"必须善于识别干部。不但要看干部的一时一事，而且要看干部的全部历史和全部工作，这是识别干部的主要方法。"

《毛泽东选集》（第 2 版），第 2 卷，人民出版社，1991 年，第 527 页。

10 月 14 日，毛泽东在《中国共产党在民族战争中的地位》中指出：

"必须善于爱护干部。爱护的办法是：第一，指导他们。这就是让他们放手工作，使他们敢于负责；同时，又适时地给以指示，使他们能在党的政治路线下发挥其创造性。第二，提高他们。这就是给以学习的机会，教育他们，使他们在理论上在工作能力上提高一步。第三，检查他们的工作，帮助他们总结经验，发扬成绩，纠正错误。有委托而无检查，及至犯了严重的错误，方才加以注意，不是爱护干部的办法。第四，对于犯错误的干部，一般地应采取说服的方法，帮助他们改正错误。只有对犯了严重错误而又不接受指导的人们，才应当采取斗争的方法。在这里，耐心是必要的；轻易地给人们戴上'机会主义'的大帽子，轻易地采用'开展斗争'的方法，是不对的。第五，照顾他们的困难。干部有疾病、生活、家庭等项困难问题者，必须在可能限度内用心给以照顾。这些就是爱护干部的方法。"

《毛泽东选集》（第 2 版），第 2 卷，人民出版社，1991 年，第 527 页。

10 月 14 日，毛泽东在《中国共产党在民族战争中的地位》中指出：

"所谓发挥积极性，必须具体地表现在领导机关、干部和党员的创造能力，负责精神，工作的活跃，敢于和善于提出问题、发表意见、批评缺点，以及对于领导机关和领导干部从爱护观点出发的监督作用。没有这些，所谓积极性就是空的。而这些积极性的发挥，有赖于党内生活的民主化。党内缺乏民主生活，发挥积极性的目的就不能达到。大批能干人材的创造，也只有在民主生活中才有可能。"

《毛泽东选集》（第 2 版），第 2 卷，人民出版社，1991 年，第 529 页。

1939 年

3 月 19 日，毛泽东就目前战略部署、生产运动和在职干部学习等问题，复电彭德怀。在《巩固着重于华北，发展着重于鲁苏皖豫鄂》中指出：

"在职干部的学习是重要的，应使之成为运动（在不妨碍工作与战斗下），应有管理学习的机关与办法，在比较安定的机关中应实行两小时学习制。中央已设立干部教育部，后方的经验亦可供给前方。"

《毛泽东文集》，第 2 卷，人民出版社，1993 年，第 174 页。

5 月 20 日，毛泽东在中共中央干部教育部召开的学习运动动员大会上讲话。毛泽东在《在延安在职干部教育动员大会上的讲话》中指出：

"共产党在全国的党员过去是几万个，现在有几十万，将来会有几百万，这几十万、几百万共产党员要领导几千万、几万万人的革命，假使没有学问，是不成的，共产党人就应该懂得各种各样的事情。因此，要领导革命就须要学习，这是我们发起学习运动的原因之一。"

"我们的干部要使工作做得好，就要多懂一点，单靠过去懂的一点还不够，那只是一知半解，工作虽然可以做，但是要把工作做得比较好，那就不行，要工作做得好，一定要增加他们的知识。无论党、政、军、民、学的干部，都要增加知识，才能把工作做得更好。"

"我们要建设的一个大党，不是一个'乌合之众'的党，而是一个独立的、有战斗力的党，这样就要有大批的有学问的干部做骨干。这个任务摆在我们面前，我们要时刻注意，我们要率领几万万人革命，现在的力量显然是不够的。"

"要把全党变成一个大学校。学校的领导者，就是中央。各地方党部，八路军、新四军、游击队，都是这个大学的分校。全党同志以及非党的战士们，都须进这个学校。"

《毛泽东文集》，第 2 卷，人民出版社，1993 年，第 177～185 页。

5 月 26 日，毛泽东在《抗大三周年纪念》中指出：

> "抗大三年来有其贡献于国家、民族、社会的大成绩，这就是它教成了几万个年轻有为与进步革命的学生。抗大今后必能继续有所贡献于国家、民族与社会，因为它还要造就大批年轻有为与进步革命的学生。昔日之黄埔，今日之抗大，是先后辉映，彼此竞美的。"

《毛泽东文集》，第 2 卷，人民出版社，1993 年，第 187 页。

6 月 10 日，毛泽东在延安党的高级干部会议上作反对投降问题的报告。报告讲三个问题：目前形势的特点、抗战的前途、当前的任务。毛泽东在《反投降提纲》中指出：

> "我们历来最缺少的干部是妇女干部，妇女运动经验亦没有总结，这个缺点必须补救。没有一批能干而专职的妇女工作干部，要开展妇女运动是不可能的。"

《毛泽东文集》，第 2 卷，人民出版社，1993 年，第 225 页。

12 月 1 日，毛泽东起草《中共中央关于吸收知识分子的决定》。《决定》编入《毛泽东选集》时，题为《大量吸收知识分子》。在《大量吸收知识分子》中毛泽东指出：

> "在长期的和残酷的民族解放战争中，在建立新中国的伟大斗争中，共产党必须善于吸收知识分子，才能组织伟大的抗战力量，组织千百万农民群众，发展革命的文化运动和发展革命的统一战线。没有知识分子的参加，革命的胜利是不可能的。"

《毛泽东选集》（第 2 版），第 2 卷，人民出版社，1991 年，第 618 页。《毛泽东年谱》中册，人民出版社、中央文献出版社，1994 年，第 164 页。

12 月 1 日，毛泽东在《大量吸收知识分子》中指出：

> "对于一切多少有用的比较忠实的知识分子，应该分配适当的工作，应该好好地教育他们，带领他们，在长期斗争中逐渐克服他们的弱点，使他们革命化和群众化，使他们同老党员老干部融洽起来，使他们同工农党员融洽起来。"
>
> "对于一部分反对知识分子参加工作的干部，尤其是主力部队中的某些干部，

则应该切实地说服他们，使他们懂得吸收知识分子参加工作的必要。同时切实地鼓励工农干部加紧学习，提高他们的文化水平，使工农干部的知识分子化和知识分子的工农群众化，同时实现起来。"

"全党同志必须认识，对于知识分子的正确的政策，是革命胜利的重要条件之一。我们党在土地革命时期，许多地方许多军队对于知识分子的不正确态度，今后决不应重复；而无产阶级自己的知识分子的造成，也决不能离开利用社会原有知识分子的帮助。"

《毛泽东选集》（第2版），第2卷，人民出版社，1991年，第619~620页。

12月19日，毛泽东在《一二九运动的伟大意义》中指出：

"知识分子不跟工人、农民结合，就不会有巨大的力量，是干不成大事业的；同样，在革命队伍里要是没有知识分子，那也是干不成大事业的。只有知识分子跟工人、农民正确地结合，才会有无攻不克、无坚不摧的力量。"

《毛泽东文集》，第2卷，人民出版社，1993年，第256页。

12月，毛泽东在《中国革命和中国共产党》中指出：

"革命力量的组织和革命事业的建设，离开革命的知识分子的参加，是不能成功的。"

《毛泽东选集》（第2版），第2卷，人民出版社，1991年，第641页。

1942 年

1月17日，毛泽东为何凯丰、徐特立、范文澜等编写的《文化课本》作序，在《〈文化课本〉序言》中指出：

"一个革命干部，必须能看能写，又有丰富的社会常识与自然常识，以为从事工作的基础与学习理论的基础，工作才有做好的希望，理论也才有学好的希望。"

《毛泽东文集》，第2卷，人民出版社，1993年，第387页。《毛泽东年谱》中册，人民出版社、中央文献出版社，1994年，第399~400页。

2月1日，毛泽东在中共中央党校开学典礼上作《整顿学风党风文风》的报告。这个报告编入《毛泽东选集》时，题为《整顿党的作风》。文章指出：

"我们如果把教条主义克服了，就可以使有书本知识的干部，愿意和有经验的干部相结合，愿意从事实际事物的研究，可以产生许多理论和经验结合的良好工作者，可以产生一些真正的理论家。"

《毛泽东选集》，第3卷，人民出版社，1993年，第819页。《毛泽东年谱》中册，人民出版社、中央文献出版社，1994年，第405～406页。

4月20日，毛泽东在《关于整顿三风》中指出：

"在干部中间实行平均主义是不好的，平均主义是使积极分子、平常分子向落后分子看齐。我们要使落后分子、平常分子向积极前进分子看齐，要使落后的、思想意识和行动比较差的、不正确的同志向正确的积极的同志看齐，使平常状态的同志向积极的同志看齐。"

《毛泽东文集》，第2卷，人民出版社，1993年，第419页。

5月2日，毛泽东出席延安文艺工作者座谈会，在会上发表讲话。这个讲话和5月23日作的结论合为一篇编入《毛泽东选集》，题为《在延安文艺座谈会上的讲话》。毛泽东在讲话中指出：

"中国的革命的文学家艺术家，有出息的文学家艺术家，必须到群众中去，必须长期地无条件地全心全意地到工农兵群众中去，到火热的斗争中去，到唯一的最广大最丰富的源泉中去，观察、体验、研究、分析一切人，一切阶级，一切群众，一切生动的生活形式和斗争形式，一切文学和艺术的原始材料，然后才有可能进入创作过程。否则你的劳动就没有对象，你就只能做鲁迅在他的遗嘱里所谆谆嘱咐他的儿子万不可做的那种空头文学家，或空头艺术家。"

《毛泽东选集》（第2版），第3卷，人民出版社，1991年，第860～861页。《毛泽东年谱》中册，人民出版社、中央文献出版社，1994年，第426～428页。

5月，毛泽东在《在延安文艺座谈会上的讲话》中指出：

"干部是群众中的先进分子，他们所受的教育一般都比群众所受的多些；比较高级的文学艺术，对于他们是完全必要的，忽视这一点是错误的。为干部，也完全是为群众，因为只有经过干部才能去教育群众、指导群众。如果违背了这个目的，如果我们给予干部的并不能帮助干部去教育群众、指导群众，那末，我们的提高工作就是无的放矢，就是离开了为人民大众的根本原则。"

《毛泽东选集》（第2版），第3卷，人民出版社，1991年，第863页。

5月28日，毛泽东在《文艺工作者要同工农兵相结合》中指出：

"在十年内战时期，也就是在红军那个时候，我们也有一点文艺，比如写一写小说，搞个剧团，那是比较普遍的，此外也有歌咏、有宣传画、漫画。这些东西同现在的比较起来那是差得多，现在我们八路军所吸收的人才，种类要丰富得多，文艺工作也普遍得多。那个时候，我们根据地与广大的知识分子隔绝了，与中心城市的人隔绝了，在知识分子问题上又犯过错误，轻视知识分子，认为知识分子似乎没有好多用处，要是不犯这些错误，情况也许会好一些。"

"对文学家、艺术家、文艺工作者来说，他们要与军队工作的同志、党务工作的同志、政治工作的同志、经济工作的同志接触，要与这些同志结合；对其他方面的人，则告诉他们要与文学家、艺术家接触、结合。总之，要向两方面做工作，要告诉双方各应采取什么态度。"

"我们要求我们的同志，在军队、政府、教育、民运、党务各方面工作的同志，对文学艺术工作者，不论是低级的还是高级的，要采取欢迎的态度，恰当的态度，对他们的缺点要采取原谅的态度；而在文艺家方面，对于工农兵的缺点也是要采取原谅的态度。有缺点，不原谅是不行的，将来一定还要有问题。"

"在阶级社会中有文人，在将来的社会主义社会也有专门的文学家、艺术家。将来大批的作家将从工人农民中产生。"

《毛泽东文集》，第2卷，人民出版社，1993年，第424～432页。

1943 年

11月29日，毛泽东在中共中央招待陕甘宁边区劳动英雄大会上作题为《组织起来》的讲话。毛泽东在讲话中指出：

"'三个臭皮匠，合成一个诸葛亮'，这就是说，群众有伟大的创造力。中国人民中间，实在有成千成万的'诸葛亮'，每个乡村，每个市镇，都有那里的'诸葛亮'。"

《毛泽东选集》（第2版），第3卷，人民出版社，1993年，第933页。

1944 年

3月5日，毛泽东主持中共中央政治局会议，作关于路线学习、工作作风和时局问题的长篇讲话。毛泽东在《关于路线学习、工作作风和时局问题》的讲话中指出：

"当干部的首先要放下架子，打破个人英雄主义，忘记自己是什么'长'，忘记自己是中央委员，而到群众中去学习。"

《毛泽东文集》，第3卷，人民出版社，1996年，第98页。

12月24日，毛泽东对晋察冀边区一级英雄李勇因骄傲而落选一事，致电程子华。编入《毛泽东文集》时题为《对英雄模范须勤加教育》。毛泽东在文章中指出：

"嗣后凡当选的英雄模范，须勤加教育，力戒骄傲，方能培养成为永久模范人物。如果只有赞扬，没有教育，骄傲落选，将是必然现象，此点请加注意。"

《毛泽东文集》，第3卷，人民出版社，1996年，第246页。《毛泽东年谱》中册，人民出版社、中央文献出版社，1994年，第641页。

1945 年

4月24日，毛泽东在《在中国共产党第七次全国代表大会上的口头政治报告》中指出：

"知识分子不一定都是理论工作者。我们党里头，知识分子的增加是很好的现象。一个阶级革命要胜利，没有知识分子是不可能的。"

"我们的党，我们的军队，我们的政府，我们的经济部门，我们的群众团体，要吸收广大知识分子为我们服务，我们要尊敬他们。"

"对这些党外干部，将来我们各地的领导机关、组织部门要有调查研究，要有一些办法，教育的办法，团结的办法，比如开座谈会、谈心等等办法，对他们进行帮助和培养。"

"党外的人占百分之九十九，只有他们和我们一起革命才能取得胜利，单靠党员毫无办法，是不是这样？这是不是真理？完全是真理。他们中间有领袖，有干部，我们要帮助他们，培养人民中的优秀分子，同时尊重他们，和他们好好合作。"

《毛泽东文集》，第3卷，人民出版社，1996年，第342~349页。

4月24日，毛泽东在《论联合政府》中指出：

"为着扫除民族压迫和封建压迫，为着建立新民主主义的国家，需要大批的人民的教育家和教师，人民的科学家、工程师、技师、医生、新闻工作者、著作家、文学家、艺术家和普通文化工作者。"

"一切知识分子，只要是在为人民服务的工作中有成绩的，应受到尊重，把他们看作国家和社会的宝贵的财富。"

《毛泽东选集》，第3卷，人民出版社，1996年，第1082页。

5月24日，毛泽东在《第七届中央委员会的选举方针》中指出：

"我们采取这样的方针：不一定要求每个人都通晓各方面的知识，通晓一个方面或者稍微多几个方面的知识就行了，把这些人集中起来，就变成了通晓各方面知识的中央委员会。中国有句老话：三个臭皮匠，合成一个诸葛亮。如果我们有各方的人，每一个人都通晓一方面或者有比较多的专长，选这样几十个人，我们的中央就会比较完全。我们要从集体中求完全，不是从个人求完全。"

《毛泽东文集》（第2版），第3卷，人民出版社，1991年，第366页。

5月31日，毛泽东在《在中国共产党第七次全国代表大会上的结论》中指出：

"这里我记起了龚自珍写的两句诗：'我劝天公重抖擞，不拘一格降人才。'在我们党内，我想这样讲：'我劝马列重抖擞，不拘一格降人才。'"

"不要使我们的党员成了纸糊泥塑的人，什么都是一样的，那就不好了。其实人有各种各样的，只要他服从党纲、党章、党的决议，在这个大原则下，大家发挥能力就行了。"

《毛泽东文集》，第3卷，人民出版社，1996年，第416页。

1946 年

1月8日，毛泽东给在苏联学习的蔡博（蔡和森之子）等青年复信，在《给蔡博等的信》中指出：

"接到你们的信，十分高兴。正如你们信上所说，新中国需要很多的学者及技术人员，你们向这方面努力是很适当的。这里，只能简单地写几句话给你们，总之是希望你们一天一天成长，壮健，愉快，进步；并希望你们团结一切留苏的中国青年朋友，大家努力学习，将来回国服务。"

《毛泽东文集》，第4卷，人民出版社，1996年，第86页。《毛泽东年谱》下册，人民出版社、中央文献出版社，1994年，第59页。

1948 年

1 月 18 日，毛泽东为中共中央起草关于目前党的政策中的几个重要问题的决定草案，指导全党纠正已经出现的某些"左"的倾向。毛泽东在《关于目前党的政策中的几个重要问题》中指出：

"对于学生、教员、教授、科学工作者、艺术工作者和一般知识分子，必须避免采取任何冒险政策。中国学生运动和革命斗争的经验证明，学生、教员、教授、科学工作者、艺术工作者和一般知识分子的绝大多数，是可以参加革命或者保持中立的，坚决的反革命分子只占极少数。因此，我党对于学生、教员、教授、科学工作者、艺术工作者和一般知识分子，必须采取慎重态度。必须分别情况，加以团结、教育和任用，只对其中极少数坚决的反革命分子，经过群众路线予以适当的处置。"

《毛泽东选集》（第 2 版），第 4 卷，人民出版社，1991 年，第 1269～1270 页。《毛泽东年谱》下册，人民出版社、中央文献出版社，1994 年，第 301～302 页。

4 月 26 日，毛泽东在《企业管理委员会应有工程师、技师及职员参加》中指出：

"在任何企业中，除厂长或经理必须被重视外，还必须重视有知识有经验的工程师、技师及职员。必要时，不惜付出高薪。即使是国民党人，只要有可能，也要利用。"

《毛泽东文集》，第 5 卷，人民出版社，1996 年，第 88 页。

9 月 8 日～13 日，毛泽东在西柏坡主持召开中共中央政治局会议（称九月会议）。毛泽东在《在中共中央政治局会议上的报告和结论》中指出：

"训练干部，不仅要训练党内的，而且要训练党外的。冀中村干部轮训，是大批训练基层干部的办法。政府要办学校，包括大学、专门学校，大批培养各种干部。训练全国各方面工作的干部是一个大问题。"

《毛泽东文集》，第 5 卷，人民出版社，1996 年，第 137 页。

10 月 10 日，毛泽东为中共中央起草关于九月会议的通知，通报这次中央政治局会议的情况。毛泽东在《中共中央关于九月会议的通知》中指出：

"夺取全国政权的任务，要求我党迅速地有计划地训练大批的能够管理军事、政治、经济、党务、文化教育等项工作的干部。战争的第三年内，必须准备好三万至四万下级、中级和高级干部，以便第四年内军队前进的时候，这些干部能够随军前进，能够有秩序地管理大约五千万至一万万人口的新开辟的解放区。中国地方甚大，人口甚多，革命战争发展甚快，而我们的干部供应甚感不足，这是一个很大的困难。第三年内干部的准备，虽然大部分应当依靠老的解放区，但是必须同时注意从国民党统治的大城市中去吸收。国民党区大城市中有许多工人和知识分子能够参加我们的工作，他们的文化水准较之老解放区的工农分子的文化水准一般要高些。国民党经济、财政、文化、教育机构中的工作人员，除去反动分子外，我们应当大批地利用。解放区的学校教育工作，必须恢复和发展。"

《毛泽东选集》（第2版），第4卷，人民出版社，1991年，第1347页。《毛泽东年谱》下册，人民出版社、中央文献出版社，1994年，第400~401页。

1949 年

3月13日，毛泽东在中共七届二中全会结束时作总结讲话。讲话总结了党的七大以来中央、地方和军队的工作及经验，阐述了关于马克思主义的普遍真理与中国革命的具体实践相结合，俄国十月革命与中国革命的关系，党委会的工作方法十二条等。毛泽东在《党委会的工作方法》中指出：

"书记要当好'班长'，就应该很好地学习和研究。书记、副书记如果不注意向自己的'一班人'作宣传工作和组织工作，不善于处理自己和委员之间的关系，不去研究怎样把会议开好，就很难把这'一班人'指挥好。"

《毛泽东选集》（第2版），第4卷，人民出版社，1991年，第1440页。

5月9日，周恩来在《关于新民主主义的教育》中指出：

"我们的教育是大众的。新民主主义的教育，要为广大的人民服务，要从广大人民中培养出大量人才。这样一种教育，就是人民大众的了。要发展人民大众的教育，中小学教育的发展就是一个重要而艰巨的任务。这就是要求大家眼光向下，从大学看到中学、小学。在落后的中小学教育的基础上，是不能把大学教育办好的。教育要大众化，首先要办好中小学教育。"

"我们的教育是科学的。科学是没有国界的，凡是对我们国家有用的，我们都欢迎。"

《周恩来文化文选》，中央文献出版社，1998年，第380~381页。

5月16日，周恩来在《对旧文化要批判地继承》中指出：

> "问题在于如何建立一个新观念。过去我们否定一切，就是说旧的一切不好。固然旧的观念不否定，就不会脱离它。所以，青年人应该有这种初步的认识。同志们站在新的观念上，敢于拒绝旧的，在新基础上观察世界，进而改造世界，这是必须的。"

《周恩来文化文选》，中央文献出版社，1998年，第48~49页。

6月30日，毛泽东撰写《论人民民主专政》一文，纪念中国共产党成立二十八周年。文章总结了中国共产党成立以来领导民主革命的基本经验，阐述了人民民主专政的基本思想。毛泽东在文章中指出：

> "我们必须向一切内行的人们（不管什么人）学经济工作。拜他们做老师，恭恭敬敬地学，老老实实地学。不懂就是不懂，不要装懂。不要摆官僚架子。"

《毛泽东选集》（第2版），第4卷，人民出版社，1991年，第1481页。《毛泽东年谱》下册，人民出版社、中央文献出版社，1994年，第589~590页。

9月16日，新华社发表毛泽东写的社论《六评白皮书》。这篇社论编入《毛泽东选集》时，题为《唯心历史观的破产》。毛泽东在《唯心历史观的破产》中指出：

> "世间一切事物中，人是第一个可宝贵的。在共产党领导下，只要有了人，什么人间奇迹也可以造出来。"

《毛泽东选集》（第2版），第4卷，人民出版社，1991年，第1512页。《毛泽东年谱》下册，人民出版社、中央文献出版社，1994年，第643~644页。

1950 年

12月21日，邓小平在《在西南局城市工作会议上的报告提纲》中指出：

> "眼睛不要望着上面派来或别区调来干部，要坚决地从群众中放手提拔。我们已有一年的工作时间，已经涌现出一批积极分子，从他们中间选拔一批干部是可能的。也只有如此，才能进一步地联系群众，使工作生根。我们的干部特别要注意从工人中去选拔。如果我们把工会工作做好了，干部来源的困难就容易解决些了。"

《邓小平文选》，第1卷，人民出版社，1989年，第183页。

1952 年

10 月 24 日，周恩来在《必须加强文化教育工作》中指出：

> "当前，文委的工作中最重要的是制订文教建设的五年计划。制订五年计划时，一方面要着眼于五年，另一方面又要首先把明年的计划搞恰当。这就需要文委和文教各部门做好准备工作。文委不仅要搞计划，而且还要调整机构。中央的机构要调整，地方的机构也要调整。我们想把大行政区的各部缩小，有些业务集中到中央各有关部门，有些业务分到各省、市，加强中央各有关部门和各省、市的工作。文委工作中，教育工作是培养干部、培养人才的，要切实抓好。"

《周恩来文化文选》，中央文献出版社，1998 年，第 57 页。

1953 年

6 月 30 日，毛泽东在《青年团的工作要照顾青年的特点》中指出：

> "无论工厂、农村、军队、学校的革命事业，没有青年就不能胜利。中国青年是很有纪律的，他们完成了党所交给的各项任务。"

《毛泽东文集》，第 6 卷，人民出版社，1996 年，第 276 页。

6 月 30 日，毛泽东在《青年团的工作要照顾青年的特点》中指出：

> "十四岁到二十五岁的青年们，要学习，要工作，但青年时期是长身体的时期，如果对青年长身体不重视，那很危险。青年比成年人更需要学习，要学会成年人已经学会了的许多东西。但是，他们的学习和工作的负担都不能过重。尤其是十四岁到十八岁的青年，劳动强度不能同成年人一样。青年人就是要多玩一点，要多娱乐一点，要跳跳蹦蹦，不然他们就不高兴。以后还要恋爱、结婚。这些都和成年人不同。"

> "总之，要使青年身体好，学习好，工作好。有些领导同志只要青年工作，不照顾青年的身体，你们就用这句话顶他们一下。理由很充分，就是为了保护青年一代更好地成长。"

> "要充分相信青年人，绝大多数是会胜任的。个别人可能不称职，也不用怕，以后可以改选掉。这样做，基本方向是不会错的。青年人不比我们弱。老年人有经验，当然强，但生理机能在逐渐退化，眼睛耳朵不那么灵了，手脚也不如青年敏捷。这是自然规律。"

《毛泽东文集》，第 6 卷，人民出版社，1996 年，第 277～278 页。

1954 年

2 月 21 日，周恩来在《为祖国锻炼身体》中指出：

　　"当前体育运动的方针是要普及和经常化。在普及的基础上才能提高，经常化了才会出人才。我们的国家大，人口多，要普及比较困难，但如能普及到几千万人，肯定会出很多人才。只要体育运动做到普及和经常化并加以正确的指导，人民的体质一定会大大增强。今后两三年内，我们不可能在国际比赛中得到多少冠军，因为没有经常锻炼的基础。吴传玉是个华侨，他是经过长期锻炼才取得成功的，没有长期的锻炼是不会得到冠军的。后年的奥林匹克运动会，我们不要希望参加太多的项目。我们的体育运动如果发展得当，六年以后，到一九六〇年，一定会出现许多好选手。我们的体育运动与资本主义国家的不同。我们的体育运动是有群众基础的，是有远大前途的。"

《周恩来文化文选》，中央文献出版社，1998 年，第 738～739 页。

7 月 9 日，邓小平在《办好学校，培养干部》中指出：

　　"殊不知办好学校，培养干部，才是最基本的建设。现在，有的部门已有几十万员工，几十所学校，他们不去办好这些学校，却总希望从外面调人。应该主要靠自己培养干部。我们的中等专业学校普遍办得不好，真正办得好的很少，要设法解决这个问题。"

　　"现在我们是搞建设，干部已成为决定性的因素。我们干部的状况是，一方面不够用，另一方面又有浪费。要充分发挥现有干部的作用，同时要培养大批各方面的建设人才。"

　　"关于教师待遇问题。现在要普遍提高他们的工资待遇是很困难的，但是真正有本领的教授、副教授，高级工程师，高级医生，以及其他方面的高级专门人才的工资待遇，应该提高。这样的人不会很多，全国也就是万把人。前几年，全国的工资提高了很多，但有些平均主义。建筑工人，挑土工人，其他普通工人，提高了不少，有的提高了一二倍，而有本事的专门人才提高得不多。将来工资的差距要拉大些，真正有本领的人，对国家贡献很大的人，工资应该更高一些。还有一个问题，就是大学校长是否比高明的教授薪金一定要高？我看不一定。我记得毛主席曾说过，为什么全国就没有比我当主席的薪水更高的呢？过去我们想请各行各业开个名单，提高一些人的工资，说了好久，只是停留在口头上，没有实现。看来，有些共产党员的头脑里平均主义思想还不少，到处有抵触，结果是多一事不如少一事，不了了之。这次我建议文委在自己管理的范围内提出一个名单，科学家可以选一二百人，不讲名望，就是选那些贡献突出的，真正有本事的。大学教授也可以选一二百人。还要订出章程来，这样就可以推动那些思想不通的人。中小学教员中间，工资也应该有很高的，他付出的劳动多，贡献大嘛。"

《邓小平文选》，第 1 卷，人民出版社，1989 年，第 209~211 页。

10 月 8 日，毛泽东在《在国防委员会第一次会议上的讲话》中指出：

"建设工业要有工程师，办学校要有教授，要团结他们，没有他们是不行的。当然，没有新人也不行。"

《毛泽东文集》，第 6 卷，人民出版社，1996 年，第 359 页。

1955 年

3 月，毛泽东在《在中国共产党全国代表会议上的讲话》中指出：

"我们要在党内外五百万知识分子和各级干部中，宣传并使他们获得辩证唯物论，反对唯心论，我们将会组成一支强大的理论队伍，而这是我们极为需要的，这又是一件大好事。"

"我们要作出计划，组成这么一支强大的理论队伍，有几百万人读马克思主义的理论基础，即辩证唯物论和历史唯物论，反对各种唯心论和机械唯物论。我们现在有许多做理论工作的干部，但还没有组成理论队伍，尤其是还没有强大的理论队伍。而没有这支队伍，对我们全党的事业，对我国的社会主义工业化、社会主义改造、现代化国防、原子能的研究，是不行的，是不能解决问题的。"

"我希望，所有的省委书记、市委书记、地委书记以及中央各部门的负责同志，都要奋发努力，在提高马克思列宁主义水平的基础上，使自己成为精通政治工作和经济工作的专家。一方面要搞好政治思想工作，一方面要搞好经济建设。对于经济建设，我们要真正学懂。"

《毛泽东文集》，第 6 卷，人民出版社，1996 年，第 395~396 页。

7 月 31 日，毛泽东在《关于农业合作化问题》中指出：

"要大胆指导运动，不要前怕龙，后怕虎。干部和农民在自己的斗争经验中将改造他们自己。要让他们做，在做的中间得到教训，增长才干。这样，大批的优秀人物就会产生。"

《毛泽东文集》，第 6 卷，人民出版社，1996 年，第 419 页。

9 月、12 月，毛泽东在《〈中国农村的社会主义高潮〉按语选》中指出：

"一切可以到农村中去工作的这样的知识分子，应当高兴地到那里去。农村是一个广阔的天地，在那里是可以大有作为的。"

"青年是整个社会力量中的一部分最积极最有生气的力量。他们最肯学习，最少保守思想，在社会主义时代尤其是这样。"

"希望各地的党组织，协同青年团组织，注意研究如何特别发挥青年人的力量，不要将他们一般看待，抹杀了他们的特点。当然青年人必须向老年人和成年人学习，要尽量争取在老年人和成年人同意之下去做各种有益的活动。"

《毛泽东文集》，第 6 卷，人民出版社，1996 年，第 462～466 页。

1956 年

1 月 25 日，毛泽东在《社会主义革命的目的是解放生产力》中指出：

"我国人民应该有一个远大的规划，要在几十年内，努力改变我国在经济上和科学文化上的落后状况，迅速达到世界上的先进水平。为了实现这个伟大的目标，决定一切的是要有干部，要有数量足够的、优秀的科学技术专家。"

《毛泽东文集》，第 7 卷，人民出版社，1996 年，第 2 页。

2 月 12 日，毛泽东在《同藏族人士的谈话》中指出：

"培养人才要慢慢来，不是几个月、几年的事，你们要有计划地培养科学干部。"

《毛泽东文集》，第 7 卷，人民出版社，1996 年，第 7 页。

4 月 25 日，毛泽东在《论十大关系》中指出：

"对于犯了错误的同志，有人说要看他们改不改。我说单是看还不行，还要帮助他们改。这就是说，一要看，二要帮。人是要帮助的，没有犯错误的人要帮助，犯了错误的人更要帮助。人大概是没有不犯错误的，多多少少要犯错误，犯了错误就要帮助。只看，是消极的，要设立各种条件帮助他改。"

《毛泽东文集》，第7卷，人民出版社，1996年，第40页。

8月30日，毛泽东在《增强党的团结，继承党的传统》中指出：

"我们的各项具体工作，包括工业、农业、商业、文化教育等等工作，百分之九十不是党员做的，而是非党员做的。所以，要好好团结群众，团结一切可以团结的人一道工作。"

《毛泽东文集》，第7卷，人民出版社，1996年，第88页。

9月10日，毛泽东在《关于第八届中央委员会的选举问题》中指出：

"我们要造就知识分子。现在我们只有很少的知识分子。旧中国留下来的高级知识分子只有十万，我们计划在三个五年计划之内造就一百万到一百五十万高级知识分子（包括大学毕业生和专科毕业生）。"

《毛泽东文集》，第7卷，人民出版社，1996年，第101～102页。

9月16日，周恩来在《培养建设人才，加强科学研究工作》中指出：

"在第二个五年计划期间，我们要建立社会主义工业化的巩固基础，进行国家建设和推进国民经济的技术改造，就必须努力培养建设人才，加强科学研究工作。

……

为国家培养各项建设人才，首先是工业技术人才和科学研究人才，是教育工作的首要任务。这几年来，我国培养建设人才的工作是有显著进展的，但是从国家建设的要求来看，我们在高等学校和中等专业学校所培养的人才，在数量上，尤其是在质量上和门类上，还难以满足需要。因此，在第二个五年计划期间，应该进一步发展高等教育和中等专业教育，并且根据'掌握重点、照顾其他'及需要和可能相结合的方针，进行全面规划。

要做好建设人才的培养工作，必须正确地处理数量和质量的关系。过去几年，我们有片面强调数量、忽视质量的偏向，这是必须纠正的。从教育部门说，应该积极地发挥力量，在保证一定质量的条件下尽可能地增加学生的数量。从用人部门说，应该考虑到真正需要和实际可能，不要提出过多过高的要求，以免由于盲目地增加数量而降低学生质量。

高等教育和中等专业教育应该实事求是地而不是主观主义地调整科系和设置专业，切合实际地改进教育计划、教学大纲、教材和教学方法，以便使培养的人才能够更加适应于国民经济各部门的具体要求。目前在发展和提高高等教育和中等专业教育方面最大的困难，是缺乏师资和学生质量不高……同时，必须相应地发展和办好高级中学和初级中学，以提高学生的质量。高等学校和中等专业学校现有的图书和仪器一般都还不够，应该逐步地加以补充；这些学校在发展中所必需的校舍，也应该加以解决。

培养建设人才还必须发展业余教育，从职工中吸收有条件深造的人员到夜校或者函授学校学习，逐步地培养他们成为高级和中级的专门人才。学习必须真正出于本人自愿，并且要分批分期地进行；各单位要保证学习的人有必要的业余学习时间，学习的时间不要太长，学习不要过紧，以免妨碍生产和职工的健康。"

《周恩来文化文选》，中央文献出版社，1998 年，第 551～552 页。

9 月 16 日，邓小平在《关于修改党的章程的报告》中指出：

"为了适应党和人民的事业的突飞猛进的发展，党的重要任务之一，就是要大量地培养和提拔新的干部，帮助他们熟悉工作，帮助他们同老干部建立团结一致、互相学习的同志关系。党必须特别注意培养精通生产技术和其他各种专门业务知识的干部，因为这是建设社会主义的基本力量。党必须在各个地方注意培养熟悉当地情况、同群众有密切联系的本地干部。在少数民族地区，党必须用最大的努力培养本民族的干部。党必须用很大的决心培养和提拔妇女干部，帮助和鼓励她们不断前进，因为她们是党的干部的最大的来源之一。

党的干部的管理工作，在近几年的一个重要进步，是开始实行了分级分部的管理，使干部的管理工作同政治和业务的检查监督工作，互相结合了起来。党应当沿着这个方向，把干部管理的工作推进到一个新的水平，使全党任何部门、任何职位的干部都受着党的认真的监督和具体的帮助，使党的干部的质量，不断地得到提高，而这也就是全体党员的质量不断地得到提高的主要条件。"

《邓小平文选》，第 1 卷，人民出版社，1993 年，第 251 页。

12 月 8 日，毛泽东在《同工商界人士的谈话》中指出：

"除了钢，我们还要别的东西，还要办学校，全国人民至少要初中毕业，再过多少年，扫马路的人、大厨师以及所有的人都要能够大学毕业，要上知天文，下知地理。我们一切的工作就是为了要达到这个目的。"

《毛泽东文集》，第 7 卷，人民出版社，1996 年，第 182 页。

1957 年

2 月 27 日，毛泽东在最高国务会议第十一次（扩大）会议上作《关于正确处理人民内部矛盾的问题》的讲话，指出：

> "我们有许多同志不善于团结知识分子，用生硬的态度对待他们，不尊重他们的劳动，在科学文化工作中不适当地干预那些不应当干预的事务。所有这些缺点必须加以克服。"

> "凡是真正愿意为社会主义事业服务的知识分子，我们都应当给予信任，从根本上改善同他们的关系，帮助他们解决各种必须解决的问题，使他们得以积极地发挥他们的才能。"

> "我们的教育方针，应该使受教育者在德育、智育、体育几方面都得到发展，成为有社会主义觉悟的有文化的劳动者。要提倡勤俭建国。要使全体青年们懂得，我们的国家现在还是一个很穷的国家，并且不可能在短时间内根本改变这种状态，全靠青年和全体人民在几十年时间内，团结奋斗，用自己的双手创造出一个富强的国家。"

> "不论是知识分子，还是青年学生，都应该努力学习。除了学习专业之外，在思想上要有所进步，政治上也要有所进步，这就需要学习马克思主义，学习时事政治。没有正确的政治观点，就等于没有灵魂。"

《毛泽东文集》，第 7 卷，人民出版社，1996 年，第 225 ~ 226 页。

3 月 7 日，毛泽东在《在普通教育工作座谈会上的讲话》中指出：

> "学校要大力进行思想教育，进行遵守纪律、艰苦创业的教育。学生要能耐艰苦，要能白手起家。我们不都是经历过困难的人吗？社会主义是艰苦的事业。"

> "在学校中要提倡一种空气，教师与学生同甘共苦，一起办好学校。应当重视培养学生的创造精神，不要使他们像温室里的花朵一样。今后无论谁去招生都不要乱吹，不要把一切都讲得春光明媚，而要讲困难，给学生泼点冷水，使他们有思想准备。"

《毛泽东文集》，第 7 卷，人民出版社，1996 年，第 246 页。

3 月 8 日，毛泽东在《同文艺界代表的谈话》中指出：

> "教育者首先应当受教育，这是马克思讲的。我们这些人应当受教育，说不用受教育是站不住脚的。这些教育人的人，他们从事的工作，整个说来，是教育

人的过程，要几十年，把六亿人口教育好。"

《毛泽东文集》，第7卷，人民出版社，1996年，第252~253页。

3月12日，毛泽东在《在中国共产党全国宣传工作会议上的讲话》中指出：

"知识分子是脑力劳动者。他们的工作是为人民服务的，也就是为工人农民服务的。"

"我们的国家是一个文化不发达的国家。五百万左右的知识分子对于我们这样一个大国来说，是太少了。没有知识分子，我们的事情就不能做好，所以我们要好好地团结他们。"

"要做好先生，首先要做好学生。许多东西单从书本上学是不成的，要向生产者学习，向工人学习，向贫农下中农学习，在学校则要向学生学习，向自己教育的对象学习。"

"知识分子既然要为工农群众服务，那就首先必须懂得工人农民，熟悉他们的生活、工作和思想。我们提倡知识分子到群众中去，到工厂去，到农村去。"

"我们的同志一定要懂得，思想改造的工作是长期的、耐心的、细致的工作，不能企图上几次课，开几次会，就把人家在几十年生活中间形成的思想意识改变过来。要人家服，只能说服，不能压服。压服的结果总是压而不服。以力服人是不行的。对付敌人可以这样，对付同志，对付朋友，绝不能用这个方法。"

《毛泽东文集》，第7卷，人民出版社，1996年，第270~279页。

4月8日，邓小平在《今后的主要任务是搞建设》中指出：

"我们党，我们中国人民，过去在阶级斗争中的本领是不错的，否则怎么能把革命干成功了呢？从整个来说，阶级斗争这门科学，我们党、我们的干部是学会了。但在改造自然方面，这门科学对我们党来说，对我们干部来说，或者是不懂，或者是懂得太少了。当然我们也还有一些人才，但这些人才是很少的、很不够用的，我国的科学技术水平还是很低的。从过去几年的建设来看，证明我们的知识很少，还没有学会勤俭建国的本领。"

《邓小平文选》，第1卷，人民出版社，1993年，第262~263页。

10月9日，毛泽东在《关于农业问题》中指出：

"政治和业务是对立统一的，政治是主要的，是第一位的，一定要反对不问政治的倾向；但是，专搞政治，不懂技术，不懂业务，也不行。我们的同志，无论搞工业的，搞农业的，搞商业的，搞文教的，都要学一点技术和业务。我看也要搞一个十年规划。我们各行各业的干部都要努力精通技术和业务，使自己成为内行，又红又专。"

"无产阶级没有自己的庞大的技术队伍和理论队伍，社会主义是不能建成的。我们要在这十年内（科学规划也是十二年，还有十年），建立无产阶级知识分子的队伍。我们的党员和党外积极分子都要努力争取变成无产阶级知识分子。"

"中国有句古话，'十年树木，百年树人'。百年树人，减少九十年，十年树人。十年树木是不对的，在南方要二十五年，在北方要更多的时间。十年树人倒是可以的。我们已经过了八年，加上十年，是十八年，估计可能基本上造成工人阶级的有马克思主义思想的专家队伍。十年以后就扩大这个队伍，提高这个队伍。"

《毛泽东文集》，第7卷，人民出版社，1996年，第309~310页。

1958 年

1月，毛泽东在《工作方法六十条（草案）》中指出：

"中央各部，省、专区、县三级，都要比培养'秀才'。没有知识分子不行，无产阶级一定要有自己的'秀才'。这些人要较多地懂得马克思主义，又有一定的文化水平、科学知识、词章修养。"

《毛泽东文集》，第7卷，人民出版社，1996年，第360页。

4月7日，邓小平在《办教育一要普及二要提高》中指出：

"社会主义建设需要有文化的劳动者，所有劳动者也都需要文化。教育普及了，群众的科学文化水平提高了，发明创造就会多起来。"

《邓小平文选》，第1卷，人民出版社，1993年，第280页。

5月28日，周恩来在《要保证教育质量》中指出：

"教育与生产劳动相结合，教育是主导方面，因为学生来学校就是为了学习。我们一定要认清主导方面，认不清主导就没有方向，认不清主导就没有重点。

天津大学是全国知名的大学，现在有将近一万学生。万人大学在世界上能有几个？我劝你们要控制，不要老在数量上高速发展，学生人数再增加就不好办了。当然，我们的大学生还要增加，但那主要是增加学校的问题。一个学校的人数有它一定的限度，你们达到一万就不少了。你们要保证教育质量，提高教育质量。如果你们再不断地增加数量，那就会得到相反的结果，会降低质量，那就不是办教育的正确方针。希望你们特别注意教育质量，提高教育质量，这是我们目前的主要问题。你们有好的条件和好的学风，今后一定要控制数量，保证质量，更好地为社会主义建设服务。"

《周恩来文化文选》，中央文献出版社，1998年，第446页。

12月22日，毛泽东在《端正方向，争取一切可能争取的知识分子》中指出：

"端正方向，争取一切可能争取的教授、讲师、助教、研究人员为无产阶级的教育事业和文化科学事业服务。"
《毛泽东文集》，第7卷，人民出版社，1996年，第464页。

1959 年

12月24日，周恩来在《加快建立强大的自然科学技术队伍和社会科学理论队伍》中指出：

"搞独立的经济体系和尖端技术，没有人才是不行的。要建立经济体系，掌握尖端技术，关键在于人才，一个是自然科学方面的人才，一个是社会科学方面的人才。大量的是自然科学方面，少量的精是社会科学理论队伍。我们理论队伍固然缺，科学技术队伍也缺，两方面都要加强，特别是科学技术队伍需要量很大。

人才不是一年两年能够培养出来的，而要一天天教育出来。我们现在就要加快这个速度，办法就是正规与速成相结合。正规是循序而进，把书本知识、生产知识搞得比较牢靠一点，这是一方面；另一方面是走速成的道路，激发青年的朝气和敢想、敢说、敢做的勇气，搞创造发明。毛主席在八大二次会议上说，凡有创造发明成为人才的，大部分都在青年时代。怎么速成？就是打破过去的陈规，实行'一主、二从、三结合'，发动大家办教育。工厂企业、教育机关、研究机构都要搞生产、教育和科学研究，各以本业为主，以其余二业为从，三业结合起来。企业就以生产为主，但是可以办学校、搞研究，而且应该办学校、搞研究，这就是以生产为主，教育、研究为辅；学校里也可以办研究所和附属车间，以教育为主，以生产、研究为辅；再就是研究机构，以研究为主，但也可以办学校，办附属车间和附属工厂，也是一主二辅。这样，我们办学校的、搞生产的、搞研究的就多起来了，教育和科学的发展就会更快。据东北调查，三千人以上的工厂有二百个之多。这样的工厂里工程师和技术人员至少有一二百人，可以办学校。反过来，像李昌的工业大学、刘居英的工程学院，办附属工厂、研究所也毫无问题，而且可以办预科。东北有一百三十多个高等学校，研究机构二百多个，大家动手，学校就可以多起来。学校的学生从哪里来呢？也打破一个陈规，就是招初中毕业生和工厂的具有初中毕业程度的工人。把初中毕业生或者相当于初中毕业程度的工人招来，两年预科、三年本科，这种高等专门学校五年毕业。正规要七八年，三年高中、四年或五年大学。现在只要五年，缩短了二年到三年。如果明年开始招生，一九六五年就可以用了。这样，就可以大大增加科学技术人员，就可以解决科学技术人才不足的问题。这是一条'腿'。另一条'腿'即正规学校，还要继续发展，不改变。同时，要打破一个陈规，实行寒假招生。为什么一定要暑假招生呢？仅在暑假招生，有很多娃娃七岁都满了，还不能进学校。寒假招生还可以把初中已经念了两年半的优秀学生招进来，读预科。这样，人就多起来了，一九六五年以后情况就会好一些。

像我们这样一个大国，不可能设想不产生广大的建设人才，问题就在于我们抓好科学、教育这一环，所以，发展科学、教育，也是现在一个中心的任务。毛主席在南方开会时，特别提出这一项。我们就要安排具体工作来实现它。我看首先要把校舍搞起来。希望东北三省管计划、管建设的同志安排一下，有些项目宁可少搞，不十分急的宁可推迟，也要先把校舍搞上去，多办一些学校。中国有一句俗语：'十年树木，百年树人。'树人当然不需要一百年，但是应该重视这项工作。要造就广大的人才，在培养人才方面还要加一把力。"

《周恩来文化文选》，中央文献出版社，1998年，第563~565页。

1960 年

11月4日，周恩来在《在伟大的时代要创作出伟大的作品》中指出：

"毛主席《沁园春·雪》最后一句说：'数风流人物，还看今朝'。以他的心胸必然会有这样的诗句。而今朝，果然有无数的英雄涌现出来了。伟大的时代有多少个奋不顾身的社会主义革命斗士和社会主义建设者涌现出来，真是不计其数。近七亿人民的国家，不可能没有这么多的英雄。

这时，也自然会形成我们伟大的文艺队伍。因为有了这么好的时代，又有那么多的英雄人物，文艺队伍怎么会不跟着增长？所以，首先要把我们文艺界的队伍壮大起来，不要使自己局限于小圈子。不论是文学家，还是艺术家，不论哪一行、哪一业，都要有开阔的心胸。文艺队伍的壮大要面向群众。首先要帮助业余文艺爱好者，辅导他们。因为，人才是从群众中出来的，业余也会转为专业。这里有最广大的队伍。当然，也要有专业队伍。专业队伍要和业余队伍结合。这也是两条腿走路。这样文艺队伍就会壮大。只有有了伟大的队伍，才会有伟大的作品。"

《周恩来文化文选》，中央文献出版社，1998 年，第 194～195 页。

1961 年

10 月 3 日，周恩来在《我们国家需要一批专门人才》中指出：

"我们国家需要一批专门人才。广大的劳动者是我们的基础，但是还得把他们的水平提高。在社会科学方面也好，自然科学方面也好，我们已经有了相当数量的专门人才，这当然不是说尖端人才的数量，是指一般人才的数量。比如说，现在小学、中学、高等学校的学生加在一起是一亿一千多万人，其中小学生接近一百万人。还有已毕业的人。这几年教育的发展是相当快的，问题是要提高，在普及的基础上需要提高质量。要从数量的大跃进转向质量的大跃进，我们在培养人才这方面也是如此。从数量的大跃进转向质量的大跃进，这点很需要，希望在座的许多知识分子贡献出力量来，大家好好搞搞这件事。国家对社会科学、自然科学的人才都需要，但是需要量更多一点的还是自然科学方面特别是工业方面。

我们是有造就一批专门人才的可能的。十年来，我们学了不少，有不少留苏的学生回来，也有不少留学西方国家的人回来，现在很应该在这方面多做工作。我们不仅是在报纸上百家争鸣，发表一些理论性的、学术性的文章，更需要埋头苦干，多做实验室、生产车间的工作。我们要多做一点，少说一点，这很重要。我们很希望全国的专门人才，包括社会科学的、自然科学的、理论的、实践的，都能够提高。在知识分子工作方面，要团结、教育大家来努力提高。这一年因为供应上困难，我代表国务院说，对大家照顾得很不够，希望朋友们如果遇到困难可以告诉我们，应该帮助你们解决困难，因为大家贡献了力量。"

《周恩来文化文选》，中央文献出版社，1998 年，第 572～573 页。

11 月 23 日，邓小平在《大批提拔年轻的技术干部》中指出：

"这几年来，我们对技术干部关心不够，对他们的使用有问题。有许多新生力量，能力未能得到很好的发挥。好多大学毕业生，工作几年还当见习技术员，为什么不能大胆提拔当工程师？留学生回来后，使用得又怎样？我们再没有钱，也要把这批人提上来。不在其位，不谋其政嘛。把年轻人提起来，放到重要岗位，管的业务宽了，见识就广了，就能更好地发挥作用。要重视二十几岁、三十几岁的年轻人。世界上的科学家，成名的很多是在三十岁左右。现在再不重视培养提拔年轻人就晚了，到了我们这个年纪就不行了。"

"这次提拔工程师，不是个别的，有多少提多少。我看全国能够提拔几万个工程师。要经过精选、评议。提拔的条件主要是根据专业技术水平，政治条件是不反对共产党，忠于祖国。共产党员专业技术不合格的也不能提。有的人可以破格提成工程师，不一定都要经过见习技术员、技术员再提为工程师。"

"我们现在主要的问题是浪费专业技术力量。绝大多数工厂的技术干部都有窝工现象。有些单位让他们去搞与专业技术无关的行政工作，还有的长期下放劳动或打杂。以后，对大学毕业生的使用，要注意发挥他们的专长。"

"各级、各行、各大厂或者是部委，可考虑建立考核委员会。一定要掌管到他那个单位，列入名册的有多少专业技术人员，是些什么情况。大学毕业生工作两年考核一次。这就是说，不要漏掉了人才。解决这个问题光靠人事部门不行。专业技术水平一定要由专家来考核鉴定。要经常帮助专业技术人员进修，给他们提供自学条件，这也要定个制度出来。看来学位不搞不行，可以先搞一个方案。"

《邓小平文选》（第2版），第1卷，人民出版社，1994年，第291~292页。

1962 年

2月6日，邓小平在《在扩大的中央工作会议上的讲话》中指出：

"对于我们党的各级领导人（包括党委会的所有成员），应该有监督。这种监督是来自几方面的，来自上面，来自下面（下级），来自群众，也来自党小组生活。我想提出这么一个问题，大家看看妥当不妥当。我觉得，对领导人最重要的监督是来自党委会本身，或者书记处本身，或者常委会本身。这是一个小集体。我们一些领导同志，同伙夫、勤杂人员等同志们编在一个党小组里，那是起不了多少监督作用的。当然，根据党章规定，人人要过支部生活。我想，我们是不是可以这样，就是把领导人的主要的小组生活，放到党委会去，或者放到书记处去，或者放到常委会去。在党委会里面，应该有那么一段时间交交心，真正造成一个好的批评和自我批评的空气。同等水平、共同工作的同志在一起交心，这个监督作用可能更好一些。"

"这几年的教训是，我们对马克思列宁主义的基本原理和毛泽东思想，体会不够。我们有许多错误是从这里来的。我们忙于事务，不注意学习，容易陷入庸俗的事务主义中去。不注意学习，忙于事务，思想就容易庸俗化。如果说要变质，那末思想的庸俗化就是一个危险的起点。我们还是要造成一种学习的空气，学习理论的空气，（毛泽东：不重视学习理论，天天搞事务，一定要迷失方向。）学习实际的空气，这也是我们的一个党风，我们党的一个好的传统作风。"

《邓小平文选》（第2版），第1卷，人民出版社，1994年，第309~316页。

3月2日，周恩来在《论知识分子问题》中指出：

"从《简报》中还看到大家提出了一些善意的批评，不能不使我高兴。经过十多年的努力，知识分子队伍壮大了，从老一辈知识分子手里培养出了新的一代知识分子，文化、教育、卫生等方面都培养出了新的力量。饮水思源，是党的政治思想工作起了作用，也是知识界共同努力的结果。青年人的成长是老一辈亲手培养的，这一点要很好地向青年人讲清楚。从老知识分子身上找毛病是很容易的，但要看主导方面，要看到各有所长。比如我讲话可能不如青年人讲得流利，但是谈问题、论经验则比他们深些。如果说互相尊重，首先要教育青年知识分子尊重老年知识分子。老年知识分子中许多人努力学习马克思列宁主义，毛泽东思想，有些人加入了党，这是可喜的现象。"

《周恩来选集》，下卷，人民出版社，1997年，第362页。

11月29日，邓小平在《执政党的干部问题》中指出：

"党要管党，一管党员，二管干部。对执政党来说，党要管党，最关键的是干部问题，因为许多党员都在当大大小小的干部。"

"多少年来，我们对干部就是包下来，能上不能下。现在看来，副作用很大。我们面前摆着这个难题，现在还没有很好的办法解决。唯一的出路是要能下。这是一项很艰巨的工作。"

"要把管理和监督干部的经常工作好好建立起来，把监察工作好好地加强起来，把干部的鉴定制度恢复起来，这样做极有好处。对干部中存在的问题，经常抓就容易解决，搞一次运动费力得很。"

"干部工作的另外一个问题，就是干部交流问题。这是中央作了决定的，现在也是执行的问题。干部交流，是自上而下的工作。属于中央管理的干部的交流，由中央组织部提出意见，经过中央批准。省委管理的干部的交流，由省委组织部提出意见，经过省委批准。干部交流不是由下面提出什么比例、数字，而是根据需要。"

《邓小平文选》（第2版），第1卷，人民出版社，1994年，第328~331页。

12 月 24 日，周恩来在《要重视技术力量》中指出：

"我们是重视技术人才的，如果大学毕业生就算高级知识分子，解放前大学毕业生不过二十万人，留在大陆的约十几万人，解放以后大学毕业生九十六万人，大多数是新社会教育出来的，是为社会主义服务、为劳动人民服务的知识分子。知识分子中绝大多数是愿意接受党的领导的，愿意以自己的专门知识为社会主义服务的，特别是搞自然科学的知识分子是愿意为祖国贡献自己的力量的，同时，也是愿意进步、愿意进行自我改造的，他们是劳动人民的知识分子。"

《周恩来文化文选》，中央文献出版社，1998 年，第 586 页。

1963 年

8 月 20 日，邓小平在《立足现实，瞻望前途》中指出：

"一个令人高兴的情况是确有一批司局长和一些副部长比较强，并且懂得业务。省、市也有一批这样的干部。要把这些人放到企业（中小企业，不一定大企业）中去当两年厂长，然后再上来当部长、副部长。这样，我们就会有一批又红又专的强的领导骨干，我们的管理水平就会大大提高。"

《邓小平文选》（第 2 版），第 1 卷，人民出版社 1994 年，第 336~337 页。

12 月 16 日，毛泽东在《不搞科学技术，生产力无法提高》中指出：

"科学研究有实用的，还有理论的。要加强理论研究，要有专人搞，不搞理论是不行的。要培养一批懂得理论的人才，也可以从工人农民中间来培养。我们这些人要懂得些自然科学理论，如医学方面、生物学方面。"

《毛泽东文集》，第 8 卷，人民出版社，1996 年，第 351 页。

1964 年

3 月 10 日，毛泽东在《改革学校课程设置和讲授方法》中指出：

"现在学校课程太多，对学生压力太大。讲授又不甚得法。考试方法以学生为敌人，举行突然袭击。这三项都是不利于培养青年们在德、智、体诸方面生动活泼地主动地得到发展的。"

《毛泽东文集》，第 8 卷，人民出版社，1996 年，第 376 页。

1975 年

7 月 14 日，邓小平在《军队整顿的任务》中指出：

"怎样按照选拔干部的条件去做，这很重要。加强政治机关，特别要注意加强管干部的部门。政治机关的干部，特别是管干部的干部，要很公道，很正派，不信邪，不怕得罪人；也要有耐心，能熟悉干部，联系干部。我们的传统历来是政治机关管干部，首长总要经过政治机关去考核、审查干部，这才符合组织原则。要把这个好的传统继承起来。"

"还有一个干部调整、交流问题。毛泽东同志讲了，除八大军区司令员对调外，省军区和有些部门的干部也要交流一下，在一个地方呆久了不好。有的在地方卷入了派性，妨碍地方的工作，总要调换一下嘛。如果有了山头，一定要去掉，要把山头平一平，把干部交流一下，不要挤到一堆。有些人适当调动一下地方有好处，主要是换一个地方可以多接触一些人，多了解一些情况，遇事也会谨慎一些。总之，在一个地方呆久了不好。对干部要教育，要把这个问题讲清楚。"

《邓小平文选》（第 2 版），第 2 卷，人民出版社，1994 年，第 22 ~ 23 页。

8 月 3 日，邓小平在《关于国防工业企业的整顿》中指出：

"要选一些比较有实际经验的稍微年轻一点的干部进领导班子，五十岁的、四十岁的，能有更年轻一点的就更好。这样的人总是会有的，本厂可以找，本厂有困难，外厂也可以找，本地区也可以找，哪里会找不到人！要选有能力人，选到了要好好培养。"

"要发挥科技人员的积极性，要搞三结合，科技人员不要灰溜溜的。不是把科技人员叫'老九'吗？毛主席说，'老九不能走'。这就是说，科技人员应当受到重视。他们有缺点，要帮助他们，鼓励他们。要给他们创造比较好的条件，使他们能够专心致志地研究一些东西。这对于我们事业的发展将会是很有意义的。"

《邓小平文选》（第 2 版），第 2 卷，人民出版社，1994 年，第 26 ~ 27 页。

8 月 18 日，邓小平在《关于发展工业的几点意见》中指出：

"现在有一些知识分子用非所学，原来学的技能没发挥出来，要改进这方面的工作。"

"人的贡献不同，在待遇上是否应当有差别？同样是工人，但有的技术水平比别人高，要不要提高他的级别、待遇？技术人员的待遇是否也要提高？如果不管贡献大小、技术高低、能力强弱、劳动轻重，工资都是四五十块钱，表面上看来似乎大家是平等的，但实际上是不符合按劳分配原则的，这怎么能调动人们的积极性？"

《邓小平文选》（第2版），第2卷，人民出版社，1994年，第26~31页。

9月3日，邓小平出席国务院政治研究室讨论《毛泽东选集》第5卷篇目的会议。在读到《青年团的工作要照顾青年的特点》一文中"有'小广播'，是因为'大广播'不发达"时，说：现在就是这样。在胡乔木面交《科学院工作汇报提纲》过程稿后指出：

"这个文件很重要，不单管科学，而且可以适用于文化教育各部门。教育方面存在不少问题，现在老师积极性不高，学生也不用心学，教学质量低，这样下去怎么实现四个现代化？"

《邓小平年谱》，上册，中央文献出版社，2004年，第91页。

9月25日，邓小平出席中共中央军委第二十二次常委会议，讨论中国人民解放军北京军区和空军的领导班子配备问题。邓小平指出：

"我看现在党内存在一种倾向，看风向，顺杆爬。这是从井冈山以来我们军队没有的。现在第一步需要一些老同志出来工作，进行整顿，把作风搞正。第二步是选一批四十岁左右的人接班。搞接班人，一般要经过各级锻炼，取得各级的领导经验，但不排除把个别的有特殊贡献的一下子提到高级领导岗位。要一步一步地发现品质好、党性好、正派的人，提拔干部要上台阶，快些可以。"

"对落实政策，一种人热心，一种人不热心，对老干部没感情。有的人错误就那么大嘛！我犯过错误，主席还是要我工作嘛！"

《邓小平年谱》，上册，中央文献出版社，2004年，第104页。

9月26日，邓小平听取胡耀邦、李昌、王光伟等汇报中国科学院工作和讨论《科学院工作汇报提纲》，多次插话发表意见。邓小平的插话已收入《邓小平文选》第2卷，题为《科研工作要走在前面》，其中指出：

搞科研要靠老人，也要靠年轻人，年轻人脑子灵活，记忆力强。大学毕业二十多岁，经过十年三十多岁，应该是出成果的年龄。"

《邓小平文选》（第2版），第2卷，人民出版社，1994年，第32页。《邓小平年谱》，上册，中央文献出版社，2004年，第104页。

9月26日，邓小平在《科研工作要走在前面》中指出：

"如果我们的科学研究工作不走在前面，就要拖整个国家建设的后腿。"

"现在科研队伍大大削弱了，接不上了。一些科研人员打派仗，不务正业，少务正业，搞科研的很少。少数人秘密搞，像犯罪一样。陈景润就是秘密搞的。像这样一些世界上公认有水平的人，中国有一千个就了不得。说什么'白专'，只要对中华人民共和国有好处，比闹派性、拉后腿的人好得多。现在连红专也不敢讲，实际上是不敢讲'专'字。科研工作能不能搞起来，归根到底是领导班子问题，不把领导班子弄好，谁来执行政策？领导班子，特别要注意提拔有发展前途的人。对于那些一不懂行、二不热心、三有派性的人，为什么还让他们留在领导班子里？科研人员中有水平有知识的为什么不可以当所长？"

《邓小平文选》（第2版），第2卷，人民出版社，1994年，第32～33页；《邓小平年谱》，上册，中央文献出版社，2004，第104～105页。

9月27日、10月4日，邓小平在《各方面都要整顿》中指出：

"挑选领导干部，不管老中青，都要看他是不是肯干，是不是能带头吃大苦耐大劳。这是第一条。当然还要有头脑。

老中青，现在要着重注意中。这里所说的中，就是现在四十岁多一点的干部。这些人至少有一二十年的工作经验，有些还有上十年的领导工作经验。发现一个好苗子，要让他一个台阶一个台阶地上来，每个台阶可以快一点，比如搞个年把子再上来。这种培养方法好，是对干部真正的爱护。"

《邓小平文选》（第2版），第2卷，人民出版社，1994年，第36页。

9月下旬～11月上旬在周荣鑫根据邓小平关于"文化教育也要整顿"精神主持起草《教育工作汇报提纲》期间，邓小平多次强调：教育工作关系到整个现代化的水平，今后二十五年发展远景，关键是我们教育部门要培养人。科学研究工作后继有人问题，中心是教育部门的问题。由于"四人帮"的干扰，《提纲》最终未能定稿。《提纲》过程稿提出了教育整顿的具体措施。

《邓小平年谱》，上册，中央文献出版社，2004年，第109页。

11 月 8 日邓小平出席中共中央军委第二十五次常委会议，讨论军队军师编制和干部配备问题。他指出：

"军队要打仗，干部就得要年纪轻的，这和地方干部不一样。我过去说，年长一岁，要开明一分。军以下干部年纪太大不行。现在就要注意选拔年轻的师以上干部。经过五六年时间，使军一级干部不超过五十岁，个别体格好的，不受年龄限制。师一级不超过四十五岁。怎样培养高级干部？是一下子提上来，还是把优秀年轻干部先送进学校培养，经过团、师的锻炼再提上来？经过团、师锻炼，有这么一段指挥经历，经过这样一个过程，就不一样了，管理经验、政治经验就不一样了。军事指挥干部要有合成军指挥知识，比如飞机、坦克的技术性能，你不懂就很难运用。培养干部一个是学校，一个是演习。恐怕部队演习要多搞点。"

《邓小平年谱》，上册，中央文献出版社，2004 年，第 131 页。

1977 年

5 月 4 日，邓小平同王震、邓力群谈话，强调"青年要积累经验，这是培养青年的好办法。不用这个办法反而把好好的青年人害了"。这个谈话的一些内容分为两篇收入《邓小平文选》第 2 卷，一篇题为《"两个凡是"不符合马克思主义》，一篇题为《尊重知识，尊重人才》。其中邓小平在《尊重知识，尊重人才》中指出：

"我们要实现现代化，关键是科学技术要能上去。发展科学技术，不抓教育不行。靠空讲不能实现现代化，必须有知识，有人才。没有知识，没有人才，怎么上得去？"

"要从科技系统中挑选出几千名尖子人才。这些人挑选出来之后，就为他们创造条件，让他们专心致志地做研究工作。生活有困难的，可以给津贴补助。现在有的人家里有老人孩子，一个月工资几十元，很多时间用于料理生活，晚上找个安静地方读书都办不到，这怎么行呢？对这些人的政治要求要适当。他们在政治上要爱国，爱社会主义，接受党的领导。他们做好研究工作，出了成果，就对政治有利，对中华人民共和国有好处。

"一定要在党内造成一种空气：尊重知识，尊重人才。要反对不尊重知识分子的错误思想。不论脑力劳动，体力劳动，都是劳动。从事脑力劳动的人也是劳动者。将来，脑力劳动和体力劳动更分不开来。发达的资本主义国家有许多工人的工作就是按电钮，一站好几个小时，这既是紧张的、聚精会神的脑力劳动，也是辛苦的体力劳动。要重视知识，重视从事脑力劳动的人，要承认这些人是劳动者。

"在军队中，科研和教育也要一起抓，进行现代战争没有现代战争知识怎么行？要使军队领导干部自己有知识而且尊重知识。"

《邓小平文选》（第2版），第2卷，人民出版社，1994年，第40~41页。

7月23日，邓小平同中央长沙工学院临时委员会正、副书记张文峰、高勇谈话。他指出：

我主动提出协助华国锋主席、叶剑英副主席管教育、管科学。我是总参谋长，当然也管军队。要继承人类的知识。自然科学和语言一样没有阶级性，哪一个阶级掌握了，就为哪一个阶级服务。指南针、印刷术、火药，都是中国人发明的，外国人还不是学去用了，并且发展了。中国人很聪明。有些中国人写的东西，我们自己不知道，外国人拿去用了。我们国家六十年代和国际上差距还比较小，七十年代差距就比较大了。要学习外国的先进技术。你们可以花钱把外国技术资料买来，编到教材中去，也可以派留学生去学，还可以请外国技术专家来教。只有学到手了才能发展，才能赶超世界先进水平。"四人帮"不准这样做，他们开"帽子公司"、"棍子公司"、"钢铁公司"。现在到二十世纪末只有二十三年了，你们要大胆干，绝对不会打你们的棍子。科学技术人员，这些年接不上茬，十年啦。科技人员真正出成果是在三十多岁到四十多岁。对技术人员，只要努力钻技术，在技术上有贡献的，就应支持。一九七五年教育战线的整顿搞不动，我就想让军队带头，在军队搞一所国防科技大学，从高中直接招生。现在看来还不够，还应当发展。教育要两条腿走路，要有重点。大学要从工农兵中招生，重点学校可以从应届高中毕业生中招。基础是数、理、化、外语，从小就可以学 ABC。要搞电化教学，也可以用幻灯、录音。好教员讲课录音下来，其他教员辅导。当然。搞电视教学现在还没条件。要注意培养学生学习马列主义、毛泽东思想，树立正确的世界观，培养无产阶级革命事业的接班人。军队过去主要是靠打仗训练干部，现在不打仗，主要靠学校训练干部。学校要搞科研，教学科研是分不开的。只有把科研搞好，才能促进教学质量进一步提高。

《邓小平年谱》，上册，中央文献出版社，2004年，第164~165页。

7月27日，邓小平同方毅、李昌谈科研工作。他指出：

一、科研单位的任务就是要出成果、出人才。二、要肯定党委领导下的所长分工负责制，要把政治、业务、后勤三大系统搞好。三、要把有作为的科技工作者列出名单，填出表格。对这些人要给予适当照顾。四、教育部已决定招研究生。要允许个人挑老师、老师挑学生。五、立即着手搞全国的科研规划。六、国外专家要求回来的，可以接收。七、要从全国选拔人才，组织科研队伍。八、科研人员的房子问题、两地分居问题要逐步解决。一九六四年、一九六五年毕业的大专毕业生，工作不适合的要调整。九、科研经费可以解决，但要看用得对不对，适当不适当。

《邓小平年谱》，上册，中央文献出版社，2004年，第166页。

7月29日，邓小平听取方毅、刘西尧等汇报教育工作，指出：

最近准备开一个科学和教育工作座谈会，找一些敢说话、有见解的，不是行政人员，在自然科学方面有才学的，与"四帮人"没有牵连的人参加。……要进口一批外国的自然科学教材，结合我们自己的实际编出新的教材，以后就拿新教材上课。要组织一个很强的班子编写大中小学教材。要抓一批重点大学。重点大学既是教育的中心，又是办科研的中心。高等学校的科学研究，应纳入国家规划。清华、北大要恢复起来。要逐步培养研究生。教育部也要抓一些中小学重点学校，在北京就可以抓四十所到五十所。不能降低教师的待遇。要加强外语教学。要搞电化教学。有几个问题要提出来考虑：第一，是否废除高中毕业生一定要劳动两年才能上大学的做法？第二，要坚持考试制度，重点学校一定要坚持不合格的要留级。对此要有鲜明的态度。第三，要搞个汇报提纲，提出方针、政策、措施。教育与科研两者关系很密切，要狠抓，要从教育抓起，要有具体措施，否则就是放空炮。

《邓小平年谱》，上册，中央文献出版社，2004年，第166页。

8月1日，邓小平同方毅、刘西尧谈教育问题。指出：

办教育要两条腿走路，学校可以搞多种形式。总的目标是尽快地培养一批人出来。根本大计是要从教育着手，从小学抓起，否则赶超就变成了一句空话。重点大中小学校，数量不能太小，现在要立即着手指定。两条腿走路，但要有重点。重点大学就是直接从高中毕业生中招生。归根到底，还是要把小学、中学办好，这样大学就有希望了。编写教材，一定要吸收世界先进的东西，洋为中用，特别是自然科学方面。从最先进的东西教起，一开始就启发学生向着更广更深的方向发展，这就有希望了。现在比较急迫的问题是教材问题，还有教师队伍问题。教材要精简，大学的教材也应精简。要派留学生出去，请人来讲学，把愿意回国的科学家请回来。杨振宁、李政道提的意见是正确的。他们是真正爱国的，想把祖国搞好。他们不可能回来，但可以请他们回来讲学。毛主席说知识分子绝大多数是好的。"四人帮"另搞一套，说知识分子是"臭老九"。劳动人民都要知识化嘛！如果照"四人帮"的说法，到了共产主义，人们岂不都成了"臭老九"吗？总之，要充分调动知识分子的积极性，但任何时候都要注意他们世界观的改造。要提倡尊师。……这次科学和教育工作座谈会，我不能都参加，我主要是提点设想，鼓干劲。科研工作可以放开一些。科研要有个总的规划，把国防科委的一些设想也纳入到整个科研设想中。有些内容不怕重复，可以来一个竞赛，不能搞封锁。

《邓小平年谱》，上册，中央文献出版社，2004 年，第 168～169 页。

8 月 4 日，邓小平主持科学和教育工作座谈会。在讲话中指出：

邀集这次座谈会的目的，就是要请大家一起来研究和讨论，科学研究怎样才能搞得更快更好些，教育怎样才能适应我国四个现代化建设的要求、适应赶超世界先进水平的要求。这个世纪还有二十三年，要实现四个现代化，要赶超世界先进水平，究竟从何着手？看来要从科研和教育着手。一讲科研，就离不开教育。现在科研人员后继乏人。科研人员来源可以从生产单位直接选拔、培养，但大量的还是靠大学，特别是尖端科学和理论方面的人才。所以要把大学办好。但教育只抓大学，不抓中小学不行。好多知识，要从小开始打好基础。像语文、算术、外文，就要从小学抓起。教育工作基本方针就是遵照毛主席的教育路线去做。对毛主席的教育革命思想要准确地、完整地去理解和贯彻。比如教材要精简，一是简，二是精。简得没有内容了，就丢了这个精字；简，不能降低质量。现代自然科学一日千里，教材要做到精，就要合乎现代学的发展水平，要用最新的科学知识来教育青年。……这几年"四人帮"对科学工作、教育工作，对各行业破坏极大，对我们国家是一个大灾难。一定要花很大的力量，把损失的时间抢回来。可不可以要求教育革命五年见初效、十年见中效、十五年见大效？……要把国外先进的科学技术成果放到教材里去，把数理化和外文的基础打好。小学、中学的水平提高了，大学的情况就不同了。要做思想工作，把"臭老九"的帽子丢掉。对上山下乡知识青年中通过自学达到了较高水平的人，要研究用什么办法、经过什么途径选拔回来。这种人成千上万，要非常注意这部分人，爱护这部分人，千方百计把他们招回来上大学或当研究生。大学可以直接从高中招生。大学要办得活一点。有些青年成绩好，没毕业就可以当研究生，好的班也可以全班转入研究生。过几年后，大学要重点培养研究生。这样做，研究人员成长得快。这是个方针问题。这样出人才会快些。我相信中国人聪明，会大量出人才的。我们太落后了。我们自己要谦虚一点，说老实话，吹不得牛。高等学校特别是重点大学，必须搞科研，要承担相当多的科研项目，规划中要明确。大学不要办那么多厂，而是要多办些研究室，要出科研成果，这是大学的任务。

《邓小平年谱》，上册，中央文献出版社，2004年，第172～173页。

8月6日，邓小平主持科学和教育工作座谈会，在有人谈到学制等问题时说：从明年开始执行新的教育制度。今年做准备，把学制、教材、教师、学生来源、招生制度、考试制度、考核制度等都要确定下来，都要搞好。搞好后就不要经常变动了。当然小改也还是可能的。在有人谈到现在科技人员有相当一部分时间用于跑器材时说：去年不是批我们"三套马车"的意见吗？我现在仍主张搞"三套马车"：一个是配备党委书记，多半是外行，但对科学教育事业要热心，当然找到内行更好；一个是管业务的，这应当是内行；再一个是管后勤的，即后勤部长。我愿意给你们当总后勤部长。……教育部也要兼后勤部。条件没有，资料没有，又不努力创造条件，科研怎么能搞上去？搞好生活管理也很重要。在有人谈到有些人、有些单位搞技术封锁时说：相互封锁，是资产阶级世界观的主要表现之一。借口保密，搞技术封锁，结果是封锁了自己。这种学风一定要改变！这个问题不光在知识分子中存在，在其他行业之间也存在。……在有人谈到"以学为主"的问题时说：重点学校应以搞基础理论教学为主，培养学得比较深、水平比较高的科研人才。一般大学招的学生水平可能低一些，教学内容应有所不同，出的人才普通一些，但也可能出些尖子。教育部要抓好重点学校，其他的放手让地方上抓。重点学校太少了，要再增加一些，好多专业院校也应当列为重点学校。现在办得不算好的学校要加强，搞几条腿走路。重点学校不要提半工半读。

《邓小平年谱》，上册，中央文献出版社，2004年，第175～177页。

8月8日，邓小平主持科学和教育工作座谈会。在座谈会结束时的讲话，收入《邓小平文选》第2卷，题为《关于科学和教育工作的几点意见》。邓小平在《关于科学和教育工作的几点意见》中指出：

"要尊重劳动，尊重人才。毛泽东同志不赞成'天才论'，但不是反对尊重人才。他对我评价时就讲过'人才难得'。扪心自问，这个评价过高。但这句话也说明人才是重要的，毛泽东同志是尊重人才的。你们讲科研机构要出成果、出人才，教育战线也应该这样。中小学教师中也有人才，好的教师就是人才。要珍视劳动，珍视人才，人才难得呀！要发挥知识分子的专长，用非所学不好。有人建议，对改了行的，如果有水平，有培养前途，可以设法收一批回来。这个意见是好的。'四人帮'创造了一个名词叫'臭老九'。'老九'并不坏，《智取威虎山》里的'老九'杨子荣是好人嘛！错就错在那个'臭'字上。毛泽东同志说，'老九'不能走。这就对了。知识分子的名誉要恢复。"

"有的同志提出，应当有奖惩制度，这个意见也对。但是要补充一点，就是重在鼓励，重点在奖。有的人在科学研究上很有成就，为我们国家作出了贡献，这样的人要不要鼓励？我看要。"

"对知识分子除了精神上的鼓励，还要采取其他一些鼓励措施，包括改善他们的物质待遇。教育工作者的待遇应当同科研人员相同。假如科研人员兼任教师，待遇还应当提高一点，因为付出的劳动更多嘛。讲按劳分配，无非是多劳多得，少劳少得，不劳不得。这个问题从理论到实践，有好多具体问题要研究解决。这不仅是科学界、教育界的问题，而且是整个国家的重大政策问题。"

"我国现在科研人员少，队伍小，比不上那些发达的大国，这点我们要承认。美国科研队伍有一百二十万人，苏联前年的资料是九十万人，现在又增加了。我们是二十多万人。但是，正像有的同志说的，只要我们充分发挥社会主义制度的优越性，把力量统一地合理地组织起来，人数少，也可以比资本主义国家同等数量的人办更多的事，取得更大的成就。"

"科研部门、教育部门都有一个调整问题。希望这个调整搞得快一些，哪怕不完善也可以，以后逐步改进。调整当中，具体问题很多，第一位的是配备好领导班子。我提出一个单位有三个人要选得好。党委统一领导，书记很重要，一定要选好，这是第一个人。第二个是领导科研或教学的人，要内行，至少是接近内行或者比较接近内行的外行。还有一个管后勤的，应当是勤勤恳恳、扎扎实实、甘当无名英雄的人。有了这样的三把手，事情就比较好办了，下面单位的调整，计划的执行等等，就可以比较顺利地进行了。"

"今年就要下决心恢复从高中毕业生中直接招考学生，不要再搞群众推荐。从高中直接招生，我看可能是早出人才、早出成果的一个好办法。"

"后勤工作的任务，就是要为科研工作、教育工作服务，要为科研工作者和教育工作者创造条件，使他们能够专心致志地从事科研、教育工作。后勤工作包括提供资料，搞好图书馆，购置和供应器材、实验设备，建设中间工厂，也包括办好食堂、托儿所等等。搞后勤的要学会管家，学会少花钱多办事。有些问题的解决本来是轻而易举的，但是'四人帮'横行时一直无人去解决。一些科研人员到处去跑器材，耽误事情，浪费时间，是一种很大的损失。现在一定要有一批人搞后勤工作。这些人要甘当无名英雄，勤勤恳恳，热心为大家服务。后勤工作也是一门学问，也需要学习，也能出人才，不钻进去是搞不好的。"

"现在国家还有困难，有些实际问题一下子还解决不了。我个人认为，科研、教育经费应该增加，但不能希望马上增加很多。要在困难条件下，尽力把工作做好。原来条件比较好的，要充分利用现有的条件，尽快把工作搞上去；原来条件比较差的，要逐步改善。那些必须解决而且也能够解决的困难，要抓紧解决。"

《邓小平文选》（第2版），第2卷，人民出版社，1994年，第50~57页。

8月23日，邓小平在《军队要把教育训练提高到战略地位》中指出：

"通过办学校来解决干部问题。要看到我们各级干部指挥现代化战争的能力都很不够，不要把自己的眼睛蒙住了。承认我们哪些方面有缺点，哪些方面还不足，这就是解决问题的起点，克服弱点、克服缺点的起点。"

"学校怎么办？我想对学校提出三个要求。第一，训练干部，选拔干部，推荐干部。用形象化的语言说，就是各级学校的本身要起到集体政治部的作用，或者说起到集体干部的作用。第二，认真学习现代化战争知识，学习诸军兵种联合作战。不但高级干部要学，连排干部也要学，都要懂得现代化战争。我曾经讲过，现在当个连长，不是拿着驳壳枪喊个'冲'就行了，给你配几辆坦克，配个炮兵连，还要进行对空联络、通信联系，你怎么指挥？一个连是这样，更不用说营、团、师、军了。第三，恢复我们军队的传统作风。概括地说，这种作风就是艰苦奋斗的作风，实事求是的作风，群众路线的作风。要在学校里培养这种作风，并把它带到部队，发扬光大。不能像前些年办学校的办法，要讲一点有用的东西。"

《邓小平文选》（第2版），第2卷，人民出版社，1994年，第61~62页。

9月6日下午，邓小平会见基恩·富勒为团长的美联社董事会代表团。他指出：

文化大革命中，中国的教育受到林彪、"四人帮"的干扰，学生学习质量降低，教材水平大大降低，使我们的教育从小学到大学都受到相当大损失。现在打倒了"四人帮"，就有可能真正按照毛主席的道路走了。要提高教材质量，现在是认真研究的时候了。从小学到大学都要按照毛主席制定的教育路线真正实践起来，真正能够造就人才，就是不上大学的，也要成为有文化的劳动者。……过去"四人帮"不提倡搞生产，认为搞生产就是"唯生产力论"，就是"不革命"，就是"走资本主义道路"。他们反对按劳分配原则。所谓按劳分配，就是多劳多得，少劳少得，不劳不得。现在我们要恢复按劳分配的原则。我们是实行低工资政策，要实行好多年。随着经济的发展，才能逐步提高工资。我们采取低工资政策还因为有个城乡关系问题，如果工资过高，农村生活水平不能很快提高，会吸引许多农村劳动力进入城市。即使我们的工业更发达，国家收入更多，也要照顾城乡关系，不能相差太多，当然差距总还是会有的。要按劳分配，要有差别，但差别不能太大。群众反对"四人帮"，主要是反对他们不让劳动，不让提高劳动生产率，不鼓励劳动有贡献的人，不让他们多收入一点，不让那些在艰苦条件下劳动的人多收入一点。这是违反马克思主义，违反社会主义原则的。对外贸易是随着我们经济发展而发展的。我们历来提倡自力更生，但并不是像"四人帮"解释的那样，什么东西都要自己搞，连世界上先进的东西都不接受。为什么不接受世界上先进的东西？这是人类共同的成果。……万斯访华有一个成果，就是万斯来了，这是你们美国现政府第一次派高级官员来中国。但是他带来的中美建交的方案，是一个后退的方案，就是"倒联络处"的方案。美国政府同意我们的三个条件，"撤军、废约、断交"的前提，但还要在台湾设立相应的机构。所以，我们还是重申中美关系正常化的原有立场。台湾问题是中国的内政，什么方式、什么时间解决台湾问题，是中国的内政，外国人无权干涉。中国政府力求通过和平方式解决台湾问题。中国自己解决台湾问题时会考虑到台湾的特殊条件。

《邓小平年谱》，上册，中央文献出版社，2004 年，第 196～197 页。

9 月 14 日，邓小平审定《关于召开全国科学大会的通知》，在《通知》中加写了一段话："小学、中学、大专学校是培养科学技术人才的重要基础，而大专学校又是科学研究一个重要的方面军。"还批示："我看可以，改了几处。"

《邓小平年谱》，上册，中央文献出版社，2004 年，第 201～202 页。

9 月 19 日，邓小平同方毅、刘西尧、雍文涛、李琦等谈教育战线的拨乱反正问题。邓小平在《教育战线的拨乱反正问题》中指出：

"'两个估计'是不符合实际的。怎么能把几百万、上千万知识分子一棍子打死呢？我们现在的人才，大部分还不是十七年培养出来的？原子弹是一九六四年搞成功的。氢弹虽然是一九六七年爆炸，但也不是一下子就搞出来的。这些都是聂荣臻同志抓那个一九五六年制订的十二年科学规划打下的基础。你们的思想没有解放出来。你们管教育的不为广大知识分子说话，还背着'两个估计'的包袱，将来要摔筋斗的。"

"教育要狠狠地抓一下，一直抓它十年八年。我是要一直抓下去的。我的抓法就是抓头头，抓方针。重要的政策、措施，也是方针性的东西，这些我是要管的。教育方面有好多问题，归根到底是要出人才、出成果。"

《邓小平文选》（第2版），第2卷，人民出版社，1994年，第67～70页。

10月22日，邓小平在会见由具一善率领的朝鲜中央通讯社代表团时指出：

"四人帮"在各个领域里都打马列主义、毛泽东思想的旗帜，实际上是反对马列主义，反对毛泽东思想。他们掌握、控制了全部宣传工具，他们篡改、封锁了毛主席许多指示。"四人帮"不是讲文化大革命前十七年都是"黑线"，讲知识分子都是"臭老九"吗？他们搞的全国教育工作座谈会纪要是一九七一年八月份发出的，就在这年六月，毛主席对"四人帮"谈了知识分子问题、十七年的问题。现在从迟群的笔记本上查出来了：毛主席说，对十七年不能估计过低。但他们篡改了，把十七年都说成是修正主义。我们现在改过来，十七年还是以毛主席的红线为主。就在这个谈话里，毛主席说，绝大多数知识分子是好的，是要革命的，拥护社会主义的；反对社会主义的、坏的是少数，很少数。尽管毛主席有这样的指示，但被他们封锁起来，所以过去谁也不知道。其实毛主席就是在那次座谈会期间发表的这些指示。……"四人帮"在各个领域都造成很大的破坏，受破坏最大的是教育和科学技术。教育受到的破坏就是不读书，使科研队伍后继乏人。现在，我们的科技队伍没有来源，很多科学研究机关没有二十五到三十五岁的人。这个年龄段恰恰是科学研究出成果、思想活跃的时候。要承认自己落后，特别在科学技术领域里。承认落后就有希望。闭着眼睛连自己的面貌都看不清楚，不照照镜子不行。总之，要老老实实，还是毛主席说的要实事求是。

《邓小平年谱》，上册，中央文献出版社，2004年，第227页。

10月23日，邓小平会见以查尔斯·约斯特为团长的美中关系全国委员会理事会代表团。在谈话中指出：

过去"四人帮"指责我们搞现代化，一吸收外国先进技术，就说是"洋奴哲学"、"爬行主义"。我们把吸收外国先进技术作为实现四个现代化的起点，不这样干才真正叫爬行主义。又指出：行政管理属于上层建筑问题，总是要不断改进的。如企业管理的规章制度，建国初期接受了苏联的经验，苏联的经验也有好的，很多并不好，批判是对的。但林彪、"四人帮"把合理的规章制度也破坏了。现在合理的要恢复起来，不好的要改进。……今年开始，可以从高中毕业生中直接招收大学生，但比例不能很大，原因是中学水平低，完全从中学直接招生不能保证质量，还需要从社会上招收努力自学的青年。今后随着中小学教育的加强，还要增加从中学直升大学的比例。

《邓小平年谱》，上册，中央文献出版社，2004年，第228页。

11月28日上午，邓小平和李先念听取胡乔木、于光远、邓力群汇报中国社会科学院揭批"四人帮"运动的情况，商谈组建中国社会科学院领导班子问题。针对有人提议将国务院政研室和中国社会科学院合并一事，提出国务院政研室还是单独保留下来好，负责人可以兼两个单位的职。他指出：

> 名称就叫国务院研究室。还是你们这个班子。写文章，出资料。不适当的人淘汰掉一些，还可以吸收年轻一点的人，加以培养。现在能写作的多数人岁数都已经比较大了，要注意培养年轻人。政研室调来的年轻人也可以和社会科学院的研究所挂钩，研究所的有些活动他们也可以参加，扩大知识面。研究室的同志还可以和国务院各部委联系，搞调查研究。……要写一写关于上层建筑和经济基础、生产关系和生产力的文章。"四人帮"是不讲生产力的，他们甚至连生产关系也不多讲，只强调上层建筑。他们讲上层建筑也是只强调"专政"的一面，只讲"专政"问题，但人民内部存在的极大量的问题不是专政，例如管理就不是专政。

《邓小平年谱》，上册，中央文献出版社，2004年，第242页。

12月28日，邓小平在《在中央军委全体会议上的讲话》中指出：

> "我们今后配备领导班子的时候，要选用什么人呢？要选那些认真学习马列主义、毛泽东思想，在斗争中经得起考验的人；要选那些党性强，能团结人，不信邪的人；要选那些艰苦朴素，实事求是，说老实话，办老实事，做老实人，作风正派的人；要选那些努力工作，联系群众，关心群众疾苦，有魄力，有实际经验，能够办事的人。"

> "现在我们的领导干部年龄都比较大了，五年以后，五十岁以下的人，打过仗的就很少了。所以，我们这些老同志，要认真选好接班人，抓紧搞好传帮带。"

> "对干部的教育训练，要使他们学好马列著作和毛泽东同志的著作，懂得现代战争知识，有好的思想作风，有强的指挥能力和管理能力；还要使他们学点搞工业、农业的知识和必要的现代科学知识，学点历史、地理、外语；有条件的，还要使他们学点专业技术，比如开汽车、开拖拉机，并且懂点原理。我们军队里具有多种知识和一定专业技术的人以后会慢慢多起来。这些问题，主管教育训练的部门要作出规划，提出落实的具体措施。"

《邓小平文选》，（第2版），第2卷，人民出版社，1994年，第75~79页。

1978 年

3 月 10 日邓小平出席国务院第一次全体会议。在发言中指出：

> 摆在老同志面前加一个重要任务，是怎样去发现人才、培养人才。现在各部领导人年龄普遍大。三年内每个部都应该有四十岁左右的副部长，这些人精力充足，是一步步上来的，不是火箭式的。优秀人才上台阶可以快一点。我提议国家要建立考核制度，这样比较容易发现人才。没有淘汰，能干的人上不来。丁肇中说，在一个科研机构当研究室主任，如果三年不出成果，就要被解聘，不被解聘自己也得下台。工厂管理也应该这样。如果老同志能够找出合格的人代替自己，那就是最大的贡献、最大的功绩。今天，我总的是讲要解决拖后腿的问题，就是要发现人才、培养人才。这要做大量的工作，这是一个根本性的工作。

《邓小平年谱》，上册，中央文献出版社，2004 年，第 277~278 页。

3 月 18 日，邓小平在《在全国科学大会开幕式上的讲话》中指出：

> "正确认识科学技术是生产力，正确认识为社会主义服务的脑力劳动者是劳动人民的一部分，这对于迅速发展我们的科学事业有极其密切的关系。我们既然承认了这两个前提，那末，我们要在短短的二十多年中实现四个现代化，大大发展我们的生产力，当然就不能不大力发展科学研究事业和科学教育事业，大力发扬科学技术工作者和教育工作者的革命积极性。"

> "我们向科学技术现代化进军，要有一支浩浩荡荡的工人阶级的又红又专的科学技术大军，要有一大批世界第一流的科学家、工程技术专家。造就这样的队伍，是摆在我们面前的一个严重任务。"

> "科学技术人员应当把最大的精力放到科学技术工作上去。我们说至少必须保证六分之五的时间搞业务，也就是说这是最低的限度，能有更多的时间更好。如果为了科学上和生产上的需要，有人连续奋战七天七晚，那正是他们热爱社会主义事业的忘我精神的崇高表现，我们对于他们只能够学习、表扬和鼓励。无数的事实说明，只有把全副身心投入进去，专心致志，精益求精，不畏劳苦，百折不回，才有可能攀登科学高峰。我们不能要求科学技术工作者，至少是绝大多数科学技术工作者，读很多政治理论书籍，参加很多社会活动，开很多与业务无关的会议。"

> "我们培养、选拔人才，有广阔的源泉，有巨大的潜力。最近，高等学校招生制度改革之后，发现了一批勤奋努力的、有才华的优秀青少年。看到他们的优

异成绩，我们都感到高兴。尽管'四人帮'猖獗一时，但是，他们没有能够扑灭广大青少年的学习热情，没有能够扼杀广大教师为党为人民精心培育下一代的革命积极性。今天，党中央这样关注科学和教育事业，这样着力于培养选拔人才，我们可以预见，一个人才辈出、群星灿烂的新时代必将很快到来。"

"科学的未来在于青年。青年一代的成长，正是我们事业必定要兴旺发达的希望所在。"

"科学技术人才的培养，基础在教育。我们要全面地正确地执行党的教育方针，端正方向，真正搞好教育改革，使教育事业有一个大的发展，大的提高。教育事业，决不只是教育部门的事，各级党委要认真地作为大事来抓。各行各业都要来支持教育事业，大力兴办教育事业。"

"在人才的问题上，要特别强调一下，必须打破常规去发现、选拔和培养杰出的人才。这是被'四人帮'搞乱了的一个重大问题。他们把有贡献的科学家、教授、工程师诬蔑为资产阶级学术权威，把我们党和国家培养成长的优秀中年青年科学技术人员，诬蔑为修正主义苗子。我们要彻底清除'四人帮'的流毒，把尽快地培养出一批具有世界第一流水平的科学技术专家，作为我们科学、教育战线的重要任务。"

"毛泽东同志在抗日战争初期就说过：如果我们党有一百个至二百个系统地而不是零碎地、实际地而不是空洞地学会了马克思列宁主义的同志，就会大大地提高我们党的战斗力量，并加速我们战胜日本帝国主义的工作。革命事业需要有一批杰出的革命家，科学事业同样需要有一批杰出的科学家。"

"我们的科学家、教师发现人才，培养人才，本身就是一种成就，就是对国家的贡献。在科学史上可以看到，发现一个真正有才能的人，对科学事业可以起多么大的作用！世界上有的科学家，把发现和培养新的人才，看作自己毕生科学工作中的最大成就。这种看法是很有道理的。我们国家现在一些杰出的数学家，也是在他们年轻的时候，被老一辈数学家发现和帮助他们成长起来的。尽管有些新人在科学成就上超过了老师，他们老师的功绩还是不可磨灭的。"

"我们工人阶级的杰出人才，是来自人民的，又是为人民服务的。在广泛的群众基础上，才能不断涌现出杰出人才。也只有有了成批的杰出人才，才能带动我们整个中华民族科学文化水平的提高。"

"科学研究机构的基本任务是出成果出人才，要出又多又好的科学技术成果，出又红又专的科学技术人才。衡量一个科学研究机构党委的工作好坏的主要标准，也应当是看它能不能很好地完成这个基本任务。只有很好地完成这个基本任务，才是为巩固无产阶级专政、建设社会主义真正尽了自己的责任。"

"许多事情，比如对学术论文的评价，科学技术人员业务水平的考核，研究计划的制订，研究成果的鉴定，等等，都应该充分发扬民主，走群众路线，广泛倾听有关科学技术人员的意见。对于学术上的不同意见，必须坚持百家争鸣的方针，展开自由的讨论。在科学技术工作中，认真听取专家的意见，充分发挥专家的作用，是使我们少犯错误、做好工作所必需的。"

"为了实现科学研究计划，为了把科学研究工作搞上去，还必须做好后勤保证工作，为科学技术人员创造必要的工作条件，这也是党委的工作内容。我愿意当大家的后勤部长，愿意同各级党委的领导同志一起，做好这方面的工作。"

"科学技术的业务领导工作，应当放手让所长、副所长分工去做。不论是党内的还是党外的专家，担负了行政职务，党委就应当支持他们的工作，充分发挥他们的作用，使他们真正做到有职有权有责。他们同样也是党和国家的干部，决不应该见外。党委应该了解和检查他们的工作，但是不能包办代替。"

"二十多年来，我们党对科学技术工作的领导，虽然积累了一些经验，但是应该承认，怎样科学地组织管理和领导好社会主义的科学技术事业，我们面前还有很大的未被认识的必然王国。不改变这种情况，就很难取得大的成就，就不会有主动权。"

《邓小平文选》，（第2版），第2卷，人民出版社，1994年，第89～99页。

3月28日，邓小平在《坚持按劳分配原则》中指出：

"要有奖有罚，奖罚分明。对干得好的、干得差的，经过考核给予不同的报酬。我们实行精神鼓励为主、物质鼓励为辅的方针。颁发奖牌、奖状是精神鼓励，是一种政治上的荣誉。这是必要的。但物质鼓励也不能缺少。在这方面，我们过去行之有效的各种措施都要恢复。奖金制度也要恢复。对发明创造者要给奖金，对有特殊贡献的也要给奖金。搞科学研究出了重大成果的人，除了对他的发明创造给予奖励外，还可以提高他的工资级别。如果他干了几年，干不出成绩来，就应该让他改行。"

《邓小平文选》（第2版），第2卷，人民出版社，1994年，第102页。

3月22日，邓小平同刘西尧等谈话，就如何办好北京大学发表意见。他指出：

如何办好北大，首先要把是非弄清楚，把班子搞好。配领导班子，一个是有派性的不能用，一个是打砸抢的不能用。凡是属于这两种人的，都要换掉，不能犹豫。北大要彻底解决问题，搞出经验来。校长、系主任、室主任要恢复。一些年轻的、党性强的、立场坚定的，要提起来。这次全国科学大会，大家不太注意我讲的第三个问题，党委领导不好，就会变成障碍。不出成绩，不出人才，不热心为科学服务，就说明党委不善于领导，领导得不好。聂元梓还有市场，对她还要批判。对变成了障碍的人，要采取坚决态度。学校要像个学校，要定编，整顿秩序。大学没有秩序不行。教育部、北京市委应搞个发展规划，与其办新大学，还不如现有大学增收学生来得快。今后，凡是有基础的学校都要增收学生。……党委领导下的校长分工负责制，就是校长应当真正有权。北大要在这方面积累经验，然后再整顿其他大学。

《邓小平年谱》，上册，中央文献出版社，2004 年，第 285～286 页。

4 月 22 日，邓小平出席全国教育工作会议开幕式并发表讲话。邓小平在《在全国教育工作会议上的讲话》中指出：

"我们的学校是为社会主义建设培养人才的地方。培养人才有没有质量标准呢？有的。这就是毛泽东同志说的，应该使受教育者在德育、智育、体育几方面都得到发展，成为有社会主义觉悟的有文化的劳动者。"

"为了培养社会主义建设需要的合格的人才，我们必须认真研究在新的条件下，如何更好地贯彻教育与生产劳动相结合的方针。……现代经济和技术的迅速发展，要求教育质量和教育效率的迅速提高，要求我们在教育与生产劳动结合的内容上、方法上不断有新的发展。要做到这一点，各级各类学校对学生参加什么样的劳动，怎样下厂下乡，花多少时间，怎样同教学密切结合，都要有恰当的安排。"

"一个学校能不能为社会主义建设培养合格的人才，培养德智体全面发展、有社会主义觉悟的有文化的劳动者，关键在教师。"

"我们要提高人民教师的政治地位和社会地位。不但学生应该尊重教师，整个社会都应该尊重教师。我们提倡学生尊敬师长，同时也提倡师长爱护学生。尊师爱生，教学相长，这是师生之间革命的同志式的关系。对于优秀的教育工作者，应该大张旗鼓地予以表扬和奖励。"

《邓小平文选》（第 2 版），第 2 卷，人民出版社，1994 年，第 103～109 页。

5 月 15 日，邓小平在于光远关于中国人民大学发展方向问题的来信上批示："这个意见好，先念同志阅后交教育部考虑。"于光远在信上提出，重建后的人民大学，不应是老样子，而应该在培养目标、专业设置、课程内容等方面面目一新。信中说，人民大学的任务，一是您和先念同志提出的培养经济管理人才；二是培养社会科学研究人才；三是培养高等教育政治课师资。

《邓小平年谱》，上册，中央文献出版社，2004年，第312页。

6月2日，邓小平在《在全军政治工作会议上的讲话》中指出：

> "培养接班人，这件事关系到军队建设和未来反侵略战争的大局，非解决不可。年轻干部只要选得准，搞好对他们的传帮带，加强学校的培养，是能够接好班的。我们老同志在这个问题上，眼光要放得远一些，要积极发挥骨干作用，选好接班人，带好接班人。这件事做好了，我们才有资格去见马克思，见毛主席，见周总理。"

《邓小平文选》（第2版），第2卷，人民出版社，1994年，第123页。

6月26日、6月27日邓小平和王震、罗瑞卿听取吕东和张廷发等汇报。在讲话时说：今天找你们来，是要了解陆、海、空军究竟装备什么，将来要发展什么，特别是空军和海军的装备，我要一个部一个部地谈一谈。……要精选人才，这些人要有干劲，有专业基础。这些人中有四十岁左右的就不错，当然将来有三十多岁的更好。这事很重要。得靠善于管理工厂的人，不要很多，一个厂有几个人就行。要有尖子，技术上要选拔年轻人，管理干部也如此，干好了就提升。领导上要有意识地培养，有意识地提拔。国防工业各部门都要这样做。这件事要打破常规，是要得罪一些人的。最近有人就贴出大字报，说什么"不重视工农兵"。对这些奇谈怪论就不要管。该办的还是要办，不要怕人家不满意。他强调：管理干部、技术干部和技术工人的培养都要抓紧。要从现在起培养，不然引进的新设备不会用。要赶快培养，这方面可不能空谈。你们要多派一些人出国留学，但大量的人才还是靠国内自己培养，我们自己要培养出大量有能力的大学生。我提出重点大学招生要翻一番，如北大、清华，航空学院也是这样。利用原来的学校翻一番，比新建来得快。还指出：

> 国防工办重点是抓好协调，要搞综合平衡。重点执行放在部，要加强部的领导，加强部的权力。各个部要加强工厂的权力，今后重点是抓厂长。当然党委书记也要成为内行，党委不能只讲空话，要讲实际。

《邓小平年谱》，上册，中央文献出版社，2004年，第333～334页。

7月10日上午，邓小平会见弗兰克·普雷斯率领的美国科技代表团。在谈话时说：我是自告奋勇管科学、教育的、不过，我是一个外行，只能当个后勤部长。指出：

> 中美两国进行科学技术交流具有重要意义。美国的科学技术，在很多领域比其他国家先进一些，我们愿意吸收你们的技术。"四人帮"时期不可能谈这些问

题，也不可能欢迎你们这样的代表团来访。他们把这些事，把吸收世界上一切先进成果，说成是"崇洋媚外"。他们吹嘘自己长得很漂亮，怕丢丑。我们这么落后，面孔本来就不漂亮，你吹嘘干什么。我们现在需要向发达国家，包括你们学习。你们关于留学生问题的建议是很积极的，我们非常赞成。你们提出近期内接受五百人，我们提出的人数可能更多一些。用你们现成的条件，为我们培养更多的科技人才，为什么不干呢。我们还要请更多的科学家、工程技术专家、学者来帮助我们，请你们帮助改造一些企业。我更关心的是你们的技术出口问题，希望你们放宽一点。当然，我们要的是你们的好东西，有些是从欧洲、日本也得不到的。我们要吸收你们的资金、技术和引进装备，然后用我们的产品来偿还。就美国来说，这方面大有可为。

《邓小平年谱》，上册，中央文献出版社，2004 年，第 339～340 页。

7 月 11 日，邓小平审阅教育部《关于一九七八年全国部分省市中学数学竞赛的总结报告》，作出批示：

"同意报告所提意见。请教育部研究办理。"《报告》提出，竞赛制度应坚持按规定执行。建议教育部门研究如何通过数学竞赛加速培养人才的问题。

《邓小平年谱》，上册，中央文献出版社，2004 年，第 341 页。

7 月 25 日，邓小平会见美国专栏作家马奎斯·威廉·蔡尔兹，并回答客人提出的问题时指出：

林彪、"四人帮"对各方面都有干扰、破坏，各行各业都有损失，但最大的损失是在科学和教育方面，主要是教育方面，十年基本上没有出人才，耽误了一代人，把我们同世界先进水平的距离拉得很大。弥补工农业方面的损失比较容易一些，而弥补科技和教育的损失需要更多的时间。

邓小平强调：我现在主要的兴趣是如何使我国的经济发展得快一点，关心最多的还是科学和教育，这是能否实现四个现代化的最关键的问题。我是作为外行来关注科学和教育问题的，我起的作用就是当后勤部长，就是做发现人才，支持科学家、教育家，拨款，搞设备等事情。

《邓小平年谱》，上册，中央文献出版社，2004 年，第 347 页。

8 月 1 日、8 月 2 日，邓小平和王震、杨勇、张爱萍听取宋任穷、郑天翔、王纯等汇报。指出：

揭批"四人帮"运动不能拖得太久。对有错误的干部要做结论，给纪律处分。对"火箭式"上来的干部要"卫星回收"，让他回到原单位。运动最大的目标是落实政策，整顿组织，首先是搞好领导班子。……研究机构和工厂都要整顿。研究所要建立研究秩序，要搞定额，搞考核，要有淘汰制度。我们现在主要是技术人员不够。考核不能看资历，要看本领。对科研人员，贡献大的要提高技术职称，提高待遇，不然就体现不出政策了。对后勤工作搞得好的，经过考核，要破格提升。多余的人员宁肯放在编外，搞一大堆人摆在那里不行。……五年内仗肯定打不起来。要把电力、冶金、煤炭、石油、交通运输搞起来，要把农业搞起来，钱要先花在这些方面。军事上如何精打细算，尖精的搞到什么程度，要研究。四个现代化，要有重点。我们要把钱花在发展国民经济，提高生产力，提高技术水平，提高人民生活上。国防工业要以民养军，军民结合。我们的试验手段并不多，要合理使用。研究手段不仅为本身服务，还要为别人服务，按规定收费就是了。这样可以使整个国家节约，步伐加快。国防科委、国防工办都要注意这个问题。……威慑力量，你有我也要有，也不能搞多了，但我有了就可以起作用。战略武器要更新，方针是少而精。我们要合理使用力量，合理使用资金，还是把技术力量转到急需的方面。科学技术装备委员会，要注意整个规划。

《邓小平年谱》，上册，中央文献出版社，2004年，第350~351页。

12月2日，邓小平约见胡耀邦、胡乔木、于光远，谈在中共中央工作会议闭幕会上的讲话稿问题。根据中央工作会议上出现的新问题，提出讲话稿的主要内容要转到反映真理标准问题、发扬民主问题、团结一致向前看的问题和经济管理体制问题上。此前，邓小平亲笔拟出讲话提纲："一、解放思想，开动机器。理论的重要。实践是检验真理的标准——争论的必要。实事求是，理论和实际相结合，一切从实际出发。全党全民动脑筋。二、发扬民主，加强法制。民主集中制的中心是民主，特别是近一时期。民主选举，民主管理（监督）。政治与经济的统一，目前一时期主要反对空头政治。权力下放。千方百计。自主权与国家计划的矛盾，主要从价值法则、供求关系（产品质量）来调节。三、向后看为的是向前看。不要一刀切。解决遗留问题要快，要干净利落，时间不宜长。一部分照正常生活处理。不可能都满意。要告诉党内外，迟了不利。安定团结十分重要，要大局为重。犯错误的，给机会。总结经验，改了就好。四、克服官僚主义、人浮于事。一批企业做出示范。多了人怎么办，用经济方法管理经济，扩大管理人员的权力。党委要善于领导，机构要很小。干什么？学会管理，选用人才，简化手续，改革制度（规章）。五、允许一部分先好起来。这是一个大政策。干得好的要有物质鼓励。国内市场很重要。六、加强责任制，搞几定。从引进项目开始，请点专家。七、新的问题。人员考核的标准。多出人员的安置（开辟新的行业）。"

《邓小平年谱》，上册，中央文献出版社，2004 年，第 445～446 页。

12 月 13 日，邓小平在《解放思想，实事求是，团结一致向前看》中指出：

"要善于选用人员，量才授予职责。要发现专家，培养专家，重用专家，提高各种专家的政治地位和物质待遇。用人的政治标准是什么？为人民造福，为发展生产力、为社会主义事业作出积极贡献，这就是主要的政治标准。"

"全党必须再重新进行一次学习。"

"学习什么？根本的是要学习马列主义、毛泽东思想，要努力把马克思主义的普遍原则同我国实现四个现代化的具体实践结合起来。当前大多数干部还要着重抓紧三个方面的学习：一个是学经济学，一个是学科学技术，一个是学管理。学习好，才可能领导好高速度、高水平的社会主义现代化建设。从实践中学，从书本上学，从自己和人家的经验教训中学。要克服保守主义和本本主义。几百个中央委员，几千个中央和地方的高级干部，要带头钻研现代化经济建设。"

《邓小平文选》（第 2 版），第 2 卷，人民出版社，1994 年，第 151 页。

1979 年

1 月 17 日，邓小平在《搞建设要利用外资和发挥原工商业者的作用》中指出：

"要发挥原工商业者的作用，有真才实学的人应该使用起来，能干的人就当干部。对这方面的情况，你们比较熟悉，可以多做工作。比如说旅游业，你们可以推荐有本领的人当公司经理，有的可以先当顾问。还要请你们推荐有技术专长、有管理经验的人管理企业，特别是新行业的企业。不仅是国内的人，还有在国外的人，都可以用，条件起码是爱国的，事业心强的，有能力的。"

"要落实对原工商业者的政策，这也包括他们的子孙后辈。他们早已不拿定息了，只要没有继续剥削，资本家的帽子为什么不摘掉？落实政策以后，工商界还有钱，有的人可以搞一两个工厂，也可以投资到旅游业赚取外汇，手里的钱闲起来不好。你们可以有选择地搞。总之，钱要用起来，人要用起来。"

《邓小平文选》（第 2 版），第 2 卷，人民出版社，1994 年，第 156～157 页。

1 月 26 日，邓小平阅胡厥文关于培养技术和管理人才问题的来信，批示印发中央政治局委员、国务院副总理各同志。

《邓小平年谱》，上册，中央文献出版社，2004年，第475页。

7月29日，邓小平在《思想路线政治路线的实现要靠组织路线来保证》中指出：

"政治路线确立了，要由人来具体地贯彻执行。由什么样的人来执行，是由赞成党的政治路线的人，还是由不赞成的人，或者是由持中间态度的人来执行，结果不一样。这就提出了一个要什么人来接班的问题。"

"一定要趁着我们在的时候挑选好接班人，把那些表现好的同志用起来，培养几年，亲自看他们成长起来。选不准的，还可以换嘛。解决组织路线问题，最大的问题，也是最难、最迫切的问题，是选好接班人。"

"现在摆在老同志面前的任务，就是要有意识地选拔年轻人，选一些年轻的身体好的同志来接班。要趁着我们在的时候解决这个问题，我们不在了，将来很难解决。"

"中国的稳定，四个现代化的实现，要有正确的组织路线来保证，要有真正坚持马克思列宁主义、毛泽东思想和党性强的人来接班人才能保证。"

"庙只有那么大，菩萨只能要那么多，老的不退出来，新的进不去，这是很简单的道理。因此，老同志要有意识地退让。要从大处着眼，小道理要服从大道理，不要一涉及到自己的具体问题就不通了。我们将来要建立退休制度。但是，最重要的还是选拔培养接班人。现在有些地方对选进领导班子的年轻人，还是论资排辈，发挥不了他们的作用。我们的人才是有的，关键是要解放思想，打破框框。只要我们敢于把他们提起来，让他们在其位，谋其政，经过一两年就能干起来了。"

《邓小平文选》（第2版），第2卷，人民出版社，1994年，第191～193页。

9月5日至10月7日，全国组织工作座谈会在北京召开。胡耀邦在会上传达了邓小平关于组织工作的意见：党的组织工作上一些与四个现代化密切相关的问题，要准备用三年左右的时间加以解决。组织工作方面的问题，不能用在全党搞政治运动的方法来解决，今后也不用这种方法了。当前搞好经济工作，实现四个现代化是最大的政治，是压倒一切的政治任务。会议提出把加强领导班子建设、培养选拔中青年领导干部、改革干部制度作为当前最迫切的任务。

《邓小平年谱》，上册，中央文献出版社，2004年，第553页。

10月4日，邓小平在《关于经济工作的几点意见》中指出：

"按经济规律办事，就要培养一批能按经济规律办事的人。我们需要一些专家、懂行的人，现在不懂行的人太多了，'万金油'干部太多了。我们的干部有一千八百万，缺少的是专业干部、技术人员、管理人员和其他各种专业人员。如果能增加一百万司法干部，增加两百万合格的教员，有五百万科学研究人员，再有两百万会做生意的人，那就比较好了。现在的干部结构不合理，不对路。改变这个状况，是一项相当长期的工作。现在就要着手，不然，有好机器、好设备，也发挥不了作用。我们要相信，我们是能够培养这样一批人才出来的。"

《邓小平文选》（第2版），第2卷，人民出版社，1994年，第196页。

10月19日，邓小平在《各民主党派和工商联是为社会主义服务的政治力量》中指出：

"各民主党派和工商联的成员以及他们所联系的人们中，有大量的知识分子，其中不少同志有较高的文化科学水平，有丰富的实践经验，不少同志是学有专长的专家，他们都是现代化建设中不可缺少的重要力量。原工商业者中不少人有比较丰富的管理、经营企业和做经济工作的经验，在调整国民经济、搞好现代化建设中可以发挥积极作用。原国民党军政人员以及其他爱国人士也能够利用自己的专长和社会关系，在现代化建设事业和统一祖国的大业中作出自己的有益贡献。"

《邓小平文选》（第2版），第2卷，人民出版社，1994年，第204页。

10月30日，邓小平在《在中国文学艺术工作者第四次代表大会上的祝词》中指出：

"老一代文艺工作者，在发现和培养青年文艺工作者方面负有重要的责任。青年文艺工作者年富力强，思想敏锐，是我们文艺事业的未来。应当热情帮助并严格要求他们，使他们既不脱离生活，又能在思想上、艺术上不断进步。"

"必须十分重视文艺人才的培养。在一个九亿多人口的大国里，杰出的文艺家实在太少了。这种状况与我们的时代很不相称。我们不仅要从思想上，而且要从工作制度上创造有利于杰出人才涌现和成长的必要条件。

《邓小平文选》（第2版），第2卷，人民出版社，1994年，第212~213页。

11月2日，邓小平在《高级干部要带头发扬党的优良传统》中说：

"现在我们国家面临的一个严重问题，不是四个现代化的路线、方针对不对，而是缺少一大批实现这个路线、方针的人才。道理很简单，任何事情都是人干的，没有大批的人才，我们的事业就不能成功。所以，现在我们搞四个现代化，急需培养、选拔一大批合格的人才。"

"现在我们提出选拔接班人，有个好的条件，就是人们的政治面貌清楚了。叶剑英同志在国庆讲话里，提出了三条标准：一是坚决拥护党的政治路线和思想路线；二是大公无私严守法纪，坚持党性，根绝派性；三是有强烈的革命事业心和政治责任心，有胜任工作的业务能力。另外，从精力上说，能够顶着干八小时工作，这一点切不要忽略。做四个现代化的闯将，没有专业知识是不行的，没有干劲是不行的，没有精力是不行的。不管你的见解多么高明，如果没有精力，要做好工作是很困难的。"

"我们军队的高级机关，比如大军区，也要选一点比较年轻的干部。军队有它的特殊性，干部还是要一个台阶一个台阶地来提，但是也要打破老框框才行。地方和军队不同，企业单位和军队也不同，学校、科研单位和军队更不同，选拔人才可以破格。有些省、市、自治区党委也提了一两个稍微年轻一点的干部，但所谓年轻，也是四十多、五十岁左右了，而且名字总是排在尾巴上，这也说明没有完全打破框框。还有一个问题，就是领导班子的成员太多，一个党委常委往往有十五六个、十七八个，甚至更多。现在，我们就是要认真选拔比较年轻的、年富力强的同志，当中下级领导机关的一、二把手，当高级领导机关的二、三把手。并且准备再过两三年、四五年由他们来接替一把手。如果选错了，那就换嘛，也来得及。"

"选拔接班人要越快越好，现在我们工作中真正的骨干大都是四十岁左右的人，三十岁左右的骨干还很少，我们应该把这层骨干大胆地提拔起来。在座的同志过去负重要责任的时候年龄都不大，当团长、当师长的，有的当军长的，也只是二十几岁，难道现在的年轻人比那个时候的年轻人蠢？不是。是因为被我们这些人盖住了，是论资排辈的习惯势力使得这些年轻人起不来。好多同志在他们没有到领导岗位以前好像不行，其实把他们一提起来，帮助他们一下，很快就行了嘛。"

"关于学校和科学研究单位培养、选拔人才的问题，我昨天在中国科学院成立三十周年纪念会上讲了，要建立学位制度，也要搞学术和技术职称。"

"现在有几个年轻的科学家国内国际都出了名了，为什么不能够提为教授，提为研究员？在学术上，只要有创造，有贡献，就应该评给相应的学术职称，不能论资排辈。在工厂，总要选业务能力和管理水平比较高的人当厂长，不管他年龄大小，辈数高低，不能讲这个。"

"在学校里面，应该有教授（一级教授、二级教授、三级教授）、副教授、讲师、助教这样的职称。在科学研究单位，应该有研究员（一级研究员、二级研究员、三级研究员）、副研究员、助理研究员、研究实习员这样的职称。在企业单位，应该有高级工程师、工程师，总会计师、会计师等职称。凡是合乎这些标准的人，就应该授予他相应的职称，享受相应的工资待遇。现在工资规定低一点也可以，但不能太低，不能搞平均主义，不能吃大锅饭。在一个研究所里，好的研究员的工资可以比所长高。在一个学校里，好的教授的工资可以比校长高。这样才能鼓励上进，才能出人才。我们就是要建立这样一套制度，使那些有专业知识的、年富力强的人，被选拔到能够发挥他们才干的工作岗位上来。这里我还要说一下，对科学家一般不要用行政事务干扰他们，要尽量使他们能够集中主要精力去钻研业务，搞好科研工作。"

"我们说资本主义社会不好，但它在发现人才、使用人才方面是非常大胆的。它有个特点，不论资排辈，凡是合格的人就使用，并且认为这是理所当然的。从这方面来看，我们选拔干部的制度是落后的。论资排辈是一种习惯势力，是一种落后的习惯势力。"

"我们要特别注意选拔中年干部。也许再过五年，大学毕业生里会出现一批人才，他们的年龄都在三十岁以下，对这些人我们要注意提拔。但是从现在的状况来说，重点应该放在选拔中年干部，要选拔他们当中合乎三个条件的人接班，老同志要让路。我们要破格选拔人才，不要按老规矩办事，要想到这是百年大计。先不说百年大计，十年大计首先要想嘛。"

"选拔干部，选拔人才，只要选得好，选得准，我们的事业就大有希望。道理很明显，只是确定了正确的思想路线和政治路线，确定了实现四个现代化的目标还不够，还需要有人干。谁来干？反正靠我们坐在办公室画圈圈不行，没有希望。现在真正干实际工作的还是那些年轻人。既然这样，为什么不可以把他们提到领导岗位上来？有人说他们压不住台，帮他们压嘛。"

"现在看来，要真正解决问题不能只靠顾问制度，重要的是要建立退休制度。这个问题，同我们每个人都有密切关系，请同志们好好地考虑一下。不建立这个制度，我们的机构臃肿、人浮于事的状况，以及青年人上不来的问题，都无法解决。"

"老同志现在的责任很多，第一位的责任是什么？就是认真选拔好接班人。选得合格，选得好，我们就交了账了，这一辈子的事情就差不多了。其他的日常工作，是第二位、第三位、第四位、第五位、第六位的事情。第一位的事情是要认真选拔好接班人。"

"要培养、选拔一批年轻干部到各级领导岗位上来，老干部对他们要传帮带，要给他们树立一个好的作风，要使他们能够继承和发扬党的艰苦朴素、密切联系群众等优良作风。要使他们懂得，不只是年轻就能解决问题，不只是有了业务知识就能解决问题，还要有好的作风。密切联系群众，这是最根本的一条。"

《邓小平文选》（第2版），第2卷，人民出版社，1994年，第220～230页。

11月26日，邓小平在《社会主义也可以搞市场经济》中指出：

"我们还要注意一点，就是培养人才的问题。多年来我们放松了科学研究和教育，这方面损失是很大的。我们要加强科学教育事业。要发现人才，很好地使用人才。"

《邓小平文选》（第2版），第2卷，人民出版社，1994年，第233页。

1980 年

1月16日，邓小平在《目前的形势和任务》中指出：

"要有一支坚持走社会主义道路的、具有专业知识和能力的干部队伍。"

"我们要在中国社会主义制度下实现四个现代化，理所当然的，我们的干部队伍一定要坚持社会主义道路，要有马列主义的基本观点，要遵守党的纪律和国家的纪律。"

"这里要说一说红与专的关系。专并不等于红，但是红一定要专。不管你搞哪一行，你不专，你不懂，你去瞎指挥，损害了人民的利益，耽误了生产建设的发展，就谈不上是红。不解决这个问题，不可能实现四个现代化。"

"只靠坚持社会主义道路，没有真才实学，还是不能实现四个现代化。无论在什么岗位上，都要有一定的专业知识和专业能力，没有的要学，有的要继续学，实在不能学、不愿学的要调整。我们要按照专业的要求组织整个领导班子，充分发挥专业人才的作用，并且领导广大群众，按照专业的要求，去学习和工作。"

"如果我们有二百万到三百万在校大学生，我们培养的专门人才就会比较多。这就要求增加办学校的人才，增加教师。"

"目前重要的问题并不是干部太多，而是不对路，懂得各行各业的专业的人太少。办法就是学。一个是办学校、办训练班进行教学，一个是自学。要下苦功夫学。在哪一行的，不管年龄多大，必须力求使自己学会本行。学不会的或者不愿学的，只能调整，没有别的办法，你耽误事业嘛。今后的干部选择，特别要重视专业知识。我们长期都没有重视，现在再不特别重视，就不可能进行现代化建设。没有专业知识，又不认真学习，尽管你抱了很大的热心建设社会主义，结果做不出应有的贡献，起不到应有的作用，甚至还起相反的作用。"

　　"我们需要有越来越多的专门人才，但是，是不是说，我们现在就没有人才呢？不是，是我们的各级党委，特别是一些老同志，在这方面注意不够，没有去有意识地发现、选拔、培养、帮助一批专业的人才。"

　　"今后的干部选拔，特别要重视专业知识。"

　　"我们的人才本来就少，决不能再浪费人才，我们经不起这个浪费。老同志的最主要的任务，第一位的任务，是提拔年纪比较轻的干部。别的事情搞差一点，这件事情搞好了，我们见马克思还可以交得了账，否则是交不了账的。"

　　"有能干的人，我们要积极地去发现，发现了就认真帮，我们要逐渐做到，包括各级党委在内，各级业务机构，都要由有专业知识的人来担任领导。"

《邓小平文选》（第2版），第2卷，人民出版社，1994年，第261～265页。

2月29日，邓小平在《坚持党的路线，改进工作方法》中指出：

　　"比如现在很需要人才，对于一些优秀分子为什么不能上来，怎样解决挡路的问题，就非常需要认真想一想，采取有效的措施。"

　　"我们确实已经有不少比较优秀的年轻人，在经济建设、科学技术、文化教育等各个领域中，都有不少有专业知识、有管理能力、很能干的人。政治思想好、党性强，又有见解、有本领的人，各部门各地方有的是。"

《邓小平文选》（第2版），第2卷，人民出版社，1994年，第279～281页。

3月17日，邓小平出席中共中央政治局常委会议，就各省、市、自治区选拔的165名优秀中青年干部名单一事，指出：

　　我仔仔细细地看了名单，发觉在选拔中青年干部上有问题，主要是两点，第一，年龄偏高；第二，文化程度偏低，大学毕业的很少。组织部门一定要建立卡片制度。要不断将优秀中青年干部在工作中的表现、新贡献填进卡片中。

《邓小平年谱》，上册，中央文献出版社，2004年，第609页。

4月1日，邓小平在《对起草〈关于建国以来党的若干历史问题的决议〉的意见》中指出：

　　"为了建成社会主义，工人阶级必须有自己的技术干部队伍，必须有自己的教授、教员、科学家、新闻记者、文学家、艺术家和马克思主义理论家的队伍，这是一个宏大的队伍，人少了是不成的……"

《邓小平文选》（第2版），第2卷，人民出版社，1994年，第295页。

5月26日，为《中国少年报》和《辅导员》杂志题词："希望全国的小朋友，立志做有理想、有道德、有知识、有体力的人，立志为人民作贡献，为祖国作贡献，为人类作贡献。"6月1日，《人民日报》发表这个题词。

《邓小平年谱》，上册，中央文献出版社，2004年，第639页。

7月23日，邓小平在郑州接见中共河南省委负责人，听取段君毅、胡立教、刘杰等汇报工作。邓小平在讲话中指出：

> 农村要发展，要注意两点，一是政策要正确。政策威力大，有了正确的农村政策，可以调动农民的生产积极性。二是科学种田。要抓种子，搞优良品种，要搞好种子公司，繁殖良种。……不要在老框子里选人，要吸收新的进来。现在取消干部领导职务终身制是个大问题。搞终身制，老当第一书记，谁敢提意见。中国封建主义很厉害，这个问题不解决，就要把人推向反面。这次出来看，有的是人才。政治上，经过"文化大革命"分清楚了，标准就是不是"四人帮"体系的人。提拔青年干部，光靠推荐不行，要下去发现人才。干部要考核，两年一考核，不称职就下来。厂长工资待遇要提高。学校的教授不一定比校长地位低。

《邓小平年谱》，上册，中央文献出版社，2004年，第659页。

1981 年

5月11日，邓小平和邓颖超、彭真、王震等出席中国科学院第四次学部委员大会开幕式，并接见参加大会的全体代表。在同大会主席团成员交谈时，邓小平询问有没有五十岁、四十岁以下的院士。他指出：

> 别的事情搞得差一点，发展科学技术这件事情搞好了，我们见马克思还可以交得了账，否则交不了账。科学的未来在于青年。青年一代的成长，正是我们事业必定要兴旺发达的希望所在。在科学研究上，也往往是青年人赶过老年人，我们的老同志应当高兴地帮助青年人赶上来。

《邓小平年谱》，下册，中央文献出版社，2004年，第739页。

7月2日，邓小平在《老干部第一位的任务是选拔中青年干部》中指出：

　　"我们历来讲，这（指选拔培养中青年干部）是个战略问题，是决定我们命运的问题。现在，解决这个问题已经是十分迫切了，再过三五年，如果我们不解决这个问题，要来一次灾难。"

　　"好像我们党里有一种风气，就是在老干部里头有相当一部分人认为谁拥护自己谁就是好干部。不客气地讲，任人唯贤还是任人唯亲这个问题并没有解决好。"

　　"陈云同志提出，选拔中青年干部不是几十、几百，是成千上万。成千是个形容词，上万是实质，实际上是一万、两万、几万。现在我们选择的人中间，有些看得不准的，经过考验之后，还会淘汰下去的。比如说现在先定他五万。这五万，是准备三五年之后，七八年之后，到领导机构的，就是到省、市、部这一级（大的工矿企业也相当这一级）准备将来接替的，其中突出表现好的要到中央来。"

　　"有没有人？我看找十万、二十万都有。问题是我们下不下这个决心，大家是不是好好地去做工作，去了解，去发现。"

　　"将来地方的干部制度，比如退休制度，也应该有个年龄规定。……看来，我们也需要有个年龄的限制。这个事情，在前五年我们可能办不到，是不是可以当作第二个五年计划的目标？不仅年龄有限制，干部的名额也有限制。……当然，前五年有个交替问题，有五年到十年的过渡时间。中心就是头五年真正能够选到五万左右五十岁以下的、四十岁左右的、四十岁以下的干部。这几种年龄的干部也应该有个比例。然后设想干部制度、机构怎样才比较合理，在后五年通盘解决这个问题。最重要是这个前五年。"

《邓小平文选》（第2版），第2卷，人民出版社，1994年，第384~388页。

1982 年

1月13日，邓小平在《精简机构是一场革命》中指出：

　　"所有老干部都要认识，实现干部队伍的革命化、年轻化、知识化、专业化，是革命和建设的战略需要，也是我们老干部的最光荣最神圣的职责；是我们对党的最后一次历史性贡献，也是对我们每个人党性的一次严重考验。所以，这件事情必须解决，而且早就应该解决。……总之，这是一场革命。当然，这不是对人的革命，而是对体制的革命。这场革命不搞，让老人、病人挡住比较年轻、有干劲、有能力的人的路，不只是四个现代化没有希望，甚至于要涉及到亡党亡国的问题，可能要亡党亡国。"

　　"选人要选好，要选贤任能。选贤任能这个话就有德才资的问题。贤就是德，能无非是专业化、知识化，有实际经验，身体能够顶得住。"

《邓小平文选》（第2版），第2卷，人民出版社，1994年，第396~400页。

7月4日，邓小平在《在军委座谈会上的讲话》中指出：

"体制改革有一个很重要的内容，就是有利于选拔人才。过去那样臃肿，根本无法培养人才、选拔人才。干部年轻化，军队提了多年，要求选拔比较优秀的、年轻的，台阶可以上快一点。但应该说这件事情这几年做得不理想。这个问题如果不解决，我们这些人就交不了账。"

"干部年轻化，要当作体制改革的一个中心目标，军队、地方一样，党政军一样。选拔一些政治上好又比较年轻的干部，把他们一步步地提升上来。"

《邓小平文选》（第2版），第2卷，人民出版社，1994年，第410~411页。

7月30日，邓小平在《设顾问委员会是废除领导职务终身制的过渡办法》中指出：

"顾问委员会是个过渡，这个过渡是必要的，我们选择了史无前例的这种形式，切合我们党的实际。但是在这个过渡阶段，必须认真使干部队伍年轻化，为退休制度的建立和领导职务终身制的废除创造条件。"

"中青年干部有的是，问题是过去我们老同志眼睛长期不是向着他们，不从他们中间去选拔接班人，总是在老的圈子里面转过去转过来，总解决不了这个问题。"

《邓小平文选》（第2版），第2卷，人民出版社，1994年，第414页。

9月18日，邓小平在《一心一意搞建设》中指出：

"搞好教育和科学工作，我看这是关键。没有人才不行，没有知识不行，'文化大革命'的一个大错误是耽误了十年人才的培养。现在要抓紧发展教育事业。"

《邓小平文选》（第1版），第3卷，人民出版社，1993年，第9页。

1983 年

3月1日，邓小平在《视察江苏等地回北京后的谈话》中指出：

"我们现在一方面是知识分子太少，另一方面有些地方中青年知识分子很难起作用。落实知识分子政策，包括改善他们的生活待遇问题，要下决心解决。"

《邓小平文选》（第 1 版），第 3 卷，人民出版社，1993 年，第 26 页。

6 月 16 日，邓小平会见参加北京科学技术政策讨论会的外籍专家，并回答专家们提出的问题。他说：这么多专家坐在一起，对我们的科技政策提出意见和建议，益处很大。讨论会是一个新的方式，这次开了头，以后可以继续下去。这种讨论十分重要。搞四个现代化的关键问题是知识问题。就整个国家建设来说，能源、交通运输是重点，但更重要的恐怕是智力投资。在谈到人才培养时，他说：我们这方面有缺点。人有，当然要经过培养。大概希望还是在四十岁左右的人。要学点东西，学会管理，找青年、中年人来培养，这是全党的问题，是我们国家最大的课题。各行各业都是这样。在谈到中国建设道路时指出：

我们搞的现代化，是中国式的现代化。我们建设的社会主义，是有中国特色的社会主义。我们现在的路子走对了。我们的政策是不会变的。要变的话，只会变得更好。对外开放政策只会变得更加开放。路子不会越走越窄，只会越走越宽。路子走窄的苦头，我们是吃得太多了。如果我们走回头路，只能回到落后、贫困的状态。在谈到中国经济改革时说：打破"大锅饭"的政策不会变。工业有工业的特点，农业有农业的特点，具体经验不能搬用，但基本原则是搞责任制，这点是肯定的。这个谈话的一部分已收入《邓小平文选》，第 3 卷，题为《路子走对了，政策不会变》。

《邓小平年谱》，下册，中央文献出版社，2004 年，第 913～914 页。

6 月 30 日，邓小平出席中共中央工作会议，在讲话中指出：

这次会议应该解决的问题都提出来了，最重要的是集中。一个是集中资金搞重点建设，一个是集中精力搞技术改造。体制改革是为了实现这两点。……我们提出翻两番，每年增长多少，都必须是没有水分的。如果"六五"达到百分之六以上的速度，"七五"达到百分之七以上，而且在能源、交通、原材料工业等方面为今后十年打好基础，集中资金保证重点建设，那我们就能更有把握地说，后十年达到百分之八以上是可能的。这并不是冒险的计划，而是讲求实际的可行的能够达到的计划。但是，搞得不好，有可能改变十二大的决议，那就严重了！这不但在国内是个政治问题，在国际上也是个大的政治问题。不搞重点建设没有希望。能源、交通等重点项目，都是十年八年才见效的。比如三峡工程、长江上游的二滩工程，应该搞哪个，不要再犹豫了，犹豫一年就多耽误一年。外国人说我们翻两番靠不住，为什么？因为我们的计划中电力只能翻一番多，光这条就断言我们翻两番要落空。我们加强了这方面。如果不搞点重点，到那时什么也上不去。所以这个决策十分重要。……这几年我们暴露出很多问题，都是不应该出现的。我们过去提出，进行社会主义现代化建设，要实行对外开放政策。这是正确的，但是必须有两手。一手是坚持对外开放政策，这个不能变。要变，只能是越变越开放。另一手是必须打击经济犯罪活动，后来加了个"其他犯罪行为"。这件事情，一年多来我们做得有成绩但不能说做够了，手不是那么狠，以后还要经常注意。书记处、国务院把这件事作为经常性的工作，我赞成。这本来就要一直贯彻到底，不能松，但是如果作为经常性的工作就没人管了，就等于不搞了，那不行。要强调财经纪律，有些违反纪律的行为，本来是犯罪行为，现在我们没提那么高，因为有些事情我们没有讲清楚。这次讲清楚以后，就要提到法律的角度来看问题。我看经济立法工作还要加强。……经济方面、体制方面的改革问题很多，但是有个核心的问题，就是选用人才。事情总要人做。我们好多事情就是领导人不得力，浪费很大。所以选人要选对。一个企业改造得好不好，就看选人选得对不对。再一个问题是要加强责任制。选对了人，还要叫他承担责任。选用人才同搞责任制是一个问题的两个方面。……各地都要学习引滦工程提供的经验。就是注意调动各方面的积极性，利用各方面的力量，包括军队的力量，只要能为国家省点钱的，都可以用上。不仅引滦工程军队出了力，植树造林军队也出了力，而且成绩不小，其中包括空军飞机播种在内。这个事要坚持几十年。

《邓小平年谱》，下册，中央文献出版社，2004，第 918~919 页。

1984 年

10 月 1 日，邓小平在《在中华人民共和国成立三十五周年庆祝典礼上的讲话》中指出：

"全党和全社会都要真正尊重知识，真正发挥知识分子的作用，这样，我们就一定会逐步实现现代化。"

《邓小平文选》（第 1 版），第 3 卷，人民出版社，1993 年，第 70 页。

10 月 3 日，邓小平在《保持香港的繁荣和稳定》中指出：

"在过渡时期后半段的六七年内，要由各行各业推荐一批年轻能干的人参与香港政府的管理，甚至包括金融方面。不参与不行，不参与不熟悉情况。在参与过程中，就有机会发现、选择人才，以便于管理一九九七年以后的香港。参与者的条件只有一个，就是爱国者，也就是爱祖国、爱香港的人。"

《邓小平文选》（第1版），第3卷，人民出版社，1993年，第74页。

10月22日，邓小平在《在中央顾问委员会第三次全体会议上的讲话》中指出：

"概括地说就是'尊重知识，尊重人才'八个字，事情成败的关键就是能不能发现人才，能不能用人才。"

"这些年轻人选拔上来以后，可以干得久一些。他们现在经验不够，过两年经验就够了；现在不称职，过两年就可能称职了。他们脑筋比较活。整党明年就要推进到基层，到各单位各企业，这是一件非常了不起的工作，成功不成功就看我们能够不能够发现一批年轻人。因为到了本世纪末，现在三十岁的，那时是四十几；现在四十岁的，那时也才五十几。我们老同志在这个问题上要多顾多问。这方面可要解放思想呀，不解放思想不行啦！要说服老一点的同志把位子腾出来，要不然年轻干部没有位子呀。"

《邓小平文选》（第1版），第3卷，人民出版社，1993年，第91~92页。

1985 年

5月15日，邓小平会见新加坡前第一副总理吴庆瑞博士及其一行，指出：

城市改革涉及各个领域，比农村改革复杂得多，也是有风险的。但是，我们有勇气，有信心，相信是会成功的，当然也很容易出偏差。去年十二月，经济体制改革的决定刚刚公布不久，就出现了多发行一百亿元票子的事情。对我们来说这种事应当避免，但也难以完全避免。因为改革是新事物，而我们的知识还不够，鼻子不通，信息不灵。这样的事情出现后，国内有人提出了疑问，更多的人是担心。对这种事，我们应该十分注意，切实总结经验教训。但这也没什么了不起，还有可能再出现。倘若出现，发现要早，纠正要及时，这样就能保证我们的事业顺利进行。我们自己一定要有必胜的信心，一定要有足够的勇气正视现实，及时地发现和纠正错误。我们的事业一定能在不断地克服困难和纠正错误中前进。现在正是改革的最好时机，搞好改革，不但会为九十年代，而且会为下个世纪我国经济协调稳定地发展奠定一个好的基础。搞现代化建设，最重要的是知识和人才。我们最大的弱点恰恰在这里，知识不足，人才不足。我们请你们来，就是请你们提供知识。不仅请你们来，还要广泛地请发达国家退休的专家、技术人员来帮助我们工作，他们来当顾问或到企业里担任实职都可以。

《邓小平年谱》，下册，中央文献出版社，2004，第1045~1046页。

5月19日，邓小平在《把教育工作认真抓起来》中指出：

"我们国家，国力的强弱，经济发展后劲的大小，越来越取决于劳动者的素质，取决于知识分子的数量和质量。"

"一个十亿人口的大国，教育搞上去了，人才资源的巨大优势是任何国家比不了的。有了人才优势，再加上先进的社会主义制度，我们的目标就有把握达到。"

"我们多次说过，我国的经济，到建国一百周年时，可能接近发达国家的水平。我们这样说，根据之一，就是在这段时间里，我们完全有能力把教育搞上去，提高我国的科学技术水平，培养出数以亿计的各级各类人才。"

"现在小学一年级的娃娃，经过十几年的学校教育，将成为开创二十一世纪大业的生力军。中央提出要以极大的努力抓教育，并且从中小学抓起，这是有战略眼光的一着。如果现在不向全党提出这样的任务，就会误大事，就要负历史的责任。"

"忽视教育的领导者，是缺乏远见的、不成熟的领导者，就领导不了现代化建设。"

《邓小平文选》（第1版），第3卷，人民出版社，1993年，第120～121页。

7月21日，邓小平会见日本参议院议长木村睦男时指出：

我们不久要开一个党的代表会议，代表会议的权力相当于代表大会。为什么要开这次党代表会议？就是十二大的时候，我们的中央委员会在年轻化上不怎么理想，相应地，我们中央政治局和书记处在这个问题上也不理想，所以这次会议的中心目的，是使我们的中央委员会、政治局、书记处的成员更年轻化一些。此外，这次党代表会议还要对第七个五年计划作出决定。人们担心我们政策的连续性，担心会不会发生变化，比如开放政策会不会发生变化。我们说不会变化，如果说将来有变化，只能是变得更开放。这几年我们不就是一步一步更加开放吗？为什么呢？不搞开放就没希望。所以我们不但要坚持对外开放政策，还要从人事制度上搞年轻化，像建立第三梯队，以后还要建立第四、第五梯队，来保证我们开放政策的连续性。开放政策是个新事物，开放会带来积极成果，发展生产力，给四个现代化建设带来积极影响，这是实现四个现代化的重要步骤，没有开放，四化就没有希望。但是我们也充分意识到开放会带来一些消极的东西。所以我们每进行一段，就要及时总结经验。现在我们不但坚持对外开放，还进行全面的经济体制改革，遇到的问题会更多，像物价、工资、管理体制的改革，都是新的问题，而且都有风险，都不可避免地会遇到障碍，要犯大大小小的错误。

《邓小平年谱》，下册，中央文献出版社，2004年，第1062页。

9月18日，邓小平会见加纳国家元首、临时全国保卫委员会主席杰·约翰·罗林斯时指出：

建国三十六年来，我们在发展社会主义社会生产力、改善人民生活方面做了一些事情，但做得不够理想。经历"文化大革命"十年灾难，我们的经济发展处于停滞状态。粉碎"四人帮"后，我们的工作重点转移到了国家经济建设上来。一九七八年召开的我们党的十一届三中全会是一个转折点。三中全会到现在将近七年了，可以说这七年发展得比较好、比较快。一个国家经历一些波折当然不是好事，但波折也可以是很好的教员，可以使领导人和人民从中得到教训。现在，中国人民上下一心搞建设，也是因为有了十年"文化大革命"的反面教育。人民有个比较，那十年是什么情况，这七年又是什么情况，人民一看就清楚了。……中国的经验不能照搬。我们正在建设具有中国特色的社会主义，我们的方针政策是根据中国的特点和实际制定的。过去我们照搬苏联模式，也有发展，但不顺当。我们正在探索一条适合中国实际情况的发展道路。看来，我们的路子走对了。如果说中国有什么适用的经验，恐怕就是按照自己国家的实际情况制定自己的政策和计划，在前进过程中及时总结经验。好的坚持，贯彻下去，不好的不大对头的就及时纠正，恐怕这一经验比较普遍适用。中国也同你们一样，经验不足，人才不足。缺少经验和人才是我们的弱点，可能也是你们的弱点。人才可以培养，但更重要的是善于使用现有的人才。人才难得。至于经验，要靠自己积累。我们清醒地意识到，我们宏伟的发展规划是有风险的，难免会犯错误。但我们确定了一条方针，就是胆子要大，步子要稳，走一步，总结一步的经验，对的就贯彻下去，不妥当的就改。这样就可以不犯大的错误，我们就是这样做的。

《邓小平年谱》，上册，中央文献出版社，2004年，第1080～1081页。

9月23日，邓小平在《在中国共产党全国代表会议上的讲话》中指出：

"几年来新老干部的合作和交替，进行得比较顺利，从中央到地方的党政军各级领导岗位，都补充了一批德才兼备年富力强的优秀干部。这次三个委员会成员的进退，工作做得很好，特别是中央委员会的年轻化，前进了一大步。一批老同志以实际行动，带头废除领导职务终身制，推进干部制度的改革，这件事在党的历史上值得大书特书。"

"我曾经说过，干部不是只要年轻，有业务知识，就能解决问题，还要有好的作风。要全心全意为人民服务，深入群众倾听他们的呼声；要敢说真话，反对说假话，不务虚名，多做实事；要公私分明，不拿原则换人情；要任人唯贤，反对任人唯亲。"

"现在我还想提出一个新的要求，这不仅是专对新干部，对老干部也同样适用，就是要学习马克思主义理论。或者会有同志问：现在我们是在建设，最需要学专业知识和管理知识，学马克思主义理论有什么实际意义？同志们，这是一种误解。马克思主义理论从来不是教条，而是行动的指南。它要求人们根据它的基本原则和基本方法，不断结合变化着的实际，探索解决新问题的答案，从而也发展马克思主义理论本身。俄国的十月革命和我们中国的革命，不就是这样成功的吗？我们现在要建设有中国特色的社会主义，时代和任务不同了，要学习的新知识确实很多，这就更要求我们努力针对新的实际，掌握马克思主义基本理论。因为只有这样，才能提高我们运用它的基本原则基本方法，来积极探索解决新的政治经济社会文化基本问题的本领，既把我们的事业和马克思主义理论本身推向前进，也防止一些同志，特别是一些新上来的中青年同志在日益复杂的斗争中迷失方向。因此，我希望党中央能作出切实可行的决定，使全党的各级干部，首先是领导干部，在繁忙的工作中，仍然有一定的时间学习，熟悉马克思主义的基本理论，从而加强我们工作中的原则性、系统性、预见性和创造性。只有这样，我们党才能坚持社会主义道路，建设和发展有中国特色的社会主义，一直达到我们的最后目的，实现共产主义。"

《邓小平文选》（第1版），第3卷，人民出版社，1993年，第145~147页。

1986 年

8月19日~21日，邓小平在《视察天津时的谈话》中指出：

"把年轻干部放到第一线压担子，这个路子对，不能只靠人家扶着。他们受到了锻炼，提上来别人也会服气。"

《邓小平文选》（第1版），第3卷，人民出版社，1993年，第166页。

9月11日，邓小平在《关于政治体制改革问题》中指出：

"几年前我们就提出干部队伍要'四化'，即革命化、年轻化、知识化、专业化。这些年在这方面做了一些事情，但只是开始。领导层干部年轻化的目标，并不是三五年就能够实现的，十五年内实现就很好了。明年党的十三大要前进一步，但还不能完成，设想十四大再前进一步，十五大完成这个任务。这不是我们这样年纪的人完成得了的。但是制定一个目标十分重要。哪一天中国出现一大批三四十岁的优秀的政治家、经济管理家、军事家、外交家就好了。同样，我们也希望中国出现一大批三四十岁的优秀的科学家、教育家、文学家和其他各种专家。要制定一系列制度包括干部制度和教育制度，鼓励年轻人。在这方面，严格说来我们刚刚开步走，需要思考的问题和需要采取的措施还很多，必须认真去做。"

《邓小平文选》（第1版），第3卷，人民出版社，1993年，第179页。

11月1日上午，邓小平会见意大利总理贝蒂诺·克拉克西时指出：

我们实行的是集体领导，有事情大家一块商量决定，我自己只起一份作用。这几年我做的工作很少了。与我同龄的人有一批，我们在酝酿让位的问题。干部需要年轻化，从十一届三中全会以来七年多的时间，我们走了几步，但是还不理想。现在基本上还是老年化或者叫年龄偏大，非改革不行。拿我来说，已过了八十二岁，还能干吗，该让路了。明年我们党召开十三大，要使领导机构更年轻化一点。我们提出进一步改革，政治改革，全面改革，这能为人民所接受，人民会懂得不走这一步中国没有希望。但问题不简单，这实际上是一场革命。……就我们领导来说，胆子是够大的，但我们有的干部胆子不大，这也是个障碍。还有一个问题，我们在吸收外国资金和知识方面的本领小，各级干部的素质比较低。比较老的同志，五十多岁，革命经历很多，但经济管理方面的知识比较缺乏，吸收外国资金、技术为我所用的本领太小，要逐步提高才行。我们的开放政策，以后的领导也会坚持，没有这一条，达到中等发达国家的水平是不可能的。所以我们之间的合作前景至少是五十年。如果中国发展起来了，更需要合作。

《邓小平年谱》，下册，中央文献出版社，2004年，第1150页。

11月3日，邓小平会见美籍华人陈省身教授。在谈到培养使用人才问题时邓小平指出：

你一直在南开数学所工作，辛苦了。你立足国内培养人才，这个方法好。用这个方法可以培养更多的人。最好的人才不用才是真正的损失。要努力争取在国外学习的人回国，并为他们创造较好的工作条件，使他们回国后能发挥专长。国内办高科技中心的目的之一也是为了吸引人才回国。对少数尖子人才的待遇可以高一些。应该向尖子人才提供较优厚的待遇。对有才能的人应该破格评级提升。对成名的学者为何不可以破格提升？中国目前人才往往从五六十岁的人中挑选，这样就不能体现活力。中国只有出现三四十岁的政治家、科学家、经济管理家和企业家，并由这批人担负重任，国家才有活力，政策才能保持长久。我们建国时一些领导人都是四十多岁。当然，我们那时已经历了二三十年的革命斗争。现在选拔的四十多岁的人缺乏这个锻炼，三十多岁就应该注意从基层培养锻炼，逐步提到领导岗位。学术界也是一样，有才干的年轻人要上去，学术界才能活跃，光靠老同志还不行。论资排辈的状况一定要改变。学术界、教育界应该在年轻化方面带个头。

《邓小平年谱》，下册，中央文献出版社，2004 年，第 1150~1151 页。

1987 年

6 月 12 日，邓小平在《改革的步子要加快》中指出：

> "现在世界突飞猛进地发展，科技领域更是如此，中国有句老话叫'日新月异'，真是这种情况。我们要赶上时代，这是改革要达到的目的。要坚决执行领导班子年轻化的方针，但步子要稳妥，也不是只讲年龄这一条，还要德才兼备，并且要有经验丰富熟悉情况的同志参加，形成梯级结构。年轻化这件事障碍不小，不克服不行，还要做许多工作。"

《邓小平文选》（第 1 版），第 3 卷，人民出版社，1993 年，第 242 页。

1988 年

9 月 5 日、9 月 12 日，邓小平在《科学技术是第一生产力》中指出：

> "我们的留学生有几万人，如何创造他们回来工作的条件，很重要。有些留学生，回来以后没有工作条件，也没有接纳他们的机构，有些学科我们还没有。可以搞个综合的科研中心，设立若干专业，或者在现有的一些科研机构和大学里增设一些专业，把这些人放在里面，攻一个方面，总会有些人做出重大贡献。否则，这些人不回来，实在可惜啊。"

> "要把'文化大革命'时的'老九'提到第一，科学技术是第一生产力嘛，知识分子是工人阶级一部分嘛。"

《邓小平文选》（第 1 版），第 3 卷，人民出版社，1993 年，第 275 页。

1989 年

12 月 19 日，江泽民在《推动科技进步是全党全民的历史性任务》中指出：

"我国已经有一支近千万人的科技大军，他们同其他知识分子一道，构成工人阶级的重要组成部分。这支大军，继承、发扬革命先辈和老一辈科学家的优良传统，忠于祖国，忠于人民，忠于社会主义事业，具有为祖国强盛而艰苦奋斗的献身精神，具有实事求是的科学态度，具有勇攀高峰、能打硬仗的可贵品格。这支大军，经历了长期斗争的考验，真正属于中华民族的精英。我们为有这样一支素质好、水平高的科技队伍而骄傲。"

"鼓励和支持科技人员在实事求是基础上提出新理论、创立新学说、探索新领域，提倡不同学派、不同学术观点的争鸣，开展同志式的切磋讨论，共同推进科学技术的繁荣。"

"我们要根据科学技术工作的特点，热情地关心科技人员的成长和进步，鼓励他们在科学技术实践中，掌握马列主义、毛泽东思想的认识论和方法论。要继续从优秀科技人员中发展党员，选拔干部。各级党政领导干部，要经常倾听科技工作者的建议、意见和呼声，认真解决他们学习、工作和生活中存在的实际问题，尊重他们，理解他们，爱护他们，做他们的知心朋友。"

《论科学技术》（第 1 版），中央文献出版社，2001 年，第 1~12 页。

1990 年

3 月 23 日，江泽民在《对青年人，一要爱二要严》中指出：

"我们对青年人，第一要爱，满腔热情地爱护他们；第二要严，对他们要热情帮助，要有批评。爱和严，都是为了促进他们将来更好地创造我们民族美好的未来。爱和严要结合起来。真正的爱必然体现在严格要求之中，只爱不严不是真正的爱，而是害。只有严格要求，青年一代才能挑起建设社会主义现代化的历史重担。"

"大学生毕业后到基层去锻炼，在实践中增长才干，然后再根据实际表现和能力到适当的工作岗位上去发挥才干，这是人才成长的一条重要道路。到基层去锻炼，与工农大众相结合，是青年成长的一条光明大道。一个有志青年，要想成为对国家和人民的有用之才，必须走艰苦锻炼之路。青年只有在实践斗争中才能健康成长，没有捷径可走。五十年代大学生有一句口号'到艰苦的地方去，到祖国需要的地方去！'这也应该成为当代青年知识分子的口号。不经过艰苦奋斗不能成才。脱离社会、人民而孤军奋斗也不会成为真正的有用之才。"

《毛泽东邓小平江泽民论教育》（第 1 版），中央文献出版社、人民教育出版社、北京师范大学出版社，2002 年，第 208~209 页。

5月3日，江泽民在《知识分子在社会主义现代化建设中的使命》中指出：

"知识分子作为工人阶级队伍中主要从事脑力劳动的部分，在社会主义现代化建设中发挥着不可替代的作用，承担着重大的社会责任。"

"我们要在中国条件下把社会主义制度和现代科学技术结合起来，以不断提高劳动生产率，改变经济落后状态，逐步缩短同发达国家的差距。科学技术的飞速发展，使它在生产中越来越显示出巨大作用。我们必须努力掌握、推广、运用现代科学技术和管理知识。这一切，没有知识分子特别是科学技术专家的创造性劳动，是完全不能想象的。"

"在知识分子队伍中，涌现出一批又一批优秀人物。他们有的曾在旧中国饱受磨难，有的是新中国建立后由海外归来的，有的是在社会主义制度下培养起来的。他们真正是祖国的骄傲，民族的脊梁。"

《论科学技术》（第1版），中央文献出版社，2001年，第13~16页。

5月3日，江泽民在《爱国主义和我国知识分子的使命》中指出：

"对待青年知识分子，我们既要热情关怀、大胆使用，又要严格要求、积极引导。要鼓励他们按照祖国的需要考虑个人的发展，把个人的聪明才智汇入人民的历史创造活动，通过勤奋的努力实现远大的理想。要积极创造条件，把广大青年知识分子培养成为又红又专的社会主义事业接班人。各级党委和政府，社会各个方面，都要以高度的责任感，为实现这一战略任务进行不懈的努力。"

《十三大以来重要文献选编》（中），（第1版），人民出版社，1991年，第1056页。

6月12日，江泽民在《关于加强党校的几个问题》中指出：

"现在这一代干部，特别是五十岁以下的中青年干部，是跨世纪的一代，正生活和工作在我国社会主义现代化建设发展的关键时期，肩负着承前启后、继往开来的历史责任，经受着执政的考验，改革开放的考验。他们的素质如何，能否经受这些考验，胜任党的任务和要求，能否正确判断风云变幻的国际形势，关系到我国现代化建设的成败，关系到党和国家的盛衰兴亡，关系到社会主义在中国的命运。"

《江泽民论有中国特色社会主义》（专题摘编）（第1版），中央文献出版社，2002年，第655~656页。

1991 年

4 月 27 日，江泽民在《加强党的理论建设》中指出：

"我们要充分发挥科技人员的作用，尽可能地为他们发挥作用创造较好的工作和生活条件，同时重视对于新的人才的培养。"

《论党的建设》（第 1 版），中央文献出版社，2001 年，第 29 页。

5 月 23 日，江泽民在《在中国科学技术协会第四次全国代表大会上的讲话》中指出：

"科学技术人员是新的生产力的开拓者。发展教育是科技进步的基础。尊重知识，尊重人才，充分调动广大科技人员的积极性、主动性和创造性，是解放科技生产力的前提。"

"贯彻和落实党和国家的知识分子政策，重点是采取切实措施，为他们创造良好的工作、学习和生活条件，进一步形成相互切磋、取长补短、平等交换意见的学术环境。"

《论科学技术》（第 1 版），中央文献出版社，2001 年，第 23 页。

7 月 1 日，江泽民在《紧密联系党的政治路线和政治任务，全面加强党的建设》中指出：

"社会主义事业在中国的前景，很大程度上取决于青年一代的状况。要以对今后十年乃至下个世纪中国社会主义事业的命运高度负责的精神，着眼于培养广大青少年。"

《论党的建设》（第 1 版），中央文献出版社，2001 年，第 38 页。

7 月 1 日，江泽民在《在庆祝中国共产党成立七十周年大会上的讲话》中指出：

"武器是战争的重要因素，但不是决定因素。决定的因素是人，是具有高度政治觉悟、高昂士气和掌握现代军事技术的人。"

《江泽民论有中国特色社会主义》（专题摘编）（第 1 版），中央文献出版社，2002 年，第 456 页。

8 月 20 日，邓小平同江泽民、杨尚昆、李鹏、钱其琛谈话，议论 19 日苏联发生的事件。这个谈话的一部分已收入《邓小平文选》第 3 卷，题为《总结经验，使用人才》。邓小平指出：

> "还有一个问题，发现和使用人才的问题。的确是人才难得啊。你们从下面上来，左邻右舍，上上下下，接触广泛，了解的人多。你们觉得是人才的，即使有某些弱点缺点，也要放手用。一个人才可以顶很大的事，没有人才什么事情也搞不好。一九七五年我抓整顿，用了几个人才，就把几个方面的工作整顿得很有成效，局面就大不一样。我们现在不是人才多了，而是真正的人才没有很好地发现，发现了没有果断地起用。"

> "一个总结经验，一个使用人才，这两点是我的正式建议。"

《邓小平文选》（第 1 版），第 3 卷，人民出版社，1993 年，第 369 页。

8 月，江泽民在《在四川考察期间的讲话》中指出：

> "要在全社会进一步造成尊重知识、尊重人才的良好风尚，批评和纠正鄙薄知识、浪费人才的思想和行为。"

《江泽民论社会主义精神文明建设》（第 1 版），中央文献出版社，1999 年，第 326 页。

10 月 16 日，江泽民在《在授予钱学森同志"国家杰出科学家"荣誉称号仪式上的讲话》中说：

> "在新的历史时期，我国知识分子担负着重要的历史使命。贯彻执行党的'一个中心、两个基本点'的基本路线，不断提高综合国力和改善人民生活，就必须紧紧依靠科技进步来带动和促进我国经济的发展。广大科技工作者，在建设有中国特色的社会主义道路上任重而道远。"

《论科学技术》（第 1 版），中央文献出版社，2001 年，第 32 页。

1992 年

1 月 14 日，江泽民在《加强各民族大团结，为建设有中国特色的社会主义携手前进》中指出：

> "民族干部的状况又是衡量一个民族发展水平的重要标志。现在，少数民族干部已从一九五〇年的一万多名增加到二百零六万，形成了包括党务、政务、经济、教育、科技、文化、卫生等各方面人才的宏大队伍。这些同志，为我国各民

族的团结进步和民族地区的发展做出了重大贡献，并越来越多地承担起各项工作的重要责任。为适应社会主义现代化建设和改革开放的需要，各级党委要以更大的力量，进一步加强对少数民族干部，特别是中高级干部和各种科技、管理人才的培养。既要在数量上有计划地扩大，更要在提高素质、改善结构上下大功夫；既要注意选任一批能在九十年代起骨干作用的干部，更要注意选任一批跨世纪的优秀中青年干部。"

《江泽民论有中国特色社会主义》（专题摘编）（第 1 版），中央文献出版社，2002 年，第 360～361 页。

1 月 18 日至 2 月 21 日，邓小平在《在武昌、深圳、珠海、上海等地的谈话要点》中指出：

"大家要记住那个年代，钱学森、李四光、钱三强那一批老科学家，在那么困难的条件下，把'两弹一星'和好多高科技搞起来。应该说，现在的科学家更幸福，因此对他们的要求会更多。我说过，知识分子是工人阶级的一部分。老科学家、中年科学家很重要，青年科学家也很重要。希望所有出国学习的人回来。不管他们过去的政治态度怎么样，都可以回来，回来后妥善安排。这个政策不能变。"

"中国要出问题，还是出在共产党内部。对这个问题要清醒，要注意培养人，要按照'革命化、年轻化、知识化、专业化'的标准选拔。"

"正确的政治路线要靠正确的组织路线来保证。中国的事情能不能办好，社会主义和改革开放能不能坚持，经济能不能快一点发展起来，国家能不能长治久安，从一定意义上说，关键在人。"

"要注意下一代接班人的培养。我坚持退下来，就是不要在老年的时候犯错误。老年人有长处，但也有很大的弱点，老年人容易固执，因此老年人也要有点自觉性。越老越不要最后犯错误，越老越要谦虚一点。现在还要继续选人，选更年轻的同志，帮助培养。不要迷信。我二十几岁就做大官了，不比你们现在懂得多，不是也照样干？要选人，人选好了，帮助培养，让更多的年轻人成长起来。他们成长起来，我们就放心了。"

《邓小平文选》（第 1 版），第 3 卷，人民出版社，1993 年，第 378～380 页。

6 月 9 日，江泽民在《党的建设要创造新办法、积累新经验》中指出：

"我们现在懂经济的干部不是多了，而是少了，这方面的人才很缺乏，但是这样的人才既不可能从天上掉下来，也不可能一个早上就都生长出来，还是要靠学习，靠长期坚持从经济理论和经济实践两个方面去学习。"

《论党的建设》（第1版），中央文献出版社，2001年，第47~48页。

6月9日，江泽民在《深刻领会和全面落实邓小平同志的重要谈话精神，把经济建设和改革开放搞得更快更好》中指出：

"邓小平同志提出必须坚持改革开放，坚持解放思想和实事求是，一个很重要的方面，就是要求我们摆脱过去的一些片面认识，大胆利用国外主要是资本主义国家的资金、人才和先进技术，大胆吸收和借鉴世界各国包括资本主义发达国家的一切反映现代化社会生产规律的先进的经营方式和管理方法。"

《江泽民论有中国特色社会主义》（专题摘编）（第1版），中央文献出版社，2002年，第206页。

7月，江泽民在《在山东考察时的讲话》中指出：

"加快改革开放的步伐，建立新的经济体制，必然会遇到许多新情况、新问题，因此，在实践中必须加强学习。通过学习，不断提高广大干部的素质，提高马克思主义理论水平、现代科学文化水平和研究解决新问题的水平，努力培养适应现代化建设需要的各方面的人才。"

《江泽民论有中国特色社会主义》（专题摘编）（第1版），中央文献出版社，2002年，第104页。

9月9日，江泽民在《在北京师范大学向教师祝贺节日时的讲话》中指出：

"抓住当前的有利时机，集中精力把经济建设搞上去，开拓建设有中国特色社会主义的新局面，重视发展教育，培养大批合格人才是个关键。"

《江泽民论有中国特色社会主义》（专题摘编）（第1版），中央文献出版社，2002年，第279~280页。

10月12日，江泽民在《加速科技进步，大力发展教育，充分发挥知识分子的作用》中指出：

"知识分子是工人阶级中掌握科学文化知识较多的一部分，是先进生产力的开拓者，在改革开放和现代化建设中有着特殊重要的作用。能不能充分发挥广大知识分子的才能，在很大程度上决定着我们民族的盛衰和现代化建设的进程。"

"要努力创造更加有利于知识分子施展聪明才智的良好环境，在全社会进一步形成尊重知识、尊重人才的良好风尚。下决心采取重大政策和措施，积极改善知识分子的工作、学习和生活条件，对有突出贡献的知识分子给予重奖，并形成规范化的奖励制度。"

"我们热情欢迎出国学习人员通过多种方式关心、支持和参加祖国的现代化建设。不论他们过去的政治态度如何，都欢迎回来参加社会主义建设，给予妥善安排，并实行出入自由、来去方便的政策。"

"科技进步、经济繁荣和社会发展，从根本说取决于提高劳动者的素质，培养大批人才。我们必须把教育摆在优先发展的战略地位，努力提高全民族的思想道德和科学文化水平，这是实现我国现代化的根本大计。要优化教育，鼓励自学成才。各级政府要增加教育投入。鼓励多渠道、多形式社会集资办学和民间办学，改变国家包办教育的做法。各级各类学校都要全面贯彻党的教育方针，全面提高教育质量。"

《论科学技术》（第1版），中央文献出版社，2001年，第35~36页。

10月12日，江泽民在《加强党的建设和改善党的领导》中指出：

"社会主义的巩固和发展，需要一代又一代人坚持不懈地努力奋斗。我们的事业任重道远，希望寄托在青年人身上。赢得青年，才能赢得未来。共青团是党的助手和后备军，要充分发挥团结和教育青年的作用。全党、全社会都要关心青少年的健康成长，在改革和建设的实践中努力造就千百万社会主义事业接班人。"

《论党的建设》（第1版），中央文献出版社，2001年，第68页。

10月12日，江泽民在《加快改革开放和现代化建设步伐，夺取有中国特色社会主义事业的更大胜利》中指出：

"衡量干部的德和才，主要看在执行党的基本路线中的表现。对坚决执行党的基本路线，有高度革命事业心和为人民服务的强烈责任感，在改革开放和现代化建设中政绩突出、群众信任的干部，要委以重任。对不负责任、不胜任现职甚至以权谋私的干部，要果断地调整下来。对个人主义严重、伸手要官的人，决不能提拔重用。选拔任用干部要发扬民主，走群众路线，严格按规定程序办事，坚决防止和纠正用人问题上的不正之风。选拔大批优秀年轻干部进入各级领导班子，是当前一项紧迫而又重要的任务。要打破论资排辈、求全责备等陈旧观念，放开视野，拓宽渠道。"

《江泽民论有中国特色社会主义》（专题摘编）（第1版），中央文献出版社，2002年，第662~663页。

10月19日，江泽民在《在党的十四届一中全会上的讲话》中指出：

"我们的社会主义改革开放和现代化事业要继往开来，需要大批可靠的接班人。要多选一些年轻干部，放到一定的领导岗位上，一边工作一边培养。对特别突出的，应该大胆破格提拔。要有这个魄力和勇气，不然新人上不来。"

"选拔年轻干部，一定要走群众路线，实行主管部门和群众相结合。选拔干部的视野要开阔，渠道和方式要多样，要搞五湖四海。一些重要岗位上的领导干部，上级党委的主要负责同志应该亲自参加选拔。"

"选拔干部总的原则，还是德才兼备。对于党的干部来说，主要看两条：第一条是政治上的要求，就是要听党的话，是真正的共产党人，坚持党的基本路线，有坚定的社会主义、共产主义信念。第二条是业务上的要求，就是有知识，有才能。"

《江泽民论有中国特色社会主义》（专题摘编）（第1版），中央文献出版社，2002年，第681~682页。

1993 年

1月13日，江泽民在《在中央军委扩大会议上的讲话》中指出：

"各级领导和领导机关必须把主要精力放在教育训练上，坚持不懈，真抓实干，切实提高教育训练质量，努力培养和造就一大批具有高度政治觉悟、高昂士气和掌握现代军事技术、懂得现代战争指挥艺术的优秀人才。"

《江泽民论有中国特色社会主义》（专题摘编）（第1版），中央文献出版社，2002年，第456页。

3月19日，江泽民在《同出席全国政协八届二次会议的上海代表一起议政时的讲话》中指出：

"搞现代化建设，要依靠科学技术的进步，依靠广大劳动者素质的提高，这都离不开教育，教育是科技更新和人才培养的基础。由于历史的原因，我们的教育事业虽然这十几年来有了很大发展，但同改革开放和现代化建设的要求相比，仍然是个薄弱环节。必须高度重视，急起直追，加快发展。这个指导思想也要坚定不移。"

"党的科技政策和知识分子政策，归结到一点，就是'尊重知识，尊重人才'。我们要培养造就一大批能够进军当代科学前沿，赢得技术竞争，开拓发展高新技术产业的各类人才，不断提高这支队伍的素质和水平。改善他们的工作条件，充分发挥他们的创造才能智慧。"

《江泽民论有中国特色社会主义》（专题摘编）（第1版），中央文献出版社，2002年，第280页。

5月14日，江泽民在《把科学技术切实放在优先发展的战略地位》中指出：

"我们要抓住时机，集中力量把经济建设搞上去，没有大量的科学技术人才，没有广大的知识分子是不行的。"

《论科学技术》（第1版），中央文献出版社，2001年，第39页。

6月25日，江泽民在《在纪念中国共产党成立七十二周年座谈会上的讲话》中指出：

"现在，改革和建设任务很重，大家都很忙，但是一定要挤时间学习理论。如果成天忙于事务，忽视理论学习，头脑不清醒，是要吃大亏的。学习建设有中国特色社会主义理论，不能浅尝辄止，更不能断章取义、各取所需。必须认真而不是敷衍地、具体而不是抽象地、系统而不是零碎地刻苦钻研，才能掌握这个理论，用好这个理论。"

《十四大以来重要文献选编》（上）（第1版），人民出版社，1996年，第330～331页。

7月5日，江泽民在《领导干部要切实加强学习》中指出：

"在改革开放和现代化建设中，新情况新问题层出不穷，我们不熟悉、不了解、不懂得的东西很多。因此，全党同志首先是各级领导干部一定要加强学习，而且必须有紧迫感，必须提高自觉性。我们的口号应该始终是学习，学习，再学习！"

《论党的建设》（第1版），中央文献出版社，2001年，第86页。

9月28日，江泽民在《党的建设的新的伟大工程》中指出：

"我们大力培养和选拔德才兼备的领导干部，目的就是在于提高党的干部队伍的素质，并保证干部队伍的新陈代谢，使党拥有充满活力的领导层。"

《论党的建设》（第1版），中央文献出版社，2001年，第161～162页。

11月2日，江泽民在《用邓小平同志建设有中国特色社会主义理论武装全党》中指出：

"对于我们这样一个大党大国来说，党和国家高级干部的知识结构、思想理论政治水平、治党治国的能力，直接关系到党的命运和国家的前途。"

《论党的建设》（第1版），中央文献出版社，2001年，第117页。

12月26日，江泽民在《在毛泽东同志诞辰100周年纪念大会上的讲话》中指出：

"发展社会主义精神文明，包括加强思想道德建设和科学文化建设，核心是培养有理想、有道德、有纪律、有文化的一代又一代社会主义建设人才。"

《江泽民论社会主义精神文明建设》（第1版），中央文献出版社，1999年，第23～24页。

1994 年

1月24日，江泽民在《在全国宣传思想工作会议上的讲话》中指出：

"培养有理想、有道德、有文化、有纪律的新人，是建设社会主义精神文明的根本目标。要围绕这个目标，在人民群众特别是青少年中加强以爱国主义、集体主义、社会主义为核心内容的思想道德教育，开展艰苦奋斗、勤俭建国的教育，职业道德、社会公德的教育，基本国情的教育和普及法律基本知识教育。"

"应当按照干部队伍'四化'方针和德才兼备的原则，把坚持党的基本路线、具有马克思主义基本理论素养、有高度政治责任感和事业心的干部，配备到宣传思想战线的重要领导岗位上来。"

《论党的建设》（第1版），中央文献出版社，2001年，第132～133页、第139页。

2月6日，江泽民在《用现代科学技术知识武装起来》中指出：

"我们的干部，无论是学社会科学的还是学自然科学的，无论是毕业早一点的还是近几年走出校门的，都有重新学习的必要。应当看到，现代科学技术的发展日新月异，新发明、新理论层出不穷，知识更新异常迅速。我们只有锲而不舍地努力学习，不断汲取新的知识，充实自己，才能提高决策水平和领导艺术。科技知识浩如烟海，我们的中、高级干部不可能都成为某一领域或某一学科的专家，但完全可以做到知识面相对广一些、深一些，甚至在某些方面有所专长。否则，就不能算是一个合格的、称职的领导者。"

《论科学技术》（第 1 版），中央文献出版社，2001 年，第 43 ~ 44 页。

3 月 3 日，江泽民在《要把科教扶贫、智力开发摆到重要位置上》中指出：

"贫困地区一方面要稳住现有人才，另一方面要培养新的人才。很多地方的实践表明，启用一个优秀人才，就能带动一片，富裕一方。农村党的组织，要在政治上帮助他们，关心他们，团结、鼓励他们带领周围群众脱贫致富、改变家乡面貌。"

《毛泽东邓小平江泽民论教育》（第 1 版），中央文献出版社、人民教育出版社、北京师范大学出版社，2002 年，第 242 页。

3 月 7 日，江泽民在《学习学习再学习》中指出：

"当前的国际竞争，尽管形式多样，矛盾错综复杂，实质是以经济和科技实力为基础的综合国力的竞争，从一定意义上说，也是人才的竞争，是领导者的能力和民族素质的竞争。"

《论党的建设》（第 1 版），中央文献出版社，2001 年，第 145 页。

6 月 14 日，江泽民在《在全国教育工作会议上的讲话》中指出：

"各级领导干部必须充分认识，大力发展教育，加快培养社会主义现代化建设人才，提高全民族的思想道德和科学文化素质，是贯彻党的基本路线的必然要求，是坚持基本路线一百年不动摇的必然要求。只有把教育搞上去，才能从根本上增强我国的综合国力，才能在激烈的国际竞争中取得战略主动地位。只有培养一代又一代有理想、有道德、有文化、有纪律的献身有中国特色社会主义事业的建设者和接班人，才能保证我们国家的长治久安。在整个社会主义现代化建设的过程中，教育优先发展的战略地位必须始终坚持，不能动摇。如果我们现在不是这么来认识教育问题，就会丧失时机，贻误大事，就是犯历史性的错误。"

《江泽民论社会主义精神文明建设》（第1版），中央文献出版社，1999年，第283页。

6月14日，江泽民在《必须坚持教育优先发展的战略》中指出：

"调整教育结构的关键环节，是要多办一些各类职业学校，培养大量的各种初级、中级人才。这既有利于学生的分流，又能满足当前经济社会发展的多方面需要。"

《江泽民论有中国特色社会主义》（专题摘编）（第1版），中央文献出版社，2002年，第263页。

6月20日，江泽民在《坚定不移地把经济特区办得更好》中指出：

"要积极组建跨国界的大型企业集团，努力培养懂得国际金融、国际贸易的人才，努力形成和发挥规模经济效益，不断提高企业在国际市场上的竞争能力。"

《江泽民论有中国特色社会主义》（专题摘编）（第1版），中央文献出版社，2002年，第200页。

12月18日，江泽民在《狠抓各项工作的落实》中指出：

"各级党委和领导干部，要把选准用好干部作为一项非常重要的政治责任。领导干部在选人用人的问题上，一定要有很强的党性观念，要有很宽阔的胸怀，真正能做到选贤任能。看干部，要看政治立场、政治品质，第一位的是政治合格。政治立场对不对，政治品质好不好，不是看他嘴上怎么说，而是要看他实际上怎么做。要充分走群众路线，真正做到把那些有工作实绩、群众公认的优秀干部选拔到领导岗位上来。"

《论党的建设》（第1版），中央文献出版社，2001年，第152~153页。

12月27日，江泽民在《在纪念梅兰芳、周信芳诞辰100周年座谈会上的讲话》中指出：

"振兴京剧和民族艺术，需要有一大批立志献身这一事业的优秀人才。我们要有战略眼光，努力造就二十一世纪的京剧人才、民族艺术人才。要办好戏曲和艺术院校。不仅文化部要办好直属院校，各个省、区、市也要办好戏曲学校或戏曲系科。戏曲学院的工作重点，是全面提高青年人才的品德和艺术修养。希望有成就有影响的老、中年艺术家，到戏曲院校任教。在办好院校的基础上，要创造条件使青年人才尽早有实践的机会。还要重视对少年儿童进行民族文化艺术的教育和熏陶。要提倡老一辈艺术家带徒弟，像梅兰芳、周信芳和其他老艺术家那样，关心提携人才，甘为人梯。要提倡尊师爱徒，特别是青年演员要学习老一辈的高尚品德和敬业精神。各级党委和政府特别是文化部门，要关心民族艺术工作者，努力改善他们的工作和生活条件，使他们能专心致志地从事创作和演出。要在全社会造成一种尊重民族艺术、尊重民族艺术家的好风气。"

《江泽民论社会主义精神文明建设》（第1版），中央文献出版社，1999年，第237～238页。

1995 年

5月26日，江泽民在《努力实施科教兴国的战略》中指出：

"党中央、国务院决定在全国实施科教兴国战略，是总结历史经验和根据我国现实情况所做出的重大部署。没有强大的科技实力，就没有社会主义的现代化。科教兴国，是指全面落实科学技术是第一生产力的思想，坚持教育为本，把科技和教育摆在经济、社会发展的重要位置，增强国家的科技实力及向现实生产力转化的能力，提高全民族的科技文化素质，把经济建设转移到依靠科技进步和提高劳动者素质的轨道上来，加速实现国家的繁荣强盛。这是顺利实现三步走战略目标的正确抉择。实施科教兴国战略，必将大大提高我国经济发展的质量和水平，使生产力有一个新的解放和更大的发展。"

"人类生产及社会服务自动化、信息化、智能化水平正在不断提高，许多繁重、重复的体力劳动正在被各种自动化机械和计算机所取代，对劳动者知识和技术水平的要求越来越高。大大提高我国劳动者中科技人才的比例，提高劳动者队伍的整体素质，对于我国社会主义现代化建设事业具有重大意义。"

"科学技术人员是新的生产力的重要开拓者和科技知识的重要传播者，是社会主义现代化建设的骨干力量。实施科教兴国的战略，关键是人才。"

"要认真实施《中国教育改革和发展纲要》，大力发展教育事业，根据科技发展的趋势和我国现代化建设的要求，深化教育体制改革，培养、造就千百万年轻一代科学技术人才，建设一支跨世纪的宏大科技队伍。"

"要重视跨世纪青年学术带头人和技术带头人的培养，努力创造青年优秀科技人才，特别是拔尖人才脱颖而出的环境和条件，委派他们在关键岗位承担重任，使他们在实践中健康成长。老一辈科技工作者为国家科技事业发展和人才培养呕心沥血，功昭后人。今后要继续从科技事业兴旺发达的大局出发，举贤荐能，把优秀青年科技人才推向第一线，支持他们大胆工作、开拓创新。"

"我们不但要大力培养各类科学技术人才，还要注重培养善于进行现代经营管理的各类专家。"

"要十分重视从工人、农民和其他劳动者中选拔培养科技人才及各类专业技术能手。通过社会各界的努力，形成中华民族的浩浩荡荡的科技队伍，向新科技革命进军，向社会主义现代化进军！"

"培养和造就科技人才要注重德才兼备。广大科技工作者肩负着科教兴国的伟大历史使命，要为社会主义物质文明和精神文明建设贡献自己的全部力量。"

"要使尊重知识、尊重人才在全社会蔚然成风，形成学科技、用科技的新风尚。"

"我国改革开放和社会主义现代化建设的发展，迫切要求各级领导干部提高理论水平和知识水平，增强领导能力。各级领导干部要认真学习马列主义、毛泽东思想和邓小平同志建设有中国特色社会主义理论。随着改革开放和社会主义现代化建设的不断深入，各种新情况、新问题将会层出不穷，这就更需要正确运用建设有中国特色社会主义理论指导我们的实践。同时，还要学习现代科技知识，学习社会主义市场经济知识，学习法律知识。只有不断更新和丰富知识，才能不断开阔视野。不仅从书本上学习，更要注重在实践中学习。一个领导干部不可能全面了解当代科技的所有知识，这就要经常向科学家、专家们虚心请教。重要决策要广泛听取专家们的意见和建议，认真进行科学论证。要把决策的科学化、民主化作为实施民主集中制的重要内容。"

《论科学技术》（第 1 版），中央文献出版社，2001 年，第 51～62 页。

6 月 30 日，江泽民在《做一个新时期合格的领导干部》中指出：

"领导干部总要比别的同志更勤于学习和善于学习，知识更多一些，本领更强一些，才能担当起领导的重任。面临社会主义现代化建设的伟大任务，面临不断发展变化的形势和层出不穷的新情况新问题，我们不懂得不熟悉的东西很多，必须刻苦学习，增长领导才能。"

《论党的建设》（第 1 版），中央文献出版社，2001 年，第 180 页。

7 月 26 日，江泽民在《攀登科学高峰，推进科教兴国》中指出：

"青年一代科技工作者，代表着祖国科技发展的未来和希望。年轻人朝气蓬勃，勇于进取，锐意创新，敢于向未知的世界进军，往往能超越前人的成就。世界上许多重大的科学发明都是在青年科学家手里创造的，许多著名的科学家都是在风华正茂的年龄就完成了他们最重要的科学发现。这是人类的科学史已充分证明了的。"

"我国的改革开放和现代化事业，为年轻人施展才干、实践人生理想、实现为祖国和人民贡献青春的抱负提供了广阔的舞台。生逢我们这个伟大的时代，年轻一代科技工作者只要奋发努力，就会大有作为。"

"'宝剑锋从磨砺出，梅花香自苦寒来。'在科学发展的道路上，必须坚韧不拔，不怕艰苦，不怕失败，才能不断开辟科学研究的新境界。'艰难困苦，玉汝于成'，'失败是成功之母'。我们年轻的科学家们尤其要牢记这些社会发展和人生奋斗的真理。"

"我曾说过，创新是一个民族进步的灵魂，是国家兴旺发达的不竭动力。我们要鼓舞年轻人大胆创新，要创造人才辈出的良好机制。老一辈科学家要把扶植和培养青年科技人才当作自己的光荣责任，要有甘为人梯的精神。各级领导和有关组织要为青年科技人才的成长创造良好的环境和条件。努力做好这项工作，对国家、民族和人民是功德无量的。"

《论科学技术》（第 1 版），中央文献出版社，2001 年，第 65~66 页。

11 月 8 日，江泽民在《讲学习，讲政治，讲正气》中指出：

"知识在不断更新，我们的各级领导干部更应自觉地加紧学习，争取掌握更多的现代科学文化知识。"

《论党的建设》（第 1 版），中央文献出版社，2001 年，第 189 页。

1996 年

3 月 8 日，江泽民在《同出席八届全国人大四次会议的上海代表讨论时的讲话》中指出：

"我国的高等、中等、初等教育以及其他教育应该保持一个比较合理的结构，以适应现代化建设对各级各类人才的需要。这是当前教育改革和发展中一个很重要的问题，但是这个问题在全国范围内至今还没有解决好。突出的表现是，一方面大学生大量增加，而相当一部分大学毕业生在就业上由于诸多因素遇到不少困难；另一方面广大农村和基层厂矿急需的各种初级中级的技术人才、经营人才、管理人才，又十分缺乏。上海的教育基础比较好，教育经验也比较多，希望你们立足现实并着眼于长远，进一步优化教育结构，调整好学校布局，改进和完善学科与专业设置，统筹考虑高层次人才和实用型人才的培养，在这方面积累更多的经验并抓出更大的成效来。"

"实施科教兴国战略，对于实现我国的现代化和两个根本性转变是极为重要的。上海要充分利用自己科研、教育和人才方面的优势，并进一步加大科技教育的投入，努力为国家培养造就更多的跨世纪的各种优秀人才。"

《江泽民论社会主义精神文明建设》（第1版），中央文献出版社，1999年，第285～286页。

4月4日，江泽民在《创新是民族进步的灵魂》中指出：

"我们有优越的社会主义制度，有一支高水平的高技术研究开发队伍，只要始终坚持以邓小平同志建设有中国特色社会主义理论和党的基本路线为指导，充分发挥政治和人才两方面的优势，上下结合，团结奋斗，我们就一定能够在高技术方面打一些漂亮的'攻坚战'，我们就一定可以创造人间奇迹。"

"要大力宣传和普及高技术知识，努力培养跨世纪的高技术人才，保障我国的高技术事业蓬蓬勃勃地持续发展下去。"

《论科学技术》（第1版），中央文献出版社，2001年，第71～72页。

5月27日，江泽民在《在中国科学技术协会第五次全国代表大会上的讲话》中指出：

"在社会的各种资源中，人才是最宝贵最重要的资源。各级党委和政府一定要不断促进和积极扶持各类优秀技术人才的脱颖而出，并十分珍惜和用好人才。"

"到本世纪末和下世纪初，要在我国理、工、农、医及交叉学科和高新技术领域中，培养和造就一支能够进入世界科学前沿的科学家队伍，一支具有技术创新能力、能够不断攻克经济建设和社会发展中各种复杂难题的工程技术专家队伍，一支学有所长并具有突出领导才能的科技管理专家队伍，组成我国现代化事业所要求的宏大的科学技术大军。"

"为使各类科技人才充分发挥作用，各级党委和政府要始终信任、关心和爱护他们，努力为他们提供适宜的工作条件和生活条件。还要采取有效措施，促进全社会进一步形成尊重科学、尊重知识、尊重人才的良好风尚。大批优秀人才的不断涌现及其作用的充分发挥，我国社会主义现代化事业的发展就大有希望。"

《论科学技术》（第1版），中央文献出版社，2001年，第77~78页。

12月14日，江泽民在《以改革创新的精神迎接世界军事发展的挑战》中指出：

"迎接新的军事发展挑战关键在人才。没有一大批高素质的人才，就无法掌握新的武器装备，无法创造和运用新的战法，也就不可能赢得未来战争的胜利。人才培养是个长期的任务，又是当务之急。高新技术装备一下子搞不上去，但人才培养要先行。宁肯让人才等装备，也不能让装备等人才。要通过强化部队训练和院校训练，加大人才培养的力度，特别是要培养大批懂得高科技知识的指挥人才。"

《论科学技术》（第1版），中央文献出版社，2001年，第93页。

1997 年

9月12日，江泽民在《实施科教兴国和可持续发展战略》中指出：

"人才是科技进步和经济社会发展最重要的资源，要建立一整套有利于人才培养和使用的激励机制。"

"积极引进国外智力。鼓励留学人员回国工作或以适当方式为祖国服务。"

《论科学技术》（第1版），中央文献出版社，2001年，第93页。

9月12日，江泽民在《面向新世纪的中国共产党》中指出：

"按照革命化、年轻化、知识化、专业化方针，建设一支适应社会主义现代化建设需要的高素质干部队伍，是我们的事业不断取得成功的关键。要以思想政治建设为重点，把各级领导班子建设成为坚决贯彻党的基本理论和基本路线、全心全意为人民服务、具有领导现代化建设能力、团结坚强的领导集体。加快干部制度改革步伐，扩大民主、完善考核、推进交流、加强监督，使优秀人才脱颖而出，尤其要在干部能上能下方面取得明显进展。选拔干部，必须全面贯彻德才兼备原则，坚持任人唯贤，反对任人唯亲，防止和纠正用人上的不正之风。要把群众公认是坚决执行党的路线、实绩突出、清正廉洁的干部及时选拔到领导岗位上来。那些背离党的路线的人，那些贪图私利、弄虚作假、跑官要官的人，决不能进入领导班子。培养和选拔大批能够跨世纪担当重任的优秀年轻干部，是一项战略任务，必须抓紧做好。要重视培养和选拔妇女干部、少数民族干部和非党干部。完善干部离退休制度，更好地从政治上关心、生活上照顾老干部，发挥他们的作用。"

《论党的建设》（第 1 版），中央文献出版社，2001 年，第 265 页。

9 月 12 日，江泽民在《对高级干部的要求和希望》中指出：

"应该看到，我们不少同志特别是年轻同志，理论水平、工作水平、实践经验和解决实际问题的能力都与改革开放和现代化建设不相适应。因此，学习和掌握邓小平理论，学习社会主义市场经济知识，学习法律知识，学习现代科学技术知识和管理知识，学习历史知识，学习做好工作必需的一切知识，就成为我们的迫切任务。"

《论党的建设》（第 1 版），中央文献出版社，2001 年，第 270 页。

10 月 24 日，江泽民在《人才是科技进步和经济社会发展最重要的资源》中指出：

"人才是科技进步和经济社会发展最重要的资源，智力是活的知识力量。科学技术的发展突飞猛进，越来越深刻地影响着世界政治经济的格局和人们的社会生活。中国的改革和建设，需要一批又一批、一代又一代既具有独立创新精神，又善于向别人学习的优秀人才，这是我们各项事业发展的主要智力支撑。"

《论科学技术》（第 1 版），中央文献出版社，2001 年，第 94 页。

12 月 7 日，江泽民在《在中央军委扩大会议上的讲话》中指出：

"人才是兴军之本，必须把培养和造就大批高素质人才作为军队现代化建设的根本大计来抓。我们历来强调，决定战争胜负的是人而不是武器，无论武器装备发展到什么程度，人在战争中的作用始终是第一位的，任何时候都不能见物不见人。如果我们有了高素质的人才，又有了先进的武器装备，就如虎添翼。"

《江泽民论有中国特色社会主义》（专题摘编）（第 1 版），中央文献出版社，2002 年，第 460 页。

12 月 22 日，江泽民在《高中级干部要意识到肩负的重大历史责任》中指出：

"干部是一个重要的决定因素。正确的路线和政策要靠干部去贯彻落实，人民群众要靠干部去组织和动员，党内和社会上存在的影响凝聚力、战斗力的问题要靠干部去研究和解决。邓小平同志讲办好中国的事情关键在党、关键在人，道理就在这里。"

"二十一世纪将是充满机遇和挑战的世纪。在世纪之交的重要时期，能否抓住机遇，迎接挑战，开拓进取，有所作为，对各级领导干部都是严峻的考验。在这种考验面前，每个同志都应当努力使自己尽可能适应得快一些。'不进则退'这个法则，对谁都是一样起作用的。实现我们的宏伟目标，需要经过几代人、十几代人持续不懈的奋斗。因此，必须始终注意大力培养和选拔成千上万的优秀年轻干部。为了帮助他们成长进步，接好老一辈的班，要坚持对他们严格要求。"

《论党的建设》（第 1 版），中央文献出版社，2001 年，第 273～276 页。

1998 年

2 月 26 日，江泽民在《在党的十五届二中全会上的讲话》中指出：

"培养和选拔优秀年轻干部，需要健全和完善一套科学的合理的干部制度，创造和保持一个优秀人才脱颖而出的良好环境。现在，在用人问题上还存在论资排辈、求全责备，以及任人唯亲、搞这样那样的小圈圈小摊摊等现象；干部能上能下、能进能出的问题还没有从思想上制度上根本解决；新老干部的合作与交替机制还不完善；一些人热衷于跑官要官，一些人凭个人好恶、个人利益选用干部，等等。这些现象严重妨碍优秀人才的脱颖而出。要解决好这些问题，必须加强思想政治教育，同时必须加快改革和完善选人用人制度。"

"要拓宽选拔干部的视野、渠道和途径，扩大干部工作中的民主，让群众参与选拔和监督干部的工作，切实改变一些地方和单位'由少数人选人、在少数人中选人'的不正常现象。在选人用人的问题上要坚持'五湖四海'的原则，一定要体现公正、平等、竞争、择优的原则。"

"在实践中接受锻炼，经受考验，增长才干，历来是我们党培养和造就干部的重要方法，也是干部成长的最广阔道路。毛泽东、邓小平等老一辈无产阶级革命家，所以具有超人的胆识、丰富的政治经验和卓越的治党治国治军才能，这同他们长期从事革命和建设的伟大实践，经受过各种难以想象的艰难困苦和尖锐复杂斗争的锻炼和考验是分不开的。我们现在的领导干部，绝大多数是在建国以后的和平环境中走上工作岗位的，不少年轻干部还是在改革开放以后走上工作岗位的，尤其需要加强艰苦实践的锻炼。各级党委都要高度重视并认真做好干部在实践中经受锻炼的工作，制定切实可行的办法，并建立制度，严格要求，严格执行，严格监督。要在各级干部特别是广大年轻干部中，形成一种自觉到实践中去、到群众中去锻炼的良好风尚。通过这种锻炼，使他们加深对国情的认识和社会实际的了解，增进同群众的感情，增长自己的智慧和经验，磨炼自己的意志品质，成为符合党和人民要求的干部。"

《江泽民论有中国特色社会主义》（专题摘编）（第 1 版），中央文献出版社，2002 年，第 674~695、第 692 页。

3 月 4 日，江泽民在《同全国政协科技界委员座谈时的讲话》中指出：

"科技和经济的大发展，人才是最关键、最根本的因素。实现现代化，必须靠知识，靠人才。"

"要在全社会形成尊重知识、尊重人才的浓厚风气，建立有利于人才成长和脱颖而出的机制。要广开进贤之路，善于发现人才，团结人才，使用人才。要进一步落实知识分子政策，尽管国家还比较困难，但一定要尽力解决知识分子在工作、生活中的实际问题。要进一步贯彻'双百'方针，创造民主、宽松的学术环境，保护知识产权，允许和鼓励技术等生产要素参与收益分配，形成一整套有利于人才培养和使用的激动机制，以充分调动广大知识分子的积极性和创造性。"

《论科学技术》（第 1 版），中央文献出版社，2001 年，第 105 页。

4 月 4 日，江泽民：

"发展美术教育事业，培养德艺双馨人才。"

1998 年 4 月为中央美术学院 80 周年校庆题词，1998 年 4 月 4 日《人民日报》。

4 月 24 日，江泽民在《在中央军委扩大会议上的讲话》中指出：

"迎接世界军事变革的挑战，我们一方面要把武器装备等'硬件'搞上去，另一方面要高度重视完善体制编制等'软件'的作用。体制编制科学合理，可以更好地吸纳高科技发展的成果，充分发挥人才的积极性创造性，提高领导、指挥和管理效率，优化整个军队的系统功能，实现人和武器的最佳结合。"

《江泽民论有中国特色社会主义》（专题摘编）（第 1 版），中央文献出版社，2002 年，第 461 页。

5 月 4 日，江泽民在《在庆祝北京大学建校一百周年大会上的讲话》中指出：

"在这里，我向北大同学和所有高等院校的大学生，向全国各界青年提出几点希望。

希望你们坚持学习科学文化与加强思想修养的统一。……

希望你们坚持学习书本知识与投身社会实践的统一。……

希望你们坚持树立远大理想与进行艰苦奋斗的统一。……

《毛泽东邓小平江泽民论教育》（第 1 版），中央文献出版社、人民教育出版社、北京师范大学出版社，2002 年，第 264～266 页。

5 月 4 日，江泽民在《在庆祝北京大学建校一百周年大会上的讲话》中指出：

"为了实现现代化，我国要有若干所具有世界先进水平的一流大学。这样的大学，应该是培养和造就高素质的创造性人才的摇篮，应该是认识未知世界、探求客观真理、为人类解决面临的重大课题提供科学依据的前沿，应该是知识创新、推动科学技术成果向现实生产力转化的重要力量，应该是民族优秀文化与世界先进文明成果交流借鉴的桥梁。"

《十五大以来重要文献选编》（上）（第 1 版），中央文献出版社，2000 年，第 327 页。

6 月 1 日，江泽民在《创新的关键在人才》中指出：

"我国要跟上世界科技进步的步伐，必须千方百计地加快知识创新，加快高新技术产业化。而创新关键在人才，必须有一批又一批的优秀年轻人才脱颖而出，必须大量培养年轻的科学家和工程师。"

"……科学技术的发展，社会各项事业的进步，都要靠不断创新，而创新就要靠人才，特别是靠年轻的英才不断涌现出来。

我们的改革开放和现代化建设正在不断向前发展，继续促进干部队伍和各种专业人才队伍的年轻化十分重要。"

"我们一定要大力培养和任用年轻人。这应成为我们推动科技创新、知识创新和其他各个方面的创新工作的重要指导思想。年轻的同志要立志学习、赶上并超过年长的同志，年长的同志则要热情帮助、勉励并真诚提携年轻的同志。"

《论科学技术》（第 1 版），中央文献出版社，2001 年，第 108～112 页。

6 月 2 日，江泽民在《在第二期中央委员和候补委员学习邓小平理论和十五大精神研讨班结业式上的讲话》中指出：

"眼界开阔，心胸宽广，对于领导干部来说极为重要。中国古语中有'雅量'这个词，就是倡导人们特别是从政为官的人，要有容人容事的大气量。我们共产党人是为人民服务的，党的各级领导干部应该具有心胸宽广的'雅量'，这样才能善于吸收各种丰富的知识和经验，善于听取各方面的意见，也才能使自己不断地长本事、长智慧。"

《江泽民论有中国特色社会主义》（专题摘编）（第 1 版），中央文献出版社，2002 年，第 668 页。

6 月 24 日，江泽民在《青年兴则国家兴，青年强则国家强》中指出：

"国与国之间的竞争，归根到底是人才的竞争，是创新能力的竞争。一个民族如果不能创新，只是步人后尘，势必受制于人。"

"全党全社会都要从永葆中华民族生机与活力的高度，从确保我们祖国长治久安的高度，热情关心青年一代的成长，积极创造各种有利条件，促进青年人才脱颖而出。"

《江泽民论有中国特色社会主义》（专题摘编）（第 1 版），中央文献出版社，2002 年，第 420 页。

11 月 24 日，江泽民在《在新西伯利亚科学城会见科技界人士时的讲话》中指出：

"创新的关键在人才，人才的成长靠教育，教育水平提高了，科技进步和经济发展才有后劲。科学技术实力和国民教育水平，始终是衡量综合国力和社会文明程度的重要标志，也是每个国家走向繁荣昌盛的两个不可缺少的飞轮。"

《论科学技术》（第 1 版），中央文献出版社，2001 年，第 115 页。

12 月 8 日，江泽民在《二十年来的主要历史经验》中指出：

"必须深化干部制度改革，努力形成公开、平等、竞争、择优的用人环境，建立和完善能上能下、充满活力、促进优秀人才脱颖而出的用人机制。各级领导干部德才兼备，各类优秀人才特别是年轻优秀人才层出不穷，讲学习、讲政治、讲正气蔚然成风，我们党和国家事业的航船就能不断乘风破浪地驶向前方。"

《论党的建设》（第 1 版），中央文献出版社，2001 年，第 324 页。

1999 年

1 月 11 日，江泽民在《进一步端正学风，努力把全党的学习提高到一个新的水平》中指出：

"改革开放和社会主义现代化建设是一个大课堂，人民群众是这个课堂上最高明的老师。向实践学习，首先就要向广大人民群众学习，甘当他们的小学生。要善于总结和提高人民群众创造的新鲜经验，不断改进我们的工作。领导干部特别是年轻干部，应该勇于在实践中接受锻炼，经受考验，增长才干。不经受各种艰难困苦和尖锐复杂斗争的锻炼和考验，一个干部是很难成熟起来的。要与群众同甘共苦，群策群力克服困难，把党的路线方针政策落实下去。"

《论党的建设》（第 1 版），中央文献出版社，2001 年，第 332 页。

3 月 12 日，江泽民在《贯彻科技强军战略，推进军队质量建设》中指出：

"高技术战争中的决定性因素仍然是人。当前我军人才素质的差距是带根本性的差距。要进一步抓好军队院校建设，发挥院校人才培养的'基地'作用。"

"全军各级都要把现代科技特别是高科技知识的学习教育，作为科学文化教育的重点突出出来，纳入教育训练轨道，纳入干部在职培训计划，纳入院校教学体系。"

《论科学技术》（第 1 版），中央文献出版社，2001 年，第 128 页。

3 月 12 日，江泽民在《在九届全国人大二次会议解放军代表团讨论会上的讲话》中指出：

"做好选拔和培养优秀年轻干部的工作，关键是要进一步解放思想。选用干部不能论资排辈，不能求全责备。我们的干部，无论资历长还是资历短，年长一些还是年轻一些，都会有自己的优点和长处，也都会有自己的缺点和短处。年轻同志在工作阅历和实际经验等方面相对欠缺一些，这是难免的。谁都不是生来就会当领导的，总要在实践中不断提高。在干部工作上解放思想，主要就是对看准了的优秀年轻干部，要敢于大胆使用。对那些有发展潜力、有培养前途的年轻干部，可以先放到一定的领导岗位上进行摔打和磨炼，能够担当什么样的领导责任，就大胆地放到那个岗位上，促使他们在实践中更快地成熟起来。"

《江泽民论有中国特色社会主义》（专题摘编）（第 1 版），中央文献出版社，2002 年，第 683 页。

4 月 9 日，江泽民在《在中央军委扩大会议上的讲话》中指出：

"未来的高技术战争，战局极其复杂，变化异常迅速，指挥员创造性地制定战略战术，灵活应变，是制胜的关键要素之一。我军要实现跨越式的发展，必须大胆创新。我们培养的军事人才，必须掌握科学的思维方法，具有强烈的创新意识，能够敏锐地发现问题、正确地分析问题和创造性地解决问题。"

"打赢未来可能发生的高技术局部战争，既要依靠现代化的武器装备，更要依靠具有现代科学文化知识和现代军事技能、思想上政治上过得硬的高素质的军事人才。武器装备我们要加紧搞上去，人才培养也要加紧进行。……面向二十一世纪，努力培养和造就大批高素质的新型军事人才，是摆在我们面前的一个十分紧迫的历史任务。"

"现在，军队作战需要的知识和技术高度密集。在未来的信息化战场上，知识将成为战斗力的主导因素，敌我的较量将更突出地表现为高素质人才的较量。"

《江泽民论有中国特色社会主义》（专题摘编）（第 1 版），中央文献出版社，2002 年，第 453~464 页。

4 月 20 日，江泽民在《在听取成都军区党委汇报时的讲话》中指出：

"我们讲人的因素，就是说官兵要有良好的智能、技能、体能和牺牲精神，能够适应未来战争的严酷环境。这样的军人，只有通过严格训练才能造就。"

《江泽民论有中国特色社会主义》（专题摘编）（第 1 版），中央文献出版社，2002 年，第 475 页。

6 月 15 日，江泽民在《发展的优势蕴藏于知识和科技之中》中指出：

"如果说过去国际军事政治斗争的背后，主要表现为直接争夺工业化必需的资源和商品、资本输出的市场，那末，当今的国际经济和科技竞争，越来越围绕人才和知识的竞争展开。"

"教育是知识创新、传播和应用的主要基地，也是培育创新精神和创新人才的重要摇篮。无论在培养高素质的劳动者和专业人才方面，还是在提高创新能力和提供知识、技术创新成果方面，教育都具有独特的重要意义。"

《论科学技术》（第 1 版），中央文献出版社，2001 年，第 132、134 页。

6 月 15 日，江泽民在《教育必须以提高国民素质为根本宗旨》中指出：

"教育在培育民族创新精神和培养创造性人才方面，肩负着特殊的使命。每一个学校，都要爱护和培养学生的好奇心、求知欲，帮助学生自主学习、独立思考，保护学生的探索精神、创新思维，营造崇尚真知、追求真理的氛围，为学生的禀赋和潜能的充分开发创造一种宽松的环境。这就要求我们必须转变那种妨碍学生创新精神和创新能力发展的教育观念、教育模式，特别是由教师单向灌输知识，以考试分数作为衡量教育成果的惟一标准，以及过于划一呆板的教育教学制度。学校的校长和教师，在精心培育人才方面负有特殊的责任，既要严格要求，又要平等待人，更要善于发现和开发蕴藏在学生身上的潜在创造性品质。"

《十五大以来重要文献选编》（中）（第1版），中央文献出版社，2001年，第881～882页。

6月15日，江泽民在《教育必须以提高国民素质为根本宗旨》中指出：

"我国经济增长方式还没有根本转变，沉重的人口负担还没有转化为人力资源的优势。事实越来越证明，我们的劳动力素质和科技创新能力不高，已经成为制约我国经济发展和国际竞争能力增强的一个主要因素。中央全面分析国际国内发展的大势，认为必须坚定不移地实施科教兴国的战略，大力提高全民族的思想道德和科学文化素质，提高知识创新和技术创新能力，密切教育与经济、科技的结合，加快实现经济体制和经济增长方式的根本转变。这是全面推进我国现代化事业的必然选择，也是中华民族自立于世界民族之林的根本保证。"

《十五大以来重要文献选编》（中）（第1版），中央文献出版社，2001，第877页。

6月28日，江泽民在《"三讲"教育是加强党的建设的新探索》中指出：

"提高干部队伍素质，关键是要提高马克思主义政治素质。……高级干部，一定要按照中央的要求，努力加强学习和实践，努力使自己成为党所要求的善于治党治国的政治家。其他领导干部也要用这样的要求来锻炼和提高自己。"

《论党的建设》（第1版），中央文献出版社，2001年，第353页。

8月12日，江泽民在《坚定信心，深化改革，开创国有企业发展的新局面》中指出：

"国有企业的经营管理者队伍，总体上是好的。他们带领广大职工在激烈的市场竞争中奋力拼搏，锐意进取，为企业的改革和发展做出了重要贡献。有没有好的领导班子和负责人，对企业的发展具有决定性的意义。必须进一步建设一支思想政治素质好，善于经营管理，熟悉本行业务，遵纪守法，廉洁自律的经营管理者队伍。要深化国有企业人事制度改革，把坚持党管干部原则、组织考核推荐和引入市场机制、公开向社会招聘结合起来，进一步研究和完善对国有企业领导人员管理的具体办法，努力营造使他们健康成长、脱颖而出的社会环境。建立和健全国有企业经营管理者的激励机制和约束机制，把物质鼓励和精神鼓励结合起来，提倡奉献精神。要完善对国有企业经营管理者的监督机制，建立企业决策失误的追究制度，实行企业领导人员任期的经济责任审计。"

《江泽民论有中国特色社会主义》（专题摘编）（第1版），中央文献出版社，2002年，第156~157页。

8月20日，江泽民在《在考察中国科学院大连化学物理研究所时的讲话》中指出：

"知识创新和科技创新，关键要加强科技人才队伍的建设，特别要注重培养新的人才。青年科技人才，是我国科技事业未来发展的希望。我国老一辈的科学家和科技工作者，从年轻时代起就为国家科技事业的发展做出了重大贡献，现在还在拼搏。年轻一代的科技工作者虚心向他们学习。长江后浪推前浪，世上新人换旧人。这是历史发展的客观规律。"

《论科学技术》（第1版），中央文献出版社，2001年，第141~142页。

8月23日，江泽民在《在全国技术创新大会上的讲话》中指出：

"努力建设一支宏大的富有创新能力的高素质人才队伍。推动科技进步、技术创新，关键是人才。"

"一大批青年人才的迅速成长，是科技进步、技术创新的希望所在。青年时代，是最富有创新精神的黄金时代。世界科技发展的一些重大突破，往往是由年轻人搞出来的。要努力为青年人才脱颖而出营造良好的社会环境，让他们充分施展才华，勇于创新，大展宏图。"

"培养人才的基础在教育。要贯彻德智体美全面发展的方针，按照人才成长的规律和特点，把培养学生的创新意识和开拓精神作为素质教育的重点任务。科研机构也要成为人才培养的基地，纳入国家高级人才培养的教育体系。"

"科研机构和大学要建立开放、流动、竞争、合作的科技人员管理制度，营造生动、活跃、民主的学术氛围，鼓励探索和创新。"

"要在全社会进一步树立和发扬尊重知识、尊重人才、崇尚创新的良好风尚。要积极创造条件，鼓励和吸引留学人员特别是留居海外的科技人才回来创办科技产业。要造就一大批精通科技的经营管理人才。"

《论科学技术》（第1版），中央文献出版社，2001年，第155~156页。

9月18日，江泽民在《在表彰为研制"两弹一星"做出突出贡献的科技专家大会上的讲话》中指出：

"实践证明，科学技术的竞争，关键是知识和人才的竞争，是开发和创新能力的竞争。要在科学技术的研究开发中取得重大突破，必须有一大批能够掌握和驾驭高新技术的高素质科技专家。有了人才优势，又能充分发挥社会主义制度的优越性，就完全可以更快更好地把我国科学技术搞上去。"

"我们一定要把培养高素质的优秀科技人才摆在重要战略地位。通过深化改革，进一步为优秀人才的脱颖而出创造良好环境。要加快培养年轻一代科技人才，特别要下工夫培养能站在世界科技前沿的学术带头人和尖子人才，造就大批具有一流水平的科学家和工程技术专家，使他们成为新世纪我国科技事业发展的先锋力量。"

《论科学技术》（第1版），中央文献出版社，2001年，第165~166、168页。

11月15日，江泽民在《加快科技进步，提高技术创新能力》中指出：

"推动科技进步和创新，关键是人才。要特别重视培养青年科技人才，为他们的成长和发挥才干创造条件。建立科技人才的激励机制，实行技术、管理等生产要素参与分配，对有突出贡献的科技人才实行重奖，充分发挥他们的积极性和创造性。制定吸引人才的政策，鼓励留学人员和海外科技人才回国工作或以其他方式为祖国服务。支持科技人才领办和创办科技型企业。"

《论科学技术》（第1版），中央文献出版社，2001年，第172~173页。

2000 年

1月14日，江泽民在《治国必先治党，治党务必从严》中指出：

"对领导干部严格要求、严格管理，要同领导干部自觉地严格自律结合起来。内因是事物变化的决定性因素。建立在我们党的党性基础上的严格自律，对每个党员干部的进步和提高起着决定性的作用。中央所以反复强调领导干部要'讲学习、讲政治、讲正气'，要自重、自省、自警、自励，努力提高自身素质，基本道理就在这里。"

"对领导干部的选拔任用一定要严格把关。选贤任能，事关重大。各级党委一定要全面贯彻干部队伍'四化'方针和德才兼备原则，防止片面性和简单化；一定要坚持任人唯贤，反对任人唯亲；一定要搞五湖四海，反对'以人划线'和'以地域划线'；一定要注重对干部思想政治素质包括道德品质的考察，不要只重才而轻德。"

《论党的建设》（第1版），中央文献出版社，2001年，第366、370页。

2月1日，江泽民在《关于教育问题的谈话》中指出：

"二十一世纪，我国既需要发展知识密集型产业，也仍然需要发展各种劳动密集型产业，经济建设和社会发展对人才的要求是多样化的……学校接受的还只是基本教育，尽管这个基本教育十分重要，但毕竟不是人生所受教育的全部，做到老学到老，人才的成长最终要在社会的伟大实践和自身的不断努力中来实现。这个观点，要好好地在全社会进行宣传。"

"社会主义改革开放和现代化建设，为年轻一代的成长提供了广阔的舞台，只要他们有为祖国、为人民贡献青春的志向，满腔热情地投入到建设祖国的伟大事业中去，认真学习和掌握实践知识与技能，把自己的聪明才智奉献给祖国和人民，就一定能够成长为有用之才。"

《毛泽东邓小平江泽民论教育》（第1版），中央文献出版社、人民教育出版社、北京师范大学出版社，2002年，第257～289页。

2月20日，江泽民在《在广东省高州市领导干部"三讲"教育会议上的讲话》中指出：

"希望广大县（市）领导干部特别是年轻干部，勇于在群众工作的实践中接受锻炼，经受考验，增长才干。只有经受过各种艰难困苦和复杂斗争的锻炼与考验，一个干部才能真正成熟起来。每个领导干部每年都要拿出一点时间深入到群众中去，了解第一手的情况，帮助基层和群众解决实际问题。"

《论党的建设》（第1版），中央文献出版社，2001年，第395页。

2月25日，江泽民在《在新的历史条件下，我们党如何做到"三个代表"》中指出：

"从中央到地方的各级领导干部特别是党的高中级领导干部，都要坚持'讲学习、讲政治、讲正气'，树立正确的世界观、人生观、价值观，坚定共产主义信念，牢记党的全心全意为人民服务的宗旨，密切与人民群众的关系；都要在推进改革开放和现代化建设的实践中不断提高自身素质，坚持做到自重、自省、自警、自励，始终保持振奋的精神状态，为党和人民诚诚恳恳地工作。要坚持从严治党，增强党组织的凝聚力和战斗力，把各级领导班子建设成为政治坚定、团结实干、开拓创新、廉洁为民，能够担当起跨世纪发展的历史重任的坚强领导核心。"

"改革和建设的任务越是繁重，各级领导干部越要牢固树立和大力发扬艰苦奋斗、脚踏实地、埋头苦干的工作作风。这也是我们党对领导干部的一贯要求。坚持脚踏实地的工作作风，就要认真地结合本地区本部门本单位的实际贯彻落实党的路线方针政策，就要夙兴夜寐地抓工作、抓落实，就要扎扎实实地解决改革发展稳定和群众生产生活中的具体问题。年轻干部尤其要努力养成这种良好的工作作风。培养和造就一大批思想政治素质好、文化知识水平高、领导能力强的年轻干部，是我们面临的一项紧迫而重大的政治任务。长江后浪推前浪，世上新人换旧人。这是客观规律。年轻干部要健康成长，必须要在改革开放和现代化建设的实践中经受锻炼，接受考验。不经受艰苦环境和复杂环境的锻炼，不接受关键岗位和艰巨任务的考验，年轻干部是难以成长起来的。"

"所有干部特别是年轻干部思想上必须十分明确，当干部，当领导都是要为党和人民的利益工作的，都要时刻准备着为党和人民牺牲与贡献自己的一切，这是每个共产党员的光荣。党把你放在哪个岗位上，就要在哪个岗位上兢兢业业地履行职责，真正干出成绩来。决不能老是去琢磨自己怎样升官，怎样出人头地，怎样捞点好处。如果这样，是做不好工作，而且很容易犯错误的。这些年来，一些搞以权谋私的干部、搞'升官术'的干部留下的教训还少吗？大家必须引以为戒。共产党员特别是领导干部都要忠心耿耿、任劳任怨地为党和人民而工作而奋斗，有了这种精神，就一定能够在工作中作出成绩，党和人民也不会忘记你，对你取得的工作成绩一定会有公正的评价的。"

《论"三个代表"》（第1版），中央文献出版社，2001年，第4～6页。

5月14日，江泽民在《"三个代表"是我们党的立党之本、执政之基、力量之源》中指出：

"党的农村基层组织是农村各种组织和各项工作的领导核心。我国农业和农村经济的发展，已进入以主要农产品由长期短缺向阶段性、结构性相对过剩转变为特征的新阶段。县（市）以上党委，要帮助农村基层党组织尽快适应这个新变化，大力提高党支部一班人的素质，增强群众观点和政策观念，掌握市场经济知识和农业科技知识，学会依法行事，认真改进作风。"

"在非公有制企业开展党建工作的目标和方针原则明确后，要抓紧物色、培训、储备一批素质和能力适合在这类企业工作的党员骨干力量。"

"这些年，全党在贯彻落实党的路线方针政策方面，总的讲做得比较好，取得了不少经验，但也有教训和不足。各级领导干部要进一步加强学习，认真总结正确贯彻党的路线方针政策同全面体现'三个代表'的要求有机结合的经验，提高自己的思想理论水平，增强政治敏锐性和政治鉴别力。要遵循现阶段我国社会生产力与生产关系、经济基础与上层建筑矛盾运动的内在规律行事，切忌任何形式的主观性、片面性，防止出现这样那样的偏差，把工作做得更好。"

"年轻干部要到艰苦的地方去经风雨、见世面。越是勇于到环境艰苦、困难多的地方和岗位去工作的干部，往往越能在意志、才能和品德等方面得到锻炼，成长也较快较稳定。那些贪图安逸，不愿到艰苦地方和岗位去工作的人，如果不改，不可委以重任。党和人民的事业需要的人才是多方面的，政治、经济、文化、科技、外交、教育、法律、军事等工作的开展，都需要聚集和造就优秀人才。对各条战线人才的要求标准，总的都是德才兼备，'德'和'才'都不是抽象的。由于工作战线、事业领域的不同，'德'与'才'的要求也都应结合实际加以具体化。在发现人才上要强调'不拘一格'，在使用人才上要强调'用其所长'。这都是古往今来在选人用人上的一些重要经验。人才是一个国家发展最重要的资源。当今世界，争夺人才的竞争异常激烈。美国的经济、科技所以发展得快，很重要的一个原因就是它从全世界网罗了大批人才。我们要有政治远见，及早研究对策，真正把培养和使用好各类人才作为党和人民事业兴旺发达的大事来看待、来落实。"

《论"三个代表"》（第1版），中央文献出版社，2001年，第12～22页。

5月14日，江泽民在《"三个代表"是我们党的立党之本、执政之基、力量之源》中指出：

"我们党要做到'三个代表'，关键在于建设一支能够适应新形势新任务要求的高素质领导干部队伍，特别是要培养和选拔好跨世纪担当重任的一批接班人。这件事实在是太重要了。培养选拔优秀年轻干部，现在时机非常重要，必须抓紧做好工作。"

《论党的建设》（第1版），中央文献出版社，2001年，第411页。

5月17日，江泽民在《接受美国〈科学〉杂志主编埃利斯·鲁宾斯坦专访时的谈话》中指出：

"我们要为科学家创造良好宽松的科研环境，鼓励科学家的自由选题和探索；在科研机构，建立符合科学自身发展规律的新机制；继续增加政府对基础研究的投入，鼓励部门、地方、企业和民间基金等多种形式对基础研究的支持；在基础研究领域开展广泛的国际交流与合作。"

"科技竞争是人才竞争。中国政府坚持'支持留学、鼓励回国、来去自由'的留学方针。"

"由于各种原因，目前还有相当一部分出国人员不能或暂时不能回国工作，这是可以理解的。对此，中国政府各部门正采取各种措施，为他们创造更加便利的工作和生活条件，实施更加开放的政策，建立灵活的机制。此外，各地方政府建立的各类留学人员创业园区，也为他们在园内进行科技开发和成果转化发挥了'孵化器'作用。"

"提高全民族素质、培养优秀人才将是一项长远的'系统工程'。这就是所谓的'十年树木、百年树人'。作为发展中国家，中国需要不断提高全体公民的科学文化素质。"

《论科学技术》（第1版），中央文献出版社，2001年，第184页。

6月5日，中国科学院第十次院士大会、中国工程院第五次院士大会在人民大会堂隆重开幕。中共中央总书记、国家主席、中央军委主席江泽民在会上发表重要讲话。讲话指出：

"我们党和国家事业的兴旺发达和长治久安，需要一大批各行各业的优秀人才。我国科技事业的发展，也需要培养和造就一代年轻科技人才。这是一项十分紧迫而重大的战略性任务。现在看得越来越清楚，当今和未来世界的竞争，从根本上说是人才的竞争。我国要跟上世界科技进步的步伐，加快科技创新和知识创新，必须有一批又一批的优秀年轻人才脱颖而出。建设有中国特色社会主义的伟大时代，应该是百舸争流、人才辈出的时代。科技进步也好，社会发展也好，总是在昨天超越前天、今天超越昨天、明天又超越今天的历史运动中前进的。这是自然界和人世间的一般规律。要不拘一格地选用年轻人，努力从学习、工作、体制、政策、环境等方面创造条件，让年轻英才不断涌现出来。这应成为我们推动科技创新、知识创新和其他各个方面创新的重要指导思想。……惟有英才不断涌现，我们的事业才能始终充满发展的活力。"

《论科学技术》（第 1 版），中央文献出版社，2001 年，第 196～197 页。

6 月 9 日，江泽民在《加紧培养适应新世纪要求的中青年领导干部》中指出：

"不断培养中青年领导干部，始终是我们党的一项战略任务。毛泽东同志、邓小平同志都把这项工作放在关系党的事业兴旺发达和几千万烈士用鲜血换来的红色江山永不变色的高度来认识和强调。全党同志必须认清当前国内外形势的新情况新特点，认清我们党在新的世纪里所要完成的繁重任务，认清我们党的建设的实际状况，从而进一步认识到培养造就一大批适应新世纪要求的中青年领导干部的极端重要性和紧迫性。

"当今和未来的世界竞争，从根本上说是人才的竞争。这种人才竞争是全面的，包括领导人才在内的各个方面各个层次的人才，都面临着各种竞争和斗争的检验与考验。

"历史和现实都表明，一个政党，一个国家，能不能不断培养出优秀的领导人才，在很大程度上决定着这个政党、这个国家的兴衰存亡。中国的社会主义事业能不能巩固和发展下去，中国能不能在未来激烈的国际竞争中始终强盛不衰，关键就要看我们党能不能不断培养造就一大批高素质的领导人才。如果这个问题解决得不好，我们就难以在新世纪里经受住各种风险的考验，难以实现党和国家既定的奋斗目标。全党同志都要从这样的政治高度来认识培养优秀中青年领导干部的重大意义，紧迫地而不是松懈地、认真地而不是敷衍地按照中央的要求把这项工作抓紧抓好。"

《论"三个代表"》（第 1 版），中央文献出版社，2001 年，第 27～32 页。

6 月 9 日，江泽民在《加紧培养适应新世纪要求的中青年领导干部》中指出：

"选拔干部当然要讲台阶、论资历。必要的台阶和资历是干部积累领导经验所需要的。但千万不能搞形式主义，千篇一律，应该是讲台阶而不抠台阶，论资历而不唯资历。如果台阶过细过繁，太看重资历，优秀人才怎么脱颖而出？年轻人肯定有缺点和不足。看人要看大节、看主流、看发展，不能求全责备。有缺点和不足，关键是要帮助他们改正和弥补。改正和弥补了，就好。用人用其所长，就是要扬长避短，善用他的特长，把他放到最适合于发挥他的优势的岗位上。这对干部本人、对党的事业都有好处。用非所长，对干部本人、对党的事业都是一种损失。通才和全才毕竟是少数。但我们的高级干部，特别是各地区各部门的主要负责人，是负责全面工作的，他们的知识和才干应力求全面，既懂自然科学知识，又懂社会科学知识，既有丰富的书本知识，又有丰富的实践经验，这样才能把全面的领导工作担当好。任用干部，要坚持德才兼备的原则。具有坚定的政治立场和信念，具有真才实学和开拓精神，这些都是基本要求。但'德'和'才'都不是抽象的，而是具体的。衡量一个干部是否符合'德'、'才'标准，既要看本人的素质，更要看工作实绩。我国有十二亿多人口，我们党有六千三百万党员，各类干部有四千一百多万人，人才肯定是有的，关键看我们的工作做得怎么样。要大力拓宽知人识人渠道，搞五湖四海，走群众路线。我们的原则应该是：坚持任人唯贤，反对任人唯亲；既要德才兼备，又不求全责备；既要坚持标准，又要不拘一格。要不断深化干部人事制度改革，形成干部能上能下的机制，用制度为优秀年轻干部脱颖而出、健康成长创造良好的环境和条件。

"在培养中青年领导干部这项重大任务中，党校应该也完全可以发挥重要的作用。党校工作是党的事业的重要组成部分，搞好党校教育对于党和国家的发展具有现实和长远的重要意义。各级党校的工作，都要自觉地同党和国家的大局联系起来。各级党校的同志都要从国内外的形势发展和党的建设的实际要求出发，兢兢业业地做好工作，为培养中青年领导干部多作贡献。

"要注意让中青年领导干部在各种重大斗争中经受风浪的考验。凡是在重大斗争和突发事件中，能够保持清醒头脑，站稳脚跟，并组织和带领群众战胜困难的人，就应该予以重用或重点培养。

"建设好我们的党，首先要提高党的各级领导干部的思想政治素质，特别是要努力提高中青年领导干部的思想政治素质，使之成为忠诚于马克思主义、坚持走有中国特色社会主义道路、会治党治国的新一代政治家。广大中青年干部是我们党和国家的希望，代表着我们党和国家的未来。培养中青年领导干部的工作，不仅要抓紧而且要抓好。在这个问题上，我们一定要十分清醒，十分坚定。"

"第一，要大力加强中青年领导干部的党性修养，使他们始终坚持全心全意为人民服务的根本宗旨。……

"第二，要大力拓宽中青年领导干部的视野，使他们能够善于观察世界大势和正确把握时代要求。……我们现在这代中青年领导干部是在改革开放的环境中成长起来的，总的说来，具有知识比较广博、视野比较开阔、思想比较活跃等优点。但是，这并不等于就已经对世界发展的大势和时代进步的原因具备了科学的认识，还需要在刻苦的学习和工作实践中不断提高。党校在培训中青年领导干部时，要使他们对当代世界经济、政治、科技、法制、军事等等有较深刻的了解和把握，努力培育他们的世界眼光，使他们不断增强对世界的了解和分析判断能力。这一点十分重要。

"第三，要大力培养中青年领导干部的战略思维能力，使他们善于从实际出发不断研究解决改革、发展、稳定中的重大问题。……

"第四，归根到底，要大力提高中青年领导干部的理论素养，使他们真正掌握马克思主义的立场、观点和方法。……

"现在四十岁上下的年轻干部，一般都接受了马克思主义和党的优良传统的教育，但还不够系统、扎实。他们对中国的历史和现状有不少了解，但还不够深入、广泛。他们也经受了一定的党内生活和社会实践的锻炼，但还不够全面、严格。也就是说，这一代年轻干部，还缺乏马克思主义基本理论的扎实功底，缺乏对中国历史和现实的系统了解，缺乏党内生活和艰苦环境的严格锻炼。缺什么就要补什么。理论知识、历史知识可以通过书本学习来获得，品格、意志的锻炼主要靠在艰苦的实践中去解决。努力提高各级领导干部特别是中青年领导干部的马克思主义理论水平，是党的事业不断开拓前进的必然要求，也是中青年领导干部自身成长的必然要求。

"全党同志特别是高级干部，要有战略眼光，要有老一辈无产阶级革命家的那种高瞻远瞩和宽阔胸襟，切实把培养造就一大批适应新世纪要求的中青年领导干部这项重大的政治任务完成好。做出了党和人民满意的工作业绩，培养了党和人民放心的接班人，我们才算完成了自己的历史使命。这方面的工作，中央已经作出了部署，大家都要认真贯彻落实。这里，我要强调三点。

"第一，选人不拘一格，用人用其所长。这是古今中外成功的用人之道。选拔中青年领导干部，要解放思想，坚决破除论资排辈、求全责备、迁就照顾等陈旧落后的观念，不拘一格选人才。……

"第二，中青年领导干部的健康成长，自身努力是内因，党组织培养是外因，内因与外因要紧密结合。培养，在干部的成长过程中有着重要的作用。一些好的苗子，如果我们没有及时发现，并有计划地进行培养和锻炼，也可能就自生自灭了。对于看准了的、有发展潜力的苗子，一定要精心加以培养。培养不是溺爱，也不能拔苗助长，而是要真正让年轻干部在工作实践中得到艰苦的磨练，增长才干和知识。培养有多种方式。理论教育和学习是培养，基层锻炼是培养，使用也是培养，而且是更重要的培养。一个领导干部的思想水平、工作能力和领导才能，需要在领导工作的实践中形成。没有一定的领导岗位这个舞台，领导才能就无法提高，也难以真正考察和识别干部。对那些基本素质具备的中青年干部，要大胆放到相应的领导岗位上去。实践证明，把年轻干部放到一些关键岗位、艰苦环境和情况复杂、矛盾突出、困难较多的地方去锻炼和培养，对他们的提高和成熟很有好处。凡是在这些地方和岗位做出实绩的，就继续提拔使用。不愿到困难的地方去，或去了干不出成绩，就不是优秀干部，就不能提拔重用。领导干部必须经受考验。年轻干部如果不知艰苦，不经过捶打，很可能就成为温室里的花朵，是经不起什么风浪的。从积累领导经验的角度讲，使用是最好的培养，是提高和识别干部的最好方法。

"第三，我们从事的事业是空前广大的，需要的人才一定是多方面的。政治、经济、文化、科技、教育、军事、外交等各方面的工作，都需要大批的高素质的中青年领导干部。无论从事什么工作的干部，政治上必须合格。在这个前提下，还必须具备所从事工作的专长。……总之，党和人民的事业需要的人才是多方面的、全方位的。对不同领域人才的要求及其成长规律也是不同的。做好优秀中青年领导干部的培养选拔工作，要针对不同部门、不同工作的特点来进行。应努力形成各方面人才百舸争流、各显其能的局面。一批批优秀中青年领导干部茁壮成长，才能得到充分发挥，我们的事业才有不断成功的把握。我以上说的三点，也可以用前人的三句诗来表述：第一句是龚自珍的'我劝天公重抖擞，不拘一格降人才'；第二句是郑板桥的'千磨万击还坚劲，任尔东西南北风'；第三句是朱熹的'等闲识得东风面，万紫千红总是春'。就是说，培养中青年领导干部，一要不拘一格，二要加强磨练，三要人才辈出。"

《论"三个代表"》（第1版），中央文献出版社，2001年，第34~43页。

6月23日，中央办公厅印发《深化干部人事制度改革纲要》。纲要指出：

深化干部人事制度改革的基本目标。

——建立起能上能下、能进能出、有效激励、严格监督、竞争择优、充满活力的用人机制；

——完善干部人事工作统一领导、分级管理、有效调控的宏观管理体系；

——形成符合党政机关、国有企业和事业单位不同特点的、科学的分类管理体制，建立各具特色的管理制度；

——健全干部人事管理法规体系，努力实现干部人事工作的依法管理，有效遏制用人上的不正之风和腐败现象；

——创造尊重知识，尊重人才，有利于优秀人才脱颖而出、健康成长的社会环境，实现人才资源的整体开发与合理配置。

二○○一年至二○○五年"十五"期间的干部人事制度改革，要以推进干部能上能下、能进能出为重点，以初步建立起一套与建设有中国特色社会主义经济、政治、文化相适应的干部人事制度为目标，为实现国家经济和社会发展"十五"规划提供组织保证和人才支持。

《十五大以来重要文献选编》（中）（第1版），人民出版社，2001年，第1314~1315页。

6月28日，江泽民在《掌握思想政治领域的领导权和主动权》中指出：

"干部是党的宝贵财富，一定要非常爱惜。关心和爱护干部，是我们党的一个优良传统。不仅要关心干部的思想和工作，而且要关心干部的生活和生理、心理健康。"

《论党的建设》（第1版），中央文献出版社，2001年，第440页。

6月30日，江泽民在《科学在中国：意义与承诺》中指出：

"在未来五十年甚至更长的时期里，中国的发展将在很大程度上依赖于今天基础研究和高技术研究的创新成就，依赖于这些研究所必然孕育的优秀人才。"

《论科学技术》（第1版），中央文献出版社，2001年，第207页。

8月5日，江泽民在《在北戴河会见诺贝尔奖获得者时的讲话》中指出：

"我们将坚持不懈地贯彻落实科教兴国战略和可持续发展战略，建设和完善国家创新体系，大力培养和积极引进人才，全面提高全民族的科学文化素质，在全社会努力弘扬科学精神，促进科技成果更好地转化为现实生产力。推进科学技术的发展，很重要的一项条件是形成科学研究、技术开发、社会生产和市场需求、社会投入、政府支持之间的良性体制，在全社会形成尊重知识、尊重人才、鼓励创新的文化氛围。"

《论科学技术》（第1版），中央文献出版社，2001年，第215页。

8月26日，江泽民在《在听取中国科学院知识创新工程试点工作汇报时的讲话》中指出：

"当今世界的综合国力竞争，归根结底是科技实力的竞争、高素质人才的竞争。"

《论科学技术》（第1版），中央文献出版社，2001年，第223页。

9月25日，国务院总理朱镕基在中国科学院考察知识创新工程时强调，科技实力和人才是衡量一个国家实力的重要标志，是实施可持续发展战略的必要条件。朱镕基指出中国科学院知识创新工程试点实行两年多来，进展顺利，成效明显，意义深远，要继续努力，为全面推进知识创新工程试点奠定坚实基础。

朱镕基指出，国与国之间、发达国家与发展中国家之间的差距，最根本的是科技实力和人才素质的差距。在当今时代，科技不但是第一生产力，而且决定了经济发展的前途。把科技水平搞上去，人才队伍建设好，经济发展就有了可靠保证和坚实基础。他强调，增强科技实力，首先要把基础研究搞上去。基础研究上不去，达不到国际先进水平，科技和经济的发展就缺乏后劲，就难以实现我们的目标。中国科学院在基础研究方面担负着重大任务，这也是我国繁荣富强的基础。希望中科院充分认识自己肩负的历史责任，继续努力，做好基础研究工作。

朱镕基对中科院提出了三点具体要求。第一，建立吸引人才的机制。科学发展需要大批优秀人才，要继续抓好组织结构创新，使更多优秀的年轻科技人才能够脱颖而出。还要大胆吸引和使用国外及港澳等优秀科技人才。第二，要创造能够留住人才、发挥人才作用的机制。要使人才感到心情舒畅，在这个地方只要努力奋斗，就能创造自己的辉煌，就能为国家作出自己应有的贡献。我们必须创造一种机制，激励他们能够最大限度地发挥自己的聪明才智和创造力。朱镕基还联系到奥运会的情况，高兴地说，这几天大家都很关注奥运会的赛情，看到我国体育健儿在奥运会上顽强拼搏，到昨天已经夺得 18 块金牌，奖牌总数在世界名列第二，都很激动，都为我国体育事业人才辈出而欢欣鼓舞，全国人民都感谢他们为祖国争了光，我代表国务院向他们表示热烈祝贺和衷心感谢！我国奥运健儿的这种为国争光的拼搏精神将极大地鼓舞全国各条战线尤其是科技战线的同志们，在各自的工作岗位上，努力创造国际一流水平。第三，基础研究方面，既要加强国际交流，瞄准国际先进水平，又要面向国内产业，不断拓宽自己的眼界。基础研究与产业发展相结合就能产生巨大的生产力和意想不到的经济效益，并反过来促进和推动基础研究的发展。

《人民日报》，2000 年 9 月 26 日，第 1 版。

10 月 11 日，江泽民在《发展要有新思路》中指出：

"科技创新问题，说到底还是人才的问题。发达国家正在全球范围内争夺人才。培养不好人才，使用不好人才，留不住人才，吸引不了人才，我们的事业就很难向前发展。"

"我们一方面要进一步发展教育和提高教育质量，加大人才培养的力度；另一方面要建立一套能够发挥社会主义集中力量办大事和社会主义市场经济体制这两种优势的创新机制，形成一个拴心留人的环境，培育一个争相创新的氛围，使优秀人才脱颖而出，发挥才干。在这个问题上，大家一定要有紧迫感。各级领导干部要拿出政治家的眼光和气魄，积极支持科技及相关体制的改革，扫除一切阻碍创新的因素，努力开创一个人才辈出并能充分发挥各种人才的积极性和创造性的新局面。"

《论"三个代表"》（第1版），中央文献出版社，2001年，第68页。

10月11日，《中共中央关于制定国民经济和社会发展第十个五年计划的建议》中指出：

"加强人才队伍建设，努力营造用好人才、吸引人才的良好环境，形成尊重知识、尊重人才、鼓励创业的社会氛围。加快建立有利于各类优秀人才脱颖而出、人尽其才的机制。"

"建立和完善机制健全、运行规范、服务周到、指导监督有力的人才市场体系，促进人才合理流动。"

"采取多种措施吸引和聘用海外高层次人才。继续实行支持留学、鼓励回国、来去自由的方针，鼓励留学人员回国工作或以适当方式为祖国服务。"

《十五大以来重要文献选编》（中）（第1版），人民出版社，2001年，第1385页。

10月11日，江泽民在《在国际工程科技大会上的讲话》中指出：

"工程师是新生产力的重要创造者，也是新兴产业的积极开拓者。尊重工程师的创造性劳动，培养大批工程科技人才，是推进经济建设和社会发展的必然要求。"

《论科学技术》（第1版），中央文献出版社，2001年，第226页。

10月13日，江泽民在《在观看全军科技练兵成果演示时的讲话》中指出：

"要强化诸军兵种联合作战训练，提高诸军兵种联合作战的能力。训练不仅要着眼于提高官兵的技术、战术水平，同时要着眼于练思想、练作风、练意志，培养革命英雄主义精神。还要特别注意通过科技练兵培养和造就大批新型军事人才。"

《江泽民论有中国特色社会主义》（专题摘编）（第1版），中央文献出版社，2002年，第465页。

11月28日，江泽民在《当前经济工作需要把握的几个问题》中指出：

　　"《中共中央关于制定国民经济和社会发展第十个五年计划的建议》把大力发展教育，培养、吸引和用好人才作为一项重大战略任务提出来，是从国家民族发展的全局考虑的。要制定和实施人才战略，加快培养和吸引现代化建设急需的各类人才特别是高层次人才；进一步深化干部人事制度改革，营造尊重人才、鼓励创业的社会环境，形成人才脱颖而出、人尽其才的机制。要采取多种形式、多种渠道加强人才培养，注意人力资源配置的科学性、合理性。充分发挥现有人才积极性和创造性，同时采取更加有效的政策措施，吸引更多优秀人才为现代化建设服务。提高国民整体素质，是人才辈出的基础，是综合国力的重要体现。"

《论"三个代表"》（第 1 版），中央文献出版社，2001 年，第 93 页。

12 月 26 日，江泽民在《推动党风廉政建设和反腐败斗争的深入开展》中指出：

　　"要按照民主、公开、竞争的原则，推进干部人事制度改革，以利优秀人才脱颖而出，从制度上杜绝跑官要官、买官卖官现象的发生。"

　　"教育和引导广大党员干部自觉地在改革和建设的实践中进行党性锻炼，加强思想政治修养，锻炼意志品质，提高精神境界，保持高尚的道德情操，追求积极向上的生活情趣，真正养成共产党人的高风亮节。"

《论"三个代表"》（第 1 版），中央文献出版社，2001 年，第 116~117 页。

2001 年

2 月 14 日，江泽民在《目前的形势和任务》中指出：

　　"对年轻干部，越是有培养前途，越要放到艰苦环境中去，越要推到重大斗争的第一线去，越要赋予艰巨的任务，让他们在现实的风浪中经受锻炼和考验。孟子说：'天将降大任于斯人也，必先苦其心志，劳其筋骨，饿其体肤，空乏其身，行拂乱其所为，所以动心忍性，曾益其所不能。'韩非子也说过：'宰相必起于州部，猛将必发于卒伍。'古往今来，各种人才尤其是政治人才，大都是从社会基层开始，经过十分艰苦环境的锻炼和考验而成长起来、脱颖而出的。这可以说是人才成长的一般规律。我们培养选拔年轻干部，也一定要这样做，不然就很难锤炼出党和国家的栋梁之才。"

《江泽民论有中国特色社会主义》（专题摘编）（第 1 版），中央文献出版社，2002 年，第 693~694 页。

4月29日，江泽民在《在庆祝清华大学建校九十周年大会上的讲话》中指出：

"牢固树立为祖国和人民而奋斗的理想，并坚韧不拔地为实现这种理想而奋斗，不仅不会限制优秀人才的个性和才能的发展，而且恰恰相反，只有在这种火热的奋斗中，优秀人才的聪明才智才能更加充分地发挥出来，他们的生命价值才能更加完美地展现出来。"

"一流大学应该成为培养人才的重要基地，不断为祖国为人民培养出具有正确的世界观、人生观、价值观，具有创造精神和实践能力的全面发展的人才。"

《毛泽东邓小平江泽民论教育》（第1版），中央文献出版社、人民教育出版社、北京师范大学出版社，2002年，第293～294页。

4月29日，江泽民在《在庆祝清华大学建校九十周年大会上的讲话》中指出：

"我想向在座的大学生，并通过你们向全国的大学生提出几点希望。……
希望你们成为理想远大、热爱祖国的人。……
希望你们成为追求真理、勇于创新的人。……
希望你们成为德才兼备、全面发展的人。……
希望你们成为视野开阔、胸怀宽广的人。……
希望你们成为知行统一、脚踏实地的人。……"

《毛泽东邓小平江泽民论教育》（第1版），中央文献出版社、人民教育出版社、北京师范大学出版社，2002年，第295～296页。

5月15日，江泽民在《加强人力资源能力建设，共促亚太地区发展繁荣》中指出：

"随着社会的进步，人类自身能力不断发展，显示出越来越大的力量。经济发展和社会进步，更需要人的知识和能力作支撑。当今世界，人才和人的能力建设，在综合国力竞争中越来越具有决定性的意义。人类有着无限的智慧和创造力，这是文明进步不竭的动力源泉。开发人力资源，加强人力资源能力建设，已成为关系当今各国发展的重大问题。"

《江泽民论有中国特色社会主义》（专题摘编）（第1版），中央文献出版社，2002年，第258～259页。

7月1日，江泽民在《在庆祝中国共产党成立八十周年大会上的讲话》中指出：

"政治路线确定之后，干部就是决定因素。培养讲政治、懂全局、善于治党治国的领导人才尤为重要。中国的社会主义事业能不能巩固和发展下去，中国能不能在激烈的国际竞争中始终强盛不衰，关键看我们能不能不断培养造就一大批高素质的领导人才。"

"要坚持党管干部的原则，改进干部管理方法，加快干部人事制度改革步伐，努力推进干部工作的科学化、民主化、制度化。坚持扩大干部工作中的民主，落实群众对干部选拔任用的知情权、参与权、选择权和监督权。坚持公开、平等、竞争、择优的原则，积极推行公开选拔、竞争上岗等措施，促进干部奋发工作、能上能下。加强对干部选拔任用工作的监督，完善干部考核制度和方法。坚决防止和纠正用人上的不正之风。"

"时代在前进，事业在发展，党和国家对各方面人才的需求必然越来越大。要抓紧做好培养、吸引和用好各方面人才的工作。进一步在全党全社会形成尊重知识、尊重人才，促进优秀人才脱颖而出的良好风气。领导干部要有识才的慧眼、用才的气魄、爱才的感情、聚才的方法，知人善任，广纳群贤。要用崇高的理想、高尚的精神引导和激励各种人才为国家为人民建功立业，同时要关心和信任他们，尽力为他们创造良好的工作条件。加快建立有利于留住人才和人尽其才的收入分配机制，从制度上保证各类人才得到与他们的劳动和贡献相适应的报酬。通过各项工作，努力开创人才辈出的局面。"

"要通过加强党内监督、法律监督、群众监督，建立健全依法行使权力的制约机制和监督机制。关键要加强对领导干部的监督，保证他们正确运用手中的权力。全体党员特别是领导干部，都必须始终坚持清正廉洁，一身正气，经得起改革开放和执政的考验，经得起权力、金钱、美色的考验，绝不允许以权谋私、贪赃枉法。"

"推进人的全面发展，同推进经济、文化的发展和改善人民物质文化生活，是互为前提和基础的。人越全面发展，社会的物质文化财富就会创造得越多，人民的生活就越能得到改善，而物质文化条件越充分，又越能推进人的全面发展。社会生产力和经济文化的发展水平是逐步提高、永无止境的历史过程，人的全面发展程度也是逐步提高、永无止境的历史过程。这两个历史过程应相互结合、相互促进地向前发展。"

《论"三个代表"》（第1版），中央文献出版社，2001年，第173～180页。

8月7日，江泽民在《在北戴河同国防科技和社会科学专家座谈时的讲话》中指出：

"要更新人才工作的思想观念。做好人才工作，首先要确立人才资源是第一资源的思想，克服'见物不见人'和'重使用，轻培养'的倾向。要树立全面的人才观，克服人才单位、部门所有的狭隘观念。要广纳贤才，知人善任，既重视有所成就的人才，也关注具有潜能的人才；既重视国内人才，也积极吸引海外人才；既重视国有企事业单位的人才，也要把民营科技企业、受聘于外资企业的专门人才纳入视野。人才培养使用要讲投入和产出，讲效益。对人才培养的投入，是收益最大的投入。人才资源的浪费，是最大的浪费。要按照全面发展的要求，提高人才自身的思想道德素养和科学文化素质，充分发挥人才的主观能动性和创造精神。"

"适应当今人才竞争具有国际化趋势的特点，借鉴国外人才资源开发的有益经验，拓宽工作渠道和手段，扩大工作覆盖面，形成更为灵活的人才管理体制。落实用人单位的自主权，增强企业科技创新和吸纳人才的主体地位。发挥高校、科研机构在知识创新和人才培养方面的作用。加强人才中介机构和科技服务组织在人才开发中的作用。要完善开放、灵活的人才市场配置机制，打破人才部门、单位壁垒，鼓励人才合理流动，培育形成与其他要素市场相贯通的人才市场，建立人才结构调整与经济结构调整相协调的动态机制。在发挥市场配置人才资源基础性作用的同时，加强党和政府的宏观调控。要创新工作方式，改变小生产、作坊式的管理方法，运用现代化的管理手段，加速人才工作信息化。"

"要营造符合人才成长特点的环境。尊重知识、尊重人才是党的知识分子政策的核心。创造宽松和谐的环境，有利于创新人才的涌现。应针对专业技术人才的成长和工作特点，努力营造一种尊重特点、鼓励创新、信任理解的良好环境……信任是人才发挥作用、激发创新能力的重要条件。信任是最大的尊重和爱护。大家都要关心、爱护、理解、信赖人才，激励他们充分发挥聪明才智。"

"在认识和改造世界的过程中，哲学社会科学与自然科学同样重要；培养高水平的哲学社会科学家，与培养高水平的自然科学家同样重要；提高全民族的哲学社会科学素质，与提高全民族的自然科学素质同样重要；任用好哲学社会科学人才并充分发挥他们的作用，与任用好自然科学人才并发挥他们的作用同样重要。"

"我国哲学社会科学事业的发展，需要造就一批用马克思主义武装起来、立足中国、面向世界、学贯中西的思想家和理论家，造就一批理论功底扎实、勇于开拓创新的学科带头人，造就一批年富力强、政治和业务素质良好、锐意进取的青年理论骨干。……在各级党委和政府的领导下，各教育部门、宣传部门、组织人事部门和各高等院校、党校、哲学社会科学研究机构等，要相互配合，共同努力，进一步形成良好的哲学社会科学人才培养激励机制，促进哲学社会科学优秀人才不断成长。"

《江泽民论有中国特色社会主义》（专题摘编）（第1版），中央文献出版社，2002年，第259～276页。

2002 年

1月25日，江泽民在《在中央纪委第七次全体会议上的讲话》中指出：

"古人说，为政之道，要在得人。世界社会主义的历程和正反两方面的经验告诉我们，马克思主义执政党不仅要有正确的思想路线和政治路线，而且要有正确的组织路线，关键是要选好人、用好人。我们的国家要在激烈的国际竞争中立于不败之地，我们的社会主义事业要在国际风云变幻的环境中不断发展壮大，就必须抓紧造就大批高素质的、善于治党治国治军的领导干部和各方面人才。这一条做好了，我们就能'任凭风浪起，稳坐钓鱼船'。"

"干部队伍建设的基础是教育。无论是提高干部队伍的素质，还是防范腐败问题、防止和纠正用人上的不正之风，都要坚持教育在先。标本兼治，教育是基础。对干部的教育，应包括理想信念教育、思想政治教育、纪律作风教育、道德法制教育、科学文化教育等各方面的教育。只有通过全面的经常的教育，真正打牢思想政治基础、筑严思想政治防线，干部队伍的建设才能越搞越好。"

"党的十五届六中全会决定把'坚持任人唯贤，反对用人上的不正之风'，作为作风建设的一项重要任务，提出要加快干部人事制度改革步伐，完善制度，健全机制，坚持用好的作风选人、选作风好的人。这个要求很重要，也很有针对性。用什么人不用什么人，对党的作风建设乃至整个党的建设具有重要的影响和导向作用。用人上的不正之风是危害最大的不正之风，而且还会带来和助长其他方面的不正之风。选贤任能，关键是要建立科学的选人用人机制。"

"要树立科学的用人观念，坚持正确的用人导向。邓小平同志讲，选贤任能也是革命。要把人选准用好，防止和纠正用人上的不正之风，树立科学的用人观念至关重要。一是要坚持任人唯贤，反对任人唯亲。坚决反对在选人用人中搞'团团'、'伙伙'、'以人划线'、凭个人好恶选人等恶劣作风。二是既要德才兼备，又不求全责备。既不能重德轻才，更不能重才轻德。看干部特别是年轻干部，要看主流，看潜力，不能过于苛求。三是既要坚持选人标准，又要不拘一格。要看资历但不唯资历，要讲台阶但不抠台阶，特别优秀的干部要敢于破格使用。四是既要搞五湖四海，又要唯才是举。只要符合德才兼备的标准，就要敢于大胆使用，关键看德才素质。五是用人要用其所长，防止用其所短。如果舍长用短，对工作会造成影响，对干部本人也会带来苦恼。干部中通才是有的，但多数是属于专门人才，有一技一艺或几技几艺之长，一定要用他们的长处，发挥他们的优势。六是既要看素质，又要看实绩。干部素质的高低，最终要在实绩中体现出来。没有实绩，谈何素质？当然，实绩必须符合党和国家的工作要求，符合最广大人民的根本利益，而不是那些沽名钓誉的'形象工程'、'政绩工程'。能否坚持这些原则，关键在各级领导干部。领导干部要有爱才之心、识才之智、容才之量、用才之艺，以对党和人民高度负责的态度，切实把好选人用人关。"

"识人是用人的前提。只有把人看准，才能把人选好用好。推进干部人事制度改革，要十分注意解决好知人识人问题。在这方面，我们已取得了一定成效，但必须实事求是地承认，这个问题并没有完全解决。为什么有的干部在考察时各方面听下来都很好，上任不久就出了问题，甚至出了大问题呢？有的人是地位变了以后放松世界观的改造，放纵自己，出了问题。但也有不少人早就有问题了，但是考察时没有能够掌握。有的干部平时看上去表现很好，身上还有不少'光环'，但内心世界却很阴暗，背地里干了不少荒唐事。世界上没有能够透视人的思想品质和内心世界的'X光机'。要把人看准用好，关键是要健全和完善干部考察、评价、监督、激励的科学机制。"

"考察是干部工作的基础性环节。考察准确，任用才能得当。考察失真，任用必然失误。任用失误，则贻害无穷。确保把人看准看真，防止考察失实失真，最根本最可靠的办法就是充分发扬民主，走群众路线。群众的眼睛是雪亮的。干部的优劣和是非，群众看得最清楚，也最有发言权。孟子说：'左右皆曰贤，未可也；诸大夫皆曰贤，未可也；国人皆曰贤，然后察之；见贤焉，然后用之。'意思就是要从多数人的意见中考察了解一个人。走群众路线，要从制度上提供保证。要继续完善民主推荐、民主测评、民主评议制度，确保群众能畅所欲言，说出对干部的真实看法。"

"正确评价干部，首先要有科学的评价标准。要建立党政领导班子任期目标责任制和领导干部岗位职责规范，制定切实可行的以实绩为核心，包括德、能、勤、绩、廉各个方面在内的评价标准，真正使干部评价工作制度化、规范化。要坚持辩证法，用联系的、发展的、全面的眼光评价干部。既要看干部在任内做出的成绩，又要看前任留下的基础和起点；既要看干部取得的眼前看得见的工作实绩，又要看干部抓基础性长期性工作的力度；既要看干部工作环境和条件的优劣给工作带来的影响，又要看干部在现有基础上的作为；既要看干部平时的工作能力，又要看干部在重要时期、重要工作、重大事件中的决断魄力和应对能力；既要看干部抓物质文明建设的实绩，又要看干部抓精神文明建设的成效。要注意发现那些埋头苦干、任劳任怨政绩突出而不事张扬的人，善于识别那些投机取巧、沽名钓誉、弄虚作假的人，切不可被表面现象所迷惑。特别是对那些善于乔装打扮的人，一定要提高警惕，善于识别。"

《江泽民论有中国特色社会主义》（专题摘编）（第1版），中央文献出版社，2002年，第662～680页。

3月12日，江泽民在《在九届全国人大五次会议解放军代表团讨论会上的讲话》中指出：

"迎接世界军事变革的挑战，提高高技术条件下的防卫作战能力，关键是要培养和造就一大批高素质的新型军事人才。我们必须把人才培养作为军队现代化建设的根本大计，尽快抓出成效。这既是当务之急，又是长治之策，必须抓得紧而又紧。要采取超常措施，大力选拔培养优秀年轻干部，努力造就一大批高素质的复合型指挥人才、智囊型参谋人才和专家型科技人才，为军队现代化建设和军事斗争准备提供可靠的人才保证。"

《江泽民论有中国特色社会主义》（专题摘编）（第1版），中央文献出版社，2002年，第466页。

4月28日，江泽民在《考察中国人民大学时的讲话》中指出：

"掌握必备的哲学社会科学知识，对于人们正确认识纷繁复杂的社会现象，提高道德素养和精神境界是十分重要的，对于领导干部特别是高级干部学会讲政治、懂全局，驾驭复杂形势、研究战略策略、提高领导水平更是十分重要的。"

《江泽民论有中国特色社会主义》（专题摘编）（第1版），中央文献出版社，2002年，第276页。

5月7日，《二○○二－二○○五年全国人才队伍建设规划纲要》中指出：

"重点培养造就优秀学科带头人。采取切实措施，培养造就一批具有世界前沿水平的学科带头人。统筹规划学科带头人培养工作，依托国家重点实验室和重大科研项目，聚集和培养人才。继续实施'新世纪百千万人才工程'、'长江学者计划'等人才培养计划，不断探索培养学科带头人的新途径。加大科研经费投入，完善知识产权保护的法律法规，鼓励创新创业，营造有利于学科带头人成长的良好环境和氛围。按照培养哲学社会科学人才与培养自然科学人才并重的要求，造就一批马克思主义理论功底扎实，坚持理论联系实际，勇于开拓创新的哲学社会科学带头人。建立学术休假制度。建立国家重要人才安全管理工作体制，制定管理办法。建立和完善领导干部联系专家制度。

努力建设高素质、社会化的专业技术人才队伍。全面提高专业技术人才的科学素养和创新能力。重点培养一批急需的金融、财会、外贸、法律以及信息、生物等高新技术方面的专门人才，特别是要抓紧培养精通世界贸易组织规则的专业人才。"

"注意培养一支具有较高技术素质的技术工人队伍、农业产业化经营和农业科技队伍。"

"建立社会化的专业技术人才评价机制。完善专业技术职务聘任制度，落实用人单位聘任权。全面推进职业资格证书制度，加强资格的统一管理。构建专业技术人才执业资格制度体系。"

"鼓励留学人员回国工作或以其他方式为国服务。积极倡导留学人员长期或短期回国工作，鼓励他们通过项目合作、兼职、考察讲学、学术休假、担任业务顾问等多种形式为国服务。进一步加强和改进留学人员创业园区建设工作，为留学人员回国工作或为国服务提供发展空间。

按照充分信任、放手使用的原则，抓紧研究制定选拔优秀留学回国人员担任领导职务的具体办法，将符合条件的留学回国人员选拔到各级领导岗位，特别优秀的，可以破格任用。选拔德才素质好、有发展潜力的留学回国人员列入后备干部名单，进行重点培养。

完善住房、医疗、社会保险、子女入学和家属就业政策，研究制定薪酬、户籍、投资创业政策，尽快形成有利于留学人员回国工作的政策环境。"

"构建终身教育体系。在加快普通教育发展的同时，大力发展成人教育、社区教育，推进教育培训的社会化。开辟教育培训新途径，加快发展远程教育，建立覆盖全国的教育培训信息网，形成终身化、网络化、开放化、自主化的终身教育体系。

加强对终身教育的规划和协调。完善有关法律法规。加大继续教育力度，形成国家、单位、个人三方负担的继续教育投入机制。开展创建'学习型组织'、'学习型社区'、'学习型城市'活动，促进学习型社会的形成。

强化用人单位在人才教育培训中的主体地位，把人才的教育培训纳入单位发展规划，建立带薪学习制度和经费保障制度。建立健全教育培训的激励约束机制，推行公开选拔、竞争上岗和职务聘任制度，增强人才的职业竞争意识和风险意识，激发终身学习需求。"

"保证各类人才的福利待遇水平随着经济发展不断提高。福利项目和待遇要逐步实现规范化、制度化、货币化。建立重要人才国家投保制度。"

"改革完善党政机关职级工资制度。建立党政机关工作人员工资与经济发展、物价水平相联系的动态增长机制，逐步提高党政机关工作人员工资水平。归并简化现行工资结构，适当拉开不同职务的工资差距。研究建立地区附加津贴制度。建立和完善符合党政机关工作性质和特点的奖金制度。

建立体现不同事业单位特点的工资分类管理制度。进一步扩大事业单位内部分配自主权。重实绩、重贡献，向优秀人才和关键岗位倾斜。积极探索知识、技术、管理等生产要素参与分配的实现形式，改进和完善政府特殊津贴制度。

建立与现代企业制度相适应的企业经营管理人员薪酬制度。构建以经营业绩为核心的多元分配体系，使企业经营管理人员的收入与企业效益密切挂钩。试行企业高层管理人员年薪制，试行股权制和期权制。"

"建立人才的国家级功勋奖励制度。对有突出贡献的科技人员和高层管理人员实行重奖。设立海外留学人员回国工作或为国服务成就奖、西部大开发杰出人才奖。继续鼓励并规范境内外社会组织和个人设立专门奖励项目。"

"进一步办好基础性人才市场，健全专业性人才市场，完善区域性人才市场，发展农村人才市场，培育企业经营管理人才市场和高新技术人才市场。加快人才供求信息网络枢纽和高级人才数据库建设，提高人才市场的信息化水平，形成机制健全、运行规范、服务周到、指导监督有力的人才市场体系。

提高人才市场的社会化服务水平。发展人事代理和人才中介机构，建立人事争议仲裁制度，促进用人单位和人才两个市场主体到位，切实保障和维护人才市场供求主体的合法权益。加强人才市场法制化管理。健全人才市场监管机构，建立和完善人才市场许可证制度和年审制度。完善人才中介机构准入制度，规范涉及人才出入境的中介活动，促进政府所属人才流动服务机构向市场竞争主体转变。"

"引导人才向第三产业流动，提高第三产业人才比重；引导大城市人才向中小城市流动，逐步解决大城市人才积压、浪费和中小城市人才缺乏的矛盾；引导人才向西部地区流动，实现东、中、西部地区人才的合理分布。鼓励党政机关和企事业单位之间人才的流动，推动科技人才向企业转移，改变企业人才和技术力量薄弱状况；鼓励科研院所人才向本行业内人才相对匮乏的单位流动，充分发挥他们的作用。

建立和完善促进人才流动的有关制度。进一步消除人才流动的体制性障碍，打破人才身份、所有制等限制，改革户籍管理制度，探索多种人才流动形式，加快建立和完善养老保险、失业保险、工伤保险和医疗保险制度。"

"各级党委、政府要从战略高度认识人才工作的极端重要性，列入议事日程，摆上突出位置。加强对规划实施的监督检查，及时研究解决出现的新情况、新问题。把贯彻本纲要、实施人才战略纳入当地经济和社会发展总体规划，并依据本纲要，制定本地区、本行业人才规划。中央成立人才工作协调机构，统一指导全国人才队伍建设工作，各地区、各部门也应采取相应措施。各级组织、人事部门要充分发挥职能作用，与有关方面密切配合，共同抓好落实。继续深化干部人事制度和人才管理体制改革，推动人才工作的创新。面向社会，面向群众，广泛宣传本纲要，努力形成尊重知识、尊重人才、鼓励创业的社会氛围。"

《十五大以来重要文献选编》（下）（第 1 版），人民出版社，2003 年，第 2370 ～ 2378 页。

5 月 15 日，江泽民在《在纪念中国共产主义青年团成立八十周年大会上的讲话》中指出：

"社会主义现代化需要青年去建设，中华民族的伟大复兴需要青年去奋斗。"

"发展的希望在创新，创新的希望在青年。青年要立足岗位，锐意创新，敢于超越前人。千百万青年的创新实践，必将汇聚成推动我国先进生产力和先进文化发展的奔涌洪流。"

《江泽民论有中国特色社会主义》（专题摘编）（第 1 版），中央文献出版社，2002 年，第 421 ～ 423 页。

5 月 28 日，江泽民在《全面贯彻"三个代表"要求，大力推进科学技术创新》中指出：

"要全面创造条件，大力培养科技人才。人才竞争，是我国面临的一个十分严峻的挑战。人是生产力中最活跃的因素，人力资源是第一资源。我国人力资源丰富，但是人才资源并不丰富，结构不尽合理，创新能力还亟待提高。我国正处在科技人才新老交替的关键时期。当务之急是要抓紧实施人才战略，加强人才队伍建设，特别是要下大力气培养优秀的年轻科技人才，提携和培育他们茁壮成长，使他们担负起我国科技事业继往开来的历史重任。"

"各级党委和政府都要着眼于党和国家事业的长远发展和人才的总体需要，紧紧抓住培养人才、吸引人才、用好人才三个环节，大力实施人才战略，特别要重点培养和造就优秀的学科带头人和工程技术的帅才，全面提高专业技术人才的科学素质和创新能力，为改革开放和现代化建设提供强大的人才保证。"

《江泽民论有中国特色社会主义》（专题摘编）（第 1 版），中央文献出版社，2002 年，第 260 ～ 261 页。

5 月 28 日，江泽民在《全面贯彻"三个代表"要求，大力推进科学技术创新》中指出：

"一切自然科学和社会科学的进步成果，都是先进文化的重要组成部分。科技工作者应该成为传播先进科学文化的先锋队。……科学精神的精髓是实事求是。科技工作者应该率先垂范，坚持实事求是的科学精神，加强科学道德建设，克服急于事功的浮躁心态，反对一切弄虚作假行为，努力成为先进文化的实践者。"

《十五大以来重要文献选编》（下）（第 1 版），人民出版社，2003 年，第 2408 ~ 2409 页。

10 月 11 日，国务院西部地区开发领导小组第三次会议在北京召开。中共中央政治局常委、国务院总理朱镕基在会上强调，要充分发挥当地人才作用，创造人尽其才的良好环境和条件，留住人才、吸引人才。①

10 月 20 日，中共中央政治局常委、国务院总理朱镕基考察中国气象局，并与副司级以上干部、部分院士、专家及参加中国气象学会第二十五次代表大会的部分代表进行了座谈。

朱镕基强调，气象现代化建设，要重视现代化的人才队伍建设。加强气象工作队伍建设，必须全面提高气象工作者的政治素质和业务素质。气象工作者要注意不断学习新知识，不断提高专业技术水平。基础科学和社会公益性科研部门要通过改革，努力创造优秀人才脱颖而出的环境，使人才真正成长起来。要把优秀人才放到重要的工作岗位，为他们提供必要的工作条件，使他们得到社会的尊重和应有的待遇。各级政府和气象部门的领导机关，要进一步关心基层气象工作者的工作和生活，充分调动和发挥他们的积极性。

11 月 8 日，江泽民在《全面建设小康社会，开创中国特色社会主义事业新局面》中指出：

"必须尊重劳动、尊重知识、尊重人才、尊重创造，这要作为党和国家的一项重大方针在全社会认真贯彻。"

《中国共产党第十六次全国代表大会文件汇编》（第 1 版），人民出版社，2002 年，第 15 页。

---

① 本文中以下内容未注明出处的，均摘自"新华社"领导人活动报道专辑（1992 ~ 2001 年）。

2003 年

2 月 28 日，国务院总理朱镕基在国家科学技术奖励大会上发表 "推进科技创新勇攀科学高峰——在国家科学技术奖励大会上的讲话"。讲话指出："推动科技创新和进步，关键在人才。要大力实施人才强国战略，加快人才队伍建设。积极培养和吸引各类人才特别是高层次急需的科技人才。不断完善国家科技评价体系和奖励制度，进一步落实技术和管理参与分配的政策。通过深化改革和完善政策，在全社会进一步形成尊重知识、尊重人才、尊重创新的良好氛围和时尚，健全有利于科技创新和创业的人才汇集机制，营造使尖子人才能够脱颖而出的环境，造就大批具有一流水平的科学家和工程技术专家，使他们成为我国科技事业发展的先锋力量。"

9 月 19 日，全国农村教育工作会议在北京召开。国务院总理温家宝出席会议并发表讲话。

温家宝在讲话中指出："今天，我们要完成党的十六大提出的造就数以亿计的高素质劳动者、数以千万计的专门人才和一大批拔尖创新人才的宏大任务，把沉重的人口负担转化为巨大的人力资源，离开农村教育的发展，根本无从谈起。"

"深化农村教育改革，是推动农村教育发展的强大动力。……职业教育以就业为导向，成人教育以农民技能培训为重点，两者都要实行多样、灵活、开放的办学模式和培训方式，切实培养能真正服务于农村的各类人才，促进农业增效、农民增收，推动农村富余劳动力向二、三产业转移。……"

"推进农村中小学人事制度改革。办好农村学校，关键是要有好校长、好教师。中小学人事制度改革的出发点和落脚点，是提高农村师资队伍的质量，提高有限教育资源的利用效率。当前迫切需要建立健全同社会主义市场经济体制相适应、能进能出、富有活力的教师管理制度。要采取有效政策措施，吸引优秀人才到西部任教，鼓励城镇教师到乡村任教，通过定向招生等方式培养乡村教师，切实解决'老少边穷'地区乡村学校缺少合格教师和骨干教师不稳定的问题。"

10 月 8 日，胡锦涛在欧美同学会成立 90 周年大会上发表重要讲话。

胡锦涛在讲话中指出："鼓励出国留学，学习国外先进的科技文化知识，是国家培养人才的重要途径。党中央历来高度重视留学人员工作。毛泽东同志、邓小平同志、江泽民同志都曾对我国留学工作和广大留学人员提出了明确要求和深情嘱托。上世纪 70 年代末，邓小平同志高瞻远瞩地预见到，改革开放和现代化建设必然需要一大批掌握现代科技知识的人才，提出了增加向国外派遣留学生的战略举措。1979 年，第一批留学生启程前，邓小平同志就在这里——人民大会堂为即将负笈远行的学子送行，谆谆勉励他们努力学习、报效祖国。江泽民同志多次指出，留学人员要不断掌握新知识、新技术，时刻关心祖国的改革和建设事业，成为跨世纪的有用人才，为祖国的发展繁荣多作贡献。现在，我国进入了全面建设小康社会、加快推进社会主义现代化的新的发展阶段。我国的发展正处在一个关键时期，中华民族的发展正处在一个关键时期。我们要紧紧抓住和充分利用本世纪头 20 年的重要战略机遇期，解放思想、实事求是，与时俱进、开拓创新，埋头苦干、乘势而上，坚定不移地朝着全面建设小康社会的宏伟目标前进。"

胡锦涛在讲话中指出："党的十六大明确提出，为了实现全面建设小康社会的宏伟目标，我们必须坚持把发展作为党执政兴国的第一要务，必须坚持实施科教兴国战略，必须坚持人才资源是第一资源的思想，必须坚持把尊重劳动、尊重知识、尊重人才、尊重创造作为党和国家的一项重大方针，必须营造鼓励人们干事业、支持人们干成事业的社会氛围。为了更好地给全面建设小康社会提供人才保证，中央决定进一步实施人才强国战略。这一切，为广大留学人员实现理想、施展才华，创造了新的机遇，开辟了更加广阔的天地。广大留学人员的前途命运是同党和国家的前途命运紧紧联系在一起的，广大留学人员的地位和作用也是同党和国家事业的发展紧紧联系在一起的。积极为全面建设小康社会贡献智慧和力量，是时代对广大留学人员发出的庄严召唤，也是党和人民对广大留学人员的殷切期望。"

胡锦涛在讲话中向广大留学人员提出三点希望："第一，希望大家与时俱进、发愤学习。留学人员要实现自己的人生理想和报国志向，首先必须勤奋学习、立志成才。只有具备真才实学，才能成就一番事业。要珍惜出国留学的机会，充分利用国外的有利条件，站在当今科技进步的前沿，努力掌握报效祖国、服务人民的本领，使自己成为对祖国、对人民的有用之才。发展没有止境，知识也没有穷尽。在当今世界科技进步日新月异、知识更新不断加快的条件下，我们要跟上科技进步和时代前进的步伐，必须坚持学习、不懈学习、终身学习。已经完成学业的留学人员，要继续在工作实践中加强学习，不断用先进的科技文化知识充实和丰富自己，不断提高自己的知识水平和创新能力。第二，希望大家为国服务、建功立业。祖国是广大留学人员施展才华的广阔舞台。历史和现实都证明，只有把个人的抱负和祖国的建设紧密结合起来，把个人的追求和人民创造历史的活动紧密结合起来，才能大有作为。广大留学人员应思国家之需、展所学之才，努力在回国创业、为国服务中开创新事业。回国创业是我国留学人员的光荣传统，也是报效祖国的主要方式。亲身参与我国人民创造幸福生活、实现民族振兴的伟大实践，在祖国这块热土上为人民贡献聪明才智，不仅能创造无愧于时代的业绩，也能得到事业成功的最大快乐。一些留学人员选择在国外居住和工作，党和政府尊重和理解他们的选择。中华儿女无论走到哪里，血浓于水的民族感情都不会被隔断。祖国人民始终关注着你们，祖国始终是你们温暖的家。在海外居住和工作的留学人员要心系民族振兴，关注祖国建设，通过多种形式为祖国发展服务。

一切为我国社会主义现代化建设作出贡献的留学人员，党和国家都给予充分的尊重、鼓励和支持。第三，希望大家心系祖国、热爱祖国。爱国主义精神，是激励中华民族自强不息、顽强奋斗的强大精神力量，也是中华民族未来发展必须继续紧紧依靠的强大精神力量。坚持和发扬爱国主义精神，是我国留学人员的光荣传统。广大留学人员要继承和发扬爱国奉献、拼搏进取的优良传统，大力发扬以爱国主义为核心的团结统一、爱好和平、勤劳勇敢、自强不息的伟大民族精神，无论是身在异国他乡，还是回国奉献，都要始终把祖国放在心中最崇高的位置，始终对祖国怀有最深厚的感情，不断谱写热爱祖国、报效祖国的新篇章。"

胡锦涛在讲话中指出："留学人员工作是党和国家的一项重要工作。各级党委和政府要充分认识做好新形势下留学人员工作的重大意义，认真贯彻党和国家关于留学人员工作的方针政策，把吸引留学人员回国参加建设和以多种形式为国服务作为实施人才强国战略的一项重要任务抓紧抓好。要适应新形势新任务的要求，不断完善政策措施，探索建立新的工作机制，积极营造留学人员回国工作、创业、发展的良好环境，鼓励和支持广大留学人员施展才华、大显身手。要支持欧美同学会的工作，积极为他们开展工作创造条件。"

12月20日，中共中央、国务院12月19日至20日在北京召开全国人才工作会议。中共中央总书记、国家主席胡锦涛在会上发表重要讲话。

胡锦涛在讲话中强调指出，人才问题是关系党和国家事业发展的关键问题。全党同志必须从全局和战略的高度，以高度的政治责任感和历史使命感，把实施人才强国战略作为党和国家一项重大而紧迫的任务抓紧抓好，努力造就数以亿计的高素质劳动者、数以千万计的专门人才和一大批拔尖创新人才，建设规模宏大、结构合理、素质较高的人才队伍，充分发挥各类人才的积极性、主动性和创造性，开创人才辈出、人尽其才的新局面，大力提升国家核心竞争力和综合国力，为全面建设小康社会和实现中华民族的伟大复兴提供重要保证。

胡锦涛在讲话中指出，实施人才强国战略，是抓住和用好重要战略机遇期、应对日益激烈的国际竞争的必然要求，是全面建设小康社会、开创中国特色社会主义事业新局面的必然要求，是增强党的执政能力、巩固党的执政地位的必然要求。胡锦涛全面总结了我们党人才工作的实践和理论，强调要认真学习党的三代领导核心关于人才工作的一系列重要论述，并结合新的实际不断丰富和发展。要坚持以邓小平理论和"三个代表"重要思想为指导，贯彻落实十六大和十六届三中全会精神，坚持党管人才原则，坚持以人为本，坚持尊重劳动、尊重知识、尊重人才、尊重创造的方针，把促进发展作为人才工作的根本出发点，紧紧抓住培养、吸引、用好人才三个环节，加强人才资源能力建设，深化人才工作体制改革，大力培养各类人才，加快人才结构调整，优化人才资源配置，促进人才合理分布，充分开发国内国际两种人才资源，努力把各类优秀人才集聚到党和国家的各项事业中来，使我国由人口大国转化为人才资源强国，为全面建设小康社会提供坚强的人才保证和智力支持。

胡锦涛强调，做好人才工作，落实好人才强国战略，必须以马克思主义为指导，从当代世界和中国深刻变化着的实际出发，根据党和国家事业发展的迫切需要，解放思想、实事求是、与时俱进，树立适应新形势新任务要求的科学人才观。要牢固树立人才资源是第一资源的观念，充分发挥人才资源开发在经济社会发展中的基础性、战略性、决定性作用。要牢固树立人人都可以成才的观念，坚持德才兼备原则，把品德、知识、能力和业绩作为衡量人才的主要标准，不唯学历，不唯职称，不唯资历，不唯身份，努力形成谁勤于学习、勇于投身时代创业的伟大实践，谁就能获得发挥聪明才智的机遇，就能成为对国家、对人民、对民族有用之才的社会氛围，创造人才辈出的生动局面。要牢固树立以人为本的观念，把促进人才健康成长和充分发挥人才作用放在首要位置，努力营造鼓励人才干事业、支持人才干成事业、帮助人才干好事业的社会环境，放手让一切劳动、知识、技术、管理和资本的活力竞相迸发，让一切创造社会财富的源泉充分涌流，以造福于人民。

胡锦涛指出，当前和今后一个时期，加强和改进人才工作重点要抓好四个方面：

第一，着眼于人才总量的增长和人才素质的提高，大力加强人才资源能力建设。要树立大教育、大培训观念，在提高全体人民的思想道德素质、科学文化素质和健康素质的基础上，重点培养人的学习能力、实践能力，着力提高人的创新能力，加大对人才资源能力建设的投入，优先发展科学教育事业，加大教育培训力度，促进人才总量同国家发展的目标相适应，人才结构同各项事业全面发展的需求相适应，人才培养机制同各类人才成长的特点相适应，人才素质同经济社会协调发展相适应。要注重加强思想政治教育，促进各类人才树立正确的世界观、人生观、价值观，不断在实践中完善自己、在竞争中提高自己、在奋斗中充实自己。

第二，坚持改革创新，完善人才工作的体制和机制。人才工作的活力取决于体制和机制。完善人才工作的体制和机制，对实施人才强国战略更带有根本性、全局性、稳定性和长期性。深化人才工作的体制改革，必须遵循人才资源开发规律，坚持市场配置人才资源的改革取向，加强和改善宏观调控，建立充满生机和活力的人才工作体制和机制。要坚持把是否有利于促进人才的成长，是否有利于促进人才的创新活动，是否有利于促进人才工作同经济社会发展相协调，作为深化人才工作改革的出发点和落脚点。坚决破除那些不合时宜、束缚人才成长和发挥作用的观念、做法和体制，推动人才工作体制和机制的全面创新。要进一步完善普通教育、职业教育、成人教育和高等教育相衔接的教育体系，完善继续教育和培养制度，建立健全人才培养机制。要建立以业绩为重点，由品德、知识、能力等要素构成的各类人才评价指标体系，建立健全科学的社会化的人才评价机制。要建立以公开、竞争、择优为导向，有利于优秀人才脱颖而出、充分施展才能的选拔任用机制。要进一步发挥市场在人才资源配置中的基础性作用，建立完善人才市场服务体系，形成促进人才合理流动的机制。要建立健全与社会主义市场经济体制相适应、与工作业绩紧密联系、鼓励人才创新创造的分配制度和激励机制。要改革和完善人才保险制度和福利制度，建立健全人才保障机制。

第三，以培养造就高层次人才带动整个人才队伍建设，促进各级各类人才协调发展。党政人才、企业经营管理人才、专业技术人才是我国人才队伍的主体。要坚持三支队伍一起抓，着重培养造就大批适应改革开放和社会主义现代化建设的高层次人才，带动整个人才队伍建设，尽快形成一支门类齐全、梯次合理、素质优良、新老衔接、充分满足经济社会发展需要的宏大人才队伍。要站在战略的高度，制定符合我国国情的高层次人才培养规划，形成各类高层次人才脱颖而出、健康成长、发挥才干的良好机制和环境。要善于利用国际国内两种人才资源，做到自主培养开发人才和引进海外人才并重，重点吸引高层次人才和紧缺人才。各级各类高技能人才和农村实用人才、青年人才、妇女人才和少数民族人才等，在党和国家事业中有着不可替代的重要作用，必须纳入总体规划，认真抓好队伍建设。青年是祖国的未来、事业的希望。广大青年应增强使命感和责任心，自觉地把实现个人价值的努力同实现现代化建设宏伟目标的奋斗紧密结合起来，肩负起历史和时代赋予的重任，成为真正的有用之才。

第四，紧密配合国家重大发展战略的实施开发和配置人才资源，促进人才资源和经济社会发展相协调。人才支撑发展，发展孕育人才。要紧紧围绕十六大和十六届三中全会提出的改革、发展的战略目标和部署，制订相应的人才资源规划，优化人才资源配置。要在发挥市场配置人才资源基础性作用的同时，充分发挥社会主义制度能够集中力量办大事的优势，有效整合人才资源，集中力量攻克和解决经济社会发展中的关键性课题。要紧紧围绕科教兴国、可持续发展、西部大开发、振兴东北地区等老工业基地等战略的实施，有针对性地吸引、调配和补充紧缺人才和重点人才。要进一步完善有关政策和法律法规，加强宏观调控，最大限度地发挥现有人才资源的潜能。要鼓励各类人才尤其是青年人才胸怀大志、不畏艰险，在艰苦环境中磨炼自己，在社会实践中成长为各项事业的骨干。

在谈到进一步加强和改进党对人才工作的领导时，胡锦涛指出，必须坚持党管人才原则，切实加强实施人才强国战略的组织领导。坚持党管人才原则，就是要充分发挥我们党的领导核心作用，充分发挥党的思想政治优势、组织优势和密切联系群众的优势，为做好人才工作提供坚强的政治保证，更好地统筹人才工作，更好地组织起全面建设小康社会的浩浩荡荡的人才大军。党管人才，主要是管宏观、管政策、管协调、管服务，重点做好制定政策、整合力量、营造环境的工作，努力做到用事业造就人才、用环境凝聚人才、用机制激励人才、用法制保障人才。贯彻党管人才原则，要注意处理好党管人才和尊重人才成长规律的关系、党管人才和市场配置人才资源的关系、党管人才和依法管理人才的关系，不断促进人才工作的制度化、规范化、程序化。要统筹兼顾地抓好国有企事业单位和各种非公有制经济组织、社会组织的人才使用工作，在党和政府的人才工作中，对各类人才都要一视同仁地提供服务；在政府的奖励、职称评定中，对各类人才都要统一安排；在面向社会的资助、基金、培训项目、人才信息库等公共资源的运用上，对各类人才都要平等开放；在立法和执法中，对各类人才的合法权益都要同等保护；在舆论宣传方面，对各类人才的创业活动都要给予充分肯定和鼓励。要切实做好识人用人的工作，把实践作为衡量人才的根本标准，作为发现和识别人才的根本途径，按照各类人才成长规律和不同特点去识别和使用人才，坚持任人唯贤、唯才是举，使各类人才创业有机会、干事有舞台、发展有空间。要建立统分结合、协调高效的工作机制，形成党委统一领导，组织部门牵头抓总，有关部门各司其职、密切配合，社会力量广泛参与的人才工作格局。要加强宣传思想工作，进一步树立尊重劳动、尊重知识、尊重人才、尊重创造的良好风尚，努力营造有利于各类优秀人才脱颖而出的社会环境。

温家宝在全国人才工作会议上的讲话中指出，机遇难得，人才难得。要抓住本世纪头20年的重要战略机遇期，加快发展自己，关键在于培养和使用好人才。我国现代化建设需要大批善于治党治国治军的领导人才，需要大批高水平的专业人才，需要大批熟悉国际国内市场、具有现代管理知识和能力的企业家，需要大批能够熟练掌握先进技术、工艺和技能的高技能人才。加强公务员队伍建设是实施人才强国战略的重要任务。要努力建设一支政治坚定、业务精湛、作风过硬的公务员队伍。这支队伍必须做到：一要牢固树立执政为民的思想观念；二要知法守法，依法行政；三要忠于职守，勤奋工作；四要清正廉洁，公道正派，全心全意为人民服务。

温家宝指出，国家兴盛，人才为本；人才培养，教育为本。开发人才资源必须优先发展教育。要通过发展各级各类教育，把巨大的人口压力转化为丰富的人力资源，努力构建人人享有学习和成才机会的学习型社会。坚持培养和引进并举，加大引进海外智力和人才的工作力度，吸引海外留学人员回国创业和为国服务。要改革人才工作体制，创新人才工作机制。不论资排辈，不任人唯亲，坚持公开、平等、竞争、择优的原则，不拘一格选拔和任用人才。他说："国家大事，唯赏与罚。赏当其劳，无功者自退；罚当其罪，为恶者咸惧。"要建立赏罚分明的机制，从根本上形成良好的风气。要关心人才，爱护人才，支持人才干事业。对待人才，要指导他们，使他们敢于创造性地开展工作；要提高他们，使他们通过学习不断提高水平；要正确对待他们，鼓励人才出成就，也允许人才犯错误，并帮助他们改正；要严格要求他们，加强自律；要照顾他们的生活。

2004 年

6 月 2 日，中国科学院第十二次院士大会、中国工程院第七次院士大会在北京举行，胡锦涛发表重要讲话。

胡锦涛在讲话中指出："坚持以人为本，充分发挥广大科技人员的创造性。人才是科技创新的关键。要坚持贯彻尊重劳动、尊重知识、尊重人才、尊重创造的方针，全面贯彻人才强国战略，完善适合我国科技发展需要的人才结构，不断发展壮大我国科技人才队伍。要坚持在创新实践中识别人才，在创新活动中培育人才，在创新事业中凝聚人才，努力造就一批德才兼备、国际一流的科技创新人才，建设一支高素质的科技创新队伍，特别是要为年轻人才脱颖而出、施展才干提供更大的舞台和更多的机会。要大力加强科技创新文化建设，形成能够极大提高创新能力和创新效率的体制机制，最大限度地激发科研人员的创新激情和活力。要在全社会培育创新意识，倡导创新精神，完善创新机制，充分营造鼓励科技人员积极创新、支持科技人员实现创新的社会氛围。广大科技人员要始终把祖国和人民放在心中，坚持从推动国家发展和创造人民幸福生活的需要出发，确定科研方向，开展科研工作，不断在为祖国和人民的奉献中实现自己的理想和价值。我国广大海外留学人员是我们的宝贵财富，要积极创造条件，完善政策措施，鼓励和支持他们通过多种方式为祖国现代化建设服务。"

2005 年

1 月 17 日至 18 日，全国加强和改进大学生思想政治教育工作会议在北京召开。中共中央总书记、国家主席、中央军委主席胡锦涛在会上发表重要讲话。胡锦涛在讲话中强调："进一步加强和改进大学生思想政治教育工作，大力培养造就社会主义事业建设者和接班人。"

胡锦涛在讲话中指出："切实加强和改进大学生思想政治教育工作，培养造就千千万万具有高尚思想品质和良好道德修养、掌握现代化建设所需要的丰富知识和扎实本领的优秀人才，使大学生们能够与时代同步伐、与祖国共命运、与人民齐奋斗，这对于确保实现全面建设小康社会、进而实现现代化的宏伟目标，确保实现中华民族的伟大复兴，具有重大而深远的战略意义。"

胡锦涛指出："高校是培养人才的重要基地，必须把培养中国特色社会主义事业的建设者和接班人作为根本任务。办好高校，首先要解决好培养什么人、如何培养人这个根本问题……"

6 月 3 日，党和国家领导人胡锦涛、温家宝、曾庆红在北京人民大会堂会见中国科学院召开的"走中国特色自主创新之路"院士座谈会全体代表。中共中央总书记、国家主席、中央军委主席胡锦涛亲切会见与会代表，并作了重要讲话。

胡锦涛强调，当今世界，科学技术正成为经济社会发展的决定性力量，科技自主创新能力正成为国家竞争力的核心。我们一定要坚持以邓小平理论和"三个代表"重要思想为指导，全面落实科学发展观，大力实施科教兴国战略和人才强国战略，把提高自主创新能力摆在全部科技工作的突出位置，在实践中走出一条中国特色自主创新之路。

胡锦涛就提高我国科技自主创新能力提出三点要求：一是要进一步确立自主创新的战略目标。要坚持有所为有所不为，抓住具有基础性、战略性、前瞻性的重大课题集中攻关，着力解决制约经济社会发展的重大科技问题，力求实现关键技术和核心技术的新突破。二是要进一步加强国家自主创新体系建设。要继续深化科技体制改革，优化科技力量布局和科技资源配置，充分调动各方面的积极性，形成科技创新的整体合力，加速科技成果向现实生产力的转化。三是要进一步造就自主创新的人才队伍。要完善人才管理体制，健全人才激励机制，营造尊重劳动、尊重知识、尊重人才、尊重创造的社会氛围，使更多的优秀科技人才特别是年轻人才脱颖而出、发挥才干。

9月24日，庆祝复旦大学建校100周年大会在上海举行，中共中央总书记、国家主席胡锦涛致贺信。

胡锦涛在贺信中指出："复旦大学是由中国人自主创办的第一所高等学校。在一个世纪的办学历程中，学校秉承'博学而笃志，切问而近思'的校训，与民族共命运，与时代同前进，形成了光荣的爱国传统和优良的校风学风。特别是新中国成立以来，在党的领导下，复旦大学逐步发展成为一所在国内外有影响的著名学府，为党和人民培养了一大批优秀人才，为民族振兴和国家教育科学事业发展作出了重要贡献。"

"高水平的大学是一个国家综合国力和科学文化水平的重要标志。希望你们坚持以邓小平理论和'三个代表'重要思想为指导，认真落实科学发展观，大力实施科教兴国战略和人才强国战略，发扬优良传统，不断开拓创新，努力把复旦大学建设成为具有世界一流水平的社会主义综合性大学，努力为建设中国特色社会主义伟大事业培养更多德才兼备的高素质人才，为全面建设小康社会、实现中华民族的伟大复兴作出新的更大的贡献！"

10月25日，胡锦涛在会见国防大学第四次党代表大会全体代表时强调大力培养新型军事人才努力创新发展军事理论，为履行军队历史使命提供智力支持和人才保证。

胡锦涛指出，当前，我国正处在全面建设小康社会的关键时期，国防和军队建设也进入一个重要的发展阶段。新的形势和任务，对军队人才培养特别是新型高级军事人才培养提出了很高的要求。

11月26日，庆祝神舟六号载人航天飞行圆满成功大会举行，胡锦涛发表重要讲话。

胡锦涛指出："神舟六号载人航天飞行的圆满成功，是党中央、国务院和中央军委科学决策和正确领导的结果，是全国各族人民大力支持的结果，是全体航天工作者团结奋斗的结果。参加工程研制、建设、试验的各个单位和广大科技工作者，坚持树立和落实科学发展观，团结拼搏，勇于创新，突破了一大批具有自主知识产权的核心技术和关键技术，取得了重大成果。同时，载人航天事业的发展还带动了我国基础学科探索的深入，推动了信息技术和工业技术的发展，加速了科技成果向现实生产力转化，促进了我国高技术产业群体的形成，特别是锻炼和培养了一支能够站在世界科技前沿、勇于开拓创新的高素质科技人才队伍。广大航天工作者为祖国航天事业建立的卓越功勋，党和人民永远不会忘记！"

胡锦涛在讲话中指出："要始终树立人才资源是第一资源的观念，大力培养造就高素质的科技人才队伍。当今世界的综合国力竞争，本质上是一场人才竞争。科技竞争，说到底也是人才竞争。加快发展教育事业和科技事业，不断壮大人才队伍，是提高我国科技实力和国家竞争力的关键所在。实现我国科学技术的跨越式发展关键在人才，加快推进改革开放和现代化建设关键在人才，完成全面建设小康社会的宏伟目标关键也在人才。我们必须坚持把教育摆在优先发展的地位，大力发展教育事业和科技事业，大力加强人力资源能力建设，不断形成一支德才兼备、结构合理、素质优良的科技人才队伍。要坚持尊重劳动、尊重知识、尊重人才、尊重创造的方针，着眼于我国科技事业的长远发展，以培养造就战略科技专家和选拔凝聚科技尖子人才为重点，努力造就一大批具有世界先进水平的科学家、工程技术专家和各类专门人才，使他们成为新世纪我国科技事业发展的中坚力量。特别要重视培养青年科技人才，为他们积极营造生动、活跃、民主的创新氛围，使他们具有崇高的理想抱负、炽热的爱国热情、旺盛的创造活力。要用事业凝聚人才，用实践造就人才，用机制激励人才，用法制保障人才，努力把优秀人才集聚到党和国家的各项事业中来，形成推动我们事业发展的强大人才队伍。"

2006 年

1月9日，中共中央总书记、国家主席、中央军委主席胡锦涛在全国科学技术大会上发表题为"坚持走中国特色自主创新道路　为建设创新型国家而努力奋斗"的重要讲话。

胡锦涛在讲话的第一部分"深刻认识世界新科技革命带来的机遇和挑战"中指出："党的十六届五中全会提出了我国'十一五'时期发展的主要目标、指导原则和重大部署，强调本世纪头20年是我国发展的重要战略机遇期，'十一五'时期尤为关键；要求我们一定要有高度的历史责任感、强烈的忧患意识和宽广的世界眼光，紧紧抓住机遇，应对各种挑战，奋力把中国特色社会主义事业推向前进。科学技术是第一生产力，是推动人类文明进步的革命力量。要实现党的十六届五中全会确定的发展目标，必须坚持以邓小平理论和'三个代表'重要思想为指导，全面贯彻落实科学发展观，大力实施科教兴国战略和人才强国战略，进一步发挥科技进步和创新的重大作用，切实把经济社会发展转入以人为本、全面协调可持续发展的轨道。"

胡锦涛在讲话的第二部分"扎实完成建设创新型国家的重大战略任务"中指出："中央、国务院作出的建设创新型国家的决策，是事关社会主义现代化建设全局的重大战略决策。建设创新型国家，核心就是把增强自主创新能力作为发展科学技术的战略基点，走出中国特色自主创新道路，推动科学技术的跨越式发展；就是把增强自主创新能力作为调整产业结构、转变增长方式的中心环节，建设资源节约型、环境友好型社会，推动国民经济又快又好发展；就是把增强自主创新能力作为国家战略，贯穿到现代化建设各个方面，激发全民族创新精神，培养高水平创新人才，形成有利于自主创新的体制机制，大力推进理论创新、制度创新、科技创新，不断巩固和发展中国特色社会主义伟大事业。"

胡锦涛指出："创造良好环境，培养造就富有创新精神的人才队伍。科技创新，关键在人才。杰出科学家和科学技术人才群体，是国家科技事业发展的决定性因素。当前，人才竞争正成为国际竞争的一个焦点。无论是发达国家还是发展中大国，都把科技人力资源视为战略资源和提升国家竞争力的核心因素，大力加强科技人力资源能力建设。源源不断地培养造就大批高素质的具有蓬勃创新精神的科技人才，直接关系到我国科技事业的前途，直接关系到国家和民族的未来。

培养大批具有创新精神的优秀人才，造就有利于人才辈出的良好环境，充分发挥科技人才的积极性、主动性、创造性，是建设创新型国家的战略举措。要坚持贯彻尊重劳动、尊重知识、尊重人才、尊重创造的方针，全面实施人才强国战略，牢固树立人才资源是第一资源的观念，完善适合我国科技发展需要的人才结构，不断发展壮大我国科技人才队伍。要坚持在创新实践中发现人才、在创新活动中培育人才、在创新事业中凝聚人才。要依托国家重大人才培养计划、重大科研和重大工程项目、重点学科和重点科研基地、国际学术交流和合作项目，积极推进创新团队建设，努力培养一批德才兼备、国际一流的科技尖子人才、国际级科学大师和科技领军人物，特别是要抓紧培养造就一批中青年高级专家。要努力营造鼓励人才干事业、支持人才干成事业、帮助人才干好事业的社会环境，形成有利于优秀人才脱颖而出的体制机制，最大限度地激发科技人员的创新激情和活力，提高创新效率，特别是要为年轻人才施展才干提供更多的机会和更大的舞台。要加大引进人才、引进智力工作的力度，尤其是要积极引进海外高层次人才，吸引广大出国留学人员回国创业。"

1月13日，温家宝在全国科学技术大会上发表重要讲话。

温家宝在讲话中指出："本世纪头20年，是我国经济社会发展的重要战略机遇期，也是我国科技发展的重要战略机遇期。中央根据国家现实发展和长远利益的需要，把握世界科技革命的趋势，对我国科技发展作出战略性、全局性、前瞻性的规划和部署，就是要坚定不移地贯彻落实科学发展观，就是要坚定不移地实施科教兴国战略和人才强国战略，就是要坚定不移地推进科技进步和创新，充分发挥科技第一生产力的作用，把我国经济社会发展切实转入科学发展的轨道。"

温家宝在讲话中指出："加强科技人才队伍建设。人才是最宝贵、最重要的战略资源。自主创新，人才为本。这些年来，我国科技和经济社会发展的一系列重大成就，无不凝聚着广大科技工作者的聪明才智和无私奉献。要努力营造人才辈出、人尽其才、才尽其用的体制环境。要重视发现和培养一流科学家和学科带头人。要大力培养青年科技人才，打破论资排辈的陈规陋习，鼓励年轻人敢于探索、敢于创新、敢于超越，让更多优秀青年科技人才脱颖而出。要不拘一格选人才，加大高层次科技创新人才和管理人才公开招聘力度，重点科研机构的学术带头人、重点实验室主任和其他高级科研岗位，要逐步面向海内外公开招聘。发展创新文化，培育创新意识，营造创新环境，提倡百家争鸣。倡导追求真理、宽容失败的科学精神，摒弃心浮气躁、急功近利的不良风气。深化教育教学改革，推进素质教育，着力培养学生的独立思考能力和动手能力。加强科学普及工作，广泛传播科学思想，形成崇尚科学、尊重人才的社会风尚，提高全民族的科学文化素质。"

6月5日，胡锦涛在中国科学院第十三次院士大会和中国工程院第八次院士大会上发表重要讲话。

胡锦涛在讲话的第二部分"建设宏大的创新型科技人才队伍"中指出："'功以才成，业由才广。'建设创新型国家，关键在人才，尤其在创新型科技人才。没有一支宏大的创新型科技人才队伍作支撑，要实现建设创新型国家的目标是不可能的。世界范围的综合国力竞争，归根到底是人才特别是创新型人才的竞争。谁能够培养、吸引、凝聚、用好人才特别是创新型人才，谁就抓住了在激烈的国际竞争中掌握战略主动、实现发展目标的第一资源。这里，我想专门讲讲加紧培养造就创新型科技人才的问题。"

胡锦涛指出："古往今来的科技创新实践都表明，创新型科技人才是新知识的创造者、新技术的发明者、新学科的创建者，是科技新突破、发展新途径的引领者和开拓者，是国家发展的宝贵战略资源。抓紧并持之以恒地培养造就创新型科技人才，是提高自主创新能力、建设创新型国家的必然要求，也是实现国家发展目标、实现中华民族伟大复兴的必然要求。我们必须坚持人才资源是第一资源的战略思想，把培养造就创新型科技人才作为建设创新型国家的战略举措，加紧建设一支宏大的创新型科技人才队伍。"

胡锦涛指出："培养造就创新型科技人才，要全面贯彻尊重劳动、尊重知识、尊重人才、尊重创造的方针，以建设创新型国家的需求作为基准，遵循创新型科技人才成长规律，用事业凝聚人才，用实践造就人才，用机制激励人才，用法制保障人才，不断发展壮大科技人才队伍，努力形成江山代有才人出的生动局面。"

胡锦涛在讲话中指出："培养造就创新型科技人才是一个系统工程，需要各级党委和政府、有关部门、高等院校、科研院所以及全社会共同努力。在工作中，要突出抓好以下几个重要环节。第一，要完善培养体系。创新型科技人才的成长是一个综合培养的过程，不可能一蹴而就，首先要从教育这个源头抓起。要根据我国经济社会发展特别是科学技术事业发展的要求，继续深化教育改革，加强素质教育，努力建设有利于创新型科技人才生成的教育培养体系。要以系统的观点统筹小学、中学、大学直到就业等各个环节，形成培养创新型科技人才的有效机制。要改变单纯灌输式的教育方法，探索创新型教育的方式方法，在尊重教师主导作用的同时，更加注重培育学生的主动精神，鼓励学生的创造性思维。要把中小学生从沉重的课业负担下解放出来，激发他们的好奇心和探究精神，使广大青少年在发掘兴趣和潜能的基础上全面发展。要改革和完善高等学校的课程设置，更新教学内容，重视理论与实践相结合，培养学生的创新精神和能力。要高度重视技术科学的发展和工程实践能力的培养，提高把科技成果转化为工程应用的能力。要多层次、多渠道、大规模地开展在职科技人员的继续教育，加快建立网络化、开放式、自主性的终身教育体系，使广大科技人员不断掌握新知识新技能，不断提高进行科技创新的素质和能力。

"第二，要不拘一格选用人才。要建立健全一套有针对性的管理制度和方法，坚持在公平竞争中识别人才、发现人才、培育人才，摒弃论资排辈、攀比学历等做法，为优秀人才特别是年轻的创新型科技人才施展才干提供更多机会。要认真贯彻国家和产业层面的科技人才队伍建设规划，积极推进创新团队建设，依托国家重大人才培养计划、重大科研和重大工程项目、重大产业攻关项目、重点学科和重点科研基地、国际学术交流合作项目，积极搭建各类创新平台，为创新型科技人才脱颖而出、建功立业创造条件。要大力发展奋力攀登的创新文化，培育相互友爱的人际关系，保持宽松自由的工作氛围，营造团结和谐的组织机制，理解创新型科技人才的个性特点，允许他们在学术上发表新见解新主张，鼓励和培养他们的创新精神，最大限度地激发和保护科技人员的创新激情和活力，保证科技人才能够心无旁骛地从事科技创新活动。科技创新具有很强的风险性和不可预见性，要允许和宽容科技创新失败，关心和爱护在探索中受挫的科技人才，支持他们在总结经验教训的基础上继续前进。科技团队的领军人物和管理者要提高科技领导和管理的能力，争当发现创新型科技人才的'伯乐'，做到知人善任，促进人尽其才、才尽其用。

"第三，要完善制度和政策保障。要继续深化科技体制改革，充分发挥政府的主导作用，充分发挥市场在科技资源配置中的基础性作用，建立健全人才培养、使用、评价、分配、流动等方面的体制机制，坚决破除束缚人才成长和限制人才充分发挥作用的观念、做法、体制，保证激励科技创新的制度和政策在科研第一线得到落实。要完善品德、业绩、知识、能力等要素构成的全面的人才评价体系，对创新型科技人才的贡献实施目标化管理，进一步克服人才评价中重学历资历、轻能力业绩的倾向。要充分发挥企业在技术创新中的主体作用，健全鼓励企业增加科技投入的机制，形成多元化的科技投入格局，建立以企业为主体、市场为导向、产学研相结合的技术创新体系，推动创新型科技人才向企业集聚。要完善知识产权制度，激励创新，保障权益，为推动科技创新和创新成果的运用提供法律保障。要改革和完善职称评审制度，以引导和激励各类人才积极进行知识创新、技术创新为导向，更加关注重点行业和人才密集单位，更加关注边远贫困地区和基层科技推广、工农业生产第一线，更加关注取得显著社会经济效益的各类企事业单位，更加关注中青年专业技术人员。要建立健全鼓励人才创新的分配制度和激励机制，坚持向关键岗位和优秀人才倾斜的政策，对作出突出贡献的给予重奖，真正形成岗位靠竞争、报酬靠贡献的激励机制，让优秀人才得到优厚报酬。要健全人才流动机制和人才信息化管理机制，进一步消除人才流动的体制性障碍，促进人才合理有序流动，让稀缺人才和特殊专业人才充分发挥作用，并保障国家重大科技工作的人才储备。

"第四，要进行开放式培养。创新型科技人才特别是领军人物，关起门来是培养不出来的。在世界科技水平总体领先于我国的形势下，不采用开放式培养，难以尽快培养造就大批创新型科技人才。在引进消化吸收再创新的基础上提高自主创新能力是赶超世界先进科技水平的有效途径，开放式培养则是加快培养造就国际一流的科技尖子人才和科技领军人物的有效途径。我国两院院士以及一些杰出的科技工作者，大都曾留学海外或经常与国外同行进行交流，既在国际交流合作中展现了自己的才华，也汲取了先进的创新理念和最新的科技知识。要坚持对外开放的基本国策，加强同国际科技界多种形式的交流合作，有效利用全球科技资源，积极吸收人类创造的一切文明成果。要鼓励科研院所、高等院校同海外研究开发机构建立联合实验室或研究开发中心，支持在双边和多边科技合作协议框架下实施国际合作项目，支持我国企业在海外设立研究开发机构或产业化基地，鼓励跨国公司在华设立研究开发机构。要积极参与国际大科学工程和国际学术组织，支持我国科学家和科研机构参与或牵头组织国际和区域性大科学工程。要善于利用国内国外两种人才资源，坚持自主培养开发和引进海外人才并重，立足国内进行人才资源开发，坚持自力更生培养人才，同时加大引进人才、引进智力工作的力度，采取多种方式吸引广大出国留学人员回国创业，尤其是要积极引进海外高层次人才和我国经济社会发展需要的紧缺人才。

"第五，要营造鼓励科技创新的社会氛围。创新文化同科技创新有着相互促进、相互激荡的关系。中华文化包含着鼓励创新的丰富内涵，我们的先人们历来强调推陈出新、革故鼎新，强调'天行健，君子以自强不息'。要大力倡导和弘扬崇尚创新、鼓励创新的精神，为造就一支浩浩荡荡的创新型科技人才队伍、建设创新型国家提供强有力的文化支撑。要在全社会培育创新意识，大力提倡敢于创新、敢为人先、敢冒风险的精神，营造鼓励人才干事业、支持人才干成事业、帮助人才干好事业的良好社会环境。要在全社会广为传播科学知识、科学方法、科学思想、科学精神，使广大人民群众更好地接受科技武装，进一步形成讲科学、爱科学、学科学、用科学的社会风尚。要加强宣传科技创新的典型事迹和典型人物，让人民群众了解科技创新对我国经济社会发展的重大推动作用，引导全社会树立创新光荣的价值观，使科技创新成为全社会景仰的工作和活动。要加强科普工作，使我国广大青少年从小就树立从事科技创新的理想，立志成为未来科技创新的生力军和我国科学技术事业发展的接班人。"

胡锦涛在讲话中指出："实践表明，创新型科技人才特别是领军人物都具有成长成才、实现科技创新所必需的一些基本素质和特点。归纳起来，在当代中国，要成为一名创新型科技人才，应该具有以下主要素质和品格。一是具有高尚的人生理想，热爱祖国，热爱人民，热爱科技事业，努力做到德才兼备，坚持在为祖国、为人民勇攀科技高峰中实现自己的人生价值。二是具有追求真理的志向和勇气，坚持解放思想、实事求是、与时俱进，保持强烈的创新欲望和探索未知领域的坚定意志，对新事物新知识特别敏锐，敢于挑战权威和传统观念，为追求真理、实现创新而勇往直前。三是具有严谨的科学思维能力，掌握辩证唯物主义的思维方法，善于运用科学方法和科学手段，坚持终身学习，不断更新知识、夯实理论功底，构建广博而精深的知识结构，养成比较全面的科学文化素质。四是具有扎实的专业基础、广阔的国际视野、敏锐的专业洞察力，能够准确把握科技发展和创新的方向，善于对解决重大科技问题提出关键性对策。五是具有强烈的团结协作精神，善于组织多学科的专家、调动多方面的知识，领导创新团队在重大科技攻关和科技前沿领域取得重大成就。六是具有踏实认真的工作作风，淡泊名利，志存高远，坚忍不拔，不怕艰难困苦，不畏挫折失败，勇于在科技创新的实践中经历磨练，不断攀登科学技术高峰。这些素质和品格，不仅可以在世界许多成功的科学家身上看到，也可以在我们的院士和一些优秀科技工作者身上看到。我们要继承和发扬我国科技工作者的优良传统和作风，使之在培养造就大批创新型科技人才中发挥重要作用。

'千军易得，一将难求。'国际一流的科技尖子人才、国际级科学大师、科技领军人物，可以带出高水平的创新型科技人才和团队，可以创造世界领先的重大科技成就，可以催生具有强大竞争力的企业和全新的产业。在我们的院士队伍里，就不乏这样的将才和帅才。但是，从整体上看，我国这类人才还不够多。培养造就创新型科技人才，首先要抓紧培养造就这类人才，尤其要培养造就一批中青年领军人物。同时，我们还要培养大批各个层次的创新型科技人才，在学术和技术梯队中形成科技创新的骨干力量和符合科技创新需求的人才结构，以推动科技活动各个领域各个层面的创新实践。

"我国科技事业正处在实现发展跨越的重要机遇期。我国改革开放和现代化建设的伟大实践，既对科技事业发展提出了迫切要求，也为广大科技工作者施展才华提供了广阔舞台。有志气、有抱负的我国科技工作者，一定要抓住这个重大历史机遇，在建设创新型国家的伟大事业中奉献自己的聪明才智，实现美好的人生追求。"

2007 年

2 月 27 日，国家科学技术奖励大会在北京召开，温家宝作重要讲话。

温家宝在讲话中指出："当前，我国正处在发展的关键时期。社会主义现代化建设根本要靠科学技术。科学技术上的重大突破可以使社会生产力产生革命性的飞跃。科技发展归根到底靠人才。谁在人才上占有优势，谁就能在科技上占领制高点。发展科技事业，建设创新型国家，必须造就大批杰出人才。

让科技工作者在科技创新上大显身手。实施国家中长期科学和技术发展规划，推进现代化建设，必须充分发挥科技工作者的作用。要通过落实科技重点任务和重大项目，培养和锻炼杰出人才。同时，还要鼓励科学家各展所长，在众多科技领域广泛探索，多出成果。

在科学研究中提倡百家争鸣。要发扬科学民主，营造解放思想、开放包容的学术环境，倡导追求真理、百折不挠的科学精神。鼓励科学家独立思考，大胆创新，特别要让年轻人勇于实践、敢于超越。打破论资排辈，使杰出人才脱颖而出。"

温家宝在讲话中指出："培养杰出人才必须重视教育。青少年是国家的希望，他们最富有想象力和创造力，科学事业的未来要靠他们。培养人才要从娃娃抓起，重视对中小学生科学素质的培养，让他们既会动脑，又会动手。培养他们的创新思维，保护他们的创造精神，使他们从小树立热爱科学、献身科学的远大志向。"

8 月 31 日，全国优秀教师代表座谈会在中南海怀仁堂举行。中共中央总书记、国家主席、中央军委主席胡锦涛出席座谈会，与来自全国各地的 100 多位全国优秀教师代表共商教育发展大计。

胡锦涛强调，在新的时代条件下，我们必须坚持以邓小平理论和"三个代表"重要思想为指导，深入贯彻落实科学发展观，全面实施科教兴国战略和人才强国战略，继续坚持好、落实好把教育摆在优先发展的战略地位的方针，大力倡导尊师重教，大力发展教育事业，大力提高全民族素质，为全面建设小康社会、加快推进社会主义现代化、实现中华民族伟大复兴提供强大的人才和人力资源保证。

胡锦涛强调，全社会尊重教师，广大教师更应该自尊自励，努力成为无愧于党和人民的人类灵魂工程师。胡锦涛向广大教师提出四点希望。一是希望广大教师爱岗敬业、关爱学生，忠诚于人民教育事业，把全部精力和满腔真情献给教育事业，做爱岗敬业的模范。二是希望广大教师刻苦钻研、严谨笃学，崇尚科学精神，拓宽知识视野，不断提高教学质量和教书育人本领。三是希望广大教师勇于创新、奋发进取，踊跃投身教育创新实践，积极探索教育教学规律，引导学生在发掘兴趣和潜能的基础上全面发展。四是希望广大教师淡泊名利、志存高远，自觉坚持社会主义核心价值体系，静下心来教书，潜下心来育人，努力做受学生爱戴、让人民满意的教师。

12月12日上午，中国首次月球探测工程成功庆祝大会在北京人民大会堂举行。中共中央总书记、国家主席、中央军委主席胡锦涛在大会上作了重要讲话。

胡锦涛在讲话中指出："必须坚持实施人才强国战略，着力培养造就高素质人才队伍。国以才立，政以才治，业以才兴。人才是事业发展最可宝贵的财富。人才问题是关系党和国家事业发展的关键问题。当今世界的综合国力竞争，归根到底是人才特别是高素质创新型人才的竞争。"

胡锦涛指出："我国航天事业取得的成就和经验表明，只有牢固树立人才资源是第一资源的观念，下大力气培养造就一支能够站在世界科技前沿、勇于开拓创新的高素质人才队伍，才能在激烈的国际竞争中掌握主动，为科技创新提供强大智慧源泉，为事业发展提供强大人才支持。"

胡锦涛指出："我们要切实把教育摆在优先发展的地位，大力发展教育事业和科技事业，大力加强人力资源能力建设。要全面贯彻尊重劳动、尊重知识、尊重人才、尊重创造的方针，用事业凝聚人才、用实践造就人才、用机制激励人才、用法制保障人才，优化人才结构，促进人才成长，不断形成一支德才兼备、结构合理、素质优良的科技人才队伍，努力造就世界一流科学家和科技领军人才，注重培养一线的创新人才和创新团队。要真正发现好、培养好、使用好优秀人才，坚持在创新实践中识别人才、在创新活动中培育人才、在创新事业中凝聚人才，坚持以重大工程项目为平台，充分发挥老一代科技工作者的带领作用和中青年领军人才的骨干作用，特别是要为年轻人才脱颖而出、施展才干提供更大的舞台和更多的机会。要不断完善制度和政策保障，加强科技创新文化建设，营造鼓励创新的环境，形成能够极大提高创新能力和创新效率的体制机制，最大限度地激发科研人员的创新激情和活力，使各方面创新人才大量涌现。"

2008 年

5 月 4 日，胡锦涛在北京大学与师生代表座谈并发表重要讲话。

胡锦涛在讲话中指出："北京大学是我国近代建立的第一所综合性大学。一个多世纪来，北京大学始终与民族共命运，与时代同进步，走过了不平凡的历程。北京大学是一所具有光荣革命传统的大学，是我国新文化运动的中心和'五四'运动的策源地，中国共产党早期的一些重要活动曾在这里举行。北京大学是一所享誉中外的高等学府，长期以来聚集了一大批学术名师，培养了一大批优秀人才，创造了一大批重要学术成果，为推动国家发展、社会进步、民族振兴作出了重要贡献。特别是改革开放 30 年来，北京大学按照面向现代化、面向世界、面向未来的要求，积极探索创建世界一流大学，教学和科研取得了新的可喜成绩，建设和管理展现出新的蓬勃活力。我们高兴地看到，爱国、进步、民主、科学的光荣传统在北京大学生生不息，勤奋、严谨、求实、创新的优良学风在北京大学代代相传。"

胡锦涛在讲话中指出："要努力造就高素质人才。高素质人才是决定国家和民族前途命运的重要力量，是建设创新型国家的强大依托。希望同学们志存高远，刻苦学习，勤奋钻研，努力成为党和人民事业发展需要的优秀人才。要在深入学习中国特色社会主义理论体系上狠下功夫，努力用马克思主义中国化最新成果武装头脑，牢固树立科学的世界观、人生观、价值观，牢牢把握人生的正确航向。要在提高综合素质上狠下功夫，既努力学习科学知识，又积极陶冶文明素养，既努力增加知识积累，又积极加强品德修养，既努力锻炼强健体魄，又积极培养良好心理素质，真正实现自身的全面发展。要在提高实践本领上狠下功夫，积极参与社会实践，向人民群众学习，磨炼意志，增长才干，切实提高创造能力和创业能力，为今后走上社会、成就事业打下坚实基础。教师是学生成长进步的引路人，希望老师们切实负起传道授业的光荣职责，注重把教书与育人有机结合起来，不断更新教学理念，丰富教学内涵，改进教学方法，提高教学质量，努力把学生培养成德智体美全面发展的社会主义建设者和接班人。"

6 月 23 日上午，中国科学院第十四次、中国工程院第九次院士大会在北京人民大会堂开幕。中共中央总书记、国家主席、中央军委主席胡锦涛出席会议并就改革开放 30 年来我国科技事业发展、走中国特色自主创新道路、发挥科技界在党和政府决策中的重要作用这 3 个问题发表重要讲话。

胡锦涛在讲话中指出："改革开放 30 年来，我国从科学研究理念到科技工作地位、从科技体制机制到科研环境条件、从科研布局到科技实力等各个方面都发生了历史性的深刻变化。我国形成了比较完整的科学研究和技术开发体系，建立了较为完备的学科领域，形成了相当规模和一定水平的专业技术人才队伍。"

胡锦涛在讲话中指出："必须坚持人才资源是第一资源。人才是国家发展的战略资源，科技进步和创新的关键是人才。必须坚定不移地实施人才强国战略，坚持尊重劳动、尊重知识、尊重人才、尊重创造的重大方针，形成广纳群贤、人尽其才、能上能下、充满活力的用人机制，努力造就数以亿计的高素质劳动者、数以千万计的专门人才和一大批拔尖创新人才，把优秀人才集聚到国家科技事业中来，开创人才辈出的生动局面。"

胡锦涛在讲话中指出："走中国特色自主创新道路，必须培养造就宏大的创新型人才队伍。人才直接关系我国科技事业的未来，直接关系国家和民族的明天。杰出科学家和科技人才是国家科技事业发展的决定性因素。要坚持人才资源是第一资源，全面实施人才强国战略，按照促进人的全面发展的要求，实行有利于人才成长的政策措施，营造有利于人才成长和发挥作用的体制机制和环境。要遵循创新型科技人才成长规律，不拘一格，广纳群贤，在创新实践中发现人才、使用人才，在创新活动中培育人才、锻炼人才，在创新事业中凝聚人才、成就人才。要改进和完善职称制度、院士制度、政府特殊津贴制度、博士后制度等高层次人才制度，完善项目投资体系和结构，形成有利于优秀人才脱颖而出的体制机制。要把教育摆在优先发展的地位，更新教育观念，深化教育改革创新，全面推进素质教育，调整学科和专业结构，创新人才培养模式。要加大引进人才、引进智力工作的力度，尤其是要积极引进海外高层次人才和智力，吸引广大出国留学人员回国创业。"

11月7日上午，党中央、国务院、中央军委在北京人民大会堂召开庆祝神舟七号载人航天飞行圆满成功大会。中共中央总书记、国家主席、中央军委主席胡锦涛发表讲话。

胡锦涛在讲话中指出："载人航天工程不仅有力带动了我国基础科学和应用科学相关领域加速发展，促进了科技成果向现实生产力转化，为经济社会发展提供了重要推动力量，而且培养造就了一支能够站在世界科技前沿、勇于开拓创新的高素质人才队伍，探索出依托重大工程培养创新型人才和领军人物的有效途径和体制机制。"

胡锦涛指出："我们要始终把培养造就高素质人才作为根本大计，努力建设宏大的创新型人才队伍。人才是事业发展最可宝贵的财富。世界范围的综合国力竞争，归根到底是人才特别是创新型人才的竞争。社会主义现代化事业的不断发展和创新，归根到底有赖于各方面创新型人才的创造性思维和创造性活动。

谁能够源源不断地培养、吸引、凝聚创新型人才，谁就能够掌握实现发展目标的第一资源。必须坚定不移地实施科教兴国战略和人才强国战略，在全社会形成尊重劳动、尊重知识、尊重人才、尊重创造的良好风尚，坚持用事业凝聚人才、用实践造就人才、用机制激励人才、用法制保障人才，努力把优秀人才集聚到建设创新型国家的伟大实践中来。

必须坚定不移地把教育摆在优先发展的战略地位，大力发展教育事业，深化教育改革创新，全面推进素质教育，不断创新人才培养模式，为建设创新型人才队伍奠定坚实基础。杰出的科学家和科技人才是国家科技事业发展的决定性因素，必须依托国家重大人才培养计划、重大科研和重大工程项目、重点学科和重点科研基地、国际学术交流合作项目，积极推进创新团队建设，努力培养一批德才兼备、国际一流的科技尖子人才、国际级科学大师和科技领军人物，特别是要抓紧培养造就一批中青年高级专家。"

12月15日，纪念中国科协成立50周年大会在北京人民大会堂举行。中共中央总书记、国家主席、中央军委主席胡锦涛在会上发表重要讲话。

胡锦涛在讲话中指出："科协工作是党的群众工作的重要组成部分，也是国家科技工作的重要组成部分。……各级党委和政府要把培养造就科技人才特别是创新型科技人才工作放在更加突出的位置，切实贯彻尊重劳动、尊重知识、尊重人才、尊重创造的方针，把科技发展内在规律、科技人才成长规律、社会主义制度优越性有效统一起来，按照促进人的全面发展的要求，切实加大工作力度，推动优秀人才脱颖而出，努力造就一大批世界一流的科学家和科技领军人才，培养一大批掌握现代科技和人文知识、富于创造精神的各类专家、专业技术人员和管理人员，形成一批具有战略和长远眼光、富有凝聚力和战斗力的科技创新团队，为党和国家各项事业发展奠定坚实科技人才基础。"

2009 年

1月4日，温家宝在科技领导小组会上发表重要讲话。

温家宝在谈到职业教育问题时指出："大力发展职业教育，既是经济发展的需要，也是促进社会公平的需要。我国是一个有13亿人口的大国，职业教育很重要，应该搞得更好。在整个教育结构和教育布局当中，必须把职业教育摆到更加突出、更加重要的位置。这样做有利于缓解当前技能型、应用型人才紧缺的矛盾，也有利于农村劳动力转移和扩大社会就业。特别是农民工已经成为我国产业工人的重要组成部分，这是我国工业化、城镇化进程的特点，要重视农民工培训。真正重视职业教育还是近几年的事情。国家确实把它放在重要位置。就拿奖助学金来讲，我们把最好的待遇给了职业教育。职业教育的根本目的是让人学会技能和本领，从而能够就业，能够生存，能够为社会服务。从这一点来说，职业教育是面向人人的教育，是面向整个社会的教育。职业教育面向的不仅是服务业，还有工业、农业。比如说数控机床的操作，那得需要职业教育的培训。现在我们要注意的是职业教育的规模、学科的设置，需要和社会需求相吻合，因为它是面向整个社会的，所以又应该和社会发展相协调。我国的职业教育和发达国家的差距较大。问题在什么地方？一方面要转变社会观念。社会上有些人不把职业教育当作正规教育，认为上了职业学校低了一等。另一方面也要研究具体的引导办法，增强职业教育的吸引力，包括加大职业教育投入，逐步对农村职业教育实施免费政策。提高技能型人才的社会地位和收入，合理确定中职和高职的比例，做到合理、适度、协调、可持续。职业教育管理体制要认真研究，充分调动行业、企业、学校兴办职业教育的积极性。"

温家宝在谈到高等教育问题时指出："从长远看，我们不仅要不断扩大高等教育的规模，满足群众对高等教育的需求，更重要的是要提高高等教育质量，把提高高等教育的质量摆在更加突出的位置。高等学校改革和发展归根到底是多出拔尖人才、一流人才、创新人才。高校办得好坏，不在规模大小，关键是要办出特色，形成自己的办学理念和风格。要对学科布局、专业设置、教学方法进行改革，引导高等学校适应就业市场和经济社会发展需求，调整专业和课程设置。建立和完善高等教育质量保障体系，推动高效科技创新、学术发展与人才培养紧密结合。要借鉴国外先进经验，结合我国实际创造性地加以运用，加强高水平大学建设，建成若干国际一流大学，为国家培养更多的高质量、多样化的创新型人才。"

温家宝在讲话中指出："要围绕加强素质教育、多出人才，转变教育观念，深化教育改革。要认真思考我们为什么培养不出更多的杰出人才？从而对教育体制、办学模式以及小学、中学、大学的教学改革进行深入研究，整体谋划。教育的根本任务应该是培养人才，人才培养观念更新和培养模式创新要成为规划的亮点。要注重培养学生的社会责任感、实践能力和创造精神，注重培养复合型人才。文理科差别不要搞得太大，学理工的应该关心社会，提高人文素养；学文科的应该加强自然科学知识学习，提高科学素养。"

9月4日，温家宝总理到北京市第三十五中学看望师生，上午听了5节课，下午同北京市部分中小学教师座谈并发表重要讲话。

温家宝在讲话中指出："教育要符合建设中国特色社会主义对人才的要求。改革开放和经济社会发展不仅需要各种各样的人才，而且对人才的要求越来越高。要立足于现代化建设对人才的实际需要，不断调整专业设置和课程设计，努力培养创新型、实用型和复合型人才，同时要加强爱国主义和理想信念教育，培养学生增强社会责任感，报效祖国，服务社会。"

温家宝在讲话中指出："教育要符合以人为本的要求。学校要坚持'以人为本'的办学理念，以'依靠人、为了人、服务人'为基本出发点，尊重学生、关爱学生、服务学生，发现和培养学生的兴趣和特长，塑造学生大爱、和谐的心灵。前两年我到医院看望季羡林先生，他对我说，讲和谐还要讲人的自我和谐，要使人对自己的认识符合客观实际，适应社会的要求，正确对待金钱名利，正确对待进退、正确对待荣辱，这才能和谐起来。"

9月29日，胡锦涛在第五次民族团结进步表彰大会上发表重要讲话。

胡锦涛在讲话中指出："大力培养选拔少数民族干部和各类人才，是做好民族工作的重要条件。新中国成立60年来，广大少数民族干部和各类人才始终与党和人民同心同德、风雨同舟，为我国民族团结进步事业作出了重要贡献。要把选拔少数民族干部和各类人才工作摆在突出位置，采取更加有力的措施，努力建设一支政治上跟党走、群众中有威望、工作上有实绩的高素质少数民族干部和人才队伍。在民族地区工作的汉族同志要努力学习少数民族语言，了解当地民族历史文化，密切同少数民族群众的关系。民族地区各族干部要相互学习、彼此尊重、紧密团结、密切合作，发挥模范带头作用，全心全意为各族群众谋利益，共同担负起促进发展、维护稳定、加强团结的历史重任。"

11月3日，国务院总理温家宝在首都科技界大会上发表题为"让科技引领中国可持续发展"的重要讲话。

温家宝在讲话中指出："我们清醒地认识到，国际金融危机对中国的机遇前所未有，挑战也前所未有。短期的困难和长期的矛盾交织在一起，转变发展方式、调整经济结构的任务越来越艰巨，资源环境的制约越来越突出，国际经济和科技竞争的压力越来越大。只有加快体制创新和科技创新，我们才能从根本上克服国际金融危机的不利影响。因此，在经济积极向好的趋势得以巩固的时候，应该而且必须开始考虑长远的事情。长远的事情是什么？我认为最重要的是科技和教育。要使中国真正走在世界的前列，必须有强大的科学技术力量，有一支富于创新的人才队伍，这是中国发展的后劲之所在、力量之所在。"

温家宝在讲话中指出："10月31日，钱学森先生去世了。那天是星期六，早上我还是按时上班。他是8点零6分去世的，我是8点15分知道的。我赶到了301医院，向这位给国家和人民作出重大贡献、德高望重的科学家鞠了三个躬，来表达我对他的敬意和哀思。当天夜里，北京雨雪霏霏。我躺在床上，辗转反侧，难以入睡，钱老的音容笑貌一直萦绕在脑海里。我起身找出当年的日记和与钱老的通信。睹物思人，思绪万千，一桩桩往事历历在目。我跟钱老认识是在上个世纪80年代。那时，我在中央分管科协工作，他是中国科协主席。1990年7月3日，我到他在国防科工委的办公室去谈工作，我们两人谈了很长时间。我的日记记得清清楚楚，他说，整个社会主义建设是一个大的系统工程，作为社会形态应该包括三个方面，就是经济、政治和意识形态。因此，我们必须提出要建设精神文明、政治文明和物质文明。然后他又强调还有一个基础，就是地理环境。我作总理以后这几年去看望钱老，他谈的更多的不是科技问题了，几乎每次都是教育问题。他反复提到，创新型人才不足是现行教育体制的严重弊端，也是制约科技发展的瓶颈。他提出要更加关注教育改革和发展，注重培养具有创新能力的人才。他说，中国现在没有发展起来，一个重要原因是没有按照培养科技发明创造人才的方式办学，没有自己独特创新的东西，培养不出杰出人才。他还结合自己成长的经历说，一个有科学创新能力的人不但要有科学知识，还要有文化艺术修养。我对钱老提出的这两条意见深为赞同。后来，我每到一所学校，都向师生们讲述钱老的这番话。我们要把培养创新型人才作为教育发展的重要目标，这需要从娃娃抓起。不仅要重视发展高等教育，努力创建世界一流大学，更要重视发展小学、中学教育，培养孩子们的创造精神，打好人才成长的基础。只有培养一批又一批、一代又一代各类人才，特别是创新型人才，中国才有希望。"

12 月 20 日，国家主席胡锦涛在庆祝澳门回归祖国 10 周年大会暨澳门特别行政区第三届政府就职典礼上发表重要讲话。

胡锦涛在讲话中指出："必须着力培养各类人才。人才是各项事业发展之本。不断提升澳门竞争力，最关键的支撑因素是人才。要着眼长远，增强紧迫感，大力发展教育、科技、文化事业，培养造就一大批澳门社会发展需要的政治人才、经济人才、专业技术人才以及其他各方面人才。要高度重视和加强爱国爱澳优秀年轻人才培养，使澳门同胞素有的爱国爱澳传统薪火相传、发扬光大，使'一国两制'事业后继有人。"

2010 年

1 月 11 日，温家宝在国家科学技术奖励大会上发表重要讲话。

温家宝指出："我们要建设一支规模宏大、结构合理、素质优良的科技队伍。坚持从我国经济社会发展的战略需求出发，尊重科技人才成长和科技人才队伍建设规律，努力造就世界一流的科学家和科技领军人才，注重培养一线创新人才和青年科技人才，为建设创新型国家和实现全面小康提供智力支撑。""为经济社会发展培养大批各类人才。经济发展能不能跃上更高层次，人才是十分重要的因素。发展科技、教育、文化、卫生等社会事业，推进民主法制建设、维护社会公平正义，也都需要大批高素质人才。一要进一步办好职业教育。职业教育是面向人人、面向整个社会的教育，根本目的是让人学会技能和本领，能够就业，能够成为社会有用之才。我国正处在工业化、城镇化加快发展阶段，办好职业教育可以提高劳动者素质，有利于缓解技能型、应用型人才紧缺的矛盾，有利于农村富余劳动力转移和扩大就业。二要着力提高高等教育质量。从长远看，我们还要不断扩大高等教育的规模，满足群众对高等教育的需求，更重要的是必须提高办学质量。要进一步扩大高等学校办学自主权，鼓励高等学校适应就业和经济社会发展需要，调整专业和课程设置，推动高等学校人才培养与科技创新、学术发展紧密结合。要加强有特色、高水平大学建设，努力创建若干世界一流大学，为国家培养更多高质量创新人才。"

2月3日，省部级主要领导干部深入贯彻落实科学发展观加快经济发展方式转变专题研讨班开班式在中央党校举行。中共中央总书记、国家主席、中央军委主席胡锦涛发表重要讲话。

胡锦涛指出："加快推进自主创新，紧紧抓住新一轮世界科技革命带来的战略机遇，更加注重自主创新，加快提高自主创新能力，加快科技成果向现实生产力转化，加快科技体制改革，加快建设宏大的创新型科技人才队伍，谋求经济长远发展主动权、形成长期竞争优势，为加快经济发展方式转变提供强有力的科技支撑。"

4月27日，2010年全国劳动模范和先进工作者表彰大会在北京人民大会堂隆重举行。中共中央总书记、国家主席、中央军委主席胡锦涛在会上发表重要讲话。

胡锦涛指出："进一步提高劳动者素质，为推动科学发展提供强有力的人力资源支持。劳动者素质对一个国家、一个民族的发展至关重要。当今世界的综合国力竞争，归根到底是劳动者素质的竞争。不断提高广大劳动群众的综合素质，是实现人的全面发展的必然要求，也是推动经济社会发展的重要保证。我们一定要深入实施科教兴国战略和人才强国战略，引导广大劳动者不断提高思想道德素质和科学文化素质、提高劳动能力和劳动水平，努力成为掌握新知识、新技能、新本领的知识型工人和一线创新人才，成为有理想、有道德、有文化、有纪律的社会主义劳动者，使科技进步和劳动者素质提高成为我国经济社会发展的重要推动力。要大力推进社会主义核心价值体系建设，引导我国工人阶级和广大劳动群众认真学习中国特色社会主义理论体系，坚定中国特色社会主义共同理想，弘扬以爱国主义为核心的民族精神和以改革创新为核心的时代精神，践行社会主义荣辱观，打牢为坚持和发展中国特色社会主义而共同奋斗的思想基础。要大力开展技能培训、转岗培训、创业能力培训，形成有利于劳动者学习成才的引导机制、培训机制、评价机制、激励机制。要大力开展多种形式的群众性精神文明创建活动，加强职业道德建设，积极发展丰富多彩、昂扬向上的企业文化、职工文化，不断满足广大劳动群众日益增长的精神文化需要。"

5月25日至26日，中共中央、国务院在北京召开全国人才工作会议。中共中央总书记、国家主席、中央军委主席胡锦涛在会上发表重要讲话。

胡锦涛指出："人才资源是第一资源，人才问题是关系党和国家事业发展的关键问题，人才工作在党和国家工作全局中具有十分重要的地位。我们党历来高度重视人才工作，在革命、建设、改革各个历史时期，制定和实施了一系列重大方针政策，为党和人民事业发展培养和集聚了宏大人才队伍。经过新中国成立60多年特别是改革开放 30 多年的努力，我国已经从人才资源相对匮乏的国家发展成为人才资源大国，各类人才在改革开放和社会主义现代化建设中大显身手。同时，当前我国人才发展总体水平与世界先进水平相比还有较大差距，与我国经济社会发展需要相比还有很多不适应的地方，特别是高层次创新型人才匮乏，人才创新创业能力不强，人才资源开发投入不足。根据新形势新任务和人才工作面临的新情况新问题，党中央、国务院颁布了《国家中长期人才发展规划纲要（2010～2020 年）》。贯彻落实好这个纲要，对全面提高人才发展水平、加快建设人才强国，对全面建设小康社会、加快推进社会主义现代化、实现中华民族伟大复兴具有重大而深远的意义。"

胡锦涛强调："做好新形势下人才工作，必须高举中国特色社会主义伟大旗帜，以邓小平理论和'三个代表'重要思想为指导，深入贯彻落实科学发展观，尊重劳动、尊重知识、尊重人才、尊重创造，更好实施人才强国战略，坚持党管人才原则，遵循社会主义市场经济规律和人才成长规律，加快人才发展体制机制改革和政策创新，扩大对外开放，开发利用国内国际两种人才资源，以高层次人才、高技能人才为重点，统筹推进各类人才队伍建设，为实现全面建设小康社会奋斗目标提供坚强人才保证和广泛智力支持。"

胡锦涛强调："到 2020 年我国人才发展总体目标是：培养造就规模宏大、结构优化、布局合理、素质优良的人才队伍，确立国家人才竞争比较优势，进入世界人才强国行列，为在本世纪中叶基本实现社会主义现代化奠定人才基础。我们要围绕这个总体目标，坚定不移走人才强国之路，科学规划，深化改革，重点突破，整体推进，努力实现人才资源总量稳步增长、队伍规模不断壮大，人才素质大幅度提高、结构进一步优化，人才竞争比较优势明显增强、竞争力不断提升，人才使用效能明显提高、人才发展体制机制创新取得突破性进展，逐步实现由人力资源大国向人才强国转变。"

胡锦涛指出："当前和今后一个时期要重点抓好以下工作。一要坚持人才工作指导方针，确立人才优先发展战略布局，坚持服务发展、人才优先、以用为本、创新机制、高端引领、整体开发的指导方针，紧紧围绕党和国家工作大局，把服务科学发展作为人才工作的根本出发点和落脚点，把发挥各类人才作用作为人才工作的根本任务，构建与社会主义市场经济体制相适应、有利于科学发展的人才发展体制机制，发挥高层次人才在经济社会发展和人才队伍建设中的引领作用，支持人人都作贡献、人人都能成才，统筹推进城乡、区域、产业、行业和不同所有制人才资源开发，实现各类人才队伍协调发展，促进人的全面发展。二要坚持突出工作重点，统筹抓好各类人才队伍建设，突出培养创新型科技人才、大力开发经济社会发展重点领域急需紧缺专门人才，统筹抓好党政人才、企业经营管理人才、专业技术人才、高技能人才、农村实用人才、社会工作人才等人才队伍建设，抓紧培养造就一批复合型、高层次、通晓国际规则的适应对外开放的人才。三要坚持推进改革创新，激发各类人才创造活力，重点围绕用好用活人才、提高人才效能，完善人才工作管理体制，健全人才工作机制，从人才培养开发、评价发现、选拔任用、流动配置、激励保障等方面形成更加科学、更具活力的一整套机制，形成统分结合、上下联动、协调高效、整体推进的人才工作运行机制，建立健全政府宏观管理、市场有效配置、单位自主用人、人才自主择业的人才管理体制，形成有利于人才发展的法制环境，着力解决制约人才工作发展、制约人才发挥作用的突出矛盾和问题，为人才事业发展增添蓬勃活力和强大动力。四要坚持德才兼备原则，全面提高人才队伍素质，把树立正确的世界观、人生观、价值观，弘扬爱国主义、集体主义、社会主义思想融入人才工作全过程，教育和引导各类人才学习践行社会主义核心价值体系，组织和引导各类人才在社会实践中砥砺品质、锤炼作风、提高干事创业的本领，鼓励各类人才坚持求真务实、尊重客观规律，恪守科学精神、大胆探索创造，倾心本职岗位、注重工作实效，淡泊个人名利、无私奉献才能，建设一支饱含爱国热情、勇于追求真理、具有务实作风、善于团结协作、积极改革创新、争创一流业绩的高素质人才队伍。五要坚持扩大人才工作对外开放，做好人才'引进来'和'走出去'工作，坚持人才自主培养开发和引进海外人才相结合，加强人才和人才开发国际交流合作，积极引进海外人才和海外智力。"

胡锦涛强调："青年是祖国的未来、事业的希望。要把培养造就青年人才作为人才队伍建设的一项重要战略任务，加大工作力度，完善工作制度，采取及早选苗、重点扶持、跟踪培养等特殊措施，使大批青年人才持续不断涌现出来。要不拘一格、广纳群贤，破除论资排辈、求全责备观念，在实践中发现人才、培育人才、锻炼人才、使用人才、成就人才。要教育和引导青年人才自觉把实现个人人生价值同实现全面建设小康社会和中华民族伟大复兴的奋斗紧密结合起来，牢固树立为祖国、为人民、为民族真诚奉献的人生理想，在投身党和人民伟大事业中建功立业。各级党委和政府要加强对青年的教育和引导，在全社会形成爱护青年、关心青年和鼓励青年成才、支持青年干事业的良好氛围。"

胡锦涛指出："切实做好人才工作，加快建设人才强国，加强和改进党对人才工作的领导是根本保证。要坚持党管人才原则，自觉用科学理论指导人才工作、用科学制度保障人才工作、用科学方法推进人才工作，不断提高人才工作水平。各级党委要把人才工作摆在更加突出的位置，善于用战略思维、开放视野、发展观点谋划和推动人才工作，落实人才培养使用重大政策，抓好重大人才工程，统筹经济社会发展和人才发展，履行好管宏观、管政策、管协调、管服务的职责，深入研究人才工作面临的突出矛盾和问题，使人才工作始终体现时代性、把握规律性、富于创造性。各级党委和政府要切实做好人才服务各项工作，努力为人才发展营造良好环境，坚持用事业聚才育才，使各类人才创业有机会、干事有舞台、发展有空间。要鼓励创新、爱护创新，使一切创新想法得到尊重、一切创新举措得到支持、一切创新才能得到发挥、一切创新成果得到肯定。要关心人才学习和生活，千方百计为他们排忧解难。要通过大力表彰和广泛宣传优秀人才的先进事迹，营造尊重科学、鼓励创新、甘于奉献的社会氛围，在全社会形成见贤思齐、奋发努力的良好风尚。"

5月25日至26日，中共中央、国务院在北京召开全国人才工作会议。国务院总理温家宝在会上发表重要讲话。

温家宝指出："当今世界，国际竞争日趋激烈，突出表现为科技、教育和人才竞争。科技是关键，教育是基础，人才是根本。《国家中长期人才发展规划纲要（2010～2020年）》与已经发布实施的《国家中长期科学和技术发展规划纲要（2006～2020年）》和即将发布实施的《国家中长期教育改革和发展规划纲要（2010～2020年）》相互支撑、紧密联系又各有侧重，一定意义上讲，属于国家发展的顶层设计和系统规划。"

温家宝强调："要为人才成长创造良好条件和环境，不拘一格选拔人才。要善于发现人才，用人所长，不能求全责备，让各类人才和全体劳动者、建设者才尽其用、各得其所。要在实践中锻炼和培养人才，让他们在经济社会发展的实践中增长才干、建功立业。要创新人才发展体制，坚决破除一切不利于人才成长、人才流动、人才使用的思想观念和体制性障碍，构建与社会主义市场经济体制相适应、符合科学发展要求的人才发展体制和机制。"

温家宝指出："人才资源是国家的战略资源，各级党委和政府要把人才工作摆在突出位置，为人才的成长服好务。一要大胆使用和吸引人才。加强对拔尖创新人才、急需紧缺人才、战略性后备人才培养的支持力度。大胆引进和使用海外高水平拔尖人才，鼓励海外留学人员回国工作、创业或以多种方式为国家发展服务。充分发挥国内人才的作用，调动他们的积极性。二要加大人才发展资金投入。建立健全政府、用人单位、个人和社会多元化的人才发展投入机制，较大幅度增加人力资本投资比重。三要更加关心和爱护人才。努力营造尊重知识、尊重人才、尊重劳动、尊重创造的氛围。鼓励创新、探索和超越，提倡'百花齐放、百家争鸣'，倡导独立思考、追求真理，宽容失败。关心和改善人才的生活条件，解决好他们在住房、医疗、就业、子女教育、社保等方面的实际问题。"

6月7日，胡锦涛在中国科学院第十五次院士大会、中国工程院第十次院士大会上发表重要讲话。

胡锦涛指出："加强人才工作，为科技进步和创新提供强大人才支持。要坚持尊重知识、尊重人才、尊重劳动、尊重创造的重大方针，深入实施人才强国战略，确立人才优先发展战略布局，以高层次人才、高技能人才为重点，统筹推进各类人才队伍建设，培养造就规模宏大、结构优化、布局合理、素质优良的人才队伍。要创新人才培养体系，用科学合理的方法评价人才，加强全球范围拔尖人才引进工作，大力培养造就具有世界科研前沿水平的高级专家、高层次科技领军人才，注重培养一线创新人才和青年科技人才。要完善现代国民教育体系和终身教育体系，优化教育结构，推进素质教育，突出培养具有科学精神、创造性思维、创新能力的人才。要充分调动广大科技工作者的创新积极性，提高全社会创新意识，积极营造诚信、宽松、和谐的学术环境，鼓励自主探索，保护知识产权，发扬学术民主，提倡学术争鸣，使一切创新想法得到尊重、一切创新举措得到支持、一切创新才能得到发挥、一切创新成果得到肯定。"

　　7月13日至14日，中共中央、国务院在北京召开全国教育工作会议。胡锦涛在会上发表重要讲话，强调大力发展教育事业，是全面建设小康社会、加快推进社会主义现代化、实现中华民族伟大复兴的必由之路。

　　胡锦涛指出："教育是民族振兴、社会进步的基石，是提高国民素质、促进人的全面发展的根本途径，寄托着亿万家庭对美好生活的期盼。强国必先强教。新中国成立以来，党和国家始终高度重视教育。经过60多年特别是改革开放30多年的不懈努力，我们开辟了中国特色社会主义教育发展道路，建成了世界最大规模的教育体系，保障了亿万人民群众受教育的权利，取得了举世瞩目的伟大成就。在这一历史进程中，我们不断深化对我国社会主义教育事业发展规律的认识，得出了十分重要的结论。一是教育是国家和民族发展最根本的事业，必须坚持党对教育工作的领导，明确政府发展和管理教育的责任，落实教育优先发展的战略地位，实现教育和经济社会协调发展，充分发挥教育在党和国家事业中的基础性、先导性、全局性地位和作用。二是教育的根本目的是培养德智体美全面发展的社会主义建设者和接班人，必须全面贯彻党的教育方针，把促进学生健康成长作为学校一切工作的出发点和落脚点。三是教育事业发展的生机活力在改革开放，必须始终按照面向现代化、面向世界、面向未来的要求，立足社会主义初级阶段基本国情，坚持继承和创新相结合，不断深化教育体制改革和教育教学改革。四是教育是改善民生、促进社会和谐的重要途径，必须坚持以人为本，促进教育公平，保障公民依法享有受教育的权利。五是教育事业发展的关键在教师，必须紧紧依靠广大教师和教育工作者，遵循教育规律办学教学，不断提高教师政治和业务素质，弘扬尊师重教的社会风气。"

　　胡锦涛强调："推动教育事业科学发展，必须高举中国特色社会主义伟大旗帜，以邓小平理论和'三个代表'重要思想为指导，深入贯彻落实科学发展观，实施科教兴国战略和人才强国战略，优先发展教育，完善中国特色社会主义现代教育体系，办好人民满意的教育，建设人力资源强国。要全面贯彻党的教育方针，坚持教育为社会主义现代化建设服务，为人民服务，与生产劳动和社会实践相结合，培养德智体美全面发展的社会主义建设者和接班人。要全面推动教育事业科学发展，立足社会主义初级阶段基本国情，把握教育发展阶段性特征，坚持以人为本，遵循教育规律，面向社会需求，优化结构布局，提高教育现代化水平。各级党委和政府要按照优先发展、育人为本、改革创新、促进公平、提高质量的工作方针，切实落实《国家中长期教育改革和发展规划纲要（2010～2020年）》，确保到2020年我国基本实现教育现代化，基本形成学习型社会，进入人力资源强国行列。"

胡锦涛就推动教育事业科学发展提出5项要求："一是必须优先发展教育，在党和国家工作全局中必须始终把教育摆在优先发展的战略地位，切实保证经济社会发展规划优先安排教育发展、财政资金优先保障教育投入、公共资源优先满足教育和人力资源开发需要，健全以政府投入为主、多渠道筹集教育经费的体制，大幅度增加教育投入，统筹推进各级各类教育，积极推动建设覆盖城乡的基本公共教育服务体系，逐步实现基本公共教育服务均等化。二是必须坚持以人为本，坚持以人为本、全面实施素质教育是教育改革和发展的战略主题，是贯彻党的教育方针的时代要求，核心是解决好培养什么人、怎样培养人的重大问题，重点是面向全体学生、促进学生全面发展，着力提高学生服务国家服务人民的社会责任感、勇于探索的创新精神、善于解决问题的实践能力，引导学生形成正确的世界观、人生观、价值观，坚定学生对中国共产党领导、社会主义制度的信念和信心。三是必须坚持改革创新，创新人才培养模式，深化办学体制改革，深化教育管理体制改革，加强教育国际交流合作，进一步消除制约教育发展和创新的体制机制障碍，全面形成与社会主义市场经济体制和全面建设小康社会目标相适应的充满活力、富有效率、更加开放、有利于科学发展的教育体制机制。四是必须促进教育公平，坚持教育的公益性和普惠性，把促进公平作为国家基本教育政策，保障公民依法享有受教育的权利，重点是促进义务教育均衡发展和扶持困难群众，着力促进公共教育资源配置公平，加快缩小城乡、区域教育发展差距。五是必须重视教育质量，树立以提高质量为核心的教育发展观，建立以提高教育质量为导向的管理制度和工作机制，坚持规模和质量的统一，注重教育内涵发展，鼓励学校办出特色、办出水平和出名师、育英才。"

2011 年

4月24日，庆祝清华大学成立100周年大会在人民大会堂隆重举行。中共中央总书记、国家主席、中央军委主席胡锦涛在大会上发表重要讲话。他强调，全面建设小康社会，建设社会主义现代化国家，实现中华民族伟大复兴，为我国广大有志青年提供了创造精彩人生的广阔舞台。

胡锦涛指出，……清华百年历史又一次表明，坚持解放思想、实事求是、与时俱进，坚持以实现国家富强、民族振兴、人类进步为己任，坚持正确办学方向，坚持以人为本，遵循高等教育规律，全面实施素质教育，不断推进改革创新，我们的大学就能获得事业发展的强大动力，就能源源不断培养出德才兼备的优秀人才。

胡锦涛强调，推动经济社会又好又快发展，实现中华民族伟大复兴，科技是关键，人才是核心，教育是基础。不断提高质量，是高等教育的生命线，必须始终贯穿高等学校人才培养、科学研究、社会服务、文化传承创新各项工作之中。全面提高高等教育质量，必须大力提升人才培养水平，坚持把促进学生健康成长作为学校一切工作的出发点和落脚点，全面贯彻党的教育方针，努力培养德智体美全面发展的社会主义建设者和接班人；必须大力增强科学研究能力，积极适应经济社会发展重大需求，积极提升原始创新、集成创新和引进消化吸收再创新能力，努力为建设创新型国家作出积极贡献；必须大力服务经济社会发展，自觉参与推动战略性新兴产业加快发展，自觉参与推动区域协调发展，自觉参与推动学习型社会建设，为社会提供形式多样的教育服务；必须大力推进文化传承创新，积极发挥文化育人作用，加强社会主义核心价值体系建设，积极开展对外文化交流。

胡锦涛强调，建设若干所世界一流大学和一批高水平大学，是我们建设人才强国和创新型国家的重大战略举措。要以重点学科建设为基础，以体制机制改革为重点，以创新能力提高为突破，加大支持力度，健全长效机制，鼓励重点建设高校成为知识创新的策源地、深化教育改革的试验田、扩大开放的桥头堡。

胡锦涛在讲话中给清华大学的同学们和全国青年学生提出三点希望。一是要把文化知识学习和思想品德修养紧密结合起来，刻苦学习科学文化知识，积极加强自身思想品德修养，立为国奉献之志，立为民服务之志，以实际行动创造无愧于人民、无愧于时代的业绩。二是要把创新思维和社会实践紧密结合起来，做到勤于学习、善于思考、勇于探索、敏于创新，坚持理论联系实际，积极投身社会实践，切实掌握建设国家、服务人民的过硬本领。三是要把全面发展和个性发展紧密结合起来，实现思想成长、学业进步、身心健康有机结合，努力成为可堪大用、能负重任的栋梁之才。

7月1日，庆祝中国共产党成立90周年大会在北京人民大会堂举行。中共中央总书记胡锦涛在大会上发表重要讲话。

胡锦涛指出，90年来党的发展历程告诉我们，政治路线确定之后干部就是决定因素。坚持五湖四海、任人唯贤，是我们党性质和宗旨的必然要求。我们党除了人民利益，没有自己的特殊利益。我们党坚持这个崇高原则，为一切忠于人民、扎根人民、奉献人民的人们提供了施展才华的宽广舞台。中国特色社会主义道路能不能越走越宽广，中华民族能不能实现伟大复兴，要看能不能不断培养造就大批优秀人才，更要看能不能让各方面优秀人才脱颖而出、施展才华。

我们要以更宽的视野、更高的境界、更大的气魄，广开进贤之路，把各方面优秀干部及时发现出来、合理使用起来。要坚持把干部的德放在首要位置，选拔任用那些政治坚定、有真才实学、实绩突出、群众公认的干部，形成以德修身、以德服众、以德领才、以德润才、德才兼备的用人导向。要坚持凭实绩使用干部，让能干事者有机会、干成事者有舞台，不让老实人吃亏，不让投机钻营者得利，让所有优秀干部都能为党和人民贡献力量。

源源不断培养造就大批优秀年轻干部，是关系党和人民事业继往开来、薪火相传的根本大计。年轻干部要承担起事业重任，必须牢固树立正确的世界观、权力观、事业观，做到忠诚党的事业、心系人民群众、专心做好工作、不断完善自己。广大年轻干部要自觉到艰苦地区、复杂环境、关键岗位砥砺品质、锤炼作风、增长才干。经过艰苦复杂环境磨练、重大斗争考验、实践证明优秀、有培养前途的大批年轻干部能够不断涌现出来，党和人民事业就大有希望。

人才是第一资源，是国家发展的战略资源。全党同志和全社会都要坚持尊重劳动、尊重知识、尊重人才、尊重创造的重大方针，牢固树立人人皆可成才的观念，敢为事业用人才，让各类人才都拥有广阔的创业平台、发展空间，使每个人都成为对祖国、对人民、对民族的有用之才，特别是要抓紧培养造就青年英才，形成人才辈出、人尽其才、才尽其用的生动局面。

12月16日，中共中央、国务院和中央军委在北京人民大会堂举行大会，隆重庆祝天宫一号与神舟八号交会对接任务圆满成功。中共中央总书记、国家主席、中央军委主席胡锦涛发表重要讲话。

胡锦涛强调，我们坚持人才是第一资源的观念，尊重广大科技工作者的主体地位和劳动创造，为实施载人航天工程提供了坚强人才保证。

参考文献

［1］《毛泽东选集》（第2版），人民出版社，1991。

［2］《毛泽东年谱》，人民出版社、中央文献出版社，1993。

［3］《毛泽东文集》，人民出版社，1993。

［4］《周恩来文化文选》，中央文献出版社，1998。

［5］《邓小平文选》，人民出版社，1989。

［6］《周恩来选集》，人民出版社，1997。

［7］《邓小平年谱》，中央文献出版社，2004。

［8］《论科学技术》（第1版），中央文献出版社，2001。

［9］《毛泽东邓小平江泽民论教育》（第1版），中央文献出版社、人民教育出版社、北京师范大学出版社，2002。

［10］《十三大以来重要文献选编》（第1版），人民出版社，1991。

［11］《江泽民论有中国特色社会主义》（专题摘编）（第1版），中央文献出版社，2002。

［12］《论党的建设》（第1版），中央文献出版社，2001。

［13］《十四大以来重要文献选编》（第1版），人民出版社，1996。

［14］《十五大以来重要文献选编》（第1版），中央文献出版社，2001。

［15］《论"三个代表"》（第1版），中央文献出版社，2001。

［16］《中国共产党第十六次全国代表大会文件汇编》（第1版），人民出版社，2002。

新中国成立以来有关人才工作的重要文件、会议及领导讲话[*]

1949 年

11 月 4 日，中共中央组织部发布《关于干部鉴定工作的规定》。《规定》指出，干部鉴定是干部在一定工作或学习期内各方面表现的检查和总结。每隔一年左右的时间，各地均需对其所属干部进行依次鉴定。

11 月 28 日，政务院发布《政务院关于任免工作人员的暂行办法》。

12 月 23 日，第一次全国教育工作会议在北京召开。会议提出，必须坚决落实团结、教育、改造知识分子的政策。教育为人民服务，首先为工农服务成为新民主主义教育的基本方针。在会议精神指引下，越来越多的工农子弟走进课堂，越来越多的知识分子投身于教育事业，越来越多的学校开办起来，新中国的教育事业掀开了第一页。

12 月，中共中央印发《关于保护与争取技术人员的指示》。《指示》指出，原属旧中国资源委员会的一批工程技术人员，大部分为中国比较优秀的技术专家，必须妥善保护，尽量争取原职原薪任用，不得采取粗暴态度。

1950 年

5 月，政务院发布《关于在外区招聘技术人员的规定》。

6 月 1 日至 9 日，教育部在北京召开第一次全国高等教育工作会议，讨论改造高等教育的方针和新中国高等教育的建设方向。会议提出，以理论与实际一致的方法，培养国家高级建设人才。

7 月，政务院批准了全国高等教育工作会议提出的《高等学校暂行规程》、《专科

---

* 编写者：孙大伟：男，中国社会科学院人事教育局博士后管委会办公室助理研究员，研究方向为人力资源管理。王帅：女，中国社会科学院世界宗教研究所博士后。

学校暂行规程》等文件，规定高等学校和专科学校要适应国家建设的需要，开展教学工作，培养通晓基本理论并能实际运用的专门人才。

8月2日至11日，中国教育工会召开第一次全国代表大会，明确教育工作者是工人阶级队伍的一部分。

8月14日，教育部颁布《专科学校暂行规程》，规定专科学校要以理论与实际一致的教育方法，培养能掌握现代科学和技术、全心全意为新民主主义建设服务的专门技术人才，如工业技师、农业技师、教师、医师、药剂师、财政经济干部、文艺工作人员等。

10月10日，轻工业部和教育部举行座谈会，商讨培养专门人才，以适应国家建设的需要。座谈会就在大专学校内设立专修科或选修组问题、学习和实习结合问题、培养急切需要的造纸和橡胶工业技术人才等问题进行了讨论，并就有关问题商定了解决方案。

11月24日，政务院第六十次政务会议批准《培养少数民族干部试行方案》，《方案》规定，为了国家建设、民族区域自治与实现《共同纲领》民族政策的需要，从中央至有关省县，应根据新民主主义的教育方针，普遍而大量地培养少数民族干部。

1951 年

3月28日至4月9日，中国共产党第一次全国组织工作会议在北京召开。刘少奇在会上指出，需要建立正规的、固定的管理干部的一套机构和制度，并提出了共产党员的8项条件。人事部部长安子文在会上作了《关于干部的教育、培养、提拔的问题》的报告。他对教育、培养、提拔现有干部，积极地大量地培养与提拔产业工人干部，积极培养提拔妇女干部，训练改造失业的旧知识分子，注重干部的专业化以及关心干部的困难等方面作了论述。

6月12日，教育部召开的第一次全国中等技术教育会议在北京开幕。教育部副部长曾昭伦在会议上指出，中等技术学校的任务是培养具有一定科学基本知识，掌握现代生产技术，全心全意地为祖国为人民服务的初、中级技术人才。

6月29日，政务院发出《关于一九五一年暑假全国高等学校毕业生统筹分配工作的指示》。《指示》规定对大学毕业生试行统筹分配，主要在地区间进行调剂。调剂的原则是保证国家重点建设及中央和地方各部门业务上的需要，适当照顾个别毕业生人数过少的地区。

8月，中央人民政府颁布了新的学制，改革学制的目标是：改革各种不合理的年限规定与制度，使不同程度的学校相互衔接，以利于广大劳动人民科学文化水平的提高、工农干部的深造和国家建设事业的发展。

11月3日至9日，全国工学院院长会议在北京召开，会议拟订了全国工学院院系调整方案，揭开了 1952 年全国院系大调整的序幕。

11 月 5 日，《中央人民政府任免国家机关工作人员暂行条例》经中央人民政府委员会第十三次会议批准生效。《条例》对中央人民政府委员会和中央人民政府政务院的干部任免权限和范围作了进一步调整。

1952 年

6 月 18 日，政务院发布《关于调整高等学校毕业生工作中几个问题的指示》。《指示》要求对用非所学及存在其他实际困难的高等学校毕业生的工作应给予适当调整。

7 月 15 日，中央人民政府人事部、卫生部颁布《卫生技术人员工资标准》。

7 月，政务院发出《关于一九五二年暑期全国高校毕业生统筹分配工作的指示》。

9 月 1 日，中共中央发出《关于培养高等、中等学校马克思列宁主义理论教师的指示》。

10 月 28 日，教育部颁发《中等技术学校暂行实施办法》。《办法》规定，中等技术学校要根据《共同纲领》关于文化教育政策的规定，以理论与实际一致的教育方法，培养具有必要的文化、科学的基本知识、掌握一定的现代技术、身体健康、全心全意为人民服务的初级和中级技术人才。

12 月 25 日，高等教育部在北京举行成立大会。教育部部长马叙伦在讲话中指出，高等教育部成立以后，将担负起专门培养国家高级和中级建设干部的任务，根据国家建设首先是工业建设的需要，源源不断地供应足够数量的、合乎规格的技术人才。

1953 年

4 月，中共中央组织部发出《关于政府干部任免手续的通知》。

7 月 21 日，政务院发布《关于中等专业学校毕业生分配工作的指示》。《指示》规定，中央各业务部门领导的中等专业学校的毕业生，原则上由中央各业务部门负责自行分配工作；属地方人民政府管理的中等专业学校的毕业生，原则上归地方人民政府有关业务部门分配工作。

9 月至 10 月，中共中央在北京举行第二次全国组织工作会议。会议确定党的组织工作任务是：动员全党从组织上保证过渡时期总路线的贯彻执行，保证国家第一个五年计划的顺利实现；不断巩固和扩大党的组织，提高党员的思想政治水平，提高党的战斗力。

11 月，高等教育部颁发《高等学校教师进修暂行办法》，目的在于有计划地提高现有教师的水平，逐步解决有些学校某些课程不能开设的困难。

11 月 24 日，中共中央发布《关于统一调配干部、团结、改造原有技术人员及大量培养、训练干部的决定》。《决定》强调，认真贯彻党对待技术人员的政策，进一步做好团结、改造原有技术人员的工作及大量培养、训练新的技术工人和新的技术专家。

1954 年

5 月 24 日，中共中央转发教育部党组《关于解决高小和初中毕业生学习与从事生产劳动问题的请示报告》。29 日，《人民日报》发表中央宣传部《关于高小和初中毕业生从事劳动生产的宣传提纲》。此后，许多城镇高小、初中毕业生响应党的号召上山下乡，参加农业生产劳动，形成知识分子青年上山下乡第一高潮。

12 月 14 日，中共中央发出《关于培养少数民族干部问题的指示》，要求各地党委积极而稳步地在少数民族干部和人民群众中发展党员，培养各少数民族的干部。

1955 年

8 月 5 日，国务院全体会议第十七次会议通过《中国科学院研究生暂行条例》，这是新中国第一部有关培养高级科学人员的条例。

12 月，中共中央发出《关于少数民族干部培养问题的指示》。

1956 年

1 月 14 日至 20 日，中共中央在北京召开关于知识分子问题的会议。周恩来作了《关于知识分子问题的报告》。周恩来在报告中一方面对我国知识分子状况，作出了正确估计和判断，代表党中央郑重宣布，我国知识分子"已经是工人阶级的一部分"。这是对我们党关于知识分子观点的重大发展。

2 月 24 日，中共中央政治局会议通过《中共中央关于知识分子问题的指示》。《指示》明确提出，知识分子的基本队伍已经成了劳动人民的一部分，并肯定党关于团结、教育和改造知识分子的政策已经在事实上被证明是正确的。

6 月，根据中央和国务院的指示，我国制定了《高等学校教师学衔条例》和《科学研究工作者学衔条例》等十一个条例草案，明确学衔是根据"学术水平、工作能力和工作成就所授予的学术职务称号"。

8 月 11 日，国务院发布《关于高等学校和中等专业学校毕业生分配工作以后临时工资待遇的规定》。文件规定，高等学校和中等专业学校毕业生分配工作以后，实行临时性工资。

8 月 31 日，中共中央招聘工作委员会公布《关于从知识分子中招聘工作人员的审定考核和录用的办法》。

9 月，刘少奇在中国共产党第八次全国代表大会所作的政治报告中指出："各少数民族要发展成为现代民族，除进行社会改革以外，根本的关键是要在他们的地区发展现代工业。"凡是在少数民族地区的工业，"都必须注意帮助少数民族形成自己的工人阶级，培养自己的科学技术干部和企业管理干部"。乌兰夫也强调，除了继续培养少数民族干部之外，还应注意培养少数民族的科学、技术、教育、文艺方面的专业人才。

11月8日，国务院发出《关于转发高等教育部、国务院人事局〈关于解决高等院校毕业生分配工作后调整工作问题的报告〉的通知》。《报告》规定，高等院校毕业生分配工作以后的调整工作，由国务院人事局负责办理。

1957 年

3月12日，毛泽东在中共全国宣传工作会议上讲话指出：没有知识分子，我们的事情就不能做好，所以我们要好好地团结他们。知识分子也是劳动者。

6月18日，国务院秘书厅发出《关于企业领导人员、工程技术人员和职员的奖金按照国务院常务会议的决定执行的通知》。

7月20日，中共中央发出《关于知识分子工作中三项组织措施的指示》。《指示》要求，各地要下最大决心，从党的系统、政府系统和工矿企业中抽调一批得力干部，去担任高等学校、中等学校、报纸、刊物、出版社、广播、文化、卫生等单位的领导工作。党委的宣传文教部门，要配备一批有文化知识、经过政治斗争考验、能够团结知识分子的干部。

1958 年

2月5日至11日，第二次全国民族学院院长会议在北京召开。会议认为民族学院相当长的阶段以培养政治干部为主，同时培养专业人才。

4月4日，中共中央发布《关于高等学校和中等技术学校下放问题的意见》。《意见》提出，除少数综合大学、某些专业学院和某些中等技术学校外，其他高等学校和中等技术学校都可以下放归各省、市、自治区领导。

1959 年

4月，周恩来在全国人民代表大会所作的政府工作报告中提出："在各级全日制的正规学校中，应当把提高教学质量作为一个经常的基本任务，而且应当首先集中较大力量办好一批重点学校，以便为国家培养更高质量的专门人才，迅速促进我国科学文化水平的提高。"

6月2日，中共中央批准国家计划委员会《关于高等学校毕业生分配办法的报告》。中共中央批准从1959年起试行《关于高等学校毕业生分配暂行办法（草案）》。

11月，中央民族学院成立艺术系，内设美术专业。这是中华人民共和国成立后首次建立的专门培养少数民族高级美术专业人才的教学基地，是当代少数民族美术发展史上的一个里程碑。

1960 年

2 月 16 日，国务院颁发《关于高等学校教师职务名称及其确定与提升办法的暂行规定》，明确高等学校教师职务名称定为：教授、副教授、讲师、助教四级。

9 月 15 日，中共中央批准试行《教育部直属高等学校暂行工作条例（草案）》。《条例（草案）》规定，高等学校的基本任务是贯彻执行教育为无产阶级的政治服务，教育与生产劳动相结合的方针，培养为社会主义建设所需要的各种专门人才。

1961 年

6 月 29 日，中共中央同意国家计划委员会党组《关于一九六一年高等学校毕业生分配计划的报告》。《报告》提出，绝大多数的农科毕业生和大多数的医科毕业生，应该分配到县、社、农场和垦区。

7 月 11 日，西北地区第一次民族工作会议在兰州召开，在少数民族干部的使用和培养方面，会议指出："必须大力加强对少数民族干部的培养教育工作。""在培养提高政治干部的同时，注意培养为发展农、牧业生产所迫切需要的技术干部以及医药卫生干部。"

11 月，中共中央同意国家科委主任聂荣臻提出的《关于建立学位、学衔、工程技术称号等制度的建议》。

1962 年

2 月 16 日至 3 月 8 日，国家科委在广州召开了科学工作会议。周恩来在会上作了《论知识分子问题》的报告。他着重指出，要正确对待知识分子，信任他们，帮助他们，改善关系，要解决问题，一定要承认过去的错误，承认了错误还要改正。会议着重肯定了绝大多数知识分子是属于劳动人民的知识分子。

4 月 27 日，中共中央批转周恩来《关于改进高等学校毕业生分配办法的意见的报告》，决定成立以习仲勋为首的高等学校毕业生分配委员会。

9 月 20 日，劳动部发出《关于高等学校、中等学校、技工学校转正定级等问题的通知》。

1963 年

2 月 25 日至 3 月 15 日，全国各省、自治区、直辖市民政厅长和人事局长会议在北京召开。会议着重讨论研究了国家机关工作人员升级问题，高等学校毕业生管理问题和干部调整问题。会议期间，中共中央组织部副部长李楚离作了《做好人事部门的工作，为完成党的干部工作任务而奋斗》的报告。内务部部长曾山在会议总结中强调，要做好这次国家机关工作人员提升工资级别工作，要贯彻党的知识分子政策，做好对高等学校毕业的干部和外交干部的管理工作。

3月14日，教育部发布《关于改进中等专业学校招生工作和毕业生分配工作的意见》。

5月11日，中华人民共和国体育运动委员会决定在全国范围内实行教练员等级制度，教练员分国家级、一级、二级、三级和助理教练员五级。

8月30日，教育部、内务部、国家计委发出《关于印发高等学校毕业生调配、派遣暂行办法的通知》。

10月8日，国务院批转内务部《关于再精简工作中退职处理的高等学校毕业的干部清理收回的报告》。《报告》建议，凡不够退职条件而由组织动员作退职处理的、因没有分配适当工作而本人申请退职、虽犯错误但不够开除公职或作退职处理的都应当予以收回。

1964 年

3月3日，中共中央组织部安子文部长在中央局组织部长座谈会上作《关于培养提拔新生力量》的讲话。他指出，现在要大量地培养提拔新生力量，还要注意提拔妇女干部和少数民族干部。

3月22日，中共中央发出《对中央组织部〈关于科学技术干部管理工作条例试行草案的报告〉和〈条例试行草案〉的批示》。《批示》指出，对科学技术干部的管理，应当同整个干部管理工作一样，实行在中央和各级党委统一领导下，在中央和各级党委组织部的统一管理下的分部分级管理干部的制度。

7月1日，中共中央、国务院批转国家计委、高教部、内务部党组《关于一九六四年高等学校毕业生分配问题的报告》。《报告》要求对刚毕业的学生，应当首先安排到基层参加劳动实习，有计划地组织他们参加社会主义教育和"四清"运动。

7月7日，中共中央批转内务部《关于对改行的闲散在社会上的外语人员进行调整、录用的工作报告》。

10月12日，国务院批转高等教育部《关于中等专业学校招生和毕业生分配统筹规划问题的报告》，明确中专毕业生的余缺调剂工作由内务部主管，国家计划委员会和高等教育部予以协助。

1965 年

3月19日，国务院批转内务部《关于加强外语干部管理工作意见的报告》。

6月14日，中共中央转发高等教育部党委《关于分配一批高等文科毕业生到县以下基层单位工作的请示报告》。《报告》提出，根据刘少奇关于分配一批高等学校毕业生到基层工作的指示，一九六五、一九六六两年共安排一万多名高校毕业生到县以下基层工作。

6月22日，国务院批转内务部《关于中等专业学校毕业生分配、调遣试行办法》和《关于一九六五年全国中等专业学校毕业生统一调剂方案的报告》。上述两个文件对中专毕业生分配、调配、派遣、接收和使用作了具体规定。

7月1日，内务部印发《关于在精简工作中作退职处理的高等学校毕业生的干部清理收回工作情况及其今后意见》。

1966 年

3月21日至4月8日，内务部在北京召开全国人事局长会议。会上，大庆油田副指挥王炳诚作了《关于大庆油田培养使用技术干部的报告》。会议主要就关于年老体衰、长期患病干部的安置，高等学校毕业的干部培养使用和管理教育，以及中专毕业生的调剂和军队转业干部工作进行了深入的讨论研究。

7月24日，中共中央、国务院发出《关于改革高等学校招生工作的通知》。《通知》提出：从一九六六年起，高等学校招生工作下放到省、自治区、直辖市办理。高等学校招生取消考试，采取推荐与选拔相结合的办法。

1967 年

6月4日，中共中央发出《关于大专应届毕业生分配问题的决定》。

1968 年

6月15日，中共中央、国务院、中央军委、中央文革小组发出《关于一九六七年大专院校毕业生分配问题的通知》，要求大专院校毕业生分配要坚持面向农村、面向边疆、面向工矿、面向基层、与工农群众相结合的方针。

8月25日，中共中央、国务院、中央军委、中央文革小组发出《关于派工人宣传队进驻学校的通知》，决定向全国大、中专学校、县镇以上学校进驻工宣队。

1969 年

1月29日，中共中央、中央文革小组批转清华大学工人、解放军宣传队《关于坚决贯彻执行对知识分子"再教育"、"给出路"政策的报告》。该报告成为中共中央向全国推广的经验之一。

1970 年

6 月 27 日，中共中央批准《北京大学、清华大学关于招生（试点）的请示报告》。文件规定，高等学校招生废除考试制度，实行群众推荐、领导批准和学校复核相结合的办法。从此高等学校开始招生复课。

1972 年

7 月 2 日，周恩来在会见美籍华人学者杨振宁时，赞赏他关于加强我国基础理论研究工作和培养研究人才的看法和建议，并要求陪同会见的北京大学教授周培源要"提倡一下理论"，"把北大理科办好、基础理论水平提高"。

1973 年

2 月 28 日，国务院批转国家计委等部门《关于历届高等院校遗留毕业生处理问题的请示报告》。

10 月 3 日，国务院批转国家计委、国务院科教组《关于中等专业学校、技工学校办学几个问题的通知》。

1974 年

4 月 26 日，国务院批转国务院科教组《关于内地支援西藏大学、中学、专科师资问题的请示报告》。

1975 年

9 月 26 日，邓小平听取胡耀邦关于中国科学院工作的《汇报提纲》（即《关于科技工作的几个问题》）后，肯定了《汇报提纲》所提出的加强自然科学研究的意见。邓小平说，科研要走在国民经济前面，要发挥老科学家的作用。

1976 年

6 月 22 日，国务院转发国家计委、教育部《关于一九七六年高等院校毕业生分配问题的请示报告》，指出毕业生一般返回原单位、原地区工作，特殊需要的由国家统一分配。

1977 年

8 月 17 日，国家劳动总局、教育部发出《关于普通高等学校工农兵毕业生分配工作后工资待遇问题的通知》。《通知》规定，普通高等学校工农兵毕业生分配到国家机关和企业、事业单位，不论做技术工作还是行政工作，不论当工人还是干部，分配工作后一般不实行见习期。

9月，中共中央发出《关于召开全国科学大会的通知》，《通知》指出："应该恢复技术职称，建立考核制度，实行技术岗位责任制。"

10月，中央政治局宣布当年立即恢复高考，国务院转批了《关于1977年高等学校招生工作意见》和《关于高等院校招收研究生的意见》，并于1977年底和1978年开始正式招生。

11月3日，教育部、中国科学院发出《关于1977年招收研究生的通知》。

12月5日，国务院批转教育部《关于社来社去毕业生分配问题的请示报告》，提出高等学校社来社去学生的分配，仍然坚持社来社去的原则。

1978 年

3月7日，国务院批转教育部《关于高等学校恢复和提升教师职务问题的请示报告》。至1981年，高等院校中原有的教授、副教授、讲师和助教都恢复了职称。

3月18日至31日，全国科学大会在北京召开。邓小平提出了"科学技术是生产力"、"知识分子是工人阶级自己的一部分"的著名论断。

8月8日，邓小平主持召开了科学教育座谈会，发表《关于科学和教育工作的几点意见》的讲话。

11月3日，中共中央组织部发布《关于落实知识分子政策的几点意见》，对各地区各部门提出了有关落实知识分子政策的具体要求。

12月25日，国务院批转国家科委、外交部《关于加强引进人才工作的请示报告》，指出为加强四化建设，发展科学技术，要大量从国外引进人才。

1979 年

2月23日，卫生部颁布《卫生技术人员职称及晋升条例（试行）》，《条例（试行）》提出，要加速建设又红又专的卫生技术队伍。

3月，教育部、国务院科技干部局发出《关于印发〈高等学校实验技术人员技术职称试行办法〉的通知》。《办法》规定，高等学校实验技术人员的技术职称定为：高级工程师（相当于副教授、教授），工程师（相当于讲师），助理工程师（相当于助教），技术员；技师（有的相当于助理工程师，有的相当于工程师，根据其水平分别加以确定）。

6月28日，国务院科技干部局发出《关于授予从事科学技术管理工作的科技干部的技术职称的意见》。

7月29日，邓小平在海军党委常委扩大会议上作了《思想路线政治路线的实现要靠组织路线来保证》的讲话。邓小平指出，解决组织路线问题就是要解决年轻人的接班问题，还要解决机关臃肿和退休制度的问题。

9月3日，国务院科技干部局发出《关于建立〈科学技术干部业务考绩档案〉的统一样式的通知》。

9月22日，中共中央组织部召开全国组织工作座谈会。会议讨论研究了《关于加强领导班子建设的几点意见》、《关于干部教育工作的通知》、《关于干部制度改革的意见》等重要文件。

11月2日，邓小平在中央党政军机关副部长以上干部会议上作了《高级干部要带头发扬党的优良传统》的报告。报告提出，要改革现行的干部工作制度，建立有利于提拔年轻干部的制度，建立退休制度。

11月10日，国务院批转国家科委、国家经委、国务院科技干部局《关于颁发工程技术干部技术职称暂行规定的请示报告》。

11月21日至12月5日，民政部在北京召开全国人事局长会议。会议讨论了《干部奖惩条例》、《干部任免条例》、《外语干部职称和晋升办法》、《干部调配工作暂行规定》、《关于闲散社会上的科学技术人员安排使用意见》、《关于各级人事机构和人员编制的意见》等文件草案。

12月7日，国务院科技干部局发出《关于做好科技干部技术职称的评定工作的通知》。《通知》指出，对在职的科技干部评定技术职称，必须严格按照晋升条件进行考核，评定技术职称主要以工作成就、技术水平、业务能力为依据，适当考虑学历和从事技术工作的资历。

1980 年

2月1日，民政部发出《关于解决各省、市、自治区干部夫妻两地分居问题的通知》。《通知》要求，各地在解决夫妻两地分居问题时，对工程师、讲师、主治医师、农艺师、助理研究员以上的专业、技术骨干的夫妻两地分居问题应优先照顾解决。

2月12日，第五届全国人大常委会第十三次会议审议通过了《中华人民共和国学位条例》。《条例》的实施促进了我国科学专门人才的成长，促进了各门学科学术水平的提高和教育、科学事业的发展。

3月6日，国家人事局印发《关于贯彻执行国务院颁发的7种业务技术职称暂行规定若干问题的说明的通知》。

4月2日，中共中央组织部、中共中央统战部发出《关于印发〈关于科技骨干外流情况的报告〉的通知》。

5月5日，民政部发布《干部调配工作暂行规定》。《规定》指出，干部调配应根据社会主义现代化建设和当前国民经济调整的需要，保证重点，充实基层，加强科研、生产第一线。要切实贯彻执行任人唯贤的干部路线，做到知人善任，用其所长，调配得当。

5月15日，国务院科技干部局发出《关于报送自然科学技术优秀拔尖人才名单的通知》。

7月14日，国务院发出《关于成立国家人事局的通知》。《通知》指出，为进一步加强人事工作，使人事工作更好地为"四化"建设服务，决定成立国家人事局。

8月18日，邓小平在中央政治局扩大会议上发表《党和国家领导制度的改革》的讲话，分析了党和国家领导制度、干部制度方面存在的主要弊端。

9月29日，第五届全国人大常委会第十六次会议通过了《国务院关于老干部离职休养的暂行规定》。这是改革和完善我国干部制度的一项重要举措，也是社会主义制度优越性的体现。

10月，中共中央、国务院批准教育部和国家民委提出的《关于加强民族教育工作的意见》。《意见》明确提出，发展少数民族的中等专业教育和高等教育，培养少数民族四化建设人才，特别是各类科学技术人才。

11月15日，中共中央宣传部、中共中央统战部、中共中央组织部、国家科委转发中科院上海分院《关于科学家兼职等情况的调查（摘要）》和国务院科技干部局、国家人事局《关于解决科学家兼职过多问题的几点意见的通知》。

12月23日，国务院科学技术干部局发出《关于加强争取科技专家回国长期工作的请示报告》。

1981 年

1月14日，国务院批转教育部等七单位《关于自费出国留学的请示》和《关于自费出国留学的暂行规定》。明确提出自费出国留学是培养人才的一条渠道，并对自费出国留学人员的条件、审批费用、待遇、政治思想工作和管理教育工作等作出了具体规定。

1月17日，国家人事局发出《关于继续做好用非所学专业技术人员调整归队工作的通知》。

1月30日，国务院批转文化部、国家档案局、国家人事局拟定的《图书、档案、资料专业干部业务职称暂行规定》。《规定》提出，要更好地培养和合理使用图书、档案、资料专业干部，做好考核晋升工作，充分发挥他们的积极性和创造性，鼓励他们努力钻研业务，提高图书、档案、资料工作的科学管理水平，更好地为四个现代化建设服务。

3月25日，国务院科技干部局发出《关于在"以工代干"科技人员中评定技术职称问题的通知》，规定"以工代干"的科技人员应同其他科技人员一样评定职称。

3月27日，国家人事局发出《关于统一管理社会科学专业干部业务技术职称评定工作的通知》。

4月23日，中共中央办公厅、国务院办公厅转发《科学技术干部管理工作试行条例》。

5月13日，国家人事局、司法部发出《关于对法学专业人员进行普查和调整归队工作的通知》。

5月20日，国务院颁布《中华人民共和国学位条例暂行实施办法》。

7月16日，国务院发出《国务院批转教育部等6个部门〈关于出国留学人员管理工作会议情况的报告〉的通知》，同时转发《出国留学人员管理教育工作条例》。

7月29日，国家人事局、国家劳动总局、财政部、教育部、国务院科学技术干部局发出《关于出国留学生回国以后的工资待遇问题的通知》。《通知》规定：从一九八一年七月起，对一九六六年以后国家选送到国外高等学校留学的大学毕业生和毕业研究生，回国后的见习临时工资和定级工资，按国内同等学历毕业生的规定执行。

8月15日，国务院科技干部局发出《工程、农业技术人员职称考核评定业务工作会议纪要》。

10月4日，教育部、国家人事局、国家计委印发《关于高等学校毕业生调配派遣办法》。

1982 年

1月11日至13日，中共中央政治局召开会议，讨论中央机构精简问题。邓小平在会上作题为《精简机构是一场革命》的讲话。讲话指出，干部的进和出，进摆在第一位，选人要选好，要选贤任能。进，最关键的问题是选比较年轻的。

1月17日，国家人事局发出《关于发布〈国家行政机关工作人员升级奖励试行办法〉的通知》。

2月2日，国家人事局发出《关于印发〈中国社会科学院研究人员学术职称暂行规定〉和执行〈文物、博物馆工作科学研究人员定职升职试行办法〉有关问题的通知》。

2月20日，中共中央发布《关于建立老干部退休制度的决定》。《决定》指出，老干部离休退休和退居二线的制度，是保障党和国家政治生活正常进行和健康发展的一项极其重要的制度。

3月9日，国家劳动总局、国家人事局、国务院科技干部局发出《关于评定劳动定额专职干部职称问题的通知》。

3月15日，国务院科技干部局发布《聘请科学技术人员兼职的暂行办法》和《实行科学技术人员交流的暂行办法》。

3月16日，国家人事局、国务院科技干部局发出《关于对部分留学进修人员回国后工作调整问题的处理意见》。

7月4日，邓小平在中央军委座谈会上讲体制改革问题时强调：重要的是选拔人才，要使好的比较年轻的干部早点上来，好接班。这件事要放在我们经常的日程中间。不解决选拔人才的问题，我们交不了班。

7月21日，劳动人事部发出《关于颁发〈回国科技专家、学者管理工作暂行办法〉的通知》。

7月30日，邓小平在中共中央政治局扩大会议上提出：设顾问委员会是废除领导职务终身制的过渡办法，是我们干部领导职务从终身制走向退休制的一种过渡。在这个过渡阶段，必须认真使干部队伍年轻化，为退休制度的建立和领导职务终身制的废除创造条件。陈云在会上作了题为《干部队伍的交接班问题是党的一件大事》的重要讲话。

9月29日，劳动人事部印发《关于吸收录用干部问题的若干规定》，《规定》指出，国家机关、事业、企业单位因工作需要和生产需要，在编制定员内补充干部，应先由人事部门或主管机关在本地区、本部门现有干部和国家统一分配的军队转业干部中调配，或从大中专毕业生中调派解决；解决不了的，可以从工人中吸收和从社会上录用，也可从社会上招聘。

10月3日，中共中央、国务院作出《关于中央党政机关干部教育工作的决定》。《决定》规定，今后中央党政机关的所有干部都要分期分批地参加轮训；要求中央党政机关的干部教育工作经常化、正规化、制度化，力争在三五年内使干部队伍的政治、业务水平得到明显提高，以适应社会主义现代化建设的需要。

11月30日，教育部、劳动人事部、中国科学院、中国社会科学院联合印发《获得硕士、博士学位研究生确定职称暂行办法》。

12月20日，劳动人事部发出《关于建立国家行政机关工作人员岗位责任制的通知》。《通知》指出，实行岗位责任制，是克服官僚主义，改善机关领导，转变机关作风，提高工作效率的一项重要措施。

12月31日，劳动人事部发出《关于印发〈科学技术干部业务职称评定委员会组织办法〉的通知》。

1983 年

2月10日，农牧渔业部、教育部发出《关于1983年全国高中等农业院校招生工作的通知》。《通知》要求，开创农业中专学校办学的新路子，实行多种形式办学，两条腿走路的招生分配方法。

2月15日，中共中央、国务院发出《关于地市州党政机关机构改革若干问题的通知》。《通知》要求，在配备地市州的领导班子时，一定要坚持任人唯贤，坚持走群众路线。坚决大胆地选拔任用德才兼备、年富力强的中青年干部，注意选拔妇女干部和少数民族干部，在政府机关要适当地安排非党人士。

2月22日至3月2日，第二次全国党校工作会议在北京举行。会议研究了党校的改革问题，提出使党校尽快由短期轮训干部为主转向正规化培训干部为主，逐步实现正规化，为培养革命化、年轻化、知识化、专业化的党政干部做出新贡献。

3月28日，劳动人事部发出《关于暂缓高级专家退休问题的通知》。

4月18日，国务院批转劳动人事部、国家民族事务委员会《关于加强边远地区科技队伍建设若干政策问题的报告》。

4月28日，国务院批转教育部、国家计委《关于加速发展高等教育的报告》。《报告》强调必须采取有力措施，促使整个高等教育事业在短期内有一个较大的发展，以解决各条战线和各个地区专门人才紧缺的局面。

5月3日，中共中央印发《中共中央关于实现党校教育正规化的决定》和《关于第二次全国党校工作会议情况的报告》。《决定》提出，争取从"七五"计划期间开始逐步做到：凡是担任省、地两级党政主要领导职务的干部，必须经过中央党校培训；担任县级党政主要领导职务的干部，必须经过省、市、自治区委党校培训；地市县级党委所管主要领导干部也必须经过地市县委党校的培训。

6月19日，卫生部、国家民委、教育部发布《关于全国高等医学院校培养少数民族高级医学人才的意见》。

7月9日至15日，教育部、国家计委、劳动人事部在北京联合召开全国专门人才规划工作会议。会议指出，人才规划是一项战略规划，是我国经济建设战略部署的一个组成部分。会议明确规定了制订专门人才培养规划的任务，要求各有关部门调查分析专门人才教育的现状，制订培养人才的规划。会议决定成立由教育部、国家计委牵头、各有关部委参加的专门人才规划协调小组，负责统一协调专门人才规划的具体目标、要求、标准的制订和综合平衡等项工作。

7月13日，国务院发出《关于科技人员合理流动的若干规定的通知》。

8月4日，劳动人事部发出《关于进行全国专门人才现状调查和需求预测的通知》。

8月20日，中共中央组织部发出《关于选调应届优秀大学毕业生到基层培养锻炼的通知》。

8月24日，中共中央、国务院发布《中共中央、国务院关于引进国外智力以利四化建设的决定》。

9月1日，中共中央办公厅、国务院办公厅印发《关于整顿职称评定工作的通知》。《通知》决定，把全国评定职称工作暂停下来，重新审定和调整原有的职称系列。

9 月 1 日，中共中央组织部发出《关于从中央、国家机关中选派部分年轻干部到基层或地方锻炼的通知》。

9 月 8 日，中共中央组织部发出《关于任免国家机关和其他行政领导职务必须按照法律程序和有关规定办理的通知》。

9 月 12 日，国务院发布《国务院关于高级专家离休、退休若干问题的暂行规定》。

9 月 12 日，国务院发出《关于延长部分骨干教师、医生、科技人员退休年龄的通知》。

9 月 13 日，劳动人事部、教育部等部门印发《毕业留学生分配暂行办法》。《办法》规定，留学生的分配计划由劳动人事部商同教育部及有关省、市、自治区统一制订。

10 月 5 日，中共中央组织部印发《关于领导班子"四化"建设的八年规划》、《关于改革干部管理体制若干问题的规定》、《关于建立省部级后备干部制度的意见》等三个修订稿。关于领导班子"四化"建设的指导思想是，必须适应社会主义现代化建设的要求，切实搞好新老干部的合作与交替，选拔一大批确属德才兼备、文化程度较高、真正懂行、有闯劲、能开创新局面的优秀中青年干部担任领导工作，使领导班子形成梯形年龄结构和合理的知识结构、专业结构，真正成为领导社会主义现代化建设事业的坚强核心。

1984 年

1 月 1 日，中共中央印发《关于一九八四年农村工作的通知》，此即为第三个"一号文件"。《通知》要求，要加强对农村工作的领导，提高干部的素质，培养农村建设人才。《通知》提出，要开始在全国有计划地普训人才。要政治政策教育、科学技术教育、经营管理教育并进，争取在三五年内把基层主要干部轮训一遍，把基层的各类技术人员轮训一遍，要注意发现、大胆提拔优秀人才充实基层领导。

1 月 27 日，中共中央组织部、中共中央宣传部、劳动人事部、财政部印发《优先提高有突出贡献的中青年科学、技术、管理专家生活待遇的通知》。

4 月 26 日，中共中央发出《关于任免国家机关领导人员必须严格依照法律程序办理的通知》。《通知》重申，任免国家机关领导人员必须严格按照宪法和法律规定的程序办理。

4 月 30 日，中共中央、国务院发出《关于改变中央和国家机关直接从应届大专毕业生中招收干部的办法的通知》，决定从 1985 年开始，中央和国家机关原则上不再直接从应届大专院校毕业生中吸收干部。

5月21日，邓小平在人民大会堂会见李政道先生时，高度肯定了其关于在中国设立博士后流动站、实行博士后制度的建议。邓小平指出："成百上千的流动站成为制度，是培养使用科技人才的制度。培养和使用相结合，在使用中培养，培养和使用中发现更高级的人才。"此前，李政道先生曾两次致信邓小平，建议在我国科研和教育体制改革的背景下，实行博士后制度。

6月11日，国务院、中央军委批转国务院科技领导小组办公室等部门《关于稳定和加强国防科技工业三线艰苦地区科技队伍若干政策问题的报告》。

7月20日，《人民日报》报道：中央书记处决定，改革干部管理体制，适当下放干部管理权限，采取分级管理、层层负责的办法，缩小中央管理干部的范围。中央原则上只管下一级的主要领导干部。

7月17日至21日，国务院召开全国科技干部管理改革座谈会，着重研究科技人才的流动问题，提出了对科技人员实行聘任制的办法。会后在北京成立了全国科学技术与人才开发交流中心。

9月12日，中共中央批转中央组织部《关于各省、自治区、直辖市调整县级领导班子的情况报告》。

11月12日至14日，西安交通大学、清华大学等11所工科院校在培养工程类型硕士生研讨会上提出了《关于培养工程类型硕士研究生的建议》。

12月29日，中共中央批转中央组织部、中央宣传部《关于加强干部培训工作的报告》。报告指出，大规模地、正规化地培训在职干部，提高干部队伍的政治、业务素质和经营管理水平，是实现干部队伍"四化"的根本途径之一。

1985 年

3月13日，中共中央发布《关于科学技术体制改革的决定》。《决定》指出，要改变对科技人员限制过多、人才不能合理流动、智力劳动得不到尊重的局面，创造人才辈出、人尽其才的良好环境。

4月9日至13日，中共中央组织部在北京召开部分省市、部委第三梯队建设工作座谈会。会议指出，第三梯队的建设，要进一步做好两方面的工作：一是继续抓好第三梯队成员的选拔、充实和培养、提高；二是发扬勇于改革的精神，逐步建立和健全有助于大批年轻优秀干部源源不断地涌现，并及时得到选拔、培养和使用的制度，以创造一种适宜于大批优秀人才脱颖而出的环境。

7月9日，中共中央办公厅、国务院办公厅发出《关于党政机关干部不兼任任何经济实体职务的补充通知》。

7月11日，国务院批转国家计委、国家教委《关于一九八五年全国高等学校毕业生分配问题的报告》，决定改进毕业生分配办法，即采取由学校与用人单位"供需见面"的办法初步落实分配方案。

7月12日，国家教委、国家计委、劳动人事部发出《关于进行地区人才需求预测和制定十五教育发展规划工作的安排意见》。

7月，国务院向各地区、部委和直属机构下发了《国务院批转国家科委、教育部、中国科学院关于试办博士后科研流动站报告的通知》，这标志着我国博士后制度开始正式实施。

12月21日，中共中央办公厅、国务院办公厅发布《关于成立中央职称改革工作领导小组的通知》，决定这个小组在中共中央的直接领导下，指导全国进行专业技术人员的专业技术职务聘任工作。

12月31日，国务院工资制度改革小组、国家教委、劳动人事部颁发《对已取得博士、硕士学位的研究毕业生尚未明确职务前如何发给工资的通知》。《通知》规定：取得博士、硕士学位的研究毕业生，不实行见习期。

1986 年

1月16日，劳动人事部印发《关于分配到企业单位工作的已取得博士、硕士学位的研究生、毕业生如何发给工资问题的通知》。

1月28日，中共中央发出《关于严格按照党的原则选拔任用干部的通知》。《通知》要求领导干部在用人方面模范地遵守党的原则，维护组织人事工作纪律；选拔任用干部必须严格按照规定的程序办事；选拔任用领导干部必须充分走群众路线；决定提拔干部前，必须按拟任职务所要求的德才条件进行严格考核；选拔干部必须由党委集体讨论决定，不准个人说了算。

2月，博士后流动站管理协调委员会第三次会议通过了《博士后研究人员管理工作暂行规定》。《规定》对博士后研究人员的招收、培养和使用以及经费、工资福利待遇、住房、工作分配等一系列问题作出了原则规定。

2月18日，国务院发布《关于高级专家退休问题的补充规定》。

2月18日，国务院发布《关于实行专业技术职务聘任制度的规定》，《规定》鼓励科技人员停薪留职、业余兼职和合理流动。

2月28日，国务院发布《关于实行专业技术职务聘任制度的规定》，《规定》明确了专业技术职务聘任制度的基本内容、专业技术职务设置的审批手续，并对已聘人员及待聘人员的安排、待遇等作了具体规定。

5月30日，农牧渔业部发出《关于改革和加强农民职业技术教育和培训工作的通知》。《通知》指出，开发农村智力，提高广大基层干部和农民的科学技术与经营管理素质，造就一代新型农民，是靠科学振兴我国农业，加速农村物质文明和精神文明建设的一项战略措施。

7月9日，国务院发出《关于促进科技人员合理流动的通知》。《通知》规定，在优先保证国家需要的前提下，鼓励科技人员深入工农业生产第一线，鼓励企事业单位通过实行横向联合与技术经济协作，促进人才合理流动。

10月，国务院常务会议通过《国家高技术研究发展计划纲要》，即"863计划"。该计划在发展我国高技术研究，培养高科技人才方面发挥了重要的作用。

11月28日，中央办公厅转发中共中央组织部《关于领导班子年轻化几个问题的通知》。《通知》指出，领导班子年轻化应以革命化为前提，符合知识化、专业化的要求；领导班子年轻化建设，要在年龄结构上保持干部新老交替的正常格局。

12月13日，国务院批转国家教育委员会《关于出国留学人员工作的若干暂行规定》。文件指出出国留学工作方针是，按需派遣，保证质量。并对出国留学工作的组织管理、公派留学人员的选派、自费出国留学等作了规定。

1987年

1月20日，国务院颁发《关于进一步推进科技体制改革的若干规定》。《规定》要求国务院各部门都要实行政研职责分开，简政放权，把科研机构下放到企业，扩大科研机构横向联合，并鼓励科技人员以调离、停薪留职、辞职等方式到城镇和农村承包、承租企业。

3月12日，中共中央组织部、劳动人事部发出《关于颁发执行〈关于补充乡镇干部实行选任制和聘用制的暂行规定〉的通知》，《通知》指出乡镇干部实行选任制和聘用制，是改革干部任用制度的一项内容，补充乡镇一般干部，在行政编制定员内，实行聘用制。

5月11日，劳动人事部发布《全民所有制单位技术工人合理流动暂行规定》。

5月16日至20日，中共中央组织部和劳动人事部在北京召开全国控制编制调整干部结构工作会议。会议指出：随着经济体制改革和政府管理职能的转变，为适应改革、开放新形势的要求，干部的部门、层次分布必然要进行相应的调整。

6月1日，中央职称改革工作领导小组发布《关于实行专业技术职务聘任制工作中若干问题的原则意见》。《意见》对行政领导兼任专业技术职务、离退休专业技术人员任职资格评审、支援城镇和农村的职务聘任等问题作了规定和说明。

6月23日，国务院批转了国家教委《关于改革和发展成人教育的决定》。《决定》把继续教育作为成人教育的五大任务之一，并首次将继续教育正式列入国家教育的文件。

7月22日，国家教委、劳动人事部发出《高等学校毕业生见习暂行办法》。

8月18日，中央职称改革工作领导小组转发全国博士后科研流动站管理协调委员会《关于博士后研究人员专业技术职务评审和任职的原则意见》，明确申请评定专业技术职务任职资格的博士后，由建立博士后流动站的单位评定任职资格，流动期满后，由接受单位参照其任职资格聘任正式职务。

10月31日，劳动人事部发布经国务院批准的《国家行政机关工作人员职级奖惩暂行处理办法》。该办法对升级奖励、升职奖励、降级处分、撤职处分、开除留用察看处分的具体标准和做法分别作了明确规定。

1988 年

3月23日，中共中央组织部、劳动人事部发出《关于政法、税务、工商行政部门和银行、保险系统招收干部实行统一考试的通知》。《通知》指出，招收干部应坚持面向社会，公开报名，统一考试，德智体全面考核，择优录用或聘用的原则。

3月26日，中央职称改革工作领导小组颁发《中央国家机关实行专业技术职务任命制度的规定》。《规定》对专业技术职务任命的原则、对象，专业技术职务名称、档次的选定、结构比例及数额、岗位职责、任职条件、考核办法以及实施程序、工资计发时间等，作了明确具体的规定。

5月，全国第一次博士后工作会议在北京召开。会议广泛交流并充分肯定了前一阶段博士后工作的经验和取得的成绩；对存在的博士后职称、住房、日常经费的使用以及博士后研究人员的科研工作考核等问题进行了讨论。

5月3日，国务院颁发《关于深化科技体制改革若干问题的决定》。《决定》提出，要充分发挥科技人员的作用，促进人才合理流动，重视科技人才和各类专业技术人才的培养和选拔等。

8月3日，人事部发出《关于建立人事部与专家联系制度的通知》。《通知》指出，为了充分听取专家意见和建议，及时向领导反映专家的意见，人事部决定建立"专家联系制度"。联系的主要对象是：二级以上教授、研究员及相当职务的专家、学者；有突出贡献的中青年科学、技术、管理专家；各学科权威人士；来华定居专家；博士后研究人员；从工人、农民和其他劳动者中选拔的拔尖人才。

8月25日，中共中央组织部、人事部发出《关于认真执行干部退离休制度有关问题的通知》。《通知》要求达到规定退休年龄的干部，都应及时办理退休手续。

8月29日，人事部发出《关于增拨解决部分中年专业技术人员工资问题增加工资控制指标的通知》。

9月8日，国务院发出《关于提高部分专业技术人员工资的通知》，决定从一九八八年第四季度起，适当提高教育、科研、卫生三个部门副教授、副研究员、副主任医师以及相当职务人员的起点工资标准；提高中小学班主任津贴标准，建立中小学教师超课时酬金制度；对一九五七年以来从未升过级的，现仍在职工作的原四级以上老专家和原行政十级以上干部，可以晋升一级工资；将国家机关、事业单位护士的工资标准提高10%。

10月5日，人事部发出《关于对承担国家重点科技攻关计划项目的专业技术人员试行岗位补贴的通知》和《关于填报国家机关、事业单位在职工作的原四级以上老专家和原行政十级以上老干部工资情况的通知》。

11月4日，国务院发出《关于干部管理有关问题的通知》。《通知》指出，根据中央决定，原由中央管理的部分干部移交国务院管理。

12月1日，中共中央组织部、人事部发出《关于加强流动人员档案管理工作的通知》。《通知》指出，流动人员人事档案统一由党委组织部门、政府人事部门及所属的人才流动服务中心等机构负责。

1989 年

1月5日，中共中央组织部、人事部发出《关于国家行政机关补充工作人员实行考试办法的通知》。《通知》强调，从1989年起，国家行政机关补充工作人员，要贯彻公开、平等、竞争的原则，通过考试、考核、择优录用。

2月25日，中共中央组织部、人事部发出《关于实行中央国家机关司处级领导干部年度工作考核制度的通知》。

3月10日，人事部发出《关于博士后研究人员工资问题的通知》，《通知》规定凡国家安排提高专业技术人员工资，博士后研究人员均可比照同类人员，享受同样的待遇。

3月20日，人事部向被确定为推行公务员制度试点单位的审计署、海关总署（含系统）、国家税务局、国家环保局、国家统计局、国家建材局发出《关于印发〈中央国家行政机关国家公务员制度试点总体方案〉的通知》。

3月23日，人事部、国家教委发出《关于争取优秀留学博士回国做博士后的通知》。《通知》规定，优秀留学博士申请进博士后流动站可不受名额限制；自然科学博士留学生可选择具备研究条件的单位，享受博士后研究人员待遇。

8月20日，农业部、林业部、国家科委、国家教委、中国农业银行颁布《关于农科教结合，共同促进农村、林区人才开发与技术进步的意见（试行）》。

9月29日，江泽民在庆祝建国40周年大会上发表重要讲话，指出要大力发展教育和科学，要继续贯彻"尊重人才"的方针，努力为知识分子创造和提供良好的工作条件和生活条件，要关心青年知识分子的成长。

1990 年

1月14日，中共中央、国务院发布《关于组织党政机关干部下基层的通知》。

《通知》要求各级党政机关的干部，必须动员起来，分期分批组成各种形式的工作小组和调研小组，到基层去，到工厂去，到农村去，到学校去，到街道去，了解民情，广交朋友，多做实事。

3月20日，第七届全国人民代表大会第三次会议在北京开幕。李鹏总理在政府工作报告中特别强调，无论是发展科学技术和教育事业，还是在整个社会主义现代化建设中，都必须充分发挥知识分子的重要作用。

5月3日，纪念"五四"报告会在北京举行。江泽民作了《爱国主义和我国知识分子使命》的重要讲话，阐述了新时期爱国主义的特征和知识分子在社会主义现代化建设中的使命。

5月，农业部在北京召开全国农业成人教育工作会议，会议印发了《关于开展农民资格证书制度试点工作的意见（征求意见稿)》，《意见》决定将农民技术教育推向规范化、制度化。

7月7日，中共中央作出《关于实行党和国家机关领导干部交流制度的决定》，这是对中国干部制度的一项重要改革。

8月14日，中共中央发布《关于进一步加强和改进知识分子工作的通知》。《通知》强调，全党必须高度重视知识分子工作，把它放到重要日程上来；坚持党对知识分子队伍的基本估计和基本政策，是做好知识分子工作的立足点；深刻理解"知识分子是工人阶级的一部分"，正确把握党的知识分子政策；加强和改进知识分子工作的目的，在于充分发挥广大知识分子在现代化建设和改革开放中的重要作用。

12月29日，财政部印发《关于在职会计人员培训工作的意见》。《意见》指出，提高会计人员的政治业务素质，是财政、财务部门管理会计工作的一项重要内容，各级财政部门一定要把这项工作列入议事日程。

1991 年

2月6日，人事部发出《关于农民技术人员职称评定问题的通知》。《通知》根据《国务院关于依靠科技进步振兴农业加强农业科技成果推广工作的决定》精神，明确了农民技术人员职称评定和晋升工作与国营企事业单位的职称改革、实行专业技术职务聘任制是两个不同范围的事，必须明确划分，不能混淆。

3月28日，人事部发出《关于加强人才招聘管理工作的通知》。《通知》强调，要完善人才招聘管理政策，保证人才招聘工作的健康发展。

4月10日，国家教委、人事部下发《关于高等学校继续做好教师职务评聘工作的意见》。

7月23日，中共中央组织部、人事部发出《关于坚持乡镇干部选聘制和择优录用部分优秀乡镇选聘制干部的通知》。《通知》指出，实行乡镇干部选聘制是从优秀农民中选拔干部的主要途径，各地区要继续坚持乡镇干部选聘制，巩固和发展改革成果。

9月6日，中共中央发布《关于抓紧培养教育青年干部的决定》。《决定》指出，解决好新老干部的交替问题，抓紧培养合格的社会主义事业接班人，既是我们党的一项十分重大的战略任务，也是一项十分紧迫的现实任务。

10月17日，国务院发布《关于大力发展职业技术教育的决定》。《决定》指出，发展职业技术教育，不仅是提高劳动者思想道德和科学文化素质、实现社会主义现代化的一项具有战略意义的基础建设，而且对于进一步巩固以工人阶级为领导的工农联盟为基础的社会主义制度具有特殊重要的意义。

11月，农业部相继印发了《农民技术人员职称评定与晋升暂行规定》和《全国农民技术教育"八五"规划》，把农民技术教育与农村经济结合起来。

1992 年

1月18日至2月21日，邓小平视察武昌、深圳、珠海、上海等地，发表著名的南方谈话。邓小平提出，正确的政治路线要靠正确的组织路线来保证。中国的事情能不能办好，从一定意义上说，关键在人。中国要出问题，还是出在共产党内部。对这个问题要清醒，要注意培养人，要按照"革命化、年轻化、知识化、专业化"的标准，选拔德才兼备的人进班子。

4月8日，国家教委发布《关于加强少数民族与民族地区职业技术教育工作的意见》。《意见》指出，要坚持主要为当地经济建设和社会发展服务的办学方向，培养素质较高的新型农（牧）民。

7月7日，农业部教育司印发《农民技术资格证书制度管理办法（试行）》，标志着"绿色证书"制度试点工作的进一步规范化、制度化。

9月23日至25日，党的第十四次全国代表大会在北京召开，江泽民作了《加快改革开放和现代化建设步伐，夺取有中国特色社会主义事业的更大胜利》的报告。报告提出科技进步、经济繁荣和社会发展，主要取决于劳动者素质的提高。

10月18日，中共第十四次全国代表大会通过的《中国共产党章程》，将"尊重知识、尊重人才"这一人才战略认识写入党章。

10月20日，国家教委、国家民委印发《关于加强民族教育工作若干问题的意见》。《意见》指出，要重视和发挥民族地区高等院校在当地经济和社会发展中的重大作用，要特别重视培养少数民族地区迫切需要的大专层次的经济、科技、管理方面的人才。

1993 年

2月13日，中共中央、国务院发布《中国教育和改革发展纲要》。《纲要》指出，在新的形势下，教育工作的任务是：遵循党的十四大精神，以建设有中国特色的社会主义理论为指导，坚持党的基本路线，全面贯彻教育方针，面向现代化，面向世界，面向未来，加快教育的改革和发展，进一步提高劳动者素质，培养大批人才。

4月24日，国务院第二次常务会议通过《国家公务员暂行条例》。这是适应建立社会主义市场经济体制的需要，使中国政府机关人事管理逐步走向科学化、法制化的总章程。

5月12日，全国科技工作会议在北京召开，朱镕基发表题为《加快经济发展关键要靠科技进步》的讲话。他在讲话中指出：发挥科技第一生产力作用的关键是人才。在现代化建设中，要十分尊重和爱护人才，创造有利于充分发挥科技人员聪明才智的社会环境。

6月8日，在全国培养选拔少数民族干部工作会上，胡锦涛发表题为《高度重视，切实做好少数民族干部的培养选拔工作》的讲话。

12月30日，中共中央组织部、中共中央统战部、国家民委发布《关于进一步做好培养选拔少数民族干部工作的意见》。

本年，国家教委实施"跨世纪优秀人才计划"。

1994 年

3月1日，国家教委、人事部发出《关于进一步做好授予高等学校教授、副教授任职资格评审权工作的通知》。

4月22日，农业部、国家教委发出《关于普通中等农业学校在乡镇农业推广机构中招收有实践经验人员入学的通知》。招生对象为乡镇农业技术机构中的在岗技术人员。

5月4日，财政部发布《贯彻〈会计法〉、加强会计核算制度管理的规定》。《规定》指出，各地区、各部门应建立和健全会计管理机构，配备必要的人员，认真贯彻国家统一的会计核算制度。要加强对本地区、本部门企业会计基础工作规范化的管理，加强会计核算制度的培训工作，不断提高会计人员的业务素质。

5月31日，江泽民在省部级主要领导干部第四期理论研讨班结业会上指出：党在新时期所处的地位和肩负的历史任务，要求各级干部尤其是领导干部比过去任何时候都要更加重视理论学习，加强理论修养。

6月16日，《国家公务员录用暂行规定》颁布实施，标志着公务员录用步入规范化、制度化轨道。

8月，中共中央组织部、人事部下发《加快培育和发展我国人才市场的意见》。

9月25日至28日，中国共产党第十四届四中全会在北京举行。会议集中讨论党的建设问题，通过《中共中央关于加强党的建设几个重大问题的决定》。《决定》指出，实行干部队伍"四化"方针，造就朝气蓬勃的领导干部队伍。

11月10日，中共中央组织部发出《关于坚决防止和纠正选拔任用干部工作中不正之风的通知》。《通知》指出，选拔任用干部必须充分发扬民主，走群众路线，不准个人或少数人说了算；增强保密观念，严格保守人事机密；加强组织人事部门的作风建设，坚决防止和抵制违反组织人事纪律的行为；深化干部人事制度改革，加强制度建设。

11月30日至12月3日，全国组织工作会议在北京举行。胡锦涛在会上作题为《抓紧培养选拔德才兼备的领导干部，把各级领导班子建设成为贯彻党的基本路线的坚强领导集体》的报告，提出要把全面提高县以上党政领导干部的素质，作为今后干部工作的一个重点。江泽民在会上讲话强调：一是全面提高现有领导干部的素质，把县以上各级领导班子建设好；二是抓紧培养选拔优秀年轻干部，努力造就大批能够跨世纪担当重任的领导人才。

本年，国务院批准设立国家杰出青年科学基金。该基金设立的宗旨是促进青年科学技术人才的成长，并鼓励海外学者回国工作，加速培养、造就一批进入世界科技前沿的跨世纪优秀学术带头人。该基金由国家科学基金委员会负责组织实施，进行日常管理。

1995 年

1月3日，国务院办公厅印发《关于加强职称改革统一管理的通知》。《通知》强调，职称改革工作必须集中统一领导，加强统一管理，认真执行国家规定，遇到重要问题及时会商人事部，不得自行其是。

1月13日，人事部印发《关于加强选拔优秀青年科技人员聘任高级专业技术职务工作的若干意见》。

2月9日，中共中央印发《党政领导干部选拔任用工作暂行条例》。该条例在规范干部选拔任用工作，防止和纠正用人上的不正之风，建设高素质党政领导干部队伍等方面发挥了重要作用。

3月27日，人事部、国家科委、外交部印发《关于回国（来华）定居专家工作有关问题的通知》。

4月28日，国务院办公厅转发《人事部、国家科委、国家教委、财政部〈关于培养跨世纪学术和技术带头人的意见〉的通知》。

5月6日，中共中央、国务院颁布《关于加速科学技术进步的决定》。《决定》指出，科技人才是第一生产力的开拓者，是社会主义现代化建设的骨干力量。

5月14日，中共中央组织部、农业部、国家教委发出《关于在中等农业学校举办乡镇及村级干部中专班的通知》。《通知》指出，为提高基层干部政治业务素质和工作能力，决定在有办学条件的农业中专学校举办乡镇及村级干部试点中专班，招收 40 周岁以下、具有初中以上文化水平、有一定实践工作能力和群众基础的乡村干部，纳入国家定向招生计划。

6 月 30 日，中共中央组织部在北京召开大会，表彰 100 名优秀县（市）委书记。江泽民在大会上发表讲话，要求县以上领导干部在坚持正确的政治方向、增强全局观念、加强理论学习、全心全意为人民服务等方面有一个大的进步。

7 月 10 日至 13 日，中共中央组织部、中共中央宣传部、国家教委党组在北京联合召开全国第五次高校党建工作会议。会议主要任务是加强高校领导班子建设，推动高等教育事业的发展。李鹏总理会见了全体代表并作重要讲话。李岚清副总理在讲话中强调：高校党建工作要为培养跨世纪人才提供保障。抓好党的领导班子建设特别要在提高思想理论素养上下功夫，要正确选人和用人。

8 月，中共中央组织部、人事部发布《加快培育和发展我国人才市场的意见》，提出了发展人才市场的总体目标、步骤和措施。

11 月 1 日，人事部发出《关于印发〈全国专业技术人员继续教育暂行规定〉的通知》。

11 月 30 日，人事部、国家科委、国家教委、财政部、国家计委、中国科协、国家自然科学基金会印发《"百千万人才工程"实施方案》。"百千万人才工程"的宗旨是：根据国家科技发展规划和社会经济发展的需要，到 20 世纪末，在对国民经济和社会发展影响重大的自然科学和社会科学领域里，造就上百名能进入世界科技前沿、在世界科技界有较大影响的杰出青年科学家；上千名具有国内先进水平、保持学科优势的学术和技术带头人；上万名在各学科领域里有较高学术造诣、成绩显著、起骨干或核心作用的学术和技术带头人后备人选。

12 月 12 日，国务院发布《教师资格条例》，《条例》对教师资格分类与适用、条件、考试、认定等作出规定。

1996 年

1 月 26 日，国家教委印发《全国幼儿园园长任职资格、职责和岗位要求（试行）》。

2 月 26 日，农业部与国家教委共同印发了《关于印发"高等农业学校招收有一定实践经验学生的暂行办法"的通知》和《关于印发"高等农业学校对口招收农业职业高中、农业中专、农业广播学校优秀应届毕业生暂行办法"的通知》。

2 月，人事部、全国博士后管委会批准在军事学科设立博士后流动站，以有利于军队系统通过博士后制度吸引和培养高级科技人才，满足国防现代化建设的迫切需要。

3 月 26 日，人事部发布《人才市场管理暂行规定》，标志着我国人才市场管理向规范化、法制化迈出重要一步。

4 月 8 日，国家教委发布《高等学校教师培训工作规程》。

6 月 21 日，江泽民在中国共产党成立 75 周年大会上，发表《努力建设高素质的干部队伍》的重要讲话。江泽民指出，75 年来，我们有一条基本的经验，这就是：党领导的事业要取得胜利，不但必须有正确的理论和路线，还必须有一支能坚决贯彻执行党的理论和路线的高素质干部队伍。

8 月 23 日，中共中央组织部、农业部印发《1996 ~ 2000 年全国农业干部培训规划要点》。

12 月 2 日，中共中央组织部、人事部颁布《流动人员人事档案管理暂行规定》。《规定》指出，要进一步加强流动人员人事档案的管理，维护人事档案的真实性、严肃性，完善人才流动社会化服务体系，促进人才合理流动。

本年，"西部之光"人才培养计划启动，该计划是中国科学院为贯彻落实科技兴国方针，加快我国西部地区科技人才的培养，促进地方经济建设而实施的。

1997 年

1 月 13 日，国家科委、财政部、国家教委、国家自然科学基金委员会发出《关于印发〈国家基础科学人才培养基金实施管理暂行办法〉的通知》。"国家基础科学人才培养基金"旨在加强理科本科生教育、为基础研究培养后备人才。

3 月 28 日，中共中央印发《中国共产党党员领导干部廉洁从政若干准则（试行）》，对党员领导干部廉洁从政提出了明确、全面的行为规范，要求全党认真贯彻执行。

4 月 2 日，国家教委颁发《关于实施国家教委"跨世纪优秀人才培养计划（人文社会科学）"的通知》。

6 月 20 日，人事部发出了《关于印发〈1996 ~ 2010 年中国人才资源开发规划纲要〉的通知》，《纲要》强调人才资源开发要根据经济社会发展需要，统筹安排，超前考虑，以保证人才资源总量、素质和结构与国民经济和社会发展相协调，与可持续发展战略相适应。

8 月 18 日，人事部发布《人事争议处理暂行规定》，并成立人事仲裁厅，全面推行人事争议仲裁制度，加强人事执法监督。

12 月 21 日至 24 日，全国组织工作会议在北京举行。胡锦涛强调，建设一支高素质的干部队伍，是我们的事业不断取得成功的关键。江泽民强调，解决前进道路上面临的问题，完成我国跨世纪发展的各项任务，一靠正确的理论和路线的指导，二靠广大人民群众的团结奋斗，三靠党的各级组织坚强有力；这三条中，干部是一个重要的决定因素。

1998 年

1 月 8 日，国家教委发布《教师和教育工作者奖励规定》。

8 月 29 日，第九届全国人民代表大会常务委员会第四次会议通过《中华人民共和国高等教育法》等相关教育法规。

11 月 21 日，中共中央发布《关于在县级以上党政领导班子、领导干部中深入开展以"讲学习、讲政治、讲正气"为主要内容的党性党风教育的意见》。

1999 年

1 月 13 日，国务院批转教育部《面向二十一世纪教育振兴行动计划》。《计划》指出：到 2010 年，在全面实现"两基"目标的基础上，城市和经济发达地区有步骤地普及高中阶段教育，全国人口受教育年限达到发展中国家的先进水平；高等教育规模有较大扩展，入学率接近 15%，若干所高校和一批重点学科进入或接近世界一流水平；基本建立起终身学习体系，为国家知识创新体系以及现代化建设提供充足的人才支持和知识贡献。

3 月 4 日，人事部、农业部发出了《关于加速农村人才资源开发加强农业和农村人才队伍建设有关问题的通知》。《通知》提出，要建设一支适应跨世纪发展需要的高素质农业和农村专业技术人员队伍。

5 月 12 日，农业部、财政部、团中央下发《关于印发〈关于开展跨世纪青年农民科技培训工程试点工作的意见〉的通知》。

6 月 13 日，中共中央、国务院发布《关于深化教育改革全面推进素质教育的决定》。《决定》指出，要转变传统的人才观念，形成使用人才重素质，重实际能力的良好风气。

7 月 6 日，中央部门机构改革工作会议在北京举行。中共中央决定进行党中央部门机构改革。这次机构改革，主要是根据形势的变化和党的中心工作的需要，进一步理顺职能关系，精简、调整内设机构和人员编制，优化人员结构，增强机关活力。

8 月 16 日，教育部印发《关于新时期加强高等学校教师队伍建设的意见》。

8 月 20 日，中共中央、国务院发布《关于加强技术创新，发展高科技，实现产业化的决定》。

9 月 15 日，教育部印发《关于当前深化高等学校人事分配制度改革的若干意见》。

9 月 30 日，国务院办公厅转发教育部、国家民委等部门《关于进一步加强少数民族地区人才培养工作意见》。《意见》提出要进一步办好内地西藏班（校）、内地高等学校少数民族预科班和新疆班。

10 月 14 日，教育部印发《高等学校骨干教师资助计划》及其实施管理办法。

12 月 8 日，农业部印发《关于同意中央农业广播电视学校加挂农业部农民科技教育培训中心牌子的批复》。《批复》同意在中央农业广播电视学校加挂农业部农民科技教育培训中心的牌子，主要负责组织实施农民教育、绿色证书工程、农科教结合、跨世纪青年农民科技培训工程、农村基层干部培训和农业实用技术培训等工作。

2000 年

1 月 13 日，教育部发出《关于组织实施〈新世纪高职高专教育人才培养模式和教学内容体系改革建设项目计划〉的通知》。

1 月 17 日，教育部印发《关于加强高职高专教育人才培养工作的意见》。

3 月 30 日，中共中央组织部、人事部、科技部印发了《关于深化科研单位人事制度改革的实施意见》。

4 月 27 日，由中共中央组织部召开的全国培养选拔年轻干部工作座谈会在北京举行。胡锦涛强调，选拔年轻干部，首先要进一步解放思想，更新用人观念，拓宽用人渠道，不拘一格选人才。

6 月 2 日，中共中央组织部、人事部、教育部印发《关于深化高等学校人事制度改革的实施意见》。

6 月 9 日，中共中央总书记、国家主席、中央军委主席江泽民在全国党校工作会议上就加紧培养适应新世纪要求的中青年领导干部问题发表重要讲话。他强调，历史和现实都表明，一个政党，一个国家，能不能不断培养出优秀的领导人才，在很大程度上决定着这个政党、这个国家的兴衰存亡。

6 月 23 日，中共中央办公厅印发《2001～2010 年深化干部人事制度改革纲要》，《纲要》提出了干部人事制度改革的总纲领。

7 月 31 日，国家民委、教育部下发了《关于加快少数民族和民族地区职业教育改革和发展的意见》。

10 月 1 日，教育部办公厅发出《关于做好 2001～2002 学年度全国高等学校教师培训工作的通知》。

10 月 30 日，农业部发出《关于颁发"跨世纪青年农民科技培训工程证书"工作有关问题的通知》。

2001 年

1 月 13 日，由人事部举办的"新世纪全国首届全国人才交流大会暨西部开发人才招聘大会"在北京召开。这次全国人才交流大会是为落实党的十五届五中全会精神，进一步促进人才合理流动，积极配合国家西部大开发战略的实施，推动全国人才市场建设的人才交流盛会。

1月21日，中共中央印发《2001~2005年全国干部教育培训规划》。《规划》指出，按照"三个代表"的重要思想，大力加强干部教育培训工作，建设高素质的干部队伍，是以江泽民同志为核心的党中央提出的一项事关全局的战略任务。

3月5日，九届全国人大四次会议在北京开幕。国务院总理朱镕基在向大会作关于国民经济和社会发展第十个五年计划纲要的报告中指出，要落实科教兴国战略，大力开发人力资源。要坚持教育适度超前发展，为国民经济和社会发展服务。

3月15日，全国人大九届四次会议批准的《中华人民共和国国民经济和社会发展第十个五年计划纲要》提出：人才是最宝贵的资源，要把培养、吸引和用好人才作为一项重大战略任务切实抓好，按照德才兼备的原则，培养数以亿计高素质劳动者、数以千万计具有创新精神和创新能力的专门人才。

5月1日，中共中央纪委和中共中央组织部发出《关于坚决防止和查处干部选拔任用工作中的不正之风和违纪违法行为的通知》。

5月29日，教育部第二届"高校青年教师奖"颁奖大会在人民大会堂举行。67所高校的100名优秀青年教师获奖。教育部部长陈至立在讲话中强调，要充分认识培养优秀拔尖人才和中青年骨干教师的重大意义，采取有力措施提高青年教师队伍的总体素质。

6月19日，中共中央办公厅、国务院办公厅发出《关于印发〈关于加强专业技术人才队伍建设的若干意见〉的通知》。

6月27日，为推进"跨世纪青年农民科技培训工程"全面实施，在总结试点经验和专题研究的基础上，农业部、财政部、团中央组织制定了《跨世纪青年农民科技培训工程管理办法》。

10月18日，农业部、财政部、共青团中央在人民大会堂联合举行了"跨世纪青年农民科技培训工程"座谈会，学习贯彻温家宝同志对"跨世纪青年农民科技培训工程"的批示精神，总结、交流工程试点两年来的经验，并就下一步如何实施这一工程进行了安排。

2002 年

2月10日，中共中央办公厅、国务院办公厅发出《关于印发〈西部地区人才开发十年规划〉的通知》。《通知》指出，西部大开发，人才是关键。加强西部地区人才开发工作，既是西部大开发的重要内容，也是西部大开发的基本保证。

4月2日，国家自然科学基金会颁发《国家基础科学人才培养基金项目资助经费管理办法》，同时废止《国家基础科学人才培养基金实施管理暂行办法》。

5月7日，中共中央办公厅、国务院办公厅发出《关于印发〈2002～2005年全国人才队伍建设规划纲要〉的通知》。《通知》指出：《纲要》是我国第一个综合性的人才队伍建设规划，是今后几年全国人才工作的指导性文件；加强人才队伍建设，对于做好我国加入世界贸易组织后的各项应对工作，实现"十五"计划确定的宏伟目标，把建设有中国特色社会主义事业不断推向前进，具有十分重要的意义。

5月23日，人事部、科技部、教育部、财政部、国家发展计划委员会、国家自然科学基金会、中国科学技术协会制定了《新世纪百千万人才工程实施方案》。《方案》提出，到2010年，要培养造就数百名具有世界科技前沿水平的杰出科学家、工程技术专家和理论家；数千名具有国内领先水平，在各学科、各技术领域有较高学术技术造诣的带头人；数万名在各学科领域里成绩显著、起骨干作用、具有发展潜能的优秀年轻人才。

7月9日，中共中央印发《党政领导干部选拔任用工作条例》，《条例》体现了"三个代表"重要思想，贯彻了中央对干部选拔任用工作的新要求，吸收了干部人事制度改革的新成果，是我们党关于党政领导干部选拔任用工作必须遵循的基本规章，也是从源头上预防和治理用人上不正之风的有力武器。

11月8日，中国共产党第十六次全国代表大会在北京开幕。中共中央总书记江泽民代表第十五届中央委员会向大会作报告。江泽民在报告中强调，要大力发展教育和科学事业。教育是发展科学技术和培养人才的基础，在现代化建设中具有先导性全局性作用，必须摆在优先发展的战略地位。全面贯彻党的教育方针，坚持教育创新，深化教育改革，全面推进素质教育，造就数以亿计的高素质劳动者、数以千万计的专门人才和一大批拔尖创新人才。

2003 年

2月20日，国务院副总理李岚清在人民大会堂会见"长江学者奖励计划"第五批特聘教授、讲座教授和第四届"高校青年教师奖"代表并发表讲话，他强调，高等学校要深入学习贯彻党的十六大精神，全面贯彻"三个代表"重要思想，大力推进教育创新和科技创新，为全面建设小康社会提供人才支持和知识贡献。

6月9日，中央批准成立中央人才工作协调小组。协调小组将按照中央的要求，切实履行好人才工作的战略规划、政策研究、宏观指导、工作协调等方面的职责。协调小组有中共中央组织部、人事部、财政部、教育部、农业部、劳动和社会保障部、国务院西部办、国务院国资委、外国专家局等13个部委参加。中共中央政治局委员、中央书记处书记、中央组织部部长贺国强任组长。

6月12日，中央人才工作协调小组在北京召开第一次会议，贺国强组长明确指出，成立中央人才工作协调小组，是中央根据党管人才的要求，为全面加强人才工作采取的一项组织措施，有利于在党委领导下，统筹规划，协调各方，充分发挥各方面的优势和积极性，形成工作合力，把中央关于人才工作的各项方针政策落到实处。

9月9日，农业部、劳动和社会保障部、教育部、科技部、建设部和财政部等五部委颁布《2003~2010年全国农民工培训规划》。《规划》提出，农民工培训工作要贯彻落实政府扶持、齐抓共管，统筹规划、分步实施，整合资源、创新机制，按需施教、注重实效的原则。

9月24日，教育部举行"优秀青年教师资助计划"实施15周年座谈会。教育部党组副书记、副部长张保庆在会上讲话，强调高等学校要全面提高人才培养的质量、科研创新的能力和社会服务的品质，最重要的是必须拥有一支高素质、高水平的教师队伍。

12月19日至20日，中共中央、国务院在北京召开全国人才工作会议。这是党和国家历史上第一次专门的人才工作会议，胡锦涛在会上深刻阐述了科学人才观的内涵，对实施人才强国战略进行全面部署，对当前和今后一个时期的人才工作提出明确目标要求。会后印发的《中共中央国务院关于进一步加强人才工作的决定》指出，人才问题是关系党和国家事业发展的关键问题，新世纪新阶段人才工作的根本任务是实施人才强国战略。

12月26日，中共中央、国务院发布的《关于加强人才工作的决定》，成为新世纪国家人才工作的纲领性文件，以此为标志，我国人才工作迈入科学发展观指引下的轨道。

2004 年

2月4日，中共中央组织部、人事部召开贯彻落实全国人才工作会议精神座谈会。中共中央政治局委员、书记处书记、中共中央组织部部长、中央人才工作协调小组组长贺国强在座谈会上指出，各级党委、政府要大力加强高层次人才队伍建设，使高层次人才创业有机会，干事有舞台，发展有空间，社会有地位，从而激发广大干部群众以高层次人才为榜样，人人追求进步，个个竞相成才。

2月16日，人事部出台《关于加快发展人才市场的意见》，推出13项新政策加快人才市场发展，包括完善人才市场服务网络；推动人才中介服务机构能力建设；大力推进人才市场信息化建设；促进人才市场供需主体到位；合理利用市场价格调节功能；提高人才市场竞争活力；加大对西部地区人才市场建设的支持力度；推进政府部门所属人才服务机构的体制改革；健全完善人才市场政策法规体系；加大对人才市场的监管力度；实施宏观调控；强化人才市场行业自律；创造人才市场发展的良好环境。这些措施将会对人才市场建设起到重大的推动作用。

3月23日，农业部发布《2003~2010年全国新型农民科技培训规划》。《规划》

提出，要开展多层次、多渠道、多形式的新型农民科技培训，并确立了分类培训、服务产业、注重实效、创新机制等原则。

3月28日，2004年中国国际人才交流大会在南京举行。这次大会是我国实施人才强国战略，大力引进国外人才和智力的一项重要措施，引起了社会各界的极大关注和广泛的社会影响。

3月29日，胡锦涛主持召开中央政治局会议，审议通过《公开选拔党政领导干部暂行规定》、《党政机关竞争上岗工作暂行规定》、《党的地方委员会全体会议对下一级党委、政府领导班子正职拟任人选和推荐人选表决办法》、《党政领导干部辞职暂行规定》和《关于党政领导干部辞职从事经营活动有关问题的意见》五个干部人事制度改革文件。此前，经中央同意，中共中央纪委和中共中央组织部下发《关于对党政领导干部在企业兼职进行清理的通知》。这六个文件的颁布是中央从整体上不断推进干部人事制度改革的重要举措。

4月7日，农业部、财政部、劳动和社会保障部、教育部、科技部、建设部在人民大会堂联合举行农村劳动力转移培训阳光工程启动仪式，标志着农村劳动力转移培训阳光工程全面启动。

5月8日，共青团中央、农业部、教育部、科技部、劳动和社会保障部、国务院扶贫办、民进中央制定下发《关于实施全国农村青年转移就业促进计划的意见》，决定在全国范围内共同实施"农村青年转移就业促进计划"，引导和发动农村青年参加培训，提高就业技能和综合素质。

6月7日，中共中央组织部、人事部在辽宁省大连市联合召开振兴东北地区老工业基地人才工作会议。中央政治局委员、书记处书记、中共中央组织部部长、中央人才工作协调小组组长贺国强出席会议并讲话。他站在全局和战略的高度，阐述了做好东北地区人才工作的重要意义，充分肯定了东北地区人才队伍建设的成绩，提出了加强东北地区人才工作的指导思想、基本思路。这次会议的召开，标志着振兴东北地区老工业基地人才工作站在了新起点上，必将推动东北地区人才工作更上一个新台阶。

6月10日，教育部印发《高等学校"高层次创造性人才计划"实施方案》和有关实施办法。

8月，中共中央办公厅、国务院办公厅发布《贯彻落实中央关于东北地区等老工业基地战略，进一步加强东北地区人才队伍建设的实施意见》。

11月12日，教育部印发《关于启动新一轮民族、贫困地区中小学教师综合素质培训项目暨新课程师资培训计划（2004～2008年）的通知》。

12月28日，中国科学院启动"东北之春"人才计划，该计划力争到2010年为东北地区培养数十位学术带头人和数千位科技骨干，为该地区的企业培养数十位高级科技人才。

本年，教育部实施"新世纪优秀人才支持计划"，该计划属于教育部"高层次创造性人才计划"的第二层次，是对高校优秀青年学术带头人的一个支持计划。这个计划由过去的"高校青年教师奖""跨世纪优秀人才培养计划""优秀青年教师资助计划"和"高等学校骨干教师资助计划"四个人才计划集合而成，主要着眼于培养支持一大批学术基础扎实、具有突出的创新能力和发展潜力的优秀学术带头人，支持他们开展创新性研究工作，承担国家重大科研任务，为培养他们成为优秀学科带头人搭建平台、创造条件。

2005 年

3 月 22 日，人事部、教育部、科学技术部、财政部发布《关于在留学人才引进工作中界定海外高层次留学人才的指导意见》，文件首次提出：包括学术界、国外高校、世界 500 强企业、国外政府机构、国际组织等 8 个方面的著名专家、学者、管理人员和技术人员是当前我国着力引进的海外高层次留学人才。

4 月 27 日，十届全国人大常委会第十五次会议通过《中华人民共和国公务员法》，2006 年 1 月 1 日起施行。《公务员法》是我国第一部干部人事管理的法律，是深入干部人事制度改革的重大成果和纲领，是干部人事管理科学化、法制化的重要里程碑。

5 月 16 日，教育部办公厅发出《关于做好 2005 年为农村高中培养教育硕士师资工作的通知》。《通知》指出，高校毕业生是国家宝贵的人才资源，积极引导和鼓励高校毕业生面向基层就业，有利于青年人才的健康成长和改善基层人才队伍的结构，有利于促进城乡和区域经济的协调发展，有利于构建社会主义和谐社会和巩固党的执政地位。

6 月 25 日，中共中央办公厅、国务院办公厅印发《关于引导和鼓励高校毕业生面向基层就业的意见》。

9 月 21 日，教育部、国家外国专家局发出《关于高等学校学科创新引智计划"十一五规划"的通知》。

9 月 27 日，人事部印发《专业技术人才知识更新工程（"653 工程"）实施方案》，在全国实施专业技术人才知识更新工程。

11 月 3 日，人事部审议通过《人事部政务公开规定》和《关于人事系统进一步推行政务公开的意见》，明确要求：对人事行政管理和公共服务事项，除涉及国家秘密、工作秘密和依法受到保护的商业秘密、个人隐私外，应当如实公开。

11 月 10 日，农业部下发《关于实施农村实用人才培养"百万中专生计划"的意见》。

11 月 16 日，人事部印发《事业单位公开招聘人员暂行规定》，明确了公开招聘的条件、程序等。

2006 年

2 月 25 日，中共中央组织部、人事部、教育部、财政部、农业部、卫生部、国务院扶贫开发领导小组办公室、共青团中央等部门下发《关于组织开展高校毕业生到农村基层从事支教、支农、支医和扶贫工作的通知》。

2 月，人事部发布实施了《事业单位公开招聘人员暂行规定》。

2 月，中共中央纪委、中共中央组织部印发《关于对党政领导干部进行诚勉谈话和函询的暂行办法》、《关于党员领导干部述职述廉的暂行规定》。

3 月 5 日至 14 日，十届全国人大四次会议在北京举行。会议批准《国民经济和社会发展第十一个五年规划纲要》。《纲要》强调，把科技进步和创新作为经济社会发展的重要推动力，把发展教育和培养德才兼备的高素质人才摆在更加突出的战略位置，深化体制改革，加大投入，加快科技教育发展，努力建设创新型国家和人力资本强国。

3 月 20 日，国务院颁布《全民科学素质行动计划纲要 (2006 ~ 2010 ~ 2020 年)》。该计划旨在全面推动我国公民科学素质建设，通过发展科学技术教育、传播与普及，尽快使全民科学素质在整体上有大幅度的提高，实现到 21 世纪中叶我国成年公民具备基本科学素质的长远目标。

3 月 29 日，中共中央印发《干部教育培训工作条例 (试行)》。《条例》的颁布实施，是加强和改进干部教育培训工作的一个重要举措，对于培养和造就高素质的干部队伍，推动学习型政党、学习型社会建设，加强党的执政能力建设和先进性建设，都具有十分重要的意义。

4 月 18 日，中共中央办公厅、国务院办公厅印发《关于进一步加强高技能人才工作的意见》。《意见》指出，加快高技能人才队伍建设，充分发挥高技能人才在国家经济社会发展中的重要作用。

5 月 18 日，教育部、财政部、人事部、中编办颁布《农村义务教育阶段学校教师特设岗位计划实施方案》。《方案》决定，组织实施"农村义务教育阶段学校教师特设岗位计划"。通过公开招募高校毕业生到西部"两基"攻坚县县以下农村义务教育阶段学校任教，引导和鼓励高校毕业生从事农村义务教育工作，逐步解决农村地区师资力量薄弱和结构不合理等问题，提高农村教师队伍的整体素质。

5 月，中共中央纪委、中共中央组织部下发《关于在地方党委换届工作中进一步严肃组织人事纪律的通知》。《通知》要求严肃换届工作纪律，努力营造风气清正的换届环境。

6 月 5 日，中国科学院第十三次院士大会、中国工程院第八次院士大会在北京人民大会堂开幕。中共中央总书记、国家主席、中央军委主席胡锦涛出席大会并发表重要讲话，强调必须坚持人才资源是第一资源。

6月13日，人事部制定《2006～2010年人事部立法规划》。《规划》指出，加大立法工作力度，加快立法工作进度，建立健全中国特色的人事法律法规体系，巩固人事制度改革成果，保障和促进人事工作的深入改革发展。

7月7日，中共中央组织部印发《体现科学发展观要求的地方党政领导班子和领导干部综合考核评价试行办法》。《办法》以科学发展观作为考核、评价和使用干部的重要指导思想和检验标准，坚持德才兼备、注重实绩、群众公认原则，明确了综合考核评价的指导思想、遵循原则和方法构成，要求综合运用民主推荐、民主测评、民意调查、实绩分析、个别谈话和综合评价等具体方法进行干部综合考核评价。

7月，人事部印发《事业单位岗位设置管理试行办法》，对事业单位岗位设置内容的确定、设置程序及权限进行了较为详细的规定。

7月20日，民政部、人事部发布《社会工作者职业水平评价暂行规定》和《助理社会工作师、社会工作师职业水平考试实施办法》，首次从国家制度上将社会工作者纳入专业技术人员范围，为社会工作者的建设提供了制度保障。

8月14日，劳动和社会保障部发出《关于推动高级技工学校技师学院加快培养高技能人才有关问题的意见》。

8月28日，劳动和社会保障部发出《关于进一步加强高技能人才评价工作的通知》。

8月28日，教育部公布《高等学校学科创新引智基地管理办法》，提出要实施"111"计划，即拟从全世界排名前100位的大学或研究机构中引进、会聚1000余名海外的学术大师、学术骨干，在大学中组建100个左右的世界一流的学科创新体系。

9月1日，农业部编制了《"十一五"农业人才队伍建设规划》，《规划》提出，要努力培养造就一支规模宏大、结构合理、素质优良的农业人才队伍，为社会主义新农村建设提供坚强的人才保障和智力支持。

10月30日，人事部、全国博士后管委会发布《博士后工作"十一五"规划》。《规划》提出"十一五"期间博士后工作要全面贯彻落实科教兴国和人才强国战略，创新完善制度，稳步扩大规模，注重提高质量，造就创新人才，加快培养造就一支适应社会主义现代化建设需要，具有自主创新能力的跨学科、复合型和战略型博士后人才队伍，为建设创新型国家，实现全面建设小康社会的宏伟目标提供人才支持。

11月15日，人事部发布《留学人员回国工作"十一五"规划》，提出要加大高层次留学人才引进工作力度。

11月29日，科技部发布《"十一五"国际科技合作实施纲要》，强调要把人才引进工作放在第一位。

12 月 16 日至 17 日，全国杰出专业人才表彰大会暨全国人事厅局长会议在北京召开。华建敏在讲话中强调，人事人才工作是我们党和国家工作的重要组成部分，担负着为经济社会发展提供人事人才保证和智力支持的重要职责。面对新形势、新任务，我们必须充分认识实施人才强国战略的重要性和紧迫性，以科学发展观为统领，正确把握我国人事人才工作的根本任务、指导方针和总体要求；必须牢固树立科学人才观、正确政绩观，以培养和造就大批高层次和高技能人才为重点来带动整个人才队伍建设；必须深刻理解全面贯彻尊重劳动、尊重知识、尊重人才、尊重创造"四个尊重"方针的现实性和必要性，在全社会努力形成优秀人才脱颖而出和人尽其才的良好环境。

2007 年

1 月 4 日，中共中央组织部、人事部下发《公务员考核规定（试行）》。

1 月 14 日，中共中央印发《2006～2010 年全国干部教育培训规划》，要求各地区、各部门结合实际认真贯彻执行。

1 月 16 日，中共中央组织部、教育部、科技部、人事部和中国科协下发《关于动员和组织广大科技工作者为建设创新型国家作出新贡献的若干意见》，号召广大科技工作者肩负起时代赋予的历史使命，积极投身到自主创新的洪流中，为建设创新型国家作出新的贡献。

2 月 17 日，教育部发布《关于进一步深化本科教学改革全面提高教学质量的若干意见》，要求树立科学的质量观，促进学生德智体美全面发展。

3 月 7 日，人事部、教育部、科技部、财政部、外交部、国家发改委、公安部、商务部、人民银行、国资委、国务院侨办、中国科学院、国家外专局、海关总署、税务总局、国家工商总局发出《关于印发〈关于建立海外高层留学人才回国工作绿色通道的意见〉的通知》。

3 月 14 日，劳动和社会保障部发出《关于印发〈高技能人才培养体系建设"十一五"规划纲要（2006～2010 年）〉的通知》。

3 月 19 日，国务院印发《关于加快发展服务业的若干意见》，明确提出，要发展人才服务业，完善人才资源配置体系。

3 月 23 日，中国科协颁布《科技工作者科学道德规范》，号召广大科技工作者恪守职业道德，维护科学诚信。

5 月 12 日，中共中央办公厅、国务院办公厅印发《关于进一步加强西部地区人才队伍建设的意见》，强调要为推进西部大开发提供坚强的人才保证。

6 月 1 日，我国第一部全面、系统地规范行政惩戒工作的专门行政法规《行政机关公务员处分条例》正式施行。该条例对于贯彻依法治国方略，推动反腐倡廉工作深入开展，提高党的执政能力，建设一支政治坚定、业务精湛、作风过硬、人民满意的公务员队伍，具有重大意义。

7月，人事部发出《关于规范人才招聘会管理改进人才招聘服务的通知》。《通知》要求，举办人才招聘会，应遵守国家有关法律、法规和规章，坚持平等、自愿、公平和诚实守信原则，要具备《人才市场管理规定》和《全国性人才交流会审批办法》规定的条件。

10月21日，中国共产党第十七次全国代表大会通过了《中国共产党章程（修正案）》，在十四大将"尊重知识、尊重人才"写入党章的基础上进一步将"尊重劳动、尊重知识、尊重人才、尊重创造"和"人才强国战略"写入党章。

11月6日，人事部发布《公务员录用规定（试行）》。

11月12日，商务部制订了跨国经营管理人才培训计划，即《2007~2009年跨国经营管理人才培训工作方案》，并于11月下旬在北京大学、清华大学、对外经贸大学、中智国际教育培训中心四所培训机构同时启动。

11月16日，人事部、商务部、国家工商总局出台《关于〈中外合资人才中介机构管理暂行规定〉的补充规定》。《规定》取消了对港澳服务提供者的股权比例限制条件，并允许港澳服务提供者在内地设立独资人才中介机构。

2008 年

1月4日，中共中央组织部、人事部下发《公务员奖励规定（试行）》。

1月10日，中共中央纪委书记贺国强在中共中央纪委委员学习贯彻党的十七大精神研讨班上强调，要以更严的要求加强纪检监察干部队伍自身建设。

2月18日，中共中央总书记胡锦涛在全国组织工作会议上强调，加强领导班子制度建设，完善选人用人机制，营造创新氛围。要坚持正确的用人导向，真正把那些政治上靠得住、工作上有本事、作风上过得硬、人民群众信得过的干部选拔到各级领导岗位上来。把组工干部队伍建设成为讲党性、重品行、做表率的过硬队伍。

2月29日，中共中央组织部、人事部下发《公务员调任规定（试行）》、《公务员职务任免与职务升降规定（试行）》。

4月18日，财政部印发《关于开展2008年全国会计领军（后备）人才（企业类）培训的通知》和《关于开展2008年全国会计领军（后备）人才（行政事业类）的通知》，启动2008年全国会计领军（后备）人才培训招生工作。

5月14日，中共中央组织部、人力资源和社会保障部下发《公务员申诉规定（试行）》。

6月20日，中共中央总书记胡锦涛在全党深入学习实践科学发展观活动动员大会暨省部级主要领导干部专题研讨班上发表重要讲话，强调要切实搞好深入学习实践科学发展观活动，把贯彻落实科学发展观提高到新的水平。

6月20日，人力资源和社会保障部办公厅发出《关于印发〈中央企业职工技能竞赛管理办法〉的通知》。为落实文件精神，加强中央企业职工技能竞赛管理工作，进一步推进中央企业高技能人才队伍建设，促进中央企业职工技能竞赛健康有序发展，国务院国资委制定了《中央企业职工技能竞赛管理办法》。

6月23日，在中国科学院第十四次、中国工程院第九次院士大会上，中共中央总书记、国家主席、中央军委主席胡锦涛指出，要加大引进人才、引进智力工作的力度，尤其是要积极引进海外高层次人才和智力，吸引广大出国留学人员回国创业。

12月3日，中共中央办公厅发出《关于印发〈2010～2020年深化干部人事制度改革规划纲要〉的通知》。《纲要》提出，要通过坚持不懈的努力，逐步形成广纳群贤、人尽其才、能上能下、公平公正、充满活力的中国特色社会主义干部人事制度。

12月23日，中共中央办公厅转发《中央人才工作协调小组关于实施海外高层次人才引进计划（即"千人计划"）的意见》。该计划主要是围绕国家发展战略目标，从2008年开始，用5～10年，在国家重点创新项目、重点学科和重点实验室、中央企业和国有商业金融机构、以高新技术产业开发区为主的各类园区等，引进并有重点地支持一批能够突破关键技术、发展高新产业、带动新兴学科的战略科学家和领军人才回国（来华）创新创业。

2009 年

1月9日，中共中央办公厅转发《中央人才工作协调小组关于实施海外高层次人才引进计划的意见》。《意见》指出，要分层次组织实施海外高层次人才引进计划，并提出要切实加强领导，建立健全海外高层次人才引进工作体制机制。

4月8日，中共中央、国务院颁布《关于深化医药卫生体制改革的意见》。《意见》要求建立可持续发展的医药卫生科技创新机制和人才保障机制，加强医药卫生人才队伍建设，调整高等医学教育结构和规模，构建健康和谐的医患关系。

6日，中共中央组织部等十一部门下发《关于建立选聘高校毕业生到村任职工作长效机制的意见》。

6月9日，国务院办公厅下发《关于加强普通高等学校毕业生就业工作的通知》。

6月29日，中央政治局会议审议并通过《关于建立促进科学发展的党政领导班子和领导干部考核评价机制的意见》。会议研究了建立促进科学发展的干部考核评价机制，强调要完善考核内容，改进考核方式，扩大考核民主，强化考核结果运用。

7月12日，中共中央办公厅、国务院办公厅印发《关于实行党政领导干部问责的暂行规定》，对党政领导干部实行问责的情形、方式进行了规定。

9月8日，中共中央组织部颁布修订后的《党政领导干部公开选拔和竞争上岗考试大纲》。《大纲》坚持"干什么、考什么"的原则，不断提高党政领导干部公开选拔和竞争上岗考试工作的科学化水平。

9月10日，第四届全国杰出专业技术人才表彰大会在北京举行。中共中央政治局常委、中央书记处书记、国家副主席习近平会见与会代表并讲话时强调，人才是兴国之本、富民之基、发展之源；要牢固树立人才资源是第一资源的理念，坚持解放思想、解放人才、解放科技生产力，以改革创新精神推进人才队伍建设，以人才发展促进经济社会又好又快发展。

12月5日，中共中央办公厅印发《关于进一步从严管理干部的意见》。《意见》强调要加强对不胜任、不称职干部的组织调整工作，认真执行问责制度。

12月29日，中共中央政治局召开会议审议通过《中国共产党党员领导干部廉洁从政若干准则》。

12月30日，中共中央办公厅、国务院办公厅印发《中央企业领导人员管理暂行规定》。同时，为深入贯彻落实该规定，中共中央组织部、国务院国资委党委联合下发了《中央企业领导班子和领导人员综合考核评价办法（试行）》。

2010 年

1月11日，2009年度国家科学技术奖励大会在北京人民大会堂隆重举行。中共中央总书记、国家主席、中央军委主席胡锦涛向获得2009年度国家最高科学技术奖的中国科学院院士谷超豪、孙家栋颁奖。

3月7日，中共中央办公厅发布《党政领导干部选拔任用工作责任追究办法（试行）》。

5月25日至26日，中共中央、国务院在北京召开全国人才工作会议，这是新中国成立以来的第二次人才工作会议。中共中央总书记、国家主席、中央军委主席胡锦涛在会上发表重要讲话，强调要切实做好人才工作，加快建设人才强国，是推动经济社会又好又快发展、实现全面建设小康社会奋斗目标的重要保证，是确立我国人才竞争比较优势、增强国家核心竞争力的战略选择，是坚持以人为本、促进人的全面发展的重要途径，是提高党的执政能力、保持和发展党的先进性的重要支撑。

6月6日，《国家中长期人才发展规划纲要（2010～2020年）》全文发布。这是我国第一个中长期人才发展规划，是当前和今后一个时期全国人才工作的指导性文件，是贯彻落实科学发展观、更好实施人才强国战略的重大举措，是在激烈的国际竞争中赢得主动的战略选择，对于加快我国经济发展方式转变、全面建设小康社会，具有重大意义。

6月21日，中共中央政治局召开会议，审议并通过《国家中长期教育改革和发展规划纲要（2010～2020年）》，中共中央总书记胡锦涛主持会议。这是中国进入21世纪之后的第一个教育规划，是今后一个时期指导全国教育改革和发展的纲领性文件。

7月13日至14日，中共中央、国务院在北京召开新世纪第一次全国教育工作会议。中共中央总书记、国家主席、中央军委主席胡锦涛在会上发表重要讲话。本次会议的主要任务是：总结交流教育工作经验，分析教育工作面临的新情况新问题，动员全党全社会全面实施《国家中长期教育改革和发展规划纲要（2010～2020年）》，坚持优先发展教育，推动教育事业科学发展，建设人力资源强国，为全面建设小康社会、加快推进社会主义现代化提供更有力的人才保证和人力资源支撑。

10月22日至23日，首届"中国人才发展论坛"在北京举行，中共中央政治局委员、国务院副总理张德江发表致辞，人力资源社会保障部部长尹蔚民主持论坛并作主旨报告。本次论坛以贯彻落实人才发展规划纲要，全面推进人才优先发展为主题，围绕人才优先发展战略布局和人才队伍建设目标任务，总结交流人才工作的成功经验，从理论和实践的角度，研究探讨各类人才成长规律和人才资源开发规律，探索以用为本、创新机制和提高人才效能的新方法、新举措。

10月25日，为认真落实《国家中长期人才发展规划纲要（2010～2020年）》、《国家中长期教育改革和发展规划纲要（2010～2020年）》的要求，全面提高劳动者职业技能水平，加快技能人才队伍建设，国务院发布《关于加强职业培训促进就业的意见》。

10月29日至30日，集人才、智力、技术、项目交流为一体的2010中国国际人才交流大会在深圳举行。中共中央政治局委员、国务院副总理张德江出席了本届大会的"深圳论坛"并发表主旨演讲。

2011 年

1月15日，"千人计划"专家联谊会在北京成立。中共中央政治局委员、中央书记处书记、中共中央组织部部长李源潮，全国人大常委会副委员长韩启德，全国政协副主席、中共中央统战部部长杜青林出席成立大会，并与海外知名专家座谈。

2月23日，为贯彻落实《国家中长期人才发展规划纲要（2010～2020年）》，加大海外留学人才引进工作力度，加强对留学人员回国创业的支持，中共中央组织部、人社部联合下发《关于支持留学人员回国创业的意见》，首次从国家层面对支持留学人员回国创业的各方面政策作出规定。

3月4日，中共中央组织部等15个中央和国家部委与北京市联合印发《关于中关村国家自主创新示范区建设人才特区的若干意见》。

3月14日，第十一届全国人大四次会议表决通过了《国民经济和社会发展第十二个五年规划纲要》，《纲要》指出教育和人才工作的发展任务，提出要大力实施人才强国战略，坚持服务发展、人才优先、以用为本、创新机制、高端引领、整体开发的指导方针，加强现代化建设需要的各类人才队伍建设，为加快转变经济发展方式、实现科学发展提供人才保证。

5月31日，国务院发布《关于进一步做好普通高等学校毕业生就业工作的通知》。

6月，中共中央组织部、人力资源和社会保障部发布《专业技术人才队伍建设中长期规划（2010～2020年)》，这是新中国成立以来第一个专业技术人才队伍建设发展规划，是《国家中长期人才发展规划纲要（2010～2020年)》六大专项配套规划之一，是当前和今后一个时期我国专业技术人才工作的重要纲领性文件。

7月1日，胡锦涛总书记在"七一"重要讲话中进一步强调做好人才工作的重要性，对培养造就、集聚用好人才提出了明确要求。

7月6日，中共中央组织部、人力资源和社会保障部发布《高技能人才队伍建设中长期规划（2010～2020年)》，这是中国第一个高技能人才队伍建设中长期规划。

7月26日，科技部、人力资源和社会保障部、教育部、中国科学院、中国工程院、国家自然科学基金委员会、中国科协联合发出《关于印发国家中长期科技人才发展规划（2010～2020年）的通知》。未来10年将全面实施创新人才推进计划等国家重大人才工程，重点建设具有原始创新能力的科学家、优秀科技创新团队、工程技术人才队伍、中青年科技创新领军人才、科技创新创业人才、科技管理与科技服务人才队伍等六支科技人才队伍。

8月22日，全国留学人员回国服务工作会议在北京召开。中共中央组织部副部长、人力资源和社会保障部部长、中央人才工作协调小组副组长、全国留学人员回国服务工作部际联席会议组长尹蔚民在会上强调，留学人员回国服务工作要以高层次创新创业人才为重点，以提高留学人员回国工作的服务能力为基础，加强制度建设，完善政策体系，创新体制机制，加大投入力度，大力吸引海外高层次留学人才，充分发挥他们在经济社会发展和人才队伍建设中的独特作用，促进留学人员回国工作、回国创业和为国服务的整体推进，为全面建设小康社会提供坚实的人才保障。

9月16日至17日，"千人计划"太湖峰会在江苏无锡举行。中共中央政治局委员、中央书记处书记、中组部部长李源潮出行会议并发表重要讲话。

9月28日，国务院国资委在北京召开中央企业科技人才工作会议。中共中央政治局委员、中央书记处书记、中共中央组织部部长李源潮出席会议并作重要讲话。李源潮指出，中央企业要把人才作为企业科学发展第一资源，把人才强企作为核心战略，在中国企业界带头重视人才、培养人才、引进人才、用好人才，为打造世界一流企业提供人才保证。

10月15日至18日，中共十七届六中全会提出加快建设规模宏大的文化人才队伍。会议指出，推动社会主义文化大发展大繁荣，队伍是基础，人才是关键。

10月24日，中共中央政治局委员、中央书记处书记、中组部部长李源潮在中央人才工作协调小组第三十三次会议上指出，要深入学习领会党的十七届六中全会精神，认真落实全会提出的关于建设宏大文化人才队伍的任务，努力为建设社会主义文化强国提供有力人才支撑。

11月4日，国家外国专家局和深圳市人民政府联合主办的第十届中国国际人才交流大会在深圳会展中心拉开帷幕。中共中央政治局委员、国务院副总理张德江出席本次大会并发表主题演讲。

11月14日，国家重大人才工程推进协调会召开。中共中央政治局委员、中央书记处书记、中组部部长李源潮在会上指出，要坚持高标准、高质量，创新机制、完善政策，形成全国推进重大人才工程实施的合力。

11月21日，为贯彻落实《高技能人才队伍建设中长期规划（2010～2020年）》、《国务院关于加强职业培训促进就业的意见》精神，加快职业培训教材建设工作步伐，人力资源和社会保障部发布《2011～2015年全国职业培训教材建设规划》。

11月，中央组织部、中央政法委、民政部等18个部门和组织联合发布《关于加强社会工作专业人才队伍建设的意见》。这是中央第一个关于社会工作专业人才的专门文件，对社会工作专业人才队伍建设提出了一系列创新性、配套性的政策措施。

参考文献

［1］李成武：《中华人民共和国人才工作大事记（1949～2004）》，《中国人才发展报告 No. 2》，社会科学文献出版社，2005。

［2］张凯、侯祖戎：《2007年中国人才建设工作综述》，《中国人才发展报告 No. 5》，社会科学文献出版社，2008。

［3］徐颂陶、孙建立：《中国人事制度改革三十年》，中国人事出版社，2008。

［4］潘晨光主编《中国人才发展60年》，社会科学文献出版社，2009。

［5］雷俊：《2009年中国人才大事记》，《中国人才发展报告2010》，社会科学文献出版社，2010。

［6］中共中央党史研究室：《中国共产党历史》第二卷（1949～1978）（上、下册），中共党史出版社，2011。

［7］《当代中国的人事管理》，中华魂网，http：//www. 1921. org. cn/tushu. php？ ac = inlist4&bid = 1149。

第二部分
专题人才篇

党政人才篇 *

1949 年

9 月 17 日，新政治协商会议筹备会第二次全体会议在北平举行，会议一致通过《中国人民政治协商会议组织法（草案）》、《中华人民共和国中央人民政府组织法（草案）》。

11 月 9 日，中共中央颁布《关于成立中央及各级党的纪律检查委员会的决定》。《决定》指出，我们的党已成为全国范围内执政的党，为了更好地执行党的政治路线和各项具体政策，密切联系群众，克服官僚主义，决定成立党的中央和各级纪律检查委员会；并决定由朱德任中央纪律检查委员会书记。

11 月，政务院发布《政务院关于任免工作人员的暂行办法》。

1951 年

3 月 28 日至 4 月 9 日，中国共产党第一次全国组织工作会议在北京召开。刘少奇在会上作报告，指出我国需要建立正规的、固定的管理干部机构和制度，并提出了共产党员的 8 项条件。人事部部长安子文在会上作了《关于干部的教育、培养、提拔的问题》的报告。

11 月，中央人民政府委员会第十三次会议批准《中央人民政府任免国家机关工作人员暂行条例》。《条例》对中央人民政府委员会和中央人民政府政务院的干部任免权限和范围作了进一步调整。

---

* 编写者：李晓琳，女，中国社会科学院副研究员，研究方向为人力资源管理；姜英梅，女，中国社会科学院西亚非洲研究所，研究方向为国际政治。

1953 年

4 月，中共中央组织部发出《关于政府干部任免手续的通知》。

9 月至 10 月，中共中央在北京举行第二次全国组织工作会议。会议确定党的组织工作的任务是：动员全党从组织上保证过渡时期总路线的贯彻执行，保证国家第一个五年计划的顺利实现；不断巩固和扩大党的组织，提高党员的思想政治水平，提高党的战斗力。会议还讨论了干部政策、发扬党内民主和巩固党的纪律等问题。

1961 年

11 月 26 日，中共中央转发《中央组织部关于加强对党员的教育管理工作的报告》。中央指示说：最近几年来，不少党的组织忙于领导经济建设，包办代替行政工作，放松了对党员的教育管理。指示强调重新教育党员"是当前党的基层组织建设工作中最重要的一件事情"。中共中央组织部的这个报告说：截至 1961 年 6 月底，全党共有 1738 万名党员，133 万个基层组织。1958 年以来，新接收了 642 万名党员，新建立了 50 万个基层组织。

1964 年

9 月 1 日，中共中央转发《关于一个大队的社会主义教育运动的经验总结》（简称"桃园经验"）。河北省抚宁县卢王庄公社桃园大队工作队的做法是：先搞"扎根串联"，然后搞"四清"，再搞对敌斗争；对待基层组织和基层干部是"又依靠，又不完全依靠"。他们强调"四不清"干部在上边都有根子，必然要用各种方法抵抗运动，不解决上边问题，"四清"就搞不彻底；强调"四清"的内容已经不止是清工分、清账目、清钱财、清仓库，现在是要解决政治、经济、思想和组织上的"四不清"。中央批示认为，县以下的许多干部以至工作队的许多成员"对于放手发动群众有无穷的顾虑"，"片面强调靠基层组织和基层干部"，"'四不清'严重的干部和他们上面的保护人要用各种办法抵抗'四清'运动"，等等，都是带有普遍性的问题，桃园大队在解决这些问题上的经验具有普遍意义。这对于运动中"左"的错误的进一步发展产生了一定的影响。

1977 年

5 月 24 日，邓小平在同中共中央办公厅负责人谈话时指出："靠空讲不能实现现代化，必须有知识，有人才。一定要在党内造成一种空气：尊重知识，尊重人才。"

12 月 10 日，中共中央任命胡耀邦为中共中央组织部部长。胡耀邦遵照党的实事求是、有错必纠的原则，率领组织部全体同志，经过大量切实的调查研究，打开了平反冤假错案、落实党的政策的新局面。

1978 年

1 月 28 日，中共中央组织部召开中央、国家机关二十六个部委副部长座谈会，讨论给待分配干部尽快安排工作问题。胡耀邦在会上强调，干部是我们党的宝贵财富。可以工作而没有分配工作的，要尽快分配工作；年老体弱不能工作的要妥善安排；少数干部要作出审查结论的应尽快作出。

1979 年

4 月 5 日，李先念同志受中共中央委托在中央工作会议上发表重要讲话，指出，现在中央部门和地方之间、中央部门和部门之间，职责不清，权限不明，行政机构臃肿，层次重叠，办事效率极低。要建立严格的责任制。

7 月 29 日，邓小平同志在海军党委常委扩大会议上作了《思想路线政治路线的实现要靠组织路线来保证》的讲话，指出：解决组织路线问题就是要解决年轻人的接班问题，还要解决机构臃肿和退休制度的问题。

9 月 22 日，中共中央组织部召开全国组织工作座谈会。会议研究了《关于加强领导班子建设的几点意见》、《关于干部教育工作的通知》、《关于干部制度改革的意见》等重要文件。

9 月 5 日至 10 月 7 日，全国组织工作座谈会在北京召开。会议提出要把加强领导班子建设，培养选拔中青年干部，改革干部制度作为当前最迫切的任务来抓。

11 月 2 日，邓小平同志在中央党政军机关副部长以上干部会上作了《高级干部要带头发扬党的优良传统》的报告。《报告》指出：领导机关和军队指挥机关庞大、臃肿，官僚主义、官僚机构、官僚制度的害处极大。所以，我们要改革现行的干部工作制度，建立有利于提拔年轻干部的制度。

12 月 31 日，中共中央批转最高人民法院党组《关于善始善终地完成复查纠正冤假错案工作几个问题的请示报告》。《报告》说，三中全会以来，全国各地人民法院在党委的统一领导下，全面复查"文化大革命"以来判处的反革命案件和普通刑事案件，纠正了一大批冤、假、错案。1967 年至 1976 年的十年中的案件，已复查 24.1 万余件，约占总数的 83%，从中纠正了冤、假、错案 13.13 万余件，约占复查的 54%。因反对林彪、"四人帮"和为邓小平受诬陷鸣不平而被判刑的案件，已复查结束，作了纠正。同时复查了普通刑事案件 50.7 万余件，纠正冤、假、错案 3.58 万余件，占已复查总数的 7%。此外，各地法院从办理申诉案件中，还纠正了许多"文化大革命"前判处的冤、假、错案。但复查任务仍相当繁重。全国还有 4.6 万余件反革命案件、50 多万件普通刑事案件没有复查。

1980 年

1 月 16 日，邓小平在中共中央召开的干部会议上作题为《目前的形势和任务》的讲话，指出实现四个现代化所必须解决的四个问题是：第一，要有一条坚定不移的、贯彻始终的政治路线；第二，要有一个安定团结的政治局面；第三，要有一股艰苦奋斗的创业精神；第四，要有一支坚持走社会主义道路的、具有专业知识和能力的干部队伍。讲话再次强调了坚持和改善党的领导的重要性。

1 月 21 日，国务院批转 1979 年 11 月全国人事局长会议纪要，要求各地区各部门结合实际情况贯彻执行。这次人事局长会议学习了中央文件，本着实践是检验真理的唯一标准的原则，着重研究了人事工作如何适应全党全国工作着重点转移和国民经济调整的需要问题，确定新时期人事工作的根本任务就是要贯彻执行党的组织路线，促进和确保党的政治路线的实现，紧紧围绕"四化"建设这个中心，做好对干部的考核、调配、调整、录用、培训、奖惩和工资福利等工作；协助党委组织部门做好干部制度、干部队伍结构的改革工作，发现、选拔各行各业的优秀人才，充实到岗位上来；提高干部的积极性和创造性，为"四化"建设作出贡献。

2 月 5 日，中共中央批转《全国党校工作座谈会纪要》，《纪要》肯定了各级党校恢复以来的成绩，强调为推进"四化"进程，必须建立一支坚持社会主义道路、具有专业知识的宏大干部队伍。各级党校的任务是，定期轮训和培训干部，用马列主义、毛泽东思想的基本理论和各种业务知识重新武装干部，保证党在思想路线和政治路线上的统一，以利于加强党的领导，改善党的领导。

4 月 23 日，中共中央政治局通过《中共中央关于丧失工作能力的老同志不当十二大代表和中央委员候选人的决定》。《决定》指出：为了使出席党的十二大的代表和大会选举产生的中央委员，有相当比例的年富力强的同志，使党的领导机构能够适应社会主义现代化建设繁重任务的需要，保证党的集体领导的长期稳定性，中央决定，凡年事已高、丧失工作能力和生活自理能力的老同志，不当党的十二大代表和中央委员候选人。这是废除实际上存在的干部职务终身制和逐步更新领导班子的一个重要步骤。

5 月 5 日，民政部发布《干部调配工作暂行规定》。《规定》指出，干部调配应根据社会主义现代化建设和当前国民经济调整的需要，保证重点，充实基层，加强科研、生产第一线。干部调配工作要切实贯彻执行任人唯贤的干部路线，做到知人善任，用其所长，调配得当。

7 月 14 日，国务院发出《关于成立国家人事局的通知》。《通知》指出，为了进一步加强人事工作，使人事工作更好地为"四化"建设服务，国务院决定将民政部政府机关人事局和国务院军队转业干部安置工作小组办公室合并成立国家人事局。国家人事局的工作任务是：按照干部管理权限和范围，负责干部的管理、调配、调整、培训、考核和晋升工作；承办国务院依照法律规定任免干部的工作；吸收录用干部；负责军队转业干部安置工作；承办国家行政机关工作人员奖惩工作；负责国家机关、事业单位工作人员的工资福利工作；负责干部的退休退职工作；对各地区和国务院各部门的人事工作进行业务指导。

8月18日至23日，中共中央政治局扩大会议在北京召开。18日，邓小平在会上作题为《党和国家领导制度的改革》的讲话。讲话指出：一、国务院领导成员的变动，将是五届人大三次会议的主要议题之一。关于国务院负责人人选的调整，中央作这样的考虑，原因一是权力不宜过分集中；二是兼职、副职不宜过多；三是着手解决党政不分、以党代政的问题；四是从长远着想，解决好交接班的问题。二、改革党和国家领导制度及其他制度，是为了充分发挥社会主义制度的优越性，加速现代化建设事业的发展。为此，应当努力实现以下三个方面的要求：（一）经济上，迅速发展社会生产力，逐步改善人民的物质文化生活；（二）政治上，充分发扬人民民主，保证全体人民真正享有通过各种有效形式管理国家，特别是管理基层地方政权和各项企业事业的权力；（三）组织上，迫切需要大量培养、发现、提拔、使用坚持四项基本原则的、比较年轻的、有专业知识的社会主义现代化建设人才。三、党和国家现行的一些具体制度中，还存在不少的弊端，主要是官僚主义现象，权力过分集中的现象，家长制现象，干部领导职务终身制现象和形形色色的特权现象。只有对这些弊端进行有计划、有步骤而又坚决彻底的改革，人民才会信任我们的领导，才会信任党和社会主义。8月31日，中央政治局讨论通过了邓小平的讲话。这个讲话实际成为我国政治体制改革的纲领。

9月29日，第五届全国人大常委会第十六次会议通过了《国务院关于老干部离职休养的暂行规定》。国务院于10月7日公布。《规定》指出，根据党和国家关心、爱护老干部的传统，让年老体弱、不能坚持正常工作的老干部离职休养，在政治上予以尊重，在生活上予以照顾，这是改革和完善我国干部制度的一项重要举措，也是社会主义制度优越性的体现。这既有利于老干部的健康，也有利于年轻干部的成长。

10月28日，《人民日报》发表特约评论员文章《党和国家领导制度的一项重要改革》。文章说，党的十一届五中全会提出，要废止实际存在的干部领导职务终身制，这是对我们党和国家领导制度和干部制度所作的一项重要改革。文章进一步指出：领导职务终身制的弊端越来越明显：一是出现了领导干部的老化，二是阻碍人才的培养和成长，三是不利于贯彻民主集中制。因此，废除领导职务终身制，对改善党和政府的领导，提高领导工作的效率和质量，克服官僚主义，具有迫切的现实意义，而且也是关系到完善国家基本政治制度的一个重要问题。

1981 年

5 月 28 日至 6 月 8 日，国家人事局召开全国人事局长会议。中共中央组织部部长宋任穷作了重要讲话，国务院副总理杨静仁出席会议。会议进一步明确了人事部门的职责范围，还就如何肃清"左"的错误思想影响，更好地落实党的知识分子政策，做好干部离休、退休、退职工作以及如何进一步搞好人事部门的自身建设等问题进行了深入讨论。会议指出：人事部门要在党委统一领导下，协同组织部门做好选拔培养优秀年轻干部、妇女干部和少数民族干部，做好老干部离休退休及知识分子和非党干部等方面的工作，人事部门要加强自身建设，成为"干部之家"。

7 月 1 日，庆祝中国共产党成立 60 周年大会在北京隆重举行，胡耀邦发表重要讲话，讲话指出：要把更多德才兼备、年富力强的干部选拔到各级领导岗位上来。

7 月 2 日至 4 日，中共中央召开省、市、自治区党委书记座谈会。邓小平在讲话中指出：选拔培养中青年干部是个战略问题，是决定我们命运的问题。他要求把这个问题当作第一位的任务来解决。陈云在讲话中再次强调：必须成千上万地提拔中青年干部。

11 月 30 日，在第五届全国人大四次会议上，国务院在政府工作报告中指出，最近，国务院根据中共中央的建议，对克服官僚主义的问题又进行了多次研究和讨论，决心采取果断措施，坚决改变部门林立、机构臃肿、层次繁多、互相扯皮、人浮于事、副职虚职过多、工作效率很低这类不能容忍的状况，以便有效地领导现代化建设工作。

1982 年

1 月 11 日至 13 日，中共中央政治局召开会议，讨论中央机构精简问题。邓小平在会上作题为《精简机构是一场革命》的讲话。他在讲话中指出，实现干部的革命化、年轻化、知识化、专业化，是革命和建设的战略需要，也是我们老干部的最光荣最神圣的职责。他还说：进和出，进摆在第一位，选人要选好，要选贤任能。进，最关键的问题是选比较年轻的。

2 月 18 日，邓小平同志在北京会见西哈努克亲王和夫人时说：现在我们正在搞体制改革。官僚主义、机构臃肿、人浮于事的现象必须消除。干部老化问题也到了非解决不可的时候了。我们下了很大的决心，把它当作一次革命。

2 月 20 日，中共中央发布《关于建立老干部退休制度的决定》，《决定》指出，建立老干部离休退休和退居二线的制度，妥善解决新老干部适当交替的问题，是一场干部制度方面的深刻改革，是关系我们党兴旺发达，国家长治久安，社会主义现代化建设事业顺利实现的具有战略意义的重大决策。

3月8日，第五届全国人大常委会第二十二次会议通过关于国务院机构改革问题的决议，原则批准国务院机构改革初步方案。按此方案，国务院各部、委和直属机构将由既有的98个，裁减、合并为52个，工作人员编制约为3.2万人，比当时的4.9万人减少1/3左右。

4月10日，国务院发出《〈关于老干部离职休养制度的几项规定〉的通知》。决定对建国前参加中国共产党所领导的革命战争、脱产享受供给制待遇的和从事地下革命工作的老干部，达到离职休养年龄的，实行离职休养的制度。已经退休的干部，符合离职规定的，应当改为离休。《规定》对老干部离休的年龄作了详细的规定，并指出，老干部离休后，基本政治待遇不变，生活待遇略为从优。

5月4日，第五届全国人大常委会第二十三次会议通过《关于国务院部委机构改革实施方案的决议》，决定将原有的52个部委再缩减为41个。将原国家劳动总局、国家人事局、国务院科学技术干部局、国家机构编制委员会合并成立劳动人事部。5月6日，劳动人事部召开成立大会，万里副总理讲话指出，劳动人事部的任务是搞好三项改革，即人事制度改革、领导制度改革、工资制度改革，为两个文明建设即精神文明和物质文明建设服务，为实现"四化"服务。

6月28日，中共中央就印发《中央党政机关机构改革第一阶段总结和下一阶段打算》发出通知，通知指出，在新的形势下，必须着手进行党政机构和政治、经济体制的改革。改革的第一步就是精简机构，调整领导班子，紧缩编制，以克服官僚主义，提高工作效率。这是一场深刻的革命，是革体制和制度的命，革领导职务终身制的命，革官僚主义的命。

6月底，据统计，中共中央和国务院经过精简机构，国务院所属部委、直属机构和办公机构，由100个裁并为60个，工作人员总编制缩减三分之一左右。仅据38个部委统计，正副部长、主任共减少67%，在新的领导班子中新选拔的中青年干部占32%，平均年龄由64岁降到58岁。中共中央直属单位、局级机构减少11%，工作人员总编制缩减17.3%，各部委的正副职减少15.7%。在新的领导班子中，新选拔的中青年干部占16%，平均年龄由64岁降到60岁。机构臃肿、人浮于事、领导班子老化的现象得到初步改善。

7月4日，邓小平在军委座谈会上讲体制改革问题时强调：重要的是选拔人才，要使好的比较年轻的干部早点上来，好接班。这件事要放在我们经常的日程中间。不解决选拔人才的问题，我们交不了班。

7月26日，邓小平在同国家计委负责人谈"六五"计划和长期规划问题时指出：解决好领导班子，选出"明白人"组成领导班子。这一条可能比第一条更重要。没有"明白人"出来当家，一个单位搞不出什么成绩来。现在是应该把这个问题讲得更明白的时候了。衡量一个单位改革是否见效，不仅看它定了什么规章制度，更重要的是看它选的人好不好，这是问题的核心。

7月30日，邓小平在中共中央政治局扩大会议上提出：设顾问委员会是废除领导职务终身制的过渡办法，是我们干部领导职务从终身制走向退休制的一种过渡。在这个过渡阶段，必须认真使干部队伍年轻化，为退休制度的建立和领导职务终身制的废除创造条件。"十年，我们必须认真解决这个问题。"陈云也在会上作了题为《干部队伍的交接班问题是党的一件大事》的重要讲话。

9月1日，中国共产党第十二次全国代表大会政治报告提出，改革领导机构和干部制度，实现干部队伍革命化、年轻化、知识化、专业化，消除权力过分集中、兼职副职过多、机构重叠、职责不明、人浮于事等弊端，克服官僚主义，提高工作效率。

9月1日至11日，中国共产党第十二次全国代表大会在北京举行。在开幕词中，邓小平第一次提出了"建设有中国特色的社会主义"这一崭新命题。我们要抓紧"进行机构改革和经济体制改革，实现干部队伍的革命化、年轻化、知识化、专业化"。

9月13日，中共中央顾问委员会举行第一次全体会议。邓小平当选为中央顾问委员会主任；薄一波、许世友、谭震林、李维汉当选为副主任。邓小平指出，中央顾问委员会是个新东西，是根据中国共产党的实际情况建立的，是解决党的中央领导机构新老交替的一种组织形式。目的是使中央委员会能够逐步年轻化，同时让一些老同志在退出第一线之后继续发挥一定的作用。他希望顾问委员会的成员要联系群众，真正起到党章规定的"助手和参谋"的作用。

9月29日，劳动人事部印发《关于吸收录用干部问题的若干规定》。《规定》指出，国家机关、事业、企业单位因工作需要和生产需要，在编制定员内补充干部，应先由人事部门或主管机关在本地区、本部门现有干部和国家统一分配的军队转业干部中调配，或从大中专毕业生中调派解决；解决不了的，可以从工人中吸收和从社会上录用，也可从社会上招聘。

10月3日，中共中央、国务院发布《关于中央党政机关干部教育工作的决定》。《决定》指出，今后中央党政机关的所有干部都要分期分批参加轮训，要求中央党政机关的干部教育工作经常化、正规化、制度化，力争在三五年内使干部队伍的政治、业务水平得到明显提高，以适应社会主义现代化建设的需要。

12月20日，劳动人事部发出《关于建立国家行政机关工作人员岗位责任制的通知》。《通知》指出：实行岗位责任制，是克服官僚主义，改善机关领导，转变机关作风，提高工作效率的一项重要措施。要求各级国家行政机关，已经建立岗位责任制的单位，要总结经验，进一步巩固和完善；凡是未建立岗位责任制的单位都应在完成机构改革的同时，把机关工作人员的岗位责任制建立起来。

12月30日，中共中央发出《关于清理领导班子中"三种人"问题的通知》。《通知》指出：在中央提出对追随林彪、江青反革命集团造反起家的人、帮派思想严重的人、打砸抢分子这"三种人"不可重用以后，对"三种人"进行了初步清理。但由于多方面的原因，在少数地方和部门，仍有一些"三种人"留在领导班子中或要害岗位上，继续受到重用，有的还被作为接班人已经提拔或准备提拔。这些人为数不多，活动能力很强，活动范围很广，是一种不安定因素和不可忽视的潜在危险。必须坚决把他们从领导班子中清理出去，调离要害部门和要害岗位。对清理出领导班子的"三种人"，应加强对他们的思想教育工作，给以改正错误、弃旧图新的机会。

1983 年

1 月 18 日，中共中央组织部作出《关于机构改革中各级干部必须遵守的几项规定》。为了保证当时即将开始的机构改革按照中央确定的方针、政策、步骤有秩序地进行，规定各级领导干部要做到：（一）坚守岗位，忠于职守，不得因机构改革中自己所在的部门可能合并或撤销，就等待观望，不积极主动开展工作。（二）在机构改革中，领导干部无论是继续留在领导班子里，还是调动工作，都由组织作出决定，个人坚决服从，不允许干扰机构改革中的人事安排。（三）改革工作有领导、有步骤、有秩序地进行；在改革之前，任何单位未经上级主管机关批准，不得以任何名义增设机构，增加人员编制。（四）正确对待机构的合并、撤销和人员的变动。（五）严格遵守国家的财务制度、物资管理制度和财经纪律。

2 月 15 日，中共中央、国务院发布《关于地市州党政机关机构改革若干问题的通知》。在人事制度改革方面，通知要求在配备地市州的领导班子时，一定要坚持任人唯贤，坚持走群众路线。坚决大胆地选拔任用德才兼备、年富力强的中青年干部，注意选拔妇女干部和少数民族干部，在政府机关要适当地安排非党人士。地市州定编以后，多下来的人员，要根据不同情况，采取多种办法，妥善安置。可以分配一些干部到县、社、厂矿企业去工作；对文化科学水平低的干部，可以送往学校学习、培养；还可以采取留职停薪的办法，接受社会招聘，参加各种形式的承包责任制，使他们各得其所。

2 月 22 日至 3 月 2 日，第二次全国党校工作会议在北京举行。会议研究了党校的改革问题，提出使党校尽快由短期轮训干部为主转向正规化培训干部为主，逐步实现正规化，为培养革命化、年轻化、知识化、专业化的党政干部做出新贡献。

5 月 3 日，中共中央印发《中共中央关于实现党校教育正规化的决定》和《关于第二次全国党校工作会议情况的报告》。《决定》提出，争取从"七五"计划期间开始逐步做到：凡是担任省、地两级党政主要领导职务的干部，必须经过中央党校培训；担任县级党政主要领导职务的干部，必须经过省、市、自治区委党校培训；地市县级党委所管主要领导干部也必须经过地市县委党校的培训。

7 月 9 日至 15 日，教育部、国家计委、劳动人事部在北京联合召开全国专门人才规划工作会议。会议指出：人才规划是一项战略规划，是我国经济建设战略部署的一个组成部分。会议明确规定了制订专门人才培养规划的任务，要求各有关部门调查分析专门人才教育的现状，制订培养人才的规划。会议决定成立由教育部、国家计委牵头、各有关部委参加的专门人才规划协调小组，负责统一协调专门人才规划的具体目标、要求、标准的制订和综合平衡等项工作。

7月20日，中共中央组织部在北京召开的全国组织工作座谈会闭幕。座谈会提出：今后一个时期组织工作的主要任务是：以改革的精神加速领导班子"四化"建设，即革命化、年轻化、知识化、专业化建设，改善领导班子的结构，提高干部队伍的素质，改革干部制度，认真搞好全面整党，进一步加强和改善党的领导，提高党组织的战斗力。

8月9日，《人民日报》发表评论员文章《把机构改革工作认真抓下去》，指出：当前要研究和解决五个主要问题：一是进一步明确各部委主要任务和职责；二是要适当地层层放权；三是逐步建立科学的领导体系；四是逐步实现机关服务工作企业化、社会化；五是使干部结构更合理。

9月1日，中共中央组织部发出《关于从中央、国家机关中选派部分年轻干部到基层或地方锻炼的通知》。《通知》指出，从领导机关挑选一批文化程度较高的优秀年轻干部到基层任职锻炼，是培养造就干部、改善机关干部素质的有效措施之一。中央国家机关各部门应当积极地、有计划地、分期分批地进行这项工作。选派对象主要是缺乏基层或地方领导工作经验的部和司局级后备干部，以及其他有培养前途的年轻干部。下派地点，要本着定向培养、专业对口的原则，合理地选择。

9月8日，中共中央组织部发出《关于任免国家机关和其他行政领导职务必须按照法律程序和有关规定办理的通知》。《通知》指出，凡依法应由各级人民代表大会选举产生或由人大常委会决定任命以及由国务院和地方各级人民政府任命的领导职务，必须遵照组织法的有关规定，严格按照程序办理。法律规定有任期的职务，在任期未满前，非有特殊情况，不要轻易调动；必须调整时，应按规定程序履行调动、任免手续。

10月5日，中共中央组织部印发《关于领导班子"四化"建设的八年规划》、《关于改革干部管理体制若干问题的规定》、《关于建立省部级后备干部制度的意见》等三个修订稿。关于领导班子"四化"建设，指导思想是，必须适应社会主义现代化建设的要求，切实搞好新老干部的合作与交替，选拔一大批确属德才兼备、文化程度较高、真正懂行、有闯劲、能开创新局面的优秀中青年干部担任领导工作，使领导班子形成梯形年龄结构和合理的知识结构、专业结构，真正成为领导社会主义现代化建设事业的坚强核心。关于干部管理体制的改革，要本着管少、管活、管好的精神，在党委统一领导下，实行组织部门的统一管理和分部分级管理相结合的原则。各级各部门要明确职责，减少层次，提高效率，管好领导班子，管好后备干部，搞好对干部的考察了解、培养教育和选拔使用，全面做好干部管理工作。关于后备干部制度的建立，要根据后备干部的条件，搞好后备干部的选定、培养、考核和管理，使新老干部的交替有雄厚的后备力量。

12月1日，中共中央批转中共中央组织部省、市、自治区机构改革指导小组《关于调整省地两级领导班子的工作报告》。《报告》指出：调整省级领导班子的工作从1982年10月下旬开始，到1983年3月下旬已经基本完成，省属部、委、厅、局和地、市领导班子的调整也已经基本结束。省、地两级领导班子经过调整，普遍人数减少，平均年龄下降，文化程度提高，向革命化、年轻化、知识化、专业化前进了一大步。省级领导班子，党委常委、正副省长由原来的698人减少到463人，减少了34%；平均年龄由原来的62岁下降到55岁；具有大专以上文化程度者由原来的20%增加到43%。新提拔的省级领导干部204人，占新班子成员总数的44%，其中具有大专文化水平的145人，占71%。地、市和省属部、委、厅、局的领导班子，党委常委、正副专员和正副厅、局长，由调整前的16658人减少到10603人，减少36%；平均年龄由58岁降为50岁；具有大专文化程度者由原来的14%提高到44%。

1984 年

1月10日至20日，中共中央组织部和劳动人事部举行全国党政机关实行岗位责任制座谈会。各省、自治区、直辖市组织部长、人事局长和中央国家机关各部委组织、干部部门的负责同志参加了会议。会议提出：党政机关、群众团体、事业单位要普遍建立岗位责任制。指出建立岗位责任制是深入进行机构改革必不可少的一个重要步骤。中共中央书记处书记宋任穷到会讲了话，国务院副总理田纪云出席了会议。

4月26日，中共中央发出《关于任免国家机关领导人员必须严格依照法律程序办理的通知》。《通知》重申：任免国家机关领导人员必须严格按照宪法和法律规定的程序办理，并下发了中共中央组织部制定的《关于任免国家机关和其他行政领导职务必须按照法律程序和有关规定办理的通知》，要求各地、各部门贯彻执行。

6月30日，中共中央组织部、劳动人事部联合发出《关于逐步推行机关工作岗位责任制的通知》。《通知》提出：推行岗位责任制，必须从实际出发，讲求实效。各级党政机关的情况不同，同一机关各部门的工作也有差异，应根据各自的特点和需要，选择最适合本单位情况的岗位责任制。

7月14日，中共中央组织部发布《关于修订中共中央管理的干部职务名称表的通知》，《通知》指出：中央书记处决定，改革干部管理体制，适当下放干部管理权限，采取分级管理，层层负责的办法，缩小由中央管理的干部的范围，中央原则上只管下一级的主要领导干部，以便做到管少、管好、管活。要求各省、市、自治区党委和中央各部委采取具体措施，把干部管理工作做好。工作中要坚决执行干部队伍革命化、年轻化、知识化、专业化的方针，认真负责地把所管干部的任免、调动、考核、培养、审查、晋级、奖惩等各项工作做好。各地各部门要明确分管职责，减少审批层次，简化手续，提高工作效率。

7月20日，《人民日报》报道：中央书记处决定，改革干部管理体制，适当下放干部管理权限，采取分级管理、层层负责的办法，缩小中央管理干部的范围。中央原则上只管下一级的主要领导干部。

9月12日，中共中央批转中共中央组织部《关于各省、自治区、直辖市调整县级领导班子的情况报告》。《报告》指出：目前，除西藏外，全国调整县级领导班子的工作已经基本结束。调整后的县委常委和正副县长中，具有大学文化程度者，由原来的10.8%提高到45%，有专业技术职称者占15.4%；除北京、上海外，平均年龄都在45岁以下；班子人数减少了18%。

9月29日，《人民日报》刊登周恩来同志1963年5月29日在中共中央和国务院直属机关负责干部会议上的报告《反对官僚主义》，要求以这个讲话为指导，反对机关中存在的官僚主义，提高工作效率。周恩来的讲话分析了官僚主义的二十种表现及其危害，指出："官僚主义在我们执政的党内，在我们的国家机关内，的确是十分有害、非常危险的……官僚主义的态度和作风已经给我们的工作造成许多损失，如果听其发展，不坚决加以克服，必将造成更大的危害。我们绝不能容许官僚主义再继续发展下去。"

10月20日，中国共产党第十二届三中全会在北京举行，全会一致通过了《中共中央关于经济体制改革的决定》。《决定》提出要按照精简、统一、效能的原则，改进机关作风，提高工作人员的素质。要改变那种长期形成的领导机关不是为基层和企业服务，而是让基层和企业围着领导机关转的局面，扫除机构重叠、人浮于事、职责不清、互相扯皮的官僚主义积弊，使各级领导机关把自己的全部工作切实转移到为发展生产服务、为基层和企业服务、为国家的繁荣强盛和人民的富裕幸福服务的轨道上来。

11月5日，《人民日报》刊登消息：成都市改革党政机关干部管理体制，各级负责干部一律实行任期制；还决定今后新增加的干部从现有干部以及工人、农民中公开招聘。

12月3日，中共中央、国务院发出《关于严禁党政机关和党政干部经商、办企业的决定》。《决定》指出：各级党政领导机关特别是经济部门及其领导干部要正确发挥领导和组织经济建设的职能，坚持政企职责分开、官商分离的原则，决不允许运用手中的权力，违反党和国家的规定去经营商业，兴办企业，谋取私利，与民相争。

12月29日，中共中央批转中共中央组织部、中共中央宣传部《关于加强干部培训工作的报告》，指出大规模地、正规化地培训在职干部，提高干部队伍的政治、业务素质和经营管理水平，是实现干部队伍革命化、年轻化、知识化、专业化的根本途径之一。为了加强对干部培训工作的领导，中央决定成立中央干部教育工作领导小组。

1985 年

4 月，中共中央书记处讨论《国家工作人员法》草案。该法草案是根据中央书记处会议的要求，从 1984 年 11 月起由中共中央组织部和劳动人事部组织人员进行研讨起草的。会议讨论决定改名为《国家行政机关工作人员条例》。

4 月 9 日至 13 日，中共中央组织部在北京召开部分省市、部委第三梯队建设工作座谈会。会议指出，第三梯队的建设，要进一步做好两方面的工作：一是继续抓好第三梯队成员的选拔、充实和培养、提高；二是发扬勇于改革的精神，逐步建立和健全有助于大批年轻优秀干部源源不断地涌现，并及时得到选拔、培养和使用的制度，以创造一种适宜于大批优秀人才脱颖而出的环境。

7 月 9 日，中共中央办公厅、国务院办公厅发出《关于党政机关干部不兼任任何经济实体职务的补充通知》，《通知》规定，所有在职和退居二线的党政机关干部，一律不兼任全民所有制各类公司、企业等实体经济的职务。已经兼任的，应辞去兼任的职务，或辞去党政机关的职务。这个原则同样适用于中外合资、合作企业。

9 月 18 日至 23 日，中国共产党全国代表会议在北京举行。邓小平肯定了一批老同志带头废除领导职务终身制、推进干部制度的改革所起的作用，指出干部的新老交替，是从组织上对我们党的政策的连续性的保证。陈云强调：干部队伍要保持梯队结构。

1986 年

1 月 6 日和 9 日，中共中央书记处在北京召开中央机关干部大会。出席大会的中央党、政、军机关和北京市的领导干部共 8000 多人。9 日，胡耀邦在会上作《中央机关要做全国的表率》的讲话。他提出，在 80 年代的后 5 年，中央机关要在提高效率、努力学习、严肃纪律、增强党性四个方面起到表率作用。会上宣布：中央书记处决定成立中央机关端正党风领导小组，由乔石任组长。

1 月 28 日，中共中央发出《关于严格按照党的原则选拔任用干部的通知》。《通知》指出，当前在干部选拔任用工作中存在着突出的问题：有些领导干部，不遵守党的原则，违反组织人事纪律。为此，中央特作如下通知：领导干部必须在用人方面模范地遵守党的原则，维护组织人事工作纪律；选拔领导干部必须严格按照规定的程序办事，充分走群众路线，由党委集体讨论决定；严格禁止擅自增设机构、提高机构规格和增加领导干部职数等。

2月4日，中共中央、国务院发出《关于进一步制止党政机关和党政干部经商办企业的规定》，《通知》指出，自1984年12月中央、国务院《关于严禁党政机关和党政干部经商办企业的决定》下发后，经商办企业的不正之风还没有完全刹住，因而作出进一步规定：党政机关，包括各级党委机关和国家权力机关、行政机关、审判机关、检察机关以及隶属这些机关编制序列的事业单位，一律不准经商办企业。凡违反规定仍在开办的企业包括应同机关脱钩而未脱钩，或者明脱钩暗不脱钩的，不管原来经过哪一级批准，都必须立即停办，或者同机关彻底脱钩。凡上述机关干部、职工，包括退居二线的干部，除中共中央书记处、国务院特殊批准的以外，一律不准在各类企业担任职务。已经担任企业职务的，必须立即辞职；或者必须辞去党政机关职务。在职干部、职工，一律不许停薪留职去经商办企业。已停薪留职的，或者辞去企业职务回原单位复职，或者辞去机关公职。

11月18日，中共中央办公厅转发中共中央组织部《关于领导班子年轻化几个问题的通知》和《关于调整不胜任现职领导干部职务几个问题的通知》。两个《通知》提出：必须坚持领导班子年轻化这项具有战略意义的改革，在年龄结构上保持干部新老交替的正常格局；要以改革的精神，坚决实行干部职务能上能下、能下能上的原则，逐步从制度上保证德才兼备、具有开创精神的干部能够脱颖而出。

1987 年

3月26日，干部人事制度改革专题组提出，工作人员的概念过于宽泛，不能突出行使国家行政权力、执行国家公务人员的职业特点，建议将《国家行政机关工作人员条例》改为《国家公务员暂行条例》。

4月13日，中共中央、国务院发出《关于制止机构、编制和干部队伍膨胀的通知》。《通知》指出：近一两年来，许多地区、部门又出现了增设机构、扩大编制、机构升格、滥提职级、乱招干部的现象。为了保证政治体制和经济体制改革的顺利进行，避免给今后的机构改革和干部人事制度改革增加困难，必须坚决制止机构、编制、领导职数和干部队伍的盲目膨胀。《通知》对此作出了具体规定和要求。

5月16日至20日，中共中央组织部和劳动人事部在北京召开全国控制编制调整干部结构工作会议。会议指出：随着经济体制改革和政府管理职能的转变，为适应改革、开放新形势的要求，干部的部门、层次分布必然要进行相应的调整。这次调整干部结构的原则是：适当加强政法和经济监督调节等部门，缩减经济管理部门；统筹安排，保证重点，首先满足政法部门增加干部的需要；坚持调整与控制相结合，在调整过程中，严格控制干部总数的增长。5月23日，中共中央书记处和国务院决定：调整干部分布结构，充实和加强政法和经济监督调节部门。

5月20日，中央政治体制改革研讨小组听取干部人事制度改革专题组汇报后认为，在我国建立国家公务员制度的考虑基本可行；"国家公务员"这个概念比"干部"、"工作人员"都要清楚，能较好地表达政府系统中依法行使国家行政权力、执行国家公务的人员特点。

10月20日，中国共产党第十二届七中全会在北京举行，会议原则同意《政治体制改革总体设想》。《设想》提出要在我国建立和推行国家公务员制度。

10月25日，中国共产党第十三次全国代表大会通过的政治报告指出，"进行干部人事制度的改革，就是要对'国家干部'进行合理分解，改变集中统一管理的现状，建立科学的分类管理体制；改变用党政干部的单一模式管理所有人员的现状，形成各具特色的人事管理制度；改变缺乏民主法制的现状，实现干部人事的依法管理和公开监督"。"当前干部人事制度改革的重点，是建立国家公务员制度，即制定法律和规章，对政府中行使国家权力、执行国家公务的人员，依法进行科学管理。"

10月31日，劳动人事部发布经国务院批准的《国家行政机关工作人员职级奖惩暂行处理办法》。《办法》对升级奖励、升职奖励、降级处分、撤职处分、开除留用察看处分的具体标准和做法分别作了明确规定。

1988 年

3月23日，中共中央组织部、劳动人事部发出《关于政法、税务、工商行政部门和银行、保险系统招收干部实行统一考试的通知》。《通知》指出，在全国建立国家公务员制度之前，要在选拔干部方面尽量增加透明程度、开放程度和群众参与程度，对政法部门和综合、监督等部门招收干部的工作，可采取公开招考，择优录用或聘用的办法。根据这个精神，招收干部应坚持面向社会，公开报名，统一考试，德智体全面考核，择优录用或聘用的原则。

3月25日，第七届全国人民代表大会第一次会议召开。国务院代总理李鹏作《政府工作报告》。《报告》提出，要在改革政府机构的同时，抓紧建立和逐步实施国家公务员制度，尽快制定《国家公务员条例》，研究制定《国家公务员法》，开办行政学院，培养行政管理人员。今后各级政府录用公务员，要按照《国家公务员条例》的规定，通过考试、择优选拔。

3月28日，国务委员宋平在七届全国人大一次会议上对《国务院机构改革方案》作说明。为了适应党政职能分开后干部人事制度改革的要求，推行国家公务员制度，强化政府的人事管理职能，组建人事部。其主要职能是，建立和推行国家公务员制度，加强对国家人事行政和政府机构、编制的法制管理，综合协调各行业专业技术人员的分类管理，并承担有关国家机关工作人员的管理职能和原由国家科学技术委员会管理科技干部的职能。

3月30日，人事部筹备组决定，成立公务员制度工作小组，抓紧做好公务员制度实施的准备工作。

4月9日，第七届全国人大一次会议原则批准国务院机构改革方案，人事部正式成立。

6月1日，中共中央发出《关于党和国家机关必须保持廉洁的通知》。《通知》说："在整个改革开放的过程中，我们必须做到：改革开放，繁荣经济，要坚定不移；保持廉洁，防止腐败，也要坚定不移。党和国家机关工作人员要正确运用人民赋予的权力来为人民办事，切实做到：严守法纪，不贪赃枉法；秉公尽责，不以权谋私；艰苦奋斗，不奢侈浪费。"《通知》强调，必须依法惩处索贿、受贿、贪污、弄权渎职、敲诈勒索等违法犯罪行为，必须坚决刹住受礼送礼、大吃大喝等不良风气。党和国家各级机关必须把廉政工作作为一件大事摆到重要议事日程上来，严肃认真、扎扎实实地抓。

6月25日至7月1日，中共中央组织部在北京召开全国组织工作会议。中共中央组织部部长宋平在会上指出：组织战线在新形势下要解决的主要问题，一是从严治党，把党的基层组织和党员队伍建设好；二是深化干部人事制度的改革，加强干部队伍和领导班子的建设，在宏观管理上下功夫，以保证党的基本路线的贯彻执行。

7月5日，李鹏总理主持总理办公会议，专题讨论筹建国家行政学院的问题，要求国家行政学院走新型的社会化的办学方式，主要培训高中级公务员。教育计划与国家公务员制度要紧密联系。公务员晋升、任职前要在行政学院取得晋升任职资格。

7月20日，国务院决定成立筹建国家行政学院领导小组。

7月29日，《人民日报》报道：人民解放军干部制度改革取得重大成果，已经相继出台《中国人民解放军文职干部暂行条例》、《中国人民解放军军官军衔条例》和即将出台现役军官服役条例。实行文职干部制度在人民解放军的历史上是第一次。

8月24日，中共人事部党组决定成立人事部推行公务员制度领导小组。

8月25日，中共中央组织部、人事部发出《关于认真执行干部退离休制度有关问题的通知》。《通知》要求达到规定退休年龄的干部，都应及时办理退休手续，不需本人提出申请。

9月9日，国务院第二十一次常务会议审议通过《国家行政机关工作人员贪污贿赂行政处分暂行规定》，9月13日由总理发布施行。国家行政机关工作人员利用职务上的便利，贪污公共财物、挪用公款、收受贿赂以及行贿或者介绍贿赂的，分别给予警告、记过、记大过、降级、降职、撤职、开除留用察看、开除处分。

10月26日，由中共中央组织部和人事部联合举办的中国公务员制度暨人力资源开发国际研讨会在北京开幕。国务院总理李鹏在中南海紫光阁接见参加研讨会的外国高级人事官员、专家、学者，中共中央组织部和人事部的负责同志时指出：机构精简和人员减少时，要注意把精干的人和领导保留下来，在这一基础上实行公务员制度，留下的人也要经过考核和培训。

11 月 4 日，国务院发布《关于干部管理有关问题的通知》。根据中央决定，原由中央管理的部分干部移交国务院管理。《通知》具体列举了国务院管理干部的单位，并对国务院管理干部的任免程序作了规定。

11 月 29 日，全国人事工作会议在北京开幕，人事部部长赵东宛作了报告。他在报告中提出，1989 年将在国务院和省政府少数部门开始进行国家公务员制度试点工作。

12 月 15 日，中共中央批转中共中央组织部《关于建立民主评议党员制度的意见》并发出通知。《通知》指出：建立民主评议党员的制度，是从严治党，提高党员素质的一项重要措施，是通过制度建设加强对党员的经常性教育，加强对党员的管理和监督的有效方法，对于在治理经济环境、整顿经济秩序、全面深化改革中发挥党的领导核心作用和党员的先锋模范作用，具有重要意义。《通知》要求，评议党员干部要把顾全大局、清正廉洁、严守法纪作为重要内容。

1989 年

1 月 5 日，中共中央组织部、人事部发出《关于国家行政机关补充工作人员实行考试办法的通知》。《通知》强调：从 1989 年起，国家行政机关补充工作人员，要贯彻公开、平等、竞争的原则，通过考试、考核、择优录用，把好"进口"关，为今后全面推行公务员考试录用制度创造条件。要求各级组织人事部门加强对这项工作的组织领导，严防弄虚作假、徇私舞弊的现象发生。

2 月 5 日，中共中央办公厅、国务院办公厅发出《关于清理党和国家机关干部在公司（企业）兼职有关问题的通知》，《通知》要求：在公司（企业）兼职的党和国家机关干部，必须在当年 3 月底以前辞去公司（企业）职务，或辞去机关职务。并且规定：今后各级党委、政府不再审批党和国家机关干部到公司（企业）兼职。新成立的公司（企业），凡有党和国家机关干部兼职的，工商行政管理部门不予办理审批注册手续。

2 月 25 日，中共中央组织部、人事部联合发出《关于实行中央国家机关司处级领导干部年度工作考核制度的通知》。《通知》指出：建立年度考核工作制度，对于加强机关干部队伍的自身建设，反对官僚主义作风，清除腐败现象，提高行政效率，以及深化干部人事制度改革，有着十分重要的作用。同时，也为我国实行公务员制度创造条件。

3 月 20 日，人事部向被确定为推行公务员制度试点单位的审计署、海关总署（含系统）、国家税务局、国家环保局、国家统计局、国家建材局发出《关于印发〈中央国家行政机关国家公务员制度试点总体方案〉的通知》。

4月25日，人事部与监察部、审计署、国家统计局、国家环保局、国家建材局、国家税务局共同举行六部门补充工作人员联合考试新闻发布会。至6月中旬，联合招考工作人员的考试如期进行。参加考试的859人，经过笔试、面试和严格的政治思想品德考核，有185人进入录用候选人名册，127人办理了录用手续。

7月15日，公安部发布《关于公安机关辞退公安干警的规定》。《规定》指出：实行辞退制度是公安机关解除公安干警身份的行政措施，不具备惩戒性质，并对辞退的条件和程序及被辞退干警的待遇作了规定。这是我国国家行政机关中的第一个规定辞退的规章。

7月16日，中共中央、国务院发出《关于省级以上党政机关不直接从高等学校应届毕业生中吸收干部的通知》。《通知》要求省级以上党政机关及所属从事社会科学研究的事业单位和具有政府管理职能的公司，不直接从高等学校应届毕业生中吸收干部，所需人员，各部门根据自己的工作性质、任务和干部革命化、年轻化、知识化、专业化的要求，在国家规定的编制限额内，按照有关部门批准当年增加干部的指标，从基层经过实践锻炼、具有大专以上文化程度的干部中择优挑选。

9月4日，邓小平在同中央几位负责同志谈话时提出了他自己退休的时间和方式问题。邓小平提出，他退休的时间定在五中全会，方式越简单越好，并建议由江泽民担任党和国家的军委主席。

10月25日，人事部发出《关于搞好职位分类准备工作的通知》，《通知》要求各地各部门确定负责职位分类工作的人员，学习宣传职位分类的基本原理和实施职位分类的目的、意义，为在本地区本部门进行职位分类工作，进而为条件成熟时推行公务员制度做准备；要分期分批组织骨干培训；并结合本地区本部门的实际情况，研究提出实施方案。

11月4日，人事部发出《关于国家行政机关工作人员培训工作的通知》。《通知》提出：国家行政机关根据经济社会发展的需要，按照人事制度改革的要求，在党的路线方针政策的指导下，对工作人员有计划有目的地组织培训，是人事管理工作的重要组成部分。国家行政机关工作人员的培训要坚持"两手抓"，一手抓马列主义、毛泽东思想教育，一手抓业务培训。培训工作必须以马列主义毛泽东思想为指导，坚持理论联系实际，贯彻学用一致，按需施教，讲求实效的原则，体现培训和任用相结合的方针。《通知》还就岗位培训、入门培训、晋升资格培训和公务员制度的培训提出了具体的要求。

11月6日至9日，中共十三届五中全会在北京举行。全会讨论并通过《中国共产党十三届五中全会关于同意邓小平同志辞去中共中央军事委员会主席职务的决定》。与会的全体同志，对邓小平身体力行地为废除干部领导职务终身制做出的表率，表示崇高的敬意。

1990 年

1月14日，中共中央、国务院发布《关于组织党政机关干部下基层的通知》，《通知》要求在继续努力克服机关中存在的消极腐败现象，增强群众信任的同时，各级党政机关的干部，必须动员起来，分期分批组成各种形式的工作小组和调研小组，到基层去，到工厂去，到农村去，到学校去，到街道去，了解民情，广交朋友，多做实事。这是当前发扬党的密切联系群众的优良传统，克服官僚主义习气，转变机关作风，改进领导工作的基本一环。

2月16日至19日，全国省、自治区、直辖市党委组织部长会议在北京举行。会议的中心议题是：讨论研究如何继续全面深入地搞好干部考察工作，切实加强各级领导班子建设；确保党和国家的各级领导权牢牢掌握在忠于马克思主义的人手里。18日，江泽民在出席组织部长座谈会时提出：中央提出考察干部有着重大意义。通过干部考察，要加强各级领导班子建设。领导班子建设不仅要着眼于当前，还要着眼于21世纪。

2月26日，人事部印发《人事部门廉政建设暂行规定》，《规定》对干部考试录用、考核、任用、工资晋级、机构编制和增干增资指标的确定、干部调配、专业技术职务评聘、军官转业安置等工作提出了具体的廉政行为规范。

4月16日，《求是》杂志刊出人事部部长赵东宛的重要文章《建立有中国特色社会主义的国家公务员制度》。文章指出，我国的公务员制度，是在邓小平同志关于改革干部人事制度的思想指导下制定的，它继承和发扬了党和国家干部人事工作的优良传统，总结吸收了干部人事制度改革的经验，借鉴了外国一些科学合理的做法，是一套比较科学的政府机关人事管理制度。

5月25日，中共中央印发《关于县以上党和国家机关党员领导干部民主生活会的若干规定》，并发出通知指出：健全并严格执行党员领导干部民主生活会制度，对加强领导班子的思想、作风建设，依靠自身力量解决矛盾，有效地进行党内监督，增强团结，改进作风，保证党的路线、方针、政策和决议的正确贯彻执行，都是非常重要的。通知要求县以上各级党组织尤其是主要负责同志高度重视，认真组织，开好民主生活会。

6月9日至15日，全国省、自治区、直辖市党校校长会议在北京举行。12日，江泽民、乔石、宋平、李瑞环在中南海怀仁堂同出席会议的同志座谈，江泽民作题为《关于加强党校建设的几个问题》的重要讲话。

7月7日，中共中央作出《关于实行党和国家机关领导干部交流制度的决定》。实行这个决定，是对中国干部制度的一项重要改革。

1991 年

1月13日，人事部印发《国家行政机关工作人员回避暂行规定》。《规定》指出，应回避的亲属关系为：夫妻关系；直系血亲关系；三代以内旁系血亲关系及其配偶关系；近姻亲关系。

3月11日，全国人事厅局长会议在北京开幕。人事部部长赵东宛作了题为《认真贯彻落实党的十三届七中全会精神，把人事工作稳步推向前进》的报告。报告提出，要积极稳妥地做好建立和推行国家公务员制度的工作。主要任务是：继续搞好已定的试点工作；加强面上单项制度的推行工作；继续抓紧公务员法规建设，尽早公布《国家公务员暂行条例》，并研究拟定一系列配套法规。

3月13日上午，李鹏总理接见全国人事厅局长会议代表，并召开座谈会。李鹏总理就机构改革、工资制度改革、人事制度改革等问题作了重要讲话，强调公务员制度的建立必须适合中国国情。

4月27日，人事部发出《关于加强行政惩戒工作管理的通知》。《通知》指出，行政惩戒工作是政府人事部门的一项重要职责。按照国务院确定的职能分工，人事部门负责管理国家行政机关、事业单位和企业中由国家行政机关任命的工作人员的日常行政惩戒工作。

8月20日，人事部印发《关于新进入国家行政机关的工作人员初任培训教学指导方案》，对初任培训的对象、目的、时间、内容、教材等作了规定。第一阶段以社会主义国情教育、公共行政管理知识和全心全意为人民服务的宗旨为主，组织集中培训，后一阶段以岗位业务所需基本知识技能为主。

1992 年

1月18日至2月21日，邓小平视察武昌、深圳、珠海、上海等地，发表著名的南方谈话。邓小平提出：正确的政治路线要靠正确的组织路线来保证。中国的事情能不能办好，从一定意义上说，关键在人。中国要出问题，还是出在共产党内部。对这个问题要清醒，要注意培养人，要按照"革命化、年轻化、知识化、专业化"的标准，选拔德才兼备的人进班子。

10月12日，中国共产党第十四次全国代表大会在北京开幕。江泽民同志在政治报告中指出：要下决心进行行政管理体制改革和机构改革，切实做到转变职能、理顺关系、精兵简政、提高效率。他说，精简机关人员，严格定编定员。机构改革、精兵简政是一项艰巨任务，必须统筹规划，精心组织，上下结合，分步实施，三年内基本完成。要把人员精简同提高工作效率和发展社会生产力结合起来，既改善机关人员结构，提高人员素质，又使大批人才转移到第三产业和其他需加强的工作岗位上去，成为现代化建设的生力军。江泽民强调要加快人事劳动制度改革，逐步建立健全符合机关、事业、企业不同特点的科学的分类管理体制和有效的激励机制。这方面的改革要同机构改革、工资制度改革相结合。尽快推行国家公务员制度。

1992 年第六期《中国经济体制改革》杂志发表李鹏同志文章《积极推进县级机构改革》。文章提出：县级机构改革总的方向是走"小机构，大服务"的路子，减少对企业和基层的行政干预，进一步发展服务体系。机构改革要紧紧抓住转变政府职能这个关键，要逐渐地从单纯的管理职能，更多地转化为服务职能。要通过人才分流的道路，妥善地安置机构精简后的多余人员，实现人力资源的合理配置。

1993 年

4 月 19 日，国务院作出有关机构改革的决定，决定国务院的直属机构由 19 个调整为 13 个，办事机构由 9 个调整为 5 个，国务院不再设置部委归口管理的国家局。国务院直属事业单位也同时作了调整。

4 月 24 日，国务院第二次常务会议通过《国家公务员暂行条例》，自当年 10 月 1 日起实行。这是适应建立社会主义市场经济体制的需要，使中国政府机关人事管理逐步走向科学化、法制化的总章程。

7 月 2 日，中共中央发出 7 号文件，印发《关于党政机构改革的方案》和《关于党政机构改革方案的实施意见》。党的十四届二中全会通过的《关于党政机构改革的方案》指出：要把机构改革与干部人事制度和工资制度改革结合起来，配套进行。在各级政府定职能、定机构、定编制之后，随即推行公务员制度，并进行工资制度改革。中央机构编制委员会提出的《关于党政机构改革方案的实施意见》指出：国务院各部门在"三定"方案批准后，即与推行公务员制度相衔接。大体步骤是：第一，进行职位分类，明确各职位的职责任务和任职资格条件；第二，按照职位的任职要求，选配人员，确定公务员级别；第三，实施职级工资制度。具体实施按统一部署进行。

8 月 14 日，李鹏总理签发国务院第 125 号令，发布《国家公务员暂行条例》，自 1993 年 10 月 1 日起施行。《条例》的出台，为公务员制度的全面推行提供了法律依据，标志着建立和推行公务员制度的工作进入了一个新的阶段。

8 月 20 日，人事部部长宋德福在《人民日报》发表题为《勇于改革不合时宜的人事制度》的文章。文章就《国家公务员暂行条例》出台的背景和过程、建立国家公务员制度的目的、国家公务员制度的指导原则、国家公务员制度具有的特点、国家公务员制度的主要内容、国家公务员制度的实施等重要问题作了论述和说明。文章指出，公务员制度的建立，标志着具有中国特色的国家行政机关新的人事管理制度的初步确立。要求各地各部门统筹规划，协调安排，有领导、有组织、有计划地分步骤进行。大体用三年时间，在全国建立起新的人事管理机制，然后再逐步完善。

1994 年

2 月 8 日，劳动部、人事部颁发《〈国务院关于职工工作时间的规定〉的实施办法》，规定中华人民共和国境内的国家机关、社会团体、企业事业单位以及其他组织的职工从 1994 年 3 月 1 日起，实行每日 8 小时、平均每周工作 44 小时的工时制度。

4 月 2 日，国务院、中央军委批转《国务院军队转业干部安置工作小组、人事部、总政治部关于做好 1994 年军队转业干部安置工作意见的通知》。

5 月 31 日，江泽民在省部级主要领导干部第四期理论研讨班结业会上指出：党在新时期所处的地位和肩负的历史任务，要求各级干部尤其是领导干部比过去任何时候都要更加重视理论学习，加强理论修养。有了理论上的清醒和坚定，才能保持政治上的清醒和坚定，贯彻执行党的基本路线才能更加全面自觉，才会有社会主义现代化事业的成功。领导干部马克思主义理论水平的高低，在很大程度上决定着党的执政水平和领导水平的高低，决定着建设有中国特色社会主义事业的成败。

6 月 16 日，《国家公务员录用暂行规定》颁布实施，标志着公务员录用步入规范化、制度化轨道。此前，全国已有 29 个省市区和国务院 63 个部门，试行考试择优录用。从 47 万余名报考者中择优录用 37.1 万余人。

8 月 18 日，吉林省审计厅率先把竞争机制引入公务员任命工作。在参加竞争上岗的 21 人中，经演讲、答辩、评委评分、群众投票、组织考核，挑选 7 人任命为正副处长。

9 月 25 日至 28 日，中国共产党十四届四中全会在北京举行。会议集中讨论党的建设问题，通过《中共中央关于加强党的建设几个重大问题的决定》。《决定》指出，邓小平关于进行党的领导制度改革，完善党规党纪，实现党内生活民主化制度化；关于坚持和健全民主集中制，增强党的团结统一；关于实行干部队伍"四化"方针，造就朝气蓬勃的领导干部队伍等方面的思想，都是党的建设理论的重要发展，为加强党的建设指明了方向。

11 月 10 日，中共中央组织部发出《关于坚决防止和纠正选拔任用干部工作中不正之风的通知》。《通知》提出以下要求：坚持任人唯贤，反对任人唯亲；坚持干部职务安排由组织决定的原则，刹住拉关系、走后门、伸手要官的恶劣风气；选拔任用干部必须充分发扬民主，走群众路线，不准个人或少数人说了算；增强保密观念，严格保守人事机密；加强组织人事部门的作风建设，坚决防止和抵制违反组织人事纪律的行为；深化干部人事制度改革，加强制度建设。

11 月 30 日至 12 月 3 日，全国组织工作会议在北京举行。会议着重研究和部署培养选拔德才兼备的领导干部、加强各级领导班子建设的工作。11 月 30 日，胡锦涛在会上作题为《抓紧培养选拔德才兼备的领导干部，把各级领导班子建设成为贯彻党的基本路线的坚强领导集体》的报告，提出要把全面提高县以上党政领导干部的素质，作为今后干部工作的一个重点。12 月 2 日，江泽民在会上讲话强调：当前和今后一个时期，干部队伍建设必须着重完成两项战略任务：一是全面提高现有领导干部的素质，把县以上各级领导班子建设好；二是抓紧培养选拔优秀年轻干部，努力造就大批能够跨世纪担当重任的领导人才。这是当务之急，是全面推进党的建设这个新的伟大的工程的关键性工程。

1995 年

2 月 9 日，中共中央印发《党政领导干部选拔任用工作暂行条例》，并要求各地区、各部门结合实际情况，认真遵照执行。《条例》共十一章五十四条。《条例》的总则规定，选拔任用党政领导干部，必须坚持以下原则：（一）党管干部的原则；（二）德才兼备、任人唯贤的原则；（三）群众公认、注重实绩的原则；（四）公开、平等、竞争、择优的原则；（五）民主集中制的原则；（六）依法办事的原则。

4 月，辽宁、北京、天津等 17 个省、市，改革单一指令性军转干部安置办法，引入竞争机制，扩大供需见面，实行双向选择的范围，引导更多的军转干部进入人才市场，更好地发挥他们的才智和作用。

4 月 6 日，中央国家行政机关首批新录用的 292 名公务员，按照公务员条例规定，进行为期一个月的初任培训。国务委员李贵鲜勉励新录用公务员，树立一代公务员"具有现代意识、崇尚中华文明、善于科学管理、勤政廉政"的新形象。

4 月 22 日，中共中央组织部召开全国培养和选拔年轻干部工作经验交流会，胡锦涛到会作了重要讲话。

5 月 13 日，人事部部长宋德福主持中央国家机关实施公务员制度经验交流会。国务委员李贵鲜在会上强调，国家行政机关，特别是中央国家行政机关，肩负着改革开放和现代化建设的决策、指挥、组织、协调和监督检查的重任，能不能建立一支高素质的公务员队伍，事关改革开放和现代化建设大业的成败。

5 月 17 日，中央、国家机关宣布将面向全社会公开招聘 495 名工作人员和国家公务员。这是在中央一级机关第一次实行如此大规模的招考，对中央党群机关来说，也是第一次实行工作人员考试录用。这是干部人事制度改革的重大举措，标志着考试录用工作上了一个新台阶。

6 月 19 日，中共中央组织部、人事部、国家行政学院在北京举办推行公务员制度高级研修班，国务院总理李鹏接见全体学员并作重要讲话。国务委员李贵鲜在开学典礼上强调，今年是推行公务员制度的关键一年。国务院各部门要先行一步，全面展开，并取得初步成效。地方国家公务员制度的实施要结合机构改革逐步全面展开。

6月30日，中共中央组织部在北京召开大会，表彰100名优秀县（市）委书记。江泽民在大会上发表讲话，要求县以上领导干部在坚持正确的政治方向、增强全局观念、加强理论学习、全心全意为人民服务等方面有一个大的进步。江泽民强调：始终保持政治上的清醒和坚定，是做合格的中高级领导干部的最重要的条件。如果政治方向模糊不清，就难当大任，难受重托。胸无全局者，不足以谋一域。无论负责哪一级、哪一个部门的领导工作，都要时刻胸怀全党全国工作的大局，坚持以大局为重。

11月7日，中央机构编制委员会和人事部联合召开全国事业单位机构和人事制度改革工作会议。中编办主任、人事部部长宋德福在会上指出：推进事业单位机构改革和人事制度改革，必须遵循党管干部、政事分开的原则，分类管理、配套改革的原则，公开、平等、竞争、择优的原则，脱钩、分类、放权、搞活的原则。确立科学的总体布局，坚持社会化的方向，推行多样的管理，实行制度化的总量控制。

1996 年

6月21日，中共中央纪念中国共产党成立75周年座谈会在北京举行。江泽民在会上发表题为《努力建设高素质的干部队伍》的重要讲话，讲话指出：75年来，我们有一条基本的经验，这就是：党领导的事业要取得胜利，不但必须有正确的理论和路线，还必须有一支能坚决贯彻执行党的理论和路线的高素质干部队伍。

7月22日，人事部召开电话会议，对全面推行国家公务员轮岗制度作出部署，强调担任领导职务的公务员在同一职位上任职5年以上，原则上要实行轮岗，根据需要也可以适当延长或缩短轮岗年限。人事部部长宋德福强调，公务员轮岗是干部交流制度的重要组成部分，是干部交流工作的深化和发展。

9月26日，中共中央政治局常委、书记处书记胡锦涛在中南海会见"做人民满意的公务员"报告团成员，强调要通过开展"做人民满意的公务员"活动，引导广大公务员及其他干部，提高思想政治素质，牢记党的重托，时刻把人民群众放在心上，廉洁奉公，勤政为民，做好本职工作。

1997 年

3月28日，中共中央印发《中国共产党党员领导干部廉洁从政若干准则（试行）》，对党员领导干部廉洁从政提出了明确、全面的行为规范，要求全党认真贯彻执行。这是党中央加强党风廉政建设和党员领导干部思想作风建设的又一措施，对于社会主义市场经济条件下的反腐倡廉具有重要的指导意义。

8 月 18 日，人事部发布《人事争议处理暂行规定》，并成立人事仲裁厅，全面推行人事争议仲裁制度，加强人事执法监督。

9 月 12 日至 18 日，中国共产党第十五次代表大会在北京举行。江泽民向大会作《高举邓小平理论伟大旗帜，把建设有中国特色社会主义事业全面推向 21 世纪》报告。报告强调，培养同现代化要求相适应的数以亿计高素质的劳动者和数以千万计的专门人才，发挥我国巨大人力资源的优势，关系 21 世纪社会主义事业的全局。要深化人事制度改革，引入竞争激励机制，完善公务员制度，建设一支高素质的专业化国家行政管理干部队伍。

10 月 13 日，人事部授予河北省平山县西柏坡乡乡长王韶华等十名同志"人民满意的公务员"荣誉称号，给北京市朝阳区高碑店乡乡长王秀兰等十五名同志记一等功。10 月 21 日，中共中央政治局常委、书记处书记胡锦涛会见荣获"人民满意公务员"称号和受表彰的公务员，勉励大家要坚持和实践全心全意为人民服务的宗旨，把人民群众满意不满意作为自己全部工作的出发点和归宿，把人民利益放在大于一切、高于一切、重于一切的位置上。

12 月 21 日至 24 日，全国组织工作会议在北京举行。胡锦涛强调，建设一支高素质的干部队伍，是我们的事业不断取得成功的关键。今后在选拔干部时要进一步扩大民主，注意社会公论，广泛听取各方面意见，通过民主评议、民主推荐等多种形式，让群众更多地参与对干部的考察和选拔，得不到多数人拥护的不能提拔。22 日，江泽民作重要讲话，强调解决前进道路上面临的问题，完成我国跨世纪发展的各项任务，一靠正确的理论和路线的指导，二靠广大人民群众的团结奋斗，三靠党的各级组织坚强有力。这三条中，干部是一个重要的决定因素。

1998 年

1 月 20 日至 22 日，中共中央纪律检查委员会第二次全体会议在北京举行。会议强调，党风廉政建设和反腐败工作必须标本兼治，加大从源头上预防和治理腐败的力度。要坚持从领导机关、领导干部抓起，尤其要加强对各级领导干部的管理和监督。

2 月 25 日至 26 日，中共十五届二中全会在北京举行。全会审议通过了《国务院机构改革方案》。

3 月，中共中央批准，中共中央纪律检查委员会发布《关于对〈中国共产党党员领导干部廉洁从政若干准则（试行）〉第五条第二款的补充规定》。

11 月 21 日，中共中央发布《关于在县级以上党政领导班子、领导干部中深入开展以"讲学习、讲政治、讲正气"为主要内容的党性党风教育的意见》。

1999 年

1 月 11 日，《人民日报》就干部人事制度改革 20 年发表消息指出，中国人事制度已发生深刻变化，整体性人才资源开发蓬勃发展，国家公务员制度基本建立，人事管理开始进入法制轨道，人事工作融入经济社会发展的大循环，一个适应市场经济的人事管理体制新框架基本形成。

7 月 6 日，中央部门机构改革工作会议在北京举行。中共中央决定进行党中央部门机构改革。这是继 1998 年国务院机构改革和正在进行的地方政府机构改革之后的又一项重大改革举措。这次机构改革，主要是根据形势的变化和党的中心工作的需要，进一步理顺职能关系，精简、调整内设机构和人员编制，优化人员结构，增强机关活力。

8 月 30 日，全国专业技术人员与事业单位人事制度改革会议在天津召开。国务委员、国务院秘书长王忠禹在会上强调，要加快事业单位人事制度改革步伐，建立充满生机和活力的人才管理体制，努力建设一支能够满足经济和社会发展需要的、具有较强国际竞争力的高素质社会化的专业技术人才队伍。

2000 年

4 月 27 日，由中共中央组织部召开的全国培养选拔年轻干部工作座谈会在北京举行。

6 月 9 日，中共中央总书记、国家主席、中央军委主席江泽民在全国党校工作会议上就加紧培养适应新世纪要求的中青年领导干部问题发表重要讲话。他强调，历史和现实都表明，一个政党，一个国家，能不能不断培养出优秀的领导人才，在很大程度上决定着这个政党、这个国家的兴衰存亡。

6 月 23 日，中共中央办公厅印发《深化干部人事制度改革纲要》的通知。

7 月 10 日，《人民日报》报道，党的十四大以来，组织人事部门大力推进干部人事制度改革，积极探索公开选拔领导干部，取得了巨大成绩。5 年来，全国公开选拔县处级以上干部 7700 余人。

10 月 22 日，《人民日报》报道，在全国范围内首次公开招考选拔国际职员后备人员 170 名，标志着我国国际职员制度改革深入发展，逐步向国际惯例靠拢。

2001 年

5 月 1 日，中共中央纪律检查委员会和中共中央组织部发出《关于坚决防止和查处干部选拔任用工作中的不正之风和违纪违法行为的通知》。要求严明组织人事纪律，按照规定的原则、标准和程序选拔任用干部；加强对干部选拔任用工作的监督检查，及时发现和纠正存在的问题；加大查处力度，严厉惩处干部选拔任用工作中的违纪违法行为；教育干部党员加强党性修养，提高遵守组织人事工作纪律的自觉性；深化干部人事制度改革，从源头上防止和克服用人上的不正之风和违纪违法行为。

5 月 10 日，中共中央发布《关于印发〈2001 年—2005 年全国干部教育培训规划〉的通知》。

5 月，中共中央纪律检查委员会、中共中央组织部发出《关于坚决防止和查处干部选拔任用工作中的不正之风和违纪违法行为的通知》。

7 月 1 日，中共中央在人民大会堂隆重举行庆祝中国共产党成立 80 周年大会。江泽民在大会上发表重要讲话。在谈到干部人事制度时强调，必须全面贯彻干部革命化、年轻化、知识化、专业化的方针和德才兼备的原则，深化干部人事制度改革，努力建设一支高素质、担重任、经得起风浪考验的干部队伍；必须坚持党要管党的原则和从严治党的方针，各级党组织必须对党员干部严格要求、严格教育、严格管理、严格监督，坚决克服党内存在的消极腐败现象。

11 月 29 日，中共中央纪律检查委员会、中共中央组织部、监察部、人事部、审计署联合决定，自 2005 年 1 月 1 日起，将党政领导经济责任审计范围从县级以下扩大到地厅级。

2002 年

5 月 31 日，在中央党校省部级干部进修班毕业典礼上，江泽民发表重要讲话，指出，开创建设有中国特色社会主义事业新局面，必须高举邓小平理论伟大旗帜，全面贯彻"三个代表"要求。他说，"三个代表"要求同马克思列宁主义、毛泽东思想、邓小平理论一脉相承，反映了当代世界和中国的发展变化对党和国家工作的新要求。

7 月 9 日，中共中央印发《党政领导干部选拔任用工作条例》。22 日，胡锦涛在全国学习贯彻《条例》电视电话会议上强调，该条例是我党关于党政领导干部选拔任用工作的基本规章，也是从源头上预防和治理用人方面不正之风的有力武器。

11 月 8 日至 14 日，中国共产党第十六次全国代表大会在北京举行。江泽民作《全面建设小康社会，开创中国特色社会主义事业新局面》报告。大会通过了《中国共产党章程（修正案）》的决议。报告强调，中国共产党以马克思列宁主义、毛泽东思想、邓小平理论和"三个代表"重要思想作为行动指南，"三个代表"重要思想是党必须长期坚持的指导思想。

2003 年

2 月 26 日，国家行政学院与北京大学决定联合培养公共管理硕士，以培养高层次公务员人才。国务委员兼国务院秘书长、国家行政学院院长王忠禹出席在国家行政学院举行的签字仪式。

4月1日，国务委员兼国务院秘书长华建敏到人事部调研并看望干部职工，在听取张柏林部长工作汇报后指出：要深刻领会党的三代领导核心及胡锦涛总书记、温家宝总理关于人才问题的一系列论述，充分认识人事人才工作的地位和作用。他强调，一要深化干部人事制度改革；二要深化分配制度改革；三要完善公务员制度；四要发挥人事部门职能作用，配合教育部门，为大中专毕业生就业创造条件，搞好服务；五要把安置好军转干部当作大事抓好。

6月9日，经中共中央批准，中央人才工作协调小组成立，负责统一指导协调全国的人才工作和人才队伍建设。

6月23日，经党中央、国务院批准建设的中国浦东干部学院、中国井冈山干部学院、中国延安干部学院开工建设。

8月13日，纪念《国家公务员暂行条例》颁布十周年座谈会在北京召开。中共中央政治局委员、书记处书记、中共中央组织部部长贺国强作题为《以"三个代表"重要思想为指导，开创公务员制度建设和队伍建设新局面》的重要讲话。讲话要求：一是制定公务员法，健全公务员管理体系；二是完善管理机制，促进优秀人才脱颖而出；三是坚持执政为民，加强公务员的作风建设；四是围绕能力建设，打造学习队伍；五是深化工资改革，稳定吸引人才。

12月19日至20日，全国人才工作会议在北京召开。这是新中国成立后党中央、国务院第一次召开全国人才工作会议。这次会议阐述了科学人才观的内涵，进一步明确了"党管人才"的原则，并对今后人才工作的开展进行了一系列的具体部署。

12月26日，中共中央国务院发布《关于进一步加强人才工作的决定》。《决定》共分三个方面内容。第一方面内容提出大力实施人才强国战略是新世纪新阶段人才工作的根本任务，阐明了实施人才强国战略的科学内涵、指导思想、根本原则和基本要求。第二方面内容阐明了人才工作的具体任务和战略抓手，包括人才培养、人才评价和使用、人才市场体系建设、人才激励和保障、高层次人才队伍建设、人才工作协调发展等，对当前和今后一个时期的人才工作进行了全面部署。第三方面内容提出党管人才原则是开创人才工作新局面的根本保证，阐明了党管人才的重大意义、科学内涵、工作要求和工作格局。

2004 年

2月，中共中央颁布《中国共产党党内监督条例（试行）》和《中国共产党纪律处分条例》，并发出通知，要求党的各级组织和党员干部严格遵照执行。

2月4日，中共中央组织部、人事部召开贯彻落实全国人才工作会议精神座谈会。中共中央政治局委员、书记处书记、中共中央组织部部长、中央人才工作协调小组组长贺国强在座谈会上指出，各级党委、政府要大力加强高层次人才队伍建设，使高层次人才创业有机会，干事有舞台，发展有空间，社会有地位。

3月29日，胡锦涛主持召开中央政治局会议，审议通过《公开选拔党政领导干部暂行规定》、《党政机关竞争上岗工作暂行规定》、《党的地方委员会全体会议对下一级党委、政府领导班子正职拟任人选和推荐人选表决办法》、《党政领导干部辞职暂行规定》和《关于党政领导干部辞职从事经营活动有关问题的意见》五个干部人事制度改革文件。此前，经中央同意，中共中央纪律检查委员会和中共中央组织部联合下发《关于对党政领导干部在企业兼职进行清理的通知》。这六个文件的颁布是中央从整体上不断推进干部人事制度改革的重要举措。

4月7日，中共中央纪律检查委员会监察部派驻机构统一管理工作会议在北京召开。吴官正强调，对派驻机构实行统一管理，是中央为改革和完善纪律检查工作体制作出的重大决策，是加强党内监督的一项重大举措。

4月，中共中央组织部颁布《党政领导干部公开选拔和竞争上岗考试大纲》，对公开选拔党政领导干部和党政机关竞争上岗考试的科目、测评要素、内容、方式方法及实施程序等作出了明确规定。

4月，中共中央办公厅印发《公开选拔党政领导干部工作暂行规定》、《党政机关竞争上岗工作暂行规定》、《党的地方委员会全体会议对下一级党委、政府领导班子正职拟任人选和推荐人选表决办法》、《党政领导干部辞职暂行规定》和《关于党政领导干部辞职从事经营活动有关问题的意见》等五个干部人事制度改革文件。此前，经中央同意，中共中央纪律检查委员会和中共中央组织部联合下发了《关于对党政领导干部在企业兼职进行清理的通知》。这六个文件的颁布，是中央从整体上不断推进干部人事制度改革的重要举措。

9月16日至19日，党的十六届四中全会在北京召开。会议审议通过了《中共中央关于加强党的执政能力建设的决定》、《中国共产党第十六届中央委员会第四次全体会议关于同意江泽民同志辞去中共中央军委主席职务的决定》和《关于调整充实中央军委组成人员的决定》。决定胡锦涛任中央军事委员会主席。

2005 年

1月19日，中共中央举办的省部级主要领导干部提高构建社会主义和谐社会能力专题研讨班在中央党校开班。胡锦涛在讲话中指出，构建社会主义和谐社会，是党提出的一项重大任务。要建设的和谐社会是民主法制、公平正义、诚信友爱、充满活力、安定有序，人与自然和谐相处的社会。要扎实做好构建和谐社会的各项工作。

4月，十届全国人大常委会第十五次会议审议通过了《中华人民共和国公务员法》。

2006 年

1月1日，《中华人民共和国公务员法》正式施行，《国家公务员暂行条例》同时废止。

2月9日，国务院发布《国家中长期科技发展规划纲要》。《纲要》指出，人才资源已成为最重要的战略资源，要实施人才强国战略，切实加强科技人才队伍建设。此外，规划实现的目标不仅要关注出成果，更要关注出人才。将"出人才"与"出成果"并重，把人才培养和使用作为评价规划实施效果的一个重要指标，是我国科技发展史上的第一次。

4月2日，中共中央发出《关于认真做好今明两年省、自治区、直辖市党委换届工作的通知》。《通知》指出，要按照"明确方向、积极稳妥、突出重点、分步到位"的原则，在精简领导班子职数、减少副书记职数、适当扩大党政领导成员交叉任职等方面取得实质性进展。

4月9日，中共中央、国务院下发《关于印发〈中华人民共和国公务员法〉实施方案的通知》，同时附发了五个附属文件，即《公务员范围规定》、《公务员登记实施办法》、《公务员职务与级别管理规定》、《综合管理类公务员非领导职务设置管理办法》、《参照〈中华人民共和国公务员法〉管理的单位审批办法》。

6月30日，庆祝中国共产党成立85周年暨总结保持共产党员先进性教育活动大会在北京举行。胡锦涛发表重要讲话。在谈到干部队伍建设时强调，要全面贯彻干部"四化"方针和德才兼备原则，不断深化干部人事制度改革，扩大干部工作中的民主，扩大群众对干部工作的知情权、参与权、选择权、监督权，健全干部选拔任用和管理监督机制，严格遵守干部选拔任用的规定和程序，不断加强各级领导班子建设。要彻底防止和纠正考察失真、"带病提拔"、跑官要官和卖官买官等问题。要加强党的领导机关和党员领导干部的监督，把党内监督与人大监督、政府专门机关监督、政协民主监督、民主党派监督、司法监督、群众监督、舆论监督等很好结合起来，形成监督合力，提高监督效果。

2007 年

1月4日，中共中央组织部、人事部下发《公务员考核规定（试行）》。

1月12日，中共中央政治局常委、国家副主席曾庆红在对参加全国县委书记、县长专题研讨班学员代表座谈时强调，要联系实际认真学习贯彻胡锦涛同志在中共中央纪律检查委员会七次全会上的讲话，全面加强县级领导班子的作风建设，不断增强社会主义新农村建设的能力，造福广大农民群众。

1月14日，中共中央印发《2006～2010年全国干部教育培训规划》，要求各地区各部门结合实际认真贯彻执行。

1月16日，经中央批准的2006年度14个省区党委换届选举顺利完成。党中央高度重视换届工作，中央政治局常委会和政治局多次研究，中央领导同志多次听取汇报，对换届工作作出重要指示。中共中央组织部等部门认真贯彻中央指示精神，超前考虑，统筹安排，认真履行职责，切实加强对换届工作指导，严肃组织人事纪律，积极营造风清气正的良好环境。换届工作充分发扬民主，优化班子结构，推进配套改革，提高选举差额比例，大幅度精简副书记。

2月8日，公安部建立特邀监督员制度。中共中央政治局委员、国务委员、公安部长周永康在特邀监督委员座谈会上强调，特邀监督员在促进、推动公安工作和队伍建设方面发挥着重要作用，希望他们关心、关注和监督支持公安工作和队伍建设。

2月9日，国务院第五次廉政工作会议在北京召开。温家宝总理在讲话中强调，要规范行政权力运行，深化体制改革和加强制度建设，加强政风建设，把政府廉政建设和反腐败工作引向深入。

4月4日，国务院第173次常务会议通过《行政机关公务员处分条例》。

10月8日，人事部发出正式组建中央机关及所属事业单位人事争议仲裁委员会的通知。

11月6日，人事部下发《公务员录用规定（试行）》。

2008 年

1月3日，中共中央纪律检查委员会和中共中央组织部联合召开严明换届纪律做好选举工作视频会议，明确提出"十个严禁"的要求。为加强对换届选举工作的督导，中共中央组织部会同中共中央纪律检查委员会派出20个换届选举工作督导小组。

1月4日，中共中央组织部、人事部下发《公务员奖励规定（试行）》。

1月10日，中共中央纪律检查委员会书记贺国强在中共中央纪律检查委员会委员学习贯彻党的十七大精神研讨班上强调，要以更严的要求加强纪检监察干部队伍自身建设。

2月18日，中共中央总书记胡锦涛在全国组织工作会议上强调，要继续加大制度建设和创新力度，整体设计，分步实施，及时将党的建设理论创新、实践创新转化为制度成果，不断完善党的建设和党内生活的制度，切实把民主集中制度更好地落实到党的领导制度、组织制度、选举制度、工作制度、监督制度等方面。各级党委要把提高领导班子和领导干部的开拓创新能力作为一项紧迫的重要任务来抓，加强学习和实践锻炼，加强领导班子制度建设，完善选人用人机制，营造创新氛围。要坚持正确的用人导向，真正把那些政治上靠得住、工作上有本事、作风上过得硬、人民群众信得过的干部选拔到各级领导岗位上来。要真正把组织部门建设成为高举中国特色社会主义伟大旗帜，深入贯彻科学发展观的模范部门，把组工干部队伍建设成为讲党性、重品行、作表率的过硬队伍。

2月29日，中共中央组织部、人事部下发《公务员调任规定（试行）》、《公务员职务任免与职务升降规定（试行）》。

3月3日至5日，全国政协十一届一次会议和十一届全国人大一次会议分别在北京召开。会议选举胡锦涛为国家主席、中央军委主席；习近平为国家副主席；吴邦国为全国人大常委会委员长；温家宝为国务院总理；贾庆林为全国政协主席。通过了《关于行政体制改革的意见》和《国务院机构改革方案》等一系列报告。

3月5日至18日，十一届全国人大一次会议举行，批准国务院机构改革方案，决定成立国家公务员局。探索实行职能有机统一的大部门体制，调整变动机构15个，减少正部级机构4个。改革后，除国务院办公厅外，国务院组成部门设置27个。会议选举胡锦涛为国家主席、国家中央军委主席，吴邦国为全国人大常委会委员长，习近平为国家副主席，决定温家宝为国务院总理。

5月14日，中共中央组织部、人力资源和社会保障部下发《公务员申诉规定（试行）》。

6月20日，中共中央总书记胡锦涛在全党深入学习实践科学发展观活动动员大会暨省部级主要领导干部专题研讨班上发表重要讲话，强调要切实搞好深入学习实践科学发展观活动，把贯彻落实科学发展观提高到新的水平。

6月22日，中共中央印发《建立健全惩治和预防腐败体系2008—2012年工作规划》，这是为提高党的执政能力，保持和发展党的先进性而作出的重大决策。

6月，《公务员培训规定》颁布实施。

7月22日，按照《国务院机构改革方案》新成立的国家公务员局对外办公。

2009 年

6月30日，中共中央办公厅、国务院办公厅印发了《关于实行党政领导干部问责的暂行规定》。《规定》的发布与施行是加强反腐倡廉法规制度建设、完善领导干部行为规范的重要举措，对于加强党政领导干部的管理和监督，增强党政领导干部的责任意识，更好地贯彻落实科学发展观，不断提高党的执政能力和执政水平，具有重要意义。

7月1日，中共中央办公厅、国务院办公厅颁布《国有企业领导人员廉洁从业若干规定》。它是一部比较全面、系统规范国有企业领导人员廉洁从业行为的专门性法规，是推进国有企业反腐倡廉建设的重要举措。

9月15日至18日，中共十七届四中全会在北京召开，会议通过《中共中央关于加强和改进新形势下党的建设若干重大问题的决定》。对新形势下深化干部人事制度改革，建设善于推动科学发展、促进社会和谐的高素质干部队伍作出了全面部署，强调"坚持民主、公开、竞争、择优，提高选人用人公信度，形成充满活力的选人用人机制，促进优秀人才脱颖而出，是培养造就高素质干部队伍的关键"。

10月，中共中央办公厅印发了《关于建立促进科学发展的党政领导班子和领导干部考核评价机制的意见》。同时，为了深入贯彻落实《意见》，经中央批准，中共中央组织部制定了《地方党政领导班子和领导干部综合考核评价办法（试行）》、《党政工作部门领导班子和领导干部综合考核评价办法（试行）》、《党政领导班子和领导干部年度考核办法（试行）》。与《意见》一起形成促进科学发展的党政领导班子和领导干部考核评价机制。

12月，中央印发《2010～2020年深化干部人事制度改革规划纲要》，对未来10年深化干部人事制度改革作出全面规划。

2010 年

3月7日，中央办公厅颁布了《党政领导干部选拔任用工作责任追究办法（试行）》。

4月，中共中央组织部印发《关于下达2010年到村任职高校毕业生选聘名额的通知》，明确2008年至2012年中央财政补助的到村任职高校毕业生选聘名额由10万名增至20万名，计划2010年新选聘3.6万名大学生"村官"，并就确保大学生"村官"选优、干好、流得动提出了要求。

4月5日，中共中央办公厅转发《中央组织部、中央宣传部关于在党的基层组织和党员中深入开展创先争优活动的意见》，对开展创先争优活动作出部署。

6月17日，中共中央办公厅印发《2010－2020年干部教育培训改革纲要》。

7月1日，中共中央组织部、中央创先争优活动领导小组发出通知，要求各级组织部门和创先争优活动领导小组（指导小组）认真学习贯彻胡锦涛总书记在深入开展创先争优活动座谈会前会见全国先进基层党组织和优秀共产党员代表时的重要讲话精神，全面深入推进创先争优活动。

7月21日至22日，全国党史工作会议在北京召开。会议研究部署当前和今后一个时期的党史工作。中共中央政治局常委、中央书记处书记、国家副主席习近平在会议上就进一步提高对党史工作重要性的认识、坚持实事求是研究和宣传党的历史、加强党的历史的学习和教育、努力提高党史工作的科学化水平、切实加强对党史工作的领导等问题，发表了重要讲话。

8月17日，中共中央纪律检察委员会、中共中央组织部、监察部不久前联合印发《关于严厉整治干部选拔任用工作中行贿受贿行为的通知》，对整治干部选拔任用工作中行贿受贿行为，也就是俗称的"买官卖官"，进行了部署。

9月29日，中央国家机关团工委在中央国家机关范围内启动了"司局长谈培养青年"活动，这是落实机关党建要求、加强队伍建设的具体举措，也是当前开展创先争优、加强党建带团建的具体行动。

10月9日，中组部在延安干部学院举办的第四期中青年干部党性教育专题培训班正式开班，来自全国各地的120多名学员，齐聚延安杨家岭党的七大礼堂旧址参加开班式。

10月24日至25日，在革命圣地延安举行了为期两天的第二届党性教育"延安论坛"。来自组织部门、培训机构、高校、研究机构、革命纪念馆以及新闻媒体的近70名代表，就挖掘革命传统资源、打造党性教育品牌、切实提高党性教育水平等问题进行了专题研讨。

11月18日，中共中央纪律检察委员会、中央组织部日前印发了《关于开展县委权力公开透明运行试点工作的意见》。

2011 年

1月25日，中央组织部、中央宣传部、中央文献研究室、中央党史研究室、教育部、共青团中央联合发出《关于在党员、干部、群众和青少年中开展中共党史学习教育的通知》。

2月19日至23日，中共中央在中央党校举行省部级主要领导干部社会管理及其创新专题研讨班。胡锦涛在开班式上发表讲话，阐述加强和创新社会管理的重要性和紧迫性，提出新形势下加强和创新社会管理、做好群众工作的总体思路和重点任务。

3月12日，胡锦涛主席在出席十一届全国人大四次会议解放军代表团全体会议时强调，以推动国防和军队建设科学发展为主题，以加快转变战斗力生成模式为主线，不断增强全面履行新世纪新阶段我军历史使命能力，为全面建设小康社会提供重要力量支撑和坚强安全保障。学习贯彻胡主席重要讲话精神，国防动员战线要主动作为，积极为加快转变战斗力生成模式提供坚强有力的支撑。

3月21日，国务院办公厅发出《关于转发人力资源社会保障部国家公务员局《2011—2015年行政机关公务员培训纲要的通知》。

3月31日，中共中央组织部在京召开围绕换届搞好组织工作宣传座谈会。会议强调，各级组织部门要把搞好换届宣传作为组织工作宣传的重中之重，切实增强政治意识、大局意识、责任意识，以高度的责任感和使命感做好工作，着力营造风清气正的换届舆论环境。

4月13日，中共中央组织部举办的第六期中青年干部党性教育专题培训班，在延安干部学院教学点杨家岭党的七大礼堂旧址开班。

6月28日，中共中央政治局就中国共产党保持和发展党的先进性研究进行第30

次集体学习。胡锦涛强调要深刻认识和充分运用党的建设历史经验，不断推进新形势下党的先进性建设。

8月22日，中共中央组织部和全国干部培训教材编审指导委员会在北京召开座谈会。中共中央政治局委员、中央书记处书记、中共中央组织部部长李源潮指出，要认真学习贯彻胡锦涛总书记所作《序言》精神，紧紧围绕科学发展中心任务，加强和改进干部学习培训，教育引导干部把学习作为一种精神追求，不断提高推动科学发展、促进社会和谐的能力。

10月17日，国家公务员局印发《公务员职业道德培训大纲》，要求"十二五"时期（2011～2015年）对全体公务员进行一次职业道德轮训。

10月11日至21日，中共中央组织部举办中央和国家机关基层党建实践与创新专题研讨班，45名中央和国家机关部委机关党委常务副书记参加培训，中共中央政治局委员、中央书记处书记、中共中央组织部部长李源潮与学员座谈并发表重要讲话。

11月23日，全国大学生村官培训班在北京房山区韩村河村举办，中共中央政治局委员、中央书记处书记、中共中央组织部部长李源潮出席并讲话。他指出，选聘高校毕业生到村任职是党中央作出的一项重大决策，大学生村官要自觉把人生选择融入到党和人民的事业中去，到农村去拜人民为师，在艰苦环境中磨炼意志、砥砺品格、增长才干，培养对农民朋友的深厚感情，努力成为国家与社会各行各业的骨干。

12月18日，全国组织部长会议，在北京召开。中共中央政治局常委、中央书记处书记、国家副主席习近平出席会议并讲话。他强调，各级党委和组织部门要认真贯彻落实党的十七大和十七届三中、四中、五中、六中全会以及中央经济工作会议精神，进一步增强责任感和使命感，坚持改革创新、求真务实、狠抓落实，努力把党的建设和组织工作做得更实更好，为实现经济工作稳中求进和推动科学发展、促进社会和谐提供坚强组织保证，以优异成绩迎接党的十八大胜利召开。

12月28日，中共中央政治局委员、中央书记处书记、中共中央组织部部长李源潮与中央党校第31期中青年干部培训班学员座谈。他指出，中青年干部要按照胡锦涛总书记要求，做社会主义核心价值体系的积极建设者和模范实践者，坚定科学信仰，保持先进追求，培养高尚品德，具有广博学识。

参考文献

[1] 王健英：《中国共产党组织史资料汇编——领导机构沿革和成员目录》，中共中央党校出版社，1995。

[2] 孙立樵、马国钧等：《优秀领导干部成长规律研究》，中共中央党校出版社，2001。

[3] 李建华主编《党政领导人才开发战略研究》，中共中央党校出版社，2002。

［4］中共四川省委组织部课题组：《党政领导干部制度改革研究》，中共中央党校出版社，2002。

［5］陈凤楼：《中国共产党干部工作史纲（1921～2002）》，党建读物出版社，2003。

［6］中国人事科学研究院：《2005 中国人才报告——构建和谐社会历史进程中的人才开发》，人民出版社，2005。

［7］关乐原：《新世纪中国人才战略发展的探索》，中共中央党校出版社，2006。

［8］全国党的建设研究会、中共中央组织部党建研究所：《改革开放以来党的建设》，党建读物出版社，2008。

［9］谈宜彦等：《领导干部成长八论》，红旗出版社，2008。

［10］《立足长远勇践行——十六大以来我国干部人事制度改革稳步推进》，新华网，http：// news. xinhuanet. com/newscenter/2007－09/14/content_ 6724286. htm。

［11］中国共产党大事记（1919～2009 年），新华网，http：//news. xinhuanet. com/ziliao/2004－10/ 19/content_ 2108282. htm。

科技人才篇[*]

科技人才篇[*]

1949 年

11 月 1 日，中国科学院成立。中国科学院整合全国科研机构，调配各科专家，团结全国科学界，迅速组建了第一批研究所，拉开了新中国科学研究工作的序幕，也树立了其作为全国科学中心的地位。中国科学院后来也成为我国科技人才的重要培养基地。

12 月 13 日，中央人民政府政务院办理留学生回国事务委员会成立。该委员会是为了统一办理留学生及学者回国事宜而专门成立的，由政务院人事局、中央人民政府文化教育委员会、中央人民政府财政经济委员会、中央人民政府政治法律委员会、中国科学院、教育部、财政部、全国学联等 17 个单位组成。委员会的成立，为吸收和争取海外科技人才回国奠定了基础。

12 月，中共中央在《关于保护与争取技术人员的指示》中指出，原属旧中国资源委员会的一批工程技术人员，"大部分为中国比较优秀的技术专家，必须妥为保护，尽量争取原职原薪任用，不得采取粗暴态度"。并且对旧有的 200 多万名知识分子中的绝大多数，安排了适当的工作和职位。

1950 年

5 月，中央人民政府政务院发出《关于在外区招聘技术人员的规定》。

6 月 14 日，中央人民政府政务院文化教育委员会发布关于中国科学院基本任务的指示，明确指出，中国科学院的成立标志着中国科学工作的新的历史阶段的开始，中国科学院的基本任务是，确立科学研究的方向、培养与合理地分配科学研究人才、调

---

* 编写者：郑念，男，中国科普研究所研究员，研究方向为科普理论研究；杨光，女，中国科协发展研究中心助理研究员，研究方向为科技政策研究；李红林，女，中国科普研究所助理研究员，研究方向为公民科学素质研究。

整与充实科学研究机构。在对科学研究人才的培养上，强调加强政治学习，保持科学院与各大学及其他专门人才训练机构间的经常联系，调查全国科学人才，予以有计划地分配和补充，同时号召并协助留学国外的科学研究人才返回祖国，为祖国服务。

7月，中央人民政府政务院批准了全国高等教育会议提出的《高等学校暂行规程》、《专科学校暂行规程》等文件，其中规定高等学校和专科学校的重要任务之一是"适应国家建设的需要，进行教学工作，培养通晓基本理论并能实际运用的专门人才：如工程师、教师、医师、农业技师、财政经济干部、语文和艺术工作者"。同年，新中国开始招收研究生，目的是为培养高等学校师资和科学研究人才。

8月11日，中央人民政府政务院第45次政务会议通过了《政务院关于奖励有关生产的发明、技术改进及合理化建议的决定》，并于8月16日发布。8月17日，为贯彻上述决定，中央人民政府政务院财政经济委员会公布了《保障发明权与专利权暂行条例》。这些政策的发布，极大地鼓励了工人、技术人员和职员以及一切从事有关生产的科学与技术研究工作者的积极性与创造性。

8月18日至24日，中华全国自然科学工作者代表会议在北京召开，毛泽东主席接见了全体代表。会议决定成立中华全国自然科学专门学会联合会（简称"全国科联"）和中华全国科学技术普及学会（简称"全国科普"）。

1951 年

3月19日，中央人民政府教育部召开第一次全国中等教育会议。这次会议确定了中等教育在我国国防建设、经济建设和文化建设等各项工作中的重要地位。

6月12日，中央人民政府教育部召开第一次全国中等技术教育会议。会议的目的是明确中等技术教育的方针和任务、中等技术教育的领导关系和经费问题、普通课的科目和教学计划，以及加强私立补习学校的领导等问题。

11月3日至9日，中央人民政府教育部召开全国工学院院长会议，提出了全国工学院的调整方案，以培养更专更精的人才，满足国家工业建设的迫切需要。

1952 年

3月21日，政务院颁布《关于整顿和发展中等技术教育的指示》，指出必须对中等技术教育进行有计划、有步骤地整顿和发展，大量地训练和培养中级和初级技术人才，以满足国家经济建设的迫切需要。

4月16日，全国工学院调整方案公布实施。该方案是为了适应我国工业尤其是重工业发展的需要而进行的，目的在于更快更好地培养大批工业方面的高级技术人才。

7月15日，中央人民政府人事部、卫生部颁发《卫生技术人员工资标准》。

1952年秋季，中央人民政府教育部根据"以培养工业建设人才和师资为重点、发展专门学院、整顿和加强综合大学"的方针，对全国 3/4 的高等学校进行院系调整，大力发展独立建制的工科院校，相继新设钢铁、地质、航空、矿业、水利等专门学院和专业，工科、农林、师范、医药院校，目的主要在于满足新中国成立之初对于工科技术人才的大量需求，这一时期的教育重心放在了与经济建设直接相关的工程和科学技术教育上。

10 月 28 日，中央人民政府教育部颁发《中等技术学校暂行实施办法》，该《办法》第二条明确规定：中等技术学校的宗旨与任务是：根据中国人民政治协商会议共同纲领文化教育政策的规定，以理论与实际一致的教育方法，培养具有必要的文化、科学的基本知识，掌握一定的现代技术，身体健康，全心全意为人民服务的初级和中级技术人才。

12 月 25 日，高等教育部举行成立大会。部长马叙伦在讲话中指出：高等教育部成立以后，将担负起专门培养国家高级和中级建设干部的任务，根据国家建设首先是工业建设的需要，源源不绝地供应足够数量的、合乎规格的技术人才。为此，首先要完成高等学校和中等技术学校、主要是工业学校的彻底改革，以便迅速有效地培养大量的工业建设的干部。

1953 年

11 月 24 日，中共中央发布《关于统一调配干部、团结改造原有技术人员及大量培养、训练干部的决定》。《决定》指出，在目前工业建设干部极端缺乏而现有干部的分布和使用又不尽合理的情况下，必须加以妥善地、合理地调整，同时强调认真贯彻党对待技术人员的政策，进一步做好团结、改造原有技术人员及大量培养、训练新的技术工人和新的技术专家的工作。

11 月 27 日，高等教育部发布《高等学校培养研究生暂行办法（草案）》，它是新中国成立后第一个有关研究生培养的法令性文件，使我国的研究生教育逐步走上制度化的轨道。

1954 年

3 月 8 日，中共中央对中国科学院党组《关于目前科学院工作的基本情况和今后工作任务给中央的报告》作出批示，向各中央局、中央分局、省（市）委、中央人民政府各部党组和各高等学校党委会提出团结科学家、大力培养新生科学研究力量的指示，批示还进一步明确了中国科学院、各高等学校、生产部门的科学研究机构在科学研究工作系统中的地位。

5 月 6 日，中央人民政府政务院第 215 次会议通过《有关生产的发明、技术改进及合理化建议的奖励暂行条例》，鼓励一切国营、公私合营、合作社经营及私营企业中的工人、工程技术人员和职员及一切从事有关生产的科学与技术研究工作者的积极性和创造性，使他们充分发挥自己的知识、经验和智慧，致力于发明、技术改进、合理化建议的工作，以促进国民经济之发展。

1955 年

6 月 1 日至 10 日，中国科学院学部成立大会在北京召开。这次大会总结了 5 年来科学工作的基本经验，明确提出了今后科学工作的方针任务及应采取的主要措施，建立了学术领导机构，加强了中国科学院的领导。这次会议也增进了科学家的团结。

7 月，"一五"计划制定，科技人才培养工作走上了有计划开展的轨道。按照这个计划，五年中，高等学校工科、农科、林科、医科毕业生共达 34.7196 万人，大大地充实了科学研究队伍。

8 月 5 日，国务院全体会议第 17 次会议通过《中国科学院研究生暂行条例》。《中国科学院研究生暂行条例》的颁布，宣告了中国科学院正规研究生培养工作的开始，也标志着我国正规研究生培养制度的开始。

8 月 31 日，国务院批准《中国科学院奖金暂行条例》。《条例》共 11 条，清楚地阐明了奖励的目的、评选程序和奖励的种类。凡中华人民共和国公民的研究工作，在学术上有重大成就或对国民经济、文化发展具有重大意义的，不论个人或集体，均可按规定授予颁发中国科学院奖金。

1956 年

1 月 14 日至 20 日，中共中央召开了关于知识分子问题会议。在会议上，周恩来代表中共中央作了《关于知识分子问题的报告》。《报告》指出，为了实现社会主义工业化，必须依靠体力劳动和脑力劳动的密切合作，依靠工人、农民、知识分子的兄弟联盟。《报告》首次提出，知识分子已经成为国家的各方面生活中的重要因素，他们中间的绝大部分已经是工人阶级的一部分。正确地解决知识分子问题，更充分地动员和发挥他们的力量，为伟大的社会主义建设服务，已成为我们努力完成过渡时期总任务的重要条件。就科技领域而言，这次会议对科技价值和科技知识分子的阶级属性作出了正确表述，给予科技知识分子极大的鼓舞和鼓励。并指出中国科学院和高等学校在培养人才方面的重要作用——中国科学院要成为"培养新生力量的火车头"，高等学校要"大量地培养合乎现代水平的科学和技术的新生力量"。会后，全国开始出现"向科学进军"的新气象。

3 月 14 日，国务院决定成立国家科学规划委员会，组织制定我国第一个科学技术发展规划，即《1956～1967 年全国科学技术发展远景规划》，简称《十二年规划》。《十二年规划》的制订与执行大大促进了我国科技研究机构和队伍的发展，对科研机构组建以及科学技术干部的使用和培养提出了具体的意见和建议，对科技人才的需求提出了要求。

6月，国务院批准成立国家技术委员会。为组建导弹研究院，有关部门从教育部、机械工业部、冶金部、化工部、铁道部等单位抽调专业技术人员充实国防建设工业。中国第一颗原子弹、氢弹的爆炸成功，航天技术的发展和许多重大科研任务的完成都有赖于在全国范围调集优秀科技人才。

8月31日，中共中央招聘工作委员会公布《关于从知识分子中招聘工作人员的审定考核和录用的办法》。

9月，周恩来在中共八大上提出，"为国家培养各项建设人才，首先是工业技术人才和科学研究人才，是教育工作的首要任务"。这里谈及的新生力量的培养明显指科技人才的培养，它表明中国共产党和国家已经把发展科学、培养大批科技人才的问题提到了一个重要议事日程上。

12月22日，中共中央同意国务院科学规划委员会党组关于征求《1956～1967年科学技术发展远景规划纲要（修正草案）》的意见的报告。

1957 年

3月1日，中国农业科学院正式成立，同年4月24日，中央批准任命丁颖为中国农业科学院院长。中国农业科学院在科技兴农、培养高层次科研人才、发展农业科技出版事业、开展国内外农业科技交流与合作等方面发挥着重要的作用。

5月10日，国务院全体会议第四十八次会议决定成立国务院科学规划委员会，聂荣臻任主任。

6月26日，周恩来在第一届全国人民代表大会第四次会议所作的《政府工作报告》中提出，《1956～1967年科学发展远景规划》已经制订，并且已经作为试行草案，付诸实施。这一科学发展远景规划的制订和实施，对新中国成立初期我国科技事业的发展起到很大的推动作用。

1958 年

9月18日，中华全国自然科学专门学会联合会（"全国科联"）和中华全国科学技术普及协会（"全国科普"）联合召开代表大会暨中国科协第一次代表大会。大会通过四项决议：一是关于建立"中华人民共和国科学技术协会"（简称"中国科协"）的决议；二是关于将本次大会作为"中华人民共和国科学技术协会第一次全国代表大会"的决议；三是关于响应党中央号召为提前五年实现12年科学技术规划而斗争的决议；四是关于开展新中国成立10周年科学技术献礼运动和准备召开全国科学技术发明创造积极分子代表会议的决议。中国科协的成立，有力地推动了国家科技和科普事业的发展，成为党和政府联系科技工作者的重要桥梁和纽带。

10月20日，中共中央以批复中国科协党组报告的形式，正式将中国科协定位为"党动员广大科学技术工作者和广大人民群众进行技术革命和文化革命、建设社会主义和共产主义的一个工具和助手"。

1959 年

3月22日，中共中央发出《关于在高等学校中指定一批重点学校的决定》，指定了16所高校为全国重点大学，目的在于：在高等教育事业大发展中，保证一部分学校能够培养较高质量的科学技术干部和理论工作干部，更有力地提高我国高等教育的教学质量和科学水平。同年8月28日，又增加4所重点大学。

1960 年

2月16日，国务院颁发《关于高等学校教师职务名称及其确定与提升办法的暂行规定》，明确高等学校教师职务名称定为：教授、副教授、讲师、助教4级。并对确定助教，提升讲师、副教授、教授的条件作了规定。

10月22日，中共中央发布《关于增加全国重点高等学校的决定》，以更有力地促进我国高等教育事业和支援新建高等学校的工作发展。同时，教育部发布《关于全国重点高等学校暂行管理办法》。

10月28日，国务院发出《关于进行科学技术干部基本情况调查的通知》，决定在全国范围内，以11月30日为起点，对科学技术干部的基本情况进行一次普查。

1961 年

7月19日，中共中央发出《关于自然科学工作中若干政策问题的批示报告》，同意聂荣臻《关于当前自然科学工作中若干政策问题的请示》和国家科委党组、中国科学院党组《关于自然科学研究机构当前工作的十四条意见（草案）》（简称《科研十四条》）。中央认为，文件精神对一切有知识分子工作的部门和单位都适用。批示强调，"做好知识分子工作，很关紧要"，对待知识、知识分子问题上的片面认识和简单粗暴作风必须纠正，在学术研究工作中必须坚持，"百花齐放、百家争鸣"的方针，对几年来批判错了的人，要进行甄别平反。提出要保证科技工作者有5/6的工作日用于科学研究。

11月，中共中央同意国家科委主任聂荣臻提出的《关于建立学位、学衔、工程技术称号等制度的建议》。

1962 年

2月16日至3月8日，国家科委在广州召开了全国科学技术工作会议，简称"广州会议"。会议检阅和总结了12年科学技术发展规划的实施情况，纠正了在执行知识分子政策上的"左"的错误。3月2日，周恩来在会上作了《论知识分子问题》的报告，报告指出，"十二年来，我国大多数知识分子已有了根本的转变和极大的进步"，并强调在社会主义建设中要发挥科学和科学家的作用。会议着重肯定了绝大多数知识分子是属于劳动人民的知识分子。

1963 年

1月，教育部召开高等学校研究生工作会议，通过了《中华人民共和国教育部直属高等学校暂行工作条例（草案）》（简称高教六十条）、《高等学校培养研究生暂行条例（草案）》等5个文件。会议指出，"高等学校培养研究生是为国家培养攀登科学高峰的优秀后备军"，"建立和健全高等学校研究生的培养制度，是我国培养较高水平的高等学校师资和科学研究人员的一项根本措施"。会议强调，保证和不断提高研究生的质量极为重要；在业务方面要求研究生要大致达到相当于苏联副博士或美国博士的水平。自此，我国研究生教育工作形成了一个独立的体系并开始走上正轨，全国的研究生工作出现了一个新局面。

2月8日至3月31日，中共中央和国务院在北京联合召开全国农业科学技术工作会议。会议制定了《1963～1972年农业科学技术发展规划》，规划明确了"大力培育人才，充实现代化实验装备，在各个重要的科学技术领域，形成研究中心，建立一支能够独立解决中国建设中科学技术问题的、又红又专的科学技术队伍"的目标。

9月25日至26日，世界科学工作者协会北京中心成立。

10月19日，中共中央、国务院批转谭震林、聂荣臻《关于全国农业科学技术工作会议的报告》，中共中央和国务院肯定农业科学技术工作会议所取得的成绩，并提出加速农业科学技术发展的五项措施，其中包括农业科学技术干部，必须尽可能归队，以充实生产、研究和推广普及的技术力量。

10月23日，国务院第136次全体会议通过《中华人民共和国发明奖励条例》及《技术改进奖励条例》，并于11月颁布实施（此前的《保障发明权与专利权暂行条例》和《有关生产的发明、技术改进及合理化建议的奖励暂行条例》同时废止）。

12月2日，中共中央和国务院原则批准中央科学小组、国家科学技术委员会党组关于一九六三至一九七二年科学技术发展规划的报告、科学技术发展规划纲要和科学技术事业规划。规划总的要求是：动员和组织全国的科学技术力量，自力更生地解决我国社会主义建设中的关键性的科学技术问题，迅速壮大又红又专的科学技术队伍，在重要的急需的方面掌握 20 世纪 60 年代的科学技术，力争接近和赶上世界先进科学技术水平。

1964 年

1 月 21 日，国家科委重新制订了《中华人民共和国科学技术委员会条例》。

3 月 22 日，中共中央发出《对中央组织部〈关于科学技术干部管理工作条例试行草案的报告〉和〈条例试行草案〉的批示》。《批示》指出，对科学技术干部的管理，应当同整个干部管理工作一样，实行在中央和各级党委统一领导下，在中央和各级党委组织部的统一管理下的分部分级管理干部的制度。

8 月 19 日，中共中央、国务院发布《关于高等学校毕业生劳动实习试行条例的通知》。《通知》指出，高等学校毕业生的劳动实习制度是促使青年知识分子劳动化、革命化、提高社会主义觉悟的一项重大措施。劳动实习制度必须以体力劳动为主，并妥善地安排他们的专业学习。

10 月 16 日，我国第一颗原子弹爆炸成功。这项事业吸收了大批的著名专家和高、中级科技人才加入祖国的核武器研制队伍，为发展我国原子能科学事业，为培养原子科技人才作出了卓越贡献。

1965 年

5 月 12 日，中共中央批转中国科学院党组《关于在中国科学院系统建立政治工作机构的请示报告》。中央同意中国科学院党组改为党委，并在所属研究单位试行党委领导下的以所长为首的所务委员会负责制。同意成立中国科学院政治部，并在中国科学院所属各大区分院、各研究所、工厂、学校建立相应的政治机构。

9 月 17 日，我国在世界上首次人工合成牛胰岛素。这项事业的成功开始了我国用人工合成方法来研究蛋白质结构与功能的新阶段，还推动了我国胰岛素分子空间结构的研究和胰岛素作用原理的研究，使我国的胰岛素研究形成了具有我国特色的体系，并培养了一批优秀的蛋白质和多肽的研究人才。

1966 年

3 月 21 日至 4 月 8 日，内务部在北京召开全国人事局长会议。会议主要就关于年老体衰、长期患病干部的安置，高等学校毕业的干部培养使用和管理教育，以及中专毕业生的调剂和军队转业干部工作进行了深入的讨论研究。

6 月 27 日，高等教育部发出通知，因开展"文化大革命"运动，1966 年和 1967 年研究生招生工作暂停。6 月 30 日，又发出通知，选拔、派遣留学生工作推迟半年进行。7 月 2 日，高等教育部向中国驻外使馆发出通知，推迟来华留学生工作半年或一年。事实上，由于"文化大革命"的影响，我国停止招收外国留学生达 7 年之久；派遣留学生的工作中止了约 6 年；招收研究生的工作到"文化大革命"结束后才逐渐恢复，中止了约 12 年。

7 月 24 日，中共中央、国务院发出《关于改革高等学校招生工作的通知》。《通知》提出：从 1966 年起，高等学校招生工作下放到省、自治区、直辖市办理。高等学校招生取消考试，采取推荐与选拔相结合的办法。从这一年起，全国高等学校停止按计划统一考试招生达 6 年之久。

10 月 27 日，我国成功地进行导弹核武器试验。导弹运行正常，核弹在预定的距离精确地命中目标实现爆炸。这项工作为我国保护了一大批优秀的科技人才，也积累了雄厚的科技实力。

1967 年

6 月 17 日，我国第一颗氢弹空爆试验成功。这项工作为我国保护了大批杰出的科学家，培养了大量的科技人才。

1969 年

10 月 26 日，中共中央发出《关于高等院校下放问题的通知》。《通知》规定：国务院各部门所属高等院校，设在北京的仍归有关部门领导，搬到外地的，可交地方革命委员会领导。《通知》下发后，中央各部所属高等院校大部分下放给地方领导，一部分高等院校被撤销、合并、搬迁。

1970 年

4 月 24 日，我国用"长征一号"运载火箭成功发射第一颗人造卫星"东方红一号"。这项工作为我国保护了大批杰出的科学家，培养了大量的科技人才。

7 月 1 日，国家科委与中国科学院合并，建立中国科学院革命委员会，国家科委被撤销，其工作先后由国务院科技教育领导小组以及中国科学院负责；同时撤销国务院科学技术干部局。

1972 年

4 月 15 日至 7 月 31 日，全国教育工作会议在北京举行。会议通过了经毛泽东主席同意的《全国教育工作会议纪要》。《纪要》中提出了"两个估计"，即认为新中国成立后的 17 年，全国教育系统基本上没有贯彻执行毛泽东主席的无产阶级教育路线，资产阶级专了无产阶级的政，大多数教师的世界观基本上是资产阶级的。

7 月 2 日，周恩来在会见美籍华人学者杨振宁时，赞赏他关于加强我国基础理论研究工作和培养研究人才的看法和建议，并要求陪同会见的北京大学教授周培源要"提倡一下理论"，"把北大理科办好，基础理论水平提高"。

1973 年

1 月 10 日，国务院批准《全国科学技术工作会议纪要（草案）》。《纪要》在评价17 年的科技工作时基本上是肯定的，但是，对于"文化大革命"对科技战线的破坏，《纪要》没有把会议反映的大量事实见诸文字，却谎称"科技领域形势大好"。因此，这个《纪要》是个矛盾的产物，它既在一定程度上反映了科技人员的愿望和要求，又在某些方面肯定了"文化大革命"中一些错误口号和做法。

8 月 11 日，国务院科教组和中国科学院联合发布《关于科学技术管理工作的通知》，科教组合并到中国科学院，成为中国科学院科教办公室，负责国务院有关部门，各省、市、自治区民用方面的科学技术长远规划的制订，科学技术三项费用和相应的物资分配，以及规划、计划的协调、检查等项工作。

1975 年

9 月 26 日，邓小平听取胡耀邦关于中国科学院工作的《汇报提纲》（即《关于科技工作的几个问题》）后，肯定了《汇报提纲》所提出的加强自然科学研究的意见。邓小平说，科研要走在国民经济前面，要发挥老科学家的作用。

1977 年

5 月 24 日，邓小平发表著名的"尊重知识，尊重人才"的重要谈话，指出："我们要实现现代化，关键是科学技术要能上去。发展科学技术，不抓教育不行。没有知识，没有人才，不能实现现代化。"

8 月 8 日，邓小平在主持召开的科学和教育工作座谈会上否定了"两个估计"。邓小平在会上指出，新中国成立后的 17 年，教育战线同科研战线一样，主导方面是红线。我国的知识分子绝大多数是自觉自愿地为社会主义服务的，是劳动者。他还果断决策恢复中断 10 年的高等学校招生统一考试的制度。

9 月 18 日，中共中央作出《关于成立国家科学技术委员会的决定》，国家科委成为统管全国科技工作的机构。同日，中共中央批准重新建立国家科学技术委员会，作为国务院所属的一个主管科学技术工作的部门，方毅任主任。

9 月 18 日，中共中央发布的《关于召开全国科学大会的通知》中指出，应该恢复技术职称，建立考核制度，实行技术岗位责任制。并且提到，"要抓紧制订科学技术规划"。

9 月，中国科学院召开全国自然科学规划会议，制订了《一九七八～一九八五全国基础科学发展规划纲要》。

11 月 14 日，国务院、中共中央决定成立中央军委科学技术装备委员会（简称军委科装委），统一领导国防科学技术研究和国防工业生产工作。

1978 年

3 月 1 日，经国务院批准，中国科学院创办了新中国第一所研究生院——中国科技大学研究生院（北京），它是一所专门从事硕士、博士研究生教育的新型现代化高等院校（1982 年 5 月，中国科学院党组批准研究生院在对外交流中同时使用"中国科学院研究生院"的名称）。

3 月 18 日至 31 日，全国科学大会在北京召开。邓小平作重要讲话，强调科学技术是生产力，"四化"的关键是科学技术的现代化，指出我国知识分子的绝大多数已经是工人阶级的一部分，是党的一支依靠力量，要在我国造就更宏大的科学技术队伍。华国锋作了《提高整个中华民族的科学文化水平》的报告。大会制定了《1978 ~ 1985 年全国科学技术发展纲要（草案）》，并从 1956 年至 1978 年全国科研成果中评选出 7675 项给予表彰，奖励了 862 个先进集体和 1192 个先进个人，辛勤的科学技术工作者重新得到国家和人民的承认和奖励。会议号召广大科技工作者树雄心，立壮志，向科学技术现代化进军。

3 月，在全国科学大会上，邓小平全面阐述了建设宏大的科技队伍的问题。邓小平明确指出，"科技人员是劳动人民，知识分子是工人阶级的一部分"，强调要加速培养年轻的科技人才，提出"科学技术人才的培养，基础在教育"，"科学家、教师发现人才，培养人才，本身就是一种成就，就是对国家的贡献"。这些讲话成为新时期科技人才培养的总方针。邓小平还重申了"科学技术是第一生产力"。

3 月 30 日，周培源在全国科学大会上作了《科学技术协会要为实现四个现代化做出贡献》的专题发言。发言就科协和学会的工作发表了四点意见：一、积极开展学术交流，推动和帮助科学技术工作者学习和运用自然辩证法；二、发动科学技术工作者对实现四个现代化，特别是发展科学技术事业提出意见和建议；三、积极开展科学普及工作，为提高全民族的科学文化水平作出贡献；四、积极开展青少年科学技术活动，推动广大青少年向科学进军。4 月，全国科协组织正式恢复。国务院批准了国家科委《关于全国科协当前工作和机构编制的请示报告》，全国科协组织正式恢复。

4 月 22 日至 5 月 16 日，全国教育工作会议在北京举行，邓小平在会上作了重要讲话。讲话要求提高教育质量，提高科学文化的教学水平；学校要大力加强革命秩序和革命纪律，造就具有社会主义觉悟的一代新人，促进整个社会风气的革命化；指出教育事业必须和国民经济发展的要求相适应；尊重教师的劳动，提高教师的质量。这篇讲话，为新时期的教育工作指明了前进方向。

6月6日，国务院、中央军委发出成立中国人民解放军国防科学技术大学的通知。通知指出，国防科技大学的任务，主要是为国防尖端技术培养高质量、高水平的研究、设计、生产、试验人才。它的成立对促进国防尖端科学技术的发展和我军现代化建设都具有重大意义。

6月23日，国家计委、国家科委、民政部、国家统计局最近联合发出通知，决定在全国范围内进行一次自然科学技术人员基本情况的普查。普查的目的是要准确地掌握当前全国自然科学技术队伍的基本情况，为落实党的知识分子政策，组织实施科学技术规划，加速发展我国科学研究事业，提供更加可靠的依据。

8月8日，邓小平主持召开了科学教育座谈会，发表《关于科学和教育工作的几点意见》的讲话，明确肯定中国绝大多数知识分子自觉为社会主义建设服务的事实。他强调要为科研和教学人员创造必要的工作条件，特别指出"要保证科研时间，使科学工作者能把最大的精力放到科研上去"。这个讲话后人称之为"八八讲话"，标志着科教政策实际转折的开始。

10月9日，中共中央正式转发《1978~1985年全国科学技术发展规划纲要》，简称《八年规划》。《八年规划》提出未来八年的科技工作奋斗目标：1.部分重要的科学技术领域接近或达到20世纪70年代的世界先进水平；2.专业科学研究人员达到80万人；3.拥有一批现代化的科学实验基地；4.建成全国科学技术研究体系。规划强调通过多途径培养人才，加强国际科技交流与合作，推广技术成果，创造适宜的科研条件，实行科研管理科学化等。

10月10日至11月4日，中共中央组织部分批召开落实知识分子政策座谈会。会议认为知识分子队伍的状况已经发生深刻变化，解放初期提出的对知识分子"团结、教育、改造"的方针已经不适用于目前的情况，当前要继续做好复查与平反昭雪知识分子中的冤假错案工作。

11月3日，中共中央组织部发出《关于落实知识分子政策的几点意见》，要求把党的知识分子政策落到实处，对知识分子队伍有一个正确的估计；继续做好复查和平反工作；要充分信任、放手使用和做到有职有权；调整用非所学，做到人尽其才；努力改善他们的工作条件和生活条件。从而正式肯定了知识分子的地位和作用，解决了束缚人才政策的重大理论是非问题。

12月，中共十一届三中全会召开，纠正了长期的"左"的错误以后，中国开始走上社会主义现代化的新的里程，科技人才培养工作在新的历史时期得以系统化、正规化地发展。

12月6日，国家科委、民政部发出《关于调查农村、城镇闲散自然科学技术人员的通知》。

12月25日，国务院批转国家科委、外交部《关于加强引进人才工作的请示报告》。《报告》指出，为加强四化建设，发展科学技术，要大量从国外引进人才。

12月，国务院制定发布《中华人民共和国发明奖励条例》（1963年的《发明奖励条例》同时废止）。

1979 年

1月，中共中央批准恢复国务院科学技术干部局，由国家科委代管，对科研干部进行统一管理。

2月23日，卫生部颁发经国务院批准的《卫生技术人员职称及晋升条例（试行）》的通知。

3月10日，教育部发出通知，试行《关于高等学校实验技术人员职务名称确定与提升的暂行规定》和《关于高等学校图书和资料情报人员职务名称与提升的暂行规定》。

6月28日，国务院科技干部局发布《关于授予从事科学技术管理工作的科技干部的技术职称的意见》。

8月，国家科委《关于"文化大革命"中遗留的几个问题的请示报告》上报中央。中央在批示中指出，对强加给"科研工作十四条"、广州会议和科技战线的一切不实之词，应该全部推倒。对于受到打击迫害的干部和科技人员，应一律恢复名誉。在中央的统一部署下，科技战线平反工作进行得很顺利。

9月3日，国务院科技干部局发出《关于建立〈科学技术干部业务考绩档案〉的统一样式的通知》。

9月23日，国务院科技干部局在政协礼堂举行联欢会，招待中华人民共和国成立以来归国的科学家。

10月25日，全国科学技术工作会议在北京召开。这次会议主要是研究科技战线如何贯彻"调整、改革、整顿、提高"的八字方针，讨论国家各部委草拟的《关于科学技术计划管理体制的改革意见》、《关于民用科学研究经费改革的初步意见》、《关于三项费用物资管理办法》、《关于调整和整顿科研机构的意见》以及《关于地方科委工作职责的若干意见》等五个讨论稿。

11月10日，国务院批转国家科委、国家经委、国务院科技干部局《关于颁发工程技术干部技术职称暂行规定的请示报告》。

11月21日至12月5日，民政部在北京召开全国人事局长会议。会议明确了新时期人事工作的根本任务，是贯彻执行中国共产党的组织路线，确保中国共产党政治路线的实现。会议还讨论了《干部奖惩条例》、《干部任免条例》、《外语干部职称和晋升办法》、《干部调配工作暂行规定》、《关于闲散社会上的科学技术人员安排使用意见》、《关于各级人事机构和人员编制的意见》等文件草案。

11 月 21 日，国务院制定发布《中华人民共和国自然科学奖励条例》（1955 年 8 月的《中国科学院科学奖金暂行条例》同时废止）。《条例》将自然科学奖分为四等，奖金分别为 10000 元、5000 元、2000 元、1000 元，并设特等奖。《条例》规定，凡集体或个人的阐明自然现象、特性或规律的科研成果，在科学技术的发展中有重大意义的，可授予自然科学奖。国家科委统一领导自然科学奖励工作。

12 月 7 日，国务院科技干部局颁发《关于做好科技干部技术职称的评定工作的通知》。《通知》指出：对在职的科技干部评定技术职称，必须严格按照晋升条件进行考核，评定技术职称主要以工作成就、技术水平、业务能力为依据，适当考虑学历和从事技术工作的资历。

12 月 20 日至 29 日，教育部、国务院科技干部局在北京联合召开全国留学人员工作会议，总结交流选派出国留学人员的经验，研究确定今后选派工作的方针、任务和方法。会议指出，派出留学人员不仅是现阶段为解决四化急需的高级科技和管理人才，加快缩短与世界先进水平差距的一项重要措施，也是今后必须长期坚持的一项方针。今后选派留学人员的方针是：在确实保证质量的前提下，根据国家的需要和可能，广开渠道，力争多派；充分发挥中央各部门和地方及基层单位在派出工作中的积极性。在选派工作中，必须坚持"三个为主"的原则，即：选拔留学人员应以培养高等教育师资为主，并兼顾其他方面的需要；派出专业应以自然科学为主，同时派人学习社会科学和外国语言；自然科学方面应以技术科学为主，但也不应忽视基础科学和应用技术的需要。

12 月 27 日，国务院科技干部局召开会议，为早年归国的留美科学家平反。

1980 年

2 月 25 日，国务院批转民政部、国务院科技干部局《关于闲散在社会上的科技人员安排使用意见的报告》，要求对社会闲散人员"采取多种形式，广开门路，积极创造条件，尽可能将他们就地使用起来，发挥一技之长"。

2 月，五届全国人大常委会第十三次会议审议通过了《中华人民共和国学位条例》。规定中国学位分为学士、硕士、博士三级，分别由国务院授权高等院校和科研机构授予。12 月 14 日，根据《中华人民共和国学位条例》规定，国务院设立了学位委员会，负责领导全国学位授予工作。12 月 15 日至 18 日，国务院学位委员会在北京召开第一次会议，讨论实施《中华人民共和国学位条例》的有关问题。这次会议审议了《中华人民共和国学位条例暂行实施办法》，讨论并通过了《国务院学位委员会关于审定学位授予单位的原则和方法》，讨论了 1981 年实施学位条例的工作部署。

3 月 14 日，国务院科技干部局发出《关于执行〈工程技术干部技术职称暂行规定〉若干问题的补充说明》。

4月2日，中共中央组织部、中共中央统战部发出《关于印发〈关于科技骨干外流情况的报告〉的通知》。《通知》针对大量知识分子外流且外流人员中半数是科技人员的情况，强调如果不采取有力措施加以制止，对我国实现四个现代化是十分不利的。《通知》要求各地区、部门根据自身情况，参照北京市的经验和做法，认真贯彻党的知识分子政策，切实解决他们工作、生活中存在的问题，把可能非正常出国出境的科技骨干稳定下来。

5月4日，国务院批转国家统计局制定的《统计干部技术职称暂行规定》。

5月8日，国务院批准颁布国家农委、农业部、农垦部、国务院科技干部局制定的《农业技术干部技术职称暂行规定》。

5月15日，国务院科技干部局发出《关于报送自然科学技术优秀拔尖人才名单的通知》。要求各地、各部门科技干部管理部门和学术组织，推荐自然科学技术优秀拔尖人才。指出，选拔自然科技优秀拔尖人才是发现人才的重要途径，是关系到我国四化建设，特别是科学技术工作繁荣昌盛的大问题。要发展科学技术，赶超世界先进水平，必须有一支强大的科技队伍。这支队伍，要有足够的数量，更要有一批杰出的优秀拔尖人才。

9月19日至24日，国家人事局在合肥召开闲散科技外语人员安排座谈会。

10月，中共中央、国务院批准教育部和国家民委提出的《关于加强民族教育工作的意见》。《意见》明确提出，要加强培养少数民族四化建设人才，特别是各类科学技术人才。

11月15日，中共中央宣传部、中共中央统战部、中共中央组织部、国家科委转发中国科学院上海分院《关于科学家兼职等情况的调查（摘要）》和国务院科技干部局、国家人事局《关于解决科学家兼职过多问题的几点意见的通知》。

12月23日，国务院科技干部局发出《关于加强争取科技专家回国长期工作的请示报告》。

1981 年

3月25日，国务院科技干部局发出《关于在"以工代干"科技人员中评定技术职称问题的通知》，规定"以工代干"的科技人员应同其他科技人员一样评定职称。

4月23日，中共中央办公厅、国务院办公厅联合转发《科学技术干部管理工作试行条例》。

5月11日，中国科学院第四次学部委员大会在北京开幕，这是中国科学院学部委员会中断21年后的第一次会议。

5月20日，国务院颁布《中华人民共和国学位条例暂行实施办法》。我国开始实施学位制。由此，拉开了人才大规模培养的序幕。

5 月，中央批准设立面向全国的自然科学基金——中国科学院科学基金。该基金采用国家财政拨款、自由申请、同行评议、择优支持、课题管理制的办法资助基础研究和应用研究中的基础性工作。11 月 14 日，中国科学院正式颁布《中国科学院科学基金试行条例》，受理申请项目。此后，地震、教育、卫生和邮电等部门也相继设立了学科或行业的科技基金。

8 月 15 日，国务院科技干部局发出《工程、农业技术人员职称考核评定业务工作会议纪要》。

1982 年

2 月 2 日，国家人事局发出《关于印发〈中国社会科学院研究人员学术职称暂行规定〉和执行〈文物、博物馆工作科学研究人员定职升职试行办法〉有关问题的通知》。

3 月 15 日，国务院科技干部局发布《聘请科学技术人员兼职的暂行办法》和《实行科学技术人员交流的暂行办法》。《聘请科学技术人员兼职的暂行办法》规定，科研、教学、医疗、工农业生产等单位，可以根据科学技术工作的需要，临时聘请中、高级科技人员担任顾问（学术技术指导）或承担讲课、讲学、科研、设计等兼职任务。《实行科学技术人员交流的暂行办法》规定，各单位科技干部主管部门，可以在符合本人专业知识范围的原则下，根据条件和需要，有计划地组织科技人员到外单位定期工作。工作期限一般为半年至一年，期满后回原单位工作；地区、部门、单位之间，可以根据科学技术任务需要及科技人员余缺情况，采取签订短期或长期的科学技术合作合同、技术经济合同、借调合同、聘请兼职合同的形式交流科技人员。

5 月 26 日，中国科协转发茅以升等 103 位科学家倡议制定的《首都科技工作者科学道德规范》。

7 月 21 日，劳动人事部发出《关于颁发〈回国科技专家、学者管理工作暂行办法〉的通知》。

7 月 22 日至 29 日，劳动人事部在秦皇岛市召开全国社会科学各种业务技术职称评定试点工作经验交流会。会议指出，到目前为止，国务院已颁发了编辑、外语翻译、新闻记者、经济、统计、会计、图书档案资料、研究人员、体育、播音 10 个职称条例，还有一些条例正在制定中。全国已有 9000 多个单位进行了试点，初步评定或正式授予近 12 万名社会科学各类业务技术干部职称。

10 月 24 日，全国科学技术奖励大会在北京召开，会上确立了"经济建设要依靠科学技术，科学技术工作要面向经济建设"的战略指导方针，国务院成立科技领导小组负责宏观指导，会议并对科技人员的具体管理制度进行了探索，一些科技人才开始走出科研院所，民营科技企业出现雏形。

12月2日，国务院颁发《关于调整国家机关、科学文教卫生等部门部分工作人员工资的决定》。《决定》从1982年10月1日起，调整国家机关、党派、人民团体和科学、文教、卫生等部门部分工作人员的工资。1983年和以后的两年，将陆续调整企业部分职工的工资，并积极着手工资制度的改革。同时，规定这次调整工资，除行政10级以上干部外，一般升一级工资；高等学校的本科、专科毕业生和已授予讲师、工程师及相当职称以上的中年知识分子，中专毕业的干部，正副处长、县长，可按照规定的条件升两级工资。

12月31日，劳动人事部发出《关于印发〈科学技术干部业务职称评定委员会组织办法〉的通知》。

1983年

3月28日，劳动人事部发出《关于暂缓高级专家退休问题的通知》。

4月18日，国务院批转劳动人事部、国家民族事务委员会《关于加强边远地区科技队伍建设若干政策问题的报告》。《报告》规定，允许边远省、自治区根据当地经济文化事业发展的需要，对科技人员实行各种津贴、浮动工资和奖励；今后，从沿海内地省市、中央部门分配和调往西藏、青海高原地区的大中专毕业生、科技人员，工作满8年后，除自愿留下者外，可以调回沿海、内地；对现已在西藏、青海高原地区工作满20年，要求回沿海内地的科技人员，可以有计划地将他们分期分批调回原派出单位或地区；在边远地区工作累计20年以上，退休、离休后继续留在边远地区的，退休金标准提高10%，但其退休费总额不得超过本人的标准工资。

4月28日，国务院批转教育部和国家计划委员会《关于加速发展高等教育的报告》，强调必须采取有力措施，促使整个高等教育事业在短期内有一个较大的发展，以解决各条战线和各个地区专门人才紧缺的局面。

7月9日至15日，教育部、国家计划委员会、劳动人事部在北京联合召开全国专门人才规划工作会议。会议指出：人才规划是一项战略规划，是我国经济建设战略部署的一个组成部分。会议明确规定了制订专门人才培养规划的任务，要求各有关部门调查分析专门人才教育的现状，制订培养人才的规划，决定成立由教育部、国家计划委员会牵头、各有关部委参加的专门人才规划协调小组，负责统一协调专门人才规划的具体目标、要求、标准的制订和综合平衡等项工作。

7月13日，国务院颁布《关于科技人员合理流动的若干规定》，明确提出对现有科技人员作适当调整，有计划、有步骤地促进科技人员按照"合理的方向"流动，但是关于"方向的合理性"有严格规定，即流动必须"正向"，从国企流向集体企业、从大城市流向中小城市、从内地流向边疆。

8月4日，劳动人事部发出《关于进行全国专门人才现状调查和需求预测的通知》。

9月，到此时为止，国务院科技干部局与有关部门一起先后批准了卫生、气象、农林、科技情报、环保、物资、建筑工程、船舶、纺织、水产、管理等22个系统的科技干部技术职称系列，全面开展技术职称的评定工作。

9月12日，国务院发布《国务院关于高级专家离休、退休若干问题的暂行规定》。同日，发布《关于延长部分骨干教师、医生、科技人员退休年龄的通知》。《通知》规定，讲师、主治医师、工程师、农艺师、助理研究员以及教学经验丰富的中小学教师，确因工作需要，身体能够坚持正常工作，经所在单位报请县一级以上主管机关严格审查批准，可将他们的退休年龄延长一至五年。延长后的退休年龄，女同志不得超过六十岁，男同志不得超过六十五岁。

1984 年

1月27日，中共中央组织部、中共中央宣传部、劳动人事部、财政部印发《优先提高有突出贡献的中青年科学、技术、管理专家生活待遇的通知》。《通知》强调关心并照顾好有突出贡献的中青年科学、技术、管理专家的生活，使他们能够精力旺盛、没有后顾之忧地从事工作，是社会主义四化建设的需要。

5月，邓小平同志在人民大会堂会见李政道先生，高度肯定了李政道先生关于在中国设立博士后流动站、实行博士后制度的建议，"成百上千的流动站成为制度，是培养使用科技人才的制度。培养和使用相结合，在使用中培养，培养和使用中发现更高级的人才"。

5月，国务院召开全国科技体制改革座谈会，提出科技体制改革的指导思想，其中指出要有利于充分发挥科技人员的积极性和创造性，有利于促进科研单位的社会化，提倡多样化发展。

6月11日，国务院、中央军委批转国务院科技领导小组办公室等部门《关于稳定和加强国防科技工业三线艰苦地区科技队伍若干政策问题的报告》。

7月17日至21日，国务院召开全国科技干部管理改革座谈会，着重研究科技人才的流动问题，提出了对科技人员实行聘任制的办法。会后在北京成立了全国科学技术与人才开发交流中心。

9月，国务院发布了《中华人民共和国科学技术进步奖励条例》。

11月13至17日，全国科技人才开发交流工作会议在北京召开。中共中央政治局委员方毅在会上讲话。方毅在讲话中希望大家多动脑筋，从战略上多考虑科技与人才开发的问题，通过这次全国性的交流，把科技与人才开发网络建立起来，更好地为四化建设服务。

12月26日，《国务院关于自费出国留学的暂行规定》颁布。《规定》指出，自费出国留学是培养人才的一条渠道，也是贯彻对外开放政策、引进国外智力的一个方面，这也成为造就高科技人才的一条重要途径。

1985 年

1 月，中共中央、国务院发出《关于进一步活跃农村经济的十项政策》，即第四个 "一号文件"。该文件提出，城市的各类科学技术人员经所在单位同意，可以停薪留职，应聘到农村工作。科研推广单位、大专院校及城市企业，可以接受农村委托的研究项目，转让科研成果，提供技术咨询服务，或者与商品基地及其他农村生产单位组成 "科研—生产联合体"，共担风险，共沾利益。鼓励各有关部门组织志愿服务队，赴农村和边疆少数民族地区，提供科技、教育、医务等方面的服务，有突出贡献的还应给予重奖。

3 月 7 日，邓小平在全国科技工作会议上讲道："改革经济体制，最重要的、我最关心的，是人才。改革科技体制，我最关心的，还是人才。""第一，能不能每年给知识分子解决一点问题，要切切实实解决，要真见效；第二，要创造一种环境，使拔尖人才能够脱颖而出。改革就是要创造这种环境。"

3 月 13 日，中共中央发布《关于科学技术体制改革的决定》。《决定》认为，我国的科技事业过去虽有很大发展，但逐步形成的科技体制存在严重的弊病，不利于科技工作面向经济建设，不利于科技成果迅速转化为生产力，束缚了科技人员的智慧和创造才能的发挥，使科技的发展难以适应客观形势的需要，必须进行坚决的有步骤的改革。《决定》确立了 "经济建设必须依靠科学技术、科学技术工作必须面向经济建设" 的战略方针，明确了一系列新政策：改革科技人员管理制度，促进人才合理流动，试行科技人员专业技术职务聘任制；允许科技人员业余兼职，获取合理报酬；建立博士后科研流动站，试行博士后研究制度；对有突出贡献的科技人才实行重奖；针对不同性质的科研工作，采用不同的拨款制度；开拓技术市场，实现技术商品化；鼓励科研机构与企业联合，以解决科研和生产脱节问题。

3 月和 5 月，中共中央先后通过了《关于科学技术体制改革的决定》和《关于教育体制改革的决定》。这两个文件认真总结了以往科技人才教育方面的问题，提出了今后一个较长时期的改革方向，这对于指导科技人才培养工作在改革开放的形势下健康稳步发展有着重要的指导意义。《关于科学技术体制改革的决定》中指出，"必须改变积压、浪费人才的状况，促使科学技术人员合理流动"。同时规定科技人员在完成本职工作和不侵犯本单位技术权益、经济利益的前提下，可以业余从事技术工作和咨询服务。

7 月 5 日，国务院批转了国家科委、教育部、中国科学院报送的《关于试办博士后科研流动站的报告》。这标志着博士后制度在我国正式确立，对于加快培养社会主义现代化建设需要的高级专门人才，加强学术交流，增强科研、教学队伍的活力，具有积极意义。

7月12日，国家教委、国家计划委员会、劳动人事部发出《关于进行地区人才需求预测和制定十五教育发展规划工作的安排意见》。

1986 年

2月14日，国务院批准成立国家自然科学基金委员会。此举使中国的科学基金工作突破了以往计划经济体制下科研经费依靠行政拨款的传统管理模式，全面引入和实施了先进的科研经费资助模式和管理理念。国家自然科学基金委员会对我国科技人才的成长和科研成果的产生发挥了重要的作用。

2月18日，国务院发布《关于实行专业技术职务聘任制度的规定》。《规定》鼓励科技人员停薪留职、业余兼职和合理流动。要求对专业技术职务实行聘任制，聘任或任命都应有一定的任期，打破了职务终身制，为人才流动和分流创造了条件。同日，为了利于在全国实行专业技术职务聘任制度，国务院发布《关于高级专家退休问题的补充规定》，对1983年9月12日发布的《国务院关于高级专家离休退休若干问题的暂行规定》进行了补充规定。

4月和6月，国家科委分别制定并下发《"星火计划"1986至1987年实施纲要》和《关于实施"星火计划"的暂行规定》，"星火计划"开始实施。其宗旨是把先进适用的技术引向农村，引导亿万农民依靠科技推动农业和农村经济持续、快速、健康发展。"星火计划"的实施为广大科技人员开辟了广阔的用武之地，一大批科技人才从科研单位和高等学校走出来，深入农村，施展才华。

6月4日，国务院修订发布《合理化建议和技术进步奖励条例》。

7月9日，国务院发出《关于促进科技人员合理流动的通知》。《通知》规定在优先保证国家需要的前提下，鼓励科技人员深入工农业生产第一线，鼓励企事业单位通过实行横向联合与技术经济协作，促进人才合理流动。

8月26日，财政部发出《关于进一步加强财政科研工作的通知》。《通知》要求健全科研机构，充实人员，提高科研人员的素质。

10月6日，中共中央办公厅、国务院办公厅转发《关于发挥离休退休专业技术人员作用的暂行规定》的通知。以继续发挥我国离休、退休专业技术人员这支重要的专业技术力量在"四化"建设和实现祖国统一大业中的作用。

10月，中共中央政治局召开专门扩大会议，认真研究并批准了《国家高技术研究发展计划纲要》，即"863计划"。该计划的总体目标是：集中少部分精干力量，在所选的高技术领域，瞄准世界前沿，缩小与发达国家的差距，带动相关领域科学技术进步，造就一批新一代高水平技术人才，为未来形成高技术产业准备条件，为20世纪末特别是21世纪初我国经济和社会向更高水平发展和国防安全创造条件。"863计划"的推行对我国高技术研究和发展、高科技人才的培养等方面发挥了相当重要的作用。

1987 年

1 月 20 日，国务院颁发《关于进一步推进科技体制改革的若干规定》。《规定》要求国务院各部门都要实行政研职责分开，简政放权，把科研机构下放到企业，扩大科研机构横向联合，并鼓励科技人员以调离、停薪留职、辞职等方式到城镇和农村承包、承租企业。同时指出，科研机构要实行所长负责制，并在体制改革中逐步实行精简缩编。

4 月，中国科协、国家经委联合发出《关于在全国厂矿企业工程技术人员中开展"讲理想、比贡献"活动的通知》，"讲、比"活动寓理想教育于科技活动中，以发扬企业精神和科学精神，促进了国家、企业和个人理想的结合，激发了广大科技人员的积极性、主动性。

6 月 1 日，中央职称改革工作领导小组发布《关于实行专业技术职务聘任制工作中若干问题的原则意见》。《意见》对行政领导兼任专业技术职务、离退休专业技术人员任职资格评审、支援城镇和农村的职务聘任等八个问题作了规定和说明。

7 月 29 日，为了进一步促进农村各类技术人才的迅速成长，逐步建立一支宏大的农民技术队伍，以适应农村经济向专业化、商品化、现代化转变的迫切需要，中国科协、农牧渔业部、林业部、水利电力部共同制定颁发了《农民技术人员职称评定和晋升试行通则》。

12 月 24 日，国家科学技术委员会发布《有突出贡献的中青年科学、技术、管理专家的管理试行办法》，以加强对有突出贡献专家的管理，提高他们的社会地位，为他们创造良好的生活、工作和学习环境，充分调动他们的积极性和创造性，促进我国科学技术事业的发展，加速我国社会主义现代化的建设。选拔工作每 2 年进行一次。

1988 年

1 月 7 日，中央职称改革工作领导小组发布《关于认定专业技术职务任职资格的原则意见》。《意见》规定，对决定流动到知识和人才缺乏的单位或到那里从事兼职活动的专业技术人员，凡 1966 年前毕业已具备高级专业技术职务任职条件，而因专业技术职务限额没有被聘任高级专业技术职务的，可以定任职资格。

1 月 14 日，劳动人事部发出《关于一九八七年解决部分中年专业技术人员工资问题的通知》。《通知》规定，从 1987 年 10 月起，适当提高担任讲师、助理研究员、主治医师、工程师以及相当于中级职务的中年专业技术人员及从事行政管理工作的专业技术人员的工资。

1 月 18 日，国务院办公厅转发国家科学技术委员会《关于科技人员业余兼职若干问题意见的通知》。《通知》指出，科技人员在完成本职工作的前提下，可以到其他单位业余兼职。《通知》并对科技人员业余兼职的条件、劳动报酬、取得的科技成果如何处理兼职单位与本职单位的技术权益关系等作了明确具体的规定。

1月18日，国家教育委员会印发有关"燎原计划"两个文件的通知。"燎原计划"是经国务院批准，由国家教委提出并组织实施，通过改革和发展农村教育，全面提高劳动者的文化技术素质，促进农村经济发展的计划。

3月3日，中国科协、国家经委在北京召开全国厂矿企业科技人员"讲理想、比贡献"竞赛活动总结表彰大会，国务院总理李鹏接见了部分代表并作重要讲话，他强调："我们十分支持在全国厂矿企业科技人员中进行'讲理想、比贡献'这类活动。希望有更多的企业和科技人员参加这项活动，为改革的顺利进行、科技的进步和发展贡献自己的力量"。"讲、比"活动成为中国科协在企业中调动企业科技工作者积极性、主动性和创造性的成功形式。

3月26日，中央职称改革工作领导小组颁发《中央国家机关实行专业技术职务任命制度的规定》。对专业技术职务任命的原则、对象，专业技术职务名称、档次的选定、结构比例及数额、岗位职责、任职条件、考核办法以及实施程序、工资计发时间等，作了明确具体的规定。

5月3日，国务院颁布《关于深化科技体制改革若干问题的决定》。《决定》提出要充分发挥科技人员的作用，促进人才合理流动，重视科技人才和各类专业技术人才的培养和选拔。

8月3日，人事部发出《关于建立人事部与专家联系制度的通知》。《通知》指出：为了充分听取专家意见和建议，及时向领导反映专家的意见，人事部决定建立"专家联系制度"。联系的主要对象是：二级以上教授、研究员及相当职务的专家、学者；有突出贡献的中青年科学、技术、管理专家；各学科权威人士；来华定居专家；博士后研究人员；从工人、农民和其他劳动者中选拔的拔尖人才。

8月29日，人事部发出《关于增拨解决部分中年专业技术人员工资问题增加工资控制指标的通知》。

9月8日，国务院发出《关于提高部分专业技术人员工资的通知》，决定从1988年第四季度起，适当提高教育、科研、卫生三个部门副教授、副研究员、副主任医师以及相当职务人员的起点工资标准；对1957年以来从未升过级的，现仍在职工作的原四级以上老专家和原行政十级以上干部，可以晋升一级工资；将国家机关、事业单位护士的工资标准提高10%。

9月23日，中国科协在北京召开中国科学技术协会成立30周年纪念大会，并为首届中国科协青年科技奖获奖者颁奖。

10月15日，人事部发出《关于对承担国家重点科技攻关计划项目的专业技术人员试行岗位补贴的通知》。

1989 年

3 月 21 日，人事部、铁道部、交通部和中国民航总局联合发出《关于对有突出贡献的科学、技术、管理专家购买车、船、飞机票予以优待的通知》。通知规定：专家可以凭《有突出贡献中青年专家证书》优先购票。

3 月 23 日，人事部、国家教委联合发出《关于争取优秀留学博士回国做博士后的通知》。通知规定，优秀留学博士申请进博士后流动站可不受名额限制；自然科学博士留学生可选择具备研究条件的单位，享受博士后研究人员待遇。

8 月 24 日，国家科委、人事部印发《关于国家科委有关人才方面的业务和机构划转人事部的通知》。根据机构改革理顺关系的要求，经国家科委和人事部领导具体商定，"国家科委科技体制与人才研究所"中与人才业务有关部分，即中国人才研究会、中国人才资源开发基金会及其所属的《中国人才报》等单位，从 8 月起正式划转人事部。

8 月 28 日，江泽民、李鹏、宋平、宋键等党和国家领导人接见来自全国工业、农业、科技、教育和卫生战线上的 21 位有突出贡献的专家代表。

10 月 17 日，人事部发出《关于对专业技术职务评审聘任工作进行复查的通知》。《通知》要求，为了切实搞好职称改革，防止评乱评滥，逐步完善专业技术职务聘任制，在这项工作转入经常化以前进行一次认真的复查。

10 月 30 日，中国博士后科学基金会成立。该基金会是一个全国性的基金会组织，受人事部和全国博士后科研流动站管理协调委员会领导。理事会名誉理事长为李政道（美国哥伦比亚大学教授），理事长为沈克琦（烟台大学校长）。

11 月 17 日，人事部发出《关于试行专业技术人员继续教育登记制度的函》，决定在 1991 年底以前在全国建立专业技术人员继续教育登记制度，系统记录专业技术人员接受继续教育的情况。

11 月 27 日，国务院发布《关于依靠科技进步振兴农业，加强农业科技成果推广工作的决定》。

1990 年

7 月 28 日，为了弘扬尊重知识、尊重人才的社会风气，经党中央、国务院批准，决定给部分高级知识分子发放特殊津贴。为此，人事部、财政部发出《关于给部分高级知识分子发放特殊津贴的通知》。

8 月 14 日，中共中央发布《关于进一步加强和改进知识分子工作的通知》。《通知》指出，坚持党对知识分子队伍的基本估计和基本政策，是做好知识分子工作的立足点。《通知》要求各级党委和政府对知识分子要做到政治上充分信任，工作上放手使用，生活上关心照顾，同时积极引导、严格要求，使他们更好地承担起工人阶级的历史使命。

11月16日，国务院批转中国科学院、国家科委《关于增选中国科学院学部委员请示的通知》。《通知》指出，鼓励培养高层次专业人才，促进高层次人才的成长，成为推动科技创新、科技发展的重要力量。

1991 年

6月9日，中共中央、国务院发出《关于给做出突出贡献的专家、学者、技术人员发放政府特殊津贴的通知》。以在全社会发扬尊重知识、尊重人才的良好风尚，进一步调动广大知识分子的积极性。

8月31日，为了加强国家对基础研究和应用基础研究的支持，推动基础性研究持续稳定地发展，攀登世界科学高峰，国家实施"攀登计划"。攀登计划是中国基础研究工作的重要组成部分。攀登计划的实施，集中了一批高水平的研究队伍，在一些重要的学科领域中取得了突破，使中国在世界科学的发展中占有一席之地；同时培养了一批年轻有为的科研骨干人才，加强了科学研究力量。

1992 年

3月8日，国务院发出《关于下达〈国家中长期科学技术发展纲领〉的通知》。

8月18日，人事部、国家教委颁布《关于进一步争取优秀留学博士回国做博士后的通知》。

10月18日，中共第十四次全国代表大会通过的《中国共产党章程》，将"尊重知识、尊重人才"这一人才战略认识写入《中国共产党章程》。

10月20日，国家教委、国家民委印发《关于加强民族教育工作若干问题的意见》，指出要特别重视培养少数民族地区迫切需要的大专层次的经济、科技、管理方面的人才。

10月，中共"十四大"确立了社会主义市场经济体制的改革目标，在这种形势下，科技体制改革政策提出了"稳住一头、放开一片"的要求，进一步分流科技人才，调整科研结构。

1993 年

3月18日，中国科协、国家科委、中国科学院、国防科工委、北京市政府联合举办全国首届科技人才技术交流洽谈会。

5月12日，全国科技工作会议在北京召开，朱镕基发表题为《加快经济发展关键要靠科技进步》的讲话。他在讲话中指出，发挥科技第一生产力作用的关键是人才。在现代化建设中，要十分尊重和爱护人才，创造有利于充分发挥科技人员聪明才智的社会环境。

7月2日，第八届全国人民代表大会常务委员会第二次会议通过《中华人民共和国科学技术进步法》，1993年10月1日起施行。《科学进步法》规定："科学技术社会团体应当在推动学科建设、普及科学技术知识、培养专门人才、开展咨询服务、促进学术交流、维护科学技术工作者的合法权益等方面，发挥积极作用。"

9月15日，国家科委、财政部决定从1993年起，调整国家科学技术奖励奖金数额。

10月9日，国务院第十一次常务会议决定中国科学院学部委员改称中国科学院院士，同时决定成立中国工程院。

10月，国家教委实施"跨世纪优秀人才计划"，设立了国家教委跨世纪优秀人才计划基金，该基金主要用于扶植在国家重点实验室、工程研究中心、重点学科点和博士学科点从事教学科研工作，并已有突出成果的优秀年轻人才。

1994 年

3月14日，国务院总理李鹏批准设立"国家杰出青年科学基金"的名称并专款予以支持。当年，国务院正式批准设立"国家杰出青年科学基金"，旨在促进青年科学技术人才的成长，鼓励海外学者回国工作，加速培养造就一批进入世界科技前沿的优秀学术带头人。该基金由国家科学基金委员会负责组织实施，进行日常管理。

6月3日至8日，中国工程院成立大会在北京举行。中国工程院是全国工程技术界的最高荣誉性、咨询性学术机构。中国工程院的成立，标志着我国工程技术科学的发展进入了新阶段。

本年，中国科学院开始实施"百人计划"，从国内外公开招聘优秀人才，培养跨世纪的学术技术带头人。

1995 年

1月5日，人事部、国家科委印发《关于民营科技企业人员评定专业技术职称（资格）有关问题的通知》。《通知》指出，加强民营科技企业人员专业技术职称（资格）评定工作，是贯彻落实"尊重知识，尊重人才"政策，稳定民营科技队伍，支持民营科技企业发展的必要措施。

1月13日，人事部印发《关于加强选拔优秀青年科技人员聘任高级专业技术职务工作的若干意见》。《意见》指出，要强化专业技术职务能上能下的竞争机制，大胆选拔聘任胜任工作的优秀青年。选拔专项管理范围内的青年人员担任高级专业技术职务，对业绩突出的，任职年限的要求可适当放宽。要鼓励事业和企业单位大胆选拔、聘任优秀青年人才，努力造就一批跨世纪学术和技术带头人，大胆选拔35岁左右的优秀青年科技人员担任正高级专业技术职务。

2月7日，人事部印发《关于进一步做好有突出贡献的中青年科学、技术、管理专家工作的意见的通知》。《通知》指出，为他们创造更加良好的工作、学习和生活环境，是当前我国经济、科技等各项事业发展对专业技术人员管理部门提出的必然要求，也是深入贯彻党的知识分子工作政策的一项重要措施。

4月28日，国务院办公厅转发人事部等部门《〈关于培养跨世纪学术和技术带头人意见〉的通知》。《意见》指出在我国重点学科领域培养、造就一批能够进入世界科技前沿，在世界科技界有较大影响的杰出科学家和具有国内领先水平的跨世纪学术和技术带头人，在各学科领域培养一大批有较高学术造诣、成绩显著、起骨干作用的学术和技术带头人后备人才。

5月6日，中共中央、国务院颁布《关于加速科学技术进步的决定》，首次提出在全国实施科教兴国的战略。《决定》指出，科技人才是第一生产力的开拓者，是社会主义现代化建设的骨干力量。深化科技体制改革的重点是，调整科技系统结构，分流人才。为适应社会主义现代化建设的需要，提高经济、科技在国际上的竞争力，必须充分发挥现有科技人员的作用，培养、造就千百万年轻一代科学技术人才，建设一支跨世纪的宏大科技队伍。

11月1日，人事部制定实施《全国专业技术人员继续教育暂行规定》。《规定》明确规定"参加和接受继续教育是专业人员的权利和义务"，"高、中级专业技术人员每年接受继续教育的时间累积不少于40学时，初级专业技术人员累积不少于32学时"。

11月30日，人事部、国家科委、国家教委、财政部、国家计委、中国科协、国家自然基金委七部门联合发布《"百千万人才工程"实施方案》，以进一步贯彻落实中共中央、国务院《关于加速科学技术进步的决定》和全国科技大会精神，做好《关于培养跨世纪学术和技术带头人的意见》实施工作。"百千万人才工程"的宗旨是根据国家科技发展规划和社会经济发展的需要，到20世纪末，在对国民经济和社会发展影响重大的自然科学和社会科学领域里，造就上百名能进入世界科技前沿、在世界科技界有较大影响的杰出青年科学家；上千名具有国内先进水平、保持学科优势的学术和技术带头人；上万名在各学科领域里有较高学术造诣、成绩显著、起骨干或核心作用的学术和技术带头人后备人选。该实施方案有力地推动了全国高层次专业技术人才队伍建设。

1996 年

4 月 8 日，人事部颁布《关于有突出贡献的中青年科学、技术、管理专家奖励晋升工资有关问题的通知》，使人事部批准的有突出贡献的中青年科学、技术、管理专家（以下简称有突出贡献的中青年专家）的奖励晋升工资工作与正常晋升工资工作协调进行。

10 月 18 日，人事部、国家科委、国家教委、财政部、国家计委、中国科协、国家自然科学基金委员会等七部委联合颁布《关于强化"百千万人才工程"人选培养的通知》，指出确定跨世纪学术和技术带头人后备人选，是贯彻科学技术是第一生产力和科教兴国战略，特别是加速整体性人才资源开发，为实现"九五"计划和 2010 年远景目录纲要提供可靠的人才保障所采取的一项重大的战略措施。

11 月，中国科学院和中组部联合下发了关于共同推进"西部之光"人才培养计划的实施意见。该计划旨在贯彻落实"科教兴国"方针，加快我国西部地区科技人才的培养，为西部地区培养学术技术带头人和科技骨干，促进地方经济建设而实施的。

12 月 12 日，人事部印发《全国专业技术人员继续教育"九五"规划纲要》，以适应"九五"期间科学技术与经济发展的需要，有效提高专业技术队伍素质，推动继续教育事业在更高的起点和更大范围为经济建设中心任务服务。

1997 年

1 月 13 日，国家科委、财政部、国家教委、国家自然科学基金委员会发出《关于印发〈国家基础科学人才培养基金实施管理暂行办法〉的通知》。设立"国家基础科学人才培养基金"，旨在加强理科本科生教育、为基础研究培养后备人才。

6 月 4 日，国家科技领导小组第三次会议决定制定和实施《国家重点基础研究发展规划》，加强国家战略目标导向的基础研究工作。随后由科技部组织实施了国家重点基础研究发展计划，即"973 计划"。

1998 年

3 月 10 日，九届全国人大一次会议通过《关于国务院机构改革的决定》，国家科学技术委员会更名为中华人民共和国科学技术部。

5 月，人事部、全国博士后管委会开始实施"中韩青年科学家交流计划"，每年互派博士后人员 10 名。

6 月 9 日，国家科教领导小组审议并原则通过《关于中国科学院开展"知识创新工程"试点的汇报提纲》，决定由中国科学院作为国家创新体系建设的试点，率先启动知识创新工程的试点工作。知识创新试点工作分三阶段展开，其总体目标是：到

2010 年前后，把中国科学院建设成为瞄准国家战略目标和国际科技前沿、具有强大和持续创新能力的国家自然科学和高技术的知识创新中心；成为有国际影响的国家科技知识库、科学思想库和科技人才库。

8 月 4 日，由教育部和香港爱国实业家李嘉诚先生及其领导的长江基建（集团）有限公司共同筹资设立的"长江学者奖励计划"全面启动。计划包括特聘教授、讲座教授岗位制度和长江学者成就奖。计划的实施有效地凝聚了一批高层次人才在高校从事科研、教学工作，特别是吸引了一批学术上卓有建树的海外优秀学者回国工作或为国服务。该计划被誉为是中国为实现"科教兴国"的一个非常重要的环节。

8 月 29 日，第九届全国人民代表大会常务委员会第四次会议通过《中华人民共和国高等教育法》，旨在发展高等教育事业，实施科教兴国战略，更好地提高本科生、研究生的培养质量。

1999 年

3 月 30 日，国务院同意并转发科技部、教育部、人事部等部门《关于促进科技成果转化若干规定》，旨在鼓励科研机构、高等学校及其科技人员研究开发高新技术，转化科技成果，发展高新技术产业。

5 月 12 日，农业部、财政部、共青团中央下发《关于开展跨世纪青年农民科技培训工程试点工作的意见》的通知，以进一步提高青年农民科技文化素质，培养一大批适应 21 世纪农业和农村经济发展需要的青年农民。温家宝副总理就实施《跨世纪青年农民科技培训工作》作了重要批示。

5 月 23 日，国务院总理朱镕基签署了国务院第 265 号令，发布实施《国家科学技术奖励条例》。《条例》规定国家设立五大奖项：国家最高科学技术奖、国家自然科学奖、国家技术发明奖、国家科技进步奖、中华人民共和国国际科学技术合作奖。

6 月 13 日，中共中央、国务院作出《关于深化教育改革全面推进素质教育的决定》，提出全面推进素质教育，培养适应 21 世纪现代化建设需要的社会主义新人。《决定》指出，要转变传统的人才观念，形成使用人才重素质，重实际能力的良好风气。

6 月 18 日，科技部、财政部联合发布《科技型中小企业技术创新基金项目实施方案（试行）》，旨在支持中心企业的创新研发和成果转化。

8 月 20 日，中共中央、国务院颁布《关于加强技术创新，发展高科技，实现产业化的决定》。《决定》强调，各级财政部门要加大对科技投入的力度。财政对科技的投入方式，由对科研机构、科技人员的一般支持，改变为以项目为主的重点支持。对高新技术产品实行税收扶持政策。

8 月 23 日至 26 日，中共中央、国务院在北京召开全国技术创新大会。会议部署贯彻落实《中共中央、国务院关于加强技术创新，发展高新技术，实现产业化的决定》。大会提出，将提高国家创新能力和培养一支宏大的高素质的科技创新人才队伍作为今后一段时期我国科技发展的方向和重点之一。

2000 年

3 月 30 日，中共中央组织部、人事部、科技部发出《关于印发〈关于深化科研事业单位人事制度改革的实施意见〉的通知》。《通知》明确指出，要根据各类科研机构的改革与发展方向和各类科技人才的成长规律，建立以"开放、流动、竞争、协作"为基础的各具特色的人才培养、使用和激励制度，实现人员能进能出、职务能上能下、待遇能高能低，充分调动广大科技人员的积极性和创造性，推动科技人才队伍结构调整，优化人才资源配置，使优秀人才脱颖而出，促进科技事业的健康发展。

本年，国家自然科学基金委设立"创新研究群体科学基金"，旨在稳定地支持一批能够在科学研究上相互支持协作、具有创新活力的科研群体，培养造就一批在科学前沿进行创新研究工作的团队。

2001 年

2 月 19 日，中共中央、国务院举行国家科学技术奖励大会，授予吴文俊、袁隆平2000 年度国家最高科学技术奖，第一届国家最高科学技术奖由此诞生。根据 1999 年颁布的《国家科技奖励条例》，从 2000 年起设立国家最高科学技术奖，以国家名义对为科学技术发展作出杰出贡献的科学家给予最高荣誉奖励。

6 月 19 日，中共中央办公厅、国务院办公厅颁发《关于加强专业技术人才队伍建设的若干意见》，指出要重点抓好高层次骨干人才的培养，特别要注意发现和培养一批站在世界科技前沿、勇于创新和创业的学术技术带头人，具有宏观战略思维、能够组织重大科技攻关项目的科技管理专家，精通国际经济贸易运作规则和法律、能够参与国际竞争的高级专业人才。

6 月 27 日，为推进"跨世纪青年农民科技培训工程"全面实施，在总结试点经验和专题研究的基础上，农业部、财政部、共青团中央组织制定了《跨世纪青年农民科技培训工程管理办法》。《办法》对培训工程项目的申报立项、组织管理、督导与评价进行了规定。

2002 年

4 月 2 日，国家自然基金委颁布《国家基础科学人才培养基金项目资助经费管理办法》，同时废止《国家基础科学人才培养基金实施管理暂行办法》。

4 月 28 日，中共中央组织部、中共中央宣传部、人事部、科技部发布《关于评选表彰"全国杰出专业技术人才"有关工作的通知》。此项工作的目的在于，进一步确立人才资源是第一资源的观念，大力弘扬"尊重知识、尊重人才"的良好社会风尚，引导和激励广大专业技术人员发扬拼搏、创新、攀登、奉献的精神，加强专业技术人才队伍建设，为新世纪我国经济和社会发展提供有力的人才保证。

5月23日，人事部、科技部、教育部、财政部、国家发展计划委员会、国家自然科学基金委员会、中国科学技术协会制定了《新世纪百千万人才工程实施方案》。与1995年实施的《"百千万人才工程"实施方案的通知》相比，新方案的目标更高、措施更得力。方案提出，到2010年，要培养造就数百名具有世界科技前沿水平的杰出科学家、工程技术专家和理论家；数千名具有国内领先水平，在各学科、各技术领域有较高学术技术造诣的带头人；数万名在各学科领域里成绩显著、起骨干作用、具有发展潜能的优秀年轻人才。

6月29日，第九届全国人大常委会第二十八次会议通过了《中华人民共和国科学技术普及法》。《科普法》是在我国几十年来科学技术普及工作的政策实践基础上，针对中国国情制定的一部重要法律，也是世界上第一部科普法规。《科普法》明确规定，发展科普事业是国家的长期任务；科协是科普工作的主要社会力量；科普是全社会的共同任务。同时明确了发展科普事业的保障措施和法律责任。

10月28日，人事部印发《2003~2005年全国专业技术人员继续教育规划纲要》，该纲要的指导思想是："按照构筑终身教育体系、创造学习型社会的发展方向，坚持面向现代化、面向世界、面向未来的方针，以专业技术人员能力建设为主线，以高层次人才培养为重点，以改革创新为动力，以提高专业技术人员队伍的整体素质和能力水平为目的。"

2003 年

5月15日，科技部、教育部、中国科学院、中国工程院和国家自然科学基金委员会联合印发《关于改进科学技术评价工作的决定》。

12月26日，中共中央、国务院颁布《关于进一步加强人才工作的决定》，提出了"人才强国"战略，"人才资源是第一资源"的观念得到确立，强调科学的人才评价和使用机制，要求以能力和业绩为导向，进行各要素综合的人才评价。

12月31日，劳动和社会保障部颁布《关于贯彻落实中共中央国务院关于进一步加强人才工作决定做好高技能人才培养和人才保障工作的意见》，指出要将高技能人才队伍建设工作纳入当地人才队伍建设的总体规划，要将加强高技能人才培养与建设终身教育培训体系相结合，与推动职业培训的整体工作相结合，带动职工岗位培训、再就业培训、创业培训、青年就业培训和农民工培训。

12月31日，劳动和社会保障部发出《关于印发〈三年五十万新技师培养计划〉

的通知》，提出要通过企业岗位培训、学校教育培养、个人岗位提高相结合的方式，加快培养企业急需的技术技能型、复合技能型人才，以及高新技术产业发展需要的知识技能型人才，并以此推动技能人才队伍的整体建设，带动各类高、中、初级技能人员梯次发展，形成"培养快、使用好、待遇高"的高技能人才培养与使用的激励机制。其中，2004 年培养 10 万名新技师，2005 年培养 15 万名新技师，2006 年培养 25 万名新技师。

2004 年

2 月 6 日，根据全国人才工作会议精神，劳动和社会保障部启动了 3 年 50 万新技师培养计划，在制造业、服务业等技能含量较高的行业中，加快培养一批高技能型人才，带动高、中、初级技能人才的梯次发展，全面推进高技能人才培养工作。

7 月 3 日，国务院办公厅转发了科技部、国家发改委、教育部、财政部《2004 ~ 2010 年国家科技基础条件平台建设纲要》。《纲要》将深化科研机构人事制度改革，完善评价体系，建立人才凝聚机制，培育、形成一支专门从事科技基础条件管理与技术支撑的人才队伍作为三大任务之一。

2005 年

12 月，为促进企业成为技术创新的主体，提升企业核心竞争力，增强国家自主创新能力，为建设创新型国家提供有力支撑，科技部、国务院国资委、中华全国总工会三个部门联合实施技术创新引导工程。该工程将加强创新人才队伍建设作为六大保障措施之一。

2006 年

1 月 9 日，全国科学技术大会在北京人民大会堂隆重开幕。新世纪召开的第一次全国科技大会要求围绕建设创新型国家的奋斗目标，进一步深化科技改革，大力推进科技进步和创新，大力提高自主创新能力，推动我国经济社会发展切实转入科学发展的轨道。

2 月 7 日，国务院发布《中长期科学和技术发展规划纲要（2006 ~ 2020 年)》及《实施〈国家中长期科学和技术发展规划纲要（2006 ~ 2020 年)〉的若干配套政策》。指出"科技创新，人才为本"。人才资源已成为最重要的战略资源。要实施人才强国战略，切实加强科技人才队伍建设，为实施本《纲要》提供人才保障。要加快培养造就一批具有世界前沿水平的高级专家，并细化为学科带头人、创新团队、战略科学家和科技管理专家；充分发挥教育在创新人才培养中的重要作用；支持企业培养和吸引科技人才；加大吸引留学和海外高层次人才工作力度；构建有利于创新人才成长的文化环境。

9月1日，教育部、国家外国专家局启动项目、人才、基地三位一体的"高等学校学科创新引智计划"（又称"111"计划），力图以建设学科创新引智基地为手段，加大成建制引进海外人才的力度，进一步提升高等学校引进国外智力的层次，促进引进海外人才与国内科研骨干的融合，开展高水平的合作研究和学术交流，共同培养博士研究生，在高等学校汇聚一批世界一流人才，率先建立起一批具有原始性创新能力的学科创新引智基地，全面提升高等学校科技创新能力和综合竞争能力。

2007 年

1月5日，科技部颁布《关于在重大项目实施中加强创新人才培养的暂行办法》，对高层次人才培养和使用提出了具体措施，标志着高层次人才成为政策关注的重点。

1月16日，中国科协联合中共中央组织部、教育部、科技部和人事部发布由中国科协牵头起草的《关于动员和组织广大科技工作者为建设创新型国家作出新贡献的若干意见》，号召广大科技工作者肩负起时代赋予的历史使命，积极投身到自主创新的洪流中，为建设创新型国家作出新的贡献。

3月23日，中国科协发布《科技工作者科学道德规范》，号召广大科技工作者恪守职业道德，维护科学诚信。该《规范》不仅规范了科技工作者的日常行为准则，而且对7类学术不端行为的界定提出具体标准，还明确了对学术不端行为的监督处理原则及程序。

5月16日，民政部、中国科协联合印发《关于推进科技类学术团体创新发展试点工作的通知》。

8月6日，教育部、国家发改委、财政部、人事部、科技部、国务院国资委颁布《关于进一步加强国家重点领域紧缺人才培养工作的意见》，要求切实加强国家重点领域紧缺人才培养工作，为我国到2020年进入创新型国家行列提供强有力的人才支撑。

2008 年

7月1日，修订后的《中华人民共和国科学技术进步法》开始施行。

12月15日，纪念中国科协成立50周年大会在北京人民大会堂举行。胡锦涛总书记在会上发表重要讲话，充分肯定了科技工作者为党和国家事业发展作出的突出贡献，对科技工作者和科协组织进一步发挥作用提出了殷切希望和明确要求。

2009 年

6月，科技部、财政部、教育部、国务院国资委、全国总工会、国家开发银行共同组织实施"技术创新工程"并出台了总体实施方案。国家技术创新工程是在已有工作基础上，进一步创新管理，集成相关科技计划（专项）资源，引导和支持创新要素向企业集聚，加快以企业为主体、市场为导向、产学研相结合的技术创新体系建设的系统工程。

2010 年

3 月 3 日，2010 年"两会"拉开帷幕。会上，全国政协提案委员会上报了关于设立中国"钱学森科技创新奖"的建议，以鼓励富有创新思想的创新型科技人员、从事基础学科研究和基础理论的科研人才。

2011 年

6 月，中央组织部、人力资源社会保障部发布《专业技术人才队伍建设中长期规划（2010—2020 年）》。这是我国第一部专业技术人才发展规划，提出 2020 年我国专业技术人才总量达到 7500 万的发展目标，并部署十大重点举措保证目标实现。

7 月，《国家中长期科技人才发展规划（2010—2020 年）》印发。在 10 年中将全面实施创新人才推进计划等国家重大人才工程，重点做好建设具有原始创新能力的科学家、优秀科技创新团队、工程技术人才队伍、中青年科技创新领军人才、科技创新创业人才、科技管理与科技服务人才队伍等主要任务。

10 月，中国科协、教育部联合发出《关于开展科协道德和学风建设宣讲教育活动的通知》。宣讲教育通过纳入研究生教育培养环节，引导广大科技工作者特别是青年科技工作者和在校研究生，遵守学术规范，坚守学术诚信，完善学术人格，维护学术尊严，旗帜鲜明地揭露和抵制学术不端行为。

12 月 15 日，人力资源和社会保障部公布了首批 20 个国家级专业技术人员继续教育基地名单。国家级专业技术人员继续教育基地建设项目是《国家中长期人才发展规划纲要（2010—2020 年）》设立的重大人才工程——专业技术人员知识更新工程的子项目，由人力资源和社会保障部牵头组织实施，旨在依托高等院校、科研院所、大型企业现有施教机构，到 2020 年建设 200 家左右的国家级专业技术人员继续教育基地，推进培训项目、专家师资、教材资源、数据库开发、施教机构和研究课题等建设。

参考文献

[1] 毛泽东：《毛泽东选集（第五卷）》，人民出版社，1977。

[2] 周恩来：《周恩来教育文选》，教育科学出版社，1984。

[3] 邓小平：《邓小平文选（第二卷）》，人民出版社，1983。

[4] 邓小平：《邓小平文选（第三卷）》，人民出版社，1993。

［5］中共中央文献研究室：《知识分子问题文献选编》，人民出版社，1983。

［6］中共中央组织部知识分子办公室、人事部流动调配司编《知识分子政策文件汇编（1983～1988）》，辽宁大学出版社，1989。

［7］中共中央组织部知识分子工作办公室：《知识分子政策文件汇编（1988～1992）》，辽宁大学出版社，1993。

［8］《中国教育年鉴》编辑部：《中国教育年鉴1949～1981年》，中国大百科全书出版社，1984。

［9］中共中央文献研究室：《十二大以来重要文献选编（中）》，人民出版社，1986。

［10］中共中央党校党史教研室：《中共党史参考资料（七）》，人民出版社，1980。

［11］邓楠：《新中国科学技术发展历程（1949～2009）》，中国科学技术出版社，2009。

［12］邓楠：《发展与责任——纪念中国科协成立50周年》，中国科学技术出版社，2009。

［13］潘晨光：《中国人才发展报告No2》，社会科学文献出版社，2005。

［14］中共中央党史研究室：《中华人民共和国大事记（1949～2009）》，人民出版社，2009。

［15］姚昆仑：《新中国科技大事》，姚昆仑科学文化博客。

［16］陈述：《中华人民共和国史（1949～2009）》，人民出版社，2009。

［17］王桧林：《中国现代史（第二版）》，高等教育出版社，2003。

［18］张华腾：《中国现代史》，高等教育出版社，1999。

［19］方新：《中国科技体制改革的回顾与前瞻》，《科研管理》1999第3期。

［20］方新：《中国科技创新与可持续发展》，科学出版社，2007。

［21］谢光：《当代中国的国防科技事业》，当代中国出版社，1995。

［22］王杏元：《中国近现代史纲要（新）》，中共党史出版社，2010。

高层次人才篇 *

1949 年

2 月 25 日，各民主党派领导人和著名的民主人士李济深、沈钧儒、马叙伦、郭沫若、谭平山、章伯钧等 35 人，由中共中央代表林伯渠迎接，自东北抵达北平。

6 月 15 日至 19 日，新政治协商会议筹备会首次会议在北平召开。参加这次会议的包括中国共产党和各民主党派、各人民团体、各界民主人士、国内少数民族、海外华侨等 23 个单位，134 人。会议通过了《新政治协商会议筹备会组织条例》和《关于参加新政治协商会议的单位及其代表名额的规定》，选出了筹备会常务委员会，推选毛泽东为主任，周恩来、李济深、沈钧儒、郭沫若、陈叔通为副主任。

9 月 21 日至 30 日，由中国共产党、各民主党派、各人民团体、各地区、人民解放军、各少数民族、国外华侨及其他爱国分子的代表 662 名所组成的中国人民政治协商会议第一届全体会议在北平举行。这次会议的召开，标志着新民主主义革命在全国的胜利。

11 月 1 日，中国科学院正式成立。

1950 年

6 月 1 日至 9 日，教育部召开第一次全国高等教育工作会议，讨论改造高等教育的方针和新中国高等教育的建设方向。毛泽东、周恩来等出席会议。会议提出，以理论与实际一致的方法，培养国家高级建设人才。

9 月 6 日，新中国第一批留学生赴波、捷、罗、保、匈五国学习。11 月 30 日，

---

* 编写者：马蔡琛，男，南开大学经济学院副教授，研究方向为公共预算与财政管理；王晓蕊，女，中国财政经济出版社编辑；陈建清，男，中国社会科学院研究生院财贸经济系硕士研究生；杜鹃，女，南开大学经济学院硕士研究生；沈雁寒，女，南开大学经济学院硕士研究生；张莉，女，南开大学经济学院硕士研究生。

上述五国来华留学生陆续到达北京，进入清华大学学习。

10月3日，中国人民大学举行开学典礼。这是新中国创办的第一所新型大学。

12月14日，政务院第六十五次会议通过《关于处理接受美国津贴的文化教育救济机构及宗教团体的方针的决定》。据此，1951年1月11日教育部发出《关于处理接受美国津贴的教会学校及其他教育机关的指示》，确定了处理受外资津贴学校的原则、办法和接受工作中的具体政策、措施。至1951年末，按不同情况，对全部接收外资津贴的大中小学校，分别改为公办和中国人民自办，收回了教育主权。此前，教育部已明令接办辅仁大学。

1951 年

9月29日，周恩来在北京、天津高等学校教师学习会上作《关于知识分子的改造问题》的报告，指出知识分子要力争站在工人阶级的立场上来，在政治上要有明确的态度，分清敌、我、友。

1952 年

4月，中央人民政府开始对全国旧有高等学校的院系进行全盘调整。

6月27日，政务院发出国家工作人员实行公费医疗的指示。指示规定，从本年秋季起，全国各级学校的教职员工实行公费医疗制度。从1953年春季起，高等学校的学生也开始享受公费医疗的待遇。

1955 年

10月8日，著名科学家钱学森从美国辗转回国。

1956 年

1月14日至20日，中共中央召开知识分子问题会议，周恩来作《关于知识分子问题的报告》，并代表中央发出向"现代科学进军"的号召。报告指出，为了实现社会主义工业化，"必须依靠体力劳动和脑力劳动的密切合作，依靠工人、农民、知识分子的兄弟联盟"。报告首次提出，知识分子已经成为我们国家的各方面生活中的重要因素，他们中间的绝大部分已经是工人阶级的一部分。

1957 年

3月12日，毛泽东在中共全国宣传工作会议上讲话，指出：没有知识分子，我们的事情就不能做好，所以我们要好好地团结他们。知识分子也是劳动者。

11月7日，毛泽东同邓小平、彭德怀、乌兰夫、陆定一、杨尚昆、胡乔木等在莫斯科大学会见我国在莫斯科的留学生、实习生，指出"希望寄托在你们身上"。

1958 年

4 月，北京大学开始批判马寅初的《新人口论》。在此后一年多时间里，其他高校和报刊也对马寅初进行批判。

9 月 20 日，中国科学技术大学在北京开学，郭沫若兼任校长。

1961 年

11 月，中共中央同意国家科委主任聂荣臻提出的《关于建立学位、学衔、工程技术称号等制度的建议》。

1963 年

9 月，中国科学院经济研究所所长孙冶方写了《社会主义计划经济管理体制中的利润指标》的研究报告。随后即在哲学社会科学部委员会第四次扩大会议上讲了这个问题，他大声疾呼要抓企业利润，反对不计成本、不讲效益的企业管理制度。他的这个观点被说成是修正主义的经济观点，当即遭到康生、陈伯达组织的批判和围攻。孙冶方一直坚持自己的正确观点。康生对他进行政治陷害，派"四清"工作队进驻该研究所，搞所谓孙冶方与张闻天（张当时是该所的特邀研究员）的"反党联盟问题"。把孙冶方打成该所"反党联盟"的头目，下放农村"劳动改造"。

12 月 2 日，中共中央和国务院原则批准了中央科学小组、国家科学技术委员会党组关于 1963 年至 1972 年科学技术发展规划的报告、科学技术发展规划纲要和科学技术事业规划。规划总的要求是：动员和组织全国的科学技术力量，自力更生地解决我国社会主义建设中的关键性的科学技术问题，迅速壮大又红又专的科学技术队伍，在重要的急需的方面掌握 60 年代的科学技术，力争接近和赶上世界先进科学技术水平。

1964 年

7 月 1 日，中共中央、国务院批转国家计委、高教部、内务部党组《关于一九六四年高等学校毕业生分配问题的报告》，同意在全国重点高等学校选拔优秀生，并对优秀生的标准作了规定：一是政治可靠，思想进步；二是基础知识好，接受与掌握业务的能力强，有独立思考和主动、创造精神，有培养前途；三是身体健康。

1965 年

4 月 7 日，中共中央发出《关于调整文化部领导问题的批复》，免去齐燕铭、夏衍等在文化部的领导职务。这是文艺界开展错误的批判和整风的结果。

7月27日和31日，毛泽东、刘少奇先后接见了从海外归来的前国民党政府"代总统"李宗仁和他的夫人。毛泽东在接见时说：跑到海外去的人，凡是愿意回来的，"我们都欢迎"，"都以礼相待"。

9月17日，我国科学家完成了结晶牛胰岛素的合成，这是世界上第一次人工合成多肽类生物活性物质。中国成为第一个合成蛋白质的国家。

1966 年

7月24日，中共中央、国务院发出《关于改革高等学校招生工作的通知》。《通知》决定，高等学校招生，取消考试，采取推荐与选拔相结合的办法。并指出："高等学校选拔新生，必须坚持政治第一的原则"，"贯彻执行党的阶级路线"。这两项《通知》由于历史原因，当时并没有得到执行。

1967 年

6月17日，我国第一颗氢弹在西部地区上空爆炸成功。这是广大工程技术人员、干部、工人、战士排除"文化大革命"的干扰，坚持国防建设所取得的突出成就。

1969 年

10月26日，中共中央发出《关于高等院校下放问题的通知》。《通知》决定，国务院各部门所属的高等院校，凡设在外地或迁往外地的，交由当地省、市、自治区领导；与厂矿结合办校的，交由厂矿领导。教育部所属的高等院校，全部交给所在省、市、自治区领导。此后，中央所属的高等院校，包括北京大学、清华大学在内，全部下放地方管理。部分高等院校被撤销或合并。到1971年，全国原有的434所高等院校，保留继续办的还有328所。

1970 年

4月24日，我国自行设计制造的第一颗人造地球卫星"东方红一号"，由"长征一号"运载火箭一次发射成功。它是中国的科学之星，是中国工人阶级、解放军、知识分子共同为祖国做出的杰出贡献。从此，我国空间技术进入一个新的时代。

6月22日，中共中央决定撤销国务院科学技术干部局；中华人民共和国科学技术委员会和中国科学院合并。

6月27日，中共中央批准《北京大学、清华大学关于招生（试点）的请示报告》，高等院校开始招生复课。文件规定高等学校招生废除考试制度，"实行群众推荐、领导批准和学校复审相结合的办法"，招收"工农兵学员"。在教学中，确定"工农兵学员"的任务是所谓"上大学、管大学、用毛泽东思想改造大学"。

1972 年

7 月 2 日，周恩来在会见美籍华人学者杨振宁时，赞赏他关于加强我国基础理论研究工作和培养研究人才的看法和建议。并要求陪同会见的北京大学教授周培源要"提倡一下理论"，"把北大理科办好，基础理论水平提高"。

7 月 14 日，周恩来会见正在中国参观、探亲的美籍华人学者参观团和美籍华人学者访问团全体成员。在谈话中，他提出应在马克思主义世界观指导下，在广泛实践的基础上，加强国内自然科学基础理论研究工作。同时，再次称赞美籍华人物理学家杨振宁不久前提出的关于应加强基础理论研究和交流的意见，并要求参加陪见的北京大学负责人周培源回去要把北大理科办好，把基础理论水平提高。同年 10 月 6 日，《光明日报》发表周培源根据周恩来的意见写的文章，强调要重视和加强自然科学基础理论的学习和研究。

12 月 14 日，我国选派 16 名留学生赴英国学习英语，连同是年派赴法国的留学生 20 人，共派出留学生 36 人。这是自 1966 年停止派出留学生以来，首批派出的留学生。

1973 年

3 月 8 日，周恩来在邀请外国专家及其家属参加的国际劳动妇女节纪念会上，对被错误批斗或被迫离开我国的外国专家表示歉意，并欢迎他们重回中国。

12 月 31 日，袁隆平等人在世界上培育成功强优势的杂家水稻——籼型杂交水稻。

1974 年

4 月，国务院批转科教组《关于内地支援西藏大学、中学、专科师资问题的请示报告》。7 月，上海、江苏、四川、湖南、河南、辽宁 6 省市和中央国家机关选派了大中学校教师和干部 389 人进藏。

1975 年

11 月 26 日，我国又成功地发射一颗人造地球卫星，正常运行后，按预定计划于 12 月 2 日安全返回地面。它标志着我国已经成功地掌握了卫星回收技术，在宇航技术的研究上取得了新的突破。

1977 年

8 月 8 日，邓小平在主持召开的科学和教育工作座谈会上否定"两个估计"。他说：我们国家要赶上世界先进水平，要从科学和教育着手。

10月12日，国务院批转教育部《关于1977年高等学校招生工作的意见》。从此恢复了高等学校招生统一考试的制度。

11月3日，教育部、中国科学院联合发出《关于1977年招收研究生的通知》。此前长期中断的招收培养研究生的工作从此开始恢复。

1978 年

3月7日，国务院批转教育部《关于高等学校恢复和提升教师职务问题的请示报告》。至1981年，高等院校中原有的教授、副教授、讲师和助教都恢复了职称。

3月18日至31日，全国科学大会在北京召开。邓小平、方毅、郭沫若发表了重要讲话。邓小平在讲话中提出了"科学技术是生产力"、"知识分子是工人阶级自己的一部分"的著名论断。

12月25日，国务院批转国家科委、外交部《关于加强引进人才工作的请示报告》。《报告》提出为加强四化建设，发展科学技术，要大量从国外引进人才。

1979 年

5月3日至9日，中华全国青年联合会第五届委员会第一次会议和中华全国学生联合会第十九次代表大会在北京同时举行。两个大会选举产生了新的一届全国青联和全国学联，胡启立当选为全国青联主席，伍绍祖当选为全国学联主席。

9月14日，经中共中央批准，中共北京大学党委宣布为北京大学原校长、著名经济学家马寅初平反，肯定了他一贯坚持的、自1958年起受到错误批判的"新人口论"和关于国民经济要综合平衡的观点。

9月23日，国务院科技干部局在政协礼堂举行联欢会，招待中华人民共和国成立以来归国的科学家。

9月29日，叶剑英同志在庆祝中华人民共和国成立三十周年大会上的讲话中指出，目前我们的干部制度存在着严重的缺陷，不仅不利于人才的发现、选拔和培养，不利于干部队伍的逐步年轻化和专业化，而且往往造成许多人才的埋没和浪费。必须经过周密计划，采取坚决有力的措施，认真进行必要的改革。

12月20日至29日，教育部、国务院科技干部局在北京联合召开全国留学人员工作会议，总结交流选派出国留学人员的经验，研究确定今后选派工作的方针、任务和方法。

12月27日，国务院科技干部局召开会议，为早年归国的留美科学家平反。

1980 年

1月，教育部、国务院科技干部局在北京联合召开全国出国留学人员工作会议。

会议总结交流了选派出国留学人员的经验，并研究确定了今后选派工作的方针、任务和方法。会议指出，派出留学人员不仅是现阶段为解决四化急需的高级科技和管理人才，加快缩短与世界先进水平差距的一项重要措施，也是今后必须长期坚持的一项方针。今后选派留学人员的方针是：在确实保证质量的前提下，根据国家的需要和可能，广开渠道，力争多派；充分发挥中央各部门和地方及基层单位在派出工作中的积极性。在选派工作中，必须坚持"三个为主"的原则，即：选拔留学人员应以培养高等教育师资为主，并兼顾其他方面的需要；派出专业应以自然科学为主，同时派人学习社会科学和外国语言；自然科学方面应以技术科学为主，但也不应忽视基础科学和应用技术的需要。

2月12日，五届全国人大常委会第十三次会议审议通过《中华人民共和国学位条例》，于1981年1月1日起施行。该条例的施行，标志着我国学位制度正式建立。

3月15日至23日，中国科学技术协会第二次全国代表大会在北京举行。25日至27日，科协二届全国委员会举行首次会议，选举周培源为全国科协主席。

8月10日，在1957年被错划为右派的著名"六教授"：曾昭抡、费孝通、黄药眠、陶大镛、钱伟长和吴景超，全部得以平反。

11月15日，中共中央宣传部、中共中央统战部、中共中央组织部、国家科委转发中科院上海分院《关于科学家兼职等情况的调查（摘要）》和国务院科技干部局、国家人事局《关于解决科学家兼职过多问题的几点意见的通知》。

1981 年

1月14日，国务院批转教育部等七单位《关于自费出国留学的请示》和《关于自费出国留学的暂行规定》，明确提出自费出国留学是培养人才的一条渠道，并对自费出国留学人员的条件、审批费用、待遇、政治思想工作和管理教育工作等作出了具体规定。

5月11日，中国科学院第四次学部委员大会在北京开幕，这是中科院学部委员会中断21年后的第一次会议。

5月20日，国务院颁布《中华人民共和国学位条例暂行实施办法》。国家教委据此制定了研究生培养和学位授予系列规章制度。此后，我国本科生和研究生的培养能力显著增强，规模不断扩大。

7月16日，国务院发出《国务院批转教育部等6个部门〈关于出国留学人员管理工作会议情况的报告〉的通知》，同时转发《出国留学人员管理教育工作条例》。

7月29日，国家人事局、国家劳动总局、财政部、教育部、国务院科学技术干部局发出《关于出国留学回国以后的工资待遇问题的通知》。《通知》规定，从1981年7月起，对1966年以后国家选送到国外高等学校留学的大学毕业生和毕业研究生，回国后的见习临时工资和定级工资，按国内同等学历毕业生的规定执行。

1982 年

3 月 9 日，国务院批转教育部、外交部、公安部《关于安排外国进修生和研究学者有关问题的指示》。

7 月 21 日，劳动人事部发出《关于颁发〈回国科技专家、学者管理工作暂行办法〉的通知》。

1983 年

4 月 28 日，国务院批转教育部和国家计委《关于加速发展高等教育的报告》，强调必须采取有力措施，促使整个高等教育事业在短期内有一个较大的发展，以解决各条战线和各个地区专门人才紧缺的局面。

5 月 27 日，国务院学位委员会和北京市人民政府联合召开博士和硕士学位授予大会。王震、方毅等出席大会。自 1981 年 11 月国务院批准公布首批博士和硕士授予单位及学科、专业名单。至此，全国已先后授予 18 人博士学位，近 15000 人硕士学位，32 万人学士学位。

8 月 24 日，中共中央、国务院发布《中共中央、国务院关于引进国外智力以利四化建设的决定》，同年 9 月 26 日发布《国务院关于引进国外人才工作的暂行规定》，把引进国外以及港、澳、台地区智力当做加速中国"四化"建设的一项战略方针。

9 月 12 日，国务院发布《关于高级专家离休、退休若干问题的暂行规定》。《规定》指出，高级专家离休退休年龄，一般应按国家统一规定执行。对其中少数高级专家，确因工作需要，身体能够坚持正常工作，征得本人同意，经有关机关批准，其离休退休年龄可以适当延长。副教授、副研究员以及相当这一级职称的高级专家，经批准，可以适当延长离退休年龄，但最长不超过 65 周岁；教授、研究员以及相当这一级职称的高级专家，经批准，可以延长离退休年龄，但最长不超过 70 周岁。学术上造诣高深、在国内外有重大影响的杰出高级专家，经国务院批准，可以暂缓离休、退休，继续从事研究或著述工作。延长离休退休年龄的高级专家中，担任行政领导职务或管理职务的，在达到国家统一规定的离休退休年龄时，应当免去其行政领导职务或管理职务，使他们集中精力继续从事科学技术或文化艺术等工作。高级专家离休、退休的待遇，按国家统一规定办理。在有些情况下，退休费标准可以适当提高。

9 月 13 日，劳动人事部、教育部等部门印发《毕业留学生分配派遣暂行办法》。《办法》规定，留学生的分配计划由劳动人事部商同教育部及有关省、市、自治区统一制订。对国家统一选派的留学生，一律由国家统一分配，对国家统一选派的进修人员，原则上回原选派单位工作。原选派单位不能发挥其专业特长的，由有关人事部门负责调整、安排。《暂行办法》还规定了毕业留学生的派遣办法、工资待遇等。

1984 年

5 月 21 日，教育部、劳动人事部颁发《关于攻读硕士、博士学位研究生毕业分配工作后工资待遇问题的通知》。

6 月 9 日，国务院批转教育部《关于在部分全国重点高等院校试办研究生院的请示报告》，决定先批准 22 所全国重点高等院校试办研究生院。

8 月 8 日，教育部颁布《关于在部分全国重点高等院校试办研究生院的几点意见》。

11 月 13 至 17 日，全国科技人才开发交流工作会议在北京召开。

1985 年

3 月 13 日，中共中央发布《关于科学技术体制改革的决定》。《决定》指出，要改变对科技人员限制过多，人才不能合理流动，智力劳动得不到尊重的局面，创造人才辈出、人尽其才的良好环境。

7 月 5 日，国务院批转国家科委、原教育部、中国科学院《关于试办博士后科研流动站的报告》。11 月，全国博士后科研流动站管理协调委员会确定，由北京大学等 73 个高等院校和科研机构首批试办 102 个博士后科研流动站。

12 月 29 日至翌年 1 月 5 日，中国作家协会第四次会员代表大会在北京举行。会议通过了新的中国作家协会章程、中国作家协会理事和顾问名单。1 月 6 日，新的一届中国作家协会理事会举行第一次全体会议，巴金当选为中国作家协会主席。

12 月 31 日，国务院工资制度改革小组、国家教育委员会、劳动人事部颁发《对已取得博士、硕士学位的研究生毕业生尚未明确职务前如何发给工资的通知》。《通知》规定：取得博士、硕士学位的研究毕业生，不实行见习期。在他们尚未明确职务前，实行初期工资待遇。并对他们的初期工资待遇作了具体规定。

1986 年

2 月，国家自然科学基金委员会成立。该基金会对我国科技人才的成长和科研成果的产生发挥了重要的作用。

2 月 18 日，国务院发布《关于高级专家退休问题的补充规定》。

2 月 28 日，《人民日报》报道：为了加强基础研究和部分应用研究工作，逐步试行科学基金制，国务院决定成立国家自然科学基金委员会。

3 月 3 日，科学家王大珩、王淦昌、陈芳允、杨嘉墀上书中共中央，提出发展高技术的建议。这一建议后来被称为"863 计划"。邓小平在建议上批示：此事宜速作决断，不可推延。

5月4日，中共中央、国务院发出《关于改进和加强出国留学人员工作若干问题的通知》。《通知》指出，通过各种形式派遣出国留学人员完全符合我国对外开放的长期方针，今后必须坚定不移地坚持下去；要像对待公派留学人员那样关心和爱护自费留学人员。

10月，中共中央批准《国家高技术研究发展计划纲要》，即"863计划"。该计划在发展我国高技术研究，培养高科技人才方面发挥了相当重要的作用。

1987 年

6月6日，国家教委、国家计委、财政部联合发布《高等学校培养第二学士学位生的试行办法》。本年，国家教委批准26所高校举办第二学士学位班。

7月31日，国家教委、财政部发布《普通高等学校本、专科学生实行奖学金制度的办法》和《普通高等学校本、专科学生实行贷款制度的办法》，规定在1987年入学的本科普通高等院校的新生中全面实行奖学金制度和学生贷款制度。

8月18日，中央职称改革工作领导小组转发全国博士后科研流动站管理协调委员会《关于博士后研究人员专业技术职务评审和任职的原则意见》，明确申请评定专业技术职务任职资格的博士后，由建立博士后流动站的单位评定任职资格，流动期满后，由接受单位参照其任职资格聘任正式职务。

1988 年

5月3日，国务院颁发《关于深化科技体制改革若干问题的决定》。《决定》提出，要充分发挥科技人员的作用，促进人才合理流动，重视科技人才和各类专业技术人才的培养和选拔等。

8月3日，人事部发出《关于建立人事部与专家联系制度的通知》。《通知》指出，为了充分听取专家意见和建议，及时向领导反映专家的意见，人事部决定建立"专家联系制度"。联系的主要对象是：二级以上教授、研究员及相当职务的专家、学者；有突出贡献的中青年科学、技术、管理专家；各学科权威人士；来华定居专家；博士后研究人员；从工人、农民和其他劳动者中选拔的拔尖人才。

9月8日，国务院发出《关于提高部分专业技术人员工资的通知》，决定从一九八八年第四季度起，适当提高教育、科研、卫生三个部门副教授、副研究员、副主任医师以及相当职务人员的起点工资标准；对1957年以来从未升过级的，现仍在职工作的原四级以上老专家和原行政十级以上干部，可以晋升一级工资等。

1989 年

3 月 10 日，人事部发出《关于博士后研究人员工资问题的通知》。《通知》规定，凡国家安排提高专业技术人员工资，博士后研究人员均可比照同类人员，享受同样的待遇。

3 月 23 日，人事部、国家教委联合发出《关于争取优秀留学博士回国做博士后的通知》。《通知》规定，优秀留学博士申请进博士后流动站可不受名额限制；自然科学博士留学生可选择具备研究条件的单位，享受博士后研究人员待遇。

8 月 28 日，江泽民、李鹏、宋平、宋键等党和国家领导人接见来自全国工业、农业、科技、教育和卫生战线上的 21 位有突出贡献的专家代表。

9 月 28 日至 10 月 2 日，全国劳动模范和先进工作者表彰大会在北京举行。大会表彰了来自全国 51 个系统或行业的 2790 名全国劳动模范和先进工作者。这是改革开放以来召开的第一次全国劳动模范和先进工作者表彰大会。

10 月 6 日，人事部部长赵东宛在中南海主持留学回国人员代表座谈会，中共中央总书记江泽民出席会议并与代表们进行了座谈。

10 月 30 日，中国博士后科学基金会成立。该基金会是一个全国性的基金会组织，受人事部和全国博士后科研流动站管理协调委员会领导。理事会名誉理事长为李政道（美国哥伦比亚大学教授），理事长为沈克琦（烟台大学校长）。

1990 年

3 月 23 日，江泽民邀请北京大学 13 位学生在中南海怀仁堂座谈。这 13 位学生中，有 11 位学生曾经在 2 月 17 日联名给江泽民总书记等中央领导人写信，希望在青年知识分子的成长道路等问题上得到江泽民总书记和中央领导同志的指导。座谈当中，江泽民在听取大学生们的发言后说：大学生毕业后到基层去锻炼，和工农大众相结合，前途是无量的。一个有志的青年，要想成为有用之才，必须准备走艰苦锻炼之路。

8 月 14 日，中共中央发出《关于进一步加强和改进知识分子工作的通知》，下达近日中央政治局常委会议和政治局会议讨论进一步加强和改进知识分子工作问题的精神。《通知》要求各级党委和政府对知识分子要做到政治上充分信任，工作上放手使用，生活上关心照顾，同时积极引导、严格要求，使他们更好地承担起工人阶级的历史使命。

12 月 17 日至 21 日，国家教委、国家科委联合在北京召开全国高等学校科学技术工作会议。会议提出高校科技工作是我国科技工作十分重要的组成部分，要把建设国家重点实验室、承担重大科技攻关项目与培养人才密切结合起来。

1991 年

12 月 29 日，国家教委、财政部发出《关于印发〈普通高等学校研究生奖学金制度试行办法〉的通知》。

1992 年

6 月 17 日，王丙乾在考察中国科学院时指出，要使科学技术成为现实的第一生产力，广大科技人员需要不懈努力，国家财力在分配上也应逐步向科技倾斜，形成以科学技术促进国民经济发展、增加财政收入，经济发展和收入增加后又进一步推动科学发展的良性循环。

8 月 23 日，中共中央办公厅受邓小平委托给北京大学等高校学生回信，对学生们的良好祝愿表示谢意，殷切希望大学生担负起振兴中华的重任。邓小平视察南方谈话公开发表后，北京大学等十几所高校学生给邓小平写信，对他的讲话表示衷心拥护。

1993 年

5 月 12 日，全国科技工作会议召开，朱镕基发表题为《加快经济发展关键要靠科技进步》的讲话。他在讲话中指出：发挥科技第一生产力作用的关键是人才。在现代化建设中，要十分尊重和爱护人才，创造有利于充分发挥科技人员聪明才智的社会环境。

7 月 2 日，八届全国人大常委会第二次会议通过《中华人民共和国科学技术进步法》，自同年 10 月 1 日起施行。这是中国历史上第一部科学技术基本法。它的通过、实施，将成为推动中国科学技术事业发展的重要法律保障。

1994 年

6 月 2 日，经国务院批准，中国工程院首批院士名单公布，共 96 人。

1995 年

1 月 8 日，"全国高校毕业生就业市场（上海市场）"诞生，标志着大部分高校毕业生将通过就业市场，在国家政策指导下实行双向选择就业。国家今后将组建若干区域性就业市场，以满足毕业生择业的需要。

3 月 27 日，人事部、国家科委、外交部印发《关于回国（来华）定居专家工作有关问题的通知》。

5 月 6 日，中共中央、国务院发布《关于加速科学技术进步的决定》。《决定》指出，科技人才是第一生产力的开拓者，是社会主义现代化建设的骨干力量。为适应社会主义现代化建设的需要，提高经济、科技在国际上的竞争力，必须充分发挥现有科技人员的作用，培养、造就千百万年青一代科学技术人才，建设一支跨世纪的宏大科技队伍。

6月19日，中共中央组织部、人事部、国家行政学院在北京举行推行公务员制度高级研修班，国务院总理李鹏接见全体学员并作重要讲话。国务委员李贵鲜在开学典礼上强调，今年是推行公务员制度的关键一年。国务院各部门要先行一步，全面展开，并取得初步成效。地方国家公务员制度的实施要结合机构改革逐步全面展开。

8月11日，国家教委主任朱开轩在北京会见美籍华人、著名物理学家李政道博士，就中国高校的科技发展等问题进行了交谈。

10月4日至7日，我国实行博士后制度10周年大型庆祝活动在北京举行。江泽民、李鹏、乔石、李瑞环等为庆祝活动题词。国务院副总理李岚清出席4日的博士后制度10周年纪念会并致辞。10年来，我国已先后在全国212个高等学校和科研单位设立428个博士后科研流动站，已有2000多人完成博士后科研任务。

11月，人事部、国家科委、国家计委等七部门共同推出了"百千万人才工程"。该工程的宗旨是：根据国家科技发展规划和社会经济发展的需要，到20世纪末，在对国民经济和社会发展影响重大的自然科学和社会科学领域里，造就上百名能进入世界科技前沿、在世界科技界有较大影响的杰出青年科学家；上千名具有国内先进水平、保持学科优势的学术和技术带头人；上万名在各学科领域里有较高学术造诣、成绩显著、起骨干或核心作用的学术和技术带头人后备人选。

11月14日，全国人事系统留学人员工作会议在北京召开。国务委员李贵鲜在会上强调，留学人员工作是改革开放事业的重要组成部分，要充分开发利用留学人才资源，进一步推动留学人员工作更好地为科技进步与经济发展服务，从留学回国人员中培养造就一批跨世纪学术和技术带头人。

1996 年

7月8日，全国政协科教文卫体委员会、国家教育发展研究中心，邀请部分全国政协委员和教育、科技、文化、经济界的知名专家，座谈"未来社会发展与我国义务教育阶段学生综合质量目标"。座谈会上，专家们分析了21世纪的科技、经济、政治、文化等方面的特点，结合现状提出下一世纪应该怎样培养人才的建议。

10月2日，国家公费出国留学工作改革试行的第一次全国范围内的选拔录取工作结束。首批录取全国700多个单位的国家留学基金资助出国留学人员1399人。

11月3日，正在英国访问的国务院副总理李岚清在伦敦接见中国留学生及旅英华人和华侨代表。他在讲话中重申，中国关于选派留学生的"支持留学、鼓励回国、来去自由"的12字方针不变。

1997 年

11 月 20 日，李岚清视察清华大学教师筒子楼改造工作，了解高校教师住房建设情况，指出尊师重教不能只在口头号上讲，要为教师办实实在在的事。

1998 年

1 月 24 日，国务院副总理李岚清看望北京大学、首都师范大学两位老教授季羡林、齐世荣，并考察了北京大学教职工筒子楼宿舍改造工程。同日，国家教委党组书记、副主任陈至立、副主任柳斌等来到北京大学、清华大学和北京师范大学的一些著名老教授家中，向他们拜年。

5 月 2 日至 3 日，来自世界各国和地区的 60 余所著名大学的校长、国内 30 余所大学的校长在北京举行"面向 21 世纪的高等教育"大学校长论坛。大学校长们共同探讨了 21 世纪人类高等教育发展趋势，就大学的地位和作用、教学战略等问题发表意见。

6 月 2 日，教育部邀请部分中国科学院、中国工程院院士召开座谈会，听取院士们对迎接知识经济挑战，全面实施科教兴国战略，建立知识创新、人才创新体系及教育改革和发展等重大问题的意见和建议。

8 月 30 日，全国专业技术人员与事业单位人事制度改革会议在天津召开。国务委员、国务院秘书长王忠禹在会上强调，要加快事业单位人事制度改革步伐，建立充满生机和活力的人才管理体制，努力建设一支能够满足经济和社会发展需要的、具有较强国际竞争力的高素质社会化的专业技术人才队伍。

1999 年

4 月 2 日，"长江学者奖励计划"首批特聘教授受聘暨首届"长江学者成就奖"颁奖典礼在北京举行。国务院副总理李岚清出席典礼，向首批特聘教授和首届"长江学者成就奖"获奖者表示祝贺。首批特聘教授为 73 名，将受聘于 40 所高等学校。首届"长江学者成就奖"评审出上海第二医科大学陈竺教授、湖南医科大学夏家辉小组为一等奖，清华大学范守善教授为二等奖。

7 月 10 日，中国首届 IMBA（国际管理方向工商管理硕士的简称）在清华大学毕业，29 名毕业生获得清华大学颁发的毕业证书和学位证书以及美国麻省理工学院斯隆管理学院颁发的项目结业证书。清华大学的 IMBA 项目是清华大学经管学院于 1997 年开始与美国麻省理工斯隆管理学院的合作培养项目，旨在培养跨国经管人才。

11 月 17 日，中国科学院和中国科学院学部主席团在北京向社会各界宣布，55 位优秀学者新当选为中国科学院院士，其中 24 位出自高等院校。

12月2日，为表彰北京大学教授侯仁之在地理研究领域的杰出贡献，美国地理学会在北京向侯仁之教授授予乔治·戴维森勋章。侯仁之成为第一个获得这一荣誉的中国人。

12月3日，国家主席江泽民在北京会见国际著名数学家、中国科学院外籍院士陈省身教授。教育部部长陈至立、南开大学校长侯自新等参加会见。

2000 年

3月17日，教育部部长陈至立向第一位获得教育部设立的中国语言文化友谊奖的外国友人泰王国玛哈扎克里·诗琳通公主颁奖。

7月28日，为落实中央关于留学人员工作指示精神，人事部召开全国留学人员工作会议。人事部部长宋德福指出，制定新的政策，创造良好环境，加大工作力度，重视和开发留学人才宝库，吸引更多的留学人员回国工作。

12月3日至5日，21世纪世界百所著名法学院院长论坛暨中国人民大学法学院成立50周年庆祝大会在北京举行。来自世界近60所著名大学法学院的院长及中国70多所大学法学院院长出席。

2001 年

1月18日，由教育部科学技术委员会负责组织评选的2000年度"中国高等学校十大科技进展"正式揭晓。云南农业大学省植物病理重点实验室的水稻遗传多样性控制稻瘟病理论和技术等十项科技进展入选。

3月28日，我国首次工商管理硕士（MBA）研究生教学合格评估结果揭晓：参加评估的26所开展试点工作的高校全部合格。

5月，北京师范大学、中国协和医科大学、上海交通大学等8家院校和科研机构联合亿利资源集团公司在北京签署协议，成立国内首家高等学校蛋白质组学研究院并合作组建中国高校亿利蛋白质组学研究中心，进军被誉为生命科学"登月计划"的蛋白质组学研究领域。

7月16日，国务院副总理李岚清在北京会见由世界136所著名大学的华裔杰出青年和港澳台杰出青年组成的"海外杰青汇中华交流团"。

8月7日，江泽民、朱镕基、胡锦涛、李岚清等党和国家领导人在北戴河会见部分国防科技专家和社会科学专家，并同他们进行座谈。江泽民总书记发表了重要讲话。

9月4日，国务院副总理李岚清在北京会见受中国科学院邀请回国考察的11位海外优秀留学人员，希望海外的科学家和留学人员关注国家的建设和发展，通过各种途径和方式，为祖国服务，参与中华民族复兴的伟大事业。

10月18日，"长江学者奖励计划"第四批特聘教授、讲座教授受聘暨第三届"长江学者成就奖"颁奖大会在北京举行。第四批共有49所高校的141个学科聘任了136名特聘教授、7名讲座教授。

2002 年

4月28日，江泽民到中国人民大学考察工作，在看望学校师生员工时指出，对于哲学社会科学在治党治国和建设有中国特色社会主义事业中的巨大作用，以及学术研究、人才培养、重大课题改革和作出杰出贡献的学者的成就和作用，对于高等教学改革发展，我们始终高度重视。他希望哲学社会工作者增强创新意识，深入改革开放实践，继承和弘扬中华民族的优秀文化，坚持严谨治学、实事求是、民主求实作风，坚持同马克思主义立场观点和方法指导哲学社会科学发展。

7月7日至9日，首届"长江学者论坛"在汕头大学举行。论坛主题为"生命科学前沿和长江学者的使命"，6位特聘教授、讲座教授作了主题报告。

7月8日，国家副主席胡锦涛、国务院副总理李岚清在北京会见全国"杰出专业技术人才"表彰暨专业技术人才队伍建设工作会议代表。胡锦涛在讲话中强调，抓住机遇，迎接挑战，实施科教兴国战略、走人才强国之路，是贯彻"三个代表"重要思想的必然要求，是增强我国综合国力和国际竞争力、实现中华民族伟大复兴的战略选择。

7月22日至31日，中外大学校长论坛在北京举行。来自教育部、国防科工委、中国科学院所属的82所高校的校长参加论坛。论坛邀请哈佛大学、牛津大学、斯坦福大学、东京大学等世界著名大学的16位校长和高等教育研究专家，就世界高等教育改革与发展以及高校办学经验作专题演讲，并与中国大学校长进行学术交流。

2003 年

1月30日，国务院副总理李岚清看望了著名学者与科学家季羡林、王选、黄昆、吴文俊，向他们致以节日问候，并向全国广大教育工作者和科技工作者祝贺新春佳节。

2月26日，国家行政学院与北京大学决定联合培养公共管理硕士，以培养高层次公务员人才。国务委员兼国务院秘书长、国家行政学院院长王忠禹出席了在国家行政学院举行的签字仪式。

5月23日，中共中央政治局召开会议，研究部署进一步加强人才工作等问题。会议认为，我们党在新世纪新阶段人才工作的紧迫任务是：适应全面建设小康社会的需要，抓住培养、吸引、使用人才三个环节，着力建设党政人才、企业经营管理人才和专业技术人才三支队伍，重点培养一批适应社会主义现代化建设和改革开放要求的高层次人才，创新人才工作机制，努力创造人才辈出、人尽其才的良好局面，把各类优秀人才聚集到党和国家的各项事业中来。

7月1日，教育部、科技部发出《关于批准有关高等学校建设国家集成电路人才培养基地的通知》。

9月30日，全国留学生回国人员先进个人和先进工作单位表彰大会在北京召开。会前，胡锦涛、温家宝、贾庆林、曾庆红、李长春接见代表。胡锦涛发表重要讲话强调，留学人员要继承老一辈留学人员优良传统，发扬爱国奉献、拼搏进取的精神，把个人理想抱负同祖国的前途命运紧密结合起来，在实现全面建设小康社会的伟大实践中实现自己的人生价值，谱写无愧于时代的壮丽篇章。曾庆红出席会议并发表了题为《充分发挥广大留学人才在全面建设小康社会中的独特历史作用》的讲话。

10月1日，国家副主席曾庆红看望著名科学家钱学森、中国工程院院士金怡濂、中国农业科学院副院长屈冬玉，向这几位不同时期留学回国的优秀知识分子表示节日祝贺和亲切慰问，并认真听取了他们对科教兴国和人才强国的意见和建议。

10月15日，我国自行研制的"神舟"五号载人飞船，在酒泉卫星发射中心升空后，准确进入预定轨道，中国首位航天员杨利伟被顺利送上太空。

12月20日，中共中央、国务院召开全国人才工作会议。胡锦涛强调，人才问题是关系党和国家事业发展的关键问题。全党同志必须从全局和战略高度，以高度的政治责任感和历史使命感，把实施人才强国战略作为党和国家一项重大而紧迫的任务抓紧抓好，努力造就数以亿计的高素质劳动者、数以千万计的专门人才和大批拔尖创新人才，建设规模宏大、结构合理、素质较高的人才队伍，充分发挥各类人才的积极性、主动性和创造性，开创人才辈出、人尽其才的新局面，大力提升国家核心竞争力和综合国力，为全面建设小康社会和实现中华民族的伟大复兴提供重要保证。

2004 年

2月20日，中共中央、国务院在北京隆重举行国家科学技术奖励大会。温家宝代表党中央、国务院在大会上讲话。中共中央总书记、国家主席胡锦涛向获得2003年度国家最高科学技术奖的中国科学院院士、中国科学院地质与地球物理研究所研究员刘东生，中国工程院院士、中国载人航天工程总设计师王永志颁发了奖励证书和奖金。

2月29日至3月2日，由中共中央宣传部、人事部、教育部、科技部联合举办的"中国留学人员回国创业成就展"在北京开幕，共有1100多项成果参展，其中获得国家或省部级奖的超过200项，一些成果填补了国内空白，达到国际先进水平。

5月7日至10日，教育部副部长章新胜赴伦敦，陪同温家宝总理与英国著名大学校长及科学家、我国留英尖子人才座谈，并与英国教育技能大臣克拉克举行了会谈，共同签署了两国教育部关于建立定期对话磋商机制的备忘录和关于设立高层次人才联合奖学金、开展合作的联合声明。

2005 年

3 月 15 日，2004 年"国家优秀自费留学生奖学金"获奖结果揭晓，确定获奖者 204 名，每人奖励 5000 美元。

3 月 28 日，中共中央、国务院在北京举行国家科学技术奖励大会。中南大学黄伯云院士、西北工业大学张立同院士获得国家技术发明奖一等奖，连续 6 年空缺的国家技术发明奖一等奖终于实现了"零"的突破。

7 月 15 日，中共中央总书记、国家主席胡锦涛就实施大学生志愿服务西部计划作出重要指示，强调各级党委、政府和有关部门一定要引导和鼓励更多的高校毕业生到西部、到基层、到祖国最需要的地方去，为实现全面建设小康社会的宏伟目标贡献自己的智慧和力量。

8 月 21 日，中国职业教育首届杰出校长表彰会暨中国职教学会 2005 年学术年会在北京召开。全国人大常委会副委员长成思危、教育部副部长吴启迪等出席会议并向"中国职业教育杰出校长"获得者颁奖。

10 月 21 日，"全国优秀博士后表彰大会暨博士后工作大会"在北京召开。北京大学、清华大学等教育部直属高校中的 41 个博士后科研流动站获得"全国优秀博士后流动站"荣誉称号，68 人获得"全国优秀博士后"荣誉称号，14 人获得"全国优秀博士后管理工作者"荣誉称号。国务院总理温家宝等出席了大会。

2006 年

1 月 17 日，《蒋南翔传》首发式在清华大学举行。教育部部长周济、中国高等教育学会会长周远清、清华大学校长顾秉林院士与一百余位教育家、学者、清华校友聚集一堂，回顾了杰出的人民教育家蒋南翔同志对我国教育事业的巨大贡献。

3 月 29 日，2005 年度长江学者特聘教授、讲座教授受聘仪式暨长江学者成就奖颁奖典礼在北京人民大会堂举行，国务委员陈至立出席受聘仪式并颁奖。教育部部长周济作了题为"教育要发展，关键在人才"的讲话。

10 月 14 日，第三届全国教育科学研究优秀成果奖颁奖大会在北京召开，共有 283 项研究成果和 13 个教育科研管理先进单位受到表彰。教育部部长周济在颁奖大会上强调，要进一步促进我国教育科学的繁荣和发展，为教育事业的改革和发展作出积极贡献。

2007 年

2 月 15 日，人事部、教育部、科技部、财政部、外交部、国家发改委、公安部、商务部、人民银行、国务院国资委、侨办、中科院、外专局、海关总署、税务总局、工商总局联合印发《关于建立海外高层次留学人才回国工作绿色通道的意见》。

2 月 27 日，国家科学技术奖励大会在北京举行。胡锦涛出席并向获奖代表颁奖。

8 月 31 日，全国优秀教师代表座谈会在北京举行。胡锦涛指出，要把促进教育公平作为国家基本教育政策，统筹城乡、区域教育，统筹各级各类教育，不断满足人民日益增长的教育需求。

2008 年

1 月 19 日，由共青团中央、全国学联主办的首届"中国大学生自强奖学金"颁奖仪式在北京举行。

3 月 12 日，总部位于日内瓦的世界经济论坛公布了 2008 年度"全球青年领袖"人选名单，245 名来自世界各地的商界、政界、文艺和体育等各界青年精英获此殊荣，其中包括 34 名中国杰出青年。世界经济论坛执行主席克劳斯·施瓦布教授 2004 年创建全球青年领袖论坛。

6 月 5 日，2007 年度中华人民共和国国际科学技术合作奖颁奖仪式在北京举行。国务委员刘延东代表中国政府向荣获此项殊荣的英国地球物理学专家李向阳博士、美国材料科学与工程专家刘锦川博士、德国生物学专家彼得·格鲁斯博士和国际水稻研究所代表罗伯特·齐格勒博士颁发奖章和获奖证书。

2009 年

3 月，教育部在拟下达的 2009 年研究生招生计划基础上，增加 5 万名全日制专业学位硕士研究生招生计划，主要用于招收今年考研的应届本科毕业生，此项决定是人才培养模式改革的重大举措。在 2010 年全国招收攻读硕士学位研究生简章中，首次明确提出将研究生分为学术型研究生和专业学位研究生，而且着重强调了二者在培养过程中都要注重实用性和实践性。

9 月，教育部办公厅在《关于进一步做好研究生培养机制改革试点工作的通知》中提出于 2009 年将改革试点范围扩大至所有中央部（委）属培养研究生的高等学校。这一政策对于我国建设创新型国家和人力资源强国、促进研究生教育与经济社会协调发展具有十分重要的意义。

9 月 14 日，胡锦涛等党和国家领导人会见"100 位为新中国成立做出突出贡献的英雄模范人物和 100 位新中国成立以来感动中国人物"代表座谈会全体与会代表。

11 月，教育部部长袁贵仁在 2010 年全国普通高等学校毕业生就业工作网络视频会议中提出了 2010 年将加大专业学位硕士研究生招生规模，加强对各类专业人才需求的规律性研究，对就业状况不佳的专业，要采取措施予以调整。

2010 年

1 月 11 日，中共中央、国务院在北京举行国家科学技术奖励大会。数学家谷超豪和航天专家孙家栋荣获 2009 年度国家最高科学技术奖。

6 月 6 日，《国家中长期人才发展规划纲要（2010—2020 年）》颁布。

6 月 7 日至 11 日，中国科学院第十五次院士大会、中国工程院第十次院士大会在北京举行。会议强调，建设创新型国家，加快转变经济发展方式，赢得发展先机和主动权，最根本的是要靠科技的力量，最关键的是要大幅提高自主创新能力。在加快转变经济发展方式的进程中，我国科技界肩负着重大使命。我们必须把握机遇，审时度势，科学谋划，顺势而为，全力建设创新型国家，为加快转变经济发展方式提供强大科技支持。

6 月 9 日，2010 年度陈嘉庚科学奖颁奖仪式在中国科学院第十五次院士大会和中国工程院第十次院士大会全体会议上举行。

6 月 21 日，中共中央政治局审议并通过《国家中长期教育改革和发展规划纲要（2010—2020 年）》。

10 月 3 日至 10 日，世界技能组织在牙买加召开 2010 年世界技能组织大会，并于 10 月 7 日表决通过中国正式加入世界技能组织。人力资源和社会保障部作为中国代表派团出席了会议。

2011 年

1 月 14 日，2010 年度国家科学技术奖励大会在北京人民大会堂举行。中科院院士、中国工程院院士师昌绪和中国工程院院士王振义获 2010 年度国家最高科学技术奖。

1 月 23 日，上海交通大学宣布，物理系李贻杰教授领导的科研团队历时 3 年，采用独特的技术路线，成功研发一整套具有我国自主知识产权的百米级第二代高温超导带材，实现了国内超导带材领域的新突破。

2 月 18 日，2011 年全国科技工作会议在北京召开。中共中央政治局委员、国务委员刘延东在会上作重要讲话，并为"十一五"国家科技计划工作先进集体和个人授奖。

4 月 24 日，庆祝清华大学建校 100 周年大会在北京人民大会堂举行。

10 月 4 日至 9 日，第 41 届世界技能大赛在英国伦敦举行，来自世界技能组织 51

个成员代表队的 944 名青年选手参加比赛。首次派队参加比赛的中国代表团战绩不俗：来自中国石油工程建设公司的裴先峰在焊接项目比赛中获得银牌，其他 5 名参加数控铣、数控车、CAD（计算机辅助）机械设计、美发、网站设计 5 个项目比赛的中国选手也都获得优胜奖。中国队参赛选手总平均分仅次于韩国队，名列第二。中共中央政治局委员、国务院副总理张德江对此作出批示：祝贺我国首次组团参加世界技能大赛获得良好成绩！技能人才的数量和水平，关系国家的综合竞争能力，我国要大力培养技能人才，宣传技能人才典型事迹，在全社会形成尊重劳动、尊重技能人才、争做技能人才的良好氛围。

12 月 7 日至 10 日，首届全国人力资源服务业发展高级研修班在北京举办。这次研修班由中国人才交流协会主办，北京大学老教授协会协办。来自全国 27 个省、区、市的政府所属公共人才服务机构和国有、民营及外资人力资源服务机构的 81 名高级管理人员参加了研修班。本次研修班旨在通过对人力资源服务机构高层管理人员培训，进一步发挥高层次领导人才对行业发展的引领和推动作用。研修班从人力资源服务机构领导素养提升、管理实务操作、运营与文化建设、机构转型升级四个方面对人力资源服务业作了深入讲解，并针对行业发展重点和趋势，系统介绍了人才规划纲要与"十二五"人才服务业，人力资源服务业发展战略与政策，人力资源服务机构战略管理与商业模式创新、营销与品牌战略、文化与团队建设，人力资源服务企业上市财务规划、治理与改制、兼并与重组等。

参考文献

[1] 陈学恂主编《中国近代教育大事记》，上海教育出版社，1981。

[2] 中央教育科学研究所编《中华人民共和国教育大事记》，教育出版社，1984。

[3] 何东昌主编《当代中国教育》，当代中国出版社，1996。

[4] 张健：《中国教育年鉴（1949～1981）》，中国大百科全书出版社，1984。

[5] 安树芬主编《中华教育历程（下卷）》，光明日报出版社，1997。

[6] 毛礼锐主编《中国教育通史》，山东教育出版社，2005。

[7] 刘鲁风：《中华人民共和国要事录》，山东人民出版社，1989。

[8] 中共中央政策研究室综合组编《改革开放二十年大事记》，中国人民大学出版社，1999。

[9] 冯登岗主编《当代中国大事记》，山东人民出版社，1993。

[10] 新华通讯社国内资料组编《中华人民共和国大事记》，新华出版社，1982。

[11] 梁寒冰主编《中国现代史大事记》，黑龙江人民出版社，1984。

[12] 中共中央党史研究室编《中国共产党历史大事记》，人民出版社，1989。

[13] 胡绳主编《中国共产党七十年》，中共党史出版社，1991。

[14] 中共中央党史研究室编《中国共产党新时期历史大事记》，中共党史出版社，1998。

［15］何彦才、高玉春主编《新中国大事典 1949～1989》，科学技术文献出版社，1990。

［16］李默主编《新中国大博览》，广东旅游出版社，1998。

［17］陈文斌主编《中国共产党执政五十年》，中共党史出版社，1999。

［18］张静如主编《中国共产党通史》（一、二、三卷），广东人民出版社，2002。

［19］盖军主编《中国共产党八十年历史简编》，中共中央党校出版社，2001。

［20］冯登岗主编《新中国大事辑要》，山东人民出版社，1992。

［21］王永平主编《新中国大事典》，中国国际广播出版社，1992。

企业经营管理人才篇[*]

1949 年

12 月，中共中央发出《关于保护与争取技术人员的指示》，原属旧中国资源委员会的一批工程技术人员，"大部分为中国比较优秀的技术专家，必须妥为保护，尽量争取原职原薪任用，不得采取粗暴态度"。中共中央在《关于改造旧职员问题给北平市委的指示》中规定："有一些技术较高，能力较好，但因与国民党负责人不和而位置和薪水明显降低的，则应适当地提高其位置和薪水。"

1950 年

2 月，中央人民政府政务院财政经济委员会发出《关于国营、公营工厂建立工厂管理委员会的指示》，要求对国营、公营工厂企业中原官僚资本统治时期遗留下来的不合理的管理制度，进行有计划有步骤的改革，建立有工人参加的工厂管理委员会。这是实行工厂管理民主化，发挥工人生产积极性与创造性的重要措施。

1951 年

8 月，中共中央就国营企业领导制度问题，批复《中共中央东北局关于党对国营企业领导的决议》，明确厂矿中的生产行政工作实行厂长负责制，党是对厂矿中的政治思想领导负有完全的责任，对厂矿中行政、生产工作负有保证和监督的责任。

1952 年

4 月 16 日，全国工学院调整方案公布实施。该方案是为了适应我国工业尤其是重

---

* 编写者：张烨，女，中央财经大学商学院硕士研究生，研究方向为企业人力资源管理；唐华茂，男，北京物资学院劳动人事系副教授，研究方向为企业人力资源管理、劳动经济；周文斌，男，中国社会科学院工业经济研究所研究员，研究方向为企业人力资源管理。

工业发展的需要而制定的，其目的在于更快更好地培养大批工业方面的高级技术人才。

9月，始于1951年3月的全国高等院校院系调整工作基本结束。这次全国高等学校院系调整工作是以华北、华东两大行政区为重点，做较全面的调整。总方针是：以培养工业建设干部和师资为重点，发展专门学院和专科学校，整顿和加强综合性大学，逐步地创办函授学校和夜大学，将工农速成中学有计划地改属各高等学校，作为预备班，以便大量吸收工农成分的学生入高等学校。

1953 年

10月，第一个五年计划开始实施。我国集中主要力量进行以苏联援建的156个项目为中心的、由694个大中建设项目组成的工业建设，以建立中国社会主义工业化的初步基础。同时，计划提出了培育与工业建设相适应的大批企业经营管理人才。培养建设人才，发展交通运输业、轻工业、农业和商业。

11月，中共中央发布《关于统一调配干部、团结、改造原有技术人员及大量培养、训练干部的决定》。《决定》指出，在工业建设干部极端缺乏而现有干部的分布和使用又不尽合理的情况下，必须加以妥善地、合理地调整。《决定》还对贯彻技术人员政策及大量培养、训练新的技术专家等问题作了规定。

1954 年

5月，政务院发布《有关生产的发明、技术改造及合理化建议的奖励暂行条例》，对奖励的标准和期限、奖金的计算和支付办法等都作了规定。此外，《条例》还规定，对积极协助他人实现建议者，也应给予适当奖励。

1956 年

8月，中共中央招聘工作委员会公布《关于从知识分子中招聘工作人员的审定考核和录用的办法》。

1957 年

7月，中共中央发出《关于知识分子工作中三项组织措施的指示》。《指示》要求各地下最大决心，从党的系统、政府系统和工矿企业中抽调一批得力干部，去担任高等学校、中等学校、报纸、刊物、出版社、广播、文化、卫生等单位的领导工作。

1960 年

3月，毛泽东在中共中央批转《鞍山市委关于工业战线上的技术革新和技术革命运动开展情况的报告》的批示中，以苏联经济为鉴戒，对我国的社会主义企业的管理工作作了科学的总结。毛泽东强调，要实行民主管理，干部参加劳动，工人参加管理，改革不合理的规章制度，工人群众、领导干部和技术员三结合，即被称为"鞍钢宪法"的"两参一改三结合"制度。"鞍钢宪法"的核心内容后来被美国麻省理工学院的管理学教授罗伯特·托马斯评价为"全面质量管理"和"团队合作"理论的精髓。

1961 年

9 月，中共中央将庐山工作会议上通过的《国营工业企业工作条例（草案）》（简称《工业 70 条》）发给各地各部门讨论和试行。《工业 70 条》根据当时实际情况，提出了整顿国营工业企业、改进和加强企业管理工作的一些指导原则。主要内容是：加强企业的计划管理；建立健全各种责任制；实行职工代表大会制，加强对企业的民主管理和监督；严格企业的技术管理、规章制度；加强企业的经济核算和财务管理；规定职工工资和奖惩制度等。

11 月，中共中央同意国家科委主任聂荣臻提出的《关于建立学位、学衔、工程技术称号等制度的建议》。

1964 年

2 月，由马洪主持、中国科学院经济研究所和有关大专院校的同志参与编写了 60 万字的《中国社会主义国营工业企业管理》。该书由人民出版社内部出版发行，是中国社会主义企业管理学的奠基之作。

3 月，中共中央发出《对中央组织部〈关于科学技术干部管理工作条例试行草案的报告〉和〈条例试行草案〉的批示》。

3 月下旬至 4 月 4 日，内务部在北京召开全国人事局（厅、处）长会议。中共中央组织部副部长李步新作了题为《促进干部革命化，积极培养提拔新生力量》的报告；内务部部长曾山对于如何学习解放军、石油部的经验和大力培养提拔新生力量问题作了重要讲话。

1968 年

6 月，中共中央、国务院、中央军委、中央文革小组发出《关于一九六七年大专院校毕业生分配问题的通知》。《通知》要求，大专院校毕业生分配要坚持面向农村、面向边疆、面向工矿、面向基层、与工农群众相结合的方针。

1969 年

12 月，中共中央发出《关于一九六九年、一九七〇年中等专业学校、技工学校、半工半读学校毕业生分配的通知》。《通知》规定，一九六九年、一九七〇年应届毕业生均于一九六九年十二月同时毕业，并开始进行分配。毕业生应当到农村去、到边疆去、到工矿去、到基层去，当农民、当工人。

1978 年

3 月，中共中央、国务院在北京隆重召开了全国科学大会，会议通过了《1978~1987 年十年科学技术发展规划》，肯定了技术经济和管理现代化的工作地位。邓小平在讲话中提出了"科学技术是生产力"、"知识分子是工人阶级自己的一部分"的著名论断。

9 月，钱学森、许国志、王寿云在《文汇报》上合作发表了中国第一篇全面深刻地阐释系统工程的文章——《组织管理的技术——系统工程》。该文引起了人们对管理科学的重视，第一次从理论上全面阐述了系统工程在现代化建设中的重大意义。

11 月，中国管理现代化研究会（China Research Society for Modernization of Management）成立。

1979 年

1 月 15 日，中国社会科学院工业经济研究所、国家计委经济研究所、国家建委经济研究所、中国人民大学外国经济管理研究所、光明日报理论部等 9 家单位联办的《经济管理》（月刊）创刊。这是我国改革开放后第一份管理学刊物。

1 月，中美两国政府签署了培训中国企业管理人才，引入哈佛案例教学法的中美合作协定书，合作项目名称为"中国工业科技管理大连培训中心"，并于 1980 年启动第一批厂长班。中国工业科技管理大连培训中心是在邓小平同志的亲自倡导下成立的，是中美两国政府的合作项目，是中国改革开放以后第一个引进国外现代管理教育的办学机构。

3 月，国家经委举办首届企业管理培训干部研究班，这是新中国企业管理培训史上首次以国家层次命名的企业管理培训班。培训班培训了包括各级工业主管部门领导人和企业负责人在内的高级管理人才 110 名，标志着我国高层次、大规模的企业管理人才培训的开始。

3 月，中国企业管理协会成立。1999 年 4 月，该会更名组建为中国企业联合会。

6 月，蒋一苇先生撰写的《"企业本位论"刍议——试论社会主义制度下企业的性质及国家与企业的关系》一文发表于《经济管理》第 6 期。1980 年 1 月，又以

《企业本位论》为题发表在《中国社会科学》创刊号上，该文的观点对于明确我国的经济体制改革方向，推动改革进程起到了重要的作用。

6月，国务院科技干部局发出《关于授予从事科学技术管理工作的科技干部的技术职称的意见》。

11月，国务院批转国家科委、国家经委、国务院科技干部局《关于颁发工程技术干部技术职称暂行规定的请示报告》。

1980 年

11月，中国系统工程学会在北京正式成立。

同年，中国管理科学研究会成立。1991年，该会更名为中国管理科学学会（Society of Management Science of China）。

1981 年

中国工业企业管理教育研究会成立。1995年3月，经国家民政部批准，中国工业企业管理教育研究会更名为中国企业管理研究会。

1982 年

9月，中国共产党第十二次全国代表大会在北京召开，正式提出了加强管理科学的研究和应用，并第一次把管理科学列入党的政治报告。

1983 年

在著名经济学家、管理学家蒋一苇先生等推动下，在中央有关领导同志关怀支持下，依托中国工业企业管理教育研究会①和《经济管理》月刊创办了经济管理刊授联合大学。1983～1985年，共招收三届学员近3万名。学校设立了"工业企业管理"专业，教学对象主要是工业企业中中层以上干部。到1986年底，经济管理刊授联合大学在除西藏、青海、新疆以外26个省市自治区的大中城市建立了79所分校。经济管理刊授联合大学在办学过程中，严格掌握办学条件，建立了一整套管理制度，教学等各项活动有切实的组织保障，严格把好入学、学期考试、毕业三关，编写了有较高质量的整套教材，保证了教学质量。特别是在"学以致用，学用结合"上取得了很好的效果，为我国以后开展在职中高级管理教育培训、包括现在广泛实行的 MBA 教育进行了探索，积累了宝贵的经验。

---

① 即现在的中国企业管理研究会，当时成员有78所设有经济管理专业的高等院校。研究会挂靠在中国社会科学院工业经济研究所。

1984 年

1 月，第二次全国企业管理现代化座谈会在北京召开。国家经委提出了推进企业管理现代化的进程，即加速推进管理思想现代化、管理组织现代化、管理方法现代化、管理手段现代化、管理人才现代化的进程，并推荐 18 种在实践中应用效果较好、具有普遍推广价值的现代化方法。

4 月，教育部首先批准清华大学、武汉大学、上海交通大学、天津大学四所高校成立管理学院或经济管理学院，而后又在同年批准西安交通大学、哈尔滨工业大学、同济大学等大学成立或恢复管理学院。

1985 年

中、加管理教育合作项目启动。该项目持续 10 年，第一周期中方参加的学校有 10 所，包括：中国人民大学、清华大学、上海交通大学、西安交通大学、哈尔滨工业大学、复旦大学、吉林大学、浙江大学、同济大学等，第二周期中方参加的学校有 24 所。

1986 年

2 月，国家自然科学基金委员会成立，设置管理科学组。国家自然科学基金委员会至今一直承担着发展我国管理科学的重任。资助管理科学研究是一项具有远见卓识的正确的重大战略决策。

1988 年

3 月，为了表彰在改革开放大潮中做出突出贡献的企业改革者，国家经委联合中国企业管理协会授予汪海、马胜利、冯根生、邹凤楼、尚海涛、李华忠、陈祥兴、孟祥海、朱毅、杨其华、周冠五、齐心荣、殷国茂、徐有泮、应治邦、于志安、黄春蓂、邢起富、陈清泰、霍荣华等 20 人首届"全国优秀企业家"（金球奖）称号。这是我国第一次以"企业家"称号公开表彰企业经营管理者。

9 月，"国际劳工组织亚洲人力资源开发网、中国人力资源开发研究中心成立暨首届学术研究会"在贵阳召开，这标志着我国人力资源管理理论研究的开始。

1990 年

10 月，国务院学位委员会第九次会议原则上同意在我国设置和试办工商管理硕士（MBA）学位，并决定从 1991 年开始授权中国人民大学、清华大学、南开大学、天津大学、哈尔滨工业大学、复旦大学、上海财经大学、厦门大学、西安交通大学等 9 所高等院校开展试点工作。

1991 年

我国工商管理硕士（MBA）首次招生。9 所被授权培养 MBA 的大学开始从有大学本科学历和四年以上工作经验的年轻在职干部中招收 MBA 学员。同年 10 月，国务院学位委员会办公室和国家教委研究生工作办公室在南开大学组织召开会议，成立了"全国试办工商管理硕士学位协作小组"，并召开了小组第一次会议。当年，9 所试点高校招收了 MBA 新生 86 人。

1992 年

1 月 25 日，劳动部、国务院生产办公室、国家体改委、人事部、全国总工会联合发出《关于深化企业劳动人事、工资分配、社会保险制度改革的意见》。三项改革在企业内部真正形成"干部能上能下、职工能进能出、工资能升能降"的机制，成为当时转换企业经营机制的重要任务。

11 月，国家技术监督局颁布了国家标准《学科分类与代码》（GB/T 13745－92），管理学被列为工程技术科学的一个一级学科，下设有管理思想史、管理理论、管理心理学、管理计量学、部门经济管理、科学学与科技管理、企业管理、行政管理、管理工程、人力资源开发与管理、未来学、管理学其他学科 12 个二级学科和 43 个三级学科。首次确认了管理科学在整个科学知识体系中的地位，正式提出了管理科学的学科层次结构。

1993 年

11 月，党的十四届三中全会召开。全会通过了《中共中央关于建立社会主义市场经济体制若干问题的决定》。全会提出了"产权清晰、权责明确、政企分开、管理科学"的现代企业制度，促进了企业管理，特别是国有企业管理理论研究与实践的蓬勃开展。

1994 年

6 月，中国工程院成立。这是汇聚我国工程技术杰出人才的最高科研机构，标志着我国工程技术科学的发展进入了新阶段。

7 月，首次大陆、香港、台湾管理教育研讨会在北京清华大学经济管理学院召开，90 名来自"两岸三地"的管理学院院长参加了会议，朱镕基副总理在大会上作了重要讲话。

1995 年

中国社会科学院批准设立"蒋一苇企业改革与发展学术基金奖"，该奖主要用于奖励对我国企业改革和企业管理做出突出贡献的理论工作者和企业家，是国家企业管理最高学术成果奖。

1996 年

4 月 16 日至 18 日，中共中央组织部、人事部在苏州联合召开全国企业人事制度改革研讨会，深入研究推进企业人事制度改革的基本思路和重要任务，加快企业人事制度改革步伐，促进现代企业制度建立。

7 月，时任国务院副总理的朱镕基在管理科学学科战略研讨会上作了题为"管理科学，兴国之道"的讲话。朱镕基副总理把管理科学提高到兴国之道的高度来强调，极大地提升了管理学的学科地位，对管理学发展起到了积极的促进作用。

同年，国家自然科学基金委员会将管理科学组升级为管理学科部。管理学成为一门独立学科，标志着管理学地位的确立，极大地推动了我国管理学的发展。

1997 年

1 月，MBA 开始实施全国联考。

4 月，国务院学位委员会和国家经贸委决定，从当年开始，主要面向国有大中型企业管理干部开展"企业管理人员在职攻读 MBA 学位"工作。这对提高我国大中型国有企业的管理人员素质起到了重要的作用。

6 月，国务院学位委员会和国家教委在正式颁布实施的《授予博士、硕士学位和培养研究生的学科专业目录》中增加了管理学学科门类。

1998 年

7 月 9 日，经中共中央批准，中共中央大型企业工作委员会成立，并召开在京大型企业领导人参加的工委工作会议。中共中央政治局委员、国务院副总理吴邦国担任中央大型企业工委书记。

7 月，国务院学位委员会首次将管理学作为学科门类列入本科专业目录。

9 月，当代经理人论坛年会暨第一届中国成长企业 CEO 峰会（1998 年始称"官、产、学"经济高峰会议）在北京举行。本次峰会以"走出困境"为主题，来自全国人大、劳动部的有关领导以及乌克兰、白俄罗斯等国的驻华商务参赞，著名经济学家、管理学者和全国各地的百余名企业家共同探讨走出困境的思路，分析经济态势，寻求发展商机。

1999 年

5 月，由国务院批准举办的第一期国有大型企业总会计师培训班开班。举办培训班旨在提高国有大型企业总会计师素质，促进现代企业财务制度的建立。按照计划，全国五百家国有重点企业总会计师将在三年内普遍接受一次系统培训。这是国家会计学院承担的第一个培训班。

9 月，第二届中国成长企业 CEO 峰会在北京人民大会堂举行。来自全国各地的 200 余名 CEO 与会，人数超出第一届近一倍。吴敬琏在演讲中指出，中国要大力发展民营经济，鼓励民间投资，从而拉动中国经济的增长。他还为当时受到舆论抨击的家族企业正名，指出家族企业是中国经济转轨时期一种有效组织形式；董辅礽分析了中国经济走势。

9 月，中国共产党第十五届中央委员会第四次全体会议通过《中共中央关于国有企业改革和发展若干重大问题的决定》。《决定》提出，要"建立高素质的经营管理者队伍"。

10 月至 11 月，中共中央组织部、人事部、国家经贸委联合举办重点国有企业领导人员培训班，101 位国家重点国有企业负责人参加。

2000 年

6 月，中国工程院第五次院士大会决定设立工程管理学部。该决定意味着国家将产生管理学院士，标志着前沿性的管理科学技术被纳入"高科技"范畴。

2002 年

6 月，中共中央办公厅、国务院办公厅印发《2002～2005 年全国人才队伍建设规划纲要》，明确提出要"着力建设企业经营管理人才队伍"。

8 月，国务院学位委员会办公室批准 30 所高等院校开展高级管理人员工商管理硕士（EMBA）专业学位教育。

同年，清华大学经济管理学院与国家会计学院联合招收首批培养总会计师方向的 MBA（AMBA）学生。

2003 年

9 月，国务院国资委选择中国联通、中国铝业、中国通用等 6 家企业的副总经理和总会计师共 7 个岗位面向全球进行公开招聘试点。通过试点，企业扩大了其选人用人的视野，并探索了一条将党管干部原则与市场化配置相结合的企业高级经营管理者的选择方式和途径，有利于发现和选拔优秀经营管理人才。

12月，国务院学位委员会通过设立会计硕士（MPAcc）专业学位，并于2004年起在21个研究生培养单位开展会计硕士专业学位教育试点工作。

同年，项目管理工程硕士（MPM）学位设立。

2004年

3月，中欧国际工商学院获得欧洲管理发展基金会的EQUIS商学院认证，成为国内首个获得该认证的商学院。

12月，中国企业管理科学基金会设立"袁宝华企业管理金奖"。这是中国企业管理科学领域的最高奖项。该奖项旨在通过表彰和奖励在中国企业管理领域锐意进取、开拓创新，并在形成体现中华文化的管理方法、管理模式和管理理论做出杰出贡献的中国企业家，进一步促进中国企业管理思想和管理模式的创新，提升中国企业管理水平和推进具有中国特色的企业管理现代化事业。谢企华、鲁冠球、常德传荣获首届"袁宝华企业管理金奖"。

2005年

9月，亚太管理学院联合会（AAPBS）在清华大学正式成立并举行第一届年会。来自亚太地区和中国的80余所管理学院院长出席了第一届年会。院长们在为期两天的会议中，围绕"亚太携手，共创未来"的主题，探讨亚太经济中的管理教育、为亚太及全球培养未来领袖、亚太商学院最佳实践、MBA教育的未来之路等话题。

2006年

12月，浙江大学管理学院获得英国AMBA协会的MBA/EMBA项目认证。

2007年

4月，清华大学经济管理学院通过国际商学院联合会AACSB认证，成为国内首个获得该认证的商学院。

7月19日，《人民日报》报道，党的十六大以来，党中央高度重视干部人事制度改革，作出了一系列重大部署，国有企业领导人员分层管理体制开始确立。

10月，中国共产党十七大报告提出，要深化国有企业公司制、股份制改革，健全现代企业制度，不断完善公司治理结构，建立健全激励约束机制。

2008年

2月，清华大学经济管理学院通过欧洲管理发展基金会EQUIS商学院认证，成为中国内地唯一获得AACSB和EQUIS两大全球管理教育顶级认证的商学院，也是亚太地区同时拥有三项国际认证（AACSB Business，AACSB Accounting 和 EQUIS）的三家商学院之一。

2009 年

11 月，2009 中国企业管理高峰论坛在上海召开。论坛聚集近 2000 名企业首脑，围绕"危机后的企业战略选择"这一重大命题，就总体经济形势下企业继续发展面临的战略抉择展开深入剖析。这是中国管理模式崛起的标志性事件之一。

2010 年

6 月，《国家中长期人才发展规划纲要（2010—2020 年）》发布。《纲要》提出，到 2015 年，企业经营管理人才总量达到 3500 万人。到 2020 年，企业经营管理人才总量达到 4200 万人，培养造就 100 名左右能够引领中国企业跻身世界 500 强的战略企业家；国有及国有控股企业国际化人才总量达到 4 万人左右；国有企业领导人员通过竞争性方式选聘比例达到 50%。实施"企业经营管理人才素质提升工程"，到 2020 年，培养一批具有世界眼光、战略思维、创新精神和经营能力的企业家；培养 1 万名精通战略规划、资本运作、人力资源管理、财会、法律等专业知识的企业经营管理人才。

2011 年

6 月，中国复旦大学管理学院、法国埃塞克工商学院、美国达特茅斯大学塔克商学院、德国曼海姆大学商学院和日本庆应义塾大学商学院共同创立"商学院商业与社会全球联盟（Council on Business and Society，A Global Alliance of Schools of Management）"，将携手打造一个全球范围的合作平台，整合全球教育资源，实现信息共享、多方合作，促进全球管理教育水平的提升，进而推动全球经济及社会的发展。

9 月，中国工商管理硕士（MBA）教育 20 周年纪念大会在北京举行。截止到 2010 年，我国已有 MBA 培养院校 236 所，招生 35000 多名；EMBA 教育发展到 62 所院校，招生 8400 多名。20 年间，中国 MBA 教育共计培养各类人才 33.3 万人。本次大会启动了中国高质量 MBA 教育项目认证项目。

12 月，清华大学经济管理学院、北京大学光华管理学院、中国人民大学商学院、复旦大学管理学院、中山大学管理学院、中山大学岭南（大学）学院、中欧国际工商学院、上海交通大学安泰经济与管理学院八家获得 EQUIS 认证的商学院共同签署致力于实践国际化战略、共同探索如何将国际认证标准和中国教育政策和环境高度融合的"上海共识"。

参考文献

［1］中国企业管理年鉴编委会：《2009 中国企业管理年鉴》，企业管理出版社，2009。

［2］文魁、杨宜勇、杨河清：《中国人力资源和社会保障发展研究报告 2009》，中国劳动社会保障出版社，2009。

［3］杨志明、于法鸣、莫荣等：《当代中国人力资源和社会保障制度的改革与发展》，中国劳动社会保障出版社，2009。

［4］中国人力资源开发研究会：《中国人力资源开发报告 2008》，中国发展出版社，2008。

［5］孔泾源、胡德巧：《中国劳动力市场发展与政策研究》，中国计划出版社，2006。

［6］陈佳贵、黄群慧：《新中国管理学 60 年的探索与发展》，《光明日报》，2009 年 11 月 3 日。

［7］李成武：《中华人民共和国人才工作大事记（1949～2004 年）》，《中国人才发展报告 No.2》，社会科学文献出版社，2005。

技能人才篇 *

1949 年

12 月，中央政府颁布《关于保护与争取技术人员的指示》，要求为知识分子安排适当的工作和职位。文件指出，原属旧中国资源委员会的一批工程技术人员"大部分为中国比较优秀的技术专家，必须妥为保护，尽量争取原职原薪任用，不得采取粗暴态度"。这些政策为妥善安置旧政府所属企业、事业单位中的科技人员提供了依据。

1950 年

5 月，政务院发出《关于在外区招聘技术人员的规定》。

8 月 14 日，教育部颁布《专科学校暂行规程》。《规程》明确规定，专科学校的目的和任务是以理论与实际一致的教育方法，培养能掌握现代科学和技术的成就，全心全意为新民主主义建设服务的专门技术人才，如工业技师、农业技师、教师、医师、药剂师、财政经济干部、文艺工作人员等。这一文件掀开了新中国建立以来高等教育事业建设的序幕。

1952 年

10 月 28 日，教育部颁发《中等技术学校暂行实施办法》。《办法》指出，中等技术学校的宗旨与任务是根据中国人民政治协商会议共同纲领文化教育政策的规定，以理论与实际一致的教育方法，培养具有必要的文化、科学的基本知识，掌握一定的现代技术，身体健康，全心全意为人民服务的初级和中级技术人才。

---

 * 编写者：李晓创，中国社会科学院研究生院人口与劳动经济系硕士研究生。高文书，中国社会科学院人口与劳动经济研究所副研究员，研究方向为劳动经济和人力资源管理。

1953 年

7 月 21 日，政务院发布《关于中等专业学校毕业生分配工作的指示》。《指示》规定：中央各业务部门领导的中等专业学校的毕业生，原则上由中央各业务部门负责自行分配工作；属地方人民政府管理的中等专业学校的毕业生，原则上归地方人民政府有关业务部门分配工作。

1956 年

8 月 11 日，国务院发布《关于高等学校和中等专业学校毕业生分配工作以后临时工资待遇的规定》。文件规定：高等学校和中等专业学校毕业生分配工作以后，实行临时性工资。原系在职职工，分配工作以后的工资待遇，一般应该在不低于他们原来工资的原则下，由现在的工作机关根据其现任职务和具体条件评定。就高等学校和中等专业学校毕业生分配工作以后工资待遇中的问题，国务院人事局进行了批示。文件还规定了毕业见习期满后的工资待遇分级评定标准、高等学校和中专的结业生工资定级标准、军队转业干部和复员军人在高等学校或中等专业学校毕业人员的工资标准。

1962 年

9 月 20 日，劳动部发出《关于高等学校、中等学校、技工学校转正定级等问题的通知》。《通知》规定：中等专业学校毕业生分配当工人的，第一年实行临时工资待遇，一年以后再根据所在单位的工资制度评定其工资等级。并补充规定了以下实施方案：中等专业学校毕业生分配做普通工和其他非技术性工种工作的，如果实行临时工资待遇有困难时，可以按照新分配的工种的工资标准重新评定其工资等级，并从批准之月起执行。

1964 年

10 月 12 日，国务院批转高等教育部《关于中等专业学校招生和毕业生分配统筹规划问题的报告》。《报告》指出：每年从各部门和地方所属各科中专学校毕业生中，抽调不超过 15％的名额，由国家统一掌握，调剂余缺，用来解决各部门和地方临时需要。并建议各部门对于使用不合理的中专毕业生，首先要自行调整和妥善安排，确有困难的，建议由内务部协助各部门调剂解决。

1967 年

5 月 14 日，中共中央、国务院、中央军委、中央文革小组发出《关于一九六六年中等专业学校、技工学校、半工半读学校、职业学校应届毕业生的分配及待遇问题的通知》。《通知》规定：一九六六年应届毕业生，根据自愿原则，现在即可按原有的分配办法分配工作。

12月28日，国务院发出《国务院关于职工转正定级问题的通知》，规定了技工学校毕业生的工资水平不得超过二级。《通知》指出，由于现行的工资福利制度的复杂性和一些问题的存在，需要进行改革。改革的主要内容有：各企业、科研、事业基建单位和国家机关、人民团体，对学徒、复员退伍军人和高等学校、中等专业学校、技工学校毕业生以及试用人员、实行熟练期制度的工人的转正定级工作，可以照常进行。职工转正定级的工资水平，应当严加控制，减少矛盾。学徒转正的工资，不得超过本单位工人工资标准的最低一级；学徒和技工学校毕业生的定级工资，不得超过二级；临时工、合同工和轮换工的工资待遇，应根据今年二月十七日《中共中央、国务院通告》的精神，坚决按原合同规定办理；职工转正定级后的新工资等级，一律从本通知下达后批准之月份起执行；延长转正定级时间的，其工资不补；调动工作后改变工种或改变工资制度的职工，不再评定等级。

1968 年

6月15日，中共中央、国务院、中央军委、中央文革小组发出《关于一九六七年大专院校毕业生分配问题的通知》。《通知》要求，大专院校毕业生分配要坚持面向农村、面向边疆、面向工矿、面向基层、与工农群众相结合的方针。

6月15日，中共中央、国务院、中央军委、中央文革小组发出《关于一九六七年中等专业学校、技工学校、半工半读学校毕业生分配的通知》。《通知》规定，符合要求的学生都必须在一九六八年七月毕业，并按办学部门原来的规定进行分配。毕业生可以分到全民、集体工业单位及回农村参加劳动或上山下乡。

1969 年

10月26日，中共中央发出《关于高等院校下放问题的通知》。《通知》规定：国务院各部门所属高等院校，设在北京的仍归有关部门领导，搬到外地的，可交地方革命委员会领导。《通知》下发后，中央各部所属高等院校大部分下放给地方领导，一部分高等院校被撤销、合并、搬迁。

1973 年

7月，国务院批转国家计委、国务院科教组《关于中等专业学校、技工学校办学几个问题的通知》。文件规定：中等专业学校的毕业生，一般返回原单位、原地区工作。原来非国有职工的学校毕业生，应当根据当年劳动指标的需要和可能分配工作，可以分配到全民所有制的企事业单位，也可以分到集体所有制的企事业单位，也可以上山下乡参加农村社会主义建设。

1978 年

6月19日，教育部、财政部发出《关于临时抽调参加高等学校、中等专业学校招生工作有关人员的生活补助费等问题的通知》。针对高等学校招生制度改革的实际情况，和一些省、市、自治区反映的问题，教育部和财政部对临时抽调参加高等学校（含研究生）、中等专业学校（含技工学校）招生工作有关人员的生活补助费等问题进行了重新规定。《通知》指出：招生工作的各项经费开支，都必须坚持艰苦奋斗、勤俭办一切事业的方针，精打细算，厉行节约。高等学校、中等专业学校招生工作所需的经费，应首先从收取的考生报名费解决。临时抽调参加招生工作的人员，其往返差旅费由原所在工作单位，按照原单位所在地差旅费开支规定报销。体育、艺术院校和中央各部门研究生招生机构的工作人员生活补助标准，一律按所在省、市、自治区的具体实施办法执行。

1979 年

6月28日，国务院科技干部局发出《关于授予从事科学技术管理工作的科技干部的技术职称的意见》。《意见》指出，从事科学技术管理工作的科技干部是科学技术干部的一部分，应分别归属于工程技术、农林技术、教学、科研、卫生等系列，根据有关标准授予技术职称。要求各部门开展调查摸底工作，研究切合实际的条件，先在有学历的专业干部中进行试点，取得经验，逐步推开，从而形成统一的选拔标准和确定的技术职称名称。

12月7日，国务院科技干部局颁发《关于做好科技干部技术职称的评定工作的通知》。《通知》指出，对在职的科技干部评定技术职称，必须严格按照晋升条件进行考核，评定技术职称主要以工作成就、技术水平、业务能力为依据，适当考虑学历和从事技术工作的资历。

12月10日，国务院批转国家科委、国家经委、国务院科技干部局《关于颁发工程技术干部技术职称暂行规定的请示报告》。自此，拉开了科技干部技术职称系列评定工作的序幕，涵盖了卫生、气象、农林、科技情报、环保、物资、建筑工程等多个系统科技干部技术职称评审，并将技术职称评定工作全面推开。

1980 年

3月6日，国家人事局印发《关于贯彻执行国务院颁发的7种业务技术职称暂行规定若干问题的说明的通知》。

3月14日，国务院科技干部局发出《关于执行〈工程技术干部技术职称暂行规定〉若干问题的补充说明》。文件明确了确定与提升工程技术干部职称的范围以及相关技术的要求。并指出，套改、复查验收工作，应结合确定与提升工程技术干部技术职称的工作同时进行；具备确定与提升条件的，确定与提升相应的技术职称，不具备提升条件的，按原有的工程技术干部的技术职称套改相应的技术职称。

5 月 8 日，国务院转发国家农业委员会、农业部、农垦部、国家科技干部局拟订的《农业技术干部技术职称暂行规定》。《规定》对统计方面的人才进行了职称标准评定，统计干部的技术职称定为：高级统计师、统计师、助理统计师、统计员。指出，确定和晋升统计干部技术职称，以工作能力、业务水平和工作贡献为主要依据，并适当考虑学历和资历。

12 月 31 日，国务院批转国家人事局、国家劳动总局、财政部、教育部《关于提高中等专业学校毕业生定级工资水平的请示》。该文件认为：中等专科学校毕业生定级工资偏低（比大学专科毕业生低两级，比大学本科毕业生低三级）、差距过大。在工资制度改革以前，适当提高中专毕业生的定级工资，是非常必要的。具体提议包括：中等专业学校修业两年以上的毕业生，见习期满后的定级工资可在现行定级水平的基础上提高一级。对过去已经定级的中等专业学校毕业生，现行标准工资低于上述定级水平的，可调整到上述定级水平。中等专业学校的结业生、肄业生的工资待遇，可在略低于毕业生工资待遇的前提下，由各省、市、自治区自行确定。

1981 年

3 月 25 日，国务院科技干部局发出《关于在"以工代干"科技人员中考核评定技术职称问题的通知》。为统一各地对工人编制而又从事科学技术工作的历届大、中专毕业或具有同等学历的人员（即"以工代干"的科技人员）评定技术职称和转干问题的标准，国务院科技干部局要求：对"以工代干"的科技人员，应和其他科技人员一样，按照国家规定的标准要求进行考核评定，符合条件的授予相应的技术职称。

3 月 27 日，国家人事局发出《关于统一管理社会科学专业干部业务技术职称评定工作的通知》。《通知》指出，"对专业干部实行考核、晋升制度，是调动广大专业干部的积极性，鼓励他们钻研业务做好工作，提高各项事业的业务和科学管理水平，促进四化建设的一项重要措施"。为了统一管理好社会科学专业干部业务技术职称的评定工作，国务院于 3 月 14 日以（81）国函字 24 号文批复："国务院同意社会科学专业干部业务职称的评定工作，在各级人民政府的领导下，由人事部门统一管理。至于各级人事部门应会同有关部门共同做好业务职称评定的几项具体工作，由你局根据中央组织部和中央宣传部的意见修改后，自行下达施行。"

4 月 23 日，中共中央办公厅、国务院办公厅转发《科学技术干部管理工作试行条例》。《条例》分别就科学技术干部队伍的管理范围、分配使用、培养教育、考核、晋升、奖惩等问题进行了详细的规定。对科学技术干部的管理，应当同国民经济管理体制和干部管理体制相适应，在中央及各级党委领导下，在中央及各级党委组织部统一管理下，按照科学技术干部的特点，依据科学技术水平、技术职称和级别，实行由国务院、国务院各部委和省、自治区、直辖市分级管理的制度。对科学技术干部的分配使用，必须根据国家需要，统筹安排，重点配备，加强集中统一，克服本位主义和分散主义。

5月20日，国家人事局发出《一九八一年度全国中等专业学校毕业生统一调剂计划的通知》。《通知》指出，执行调剂计划时，尽量照顾各地区和各部门对轻纺类各专业毕业生的需要；对某些部门和地区急需的短线专业，予以适当照顾；严格控制将中专毕业生从其他地区调入京、津、沪三市；对边疆地区和部门的毕业生尽量不抽调。对中专毕业生的使用，仍按1965年6月22日国务院批转内务部制定的《中等专业学校毕业生分配、调遣试行办法的规定》执行。

8月15日，国务院科技干部局发出《工程、农业技术人员职称考核评定业务工作会议纪要》。会议指出，高级技术职称代表较高的水平，是国内同行技术的带头人，他们不仅是技术工作的中坚力量，而且还担负着培养、指导中初级科技人员的重任，因此，必须坚持标准，严格考核，确具条件，方可晋升。对晋升高级技术职称人员的考核，应该在全面掌握标准条件的前提下，根据不同工作岗位，侧重提出不同的要求。考评高级技术职称的一般程序是：本人提出申请，提交技术工作总结或学术论著；评定委员会对申请晋升对象的条件进行评议，听取群众意见，核实材料，连同业务考绩档案和推荐意见一并上报；省、市、自治区（部委）评定委员会审查上述材料后，对基本符合条件者，组织三名以上同行高级职称专家进行考核审议。经无记名投票通过同意晋升的，写出评定意见，评定组织负责人签署后，由主管机关授予技术职称，颁发证书；将有关考核评定和晋升高级技术职称材料存入业务考绩档案。

1982 年

3月9日，国家劳动总局、国家人事局、国务院科技干部局发出《关于评定劳动定额专职干部职称问题的通知》。《通知》指出，从事劳动定额工作的专职干部，属于技术人员。不具备中专以上学历的专职劳动定额人员，也要按照以上原则评定职称。对于考核不合格和新近从事劳动定额工作的，企业和企业主管部门要加强培训工作，帮助其提高技术、业务水平，待条件具备时，再评定职称。

9月30日，劳动人事部印发《全国会计、统计等业务技术职称评定试点工作经验交流会议纪要》。《纪要》的主要内容包括，进一步明确评定业务技术职称的指导思想；严格进行考核和测验；分级提示，综合平衡；组织检查验收；建立和健全评审组织，充分发挥专家的作用。

12月31日，劳动人事部发出《关于印发〈科学技术干部业务职称评定委员会组织办法〉的通知》。为了认真贯彻国务院关于工程、农业、会计、统计等各类科学技术干部技术业务职称的规定，加强技术、业务职称评定委员会的建设，做好技术、业务职称的考核评定工作，《通知》要求，科学技术干部（包括自然科学技术干部和社会科学专业干部）确定或晋升技术、业务职称，按科学技术干部管理权限，由相应的评审组织考核评定。考核评定技术、业务职称的评审组织统称为评定委员会。

1983 年

7月13日，国务院发出《关于科技人员合理流动的若干规定的通知》。《通知》指出，要有计划、有步骤地促进科技人员按照合理的方向流动，即从城市到农村；从大城市到中小城市；从内地到边远地区；从科技人员富余的部门和单位，到科技力量薄弱而又急需加强的部门和单位。要打破部门、地区界限，合理调配和使用全国科技力量，有计划地从一些重工业和国防工业部门中抽调一部分科技人员，加强能源、交通、轻工、农业等科技力量薄弱的部门；从高等院校和科研部门中抽调一部分富余的科技人员，充实中等教育和职业教育的师资，支援新建院校和生产建设单位。

8月4日，劳动人事部发出《关于进行全国专门人才现状调查和需求预测的通知》。

1984 年

4月30日，中共中央、国务院发出《关于改变中央和国家机关直接从应届大专毕业生中招收干部的办法的通知》。《通知》决定，从1985年开始，中央和国家机关原则上不再直接从应届大专院校毕业生中吸收干部。所需干部，各部门可根据自己的工作性质、任务和干部"四化"的要求，在国家规定的编制数额内，按照有关部门批准的补充干部的标准，从北京或京外择优挑选经过三年以上基层工作锻炼、具有大专毕业文化程度的干部。有直属单位的，一般应从所属基层单位选调；没有直属单位的，通过组织人事部门从本系统或其他基层单位选调。一般行政事务干部，应在北京就地选调。有些专业性很强的工种，如确实需要直接从应届大专毕业生中挑选的，经批准可以在下达指标范围内选用。

1985 年

3月13日，中共中央发布《关于科学技术体制改革的决定》。《规定》指出，随着城乡经济体制改革的逐步展开，科学技术体制也需要有相应的改革。改革的内容包括：要改变对科技人员限制过多，人才不能合理流动，智力劳动得不到尊重的局面，创造人才辈出、人尽其才的良好环境。改革研究机构的拨款制度，按照不同类型科学技术活动的特点，实行经费的分类管理。促进技术成果的商品化，开拓技术市场，以适应社会主义商品经济的发展。调整科学技术系统的组织结构，鼓励研究、教育、设计机构与生产单位的联合，强化企业的技术吸收和开发能力。改革农业科学技术体制，使之有利于农村经济结构的调整，推动农村经济向专业化、商品化、现代化转变。合理部署科学研究的纵深配置，以确保经济和科学技术发展的后劲。扩大研究机构的自主权，改善政府机构对科学技术工作的宏观管理。

1986 年

1 月 4 日至 8 日，全国职称改革工作会议在北京举行。中央决定从今年起改革职称评定制度，逐步实行专业技术职务聘任制。

2 月 28 日，国务院发布《关于实行专业技术职务聘任制度的规定》。《规定》指出，专业技术职务是根据实际工作需要设置的，有明确职责、任职条件和任期，并需要具备专门的业务知识和技术水平才能担负的工作岗位，不同于一次获得后而终身拥有的学位、学衔等各种学术、技术称号。文件还详细规定了以下各方面的问题：专业技术职务的设置、任职基本条件、各级专业技术职务结构比例及工资额的确定、专业技术职务评审委员会、聘任和任命形式，以及行政人员与专业技术人员相互兼任职务的问题、待聘人员的安排和待遇、离休、退休等问题。

7 月 9 日，国务院发出《关于促进科技人员合理流动的通知》。《通知》指出，要加强对科技人员合理流动工作的领导，努力创造人尽其才的环境，大力发掘科技人才资源，继续调整被积压、浪费和使用不当的科技人员，鼓励科技人员向急需人才的行业和单位流动，向更能发挥作用的岗位流动。企业事业单位应当按照中央的有关部署，逐步实行专业技术职务聘任制。在未实行专业技术职务聘任制的单位，凡使用不当，难以发挥作用，又未做调整的科技人员，可以辞职。鼓励科技人员到边远地区工作。鼓励企业事业单位通过实行联合和技术经济协作，以及采用科技人员调动、借调、兼职等多种形式，调剂技术力量余缺。

11 月 11 日，劳动人事部、国家教育委员会发出《关于颁发技工学校工作条例的通知》。《通知》对在技工学校培养中级技术工人的具体要求、学校设置、招生、文化、技术理论与生产实习教学、思想政治教育等多方面工作进行了详细的规定。坚持德智体全面考核、择优录取的原则。技工学校毕业生分配办法的改革的方向，是把国家统包统配改为按"三结合"方针就业。要实行在国家计划指导下，由学校推荐、用人单位择优录用的制度，既应面向全民所有制单位，也应面向集体所有制单位。

1987 年

6 月 1 日，中央职称改革工作领导小组发出《关于实行专业技术职务聘任制工作中若干问题的原则意见》。《意见》指出，行政领导一般不兼任专业技术职务。乡镇及集体所有制企业根据工作需要可以设置专业技术职务，长期在老、少、边、山、穷地区工作的专业技术人员，在评审和聘任专业技术职务时，应着重考核本人的实际水平、工作能力和做出的具体成绩，不要一律强调"论文"；此外，还对支援城镇或农村的专业技术人员职务聘任、离退休等问题进行了说明。

7月11日，铁道部颁布《关于提高部分成绩优异的高级工程师职务工资的试行办法》。《办法》规定，现聘任或任命的高级工程师成绩突出，其基础工资与职务工资之和低于160元或企业工资标准低于169元的（六类工资区），按本办法规定的条件和程序评审，经批准，工资可以提高到160元或企业工资169元，享受教授、研究员的同等有关待遇。高级工程师其基础工资与职务工资之和在160元以上，低于180元，或企业工资在169元以上，低于193元，按本办法规定的程序评审，经批准，享受教授、研究员的同等有关待遇。高级工程师其基础工资与职务工资之和在180元及其以上，或企业工资在193元及以上的，由部属单位提出，经铁道部干部部审核，铁道部批准，享受教授、研究员的同等有关待遇。

1988 年

1月7日，中央职称改革工作领导小组发出《关于认定专业技术职务任职资格的原则意见》。《意见》指出，为了进一步促进人才流动和智力流动，发挥各方面落实知识分子政策的潜力，调动专业技术人员的积极性，在继续坚持职称改革方向、目标的前提下，在首次专业技术职务聘任工作结束并大体稳定的单位，根据本单位的实际情况和需要，对决定流动到知识和人才缺乏的单位或到那里从事兼职活动的人员，凡"文革"（一九六六年）前毕业已具备高级专业技术职务任职条件、而因专业技术职务限额没有被聘任高级专业技术职务的，可以定任职资格。认定专业技术职务任职资格是一项缓解职称改革工作中存在矛盾，解决历史遗留问题的过渡性措施。

1月14日，劳动人事部颁发《关于一九八七年解决部分中年专业技术人员工资问题的通知》。针对专业技术人员特别是中年专业技术人员工资偏低的状况，《通知》指出：担任讲师、助理研究员、主治医师、工程师以及相当于中级职务的中年专业技术人员，其中能够胜任本职工作，起骨干作用，并做出一定成绩和贡献的，可以提升一级工资。现从事行政管理工作的专业技术人员，符合上述条件的，也可以列入升级增资的范围。但是，上述人员一九八五年工资改革以来增加的工资额（不含工龄津贴）在三个级差及其以上的，这次原则上不提高工资。企业中同类人员的工资问题如何解决，由企业自主决定。

3月26日，中央职称改革工作领导小组颁发《中央国家机关实行专业技术职务任命制度的规定》。《规定》指出，中央国家机关实行专业技术职务任命制度的对象是：

直接从事专业技术工作或从事专业技术管理工作的人员。专业技术管理工作系指在各专业技术职务试行条例所包含的专业技术范围内，从事专业技术规划、计划、组织、协调、评估工作及专业技术人员的规划、培训和管理工作。各部门应根据专业特点、技术密集程度、岗位设置需要和专业技术队伍的现状，提出拟设高、中、初级专业技术职务的合理结构比例和高、中级职务数额，中央职称改革工作领导小组将分别核定下达各部委的高、中级专业技术职务限额。任命从事专业技术管理工作的专业技术人员担任专业技术职务，除应考核其本专业的学术水平和技术水平外，还应考核其调研、分析、组织、协调、决策等实际工作能力。专业技术职务的任期，一般 3～5 年，如工作需要可连续任命。

9 月 8 日，国务院发出《关于提高部分专业技术人员工资的通知》，针对专业技术人员的工资仍然偏低，特别是中年专业技术骨干以及中小学教师和护士工资偏低的问题，国务院决定：提高教育、科研、卫生三个部门副教授、副研究员、副主任医师以及相当职务人员的起点工资标准。同时，允许劳动工资改革试点单位统筹使用这一部分工资基金。提高中小学班主任津贴标准，建立中小学教师超课时酬金制度。

1989 年

10 月 17 日，人事部发出《关于对专业技术职务评审聘任工作进行复查的通知》。《通知》要求，各地区、各部门要对本地区、本部门的专业技术职务评聘工作，进行严肃认真的复查，把它作为一项廉政措施来抓。重点是，在评审、聘任工作中弄虚作假，不按政策规定办事，任意扩大评聘范围，降低评聘质量，引起社会和群众不满的单位和个人。复查工作采取自查与抽查相结合的方法。复查中要重点注意以下情况：在专业技术职务评聘中，伪造学历、资历，开具假证明、假学历，剽窃他人成果、抄袭或让人代写论文和技术报告，虚报成绩和贡献，谎报工作量的；不在专业技术岗位，按规定不属于评聘范围而评聘了专业技术职务的；不具备任职条件，不符合规定的评聘程序而评聘了专业技术职务的。

11 月 18 日，人事部发出《关于试行专业技术人员继续教育登记制度的函》。继续教育登记（证书、手册）内容是系统记录专业技术人员接受继续教育情况的有效凭证，其基本内容是专业技术人员接受继续教育的形式、内容、时间（起止时间、学时）、考核（试）结果。实行继续教育登记（证书、手册）的对象是全体专业技术人员。连续脱产学习 20 学时或学习内容相连贯的 20 学时以上的继续教育内容开始记入。

11 月 20 日，人事部转发天津市人大常委会批准通过的《天津市专业技术人员继续教育规定》。《规定》指出，继续教育由企业事业单位统一安排，一般以参加本单位、本系统组织的进修班和自学活动为主，根据企业事业单位的需要和可能，也可以通过以下形式进行：参加高等院校、科研单位、社会团体或者继续教育管理部门举办的进修班、培训班或者研究班；到教学、科研、生产单位边工作边学习；参加国内外学术会议和学术讲座；出国进修、考察；参加其他形式的继续教育活动。专业技术人员接受继续教育的时间，每年累计不得少于 12 日。每三年为一个周期，一个周期内的学习时间可以集中使用，也可以分散使用。脱产学习的，学习期间的工资和福利待遇不变。这是第一部由地方人大通过的继续教育专项法规。

1991 年

10 月 17 日，国务院发布《关于大力发展职业技术教育的决定》。针对我国职业技术教育的规模、规格和质量不能适应经济建设和社会发展的需要的现状，《决定》指出，职业技术教育的规模和水平影响着产品质量、经济效益和发展速度。因此，要高度重视职业技术教育的战略地位和作用；积极贯彻大力发展职业技术教育的方针；采取有力政策支持职业技术教育发展；加强职业技术教育的改革和基本建设；加强和改善对职业技术教育工作的领导和管理。

1992 年

4 月 8 日，国家教委发布《关于加强少数民族与民族地区职业技术教育工作的意见》。《意见》指出，为大力发展少数民族和民族地区的职业技术教育，促进这些地区的经济建设和社会发展，要高度重视职业技术教育在少数民族和民族地区经济建设和社会发展中的战略地位和作用；进一步明确少数民族与民族地区职业技术教育改革与发展的方向和路子；采取特殊政策和措施，推动职业技术教育的发展；加强对少数民族与民族地区职业技术教育工作的领导。

1993 年

7 月 9 日，劳动和社会保障部颁布《职业技能鉴定规定》，分别就职业技能鉴定机构、职业技能鉴定的组织和实施、职业技能鉴定考评员以及赏罚措施进行了详细的说明。职业技能鉴定是指对劳动者进行技术等级的考核和技师、高级技师（以下统称技师）资格的考评。《规定》指出：对技术等级考核合格的劳动者，发给相应的《技术等级证书》；对技师资格考评合格者，发给相应的《技师合格证书》或《高级技师合格证书》。而职业技能鉴定考评员必须具有高级工或技师、中级专业技术职务以上的资格；鉴定技师资格的考评员必须具有高级技师、高级专业技术职务的资格。

1995 年

11 月 30 日，人事部、国家科委、国家教委、财政部、国家计委、中国科协、国家自然科学基金委联合印发《"百千万人才工程"实施方案》。《方案》要求，到2010年，培养造就数百名具有世界科技前沿水平的杰出科学家、工程技术专家和理论家；数千名具有国内领先水平，在各学科、各科技领域有较高学术技术造诣的带头人；数万名在各学科领域里成绩显著、起骨干作用、具有发展潜力的优秀年轻人才。该文件就实施的范围、对象、条件、组织领导、选拔和管理、培养措施等方面进行了详细的说明。

1996 年

7月24日，中国西安人才市场隆重开业。国务院总理李鹏为中国西安人才市场题词："建设西安人才市场，为振兴西北经济服务"。

1998 年

12月11日，国家教委印发《关于加快中西部地区职业教育改革与发展的意见》。为加快中西部地区特别是西部地区、民族地区和边远贫困地区职业教育的改革与发展，《意见》要求，进一步提高认识，增强发展职业教育的紧迫感。探索符合中西部地区实际的职教模式。建立有效的职业教育运行机制。国家鼓励东部地区与中西部地区之间积极开展多层次多形式的职业教育交流与合作，支持中西部地区的职业教育改革和发展。切实加强师资队伍和职业教育管理干部队伍建设。地方各级政府和教育等有关部门要下大力气，通过多种渠道，培养一批有志于职业教育事业的教师。

1999 年

12月23日，全国人事厅局长会议在北京召开，会议传达国务院总理朱镕基、副总理李岚清、国务委员王忠禹在听取人事工作汇报的讲话精神。国务院领导希望人事部门围绕"两个调整"的思路，完善法律法规，不断改革人事制度，把人事管理引向法制化轨道。人事部部长宋德福在报告中强调，要围绕社会发展宏伟目标和经济结构调整，优化公务员队伍结构，调整专业技术人员队伍结构，改善农村人才队伍结构，组织实施西部人才资源开发计划，使人事工作更加主动为经济建设和社会发展提供人事人才保障。

2000 年

6月9日，中共中央组织部、人事部、教育部、科技部、卫生部联合举行新闻发布会，强调要加快事业单位人事制度改革，加速高素质社会化专业技术人员队伍建设，逐步建立符合社会主义市场经济要求和事业单位自身特点的人事管理体制。教育部、科技部、卫生部领导分别介绍了高校、科研、卫生事业单位人事制度改革的实施意见。

7月31日，国家民委、教育部下发《关于加快少数民族和民族地区职业教育改革和发展的意见》。

12月8日，劳动和社会保障部发布《关于大力推进职业资格证书制度建设的若干意见》。《意见》规定，按照面向市场、扩大范围、完善制度、提高质量的工作方针，坚持社会效益第一和质量第一，为劳动者和企业服务的指导思想，进一步搞好职业技能鉴定工作，整体推进职业资格证书制度的建设。以落实就业准入政策为切入点，在推进职业技能鉴定社会化管理的进程中，坚持行政管理与技术支持相结合，坚持严格质量控制与进一步扩大职业技能鉴定的覆盖范围相结合，大力提升职业资格证书的社会认可程度，促进职业资格证书制度与就业制度、职业培训制度和企业劳动工资制度相互衔接，使职业资格证书制度在市场就业和引导劳动者素质提高中发挥重要作用。

2002 年

5月7日，中共中央办公厅、国务院办公厅发出《关于印发〈2002—2005年全国人才队伍建设规划纲要〉的通知》。《通知》指出，《纲要》是我国第一个综合性的人才队伍建设规划，是今后几年全国人才工作的指导性文件。加强人才队伍建设，对于做好我国加入世界贸易组织后的各项应对工作，实现"十五"计划确定的宏伟目标，把建设有中国特色社会主义事业不断推向前进，具有十分重要的意义。

7月25日，劳动和社会保障部发出《关于印发〈加强职业培训提高就业能力计划〉的通知》。该计划的主要内容是，今后3年，要重点做好再就业培训和技工培训工作。强化再就业培训，力争使培训合格率达到90%，培训后就业率达到50%以上；推行创业培训，力争使成功创业率达到40%；加快培养技术技能劳动者，使技术工人特别是高级技工、技师和高级技师的数量和比重有明显提高；全面推行职业资格证书制度，大力推行就业准入制度。要落实"三年千万"再就业培训；开展技能振兴行动，加强技术技能劳动者的培养；大力推行职业资格证书制度，完善就业准入制度；加强就业服务和技术支持，建立激励机制。

8月24日，国务院发布《关于大力推进职业教育改革与发展的决定》，《决定》主要内容包括，深刻认识职业教育在社会主义现代化建设中的重要地位，明确"十五"期间职业教育改革与发展的目标；推进管理体制和办学体制改革，促进职业教育与经济建设、社会发展紧密结合；深化教育教学改革，适应社会和企业需求；采取切实措施，加快农村和西部地区职业教育发展；严格实施就业准入制度，加强职业教育与劳动就业的联系；多渠道筹集资金，增加职业教育经费投入；加强领导，推动职业教育持续健康发展。

9月23日，劳动和社会保障部发出《关于印发国家高技能人才培训工程暨机电高级技工培训项目的通知》。《通知》规定，根据国家产业技术政策，结合经济结构调整需要和劳动力市场需求，在制造、加工、建筑、能源、环保等传统产业和信息通信、航空航天等新技术产业领域，选择一些重点工业城市，实施若干高级技工培训项目。力争通过 3～5 年的努力，使技术工人尤其是高级工、技师和高级技师的数量和比重有明显增加和提高，缓解高技能人才短缺状况。

2003 年

9 月 29 日，劳动和社会保障部、信息产业部发出《关于实施电子信息产业高技能人才培训项目的通知》。《通知》指出，为加快电子信息产业高技能人才队伍建设，根据劳动和社会保障部实施国家高技能人才培训工程的总体安排，劳动和社会保障部与信息产业部决定联合实施电子信息产业高技能人才培训项目。从 2003 年 10 月到 2006 年底，在部分电子信息产业较为集中的城市和重点企业集团中，加强高级技术工人培养，表彰奖励一批拔尖技术能手，形成培养快、使用好、待遇高的机制，形成争学技术，争当能手的社会氛围，力争使高级工、技师和高级技师数量有较大增加，在技术工人中所占的比重提高 3～5 个百分点，缓解电子信息产业高技能人才短缺的状况，为电子信息产业发展提供技能人才支持。

12 月 5 日，劳动和社会保障部发出《关于实施电力高技能人才培训项目的通知》。《通知》指出，为加快电力行业高级技能人才队伍建设，根据实施国家高技能人才培训工程的总体安排，劳动和社会保障部与中国电力企业联合会决定联合实施电力高技能人才培训项目。项目的主要内容包括：分期分批立项研究、开发涉及电力高技能人才培训项目的政策、评估机制；开展电力主干职业（工种或岗位）高技能人才需求预测和分析；充分发挥企业在高技能人才培养工作中的主导作用，推动建立并完善电力行业高技能人才有效培养机制；推动电力教育培训机构与企业的紧密合作与优势互补，本着优化配置、合理布局、资源共享的原则，依托电力行业现有的骨干职业技术学院、高级技工学校、中等职业学校、培训中心，建立起能覆盖全行业地域和主要职业（工种或岗位）分布的三级电力高技能人才培训基地网络。

12 月 26 日，中共中央、国务院发布《关于进一步加强人才工作的决定》。

12 月 31 日，劳动和社会保障部发布《关于贯彻落实中共中央国务院〈关于进一步加强人才工作决定〉、做好高技能人才培养和人才保障工作的意见》。《意见》指出，深入学习领会《决定》精神，抓紧研究制定贯彻落实的工作措施。加快高技能人才培养，实施"三年五十万"新技师培养计划。组织开展技能竞赛等多种形式活动，完善高技能人才选拔机制。改进技能人才评价方式，完善国家职业资格证书制度。建立高技能人才开发交流机制，促进其发挥更大作用。提高高技能人才的待遇水平，引导更多的技能劳动者岗位成才。加大对高技能人才的表彰奖励力度，提高他们的社会地位。建立健全人才保障机制，为各类人才创造良好的社会环境。

12月31日，劳动和社会保障部发出《关于印发"三年五十万"新技师培养计划的通知》。《通知》规定，适应经济发展和技术进步的要求，从2004年至2006年的三年内，在制造业、服务业及有关行业技能含量较高的职业中，实施50万新技师（包括技师、高级技师和其他高等级职业资格人才）培养计划，通过企业岗位培训、学校教育培养、个人岗位提高相结合的方式，加快培养企业急需的技术技能型、复合技能型人才，以及高新技术产业发展需要的知识技能型人才，并以此推动技能人才队伍的整体建设，带动各类高、中、初级技能人员梯次发展。

2004 年

2月6日，劳动和社会保障部启动"3年50万新技师培养计划"，在制造业、服务业等技能含量较高的行业中，加快培养一批高技能型人才，带动高、中、初级技能人才的梯次发展，全面推进高技能人才培养工作。

4月30日，劳动和社会保障部发出《关于健全技能人才评价体系推进职业技能鉴定工作和职业资格证书制度建设的意见》。

2005 年

5月12日，劳动和社会保障部发出《关于印发国家高技能人才东部地区培训工程方案的通知》。《通知》指出，为贯彻落实《中共中央国务院关于进一步加强人才工作的决定》精神，进一步强化高技能人才工作，探索职业培训现代化道路，推动实现数量就业与素质就业的并举，劳动和社会保障部制定了《国家高技能人才东部地区培训工程方案》。东部培训工程方案实施的重点城市为苏州、宁波、厦门、青岛、深圳。工作目标为：加强横向交流，采取共同行动，力争通过3年左右的时间，形成高水平的职业培训现代化示范工作区，构建技能人才工作的新机制和大环境，基本实现数量就业与素质就业的并举。

10月28日，国务院发布《大力发展职业教育的决定》。为了克服职业教育发展不平衡，投入不足，办学条件比较差，办学机制以及人才培养的规模、结构、质量还不能适应经济社会发展需要等问题，《决定》提出九点要求，一是落实科学发展观，把发展职业教育作为经济社会发展的重要基础和教育工作的战略重点；二是以服务社会主义现代化建设为宗旨，培养数以亿计的高素质劳动者和数以千万计的高技能专门人才；三是坚持以就业为导向，深化职业教育教学改革；四是加强基础能力建设，努力提高职业院校的办学水平和质量；五是积极推进体制改革与创新，增强职业教育发展活力，六是依靠行业企业发展职业教育，推动职业院校与企业的密切结合，七是严格实行就业准入制度，完善职业资格证书制度，八是多渠道增加经费投入，建立职业教育学生资助制度，九是切实加强领导，动员全社会关心支持职业教育发展。

11月24日，劳动和社会保障部发出《关于进一步做好职业培训工作的意见》。《意见》提出，要指导高级技工学校和技师学院普遍开展校企合作，强化技能实训，创新后备高技能人才培养模式。技工学校和职业培训机构要进一步强化就业导向的办学方向，深化教学改革，突出能力训练，打造技能就业品牌。继续实施"技能岗位对接行动"，完善就业服务，为技能劳动者培训后就业提供有效支持。各类职业介绍机构特别是公共职业介绍机构要进一步推进劳动力市场信息网与职业教育培训机构的连接，强化就业信息对职业教育培训的引导和服务。

12月9日，劳动和社会保障部发出《关于印发〈城镇技能再就业计划和能力促创业计划〉的通知》。《通知》规定，2006～2010年5年内，对2000万（每年400万）下岗失业人员开展职业技能培训，培训合格率要达到90%，培训后再就业率要达到60%。同时，对200万（每年40万）城乡劳动者开展创业培训，力争培训结束后半年内开业成功率达到50%，并实现1人创业平均带动至少3人就业的倍增效应。成功开业的企业中，稳定经营一年以上的比率达到80%。在全国300个城市普遍建立社会化、开放式创业服务体系，实现开业指导、项目开发、融资服务、创业孵化、跟踪扶持等"一条龙"服务。

2006 年

4月18日，中共中央办公厅颁布《关于进一步加强高技能人才工作的意见》。《意见》规定，加快推进人才强国战略，切实把加强高技能人才工作作为推动经济社会发展的一项重大任务来抓；完善高技能人才培养体系，大力加强高技能人才培养工作；以能力和业绩为导向，建立和完善高技能人才考核评价、竞赛选拔和技术交流机制；建立高技能人才岗位使用和表彰激励机制，激发高技能人才的创新创造活力；完善高技能人才合理流动和社会保障机制，提高高技能人才配置和保障水平；加大资金投入，做好高技能人才基础工作；加强领导，营造有利于高技能人才成长的良好氛围。

8月14日，为贯彻落实《中共中央办公厅、国务院办公厅印发〈关于进一步加强高技能人才工作的意见〉的通知》精神，推动高级技工学校和技师学院加快高技能人才培养工作，劳动和社会保障部发出《关于推动高级技工学校技师学院加快培养高技能人才有关问题的意见》。《意见》主要内容包括，制定高技能人才院校培养规划，明确培养目标；建立高技能人才校企合作培养制度，创新高技能人才院校培养方式；统筹发展技师学院，明确办学方向制定激励政策，推动院校培养高技能人才。

8月28日，劳动和社会保障部发出《关于进一步加强高技能人才评价工作的通知》。《通知》指出，高技能人才评价既是职业技能鉴定的重要组成部分，也是高技能人才工作的重要环节。高技能人才评价要进一步突破年龄、资历、身份和比例限制，以职业能力为导向，以工作业绩为重点，注重对劳动者职业道德和职业知识水平进行考核和评价。逐步完善社会化职业技能鉴定。探索高技能人才专项职业能力考核方式。坚持公开公平公正的原则，防止高技能人才考评不正之风。加强对鉴定所（站）的管理和监督检查，强化高技能人才评价工作质量管理。对高技能人才评价主要环节进行重点监控和重点治理。加快编制和修订技师、高级技师国家职业标准。

8月28日，为贯彻落实中共中央办公厅、国务院办公厅《关于进一步加强高技能人才工作的意见》，切实做好高技能人才相关基础工作，劳动和社会保障部发出《关于做好高技能人才相关基础工作的通知》。《通知》主要内容包括，强化师资队伍建设，实施"高技能人才师资培训项目"；加大教材开发力度，实施"高技能人才培养教材精品建设项目"；加强教学研究，实施"促进高技能人才培养创新项目"；拓宽培养途径，实施"高技能人才远程培训项目"；强化技能实训，实施"高技能人才实训装备标准化建设项目"；加强统筹规划，切实落实高技能人才各项基础工作。

2007 年

1月5日，劳动和社会保障部办公厅印发《关于开展高技能人才公共实训基地建设试点工作的指导意见》。《意见》主要内容包括，贯彻落实《中共中央办公厅国务院办公厅关于进一步加强高技能人才工作的意见》精神，明确公共实训基地建设的指导思想和目标任务；着眼于经济发展对高技能人才的需求，明确公共实训基地的功能定位；创新思路，探索多种建设模式；积极争取政府公共财政投入，规范资金的使用管理；加快公共实训基地建设工作。

3月14日，劳动和社会保障部发出《关于印发高技能人才培养体系建设"十一五"规划纲要的通知》，发布了《高技能人才培养体系建设"十一五"规划纲要（2006～2010年）》。

5月12日，中共中央办公厅、国务院办公厅印发《关于进一步加强西部地区人才队伍建设的意见》，强调要为推进西部大开发提供坚强的人才保证。

6月21日，为落实《国务院关于建立健全普通本科高校、高等职业学校和中等职业学校家庭经济困难学生资助政策体系的意见》，加强中等职业学校国家助学金的管理，确保资助工作顺利实施，财政部、教育部制定《中等职业学校国家助学金管理暂行办法》。《办法》对中等职业学校助学金的评审、发放与管理等方面进行了详细的规定。

7月5日，劳动和社会保障部发出《关于印发高级技工学校标准的通知》。《通知》指出，为进一步贯彻落实《中共中央办公厅 国务院办公厅关于进一步加强高技能人才工作的意见》要求，充分发挥高级技工学校培养高技能人才的基础作用，促进高技能人才培养规模的扩大和培养质量的提高，劳动和社会保障部对1997年原劳动部印发的《高级技工学校设置标准（试行）》进行了修订。修订后的新标准对原来的办学标准进行了调整，进一步强化了校企合作、实习基地（场所）、师资队伍的有关要求。

12月21日，劳动和社会保障部发布《关于表彰2007年度全国技术能手的决定》。《决定》指出，为贯彻落实中共中央办公厅、国务院办公厅《关于进一步加强高技能人才工作的意见》，进一步加强高技能人才队伍建设，劳动和社会保障部会同有关部门组织开展了2007年全国职业技能竞赛系列活动。根据《关于加强职业技能竞赛管理工作的通知》的有关规定，为表彰在2007年全国职业技能竞赛活动中取得优异成绩的选手，劳动和社会保障部决定授予孟令升等209人"全国技术能手"荣誉称号，颁发奖章、证书和奖牌。

2008 年

6月20日，人力资源和社会保障部办公厅发出《关于印发〈中央企业职工技能竞赛管理办法〉的通知》。《通知》指出，为加强中央企业职工技能竞赛管理工作，进一步推进中央企业高技能人才队伍建设，促进中央企业职工技能竞赛健康有序发展，国务院国资委制定了《中央企业职工技能竞赛管理办法》。《办法》规定，中央企业竞赛组织委员会（简称组委会）由国资委、国家有关部委的相关人员和承办单位的有关负责人组成，下设办公室、专家评判委员会和监审委员会。还对组委会成员的任职标准、主要职责进行了规定。

6月20日，人力资源和社会保障部办公厅发出《关于印发〈推进企业技能人才评价工作指导意见〉的通知》。《通知》要求，充分认识推进企业技能人才评价工作的重要意义；认真做好企业技能人才评价试点企业的推选工作；精心组织企业技能人才评价工作。《通知》还指出，按照建立以职业能力为导向，以工作业绩为重点，注重职业道德和职业知识水平的技能人才评价体系的总体要求，指导企业依据国家职业标准，结合企业生产（经营）实际，采用贴近生产需要、贴近岗位要求、贴近职工素质提高的考核方式，对职工技能水平进行客观、科学、公正的评价，努力使企业技能人才结构更加合理，高技能人才更快成长，并带动各等级技能劳动者队伍的梯次发展。

2009 年

2月2日，人力资源和社会保障部、国家发展改革委员会、财政部联合发出《关于实施特别职业培训计划的通知》。《通知》指出，围绕受金融危机影响的各类劳动者的就业需求，依托技工院校和各类职业培训机构，大力开展有针对性的技能培训，扩大培训规模，延长培训期限，加大培训投入，提升培训能力，进一步提高劳动者就业、再就业和创业能力，努力保持就业局势的稳定。从 2009 年至 2010 年，利用两年左右的时间，集中困难企业在职职工开展技能提升培训和转岗转业培训，对事业人员开展中短期技能培训，对新成长劳动力开展储备性技能培训，提高其就业能力。

2 月 19 日，人力资源和社会保障部发出《关于做好 2009 年国家职业资格全国统一鉴定工作的通知》。《通知》要求，全国统一鉴定的职业范围；继续试行"统考日"制度；切实加强全国统一鉴定规范管理，保证鉴定质量。

5 月 5 日，人力资源和社会保障部发出《关于进一步规范农村劳动者转移就业技能培训工作的通知》。

2010 年

人力资源和社会保障部发出《关于表彰 2009 年度全国技术能手的决定》。《决定》授予白宏博等 218 名同志"全国技术能手"荣誉称号，颁发奖章、证书和奖牌。该奖项包括国家级一类竞赛 33 名和国家级二类竞赛 185 名。并希望受表彰的个人以这次获得的荣誉为新的起点，戒骄戒躁，继续学习新知识和新技能，不断提高运用新知识解决新问题、运用新技能创造新业绩的能力，积极参与技术革新与项目攻关，主动发挥传帮带的示范引领作用。希望广大劳动者向受到表彰的"全国技术能手"学习，立足岗位，刻苦钻研技术，努力提高技能水平。希望各地区、各行业部门，以科学发展观为指导，大力实施人才强国战略，加强职业技能培训，广泛开展职业技能竞赛活动，为我国高技能人才队伍建设和全面建设小康社会作出更大贡献。

2011 年

2011 年 9 月，人社部和财政部联合下发《关于国家高技能人才振兴计划实施方案》。该方案提出，以培训技师、高级技师为重点，以提升职业素质和职业技能为核心，培养和造就一批具有精湛技艺、高超技能和较强创新能力的高技能领军人才。具体包括技师培训项目、高技能人才培训基地建设项目和技能大师工作室建设项目。

为此，人社部还下发了《关于实施 2011 年国家级技能大师工作室建设项目有关问题的通知》，财政部与人社部联合下发了《财政部－人力资源和社会保障部关于下达 2011 年国家级技能大师工作室建设项目补助资金的通知》，要求各省、自治区、直辖市人力资源和社会保障厅（局）协助做好技能大师工作室授牌、指导技能大师工作室所在单位开展挂牌及技能大师工作室建设等有关事宜。各技能大师工作室所在单位要加大工作力度，提供必要支持，做好技能大师工作室建设有关工作，充分发挥技能大师工作室在本行业、本地区的示范和带动作用。

参考文献

［1］《中国劳动和社会保障年鉴》，中国劳动社会保障出版社，1999～2009。

［2］李成武：《中华人民共和国人才工作大事记（1949～2004）》，《中国人才发展报告 No. 2》，社会科学文献出版社，2005。

［3］人民日报法律法规库，http：//www. people. com. cn/item/flfgk/home. html。

［4］中国劳动咨询网，http：//www. 51labour. com。

［5］北大法意网，http：//www. lawyee. net。

农村人才篇[*]

1949 年

12 月 28 日，林垦部邀请参加农业生产会议的各地区林业代表共 10 人，就中国林业工作的方针任务等问题进行了座谈。

1950 年

7 月 14 日，政务院举行第 41 次政务会议，通过《农民协会组织通则》。

8 月，农业部、林垦部、水利部联合发布《关于选送农林水利劳模代表的联合指示》。

1952 年

7 月 4 日至 11 日，教育部召开全国农学院院长会议，讨论高等农业院校方针任务及农学院院系调整与专业设置等问题。

1953 年

1 月，农业部国营农场管理总局发布《国营农场工人技术标准》。

7 月 31 日，林业部召开林业干部教育座谈会，确定了中等林业学校的办学方针、任务。

12 月，农业部国营农场管理总局发布《国营农场职工奖惩暂行办法》。

1954 年

1 月 29 日，《人民日报》发表题为《必须用总路线精神教育广大农村妇女》的社

＊ 编写者：侯祖戎，男，中国社会科学院农村发展研究所博士后，研究方向为人力学及人力资源管理。

论。社论指出，向农村妇女宣传国家过渡时期的总路线总任务，是当前农村工作的重要任务之一。领导农村工作的各级党委和在农村工作的男女干部，都必须充分认识，向妇女进行总路线的宣传教育工作，对于完成国家建设，具有极其重要的作用。

2月，国营农场管理总局召开直属单位劳模大会。

3月12日，农业部颁发1952年"爱国丰产金星奖章"。荣获此项奖章的有模范工作者任国栋、劳动模范李顺达、郭玉恩和吴春安。《人民日报》发表题为《向金星奖获得者学习》的社论。

3月22日，教育部、扫盲委员会发出《关于1954年组织农民常年学习的通知》。《通知》指出，在农村互助合作和农民生产发展的基础上，逐步提高农民的社会主义觉悟和文化水平，是今后农村中的一项重要的经常工作。

4月4日，农业部发出《关于训练农业生产合作社干部的通知》。《通知》指出，为了适应目前合作社迅速发展的需要和为今后合作社大量发展做好准备，各大区和省农业部门应在党委农村工作部统一领导下拟定一个切实可行的训练合作社干部的计划。

9月1日，《人民日报》发表题为《进一步发展农民业余文化教育》的社论。

10月27日至11月12日，高等教育部、农业部和林业部召开第二次全国高等农林教育会议。

1955 年

2月9日至16日，全国林业人事工作座谈会在北京举行。会议研究了林业干部的训练问题。

2月19日，《人民日报》发表题为《帮助农业生产合作社培训会计人才》的社论。社论指出，帮助现有的和正在建立的几十万个农业生产合作社培养会计人才，做好财务管理工作，是当前农业合作化运动中的一项突出的任务。

6月2日，国务院发布《关于加强农民业余文化教育的指示》。

12月14日，农业部发布《关于奖励农业增产模范的暂行规定》。

1956 年

1月，《关于农业发展的12年纲要》提出了7～12年内在农村普及义务教育的目标。1956年学生数和招生数比1955年有大幅度增长。

3月6日，中国农学会成立。它是中国成立最早的、以研究农业问题为宗旨的多学科综合性学术团体。

8月27日，农业部核定了奖励1955年度农业增产模范第一批名单，要求有关各省、自治区和市通过会议等适当形式隆重发奖，并且勉励受奖者戒骄戒躁，再接再厉，进一步发挥带头作用、骨干作用和桥梁作用，带动广大农民为 1956 年获得更大的增产而努力。

1957 年

1 月 11 日，农业部、水产部联合发出《关于 1956 年渔业劳动模范选拔、奖励问题的通知》。

7 月 23 日，林业部根据各省、市、自治区报送的材料，选出 148 个林业模范单位和 44 名模范个人。部务会议决定对全国林业劳模进行奖励。

8 月 8 日，中共中央发布《关于向全体农村人口进行一次大规模的社会主义教育的指示》。

9 月 25 日，中共中央发布《关于农业合作社干部必须参加生产劳动的指示》。

12 月 18 日，中共中央、国务院联合发布《关于制止农村人口盲目外流的指示》。

12 月 21 日，国务院发布《关于正确对待个体农户的指示》。

1958 年

9 月 27 日，林业部公布 1958 年林业建设先进单位的个人获奖名单，共 172 人。

1958 年 12 月 25 日至 1959 年 1 月 1 日，全国农业社会主义建设先进单位代表会议在北京召开，约 6000 名代表和 400 多名列席代表出席了大会。

1959 年

3 月 26 日，水产部、国家科学委水产组在北京联合召开全国水产科学技术和教育工作会议。

10 月，农垦部召开农垦系统劳模会议。

1960 年

10 月 27 日，中共中央转批山西省委《关于农村劳动力问题的报告》，要求各地立即改变目前农业战线劳动力既少又薄的状况。

1961 年

7 月 19 日至 8 月 8 日，刘少奇主席视察大兴安岭和小兴安岭林区，同干部、工人进行了座谈。

11 月 8 日，林业部颁布《木材检验试行条例》，同时发布《木材检验员工作职责及奖惩办法》。

1962 年

10 月 11 日，国家科委和农业部邀请各个学科的 60 多位农业科学家在北京举行会议，商讨大力加强农业科学研究和农业科学技术队伍问题。会议期间，周恩来总理接见了与会的科学家，并在会上作了讲话。

10 月 19 日，中共中央批转农垦部党组《关于动员青年参加边疆建设工作情况和今后意见的报告》。

1963 年

2 月 8 日至 3 月 31 日，中共中央、国务院在北京联合召开全国农业科学技术工作会议。会议制定了全国农业科学技术发展规划。毛泽东主席及党和国家其他领导人接见了与会代表，周恩来总理作了报告。

1964 年

1 月 28 日至 2 月 9 日，国务院召开全国农业工作会议。会议交流了 1963 年农业生产经验，讨论了建设旱涝保收、稳产高产农田的问题，还介绍了山西省昔阳县大寨公社大寨大队等典型的经验，会议认为各地都有自己的先进典型。

9 月 10 日，中共中央制定《关于农村社会主义教育运动中一些具体政策的规定（修正草案）》（即"后十条"）。

1965 年

1 月 14 日，中共中央政治局召集的全国工作会议通过《农村社会主义教育动员中目前提出的一些问题的讨论纪要》（即"二十三条"）。

3 月 27 日，国务院在北京召开农业科学实验工作会议。会议号召农业科学工作者上山下乡，同群众一起发展样板田，促进农业生产新高潮。周恩来总理在会议期间作了报告。

1968 年

12 月 22 日，《人民日报》在一篇报道中引述毛泽东的指示："知识青年到农村去，接受贫下中农的再教育，很有必要。"从此，全国各地城镇出现了知识青年上山下乡的热潮。"文化大革命"期间，全国上山下乡的知识青年有 1600 多万人。

1971 年

1 月 29 日，《人民日报》报道，全国 20 个省、市、自治区先后召开农村工作会议，进一步开展农业学大寨的群众运动。

12 月 26 日，中共中央发布《关于农村人民公社分配问题的指示》。

1973 年

5 月 8 日，农林部向党中央、国务院提交《关于生产建设兵团和国营农场试行工分制情况的报告》。

1974 年

7 月 12 日至 30 日，农林部在北京召开沿海地区水产局负责人会议。

1975 年

1 月 18 日，全国已有近 1000 万名知识青年上山下乡。

1976 年

12 月 10 日至 27 日，第二次全国农业学大寨会议在北京隆重举行。党和国家领导同志接见出席第二次全国农业学大寨会议的全体代表和上山下乡知识青年代表。

1977 年

3 月 12 日至 30 日，农林部在北京召开全国林业、水产会议。会议期间，中央和国务院领导同志接见了与会全体代表。大会表彰了林业、水产战线的先进典型单位和先进集体。

6 月 22 日，国务院批转农林部、轻工业部《关于把农村手工业企业划归人民公社领导管理的报告》。

1978 年

11 月 29 日，国务院发出《关于华北农业大学搬回马连洼，并恢复北京农业大学名称的通知》。《通知》指出，北京农业大学为全国重点高等学校，面向全国，实行农林部和北京市双重领导，以农林部为主。随后在"文化大革命"中被迁、并、撤、散的各高等农业学校陆续迁回原校址办学，少数选择新址办学。

12 月 18 日至 22 日，党的十一届三中全会在北京召开。全会作出了把工作重点转移到社会主义现代化建设上来的战略决策，并深入讨论了农业问题。会议认为只有大力恢复和加快发展农业生产，坚决地、完整地执行农、林、牧、副、渔并举和"以粮为纲，全面发展，因地制宜，适当集中"的方针，逐步实现农业现代化，才能保证整个国民经济的迅速发展，才能不断提高人民的生活水平。这就要求全党首先必须调动我国几亿农民的社会主义积极性，在经济上充分关心他们的物质利益，在政治上切实保障他们的民主权利。全会同意将《中共中央关于加快农业发展若干问题的决定（草案）》和《农村人民公社工作条例（试行草案）》发到各省、市、自治区讨论和试行。《中共中央关于加快农业发展若干问题的决定（草案）》经过9个月的试行，收到了良好的效果，党的十一届四中全会正式通过了《中共中央关于加快农业发展若干问题的决定》。

1979 年

5月23日，林业部发布《林业工人技术等级标准（试行）》

7月24日至8月5日，林业部在北京召开全国中等林业教育和干部培训工作会议。会议着重研究了林业教育如何贯彻调整、整顿的方针和把学校工作的着重点转移到以教学为中心，提高教学质量上来的问题。

9月11日至21日，农业部召开全国中等农业教育工作会议。会议研究了中等农业教育有关方针、政策、领导体制及发展规划等问题。

9月18日，农业部颁发《中等农业学校农学、畜牧、兽医专业教学计划（试行草案）》。

9月25日至28日，党的十一届四中全会在北京召开。全会正式通过了《中共中央关于加快农业发展若干问题的决定》。《决定》对我国实现农业现代化这一发展目标作了重要部署，首先提出要实现农业现代化，迫切需要用现代科学技术知识武装我们的农村工作干部和农业技术人员，需要有大批掌握现代农业科学技术的专家，需要有一支庞大的农业科学技术队伍，需要有数量充足、质量合格的农业院校来培养农业科技人才和经营管理人才。同时，要极大地提高广大农民首先是青年农民的科学技术文化水平。

11月28日至12月11日，教育部、农业部、团中央、中国科协在天津联合召开全国农民教育工作会议。这是建国后几个部门共同讨论农民教育问题的第一次会议。会议总结了三十年来农民教育工作的基本经验，讨论了当前和今后一个时期农民教育的任务和措施。

12月17日至25日，林业部在北京召开林业科技工作座谈会。会议研究了林业科学技术的认识问题；林业科研的方向和科研机构的设置问题；发挥现有科技人员的作用问题；解决科研经费问题和林业科技工作体制、制度的改革问题。

1980 年

1月31日至2月8日，农业部在北京召开全国农牧局（厅）长会议。会议总结交流了1979年农业生产的成就和经验，讨论了三年农业调整问题，提出了1980年农业生产任务和要求。王任重同志在会上作了报告，明确指出，今后不再开展搞大寨县运动和不再评选大寨县的先进单位和个人。

5月8日，国务院批准颁布国家农委、农业部、农垦部、国务院科技干部局制定的《农业技术干部技术职称暂行规定》。

5月30日，国家农委在沈阳农学院召开全国农业系统干部培训工作经验交流会，强调各级农业领导部门要把搞好干部培训放到农业现代化建设的重要位置上来，力争三五年内把各级领导培训一遍。

11月12日，国家农委和中央组织部联合举办的第一期农业领导干部学习研究班在北京开课。国务院有关各部的副部长和省、市、自治区领导农业生产的书记、副书记、常委、副省长等领导干部参加学习。这是我国首次举办高级农业领导干部学习研究班。

12月12日，国家农委、中国科协、教育部、共青团中央、全国妇联、中央广播事业局、中央人民广播电台、农业部、农垦部、中国农学会联合发出《关于成立中央农业广播学校领导组织的联合通知》，标志着中央农业广播学校成立。

1981 年

1月10日至15日，中国水利学会在河南省新乡市召开灌溉排水技术讨论会并成立农田水利专业委员会。会议通过学术报告和分组讨论，交流了浇灌、排水经验和科研成果。

1月27日，水利部和农业部就联合培养水产技术人才达成了协议，签订了《关于农业部部属华中农学院为水利部长期培养淡水渔业专业高级技术人才的协议书》。国家农委批转了这一协议书。

2月13日至19日，中国水利学会在北京召开第三次全国会员代表大会。出席大会的有29个省、市、自治区水利学会和水文、泥沙、岩土力学、水工结构、农田水利、施工和施工机械化、水利经济等7个专业委员会（研究会）的代表共217人。大会着重讨论了调整时期学会工作的方针、任务，修改通过了学会章程，以无记名投票方式选举产生了第三届理事会。

2月24日，《人民日报》发表题为《我国南方水稻良种联合区域试验协作结硕果》的文章。文章指出，我国南方水稻育种科学工作者，近年来在中国农业科学院的主持下组织区域试验，共同协作，已取得24个有稳定的高产特性和广泛的适应能力、利用价值较大的早稻、中晚灿稻及中晚粳稻良种，为我国增加稻谷产量作出贡献。

3月31日，为研究和制订农业发展长期规划，国家农委最近邀请在北京的部分农业科学家、专家和农口各部门的科技人员进行座谈，听取他们的意见和建议。座谈会上大家一致认为，制订农业发展规划要从批"左"入手，把搞好农业的眼光，从局限于15亿亩耕地，放开到全国960万平方公里的土地上和广阔的海洋上，使农、林、牧、副、渔五业俱上。

5月18日至23日，中国水产学会第二次全国代表大会暨学术年会在北京召开。会议总结了1978年以来的工作，通过新的学会章程，选举新理事，调整各专业委员会，进行学术交流。

6月6日，国家科委、国家农委在北京联合召开灿型杂交水稻特等奖授奖大会。授予全国灿型杂交水稻科技协作组袁隆平等人特等发明奖，发给奖状、奖章和资金10万元。同时授予棉花良种"鲁棉1号"一等发明奖。

6月12日，农垦部向国家计委、国家农委、教育部、农业部、财政部、国家人事局报送《农垦部、江苏省人民政府关于江苏农学院实行联合办学的协议书》。这对解决长江流域地区国营农场干部培训、农垦院校少量教师进修以及农场所需大学毕业生来源提供了可能和条件。

8月15日，国务院科技干部局发布《工程、农业技术人员职称考核评定业务工作会议纪要》。

9月22日至26日，林业部在北京召开林业职业教育工作会议。会议着重讨论了《1981~1985年林业系统职工教育规划意见（讨论稿)》，交流了近几年来林业干部的培训和职工教育工作经验。

1982 年

1月1日，中共中央批转《全国农村工作会议纪要》，这是改革开放以来第一个涉农的1号文件。《纪要》提出要大力发展农村教育，提高农民的文化水平，提高农业科技人员待遇，鼓励大中专毕业生到农村工作，推广科学技术。

3月4日，根据农业部在石家庄召开的中等农业专业学校座谈会上提供的统计资料，新中国成立后，我国高、中等农业专业学校共培养了70多万名毕业生。现在坚持在农业系统工作的不到30万人，而在农业技术推广系统工作的只有6万多人，在公社从事农业技术推广的则不到3万人，全国平均每个公社仅有半个农业技术人员。

5月28日，《人民日报》发表题为《抓好教育农村干部这件大事》的社论。

7月16日，农牧渔业部委托高等农业院校对县级以上农业领导干部分期分批进行轮训。截至当年，已对4000多名县级以上各级领导干部（包括省农业厅长、地区专员，农业局长和县委正副书记、正副县长）在高等农业院校进行了专业培训，一个从中央到省、地、县包括一部分区、社的农业干部教育网正在初步形成。

8月12日，《中国农业报》报道：原农业部在1979年开始进行的"建立农业科学实验、推广、培训中心"试点的29个县，经过三年的工作，基本建成了实验、示范、技术培训相结合与多种技术相结合的技术指导和服务中心。29个试点县共培训社队领导干部、技术骨干 27.97 万人。

8 月 25 日至 9 月 3 日，农牧渔业部农垦局在黑龙江国营农场总局牡丹江管理局召开全国农垦系统中等教育结构改革经验交流会。据统计，到 1982 年 8 月，全国农垦系统中已办起中等职业学校 152 所，设置工、农、服务性等专业 20 多个。

10 月 10 日，党的十一届三中全会以来，全国恢复和新建各级党校、专业干校（包括常设干训班）8100 多所，全国干部教育网初步形成，近三年轮训、培训县级以上领导干部 20 多万人。全国农业系统已培训各级农业领导干部 6.2 万多人，2000 多个县分管农业的正副县委书记和正副县长已基本轮训一遍。

12 月 10 日，国务院办公厅转发农牧渔业部《关于迅速加强农业技术培训工作的报告》。《报告》要求，各地要力争用两年左右的时间，把公社以上的农业干部、农村大队、生产队干部，在乡的初高中毕业生以及能工巧匠普遍轮训一次。

12 月 11 日，农牧渔业部向各省、市、自治区农业有关部门发出《关于加强农民技术工作的通知》。

12 月 17 日，《人民日报》发表题为《加强农村智力开发》的社论。

1983 年

1 月 2 日，中共中央印发了 1982 年 12 月 31 日经中央政治局讨论通过的《当前农村经济政策的若干问题》，此即成为第二个“一号文件”。该文件指出，必须抓紧改革农村教育。要积极普及初等义务教育，扫除青壮年文盲，有步骤地增加农业中学和其他职业中学的比重。面向农村的高等院校和中等专业学校，要有一套新的招生和毕业生分配办法，打开人才通向农村的路子。

1 月 5 日至 11 日，中国科学技术协会农村科普工作座谈会在北京召开。

1 月 29 日，农牧渔业部、劳动人事部、财政部联合颁布《畜牧兽医工作人员医疗卫生津贴试行办法》。

2 月 10 日，农牧渔业部、教育部联合发出《关于 1983 年全国高中等农业院校招生工作的通知》。《通知》要求开创农业中专学校办学的新路子，实行多种形式办学和“两条腿走路”的招生分配方法，即一种是国家统招，指标到县，定向招生、定向分配。另一种是招收农、牧、渔业系统企事业单位具有初中以上文化程度的在职职工，举办职工中专班；也可以招收具有初中以上文化程度的集体所有制单位、专业户的农村优秀青年，单独招生，择优录取，毕业后不包分配，回原单位工作。此外，还可以接受自费代培，或试办农业教育专业师范班。

3 月 10 日，农牧渔业部负责人 3 月 7 日在部属 16 所高等农业院校教育改革座谈会上提出，当前农业教育要从 10 个方面进行改革：改革招生制度和毕业生分配制度；要调整现有农业的层次结构；改革调整专业设置；采取多种多样的办学形式；改革教材、教学方法，提高教育质量；实行教学、科研和推广三结合；改革学校管理工作，建立岗位责任制，加强农业院校所承担的干部培训工作，大力普及农民农业技术教育；扩大学校的自主权等。

4月1日，农牧渔业部、中国农学会和首都六家新闻单位联合举行农业科技人员为农村服务表彰座谈会。有11位长期深入农村，并做出显著成绩的北京农业科学家受到表彰。

5月4日，国务院批转劳动人事部、农牧渔业部、林业部、财政部《关于加强农林第一线科技队伍的报告》。《报告》提出，第一，通过各种渠道，充实和加强农林第一线的科技力量，建立和健全为农民服务的农林科技推广体系；第二，适当提高农林第一线科技人员的生活待遇；第三，逐步增加农林事业经费，以改善农业第一线科技人员工作条件和生活条件；第四，对于全民所有制的农林科研、院校、场圃单位中吃自产粮的科技人员，应当恢复他们城镇粮关系，他们的子女可以享受城镇就业和报考技工学校的待遇；第五，各级政府加强对农林科技人员的管理和合理使用。

5月19日，中共中央、国务院发出《关于加强和改革农村学校教育若干问题的通知》。《通知》指出，办好农村学校教育，要坚持"两条腿走路"的方针，各地要通过多种渠道切实解决经费问题。

5月23日，林业部发出通知，要求各级林业部门认真贯彻执行国务院批转的劳动人事部、农牧渔业部、林业部、财政部《关于加强农村第一线科技队伍的报告》。

6月17日，水利电力部委托12所高等院校为农村电气化试点县举办农村小水电干部专修科，培养大学专科水平的水电建设技术人才。

6月17日至27日，林业部在北京召开林业职工教育工作座谈会。

7月19日，中共中央办公厅、国务院办公厅转发国家科委党组织《关于当前农村科技工作和体制改革的若干意见》。《意见》建议，第一，鼓励农业科技机构同农民和生产队签订技术合同和技术承包责任制；第二，努力改善长期在农村工作和今后去农村工作的科技人员的生活和工作条件；第三，除了奖励发明创造、技术革新成果外，要特别重视奖励那些在推广成果、转换技术、传授科技知识等方面有显著成绩的人；第四，农村科技人员晋升技术职称，主要看对生产发展的实际贡献，晋升中级技术职称，应免试外文。

8月24日，教育部复函农牧渔业部，原则同意中央农业广播学校举办中专学历教育。

9月12日，我国第一所农村经济管理干部学院9月11日在河北省廊坊市正式成立，并举行了首届开学典礼。这所学院是农牧渔业部为系统地培训全国农村在职的经济管理干部而建立的，设有农业合作经济管理、农村工业企业经济管理、农村会计、农村统计、资源经济和农村建设等五个专业。

11 月 1 日，据《中国农民报》报道，全国各地采取多种办学形式发展农业教育，目前全国有农业高等院校 59 所，在校生近 7 万人；中等专业学校 358 所，在校生 8.2 万人；农村中一部分中学改为农业中学、职业中学，在校生近 100 万人。农牧渔业部和各省、市、自治区举办的县级农业干部培训班已培训 1 万多人；参加中央农业广播学校学习的已有 40 多万人。

1984 年

1 月 1 日，中共中央发出《关于 1984 年农村工作的通知》（即改革开放以来第 3 个涉农的 1 号文件）。《通知》提出，今后农村工作的重点是：在稳定和完善生产责任制的基础上，提高生产力水平，疏通流通渠道，发展商品生产。《通知》要求要加强对农村工作的领导，提高干部的素质，培养农村建设人才。

4 月 5 日至 12 日，教育部会同农牧渔业部、林业部在郑州召开全国高等农林专科教育座谈会。会议着重研究了在社会主义建设新的历史时期中农林专科教育的地位和作用，明确肯定高等农林专科教育是高等农林教育中一个相对独立、不可缺少、长期存在的层次，确定了培养目标、修业年限、专业设置、招生与分配、教学工作和专科发展途径等。

12 月，国务院发出《国务院关于筹措农村学校办学经费的通知》。《通知》指出，要开辟多渠道筹措农村办学经费，除国家拨给教育事业费外，乡人民政府可征收教育事业费附加，并鼓励社会各方面和个人自愿投资在农村办学。国家拨给的教育事业费，在原有基础上实行包干，由县下达到乡，不得减少、截留。乡人民政府征收教育事业费附加，对农业、乡镇企业都要征收。乡人民政府在不增加编制的前提下，可设立教育事业费管理委员会，负责管好用好全乡农村学校办学经费，并接受县教育、财政部门的指导和监督。采取有效措施，逐步改变农村中小学教师生活待遇偏低的状况，使教师这个职业成为受人羡慕的职业之一。

1985 年

1 月 1 日，根据党的十二届三中全会关于经济体制改革的决定的基本精神，中共中央、国务院制定了《关于进一步活跃农村经济的十项政策》，这是改革开放以来第 4 个涉农的"1 号文件"。文件提出要鼓励技术转移和人才流动，城市的各类科技人员经所在单位同意，可以停薪留职，应聘到农村工作；提倡"东西互助"，沿海各地向西部转移技术，联合开发西部资源，分享利益；鼓励集体或个人办好中小学校，特别是中等职业技术学校和专科学校。

9 月 18 日至 23 日，中国共产党第十二次全国代表大会召开。会议通过了《中共中央关于制定国民经济和社会发展第七个五年计划的建议》。《建议》提出，"七五"

期间，要执行依靠政策和科学，进一步改善生产条件，继续促进农业的全面稳定发展的农业方针。为更好地振兴农村经济，提出要加速农业技术改造和农村智力开发，大力推广适用的农业科学技术，促进农业生产技术水平、产品质量和经济效益的不断提高；禁止各种不合理的摊派，减轻农民负担。

1986 年

5 月 30 日，农牧渔业部印发《关于改革和加强农民职业技术教育和培训工作的通知》。《通知》指出："开发农村智力，提高广大基层干部和农民的科学技术与经营管理素质，造就一代新型农民，是靠科学振兴我国农业，加速农村物质文明和精神文明建设的一项战略措施。"

7 月 24 日，国家教委办公厅发文成立全国高等农林专科基础课程教材委员会。

10 月，农牧渔业部在湖北鄂西召开全国中等农业教育改革经验交流会。这是继 1984 年 12 月"温江会议"之后，又一次总结、交流、促进中等农业教育改革的重要会议。在这次会议上还成立了全国农业职业技术教育研究会。

1987 年

3 月 12 日，中共中央组织部和劳动人事部就《关于补充乡镇干部实行选任制和聘用制的暂行规定》发出通知，指出乡镇干部实行选任制和聘用制，是改革干部任用制度的一项内容，补充乡镇一般干部，在行政编制定员内，实行聘用制。受聘人员在聘用期间被选举担任乡镇领导职务的，随之改为选任。选任或聘任人员在任期或聘期内，执行以职务工资为主的结构工资制。

6 月，国务院批转国家教委《关于改革和发展成人教育的决定》，这是第一次从国家的高度专门提出了成人教育特别是农业成人教育发展的指导方针。

7 月，全国普通高等农业院校成人教育研究会成立。在农业部教育司的指导下，对农业成人高等教育的改革，如专业设置、招生考试制度、理论研究等进行了多方面的交流和探讨，取得了一批研究成果。

1988 年

4 月 5 日，农牧渔业部等八部委发布《关于农业中等专业学校招收农村青年不包分配班的若干规定》。《规定》指出：不包分配班的招生工作必须面向农村；贯彻招生来源与毕业去向、培养与使用紧密结合的原则；招收立志务农的初、高中毕业生，对于有一定生产实践经验的往届毕业生，年龄可适当放宽；招生指标纳入国家指令性统一招生计划，单独招生，并加试农业生产知识。

1989 年

4 月 5 日至 10 日，全国农业职业教育研究会首届年会在广西南宁召开。

8 月 20 日，农业部、林业部、国家科委、国家教委、中国农业银行联合发出通知，试行《关于农科教结合，共同促进农村、林区人才开发与技术进步的意见》，并成立农科教统筹与协调指导小组及其办公室。

11 月 27 日，国务院发布《关于依靠科技进步振兴农业，加强农业科技成果推广的决定》。

1989 年，农业部、国家科委、国家教委、林业部和中国农业银行等部门联合成立了农科教统筹与协调领导小组，下设办公室挂靠在农业部教育司，对农科教结合进行领导和协调工作，并联合印发了《关于农科教结合，共同促进农村、林区人才开发与技术进步的意见（试行）》。

1990 年

3 月 10 日至 13 日，全国中等农业学校教学工作指导委员会在北京召开会议，宣告指导委员会成立。会议通过了由农业部教宣司聘请的委员、顾问组和学科组成员名单，讨论通过了指导委员会工作规则、教材编审出版规定等文件。

4 月，农业部印发了《关于开展农民技术资格证书制度试点工作的意见》，将农民技术教育推向规范化、制度化。

7 月 21 日至 26 日，全国中等农（牧）业学校办学水平评估工作会议在黑龙江省牡丹江农业学校召开。

1991 年

2 月 6 日，根据《国务院关于依靠科技进步振兴农业加强农业科技成果推广工作的决定》中关于在技术培训中成绩和水平突出的农民可评定相应的技术职称的精神，人事部发出《关于农民技术人员职称评定问题的通知》。《通知》明确指出，农民技术人员职称评定和晋升工作与国营企事业单位的职称改革、实行专业技术职务聘任制是两个不同范围的事，必须明确划分，不能混淆。

5 月 18 日至 21 日，全国中等农业学校教学工作指导委员会第一次工作会议在北京召开。会议回顾总结了一年来的工作，审议并通过了《关于制定农业中专普通班教学计划的原则意见》和全国中等农业学校普通班（4 年制）13 个专业指导性教学计划，研究落实了 1991 年指导委员会工作任务。

7 月 23 日，中共中央组织部、人事部发出《关于坚持乡镇干部选聘制和择优录用部分优秀乡镇选聘制干部的通知》。《通知》指出，实行乡镇干部选聘制是从优秀农民中选拔干部的主要途径，各地区要继续坚持乡镇干部选聘制，巩固和发展改革成果。

9月21日至25日，农业部在云南省昆明市召开了全国农业中专改革、建设、发展会议。这是农业中专学校历史上规模最大的一次会议。会议总结了农业中专教育十年来的主要成就和基本经验，确定了今后十年的发展方针和战略任务。这次昆明会议，对全国农业中专教育的改革发展起到了巨大的推动作用。

12月16日至20日，全国高等农林专科教育研究协作组召开第六次年会。会议讨论了《全国高等农林专科教育研究协作组工作十年设想和"八五"计划纲要》，并对高等农林专科教育的培养目标、基本培养规格和制订教学计划的原则，制定高等农林专科课程教学基本要求的原则，普通高等农林专科教育专业划分的原则等三个指导性教学文件进行了深入研讨和交流。

1991年，农业部相继印发了《农民技术人员职称评定与晋升暂行规定》和《全国农民技术教育"八五"规划》，把农民技术教育与农村经济结合起来。

1992 年

7月7日，农业部教育司印发《农民技术资格证书制度管理办法（试行）》，标志着"绿色证书"制度试点工作的进一步规范化、制度化。

8月12日至17日，农业部教育司在黑龙江省农业机械化学校召开全国中等农业机械化学校办学水平评估总结会议。会议宣布了评估结果，还研究了进一步增强农机中专办学活力、深化改革问题。

1993 年

1993年，农业部成立全国高等农业院校教学指导委员会，对高等农业教育教材、教学工作进行咨询、指导。

1994 年

4月22日，农业部、国家教委联合发出《关于普通中等农业学校在乡镇农业推广机构中招收有实践经验人员入学的通知》。《通知》规定，招生对象为乡镇农业技术机构中的在岗技术人员，连续工作3年以上，28周岁以下，初中毕业，具有当地正式户口的农村青年，纳入国家年度招生计划。学制3年，毕业发给中专毕业证书，回原单位工作。

10月26日至29日，中共中央在北京召开全国农村基层组织工作会议。胡锦涛在会上指出，农村基层组织建设的目标是：建设一个团结、坚强、群众拥护的好的领导班子，尤其要有一个好书记；培养锻炼一支富有战斗力的好队伍；选准一条适合当地加快经济发展的好路子；完善一个好经济体制；健全一套体现民主管理、保证工作有效运转的好管理制度。

12 月 20 日，全国高等农业学校招生和毕业生就业制度改革研讨会在广州华南农业大学召开。会议全面总结"实践生"、"定向生"、"对口招生"等招生改革试点工作，研讨并修订有关政策性文件，研究探讨国家在高等学校学习"两包"变"两自"，双轨并单轨的改革中，农业高校面临的问题和应采取的对策等。对进一步深化高等农业学校招生和毕业生就业制度改革，为我国农村经济和社会发展培养更多的合格人才具有重要意义。

1995 年

5 月 14 日，中共中央组织部、农业部、国家教委发出《关于在中等农业学校举办乡镇及村级干部中专班的通知》。《通知》指出：为提高基层干部政治业务素质和工作能力，决定在有办学条件的农业中专学校举办乡镇及村级干部试点中专班，招收 40 周岁以下、具有初中以上文化水平、有一定实践工作能力和群众基础的乡村干部，纳入国家定向招生计划。

1995 年，农业部与国务院扶贫开发领导小组办公室下发了《印发〈关于进一步做好农业高校招收定向生工作的意见〉的通知》。

1996 年

2 月 26 日，农业部与国家教委共同印发了《关于印发〈高等农业学校招收有一定实践经验学生的暂行办法〉的通知》和《关于印发〈高等农业学校对口招收农业职业高中、农业中专、农业广播学校优秀应届毕业生暂行办法〉的通知》。对高等农业学校招生就业制度改革向科学化、规范化、制度化方向迈进起到了积极的推动作用。

8 月 23 日，中共中央组织部、农业部印发《1996 ~ 2000 年全国农业干部培训规划要点》。

9 月 6 日至 8 日，中共中央组织部、农业部在北京召开全国农业干部培训工作会议。中央组织部、农业部领导参加会议并对农业干部教育提出了要求。

1997 年

4 月 22 日，农业部发布《绿色证书制度管理办法》。《办法》分为总则、组织管理、实施范围、对象和技术资格标准，培训、考核与发证，持证人的使用与管理，评估、检查与奖惩和附则，共七章 27 条。

6 月 18 日，人事部在湖北省荆州市召开农村人才资源开发现场会，在总结交流经验的基础上，着力促进人才资源开发，为建设社会主义新农村服务。

1997 年，全国高等农业院校教学指导委员会在北京召开了第二届全国高等农业院校教学指导委员会会议。会议总结了第一届教学指导委员会工作，确定了第二届全国高等农业院校教学指导委员会成员名单，研究了第二届教学指导委员会组织建设和工作要点，讨论通过了《全国高等农业院校教学指导委员会章程》和《高等农业院校教材管理办法》。

1998 年

2 月，农业部印发了 1998 年农业干部培训计划，决定围绕农业产业化和农业科技革命等内容设定各种类型的培训班 120 个，计划培训 7800 人次。10 月，农业部召开农业继续教育研讨会，研究了农业继续教育管理体制、运行机制和发展对策。12 月，农业部在华中农业大学举办省级绿证管理干部培训班，对全国的"绿证"培训规划、基地建设等提出了要求。

10 月 12 日至 14 日，党的十五届三中全会在北京召开。会议审议并通过了《中共中央关于农业和农村工作若干重大问题的决定》。《决定》提出要加强农村基层党组织建设和干部队伍建设。

1999 年

3 月 4 日，人事部、农业部发出《关于加速农村人才资源开发加强农业和农村人才队伍建设有关问题的通知》。《通知》提出，要建设一支适应跨世纪发展需要的高素质农业和农村专业技术人员队伍。经过 10 年左右的努力，培养一批在国内领先，并在世界农业科学技术领域占有一定地位的农业科学家和学术技术带头人，造就一批优秀的农业科技创新人才和稳定的农业技术推广队伍。到 2010 年国家攻关项目主持人、重点学科带头人达到 1000 人左右。培养数以百万计的农民技术人员，促进农民科学文化素质的提高。

5 月 12 日，农业部、财政部、共青团中央下发《〈关于开展跨世纪青年农民科技培训工程试点工作的意见〉的通知》。温家宝副总理就实施《跨世纪青年农民科技培训工作》作了重要批示。

6 月，农业部组织成立全国高等农业教育研究会，沈阳农业大学被推选为研究会理事长单位。全国高等农业教育研究会的成立，标志着全国高等农业教育研究形成了整体优势，开创了高等农业教育研究工作的新局面。

6 月 9 日至 14 日，农业部科技教育司在安徽召开全国高等农业教育研究室工作研讨会。会议讨论通过了《全国高等农业教育研究会章程》。

10 月，国务院办公厅转发了农业部、中编办、人事部、财政部《关于稳定基层农业技术推广体系的意见》，要求各地政府、国务院有关部门认真贯彻执行。国办通知强调，各级人民政府对农业技术推广工作要予以重视并给予必要的支持，鼓励农业科技人员采取多种形式到农业生产第一线，直接为农民服务。

12月8日，农业部印发《关于同意中央农业广播电视学校加挂农业部农民科技教育培训中心牌子的批复》，同意在中央农业广播电视学校加挂农业部农民科技教育培训中心的牌子，主要负责具体组织实施农民教育、绿色证书工程、农科教结合、跨世纪青年农民科技培训工程、农村基层干部培训和农业实用技术培训等工作。

2000 年

4月13日至15日，国家民委教育司和教育部职业教育与成人教育司共同举办的全国民族地区职业教育经验交流现场会，在重庆市石柱土家族自治县第一职业中学召开。会议肯定了该校"面向农村、面向农业、面向农民"的办学思想及"学校＋公司＋农户"的新型职教办学模式。

10月15日，人事部、农业部联合表彰一批全国农村优秀人才，山东省寿光县王东义等10人被授予荣誉称号。国务院副总理温家宝（时任）指出，发展农业和农村经济，关键是实施科技兴农战略，把培养人才提到突出位置。要采取措施，稳定农村人才，发挥他们的作用。大力开发农村人才资源，培养致富的带头人。

10月30日，农业部发出《关于颁发"跨世纪青年农民科技培训工程证书"工作有关问题的通知》。《通知》明确指出，农业部、财政部、团中央委托农业部农民科技教育培训中心统一集中发放三部委统一印制的《跨世纪青年农民科技培训工程证书》。11月15日，农业部农民科技教育培训中心在北京成立。

2001 年

1月15日，全国农业科学技术大会在北京召开。这次会议的主题是，大力推进新的农业科技革命，加速农业由主要追求数量向注重质量效益的根本转变，为新阶段农业和农村经济发展提供科技支撑。围绕这一主题，会议讨论了《农业科技发展纲要》，安排部署了"十五"期间的农业科技工作。会议还授予袁隆平等217人"全国农业科技先进工作者"称号。

4月至12月，根据跨世纪青年农民科技培训工程项目实施需要，受农业部、财政部、共青团中央委托，农业部农民科技教育培训中心规划组编了第一批跨世纪青年农民科技培训工程全国统编教材。经农业部科技教育司、财务司、财政部农业司、团中央青农部审定，正式出版72种，供各项目实施县开展青年农民培训使用。

6月27日，为推进"跨世纪青年农民科技培训工程"全面实施，在总结试点经验和专题研究的基础上，农业部、财政部、团中央组织制定了《跨世纪青年农民科技培训工程管理办法》。《办法》对培训工程项目的申报立项、组织管理、督导与评价进行了规定。农业部、财政部、团中央还印发了《跨世纪青年农民科技培训工程项目实施操作规程》，明确各级跨世纪青年农民科技培训工程领导小组和办公室应包括农民科技教育培训中心（或农广校），《省跨世纪青年农民科技培训工程培训项目申报及评审报告》、《省跨世纪青年农民科技培训工程培训项目申报表》和当年《省跨世纪青年农民科技培训工程年度工作自评报告》、《省跨世纪青年农民科技培训工程年度统计软盘》要报送农业部农民科技教育培训中心。

2002 年

6 月 11 日，全国农业科技教育工作会议在福建厦门召开。会议的中心议题是，抓住入世机遇，加快科教发展，为提高农业国际竞争力提供有力支撑。

2003 年

6 月 10 日，共青团中央、教育部在北京举行新闻发布会，宣布开始实施"大学生志愿服务西部计划"。"西部计划"是由团中央、教育部根据国务院有关要求共同组织实施的。计划从 2003 年开始，按照公开招募、自愿报名、组织选拔、集中派遣的方式，每年招募一定数量的普通高等院校应届毕业生，以志愿服务的方式到西部贫困县的乡镇从事为期 1~2 年的教育、卫生、农技、扶贫以及青年中心建设和管理等方面的工作。

9 月 9 日，农业部、劳动保障部、教育部、科技部、建设部和财政部等五部委发布《2003~2010 年全国农民工培训规划》。《规划》提出了政府扶持，齐抓共管；统筹规划，分步实施；整合资源，创新机制；按需施教，注重实效的原则。

9 月 17 日，国务院发布《关于进一步加强农村教育工作的决定》。19 日至 20 日，全国农村教育工作会议在北京举行。温家宝总理在会上讲话，指出：要在巩固基本普及九年义务教育和基本扫除青壮年文盲成果的基础上，努力实现全面普及九年义务教育。

2004 年

2 月，教育部决定启动"一村一名大学生计划"。"计划"通过现代远程开放教育方式，将高等教育延伸到农村，尽快为农村第一线培养一批"留得住、用得上"的技术和管理人才，使他们成为发展农村经济和农业生产的带头人、农村科技致富带头人和发展农村先进文化的带头人，从而推动农民增收和农村社会、经济的发展。

3 月 23 日，农业部发布《2003~2010 年全国新型农民科技培训规划》。《规划》提出，要开展多层次、多渠道、多形式的新型农民科技培训，并确立了分类培训、服务产业、注重实效、创新机制等原则。

4月7日，农业部、财政部、劳动和社会保障部、教育部、科技部、建设部在人民大会堂举行农村劳动力转移培训阳光工程启动仪式，标志着农村劳动力转移培训阳光工程全面启动。

5月8日，共青团中央、农业部、教育部、科技部、劳动和社会保障部、国务院扶贫办、民进中央联合发布《关于实施全国农村青年转移就业促进计划的意见》，决定在全国范围内共同实施"农村青年转移就业促进计划"，引导和发动农村青年参加培训，提高就业技能和综合素质，实现由种植业向养殖业转移、由农业向非农产业转移、由农村向城镇转移。

2005 年

11月10日，农业部发布《关于实施农村实用人才培养"百万中专生计划"的意见》

11月24日，为落实国务院《关于大力发展职业教育的决定》，劳动和社会保障部发布《关于进一步做好职业培训工作的意见》。

2006 年

1月31日，国务院发布《关于解决农民工问题的若干意见》。《意见》指出，要逐步建立城乡统一的劳动力市场和公平竞争的就业制度，建立保障农民工合法权益的政策体系和执法监督机制，建立惠及农民工的城乡公共服务体制和制度。

2月14日至20日，中共中央举办省部级主要领导干部建设社会主义新农村专题研讨班。胡锦涛强调要真正使建设社会主义新农村成为惠及广大农民群众的民心工程。

2月25日，中共中央组织部、人事部、教育部、财政部、农业部、卫生部、国务院扶贫办、共青团中央等部门联合发出《关于组织开展高校毕业生到农村基层从事支教、支农、支医和扶贫工作的通知》。《通知》指出，计划从2006年起连续5年，各地组织、人事、教育等部门将按照公开招募、自愿报名、组织选拔、统一派遣的方式，每年招募2万名左右高校毕业生，主要安排到乡镇从事支教、支农、支医和扶贫工作。时间一般为2~3年，工作期间给予一定的生活补贴。工作期满后，自主择业，择业期间享受一定的政策优惠。从实施过程来说，主要包括组织招募和对大学毕业生工作期间的管理服务两方面内容。

5月18日，教育部、财政部、人事部、中编办联合颁布《农村义务教育阶段学校教师特设岗位计划实施方案》，决定组织实施"农村义务教育阶段学校教师特设岗位计划"。通过公开招募高校毕业生到西部"两基"攻坚县县以下农村义务教育阶段学校任教，引导和鼓励高校毕业生从事农村义务教育工作，逐步解决农村地区师资力量薄弱和结构不合理等问题，提高农村教师队伍的整体素质。

10 月 27 日，国家安全生产监督管理总局发布《关于加强农民工安全生产培训工作的意见》。《意见》确立的工作目标是：到 2010 年，农民工安全生产培训制度体系更加完善；有关部门协调配合、企业自主负责的农民工安全生产培训机制初步形成；农民工安全生产培训机构、师资、教材建设进一步加强，培训质量显著提高；广大农民工自我安全保护的意识和能力明显增强。

11 月 13 日，中共中央办公厅、国务院办公厅发布《关于加强农村基层党风廉政建设的意见》。这是党中央对农村基层党风廉政建设工作第一次作出全面系统的部署，是当前和今后一个时期加强农村基层党风廉政建设的指导性文件。加强农村基层党风廉政建设，是构建社会主义和谐社会的重要举措，是推进社会主义新农村建设的有力保证。

2006 年 4 月至 2007 年 1 月，中央连续举办 50 期培训班，对全国 5474 名县委书记、县长进行"建设社会主义新农村"专题培训。

从 2006 年春季学期开始，西部地区全部免除农村义务教育阶段学生学杂费、免除贫困家庭学生课本费和补贴住宿生的生活费，提高农村义务教育阶段中小学公用经费保障水平，建立农村中小学校舍维修改造的长效机制。2006 年，中央和地方财政共落实改革资金 200 多亿元，惠及 15 万所农村中小学校、5200 多万名中小学生。

2007 年

2 月 8 日，为确保 2007 年春季开学时，中西部地区农村义务教育阶段贫困家庭学生能免费拿到国家规定课程的教科书，中央财政于近日预拨了 2007 年春季免费教科书专项资金 14.25 亿元，将为 22 个省（自治区、直辖市）和新疆生产建设兵团 3400 万农村义务教育阶段贫困家庭中小学生免费提供教科书。

3 月 5 日，国务院总理温家宝在十届全国人大五次会议上作政府工作报告时说，做好今年的"三农"工作，要以加快发展现代农业为重点，扎实推进社会主义新农村建设。一是稳定发展粮食生产。二是切实提高农业综合生产能力。三是大力加强农村基础设施建设。四是多渠道增加农民收入。五是着力推进农村实用人才队伍建设和农村人力资源开发。

3 月，农村义务教育经费保障机制改革在全国农村展开，建立了中央和地方分项目、按比例分担的农村义务教育经费保障新机制。

11 月 28 日，财政部、教育部印发《关于调整完善农村义务教育经费保障机制改革有关政策的通知》，决定从 2007 年起三年内，新增经费 470 亿元左右，用于调整完善农村义务教育经费保障机制改革有关政策。至此，2006 至 2010 年全国农村义务教育经费保障机制改革累计新增经费，将由原来的 2182 亿元至少增加到 2652 亿元。

11 月 29 日，财政部部长谢旭人在 11 月 29 日召开的全国完善农村义务教育经费保障机制工作会议上强调，要切实加大财政投入，进一步完善农村义务教育经费保障机制，把调整完善农村义务教育经费保障机制改革有关政策落到实处。经国务院批准，财政部、教育部印发《关于调整完善农村义务教育经费保障机制改革有关政策的通知》，针对当前农村义务教育经费保障机制中亟须解决的突出问题，进一步强化了政府对农村义务教育的保障责任，对于全面落实《义务教育法》，促进义务教育均衡发展和教育公平，保障和改善民生、构建和谐社会，都具有十分重要的意义。

12 月 25 日，经国务院同意，国务院农村综合改革工作小组确定了吉林、内蒙古等 14 个省、自治区作为第一批以省为单位进行农村义务教育"普九"化债试点省份，同时要求其他省份也要根据实际情况，选择 2～3 个县进行化债试点。这标志着农村义务教育"普九"债务化解试点工作正式启动。

2008 年

2 月 29 日，中央财政预拨 2008 年春季学期农村义务教育阶段中小学校公用经费 135.2 亿元，专项用于补助全国农村义务教育阶段中小学校公用经费。加上此前已预拨的中央免费教科书专项资金 86.4 亿元以及农村中小学校舍维修改造专项资金 21.4 亿元，2 月份以来，中央财政已预拨 2008 年春季学期农村义务教育经费保障机制改革专项资金共计 243 亿元。

10 月 12 日，中国共产党第十七届中央委员会第三次全体会议通过了《中共中央关于推进农村改革发展若干重大问题的决定》，决定深化科技体制改革，加快农业科技创新体系和现代农业产业技术体系建设，加强对公益性农业科研机构和农业院校的支持。依托重大农业科研项目、重点学科、科研基地，加强农业科技创新团队建设，培育农业科技高层次人才特别是领军人才。稳定和壮大农业科技人才队伍，加强农业技术推广普及，开展农民技术培训。

2009 年

5 月 4 日，全国教育科学"十一五"规划课题"免费政策实施后西部地区教育发展面临的困难及其对策"课题组通过调查、访谈、个案分析等方法，在甘肃、宁夏和贵州选取了 6 个贫困县，深入研究了当前西部地区教育发展过程中特别是在免费义务教育之后和"两基"攻坚过程中出现的新问题、新困难，认为经费问题仍然是制约西部农村学校发展的最大障碍，"区域内优质师资及优质生源流失"成为西部农村基础教育资源失衡的典型现象。

5 月 8 日，利用农闲时节提升素质能力，全国将有 60 多万名村支书普遍接受一次集中培训。

5月30日，中共中央办公厅、国务院办公厅印发《关于加强和改进村民委员会选举工作的通知》。

7月23日，教育部启动实施"2009年中小学教师国家级培训计划"。"2009年中西部农村义务教育学校教师远程培训项目"同时启动。

9月25日，教育部下发《关于做好2010年"农村学校教育硕士师资培养计划"实施工作的通知》，决定从2010年开始，进一步扩大"农村学校教育硕士师资培养计划"规模，并与"农村义务教育阶段学校教师特设岗位计划"结合实施。

2010年

1月20日，农业部为充分发挥专家队伍的作用，加强水稻生产机械化技术的研究、指导，提高科学决策能力，加快技术的推广应用步伐，经研究决定成立第二届"水稻生产机械化专家组"。专家组的职责主要包括：研究分析国内外相关技术发展情况，提出技术政策建议；为相关领域发展规划制定、重大项目立项和项目实施工作提供决策咨询和技术支持；参加相关的技术培训工作等八个方面内容。

1月29日，农业部根据中共中央组织部有关文件精神，制定了《农业部干部挂职锻炼管理办法》、《农业部接收上挂干部管理办法（试行）》。旨在加强对干部挂职锻炼工作的组织管理，进一步发挥挂职锻炼在干部培养中的作用，提高实践锻炼效果。

1月31日，中央一号文件围绕"促进农村劳动力就业创业"，从四个方面对农民就业创业进一步加大了扶持力度：一是加强农民就业创业培训，二是多渠道促进农民就业，三是扶持农民工返乡创业，四是切实维护农民工合法权益。

2月，农业部为了贯彻中央一号文件精神明确提出："积极开展农业生产技术和农民务工技能培训"，"增强农民科学种田和就业创业能力"的相关要求，将从以下五个方面加强农民培训和农村实用人才培养：一是实施农村劳动力转移培训阳光工程，二是对文化水平较高、有创业愿望的农民开展系统的创业培训，三是组织实施农民科学素质行动，四是积极实施农村实用人才带头人素质提升计划，五是实施现代农业人才支撑计划。

2月5日，国务院办公厅下发《关于切实解决企业拖欠农民工工资问题的紧急通知》，针对在一些地区接连发生因企业特别是建设领域企业拖欠农民工工资引发的群体性事件，严重影响社会稳定问题，党中央、国务院高度重视，要求各地区、各有关部门和单位加大工作力度，切实解决企业拖欠农民工工资问题。

2月下旬至4月，按照《关于开展2010年就业服务专项活动的通知》要求，人力资源和社会保障部、全国总工会、全国妇联在全国共同开展"春风行动"，对准备外出务工的农村劳动者、外来务工的农村劳动者、就地就近就业的农村劳动者及准备创业的农村劳动者，进行"服务进城务工，帮助就近就业，扶持返乡创业"的主题活动。

3月3日至4日，全国农民工工作办公室主任会议暨农民工培训工作会议在福州市召开。人力资源和社会保障部副部长、国务院农民工工作联席会议办公室主任杨志明在会上强调，今年，农民工工作要全力做好十项重点工作，推动农民工工作迈上新台阶。

3月29日，农业部为凝聚专家人才的力量，发挥科技对农业机械化发展的支撑作用，促进现代农业建设，决定建立全国农业机械化与设施农业工程技术专家库。专家库成员与农业部科学技术委员会农业工程与装备组委员、各有关专家组成员共同构成农业机械化与设施农业发展的技术支撑和决策咨询队伍。

4月20日，2010年国家计划招募"三支一扶"大学生2万名，各地已于4月起陆续启动招募工作，6月底前将全部完成。中央财政于今年起设立补助专项经费，用于"三支一扶"大学生的工作生活补贴以及参加社会保险等费用补助。

5月4日，人力资源和社会保障部发出《关于推荐农村劳动力转移就业工作示范县的通知》，组织推荐一批在农村劳动力异地转移就业或就地就近就业、返乡创业等方面取得突出成效的县，作为农村劳动力转移就业工作示范县。通过给予政策支持和技术服务，最大限度地发挥其在推进工作、落实政策、优化服务、提高成效等方面的积极作用，使之成为全面推进农村劳动力转移就业工作的排头兵和先试先行的样板。

5月26日，《天津市农民教育培训条例》在天津市第十五届人民代表大会常务委员会第十七次会议上获表决通过，将于2010年8月1日起施行。这是我国第一部地方性农民教育培训法规，标志着我国农民教育培训工作将逐步步入法制化轨道，该条例对农民教育培训的组织原则、发展规划、培训主体、经费保障、组织管理、法律责任等方面进行了详细规定。

5月31日，人力资源和社会保障部发出《关于开展第九届农业技术推广研究员评审工作的通知》。

6月，为建立健全干部选拔任用激励机制，不断提升干部队伍的整体素质，开创热带农业科技事业的新局面，中国热带农业科学院对处级和科级干部进行了中期调整，进一步深化用人制度改革，建立"小机关、大科技"管理模式，构建高效的运行机制，推动院所创新跨越发展。

6月4日，农业部和教育部在中国农业大学召开"学习贯彻胡锦涛总书记回信精神，推进农业院校服务现代农业发展"座谈会，农业部和教育部将着力推动高等农业院校与农科研院（所）的紧密合作，扩大高校与农业科研院所联合培养博士生的规模，推动校地合作，建设一批区域性的现代农业教育科技创新示范基地；着力办好一批涉农学科专业，加强23个人才培养模式创新实验区、188个特色专业建设；教育部还将配合农业部共同推动现有农业试验站的建设，逐步将其建成农科教合作基地。

8月11日，2010年中央国家行政机关公开遴选试点工作，将从省级以下机关选拔一批优秀公务员到中央国家行政机关工作。2010年共有11家中央国家行政机关参加试点，计划遴选30个职位。遴选范围为省（自治区、直辖市）、市（地）、县（市、区）、乡（镇）级机关中已进行公务员登记备案且在编在岗的现任乡科级正职领导职务或主任科员，以及乡科级副职领导职务或副主任科员满3年（2007年8月31日前任职）的公务员。其中，省级机关公务员还须具有2年以上基层工作经历。中央设在地方机关（包括垂直管理单位、派出单位等）符合条件的公务员也可报考。

9月22日，人力资源和社会保障部表示，2010年上半年在特别职业培训计划实施过程中，全国共组织727万人参加各类职业培训。其中，企业在岗农民工培训110万人，困难企业职工培训56万人，农村"两后生"劳动预备制培训50万人，进城务工农村劳动者技能培训276万人，登记求职高校毕业生技能培训20万人。

10月8日，农业部发出《关于印发农业部表彰工作管理办法的通知》，农业部常设表彰项目包括：全国农业劳动模范。农业部人事劳动司承办，周期为5年；全国农业先进集体和先进个人。农业部人事劳动司牵头，各有关司局参与，周期为3年；中华农业英才奖。农业部人事劳动司承办，周期为3年；全国农牧渔业丰收奖。农业部科技教育司承办，周期为3年；神农中华农业科技奖。农业部科技教育司、中国农学会承办，周期为2年。

2011 年

1月5日，教育部印发《关于大力加强中小学教师培训工作的意见》，对此后5年的教师培训工作作出规划，内容包括对全国1000多万名教师进行每人不少于360学时的全员培训；支持100万名骨干教师进行国家级培训；以农村教师为重点，有计划地组织实施中小学教师全员培训等。同时，进一步加大支持力度，实施中小学教师国家级培训计划，通过"国培计划"，为各地输送一批"种子"教师。

1月10日，共青团中央、农业部签署《关于共同实施农村青年创业就业行动框架协议》，双方约定在"十二五"期间开展农村青年创业培训、农业科学技术普及、农业科研杰出人才培养等工作，服务和支持农村青年增收致富、成长成才，发挥农村青年示范带动作用，促进农业农村经济快速发展。

2月26日，2010年度"中国农村新闻人物"揭晓座谈会在北京人民大会堂举行。全国人大常委会副委员长乌云其木格、农业部副部长陈晓华等出席座谈会，为荣膺2010年度"中国农村新闻人物"殊荣的12位获奖者颁发奖牌和证书。

3月20日，农业部在北京启动全国农牧渔业大县局长轮训工作，首期培训班在农业部管理干部学院举办。农业部副部长陈晓华出席开班式，并作了题为《加快现代农业建设，推动农业农村经济又好又快发展》的报告。来自黑龙江、辽宁、内蒙古、宁夏、浙江、江西、四川、重庆等八个省（区、市）和黑龙江农垦的农业局长（场长）及农业部机关青年干部共 110 人参加了开班式。

3 月 26 日，农业部发出《关于下达 2011 年农业业务培训农村实用人才项目资金的通知》，下达 2011 年农业业务培训农村实用人才项目资金，主要用于农村实用人才带头人培训跟班和管理工作，并要求列入 2011 年度"技术推广与培训"政府收支分类科目，专款专用。

3 月 28 日，农业部、教育部出台《关于实施基层农技推广特设岗位计划的意见》。《意见》提出，要以基层农技推广机构、农民专业合作社、涉农企业、农业专业服务组织等为载体，引导鼓励高校涉农专业毕业生到基层担任特岗农技人员。计划利用 2 年时间试点，选用 3 万名特岗农技人员到基层服务；力争通过 5～10 年时间的努力，实现每个乡镇区域内拥有 5 名左右特岗农技人员。

3 月 31 日，第七届"全国农村青年致富带头人"表彰大会在北京人民大会堂隆重举行。

4 月 21 日至 23 日，农业部在湖南省长沙市召开全国农业农村人才工作座谈会，总结 2010 年农业农村人才工作，交流农业农村人才队伍建设经验，宣传贯彻《农村实用人才和农业科技人才队伍建设中长期规划（2010—2020 年）》，研究部署 2011 年工作。

5 月 6 日，农业部制定《农村实用人才和农业科技人才队伍建设中长期规划（2010—2020 年）》，决定要突出抓好农业科研杰出人才、农业技术推广骨干人才、农村实用人才带头人以及农村生产型、经营型、技能服务型人才培养，统筹推进农业农村人才队伍建设，为实现农业农村经济科学发展提供有力的人才支撑。

6 月 13 日至 14 日，农业部和教育部联合主办的 2011 年全国职业院校职业技能大赛农业技能大赛在江苏农林职业技术学院举行。本次大赛旨在紧密结合职业教育改革发展进程与现代农业发展的实际需求，进一步加强农业职业院校学生职业技能培养，推进农业职业院校人才培养模式改革，培养一大批适应农业、农村经济发展需要的应用型和技能型人才。

8 月 9 日，农业部为进一步加强农村党风廉政建设，促进农村基层干部廉洁履行职责，维护农村集体和农民群众利益，推动农村科学发展，促进农村社会和谐，出台《农村基层干部廉洁履行职责若干规定（试行）》。

8 月 28 日，国务院总理温家宝在农村教师大会上，发表题为《一定要把农村教育办得更好》的重要讲话。

8 月 31 日，农业部农民专业合作社人才培养实训基地揭牌仪式在青岛农业大学举行。农业部陈晓华副部长为实训基地揭牌，并强调要充分发挥实训基地作用，切实加强农民专业合作社人才培养工作。

9月1日，《全国农业和农村发展第十二个五年规划》发布。

9月20日，由农业部农机化管理司主办、农业部农机推广总站承办的全国"三秋"农机化生产技术培训在湖北省孝感市正式开班。来自湖北、江苏、安徽等9个省的175名基层农机化技术推广骨干参加了培训。

9月29日，农业部召开人才工作领导小组会议暨现代农业人才支撑计划启动会议，启动实施现代农业人才支撑计划，研究贯彻落实《农村实用人才和农业科技人才队伍建设中长期规划（2010—2020年）》及《现代农业人才支撑计划实施方案》的具体措施，研究部署下一阶段农业农村人才工作。农业部部长韩长赋强调，要进一步增强做好农业农村人才工作的责任感和紧迫感，突出工作重点，加大工作力度，下大力气抓好人才强农战略实施的各项工作。

10月12日，中共中央组织部副部长、人社部部长尹蔚民出席第6期全国县人力资源社会保障局长轮训班，并作主题为《人力资源社会保障形势任务暨怎样当好县人力资源社会保障局长》的专题报告。尹蔚民指出，举办县级人社局长培训班，用2年时间把全国县级人社局长轮训一遍，是部党组根据县级人社部门所处的地位和作用以及机构改革后的现实情况认真研究后决定的。

10月20日，教育部办公厅、财政部办公厅发出《关于公布"国培计划（2011）"——中西部农村骨干教师培训项目方案评审结果的通知》。

10月26日，温家宝总理主持召开国务院常务会议，审议并原则通过农村义务教育学生营养改善计划；此后，国务院办公厅印发《关于实施农村义务教育学生营养改善计划的意见》；决定从2011年秋季学期起，启动实施农村义务教育学生营养改善计划，在集中连片特殊困难地区开展试点，中央财政按照每生每天3元的标准为试点地区农村义务教育阶段学生提供营养膳食补助。2600万贫困地区农村学生将受惠于这一计划。

11月6日至7日，教育部、国家发展改革委、科技部、人力资源和社会保障部、水利部、农业部、国家林业局和国家粮食局等八部门在陕西省西安市联合召开加快发展面向农村的职业教育工作会议。

11月18日，中国农学会农业农村人才工作分会成立大会在北京召开，会议选举产生了首届理事、常务理事、主任委员、副主任委员及秘书长，并讨论通过了分会章程和工作计划。

11月23日，全国大学生村官培训班在北京房山区韩村河村举办，中共中央政治局委员、中央书记处书记、中共中央组织部部长李源潮指出，选聘高校毕业生到村任职是党中央作出的一项重大决策，大学生村官要自觉把人生选择融入党和人民的事业中去，到农村去拜人民为师，在艰苦环境中磨炼意志、砥砺品质、增长才干，培养对农民群众的深厚感情，努力成为国家与社会各行各业的骨干。

11 月 24 日，中共中央政治局委员、国务委员刘延东在部署实施全国农村义务教育学生营养改善计划电视电话会议上强调，要深入贯彻落实国务院常务会议精神和《国务院办公厅关于实施农村义务教育学生营养改善计划的意见》，着力保障农村中小学生尤其是贫困地区和家庭经济困难学生营养水平，为促进青少年学生健康成长奠定坚实基础。

12 月 2 日，中华农业科教基金会在福建漳州召开 2011 年度神内基金农技推广奖颁奖大会，表彰 100 名在县、乡基层农技推广战线做出突出贡献的优秀农技推广人员和 100 个优秀农户。

12 月 3 日，由农民日报主办、中央电视台农业频道协办、永业公司独家支持的"永业生命素杯——2011 年度全国农民科技致富能手"宣传推介活动在北京钓鱼台国宾馆举办，会上揭晓了 2011 年度全国农民十大科技致富能手。

12 月 7 日，农业部党校举行"农村改革发展一线工作者进课堂"座谈会，邀请基层农业干部、农村党支部书记和农民专业合作社理事长等 4 名一线工作者，到部党校 2011 年秋季学期处级干部进修班上介绍情况，与学员座谈。

12 月 8 日，农业部在北京召开全国农民教育培训工作会议，全面部署"十二五"全国农民教育培训工作。农业部副部长张桃林出席会议并讲话。同时，农业部决定从今年 12 月开始，充分利用冬春农闲季节，连续五年在全国开展冬春农业科技大培训行动，在全国农村掀起"学科技、用科技、促双增"的热潮。

12 月 27 日，全国农业工作会议在北京召开。农业部部长韩长赋提出，2012 年将突出强调部署农业科技创新，把推进农业科技创新作为 2012 年"三农"工作的重点，要加快现代农业人才培育，提升科教兴农水平。

12 月 29 日，农业部在北京召开 2011 年全国农业机械化工作会议。分析当前农业机械化发展形势，总结交流 2011 年农业机械化工作成效，研究推进农机化科技进步工作，部署 2012 年重点工作。关于人才方面，农业部副部长张桃林指出，要围绕提高农机化从业人员素质能力，着力加强农机化管理人才、科技人才和实用人才等三支人才队伍建设。

参考文献

[1]《中国农村改革大事记（1978～1987 年）》，中国网，http：//www. china. com. cn/aboutchina/da-ta/zgncggkf30n/2008－11/05/content_16716824_2. htm。

[2]《中国农村改革大事记（1988～1997 年）》，东方财富网，http：//finance. eastmoney. com/090805，1151508. html。

[3]《60 年农村发展大事记》，《中国农村科技》2009 年第 9 期。

［4］《中共十一届三中全会以来农村大事记》，《政策法规》1999 年第 4 期。

［5］《中国农业年鉴》（2000～2009 年），中国农业出版社，2000～2009。

［6］中共中央文献研究室第四编研部主编《中国农村改革 20 年大事记》，中国选举与治理网，http：//www. chinaelections. org/NewsInfo. asp? NewsID = 28543。

［7］《中国农业大事记（1949～1980）》，农业出版社，1982。

［8］《中国农业大事记（1981～1983）》，农业出版社，1985。

［9］赵国良主编《中国农村经济体制改革大事记（1978.12～1988.4）》，求实出版社，1988。

［10］中华人民共和国农业部政策法规司编《中国农村 40 年》，中原农民出版社，1989。

［11］《中国农业 60 年大事记》，《农家致富顾问》2009 年第 10 期。

［12］北京市农村经济研究中心编《北京市农村改革发展 60 年大事记（1949～2009）》，中国农业出版社，2010。

［13］国家统计局农业司编《中国农业的光辉成就：统计资料 1949～1984》，中国统计出版社，1984。

教育人才篇 *

1949 年

10 月 1 日，中华人民共和国成立。毛泽东宣布接受《中国人民政治协商会议共同纲领》为本政府的施政方针。《共同纲领》规定：中华人民共和国的文化教育是新民主主义的，即民族的、科学的、大众的文化教育。人民政府的文化教育工作，应以提高人民文化水平，培养国家建设人才，肃清封建的、买办的和法西斯式的思想，发展为人民服务的思想为主要任务。在知识分子中进行思想与政治教育，有计划、有步骤改革旧的教育制度、教育内容、教育方法。自此，新中国教育建设起步。

11 月 1 日，中央人民政府教育部举行成立典礼。

12 月 23 日至 31 日，教育部召开第一次全国教育工作会议。会议提出教育必须为国家建设服务，学校必须向工农开门。建设新教育要以老解放区新教育经验为基础，吸收旧教育某些有用的经验，借助苏联教育的先进经验。教育工作的发展方针是普及与提高的正确结合。必须坚决正确地招待团结、教育、改造知识分子的政策。毛泽东等国家领导人接见了全体会议代表。这次会议对新中国教育产生了深远影响。

1950 年

4 月，教育部开始有计划地选拔一批高等学校在职教师到华北革命大学和哈尔滨工业大学等学校进修。

6 月 1 日至 9 日，教育部召开第一次全国高等教育工作会议，讨论改造高等教育的方针和新中国高等教育的建设方向。毛泽东、周恩来等出席会议。会议提出，以理论与实际一致的方法，培养国家高级建设人才。政务院总理周恩来在全国高等教育会

———————————
　* 编写者：方虹，女，北京航空航天大学经济管理学院教授，研究方向为国际经济与贸易、海外直接投资、
　人力资源管理；罗炜，北京航空航天大学经济管理学院硕士研究生，研究方向为国际贸易。

议上指出，"为了培养具有较高理论水平、能更好地解决实际问题、符合长远需要的专门人才，有必要将现有的大学整顿得更好一点。"

6月6日，毛泽东在中国共产党七届三中全会上所作的《为争取国家财政经济状况的基本好转而斗争》的讲话中指出，有步骤谨慎地进行旧有学校教育事业和旧有社会文化事业的改革工作，争取一切爱国的知识分子为人民服务。在这个问题上，拖延时间不愿意改革的思想是不对的，过于性急企图用粗暴方法进行改革的思想也是不对的。

7月，政务院批准了全国高等教育会议提出的《高等学校暂行规程》、《专科学校暂行规程》等文件，其中规定高等学校和专科学校的重要任务之一是："适应国家建设的需要，进行教学工作，培养通晓基本理论并能实际运用的专门人才，如工程师、教师、医师、农业技师、财政经济干部、语文和艺术工作者"。

8月2日至11日，中国教育工会召开第一次全国代表大会，明确教育工作者是工人阶级队伍的一部分，教育工会以保护教育工作者利益，提高教育工作者阶级觉悟为主要任务。

同年，新中国开始招收研究生，理工农林医科共招收328名。50年代招收研究生的目的是培养高等学校师资和科学研究人才。

1951 年

3月，国家开始对全国高等院校的院系设置进行大规模的调整，以更好地培养当时急需的、包括科学技术人员在内的各类人才，适应新中国经济建设的迫切需要。

6月，教育部召开了全国中等技术教育会议，提出中等技术教育的方针和任务是培养大批具有一般文化科学的基本知识，掌握现代技术，体格健康，全心全意地为人民服务的初、中级技术人才。

6月29日，政务院发布《关于一九五一年暑假全国高等学校毕业生统筹分配工作的指示》，规定对大学毕业生实行统筹分配，主要在地区间进行调剂。调剂的原则是保证国家重点建设及中央和地方各部门业务上的需要，适当照顾个别毕业生人数过少的地区。

8月27日至9月11日，教育部合并召开第一次全国初等教育会议和第一次全国师范教育会议，讨论制定发展、建设新中国初等教育和师范教育的方针、任务。会议提出，争取十年内基本普及小学教育，以正规师范教育与大量短期培训相结合，五年内培养百万小学教师。

9月，北京、天津20所高等学校教师开展以改造思想、改革高等教育为目的的学习运动。9月29日，周恩来总理在京津高校教师学习报告会上作《关于知识分子改造问题》的报告。11月30日，中共中央发出《关于在学校进行思想改造和组织清理工作的指示》。

11 月，教育部召开全国工学院院长会议，提出了工学院的调整方案。

1952 年

3 月 31 日，政务院发布《关于整顿和发展中等技术教育的指示》，提出大量地训练与培养中级和初级技术人才为当务之急，同时对中等技术教育的有计划、有步骤地整顿与发展进行了全面部署。

4 月 16 日，全国工学院调整方案公布实施。该方案是为了适应我国工业尤其是重工业发展的需要而制定的，其目的在于更快更好地培养大批工业方面的高级技术人才。随后，中央人民政府大规模调整了全国高等学校的院系设置，把民国时代的现代高等院校系统改造成"苏联模式"高等教育体系。经过全盘调整后，全国许多高等学校被分拆，大力发展独立建制的工科院校，相继新设钢铁、地质、航空、矿业、水利等专门学院和专业，工科、农林、师范、医药院校的数量从此前的 108 所大幅度增加到 149 所，而高校数量由 1952 年之前的 211 所下降到 1953 年后的 183 所，综合性院校则明显减少，高校丧失教学自主权，社会学、政治学等人文社科类专业被停止和取消，私立教育退出历史舞台。

6 月 27 日，政务院发出国家工作人员实行公费医疗的指示。指示规定，从本年秋季起，全国各级学校的教职员工实行公费医疗制度。从 1953 年春季起，高等学校的学生也开始享受公费医疗的待遇。

9 月 1 日，中共中央发布《关于培养高等、中等学校马克思列宁主义理论教师的指示》。

10 月 28 日，教育部颁发《中等技术学校暂行实施办法》，该《办法》第二条明确规定，中等技术学校的宗旨与任务是：根据中国人民政治协商会议共同纲领文化教育政策的规定，以理论与实际一致的教育方法，培养具有必要的文化、科学的基本知识，掌握一定的现代技术，身体健康，全心全意为人民服务的初级和中级技术人才。

1953 年

1 月 13 日至 24 日，政务院文教委员会召开大区文委主任会议，会议根据党和国家过渡时期总路线精神，提出"整顿巩固、重点发展、提高质量、稳步前进"的文教工作方针。

5 月，中央政治局召开会议讨论教育工作，毛泽东主持了会议。会议作出抽调干部充实学校领导，编写教材，允许小学民办，注意青年健康，中小学毕业生参加生产劳动等决定。

7 月 21 日，政务院发布《关于中等专业学校毕业生分配工作的指示》。

9月24日，中共中央批准转发教育部党组、高等教育部党组、扫盲工作委员会党组三个工作报告，提出要使全国文教工作在中央统一方针领导下，逐步纳入国家建设计划的轨道。

11月，高等教育部发布《高等学校教师进修暂行办法》，目的在于有计划地提高现有教师的水平，逐步解决有些学校某些课程不能开设的困难。

1954 年

5月24日，中共中央转发教育部党组《关于解决高小和初中毕业生学习与从事生产劳动问题的请示报告》，为此，5月29日《人民日报》发表中央宣传部《关于高小和初中毕业生从事劳动生产的宣传提纲》。此后，许多城镇高小、初中毕业生响应党的号召上山下乡，参加农业生产劳动，形成知识分子青年上山下乡第一高潮。

9月20日，一届全国人大一次会议通过《中华人民共和国宪法》。这是新中国第一部宪法，其中规定：国家设立并且逐步扩大各种学校和其他文化教育机关，以保证公民享受教育权利；对从事科学、教育、文学、艺术和其他文化事业的公民的创造性工作，给以鼓励和帮助。

1956 年

3月15日，全国扫除文盲协会成立。29日，中共中央、国务院发布《关于扫除文盲的决定》，指出：扫除文盲是我国文化上的一场大革命，也是国家进行社会主义建设的一项极为重要的政治任务。

9月15日至27日，中国共产党第八次全国代表大会召开。刘少奇、周恩来在会上作报告，指出文教事业在整个社会主义建设事业中占有重要地位。要根据"掌握重点、照顾其他"及需要与可能相结合的方针，进行全面教育规划。争取在12年内分期普及小学义务教育。

1958 年

4月和6月，中共中央分两段召开教育工作会议，总结新中国成立以来的教育工作，讨论教育方针和教育改革等问题。会议确定，党的教育工作方针，是教育为无产阶级政治服务，教育与生产劳动相结合。为实现这一方针，教育工作必须由党来领导，并提出教育事业发展措施。

9月19日，中共中央、国务院发布《关于教育工作的指示》。由此展开全国系统的"教育大革命"。

5月30日，刘少奇在中央政治局扩大会议上讲话中提出："我们国家应该有两种主要的教育制度和劳动制度，同时并行。一种是现在的全日制的学校制度，一种是半工半读的学校制度；一种是 8 小时的劳动制度，一种是 4 小时工作的劳动制度"。此前，在刘少奇直接关怀下创办的第一所半工半读学校——天津国棉一厂半工半读学校开学。全国相继办起各种类型半工半读学校。

8 月 13 日，毛泽东视察天津大学和南开大学时说，高等学校应抓三个东西：一是党委领导，二是群众路线，三是把教育和生产劳动结合给予积极的支持与鼓励。

9 月 19 日，中共中央、国务院发布《关于教育工作的指示》，提出党的教育方针是教育为无产阶级的政治服务，教育与生产劳动相结合。还脱离实际地要求各大协作区建立起一个完整的教育体系，并提出全国应在 3 年到 5 年的时间内，基本上完成扫除文盲、普及小学教育的工作。

1959 年

5 月 17 日，中共中央为逐步提高教育质量，指定北京大学等 16 所学校为重点学校。此后，又分批增加若干所学校，进行重点高等院校建设。

5 月 24 日，中共中央、国务院发布《关于试验改革学制的决定》，要求各地各部门有组织、有领导地进行学制改革试验。

11 月 20 日至 12 月 4 日，国家科委、教育部、中国科学院联合召开高等学校科研工作（自然科学部分）会议。会议指出，高等学校是科学战线的一个方面军。开展科学研究是高等学校的重要任务之一。要把高等学校的研究力量，纳入国家科技发展规划。

1960 年

2 月 16 日，国务院颁发《关于高等学校教师职务名称及其确定与提升办法的暂行规定》，明确高等学校教师职务名称定为：教授、副教授、讲师、助教 4 级。并对确定助教、提升讲师、副教授、教授的条件作了规定。

3 月和 5 月，中共中央文教小组召开省、市委文教书记会议。会议提出教学改革方针、原则和文教部门大办生产企业、学术批判、学生参加生产劳动等问题的具体政策。

3 月 8 日，北京电视大学开学。这是我国的第一所电视学校。

4 月 9 日，陆定一在二届全国人大二次会议上作《教学必须改革》的发言，提出在中小学教学改革中应"适当缩短年限，适当提高程度，适当控制学时，适当增加劳动"。此后，全国各地开始较大规模的学制改革试验。

4 月 10 日，二届全国人大二次会议通过《1956～1967 年全国农业发展纲要》，提出要大力提倡群众办学、集体办学，在十二年内基本扫除青壮年文盲。

6 月 1 日至 11 日，全国教育和文化、卫生、体育、新闻方面社会主义建设先进单位和个人中，教育工作者占 65.4%。

10 月，教育部颁发《关于全国重点高等学校暂行管理办法》。

11 月 24 日至 12 月 12 日，中共中央文教小组召开全国文教工作会议。会后向中共中央提交了《关于 1961 年和今后一个时期文化教育工作安排的报告》。次年 2 月 7 日，中共中央批转了这个报告，批示提出，当前文教工作必须贯彻执行"调整、巩固、充实、提高"的方针。由此，教育系统开始进行教育事业和教育政策的调整、整顿。

1961 年

2 月，中共中央书记处讨论高等学校和中等专业学校的教材问题，决定由中宣部、教育部成立高等学校及中等专业学校理工农医各科教材工作领导小组，负责组织教材编写工作。

7 月、12 月，教育部两次召开全国高、中等学校调整工作会议。会议提出高、中等学校要缩短战线、压缩规模、合理布局，通过调整工作集中力量提高教学质量，并讨论了调整教育事业的具体计划。

7 月 30 日，毛泽东给江西共产主义劳动大学写信，赞成和支持该校实行半工半读和勤工俭学，希望各省也应该有这样的学校。从此，江西共产主义劳动大学成为全国探索半工半读办学道路的样板之一。

9 月 15 日，中共中央批准试行《教育部直属高等学校暂行工作条例（草案）》。1963 年 3 月 23 日，中共中央批准试行《全日制中学暂行工作条例（草案）》和《全日制小学暂行工作条例（草案）》。三个《条例》在调查研究的基础上总结了新中国成立以来特别是 1958 年"教育革命"以来教育方面正反两方面的经验教训，对于使全国教育工作逐步走向正轨，稳定教学秩序，改进教学工作，提高教育质量，调动知识分子积极性，发展国家教育事业，起了积极作用。

1962 年

4 月 21 日至 5 月中旬，教育部召开全国教育会议，讨论调整教育事业和精简学校教职工问题。

5 月 25 日，中共中央批准转发教育部党组《关于进一步调整教育事业和精简学校教职工的报告》，指出在我国发展教育事业，必须贯彻执行国家办学和人民办学两条腿走路的方针，坚决改变国家对教育事业包管过多的办法。

6 月，教育部召开高等学校理科教学工作会议，提出了理科专业设置的基本原则，对理科的专业设置进行了重要调整。

1963 年

1 月，教育部召开的高等学校研究生工作会议提出，"高等学校培养研究生是为国家培养攀登科学高峰的优秀后备军"，"建立和健全高等学校研究生的培养制度，是我国培养较高水平的高等学校师资和科学研究人员的一项根本措施"。会议强调，保证和不断提高研究生的质量极为重要；在业务方面要求研究生要大致达到相当于苏联副博士或美国博士的水平。在这次会议精神指导下，全国研究生工作出现了一个新局面，从 1950 年到 1965 年，全国理工农林医科共招收研究生 11520 人，同期毕业研究生 6415 人。到 1965 年全国共有培养研究生的单位 234 个，其中高等学校 134 个，中国科学院系统 81 个，国务院各部委 19 个。

3 月 5 日，毛泽东及刘少奇、周恩来、朱德、邓小平题词号召向雷锋同志学习，全国各级各类学校普遍开展了学习雷锋的活动。

5 月 8 日，毛泽东在东北、河北的两个报告中批示：用讲校史、家史、社史、厂史的方法教育群众。此后，全国各级学校广泛开展访贫问苦，请老贫农、老工人、老红军做忆苦思甜报告，通过社会调查等办法，向学生进行阶级斗争教育。一些城市中学还开设了贫下中农子女班，招收少量优秀农村子女入学。

9 月，国务院批转国家计委和教育部修订的《高等学校通用专业目录》，其中理科专业又被压减为 36 个。确定工科专业 164 个，此外在《专业目录》中还列出工科试办专业 43 个。

10 月 18 日，周恩来召集教育部及有关部委、共青团中央、全国妇联负责人讨论中小学教育和职业教育问题。周恩来指出，中小学教育和职业教育量大，关系也很大，决不能忽视。教育部工作不能"大大、小小"，要"小大、大小"。要有一个规划，加强中小学教育，扩大职业教育。

10 月 18 日，中共中央发布《关于加强少年儿童校外教育和整顿中小学教师队伍的批示》，要求各地党政领导机关采取措施，加强对少年儿童的保护和教育；结合城乡社会主义教育运动，对中小学教师队伍有步骤地加以整顿。

1964 年

2 月 13 日，毛泽东在主持召开的教育工作座谈会上说：教育的方针路线是正确的，但办法不对。学制、课程、教学方法都要改。之后，教育部召开全国教育厅局长会议，传达学习毛泽东讲话和中央有关批示，检查教育工作中的缺点、错误，提出了加强学校思想政治工作，减轻学生负担，进一步贯彻"两条腿走路"的方针，逐步实行两种教育制度。

5 月 4 日，中共中央、国务院批转教育部临时党组《关于克服中小学学生负担过重现象和提高教学质量的报告》，中央批示：解决这些问题，不但是提高教学质量所必需的，而且关系到办什么样的学校，培养什么样的人的重大问题，必须引起各级党委和政府的足够重视。

7月至8月，刘少奇在向中央各部委和北京市委干部所作的报告中及在各地视察时，建议各省、市、自治区试办半工（农）半读学校，并至少在五年后才能初步总结经验，扩大试验，十年以后推广。

1965 年

3月26日至4月23日，全国农村半农半读教育会议在北京召开。会后，中央转发教育部党组《关于全国农村半农半读教育会议的报告》。《报告》提出，积极试办半农半读中等技术学校。

7月3日，毛泽东写信给陆定一，指出："学生负担过重，影响健康。"建议从学生活动总量中砍去三分之一，使学生有充分的休息时间和自由支配的时间。此信简称"七三指示"。

10月25日至11月23日，教育部在北京召开全国城市半工半读教育会议。

11月17日，中共中央转发江苏省委《关于发展半工（耕）半读教育制度的规划（草案）》，中央批示：发展半工（耕）半读学校是我们今后教育发展的方向。

12月，全国半工（农）半读高等教育会议召开。由此，全国再次掀起试行两种教育制度，大办半工半读学校的热潮。

1966 年

5月7日，毛泽东在给林彪的信中提出，全国各行各业都要办成亦工亦农，亦文亦武，又批判资产阶级的社会组织。学生也应该"以学为主，兼学别样"。"学制要缩短，教育要革命，资产阶级知识分子统治我们学校的现象再也不能继续下去了。"此信简称"五七指示"，在"文化大革命"中造成了严重的消极影响。

6月1日，经毛泽东批准，新华社播发北京大学聂元梓等7人攻击学校党委和北京市委的一张大字报。同日，《人民日报》发表题为《横扫一切牛鬼蛇神》的社论。从此"文化大革命"席卷全国。

6月27日，高等教育部发出通知，因"文化大革命"，研究生招生工作暂停，从此全国停止招收研究生长达12年之久。

7月24日，中共中央和国务院发出通知，提出从本年起高等学校招生工作下放到省、市、自治区办理。因"文化大革命"，各省、市、自治区实际上并未开展招生工作，全国高等学校从此停止招生长达6年之久。

8月8日，党的八届一中全会通过《关于无产阶级文化大革命的决定》（简称十六条）。《决定》提出：在这场文化大革命中，必须彻底改变资产阶级知识分子统治我们学校的现象。这一提法在"文化大革命"中一直为学校进行"斗、批、改"所奉行。

8 月 18 日，毛泽东在天安门首次接见全国各地来北京进行串联的红卫兵和学校师生。至 11 月 26 日，共 8 次接见红卫兵和学生教师计 1100 万人。此时全国学校已完全停课，广大学校师生卷入全国大串联从而造成了社会大动乱。

1967 年

3 月 7 日，毛泽东在《天津延安中学以教学班为基础实现全校大联合和整顿巩固发展红卫兵的体会》的材料中批示：军队应对学校师生进行军训，并参与学校的各项工作。要说服学生实行联合。此即"三七指示"。由此，一些高等学校提出了各种各样"教育革命方案"，进行了名目繁多的"教育革命试验"，全盘否定了新中国成立以来形成的高等学校的教学组织、规章和制度。

12 月，中共中央、国务院、中央军委和中央文革小组印发《毛主席论教育革命》一书。

1968 年

7 月 10 日，周恩来在对北京市公安局军管会关于人民大学教授何思敬死亡情况报告的批示中，严厉批评那种撇开国法和专政机关，由群众组织来"私捕私讯，打人致死，专政机关置之不问"的所谓"群众专政"的做法"决非善策"。

7 月 21 日，毛泽东在对一个调查报告的批示中指出：大学还是要办的。但学制要缩短，教育要革命。要从有实践经验的工人农民中间选拔学生，到学校学几年后，又回到生产中去。简称为"七二一指示"。

7 月 27 日，根据毛泽东的决定，工人宣传队进驻清华大学。8 月 25 日，中共中央、国务院、中央文革小组发出《关于派工人宣传队进驻学校的通知》。此后，各城市大、中、小学以及上层建筑各个领域普遍派进了工人宣传队，领导学校的斗、批、改工作。8 月，遵照毛泽东的指示，各地贫下中农从本月起陆续向农村中小学派进毛泽东思想宣传队，成立贫下中农管理学校委员会，对学校实行管理。

11 月 14 日，《人民日报》发表山东省吉祥县马集公社两个小学教师的一封信。信中建议所有农村公办小学下放到大队来办。简称为"侯王建议"。在它的影响下，许多地区的农村公办小学和教师被下放，严重地影响了农村小学教育的发展。

11 月 15 日，中共中央、国务院、中央军委、中央文革小组发出《关于一九六八年大专院校、中等专业学校、技工学校、半工（农）半读学校毕业生分配的通知》，规定这届毕业生从 11 月起开始分配。并强调大专院校毕业生要坚定地走同工农兵相结合的道路，不一定要分配到自己所学的专业部门去。

12月22日，《人民日报》在一篇报道中引述毛泽东的指示："知识青年到农村去，接受贫下中农的再教育，很有必要。"从此，全国各地城镇出现了知识青年上山下乡的热潮。"文化大革命"期间，全国上山下乡的知识青年有1600多万人。

1969 年

1月29日，中共中央、中央文革小组批转清华大学工人、解放军宣传队《关于坚决贯彻执行对知识分子"再教育"、"给出路"政策的报告》。该报告成为中共中央向全国推广的经验之一。

4月14日，中国共产党第九次全国代表大会通过的政治报告中指出："把上层建筑包括教育、文艺、新闻、卫生等各个领域中的革命进行到底。"

10月至12月，大批高等学校和中等专业技术学校根据中共中央加强战备的"第一号令"，被从大中城市外迁或被裁并。12月26日，中共中央发出《关于高等院校下放问题的通知》，规定中央所属的高等院校全部下放地方管理。

1970 年

6月27日，中共中央批转《北京大学、清华大学关于招生（试点）的请示报告》。《报告》提出废除招生考试制度，实行"群众推荐、领导批准和学校复审相结合的办法"招收工农学员。从此高等学校开始招生复课。

7月，国务院科教组成立并开始办公。

9月，周恩来主持中央日常工作后，提出批极"左"思潮，在积极纠正经济、外交、文化宣传、干部工作以及卫生、体育等领域中"左"的错误的同时，十分重视肃清极"左"思潮在教育战线的影响。

11月6日至20日，周恩来5次同北京外国语学院、北京大学等外语院系负责人和师生座谈外语教育问题。

11月24日，毛泽东在一份报告的批示中提出：大、中、小学（高年级）可以利用寒假实行野营训练。12月10日，中共中央发出通知，大中城市学校的野营训练可以在寒假或暑假期间分期分批地进行。

1971 年

4月15日至7月31日，国务院在北京召开全国教育工作会议。在会议通过的《全国教育工作会议纪要》中全面否定新中国成立后17年的教育工作。提出了"两个估计"，即：教育战线是资产阶级专了无产阶级的政，是"黑线专政"；知识分子的大多数世界观基本上是资产阶级的，是资产阶级知识分子。

10月29日，联合国教育科学文化组织执行局通过恢复中华人民共和国合法权利的决议。1978年10月4日，经中共中央批准，中国联合国教科文组织全国委员会正式成立。

1972 年

7月2日，周恩来在会见美籍华人学者杨振宁时，赞赏他关于加强我国基础理论研究工作和培养研究人才的看法和建议，并要求陪同会见的北京大学教授周培源要"提倡一下理论"，"把北大理科办好，基础理论水平提高"。

10月6日，周培源在《光明日报》发表《对综合大学理科教育革命的一些看法》的文章，提出在理科教育中"对基础理论的教学、研究应予足够的重视"。

1974 年

4月26日，国务院批转国务院科教组《关于内地支援西藏大学、中学、专科师资问题的请示报告》。

8月4日，《人民日报》发表署名初澜的文章：《为哪条教育路线唱赞歌——评湘剧（园丁之歌)》。

9月29日，国务院科教组、财政部联合发出关于开门办学的通知。各地大中小学普遍搞"开门办学"，由此打乱了学校的教学计划，搞乱了学校的正常秩序。

12月21日至28日，国务院科教组、农业部、辽宁省委联合召开学习朝阳农学院教育革命现场会。会议提出，要使学校真正成为无产阶级专政的工具。此后，全国掀起宣传学习"朝农经验"的浪潮，大搞"阶级斗争"。

1975 年

5月至10月，教育部部长周荣鑫根据毛泽东、周恩来和邓小平等中央领导同志的指示精神，开始积极整顿教育工作，力争使教育战线上的混乱局面有所扭转。

9月15日，邓小平在一次谈话中说："我们的文化教育也要整顿。"10月27日，邓小平又说："现在相当多的学校学生不读书，这也不符合毛泽东思想。"他坚定地支持和领导了教育整顿工作。

1977 年

3月5日，教育部发出通知，要求各地教育部门和学校"把教育战线学雷锋的运动，既轰轰烈烈，又扎扎实实地开展起来，深入持久地进行下去"。

8月8日，邓小平在主持召开的科学和教育工作座谈会上否定"两个估计"。邓小平指出，教育战线十七年的工作，主导方面是红线，绝大多数知识分子是好的。他还说：我自告奋勇管科教方面的工作，中央也同意了。我们国家要赶上世界先进水平，要从科学和教育着手。

8月13日至9月25日，全国高等学校招生工作会议在北京召开。会议决定改变"文化大革命"期间高校招生不考试的做法，采取统一考试、择优录取的办法。这一决定，成为鼓励学生努力学习、提高教育质量的有效措施，受到广大群众欢迎。10月，中央政治局宣布当年立即恢复高考，为我国开拓一条发掘和选拔人才的重要途径。

10月12日，国务院批转教育部《关于1977年高等学校招生工作的意见》。从此恢复了高等学校招生统一考试的制度。1977年，全国约有570万青年参加高等学校招生考试，各大专院校从中择优录取了27.3万名学生，新生质量有了较大的提高。

11月3日，教育部、中国科学院联合发出《关于1977年招收研究生的通知》。"文化大革命"期间长期中断的招收培养研究生的工作从此开始恢复。

1978 年

年初，根据邓小平指示，教育部成立巡视室，标志着我国督导制度的恢复。

3月7日，国务院批转教育部《关于高等学校恢复和提升教师职务问题的请示报告》。至1981年，高等院校中原有的教授、副教授、讲师和助教都恢复了职称。

3月18日，邓小平在全国科学大会开幕式上讲话指出，四个现代化，关键是科学技术的现代化。科学技术人才的培养，基础在教育。我们要全面地正确地执行党的教育方针，端正方向，真正搞好教育改革，使教育事业有一个大的发展和提高。

4月22日至5月16日，教育部在北京召开全国教育工作会议。22日，邓小平发表重要讲话，强调提高教育质量，提高科学文化的教学水平，更好地为社会主义建设服务；学校要大力加强革命秩序和革命纪律，促进整个社会风气的革命化；教育事业必须同国民经济发展的要求相适应，培养社会主义建设需要的合格人才；尊重教师的劳动，提高教师的质量。会后，6月至9月，各省、市、自治区先后召开教育工作会议。

7月，经国务院批准教育部重建中央教育科学研究所。

8月4日，教育部发出《关于增选出国留学学生的通知》，12月26日，"文革"后的中国第一批留学生启程赴美，开始了新时期留学的热潮。

8月30日，国务院批准教育部筹建中央电化教育馆和中央教育电影制片厂。

1979 年

6月3日，经国务院批准，教育部、国家科委和外交部印发《出国留学人员管理教育工作的暂行规定（试行）》和《出国留学人员守则（试行）》。

1980 年

2 月 12 日，五届全国人大常委会第十三次会议审议通过《中华人民共和国学位条例》，于 1981 年 1 月 1 日起施行，标志着我国学位制度正式建立。

9 月 5 日，国务院批转教育部《关于大力发展高等学校函授教育和夜大学的意见》。《意见》指出，发展高等教育应贯彻两条腿走路的方针，采取多种形式办学。

10 月 7 日，国务院批转教育部、国家劳动总局《关于中等教育结构改革的报告》，要求把改革中等教育结构，大力发展职业技术教育作为教育改革的重要的内容之一。

10 月 21 日，中共中央、国务院批准教育部、国家民委《关于加强民族教育工作的意见》。《意见》提出了大力扶持和发展民族教育的方针和具体措施。

12 月 3 日，中共中央、国务院发布《关于普及小学教育若干问题的决定》。《决定》提出，在 80 年代全国应基本实现普及小学教育的历史任务，有条件的地区还可以进而普及初中教育。

1981 年

1 月 13 日，国务院批转教育部《关于高等教育自学考试试行办法的报告》。高等教育自学考试在北京、天津、上海、辽宁三市一省先行试点。

1 月 14 日，国务院批转教育部等七单位《关于自费出国留学的请示》和《关于自费出国留学的暂行规定》。文件明确提出，自费出国留学是培养人才的一条渠道，并对自费出国留学人员的条件、审批费用、待遇、政治思想工作和管理教育工作等作出了具体规定。

5 月 20 日，国务院批准《中华人民共和国学位条例暂行实施办法》。国家教委据此制定了研究生培养和学位授予系列规章制度。此后，我国本科生和研究生的培养能力显著增强，规模不断扩大。

8 月 1 日至 11 日，教育部在北京召开全国学校思想政治教育工作会议。会议强调，要以《中共中央关于建国以来党的若干历史问题的决议》为教材，加强学生的思想政治工作，全面贯彻党的教育方针，积极引导学生德、智、体全面发展，走又红又专的道路。

1982 年

3 月 9 日，国务院批转教育部、外交部、公安部《关于安排外国进修生和研究学者有关问题的指示》。

9 月 1 日，党的十二大把农业、能源和交通、教育和科学作为经济发展的战略重点。从此，确立了教育在整个社会主义现代化建设中的战略地位。

9月14日，中共中央宣传部同意教育部恢复出版《教师报》，并改名《中国教育报》。

1983 年

8月24日，中共中央、国务院发出《关于引进国外智力以利四化建设的决定》。《决定》指出，在充分利用外资和引进国外先进技术的同时，积极地有计划有步骤地引进国外人才，特别是引进在国外的华侨华裔人才，将有利于我国的社会主义现代化建设。

9月9日，邓小平为景山学校题词：教育要面向现代化，面向世界，面向未来。

9月26日，全国教育科学规划领导小组成立。

1984 年

1月3日，国务院批准第二批博士和硕士学位授予单位名单。第二批新增博士和硕士学位授予单位45个，有权授予博士学位的学科、专业点316个，博士研究生指导教师601个；硕士学位授予单位67个，有权授予硕士学位的学科、专业点1052个。

1月24日，教育部发出《关于制定1984年招收攻读博士学位研究生计划的通知》。《通知》要求有关单位要"积极招收攻读博士学位研究生"，"为国家培养四化建设迫切需要的高级专门人才"。经审定，1984年全国共有177个单位926个专业点，1333名指导教师，计划招收2080名攻读博士学位研究生。

2月3日，国务院学位委员会同意增设军事学学位，并同意在国务院学位委员会学科评议组中增设军事学评议分组。

5月21日，教育部、劳动人事部联合发出经国务院批准的《关于攻读硕士、博士学位研究生毕业分配后工资待遇问题的通知》。《通知》规定，凡攻读硕士、博士学位的研究生，获得硕士、博士学位的，毕业分配工作后不实行见习期，直接实行定级工资。获得硕士学位的定为行政21级（六类工资区62元），获得博士学位的定为行政19级（六类工资区78元）。派往国外学习人员获得学位回国分配工作后的工资待遇，与在国内学习获得同等学位人员同等对待。自1984年3月1日起执行。

6月16日至18日，国务院学位委员会办公室、教育部研究生司在北京联合召开学位和研究生工作座谈会。全国39所重点高校（院）长或研究生处处长，中国科学院教育局，中国社会科学院研究生院及有关省市高教局的负责同志近50人参加了座谈会。会议主要讨论了修改教育部《关于博士生培养工作的几点意见》，国务院学位委员会《关于做好博士研究生学位授予工作的通知》和《关于在职人员申请硕士、博士学位的试行办法》，以及教育部《关于高等学校在职青年教师申请硕士学位的几点意见》等文件的讨论稿，并就研究生教育和学位工作的改革交换了意见。会议认为，立足国内培养好博士生是一项十分重要的任务。保证我国博士学位的授予质量，对促进高级专门人才的成长，进一步完善我国的学位制度，树立我国在国际上的声誉都具有重要意义。

6月19日至20日，教育部在北京召开试办研究生院座谈会。北京大学等22所试办研究生院的校（院）长、研究生处处长及有关省市和部委的负责同志共50人出席了座谈会。教育部副部长黄辛白到会讲话。会议就建立研究生院的重要性及建院体制、组织机构、发展规划、加速改革等问题进行了座谈和讨论。会议认为，试办研究生院，是我国研究生教育的一项重要改革举措，是我国高等教育发展史上的一件大事。

7月15日至8月25日，根据著名数学家、美国国家数字研究所所长陈省身教授的建议，教育部决定从1984年开始，连续5年在5所高等学校举办"数学研究生暑期教学中心"，以便利用暑假聘请国际上第一流的数学专家来华为研究生授课。教育部委托北京大学于7月15日至8月25日举办了第一期教学中心，分别聘请美国数学家项武义、伍鸿熙、肖荫堂、莫根、莫宗坚、埃弗罗斯等教授任主讲员。

7月31日，国务院学位委员会发出《关于做好博士研究生学位授予工作的通知》。《通知》指出，从《通知》下达之日起，博士学位的授予工作由各学位授予单位的学位评定委员会负责审核和批准。要求授予博士学位必须坚持政治标准和学术标准，各学位授予单位应严格按照国务院批准的有权授予博士学位的学科、专业和有关规定授予博士学位。

8月6日，国家计委、教育部联合印发经国务院批准的《关于1984年全国毕业研究生分配问题的报告》。《报告》指出，1984年度全国高等学校和科研机构培养的毕业研究生共11000多人。其中约70%充实高等学校的师资队伍，除了要加强高校和重点科研机构的力量外，还应兼顾其他方急需。对能源、交通、原材料等部门的需要，尽可能予以安排。

8月8日，经国务院批准，北京大学、中国人民大学、清华大学等22所院校试办研究生院。教育部转发了国务院批准的《关于在部分全国重点高等院校试办研究生院的请示报告》，并要求试办研究生院的单位"加强领导，建立组织机构"，"要制订'七五'期间研究生教育的发展规划"，要积极探索改革途径，加快改革步伐。试办研究生院的院校可在培养研究生方面进行改革试点。

8月，受国务院学位委员会的委托，教育部、中国科学院、中国社会科学院联合进行了审核、增补一批中、青年博士生导师和博士学位授权学科、专业点的试点工作。这一试点工作与审核教授、研究院的工作同时进行。经国务院学位委员会同意，组成了临时学科评议组负责评审。经审核共通过博士学位授权点32个，博士生指导教师 183 人，这一评审结果经国务院学位委员会第六次会议通过。

9 月 5 日至 12 日，1985 年攻读硕士学位研究生招生工作会议在成都召开，确定 1985 年全国计划招收硕士生 29500 人，研究生班 5000 人。同时确定招生工作有三项改革：一是全国重点高校可以进行推荐少数优秀应届毕业生免试入学的试点工作，二是可选择少数学科、专业进行业务课入学考试科目改革的试点，三是按大区设立录取硕士生的调剂中心，做好调剂录取工作。

11 月 12 日至 14 日，西安交通大学邀请清华大学等 11 所高等工科院校在西安召开培养工程类型硕士学位研究生研讨会。会议交流了各校对培养工程类型硕士学位研究生的设想和方案，会后向教育部提交了《关于培养工程类型硕士生的建议》。教育部研究生司转发了这个建议，并同意在 11 所高等工科院校先进行培养工程类型硕士生的试点工作。

11 月 14 日，教育部发出《关于硕士生提前攻读博士学位问题的通知》。《通知》指出，政治思想好、硕士学位课成绩优秀、在科研工作中表现能力强、确有作为博士生培养前途的少数优秀硕士生，可以提前攻读博士学位。提前攻读博士学位的硕士生，可以参加博士生入学考试，也可以通过单独组织考试小组进行考试。各单位除保留硕士生提前攻读博士学位的名额外，还必须有部分名额公开招收博士研究生，以利于人才交流。

1985 年

1 月 21 日，六届人大常委会第九次会议通过《关于教师节的决定》，决定每年 9 月 10 日为教师节。

3 月 28 日，教育部发出《关于印发长春 5 市初中招生制度材料的通知》，从此逐步推开取消初中招生入学考试，凡准予毕业的小学生就近直接升入初中学习的办法。

5 月 15 日至 19 日，中共中央、国务院在北京召开改革开放以来第一次全国教育工作会议。会议的主要议题是：讨论《中共中央关于教育体制改革的决定（草案）》，并结合各地各部门实际情况，研究贯彻执行的步骤和措施。5 月 19 日，邓小平出席闭幕式，并做了重要讲话。他强调，各级领导要像抓好经济工作那样抓好教育工作。5 月 27 日，中央政治局讨论通过《中共中央关于教育体制改革的决定》，并于 5 月 29 日在《人民日报》公开发表。

6 月 18 日，六届人大常委会第十一次会议决定设立国家教育委员会。国家教委成立后教育部即予撤销。

7 月 5 日，国务院批转国家科委、原教育部、中国科学院《关于试办博士后科研流动站的报告》。11 月，全国博士后科研流动站管理协调委员会确定，由北京大学等 73 个高等院校和科研机构首批试办 102 个博士后科研流动站。

1986 年

2 月 25 日至 28 日，国家教委、广播电影电视部、国务院电子振兴领导小组等 9 单位在北京召开卫星电视教育工作会议。会议决定积极采用先进技术，开展卫星电视教育。10 月 1 日，卫星电视教育正式开播。

4 月 12 日，六届人大四次会议通过《中华人民共和国义务教育法》，7 月 1 日起施行。其中规定，国家实行九年制义务教育。义务教育事业，在国务院领导下，实行地方负责，分级管理。

9 月 25 日，党的十三届六中全会通过《中共中央关于社会主义精神文明建设指导方针的决议》。《决议》指出，精神文明建设包括思想道德建设和教育科学文化建设两个方面，培养"四有"新人，提高整个中华民族的思想道德素质和科学文化素质是根本任务。

1987 年

2 月 27 日至 28 日，国家教委和河北省政府联合在河北涿州市召开农村教育改革实验区工作会议，标志着我国农村教育改革实验工作启动。1988 年 9 月 30 日，国务院办公厅批复国家教委《关于组织实施"燎原计划"的请示》，原则批准国家教委实施"燎原计划"的总体设想。1989 年 5 月 23 日，国家教委发出在全国建立百县农村教育综合改革实验区的通知。

5 月 29 日，中共中央发布《关于改进和加强高等学校思想政治工作的决定》，提出了在改革开放条件下改进和加强高等学校思想政治工作的指导方针与措施。

6 月 6 日，国家教委、国家计委、财政部联合发布《高等学校培养第二学士学位生的试行办法》。本年，国家教委批准 26 所高校举办第二学士学位班。

6 月 23 日，国务院批转国家教委《关于改革和发展成人教育的决定》。《决定》明确提出，从根本上改变成人教育基础薄弱状况的工作指导方针与措施强调把开展岗位培训作为成人教育的重点。这是成人教育的一次重大改革。

7 月 8 日，国家教委发布《关于社会力量办学的若干暂行规定》，指出社会力量办学是我国教育事业的组成部分，是国家办学的补充，应予以鼓励和支持。

7 月 31 日，国家教委、财政部发布《普通高等学校本、专科学生实行奖学金制度的办法》和《普通高等学校本、专科学生实行贷款制度的办法》，规定在 1987 年入学的本科普通高等院校的新生中全面实行奖学金制度和学生贷款制度。

10 月 25 日，党的十三次全国代表大会提出，必须把坚持发展教育事业放在突出的战略位置，把经济建设转到依靠科技进步和提高劳动者素质轨道上来。

11 月 18 日至 22 日，国家教委在湖北省长沙市召开了 11 个城市办学方向研讨会，从此启动了城市教育综合改革工作。

1988 年

6月1日至4日，国家教委在北京召开全国中小学德育工作会议，推进了中小学德育工作的整体改革。

12月25日，中共中央发出《关于改革和加强中小学德育工作的通知》，要求中小学必须把德育工作放在首位。

1989 年

3月23日，邓小平在会见乌干达总统约韦里穆塞韦尼时谈话指出："我们最近十年的发展是很好的。我们最大的失误是在教育方面，思想政治工作薄弱了，教育发展不够。"

5月5日，国家教委发布《1989年普通高等学校试行招收自费生意见》。

9月29日，江泽民在庆祝新中国成立40周年大会上发表重要讲话，指出要大力发展教育和科学，要继续贯彻"尊重人才"的方针，努力为知识分子创造良好的工作条件和生活条件，要关心青年知识分子的成长。

1990 年

1月17日，全国普通高等学校国家级优秀教学成果奖励大会在北京举行。52项成果获得国家级优秀教学成果特等奖，381项成果获得国家级优秀教学成果奖。

3月9日，国家教委发出《关于中等专业学校（含中师）领导体制问题的通知》。

3月20日，第七届全国人民代表大会第三次会议在北京开幕。李鹏总理在政府工作报告中强调，无论是发展科学技术和教育事业，还是在整个社会主义现代化建设中，都必须充分发挥知识分子的重要作用。

4月10日，新中国成立40年来我国第一次主办的教育科学优秀成果评奖活动结束。国家教委举行新闻发布会，宣布了评选结果：共评出教育科学成果一、二等奖157项。同日，国家教委办公厅发出《关于全国首届教育科学优秀成果评选结果及有关事宜的通知》。

4月19日，国家教委发布《关于进一步做好高等师范学校招生工作的意见》。

5月25日，国家教委办公厅发出《关于申请1990年"资助优秀年轻教师基金"有关问题的通知》。

6月23日，国家教委发布《对外汉语教师资格审定办法》。

8月20日，国家教委发布《关于在普通高中实行毕业会考制度的意见》。到1993年，全国各地均实行了此项制度。

9月11日，国家教委办公厅发出《关于提请注意以德育工作业绩为主要依据评选一批中小学特级教师的通知》。

9月13日，国家教委发布《关于被评为全国教育系统劳动模范的民办教师奖励升级的意见》。

11月1日至3日，全国高等师范学校招生工作总结会在福州召开。会议就如何提高招生质量、总结各种改革试点之长短、完善招生办法、师范院校招收民办教师等问题开展了研讨。

11月24日至27日，全国教育工会青年教师工作经验交流会在唐山市举行。会议发出呼吁，要求大家都来更多地关怀、引导和帮助青年教师，促使他们尽快胜任跨世纪重担。

11月30日，中共中央宣传部、国家教委联合发出《关于组织中等学校干部和教师学习社会主义理论的通知》。

12月17日至21日，国家教委、国家科委联合在北京召开全国高等学校科学技术工作会议。会议提出高校科技工作是我国科技工作十分重要的组成部分，要把建设国家重点实验室、承担重大科技攻关项目与培养人才密切结合起来。

1991 年

1月3日，国家教委办公厅发布《加速师范院校标准化建设，培养合格的中小学教师座谈会纪要》。

2月22日，农业部、国家科委、国家教委、林业部、中国农业银行联合成立的农科教统筹协调领导小组召开第三次会议，对1991年重点抓好的建立农村技术培训网络、逐步推进"绿色证书"制度、抓好农科教结合试点工作和进一步解决农村职教师资问题等四项工作进行了研究和安排。

4月10日，国家教委、人事部联合发出《关于高等学校继续做好教师职务评聘工作的意见》。

4月26日，国家教委发布《教育督导暂行规定》。

4月30日，国家教委、人事部发出《关于认真做好1991年表彰优秀教师和教育工作者工作的通知》。

5月21日，国家教委发布《普通中小学校督导评估工作指导纲要》和《实施〈普通中小学校督导评估工作指导纲要〉试点的意见》。我国普通中小学校的督导评估工作逐步走向规范化轨道。

6月21日至26日，全国高等学校党的建设工作暨优秀思想政治工作者表彰会议在北京举行。会议的任务是总结工作，交流经验，表彰先进，研究解决存在的问题，进一步推进高校党建工作。210名高等学校优秀思想政治工作者受到了表彰。

7月1日，中共中央在北京举行大会，庆祝建党70周年。中共中央总书记江泽民在会上发表了长篇讲话。在谈到教育问题时，江泽民指出，百年大计，教育为本。教育是社会主义物质文明和精神文明极为重要的基础工程。它对提高全体人民的思想道德和科学文化素质，对培养一代又一代社会主义事业的接班人，具有重大的战略意义。我们必须加强教育工作，大力发展教育事业。

7月16日，国家教委、人事部发出《关于当前做好中小学教师职务聘任工作的几点意见》。

10月17日，国务院发布《关于大力发展职业技术教育的决定》。根据90年代我国经济社会发展需要，明确了职业技术教育的发展任务。

1992 年

1月27日，国家教委办公厅印发《关于深化城市综合改革若干问题的意见》、《全国城市教育综合改革实验工作指导纲要》。

5月20日，江泽民与首都应届高校毕业生代表座谈，指出努力为各种人才的脱颖而出和正确使用创造良好的条件，最大限度地发挥知识分子的创造才能，应当始终成为我们党政府坚定不移的方针。

8月21日，国家教委发布《关于国家教委直属高校深化改革，扩大办学自主权的若干意见》。《意见》提出加大高校改革力度，激活办学机制。

8月23日，中共中央办公厅受邓小平委托给北京大学等高校学生回信，对学生们的良好祝愿表示谢意，殷切希望大学生担负起振兴中华的重任。邓小平视察南方谈话公开发表后，北京大学等十几所高校学生给邓小平写信，对他的讲话表示衷心拥护。

9月23日至25日，党的十四大召开，江泽民作题为《加快改革开放和现代化建设步伐，夺取有中国特色社会主义事业的更大胜利》的报告，提出科技进步、经济繁荣和社会发展，主要取决于劳动者的素质。培养大批人才，要把教育放在优先发展的战略地位，各级政府要增加教育投入，鼓励多渠道、多形式社会集资办学和民间办学，改变国家包办教育的做法。

1993 年

1月7日，国务院办公厅转发国家教委《关于进一步改革和发展成人高等教育的意见》。《意见》提出了成人高等教育发展的方针及任务。

1月12日，国务院批转国家教委《关于加快改革和积极发展普通高等教育的意见》，要求高等教育必须面向经济建设主战场，改革办学体制，积极发展以高新技术产业为主的校办产业。

2月13日，中共中央、国务院印发《中国教育改革和发展纲要》，制定了我国教育 90 年代发展的目标、战略和指导方针。这是我国改革开放时期最有指导意义的教育改革与发展决策性文件。

3 月 1 日至 4 日，中国全民教育国家级大会在北京举行，在河南省郑州市闭幕。会议通过《中国全民教育行动纲领》，提出全民教育目标及措施。

10 月 31 日，八届全国人大常委会第四次会议通过《中华人民共和国教师法》。该法自 1994 年 1 月 1 日起施行。

1994 年

2 月 5 日，人事部、国家教委发出《关于印发高等学校、中小学、中等专业学校贯彻〈事业单位工作人员工资制度改革方案〉三个实施意见的通知》。

3 月 1 日，国家教委、人事部发出《关于进一步做好授予高等学校教授、副教授任职资格评审权工作的通知》。

3 月 14 日，国务院发布《教学成果奖励条例》，以鼓励教育工作者从事教育科学研究，提高教学水平和质量。同日，国务院办公厅转发农业部《关于实施"绿色证书工程"的意见》。《意见》提出，把"绿色证书"的组织工作作为一项工程来实施，对具有初、高中文化程度的农民进行岗位培训，培养一支能够起示范带头作用的农民技术骨干队伍。

4 月 6 日，国家教委发出通知：建立国家教育督导团，负责对国家有关教育工作的方针政策、法规的执行情况进行监督、检查；对各省市自治区政府和职能部门对中等以下教育及有关工作的管理进行督导和评估；指导地方督导工作等工作。

6 月 14 日至 17 日，党中央、国务院在北京召开改革开放以来第二次全国教育工作会议。会议的主要内容是：以邓小平建设有中国特色社会主义理论和党的基本路线为指导，贯彻党的十四大和十四届三中全会精神，进一步落实教育优先发展的战略，动员全党全社会认真实施《中国教育改革和发展纲要》，为实现 90 年代我国教育改革和发展的任务而奋斗。江泽民、李鹏、朱镕基、李岚清等党和国家领导人出席会议并讲话。

7 月 3 日，国务院发布《关于〈中国教育改革和发展纲要〉的实施意见》，要求各级党和政府，各级教育行政部门和各级各类学校认真贯彻实施《纲要》。

9 月 1 日，国家教委发出《关于在九十年代基本普及九年义务教育和基本扫除青壮年文盲的实施意见》。

10 月 5 日，联合国教科文组织在瑞士日内瓦举行第 44 届世界教育大会。国家教委副主任韦钰率中国代表团出席会议。大会宣布，从 1994 年起将 10 月 5 日定为国际教师日。

11 月 14 日，国家教委印发《关于开展小学新教师试用期培训的意见》。

1995 年

1 月 11 日至 14 日，全国政协八届常委会第九次会议讨论教育问题，中共中央政治局常委、全国政协主席李瑞环主持会议，并作了题为《全社会都要关心和支持基础教育》的讲话。国务院副总理李岚清向常委报告教育工作。会议吁请各级领导、各有关部门和社会各界更加重视和支持教育事业的发展，以推动《中国教育改革和发展纲要》的贯彻落实。1 月 14 日，《中国教育报》刊登李瑞环同志的讲话全文。

1 月 26 日，国家教委发布《中外合作办学暂行规定》。

1 月 27 日，国家教委办公厅发出《关于开展国家级重点职业高级中学评估认定工作的通知》。

2 月 10 日，国家教委副主任张孝文、王明达到北京电力高等专科学校进行考察，并就高等职业教育的发展、高等专科学校改革等问题与学校领导进行了座谈。

2 月 14 日，国家教委举行 1994 年度"跨世纪优秀人才计划"发布会。全国 53 所高校的 77 名年轻专家被列入"计划"，其中教授 63 名，副教授 14 名，平均年龄 38 岁。

2 月 26 日至 28 日，国家教委召开 1995 年全国职业教育工作座谈会。会议指出年内职业教育要贯彻和落实 1994 年全国教育工作会议关于大力发展职教的方针、努力开创职业教育工作的新局面。王明达副主任到会讲话，强调要抓住契机，深化职教办学体制改革，抓紧职业教育法起草工作，推进中专招生改革，加强师资队伍培养和管理干部队伍建设。

3 月 10 日，国务院办公厅转发国家教委等部门《关于加快解决教职工住房问题的意见》。

3 月 18 日，全国人大八届三次会议通过《中华人民共和国教育法》，自 1995 年 9 月 1 日起施行。《教育法》以宪法为依据，规定了我国教育的基本性质、地位、任务、基本法律原则和基本教育制度。

3 月 27 日，中国教育国际交流协会在厦门市召开全国职业技术教育国际交流研讨会，同时成立"全国职业技术教育交流中心"。

4 月 12 日至 16 日，国家教委在长沙市召开全国教育人事工作会议。会议决定采取一系列措施，全面加大教师队伍建设的力度。

5 月 17 日，国家教委印发《关于普通中等专业教育（不含中师）改革与发展的意见》。

6 月 1 日至 3 日，"职业技术教育师资培训基地工作会议"在北京举行。国家教委副主任王明达到会讲话。会议对培训基地的工作提出了具体要求。

6 月 20 日，国家教委办公厅发出《关于当前高等工程专科教育几个问题的通知》。

6月27日，国家教委举办的全国中小学校长培训工作研讨班在华东师范大学培训中心开班。

7月10日至13日，中共中央组织部、中央宣传部、国家教委党组在北京联合召开全国第五次高校党建工作会议。会议主要任务是加强高校领导班子建设，推动高等教育事业的发展。李鹏总理会见了全体代表并作重要讲话。李岚清副总理在讲话中强调：高校党建工作要为培养跨世纪人才提供保障。抓好党的领导班子建设特别要在提高思想理论素养上下功夫，要正确选人和用人，各省（区、市）党委对高校和高校的党建工作的领导只能加强，不能削弱，并把这一工作作为地方党委主要领导干部的任期目标和政绩考核的重要标准。

7月14日，国家教委发出《关于加强在中等专业学校举办专科程度小学教师班和高等职业技术班试点工作管理的通知》。《中国教育报》全文刊登朱开轩在第五次全国高校党建工作会议上的报告《加强高校领导班子建设，进一步推动高等教育事业的改革和发展》。并与《中国高等教育》杂志联合配发社论《切实加强高校领导班子建设》。

7月19日，国务院办公厅转发国家教委《关于深化高等教育体制改革的若干意见》。

7月25日至27日，部分高等师范院校、师范高等专科学校校（院）长座谈会在唐山举行。会议就师范院校的办学方向、如何为基础教育培养合格师资问题进行了座谈。

8月29日至31日，全国普通高校函授、夜大学教育评估会议在北京举行。国家教委副主任王明达到会讲话。

9月6日，国家教委、人事部联合发布《关于表彰全国教育系统劳动模范、全国优秀教师和全国优秀教育工作者的决定》。

9月8日，国家教委印发《关于开展小学教师基本功训练的意见》。

11月6日，国家教委印发《普通高等学校本科专业目录〈职业技术师范类〉（试行）》。

11月7日至10日，由厦门大学、北京大学、清华大学和北京师范大学共同发起的首次海峡两岸和港澳地区研究生教育研讨会在厦门大学举行。会议就海峡两岸及港澳地区研究生教育的学制、专业及课程设置以及发展趋势等问题进行了广泛的交流与探讨。

11月9日，国家教委印发《关于成人高等学校试办高等职业教育的意见》。

11月20日，国家教委办公厅发出《关于成立国家级重点职业高级中学评估审议小组的通知》。

12月12日，国务院发布《教师资格条例》，对教师资格分类与适用、条件、考试、认定等作出规定。

12月19日，国家教委发出《关于开展建设示范性职业大学工作的通知》。

1996 年

3月5日，国务院总理李鹏在八届全国人大四次会议上作《关于国民经济和社会发展"九五"计划和2010年远景目标纲要的报告》，指出优先发展教育，提高国民素质，是我国现代化事业的百年大计。

4月8日，国家教委发布《高等学校教师培训工作规程》。

9月3日，国家教委重新发布《〈对外汉语教师资格审定办法〉实施细则》。

9月9日至12日，全国师范教育工作会议在北京举行。江泽民、李岚清等出席会议并讲话。会议提出，从现在起到21世纪初师范教育改革和发展的方针是：坚持方向，深化改革，优化结构，促进发展，提高质量，提高效益。

1997 年

7月31日，国务院发布《社会力量办学条例》，自10月1日起施行。提出国家对社会力量办学实行积极鼓励、大力支持、正确引导、加强管理的方针。

9月12日，党的十五大在北京开幕。江泽民在开幕式上作题为《高举邓小平理论伟大旗帜，把建设有中国特色社会主义事业全面推向二十一世纪》的报告。江泽民指出，要切实把教育摆在优先发展的战略地位，尊师重教，加强师资队伍建设。发挥各方面的积极性，大力普及九年义务教育，扫除青壮年文盲，积极发展各种形式的职业教育和成人教育，稳步发展高等教育。优化教育结构，加快高等教育管理体制改革步伐，合理配置教育资源，提高教学质量和办学效益。

10月14日，教育部在深圳召开全国高等职业教育教学改革研讨会。会议主要内容是：总结高等职业教育发展的经验，研究加快发展高等职业教育的步伐和办学特色。

11月20日，李岚清视察清华大学教师筒子楼改造工作，了解高校教师住房建设情况，指出尊师重教不能只在口头号上讲，要为教师办实实在在的事。

1998 年

1月8日，国家教委发布《教师和教育工作者奖励规定》。

3月10日，新一届国务院机构改革方案经九届人大一次会议通过，国家教育委员会更名为教育部。

4月13日至16日，全国教育人事工作会议在重庆市举行。会议提出，1998年教育人事工作改革的重点是深化学校人事制度改革，加强高校教师队伍建设。

5月4日，江泽民在庆祝北京大学建校一百周年大会上发表重要讲话，强调大学是科教兴国的强大生力军，提出要建设若干所世界一流大学的历史任务。

8月4日，教育部宣布，将在3～5年内在全国高等学校国家重点建设学科中设置300～500个特聘教授岗位。特聘教授岗位的首批申报、推荐工作定于1998年下半年进行。建立特聘教授岗位制度，是教育部和香港爱国实业家李嘉诚及其领导的长江基建（集团）有限公司共同筹资设立的"长江学者奖励计划"的一个重要组成部分。

8月10日，教育部办公厅发出《关于当前加强教师队伍管理的通知》。

8月29日，九届全国人大常委会第四次会议通过《中华人民共和国高等教育法》，于1999年1月1日起开始实施。该法的颁布标志着中国教育法律法规体系的基本框架已经形成。

12月23日至25日，教育部直属高校工作咨询委员会第九次全体会议在北京举行。会议期间，教育部直属44所高校的校长、党委书记就新形势下如何进一步推进和深化高校管理体制改革，加快培养创新人才和加强师资队伍建设等问题进行了探讨。

12月31日，教育部、中国中小学幼儿教师奖励基金会发出《关于表彰全国教育督导先进集体和全国教育督导先进工作者的决定》。

1999 年

1月12日，国务院副总理李岚清在人民大会堂为首都高校教授、干部、青年教师和出席教育部年度工作会议的代表近6000人作题为《面向新世纪，实施科教兴国战略，推进高等教育事业的改革和发展》的形势报告。

1月13日，国务院批转教育部《面向21世纪教育振兴行动计划》。它是在贯彻落实《教育法》及《中国教育改革和发展纲要》的基础上提出的跨世纪教育改革和发展的施工蓝图，明确提出了到2000年和2010年我国教育发展的目标。

2月24日至25日，"长江学者奖励计划"专家评审委员会会议在北京举行。会议审定了第一批特聘教授人选、首届"长江学者成就奖"人选以及设置第二批特聘教授岗位的学科。

3月5日，九届全国人大二次会议在北京开幕。国务院总理朱镕基在《政府工作报告》中指出，实施科教兴国战略，是实现经济振兴和国家现代化的根本大计，也是本届政府极其重要的任务。

4月2日，"长江学者奖励计划"首批特聘教授受聘暨首届"长江学者成就奖"颁奖典礼在北京举行。国务院副总理李岚清出席典礼，向首批特聘教授和首届"长江学者成就奖"获奖者表示祝贺。首批特聘教授为73名，将受聘于40所高等学校。

4 月 19 日至 21 日，由中国 10 所著名大学组成的大学校长联谊会在香港举行"大学校长论坛——全球高等教育趋势"研讨会。来自中国、英国、澳大利亚及加拿大的 44 位著名大学的校长，就 21 世纪高等教育的发展进行了深入探讨。

6 月 15 日至 18 日，中共中央、国务院在北京召开改革开放以来第三次全国教育工作会议，颁布《关于深化教育改革全面推进素质教育的决定》。会议的主题是：动员全党同志和全国人民，以提高民族素质和创新能力为重点，深化教育体制和结构改革，全面推进素质教育，振兴教育事业，实施科教兴国战略，为实现党的十五大确定的社会主义现代化建设宏伟目标而奋斗。这次全教会和《决定》赋予素质教育以时代的特征和新的内涵，并紧紧围绕全面推进素质教育，培养适应 21 世纪现代化建设社会主义新人提出一系列教育改革和发展的重大决策，取得了一系列突破性进展。会后教育部根据会议精神，进一步扩大了当年全国高校的招生规模。

8 月 16 日，教育部印发《关于新时期加强高等学校教师队伍建设的意见》。

9 月 15 日，教育部印发《关于当前深化高等学校人事分配制度改革的若干意见》。

10 月 14 日，教育部印发《高等学校骨干教师资助计划》及其实施管理办法。

10 月 15 日 教育部办公厅发出《关于在民族贫困地区开展"中小学教师综合素质培训"工作的通知》。

11 月 30 日，教育部发出《关于公布首批全国重点建设职教师资培训基地名单的通知》。

12 月 4 日至 6 日，全国职教师资培训基地建设工作会议在天津举行。教育部副部长张天保出席会议并讲话，强调职教师资培训是十分紧迫的任务。

12 月 30 日，教育部发布《中小学校长培训规定》。

2000 年

1 月 12 日，教育部发出《关于做好中小学骨干教师国家级培训工作的通知》。

1 月 17 日，教育部印发《关于加强高职高专教育人才培养工作的意见》。教育部发出《关于组织实施〈新世纪高职高专教育人才培养模式和教学内容体系改革建设项目计划〉的通知》。

3 月 3 日，教育部发出《关于下达教育部跨世纪优秀人才培养计划（人文社会科学）第三批入选名单的通知》。

5 月 16 日，教育部、全国教育工会印发《中等职业学校教师职业道德规范（试行）》。

6 月 2 日，中共中央组织部、人事部、教育部印发《关于深化高等学校人事制度改革的实施意见》。

6月15日，首届高等学校青年教师奖在北京颁奖，100名优秀青年教师获奖。教育部部长陈至立出席颁奖会并讲话。

7月5日，人事部、科技部、教育部、财政部、国家计委、中国科协、国家自然科学基金委员会发出《关于批准1999年度百千万人才工程第一、第二层次人选及做好有关工作的通知》。

8月15日，教育部印发《关于加强中小学教师职业道德建设的若干意见》。

9月6日，中国教育工会成立50周年纪念座谈会在北京举行。李鹏委员长题词祝贺：庆祝中国教育工会成立五十周年，依靠教职工促进教育改革发展。会上表彰了150个教育工会先进集体、200名优秀教育工会工作者。

9月18日至20日，全国中等职业教育师资工作会在昆明举行。教育部副部长王湛出席会议并讲话。会议总结交流了"九五"期间中等职业教育师资队伍建设的经验，明确了"十五"期间职教师资队伍建设工作的指导思想、目标和任务，研究和部署了下一步的职教师资工作。

9月21日，教育部、香港李嘉诚基金会在北京举行长江学者奖励计划第三批特聘教授、讲座教授受聘暨第二届长江学者成就奖颁奖典礼。国务院副总理李岚清会见了长江学者奖励计划特聘教授、讲座教授，强调必须坚定不移地实施科教兴国战略，将培养和造就高层次创造性人才作为一项重要战略任务来抓。

10月1日，教育部办公厅发出《关于做好2001~2002学年度全国高等学校教师培训工作的通知》。

12月6日，全国首家专门从事各级各类教师继续教育的教师培训学院在北京师范大学成立。全国人大常委会副委员长许嘉璐出席成立仪式。

同年，教育部印发《关于妥善解决优秀留学回国人员子女入学问题的意见》和《关于设立"春晖计划"海外留学人才学术休假回国工作项目的通知》。

2001 年

1月4日至5日，教育部在北京召开全国教师资格制度实施工作会议，动员和部署全面实施教师资格制度。教育部部长陈至立在会上作了题为《全面实施教师资格制度，建设一支高水平的教师队伍》的讲话。

3月5日，九届全国人大四次会议在北京开幕。国务院总理朱镕基在向大会作关于国民经济和社会发展第十个五年计划纲要的报告中指出，要落实科教兴国战略，大力开发人力资源。要坚持教育适度超前发展，为国民经济和社会发展服务。

3月5日，教育部公布《第三批全国重点建设职业教育师资培训基地名单》。

3月5日，教育部发出《关于调整部分全国重点建设职业教育师资培训基地的通知》。

3月8日，教育部公布《跨世纪优秀人才培养计划》2000年入选人员名单。

5月29日，教育部第二届"高校青年教师奖"颁奖大会在北京人民大会堂举行。67所高校的100名优秀青年教师获奖。教育部部长陈至立在讲话中强调，要充分认识培养优秀拔尖人才和中青年骨干教师的重大意义，采取有力措施提高青年教师队伍的总体素质。

8月8日，教育部印发《教师资格证书管理规定》。

9月6日，人事部、教育部作出《关于表彰全国模范教师和全国教育系统先进工作者的决定》。同日，教育部作出《关于表彰全国优秀教师和全国优秀教育工作者的决定》。

10月18日，"长江学者奖励计划"第四批特聘教授、讲座教授受聘暨第三届"长江学者成就奖"颁奖大会在北京举行。

12月24日至25日，"中国师德建设论坛"在北京举办。

2002 年

3月1日，教育部印发《关于推进教师教育信息化建设的意见》以及《关于加强县级教师培训机构建设的指导意见》。

4月5日，教育部公布《〈跨世纪优秀人才培养计划〉2001年入选人员名单》。

5月9日，教育部印发《关于颁发第三届"高校青年教师奖"的决定》。

5月15日，教育部办公厅印发《关于加强高等职业（高专）院校师资队伍建设的意见》。

5月23日，人事部、教育部等七部门印发《新世纪百千万人才工程实施方案》。

9月5日，教育部印发《关于加强专科以上学历小学教师培养工作的几点意见》。

11月8日，中国共产党第十六次全国代表大会在北京开幕。中共中央总书记江泽民代表第十五届中央委员会向大会作报告。江泽民在报告中强调，要大力发展教育和科学事业。教育是发展科学技术和培养人才的基础，在现代化建设中具有先导性全局性作用，必须摆在优先发展的战略地位。全面贯彻党的教育方针，坚持教育创新，深化教育改革，全面推进素质教育，造就数以亿计的高素质劳动者、数以千万计的专门人才和一大批拔尖创新人才。

12月6日，教育部发出《关于奖励全国高等学校优秀骨干教师的通知》。

12月17日，在全国高校中率先大面积实行副校级领导岗位行政换届校内外公开竞聘的中国农业大学，新选出的5位副校长正式到任。这一举措在全国高校干部人事制度改革中尚属首次。

2003 年

1 月 1 日，《中国教师报》创刊。

1 月 28 日，教育部印发《关于高等学校进一步做好名誉教授聘请工作的若干意见》。

2 月 20 日，国务院副总理李岚清在人民大会堂会见"长江学者奖励计划"第五批特聘教授、讲座教授和第四届"高校青年教师奖"代表并发表讲话。他强调，高等学校要深入学习贯彻党的十六大精神，全面贯彻"三个代表"重要思想，大力推进教育创新和科技创新，为全面建设小康社会提供人才支持和知识贡献。教育部部长陈至立代表教育部在大会上讲话。第五批"长江学者奖励计划"共有 84 名特聘教授、10 名讲座教授受聘；第四届"高校青年教师奖"共有 115 人获奖。

8 月 24 日，教育部印发《关于表彰第一届高等学校教学名师奖获得者的决定》。

8 月 26 日，教育部发出《关于成立教师教育专家委员会的通知》。

9 月 8 日，"全国教师教育网络联盟"启动仪式在北京举行。

9 月 24 日，教育部举行"优秀青年教师资助计划"实施 15 周年座谈会。教育部党组副书记、副部长张保庆在会上讲话，强调高等学校要全面提高人才培养的质量、科研创新的能力和社会服务的品质，最重要的是必须拥有一支高素质、高水平的教师队伍。

10 月 9 日，教育部印发《关于进一步加强职业技术学校校长培训工作的若干意见》。

10 月 21 日，教育部发出《关于进一步加强中小学教师队伍管理和职业道德教育的通知》。

11 月 11 日，"全国非师范院校教师教育工作研讨会"在厦门召开。100 多所非师范院校研讨在新时期如何进一步积极参与和加强教师教育，提高教师培训质量，构建灵活、开放的教师教育体系。

2004 年

1 月 4 日至 9 日，教育部副部长章新胜率团赴香港出席邵逸夫先生第十七批向内地教育事业赠款仪式。

1 月 20 日，国务院办公厅发出《关于妥善解决国有企业办中小学退休教师待遇问题的通知》。

2 月 2 日，教育部印发《关于进一步加强基础教育新课程师资培训工作的指导意见》。

4 月 15 日，教育部在北京举办"国际汉语教师中国志愿者计划"实施办法新闻发布会。经教育部批准，《"国际汉语教师中国志愿者计划"实施办法》于 2004 年 3 月 26 日正式颁布实施。"国际汉语教师中国志愿者计划"是大规模派遣志愿者到世界各国从事汉语教学工作的计划，由对外汉语教学发展中心组织实施。

6 月 10 日，教育部印发《高等学校"高层次创造性人才计划"实施方案》和有关实施办法。

9 月 2 日，教育部印发《关于表彰全国优秀教师和全国优秀教育工作者的决定》。

9 月 6 日，教育部办公厅发出《关于师范教育司负责全国中小学教师队伍建设有关工作的通知》。

9 月 10 日，教育部、人事部、北京市人民政府联合召开庆祝第 20 个教师节暨全国优秀教师表彰大会。

11 月 12 日，教育部印发《关于启动新一轮民族、贫困地区中小学教师综合素质培训项目暨新课程师资培训计划（2004～2008 年）的通知》。

12 月 15 日，教育部印发《中小学教师教育技术能力标准（试行）》。

2005 年

1 月 13 日，教育部印发《关于进一步加强和改进师德建设的意见》。

3 月 14 日，教育部发出《关于规范小学和幼儿园教师培养工作的通知》。

3 月 21 日，教育部印发《全国普通高等学校美术学（教师教育）本科专业课程设置指导方案（试行）》。

4 月 5 日，教育部发出《关于启动实施全国中小学教师教育技术能力建设计划的通知》。

4 月 6 日，教育部举行"全国中小学教师教育技术能力建设计划"启动仪式。

4 月 27 日，教育部办公厅发出《关于成立全国中小学教师教育技术能力建设计划实施工作领导小组的通知》。

4 月 30 日，2005 年全国劳动模范和先进工作者表彰大会在北京人民大会堂隆重举行。教育系统有 200 名优秀教师和教育工作者当选。胡锦涛发表重要讲话。

5 月 16 日，教育部办公厅发出《关于做好 2005 年为农村高中培养教育硕士师资工作的通知》。

9 月 21 日，教育部、国家外国专家局发出《关于高等学校学科创新引智计划"十一五规划"的通知》。

11 月 1 日，教育部等七部门印发《关于表彰全国职业教育先进单位和先进个人的决定》。

2006 年

2 月 22 日，教育部公布《"新世纪优秀人才支持计划" 2005 年度入选人员名单》。

2 月 24 日，教育部印发《关于大力推进城镇教师支援农村教育工作的意见》。

2 月 27 日，教育部公布 2005 年度 "长江学者和创新团队发展计划" 创新团队入选名单。

3 月 2 日，教育部办公厅发出《关于做好 2006 年为农村学校培养教育硕士师资工作的通知》。

3 月 29 日，2005 年度长江学者特聘教授、讲座教授受聘仪式暨长江学者成就奖颁奖典礼在北京人民大会堂举行，国务委员陈至立出席受聘仪式并颁奖。教育部部长周济作了题为 "教育要发展，关键在人才" 的讲话。

5 月 18 日，教育部、财政部、人事部、中编办联合印发《农村义务教育阶段学校教师特设岗位计划实施方案》，决定组织实施 "农村义务教育阶段学校教师特设岗位计划"。

7 月 23 日，教育部部长周济签署第 24 号中华人民共和国教育部令，发布《普通高等学校辅导员队伍建设规定》，自 9 月 1 日起执行。

8 月 16 日，教育部印发《关于表彰第二届高等学校教学名师奖获奖教师的决定》。

9 月 19 日，人事部、教育部等七部门发出《关于公布 2006 年 "新世纪百千万人才工程" 国家级人选的通知》。

10 月 30 日，教育部办公厅发出《关于做好 2007 年 "农村学校教育硕士师资培训计划" 实施工作的通知》。

10 月 31 日，在 "新世纪百千万人才工程" 评选中，教育部直属高校共有 90 位教师入选，占总入选人数 530 人的 17.0%。

12 月 2 日，教育部、科技部、农业部、河北省人民政府在河北农业大学联合召开 "高等学校为社会主义新农村建设服务座谈会"。教育部部长周济在会上强调高等农林教育要坚持为 "三农" 服务的办学方向，积极投身社会主义新农村建设。

12 月 31 日，教育部发出《关于做好 2007 年农村义务教育阶段学校教师特设岗位计划工作的通知》。

2007 年

1 月 25 日，教育部、财政部全面启动 "高等学校本科教学质量与教学改革工程"。"质量工程" 内容包括：专业结构调整与专业认证；课程、教材建设与资源共享；实践教学与人才培养模式改革创新；教学团队和高水平教师队伍建设；教学评估与教学状态基本数据公布；对口支援西部地区高等学校。

5 月 9 日，温家宝总理主持国务院常务会议，讨论通过《教育部直属师范大学师范生免费教育实施办法（试行）》，后由国务院办公厅转发。随后，教育部专门召开了师范生免费教育实施工作会议，安排部署实施工作。

8 月 31 日，胡锦涛在全国优秀教师代表座谈会上强调，教师是人类文明的传承者。推动教育事业又好又快发展，培养高素质人才，教师是关键。尊重教师是尊重劳动、尊重知识、尊重人才、尊重创造的具体体现，要加强教师队伍建设，要吸引和鼓励优秀人才从事教育工作，鼓励优秀人才长期从教、终身从教。

10 月 15 日，胡锦涛总书记在党的十七大报告中指出：优先发展教育，建设人力资源强国。教育是民族振兴的基石，教育公平是社会公平的重要基础。强调加强教师队伍建设，重点提高农村教师素质。

2008 年

2 月 25 日，由中国国家汉语国际推广领导小组办公室与英国伦敦南岸大学合作建设的伦敦中医孔子学院正式成立，这是世界上第一所中医孔子学院。

2 月 26 日，昆明市委、市政府联合出台两份关于教育改革的文件：《关于加快教育改革与发展建设教育强市和加快民办教育发展两个文件的通知》和《加快民办教育发展的实施意见》。两份文件的精神可简单概括为"突破性发展民办教育"。

3 月 1 日，由 21 世纪教育发展研究院组织的"中国教育满意度调查"结果在北京发布，根据各项指标的教育满意度得分排序，高校的学费标准、政府治理教育乱收费的成效、中小学校"择校热"改善情况排在倒数前三位。

3 月 5 日，国务院总理温家宝在十一届全国人大一次会议上作政府工作报告时说，要坚持优先发展教育，要让孩子们上好学，办好人民满意的教育，提高全民族的素质。温家宝表示，一是在全国城乡普遍实行免费义务教育。二是加强职业教育基础能力建设，深化职业教育管理、办学、投入等体制改革，培养高素质技能型人才。三是提高高等教育质量。温家宝指出，办好各级各类教育，必须抓好三项工作：一要全面实施素质教育，推进教育改革创新。二要加强教师队伍特别是农村教师队伍建设，完善和落实教师工资、津贴制度。三要加大教育事业投入。2008 年中央财政用于教育的投入，将由去年的 1076 亿元增加到 1562 亿元；地方财政也都要增加投入。

3 月 7 日，教育部公布的《独立学院设置与管理办法》于 4 月 1 日正式实施。《办法》规定，高校独立学院必须自授学士学位。独立学院对学习期满且成绩合格的学生，颁发毕业证书，并以独立学院名称具印，对符合条件的学生颁发独立学院的学士学位证书。

3 月 21 日，广东省在国内率先对高校校长实行经济责任审计——校长"经济管理职责履行情况、重大经济事项的决策"等情况均列入审计内容，审计结果成为校长考核任免的重要依据。

4月7日，苏州及其所辖五市七区均通过了江苏省教育现代化专家组评估，这标志着苏州在全国率先实现了教育基本现代化。

6月27日，教育部公布新修订的《中小学教师职业道德规范（征求意见稿）》，其中"保护学生安全"这一条被首次加入其中。

9月1日，教育部颁布新修订的《中小学教师职业道德规范》。"新规"在保留原来内容的基础上，增加了"抵制有偿家教""保护学生安全""不以分数作为评价学生唯一标准"等内容。

10月12日，中国共产党第十七届中央委员会第三次全体会议通过《中共中央关于推进农村改革发展若干重大问题的决定》。文件提出，大力办好农村教育事业。保障和改善农村教师工资待遇和工作条件，健全农村教师培养培训制度，提高教师素质。健全城乡教师交流机制，继续选派城市教师下乡支教。

10月19日，新华社全文播发《中共中央关于推进农村改革发展若干重大问题的决定》。文件中提出，重点加快发展农村中等职业教育并逐步实行免费。文件提出，大力办好农村教育事业。加快普及农村高中阶段教育，重点加快发展农村中等职业教育并逐步实行免费。保障和改善农村教师工资待遇和工作条件，健全农村教师培养培训制度，提高教师素质。健全城乡教师交流机制，继续选派城市教师下乡支教。发展农村学前教育、特殊教育、继续教育。加强远程教育，及时把优质教育资源送到农村。

11月20日，最高人民法院、最高人民检察院联合发布《关于办理商业贿赂刑事案件适用法律若干问题的意见》。《意见》规定，教师利用教学活动的职务便利，以各种名义非法收受物品销售方财物，为物品销售方谋取利益，数额较大的，以非国家工作人员受贿罪定罪处罚。

12月21日，国务院总理温家宝近日主持召开国务院常务会议，审议并原则通过《关于义务教育学校实施绩效工资的指导意见》。决定从2009年1月1日起，在全国义务教育学校实施绩效工资，确保义务教育教师平均工资水平不低于当地公务员平均工资水平，同时对义务教育学校离退休人员发放生活补贴。

2009 年

1月7日，《国家中长期教育改革和发展规划纲要》从即日起到2月底向社会各界开展第一轮公开征求意见工作，等征求意见稿出来以后，还会针对文本向全社会继续公开征求意见。

2月1日，中共中央、国务院出台《关于2009年促进农业稳定发展农民持续增收的若干意见》。《意见》提出，加快发展农村中等职业教育，2009年起对中等职业学校农村家庭经济困难学生和涉农专业学生实行免费。

2月5日，教育部公布《关于做好义务教育学校教师绩效考核工作的指导意见》，在绩效考核基础上向义务教育学校教师发放绩效工资。

2月10日，教育部发布《关于2009年新设置高等学校和筹建到期正式设立高等学校的公示》，19所高校榜上有名，多数分布在中西部。

2月28日，温家宝总理针对与教育有关的灾后重建、大学生就业、教育乱收费、农民工子女就学、教师工资、教育经费等共八个热点问题在线回答了中国政府网和新华网网友的提问。

3月3日，由21世纪教育研究院组织的"2008年度全国主要城市公众教育满意度调查"，公众对10项细分指标的满意度显示：北京市教育部门廉政建设/行业风气状况、中小学校"择校热"改善情况、毕业大学生能力和水平分列后三名，未获公众认可。其中北京的小学升初中入学机会平等状况最受公众质疑。

3月18日，2009年教育部有关部门在促进大学生就业方面采取了一系列重要的措施，其中两项分别是增招专业硕士生和实施"特岗计划"。教育部师范教育司有关官员表示，特岗计划的实施要与"教育专业硕士培养计划"相结合，即推荐免试攻读教育专业硕士并申报特岗计划且最终入围特岗教师的学生，具备相应的条件，先到农村学习三年，再回学校攻读教育专业硕士学位。

3月31日，教育部发出《关于进一步做好中小学教师补充工作的通知》，要求省级教育行政部门要结合国家或地方"特岗计划"的实施，统筹考虑本行政区域内教师岗位需求情况，对中小学教师因自然减员的补充工作进行合理安排。从2009年开始，中小学教师补充应全部采取公开招聘的办法，不得再以其他方式和途径自行聘用教师。

6月15日，21世纪教育研究院公布了其"高考改革方案（2009）"。这套改革方案以扩大考生的选择权、落实高校招生自主权为核心，建立以统一考试为基础的多轨道、多样化的考试制度和录取制度，实现考生自主选择考试、自主选择学校、多次录取机会。改革思路的基本描述是："统一考试，分层多轨，自主招生，多次录取，公平公正。"

8月1日，国务院学位办主任杨玉良在首届全国地方大学发展论坛上透露，我国具有博士授予权的高校已超过310所，美国只有253所。2007年，中国博士人数已超过5万人，从1982年到2007年，年均增幅23.41%；2008年博士人数继续上升，已超过美国成为世界上最大的博士学位授予国家。

9月11日，教育部评出第五届国家高等学校教学名师。经统计发现，100位获奖者中，担任党委书记、校长、院长、系主任、教研室主任、实验室主任、研究所所长等行政职务的，占到九成，还有人身兼几种职务。不带任何"官职"的一线教师仅有10人左右。

10月15日，中国9所首批"985工程"高校：北京大学、清华大学、浙江大学、哈尔滨工业大学、复旦大学、上海交通大学、南京大学、中国科技大学、西安交通大学共同签订了《一流大学人才培养合作与交流协议书》，共同培养拔尖人才，至此，建起中国首个名校联盟。

10月22日，清华大学、上海交通大学、中国科学技术大学、西安交通大学、南京大学五所高校合作进行保送生和自主招生的选拔录取。据了解，今年五校合作联考，改变以往笔试＋面试的模式，统一采取GSI模式，即把测试分成三个模块：通用基础测试、高校特色测试、面试。根据五校已出台的方案，每名考生可同时申请五校中的两所，若考试结果未达到标准，考生还可以继续向第三所学校提出申请。这样，绝大多数考生将只用在本省参加一次笔试，就有机会获得不同大学的自主招生资格，不必再像以往一样，为高昂的赶考成本和考试的时间冲突而苦恼。

11月8日，北京大学自主招生将在北京、上海、湖北等13个省市自治区试行"校长实名推荐制"。获得推荐资质的中学校长，可向北京大学推荐优秀毕业生，审核合格的推荐生将直接入围北京大学自主招生面试范围，通过面试的学生高考时将享受线下30分录取的政策。据了解，北京大学的举荐政策，目的就是为一些受高考局限而无法将综合能力充分展现出来的优秀学子提供入读北京大学的新通道。全国一共有北京、江苏、陕西、新疆等地的39所中学获得推荐资质，获得推荐资质的中学校长必须遵守诚实信用原则，认真履行职责，以实名形式向北京大学推荐综合素质优秀或学科特长突出的高中毕业生。

12月9日，由中央教育科学研究所高教研究中心负责完成的《中国高等学校绩效评价报告》，首次对教育部直属的72所高校进行绩效评价。

2010年

2月28日，《国家中长期教育改革和发展规划纲要》文本面向社会公开征求意见，教育规划纲要制定参与人之多、社会关注度之高、影响力之广泛，在教育史上是首次。

7月8日，中共中央、国务院正式印发《国家中长期教育改革和发展规划纲要（2010—2020年）》，这是进入21世纪以来我国第一个教育改革发展规划纲要，是指导我国未来教育改革发展的纲领性文件。

7月13日至14日，中共中央、国务院在北京召开全国教育工作会议，对组织实施教育规划纲要作出全面部署。

9月1日，普通高中国家资助政策正式启动实施，中央与地方共同设立国家助学金，平均资助标准为每生每年 1500 元。

9 月 10 日，首届"全国教书育人楷模"颁奖大会举行，10 位教师获得荣誉称号。

11 月 3 日，国务院常务会议确定建立学前教育资助制度，对家庭经济困难儿童、孤儿和残疾儿童接受普惠性学前教育给予资助。至此，国家教育资助政策实现了学前教育、义务教育、高中阶段教育、职业教育、高等教育的全覆盖，教育公平迈出重大步伐。

11 月 21 日，《国务院关于当前发展学前教育的若干意见》出台，印发"发展学前教育"国十条，包括以多种形式扩大学前教育资源、多种途径加强幼儿教师队伍建设、规范幼儿园收费管理等十项具体内容，为"入园难"开出了"良方"。

12 月 1 日，全国学前教育工作电视电话会议召开。中共中央政治局委员、国务委员刘延东强调，要认真落实教育规划纲要和国务院关于发展学前教育的意见，把学前教育摆上更加重要的位置，将启动学前教育三年行动计划，确保适龄儿童有园上、上得起。

2011 年

1 月 4 日，教育部印发《关于大力加强中小学教师培训工作的意见》，强调要建设一支高素质专业化教师队伍。

2 月 21 日，中共中央政治局就优先发展教育、建设人力资源强国问题进行第二十六次集体学习。胡锦涛在主持学习时强调，全面落实国家教育改革和发展规划纲要，努力开创我国教育事业科学发展新局面。

4 月 24 日，胡锦涛在庆祝清华大学建校 100 周年大会上发表重要讲话，对百年清华取得的显著成绩给予了高度肯定，对高等教育发展提出了明确要求，对青年学生和广大教师提出了殷切希望。

5 月 16 日，教育部在北京召开 2011 年度全国职业教育与成人教育工作视频会议。会议重点研究了如何加强政府主导、行业指导和企业参与，着力推动现代职业教育体系建设，促进中等和高等职业教育协调发展等问题，明确了"十二五"时期职业教育改革发展的新任务。

5 月 27 日，财政部、教育部根据 2009 年、2010 年各地招聘的特岗教师人数，下达农村义务教育学校特设岗位教师 2011 年至 2012 学年第一批中央专项资金 25.2269 亿元，中央财政年人均补助标准为 2.054 万元。

6 月 2 日，国务院召开全国普通高校毕业生就业工作电视电话会议。

6 月 17 日，温家宝总理来到北京师范大学，出席首届免费师范生毕业典礼并作重要讲话，鼓励更多的优秀人才终身做教育工作者，并对广大师范生提出充满爱心、甘于奉献、刻苦学习、勇于创新四点希望。

6月25日，东西部职业教育合作办学签约仪式在天津举行。当日，以天津、辽宁、上海、山东、江苏、浙江、广东等为代表的东部省份，和以重庆、贵州、云南、陕西、宁夏、甘肃等为代表的西部省份教育部门之间，签订了招生、送生合作办学协议。

6月28日，由教育部、人力资源和社会保障部共同主办的全国职业教育科研工作会议在天津召开。这是新中国成立以来召开的第一次全国职业教育科研工作会议。

7月1日，教育部、财政部印发《高等学校本科教学质量与教学改革工程实施意见》。工程将以质量标准建设为基础，探索建立中国特色的人才培养国家标准。

7月5日，国家教育督导团发布《国家教育督导报告：关注中等职业教育》。此次报告的发布旨在强化各级政府依法履行发展职业教育责任，落实教育规划纲要要求，促进中等职业教育发展。

8月31日，国务院常务会议决定，"十二五"期间中央财政将安排500亿元，重点支持中西部地区和东部困难地区发展农村学前教育。国家强力推进学前教育发展，截至9月，各地全部完成学前教育三年行动计划编制工作，并进入全面实施阶段。

10月26日，国务院常务会议决定从2011年秋季学期起，启动实施农村义务教育学生营养改善计划，在集中连片特殊困难地区开展试点，中央财政按照每生每天3元的标准为试点地区农村义务教育阶段学生提供营养膳食补助。

12月16日，国务院总理温家宝主持召开国务院常务会议，讨论通过《促进就业规划（2011—2015年）》。

参考文献

［1］《中国教育年鉴》编辑部：《中国教育年鉴2009》，人民教育出版社，2010。

［2］《中国教育年鉴》编辑部：《中国教育年鉴2008》，人民教育出版社，2009。

［3］《教育与职业》编辑部：《2007——教育大事记》，《教育与职业》2008年第1期。

［4］《教育与职业》编辑部：《2006中国教育大事记》，《教育与职业》2006年第34期。

［5］《中国教育年鉴》编辑部：《中国教育年鉴2005》，人民教育出版社，2006。

［6］《中国教育年鉴》编辑部：《中国教育年鉴2004》，人民教育出版社，2005。

［7］《中国教育年鉴》编辑部：《中国教育年鉴2003》，人民教育出版社，2004。

［8］《中国教育年鉴》编辑部：《中国教育年鉴2002》，人民教育出版社，2003。

［9］《九江职业技术学院学报》编辑部：《2001年中国科教大事记》，《九江职业技术学院学报》2001年第1期。

［10］《九江职业技术学院学报》编辑部：《2000年教育大事记》，《九江职业技术学院学报》2001年第1期。

［11］《教育50年大事记（1949～1999）》，中华人民共和国教育部网站，http：//www.moe.edu.cn/

publicfiles/business/htmlfiles/moe/moe_ 163/index. html。

[12]《科教文汇》编辑部：《 新中国建国 60 年教育大事记》，《科教文汇（上旬刊)》2009 年第 10 期。

[13] 张韦韦、闫志刚：《教育 60 年（1949～2009)》，《教育与职业》2009 年第 28 期。

[14]《河南教育》编辑部：《影响中国高等教育发展的 30 件大事》，《河南教育（高校版)》2008 年 第 5 期。

[15] 中央教科所方晓东、李玉非、郭红霞、徐卫红： 《中国共产党领导的教育事业大事记》 （1921—2011 年），2011 年 7 月 23 日，http：//www. auts. edu. cn/s/37/t/252/46/42/in- fo17986. htm。

[16] 包佳佳、刘芳： 《教育规划纲要颁布实施一周年大事记》，中国教育和科研计算机网， http：//www. edu. cn/。

民族人才篇[*]

1949 年

10 月 6 日，国立回民学院在北京成立。

11 月，毛泽东在《关于西北少数民族工作的指示》中强调了大批培养少数民族干部的重要性。指出："要彻底解决民族问题，完全孤立民族反动派，没有大批从少数民族出身的共产主义干部，是不可能的。"

1950 年

2 月 1 日，中央民委举办的藏民研究班举行开学典礼。研究班开办期间，朱德副主席、周恩来总理，以及林伯渠、乌兰夫、刘格平等作了讲话和报告。

11 月 24 日，政务院第六十次政务会议批准《培养少数民族干部试行方案》。《方案》决定，在北京设立中央民族学院，在西北、西南、中南设分院，有关的省设民族干部学校，有关的专区、县设民族干部训练班。以上各校学生实行供给制待遇。有关各级人民政府要逐步整理或设立少数民族的中小学，整理少数民族的高等学校。并规定高等学校的少数民族学生一律实行公费待遇。同时，会议批准《筹办中央民族学院的试行方案》。《方案》规定中央民族学院的任务为：一是为国内各少数民族实行区域自治以及发展政治、经济、文化建设培养高级和中级的干部。二是研究中国少数民族问题，以及各少数民族的语言文字、历史文化、社会经济，发扬并介绍各民族的优良历史文化。三是组织和领导关于少数民族方面的编辑和翻译工作。中央民族学院设军政干部训练班（四至六个月）、本科政治系与语文系（均为两年），并设研究部，尽可能将研究人才集中到中央民族学院。

---

* 编写者：胡沛哲，女，中国社会科学院民族学与人类学研究所博士后，研究方向为民族学、少数民族语言研究。

1951 年

2 月 18 日，毛泽东主席在中共中央政治局扩大会议上提出，在各少数民族中进行工作，"推行区域自治和训练少数民族自己的干部是两项中心工作"。

9 月 20 日，由教育部主办的第一次全国民族教育会议在北京召开。会议讨论了新中国民族教育工作的方针及发展民族教育的措施。

1952 年

4 月 16 日，政务院发布《关于建立民族教育行政机构的决定》。《决定》要求，教育部增设民族教育司，各大行政区教育部（文教部）增设民族教育处（科），或在有关处（科）内设专职人员。各有关省、市、专署、县人民政府教育厅、局、处、科根据该地区少数民族人口的多少，分别增设适当的行政机构或专职人员，并要求尽可能吸收少数民族干部和热心民族工作的干部参加这项工作。

6 月 29 日，中共中央对甘肃藏区工作发出指示。指出这类地区的工作要坚决依靠三条基本政策：一是广泛的统一战线政策，争取和团结一切可以争取团结的中上层人物；二是发展贸易、卫生，尽可能地解决群众生活和生产方面的困难，争取藏民在生活上逐步改善；三是通过各种适当的方式培养包括上中下各层在内的藏族干部。

1953 年

4 月 1 日至 14 日，文化部在北京举行首届全国民间音乐舞蹈会演，有 10 个民族的 308 位民间艺人参加了演出。

4 月，中共中央批转青海省玉树地委报告，就外来干部学习藏语问题指出：各少数民族地区的党委都应把学习当地少数民族的语言当作一项重要的政治任务。

1954 年

12 月，中共中央发出《关于培养少数民族干部问题的指示》。《指示》要求，各地党委积极而稳步地在少数民族干部和人民群众中发展党员，培养各少数民族的干部。

12 月 14 日，中共中央就广西龙胜培养民族干部的经验发出指示。指出：普遍、大量地培养少数民族干部，是我党在民族问题方面多年来一贯坚持贯彻的方针，也是我们在少数民族地区开展工作，帮助各少数民族人民进步和发展的关键。

1955 年

9 月 16 日，国务院派到西藏支援各项建设的 300 多名干部，首批于 8 月中旬至 9

月中旬到达拉萨和昌都。

12 月 2 日，教育部函复广西省教育厅：今后各级学校招生规定报考年龄时，对少数民族学生报考年龄一般应比照当地规定放宽 2～3 岁。

12 月，中共中央发出《关于少数民族干部培养问题的指示》。

截至本年，全国已有少数民族小学 27100 多所，少数民族小学生达 246 万多名；专设的民族中学和师范学校有 281 所，学生人数达 19.3 万多名。

1956 年

2 月 20 日，中国科学院、中央民委和中央民族学院共同主办的少数民族语言调查训练班开学。

6 月 4 日，教育部和中央民委在北京联合召开第二次全国民族教育会议。会议提出，要在整个国民教育事业的发展过程中，使少数民族的教育事业逐步接近和赶上汉族发展水平。为此，在民族地区要有步骤地开展扫盲工作和普及小学义务教育。同时会议还讨论了今后十年全国民族教育事业的规划纲要。

9 月，刘少奇在中共八大所作的政治报告中指出："各少数民族要发展成为现代民族，除进行社会改革以外，根本的关键是要在他们的地区发展现代工业。"凡是在少数民族地区的工业，"都必须注意帮助少数民族形成自己的工人阶级，培养自己的科学技术干部和企业管理干部"。乌兰夫在八大的发言中也强调，除了继续培养少数民族干部之外，还应注意培养少数民族的科学、技术、教育、文艺方面的专业人才。毛泽东也一再说："自制地方要建设，就要有自己的干部，要有医生、工程师、科学家、文学家和艺术家，要有开汽车、开飞机、搞地质、搞气象、办工厂等等各方面的人才，没有这样的干部和知识分子，是不能建设社会主义的。"

1957 年

3 月 21 日，教育部发布《关于解决各地民族学院师资问题的意见》。

5 月 13 日，全国少数民族成分的共青团员已发展到 61 万名。

本年，中共西藏工委和共青团西藏工委为培养建设新西藏的干部而创设的西藏公学和西藏团校相继在陕西省咸阳开学。

截至本年，云南省已设民族小学 6706 所，学生达 398961 人；民族中学及师范学校 9 所，少数民族学生人数占一半以上的中学和师范 7 所；过去没有学校和学生的西盟山区佤族和居住在怒江、红河流域原始森林中的怒族、独龙族等民族和依人（即壮族）、苦聪族子女也已入学。

1958 年

2 月 5 日至 11 日，第二次全国民族学院院长会议在北京召开。会议认为：民族学院相当长的阶段以培养政治干部为主，同时培养专业人才。

8 月召开的全国第二次民族学院院长会议重新强调民族学院的性质是政治学校，"要相当长的阶段以培养政治干部为主，同时培养专业人才"。

9 月 15 日，文化部、教育部、中央民委在北京联合召开全国少数民族出版工作会议。同日，吉林省长白朝鲜族自治县成立。西藏民族学院在陕西咸阳成立。

1959 年

11 月，中央民族学院成立艺术系，内设美术专业。这是中华人民共和国成立后首次建立的专门培养少数民族高级美术专业人才的教学基地，是当代少数民族美术发展史上的一个里程碑。

截至本年，少数民族工人已由 1949 年的 4 万多人增加到 80 多万人。

1960 年

6 月 25 日，中央民委在北京召开民族学院院长和西藏公学校长座谈会，研究加强少数民族地区教育工作的问题。

10 月 1 日 新疆第一所综合大学——新疆大学成立。

截至本年，我国少数民族知识分子已达 30 万人左右，包括科技、文教、新闻、理论工作者。

1961 年

6 月 17 日，我国女子登山运动员西绕（藏族）和潘多（藏族）登上新疆境内海拔 7595 米的公格尔九别峰顶峰，打破了女子登山高度的世界纪录。

7 月 11 日至 8 月 4 日，中共中央西北局在兰州召开西北地区第一次民族工作会议。关于少数民族干部的使用和培养问题，会议指出："必须大力加强对少数民族干部的培养教育工作。应当以教育提高现有干部的思想政治水平为主，同时适当地增加少数民族干部的数量。省、自治区、州、县都要制定统一的、长期的规划来教育提高干部。""在培养提高政治干部的同时，注意培养为发展农、牧业生产所迫切需要的技术干部以及医药卫生干部。"

12 月 23 日，西藏第一所培养师资的学校——拉萨师范学校正式开学。

截至本年，云南民族学院建院十年来，共培养和轮训彝、傣、白、回、拉祜、景颇、傈僳、佤、崩龙（德昂）等 20 多个民族的干部 7700 多名。

1962 年

4 月 2 日，广西壮族自治区党委组织部、统战部在南宁召开少数民族干部座谈会。

8 月 2 日，教育部发出《关于高等学校优先录取少数民族学生的通知》。

截至本年，内蒙古少数民族教师已发展到 9075 名，其中蒙古族教师 7813 名。

截至本年，延边朝鲜族自治州成立十年来，朝鲜族的工程技术人员发展到 3600 多名，占同类干部总数的 60% 以上。朝鲜族干部已发展到 2 万多名，占全州干部总数的 58.4%，比自治州成立时增长 3 倍多。

截至本年，湘西土家族苗族自治州成立五年来，少数民族干部由 1952 年占干部总数的 11.7% 增加到 37%。

截至本年，青海省少数民族教师有 1491 名，相当于新中国成立初期的 13.3 倍。民族小学由新中国成立时的 104 所增加到 751 所，入学儿童达 8.6 万多名，为新中国成立时的 17.8 倍。民族中学从无到有，发展到 14 所，学生达 3000 多名。

1963 年

12 月 6 日，第二届全国人大民委召开第四次（扩大）会议。会议根据二届四次人大会议决议，讨论在全国少数民族中选举三届人大代表的问题。9 日，乌兰夫在会上作了有关民族问题和民族工作的报告。

截至本年，西双版纳傣族自治州成立十年来，少数民族干部发展到 1300 多名，占全州干部总数的 34%。其中，傣族干部 800 多名。

1964 年

3 月 15 日，云南西双版纳傣族自治州"赞哈"（民间歌手）协会在允景洪成立。

截至本年，西藏民主改革以来，藏族干部已有 1.2 万多名，其中各种专业技术干部 1000 多名。

1965 年

1 月 17 日，新疆维吾尔自治区召开教育工作会议，确定大力普及小学教育，扩大试办农业中学和试办半农（牧）半读的中等技术学校。

1971 年

4 月 15 日，全国教育工作会议在北京举行。会议讨论了保留、撤并一些高等院校的问题，提出政法、财经、民族学院等要多撤销一些。

1972 年

10 月 10 日，西藏自治区第一所中级卫生学校开学。

1973 年

截至本年，云南省已培养傈僳、哈尼、傣、藏、彝、苗、瑶、白、怒、佤、拉祜、纳西、景颇、布朗、阿昌、普米、独龙、德昂等少数民族妇女干部达 7000 多名。

截至本年，新疆维吾尔自治区地、州、市以上的科研机构已达 43 所，科技人员 4 万多名，其中维吾尔、哈萨克等少数民族有 1 万多名。

1974 年

4 月 26 日，国务院批转科教组《关于内地支援西藏大学、中学、专科师资问题的请示报告》。7 月，上海、江苏、四川、湖南、河南、辽宁 6 省、市和中央国家机关选派了大中学校教师和干部 389 人进藏。

5 月 9 日，广西壮族自治区党委批准建立广西民族干部学校，其主要任务是轮训民族地区少数民族基层干部。

6 月 4 日，国务院科教组发出通知，恢复和新建 27 所高等院校。其中有西南民族学院和贵州民族学院。本年，恢复和新建的高等院校中还有广东民族学院和西藏师范学院。

1975 年

截至本年，西藏藏族、门巴族、珞巴族和位人、夏尔巴人已有自己的干部 27000 多名，占全区干部总数的 60% 以上。

1976 年

3 月 26 日，全国春季射箭测验比赛在福建福州举行。内蒙古女运动员扎拉嘎以 665 环成绩打破女子 30 米双轮射箭的世界纪录。

1977 年

本年，根据周恩来生前的指示，为西藏、新疆、四川、宁夏、青海等五省、自治区专门选拔培养的维吾尔、哈萨克、蒙古、藏、回、土家、羌、柯尔克孜、锡伯、门巴等 10 个民族的飞行学员，完成了航校学习任务，走向工作岗位。

1978 年

6 月 6 日，国务院批转教育部《关于 1978 年高等学校和中等专业学校招生工作的意见》。《意见》根据少数民族考生的特殊情况作出了具体规定。

6 月 21 日，中共中央组织部和国家民委召开少数民族干部工作座谈会。

10 月 6 日，中共中央组织部发出《关于少数民族地区干部工作的几点意见》。

1979 年

5 月，全国群众性民族研究学术团体——中国民族研究学会成立。选举理事 129 人（包括 22 个民族），其中常务理事 29 人。选举牙含章为理事长，白寿彝（回族）、方国瑜（纳西族）、张养吾、傅懋勣、翁独健、费孝通为副理事长。

6 月 5 日，全国政协五届四次常委会议，通过增补五届政协委员 109 人，其中少数民族委员有：文正一（朝鲜族）、桑热嘉措（藏族）、博彦满都（蒙古族）等。

9 月 25 日，国家民委、文化部和中国民间文艺研究会在京召开全国少数民族民间歌手、民间诗人座谈会。

本年，新疆维吾尔自治区恢复了原有高等院校 8 所，新建高等院校 2 所。

截至本年，全国十所民族学院，培养了各民族政治和专业干部 9.7 万余名。

1980 年

5 月 20 日，新疆维吾尔自治区人民政府批准《一九八〇年自治区招生工作的补充规定》，规定参加汉文统考和民族文字考试的维吾尔、哈萨克、蒙古、柯尔克孜等少数民族考生，降低录取分数线和分数段。并要求注意选拔人口少的和居住在偏僻高寒地区的少数民族的考生。

6 月 13 日，教育部召开全国师范教育工作会议。会议讨论了加速少数民族中小学师资问题，提出在民族自治区和少数民族较多的省，要逐步形成自己的民族师范教育体系。

6 月 21 日，教育部就在部分全国重点高等学校试办少数民族班发出通告，指出为了更好地为少数民族培养人才，决定从 1980 年开始，有计划、有重点地在部分全国高等院校举办民族班，以后视情况逐步扩大。这是为发展少数民族教育而采取的一项特殊措施。

6 月 30 日，经国务院批准，内蒙古 18 个边境旗（市）中的 11000 多名中小学民办教师，经过考核，分期分批全部转为公办教师。第一批 3600 多名转为公办的教师中蒙古族和其他少数民族有 1300 多名，用蒙古语授课的教师有 950 名。

7 月 24 日，新疆体委 29 岁的古拉热木（维吾尔族）经过考核，由国际乒联正式批准为国际级裁判。她是我国第一个少数民族的女国际裁判。

8月11日，首届全国民族理论科学讨论会在北京召开。17个民族的108位民族理论工作者向大会提交了78篇论文。会议认为，民族理论工作者不仅需要研究中国的民族发展规律，而且对新形势下提出的许多新问题，也要从理论上作出正确的回答。

8月，文化部、国家民委发布《关于做好当前民族文化工作的意见》。《意见》明确提出少数民族文艺人才培养的方向和任务。

9月20日，广西壮族自治区政府发出1980年高等院校、中等专业学校招生工作的通知。规定民族院校录取的学生，少数民族要占入学总数的90%以上，其他院校占20%～30%。对少数民族考生放宽录取分数线也作了具体规定。

10月5日，中共贵州省委决定，今后五年内，每年由省拨出600名指标，招收农村少数民族初中以上文化程度的知识青年由贵州民族学院和黔东南、黔南两个自治州负责培训作为民族地区的公社干部。为此，在黔东南和黔南两州各建立一所民族干校，负责轮训少数民族干部。同日 西北民族学院庆祝建院三十周年。甘肃省省长冯纪新到会祝贺，中央统战部发了贺电，李维汉为校庆题词。建院三十年来，西北民族学院共为民族地区输送包括26个民族的1万多名政治干部和各科专业人才，其中少数民族占80%以上。10月9日，国家民委、教育部向中共中央、国务院上报《关于加强民族教育工作的意见》。21日，中共中央、国务院批准了这个报告。

11月16日，全国部分省、区少数民族文艺广播协作会议在昆明召开。会议要求在大力发展少数民族地区经济文化事业的同时，要重视支持民族文艺广播事业的发展，培养一支又红又专的民族文艺广播队伍。

11月21日，广西壮族自治区在12所重点中学开设了少数民族班，培养出1100多名学生。停办了十五年的广西壮文学校重新恢复。

12月23日，云南省政府拨款555万元，把40所中小学改建为寄宿制民族学校，并对高等院校采取了有利于培养少数民族大学生的措施。

12月29日，中共广西区委批准广西民族干部学校改办轮训班为文化班，培训具有小学文化程度的年龄在40岁以下的少数民族国家干部，学制两年，要求达到初中文化水平。

本年，中央政法干校第八期西藏班100名藏族学员毕业返藏。1957年以来，该校共为西藏培训了1500多名藏族政法干部。

本年，青海省人民政府省从中央拨给的3000万元"支援不发达地区资金"中拨出264万元作为牧区少数民族教育经费；还拨给牧区六个州114万元，以扶持新开办的18所寄宿制小学。1979年以来，青海省从地方财政中拨出专款500万元作为民族教育补助经费。两年来，11个县新办了民族中学，牧区新办了42所寄宿制小学。全省现有民族中学22所，寄宿制小学363所。

截至本年，广西少数民族干部已达 17 万多名，比新中国成立初期增长 5.8 倍。其中，18000 多名优秀民族干部被提拔担任各级领导职务，占各级领导干部总数的 24.7%；82 个县（市）委书记中少数民族干部占 52.4%。

截至本年，中共西藏自治区委员会和人民政府提拔了 40 多名少数民族干部任部、厅、局（委）和地（市）、县党政主要领导。自治区党委、人民政府所辖 30 多个主要部、厅、局（委）和全区六个地（市）、县的党政少数民族领导干部共有 113 名，占同级干部总数的 50%。

截至本年，全国各级各类学校中少数民族教师达 46 万多名。

1981 年

2 月 20 日，青海省委、省人民政府发出指示，要求少数民族地区首先抓好普及小学教育；回族、撒拉族聚居地区，要开办本民族女子学校或女生班；办好民族师范教育，加强民族师资培养和培训工作。

3 月 3 日，国务院批转教育部《关于一九八一年全国高等学校招生工作会议的报告》。《报告》提出，高等学校举办少数民族班，可适当降低分数，招收边疆、山区、牧区等少数民族聚居地区的少数民族考生；高等学校录取学生，对少数民族考生，可按实际情况适当降低分数；对散居在汉族地区的少数民族考生，在与汉族考生同等条件下优先录取。

7 月 4 日，广西壮族自治区教育局发出《关于中等教育结构改革的通知》，要求各市、县分别办好职业中学，将部分普通高中改办为职业中学，着力培养民族专业技术人才。

8 月 17 日，西藏、四川、云南、甘肃、青海、新疆六省（区）首次藏族文学创作座谈会在西宁举行。

10 月 4 日，中共宁夏回族自治区地、市委常委中，少数民族干部占 45%；地、市人民政府正、副市长和正、副专员中，少数民族干部占 22%；县、市辖人民政府正、副县长和正、副区长中，少数民族干部占 33.3%。

12 月，文化部、国家民委、教育部在《关于加强民族艺术教育工作的意见》中，对培养少数民族艺术人才作了专门规定。新中国成立以来，我国培养了 15000 名少数民族艺术人才，其中 7000 多名受过艺术院校的正规教育。

截至本年，我国十所民族学院，自成立以来，培养出 56 个民族成分的毕业生 10 万多名，相当于新中国成立初期全国少数民族干部的 10 倍。

截至本年，甘肃省教育局在甘南、临夏、武威、张掖、酒泉的 5 所重点中学和甘肃师大等 14 所院校，设立民族班。

截至本年，内蒙古有蒙族学校、蒙汉合校和其他少数民族学校 4900 多所。在校少数民族小学生近 380 万人，中学生和中专学生 19 万人，大学生近 4000 人。

截至本年，云南省 110 个县中，被选为县人大常委会主任、副主任、委员和正副县长的少数民族干部达 1000 名，占这些县领导成员总数的 41%。

党的十一届三中全会以来，云南各地选拔少数民族干部 144 名担任县以上领导职务，其中一名回族干部任省委副书记。全省 17 个地、州、市的政府领导干部中，任正职的少数民族干部占 43.75%，副职的占 37% 以上。

党的十一届三中全会以来，内蒙古自治区直属机关厅局级干部，少数民族占 57.3%。区党委正副书记、人大常委会正副主任、人民政府正副主席中，少数民族占 50%。区党委和政府各部委办厅局级干部中，少数民族占 42.2%，其中"一把手"占 39.5%。各盟市委正副书记中，少数民族占 52.6%。

党的十一届三中全会以来，我国 5 个自治区的人民政府和人大常委会主要负责人，均由实行自治的民族干部担任；30 个自治州、72 个自治县（旗）中，除个别尚未开人代会进行直接选举的以外，政权机关的主要负责人，均由实行自治的民族干部担任。近三年来，全国少数民族干部增加近 19 万人，总数已达 102 万人，相当于 1987 年的 3 倍。

1982 年

9 月 1 日，中国共产党第十二次全国人民代表大会在北京举行。9 月 10 日，14 名少数民族干部当选中央委员、17 名当选中央候补委员，9 月 11 日，5 人当选中顾委委员，9 人当选中纪委委员；9 月 12 日，韦国清（壮）、乌兰夫（蒙古）当选中央政治局委员。

本年，卫生部、国家民委、教育部联合发布《关于全国重点高等医学院校培养少数民族高级医学人才的意见》。

1983 年

5 月 8 日至 14 日，由卫生部、国家民委联合召开的全国少数民族卫生工作会议在北京举行。来自 20 个省、自治区、直辖市 17 个兄弟民族的代表共 126 人出席会议。截至 1982 年底，全国民族地区的医疗卫生机构，已由 1952 年的 1100 余个发展到 2.82 万个，增长了 23 倍，卫生技术人员由 1952 年的 17800 余人发展到 36.88 万余人，增长了 19 倍，其中少数民族卫生技术人员达到 8.05 万余人。

7 月 29 日，中国企业管理成都培训中心同西藏自治区在成都签订协议：从 1984 年起，每年为西藏培训 130 名高、中级企业管理干部。

8 月 19 日，国家民委邀请出席全国青联六届一次会议的包括 55 个少数民族的 100 多名青联委员到民族文化宫座谈。

8月29日，云南省民族团结表彰大会在昆明举行，大会奖励了77个先进集体和127名先进个人。

截至本年底，新疆10个地、市、州领导班子中少数民族所占比例，由原来的32.9%上升到44.4%；34个厅局领导班子中，民族干部由26.3%上升到40.3%。

本年，新疆成立维吾尔医学研究室，挖掘整理维吾尔族医学遗产，建立维吾尔医医疗机构14所，已拥有一支600多名维吾尔医药人员的医疗队伍。

截至本年，广西现有少数民族干部20.5万多人，占干部总数的31.7%。其中具有大专和中专文化水平的8万多人，从事科技工作的6.2万人。

截至本年，云南省在校少数民族学生达150多万人，比1978年增加40多万人。其中大专学生占全省大专生总数的18.4%，全省23个少数民族都有了本民族的大学生。

1984 年

截至本年，西藏已培养出一支9700多人的少数民族畜牧兽医技术队伍。

截至本年，新疆现有各种类型高等院校44所，在校生由新中国成立初期的300人发展到11900多人。35年中培养出39800多名大学生。

截至本年，中国作家协会2170名会员中，有少数民族会员近200名，连同作协各地分会的少数民族会员在内，少数民族会员已超千名，包括40多个民族成分。他们用近30种语言文字从事文学创作，各种民族文字的文学刊物已达30多种。

截至本年，云南省已有少数民族干部12.4万多人，比1952年增长16.5倍，其中少数民族科技干部有3万多人。

截至本年，宁夏已有1.5万多名民族干部，比自治区成立时增长4倍。在区政府正副主席、人大常委会正副主任中，回族干部分别占44.4%和71.4%；在厅局级干部中，回族干部占23.5%；在7个回族聚居县的县（市）政府领导班子中，回族干部占60.16%，县（市）长均由回族干部担任。

1985 年

6月10日，教育部西北少数民族师资培训中心在兰州正式成立。其任务是为陕、甘、宁、青、新培训高中、中师和大专学校的少数民族教师。

截至本年，云南127个县（市）中，68个县人大常委会主任和66个县的县长由少数民族干部担任。全省19个自治县的人大常委会主任、县长，以及1600多个民族乡的乡长，均由少数民族干部担任。

截至本年，新疆已有少数民族干部192122人，占全区干部总数的44.43%，是1955年自治区成立时的4.1倍、新中国成立初期的64倍。现在，自治区级干部中少数民族干部占 60.98％；厅局级干部中，少数民族干部占 38.34％；县以下基层干部中，少数民族干部占 39.3％；5 个自治州中，少数民族干部占干部总数的 46.33％；6 个自治县中，少数民族干部占干部总数的 53.04％。

截至本年，到 1985 年底，全区有少数民族干部 1.7 万人，占干部总数的 14.94％，其中回族干部 16000 多人，占 14.1％。

1986 年

1 月 20 日，六届全国人大十四次会议决定任命司马义·艾买提为国家民委主任，免去杨静仁国家民委主任职务。

9 月 23 日，第二届全国少数民族文学创作会议在北京开幕。包括 52 个民族的 300 多位代表参加了会议。中国作协已有 22 个少数民族的会员 266 人，地方作协的少数民族会员共有 1500 多人，包括 31 个民族。

10 月 7 日，习仲勋等接见十省区少数民族青年学习团。其成员 150 多名，分属 40 多个少数民族成分，大多是科学、教育、文化、卫生系统的先进工作者和劳动模范。

10 月 24 日，全国民委主任（扩大）会议在北京召开。习仲勋、司马义·艾买提分别讲了话。会议认为，民族地区必须坚持做好对区外国内外的开放，继续搞好对口支援和横向经济联合，从外国和外省引进人才、资金和技术，要管好用好国家支援少数民族地区的资金。会议提出要为在"七五"期间基本解决全国约 20％ 的少数民族群众的温饱问题而努力。

11 月 1 日，新疆支援边远地区重点建设项目、支援乡镇企业和人才交流、智力交流、技术交流大会在乌鲁木齐开幕。大会接待登记的"三支"技术人员 1600 余人，推荐各类人才 2600 余人次，输送"三支"人员 456 人，转让技术成果 82 项。

截至本年，新疆维吾尔自治区 1000 多名维吾尔、哈萨克、蒙古、回等少数民族厂长（经理），在生产经营中发挥重要作用。在新疆的 2000 多个国营工业企业中，少数民族干部担任正副厂长或经理的占半数以上。

1987 年

4 月 17 日，中共中央、国务院批准中央统战部、国家民委《关于民族工作几个重要问题的报告》。中共中央和国务院在通知中指出：我国是一个多民族国家，民族问题仍长期存在，民族工作是党和国家整个工作的组成部分。民族平等、民族团结和各民族共同繁荣，是一个关系到国家命运的重大问题。党的各级组织和全党同志一定要提高对民族问题的认识，切实解决存在的问题，发展当前的好形势，推动民族工作不断前进。《报告》提出了六个重要问题：一、民族工作的形势和新时期民族工作总的指导思想、根本任务；二、切实把经济工作放在民族工作的首位；三、大力搞好社会主义精神文明建设；四、认真贯彻执行《民族区域自治法》；五、做好杂居、散居少数民族的工作；六、加强各级民委的建设，充分发挥民委的作用。

4 月 26 日，贵州省文化厅在镇远召开少数民族剧本讨论会，就少数民族戏剧创作中有关民族政策、民族关系、民族风俗、民族个性等问题进行了研讨。

10 月 25 日，中国共产党第十三次全国代表大会在北京举行。大会选出新的中央委员，在 175 名中央委员中，有 16 名少数民族委员；在 110 名中央候补委员中，有 16 名少数民族委员。在新的中央顾问委员会 200 名委员中，有少数民族委员 7 名，中央纪律检查委员会 69 名委员中，有少数民族委员 8 名。

本年，西藏自治区地（市）县两级领导班子调整完毕，全区 7 个地市、75 个县（市）的专员、市长和县长，全部由少数民族干部担任；全区科技干部中少数民族干部占 60%，全区干部总数中少数民族干部占 60.34%。

截至本年，新疆维吾尔自治区少数民族干部已达 211300 多人，占全区干部总数的 44.4%，比新中国成立初期增加 69 倍；少数民族各类专业技术人员已达 121200 多人，占全区各类专业技术人员总数的 45.9%，比新中国成立初期增长 262 倍多。

中央、西北、西南、中南和云南五所民族学院，共设置 31 个博士、硕士学科专业，培养少数民族各种高级人才。

截至本年，全国已有 212 名少数民族学生在上述学校攻读博士、硕士学位。

截至本年，中国人民解放军目前有近 400 名回、藏、彝、满、蒙古等少数民族干部担任了大军区、军和师级领导职务。到本年 7 月，已有 1800 多名少数民族干部分别在初级、中级、高级军事院校培训，约占在校学员的 6%。全军有 3000 多名少数民族专业技术干部活跃在国防科研、军事院校和医务等岗位上。

1988 年

3 月 24 日，全国政协七届一次会议在北京召开，出席大会的委员共 2083 人。其中少数民族委员 225 人，包括 45 个民族成分，少数民族委员占委员总数的 10.8%。同日，国家教委在兰州召开西北少数民族培训中心第二次工作会议，对如何在改革中加快西北少数民族师资培训、发展民族教育进行了总结和探讨。

3 月 25 日，全国人大七届一次会议在北京召开，出席大会的代表共 2978 人，其中少数民族代表 445 人，包括 55 个民族成分，少数民族代表占代表总数的 14.9%。

4 月 25 日，第一次全国民族团结进步表彰大会在北京举行。党和国家领导人杨尚昆、李鹏、万里、乔石、胡启立、姚依林等同志出席了大会。国家民委主任司马义·艾买提主持了大会并致开幕词。大会表彰了 565 个先进集体和 601 名先进个人。国务委员陈俊生代表国务院在会上讲话指出，改革开放是民族地区发展的根本途径。

截至本年，贵州省少数民族干部总数已达 100570 人。比 1978 年前的 55414 人增长了 81.48 ％，少数民族干部占全省干部总数的比例由 1978 年的 12.9％ 上升到 18.17％。全省少数民族专业技术干部 51790 人，占全省专业技术干部总数的 18.17％，比 1978 年增长 4.01％ 倍。全省县（处）级以上领导干部中，少数民族出身的有 1482 人，比 1978 年增长 1.83 倍。

截至本年，广西全区专为少数民族设置的中小学有百余所，中等师范和中等专业技术学校 20 多所，教师进修学校 32 所，高等院校 3 所。在校的少数民族学生共有 281.34 万人，占全区学生总数的 41％。

截至本年，甘肃全省共有少数民族干部 20500 多名。少数民族干部队伍不断壮大。

1989 年

3 月 1 日，中国少数民族人才培训中心正式成立。

3 月 6 日至 10 日，中国少数民族作家学会第一届理事会在昆明举行。来自全国各地的 150 多位各族作家、评论家，共同研究、讨论了我国当代少数民族文学创作面临的实践与理论问题。中国少数民族作家学会目前已有会员 1313 人，分属 38 个民族，会员人数占全国少数民族作家总数的 90 ％。

5 月 6 日，由国家民委等单位联合举办的全国少数民族企业家评选活动揭晓，19 个民族的 93 名少数民族企业家入选。

6 月 23 日，我国第一所少数民族高等师范学校——西北少数民族师资培训中心举行首次毕业典礼。12 个民族的 79 名毕业生将赴民族地区任教。

11 月 1 日，新中国成立以来首届《格萨尔》国际学术讨论会在成都召开，研究藏族文化的 31 名国内学者和日本等国的 12 名国外学者参加了这次讨论会。

1990 年

1 月 22 日，由中国少数民族文学学会主办的首届 1979—1989 年中国少数民族文学研究成果颁奖大会在北京举行。计有 17 人、11 部著作和 85 篇论文获奖。

2 月 13 日，全国民委主任会议在北京举行。15 日，江泽民和李鹏分别在会上作了重要讲话，李铁映、丁关根、温家宝、王丙乾、宋健等同志听取了工作汇报。17 日，会议闭幕。在闭幕式上，向从事民族工作 30 年和 40 年以上的 33 个民族的 1778 位同志颁发了荣誉证书。

11 月，第三届全国少数民族文学创作奖颁奖大会在人民大会堂举行，41 个民族的 83 位作家的 57 部作品获奖。

截至本年，我国 23 个少数民族有了自己的文字，有 32 家出版社出版民族语文图书。中央人民广播电台和 30 个地方台用 16 种民族语言进行广播，用 20 多种民族语言译制了数千部电视剧和故事片。我国民族自治县（旗）和民族自治地区管辖的县、旗已达 589 个，占全国县总数的 31%，民族自治地方占全国总面积的 64.5%，民族自治地方的人口占全国少数民族人口总数的 90%，设置少数民族自治地方的任务，已基本完成。中国少数民族共产党员已发展到 270 多万，是新中国成立初期的 13.7 倍。55 个少数民族都有先进分子加入中国共产党。

1991 年

4 月 12 日，国家民委在人民大会堂召开中央国家机关民族团结进步表彰大会。27 个先进集体和 89 名先进个人受到表彰。

4 月 14 日，少数民族文化艺术国际研讨会在昆明举行，来自包括中国大陆在内的 7 个国家和地区的 30 多位代表参加了会议。

8 月 18 日，全国第一届少数民族文学理论研讨会在内蒙古锡林浩特召开。共有 10 个省（市）、自治区 9 个民族的 30 多位代表参加了会议。

11 月 10 日，第四届全国少数民族传统体育运动会在广西南宁隆重开幕。来自全国 31 个省、自治区、直辖市的 55 个少数民族的 1500 多名运动员参加运动会。

11 月 11 日，国家民委、国家体委在南宁表彰了成绩突出的 61 个民族传统体育先进集体、24 名民族体育先进个人。

12 月 27 日，中共中央总书记江泽民在贵州考察时反复强调，我国是统一的多民族国家，整个国民经济的发展，离不开中西部地区特别是少数民族地区的经济振兴。要大力加强民族工作，巩固和发展平等、团结、互助的社会主义民族关系。民族团结的核心问题是加快发展少数民族和民族地区的经济文化等各项事业，促进各民族的共同繁荣。

截至本年，少数民族普通高校在校生达 13 万多人，中等学校在校生 314 万人，小学在校生 1052 万多人，我国 55 个少数民族都有了自己的大学生。现在全国已有民族小学 12 万多所，民族中学 1.1 万余所，中等师范学校 189 所，高等师范学校 35 所，民族学院 12 所，自治区民族高等院校 107 所。新中国成立前整个基诺族无一人识字，如今学龄儿童入学率达 99.5%，朝鲜、达斡尔、锡伯等 9 个民族每万人中，大学、中学、小学各种文化程度平均数超过了全国平均水平。全国各省（区）已有 29 种民族文字出版 1800 多种中小学教材。

截至本年，西藏少数民族干部已占全藏干部总数的 66 %。全区各地、市、县的行政"一把手"均由藏族干部担任。西藏少数民族专业干部总数已达 17000 多人，占全区专业技术干部总数的 62.1%。

1992 年

1 月 13 日，国务院就进一步贯彻落实《民族区域自治法》提出了具体措施和要求：国家在"八五"期间增加对民族自治地方的投入；有领导、有计划地推进经济发达地区对民族自治地方的对口支援；国家鼓励民族自治地方吸引外资和开展多种形式的边境贸易；国家各级各类银行对民族地区的固定资产和流动资金的信贷给予适当照顾；尽快解决少数民族贫困地区群众温饱问题，动员并鼓励各种科技人才去民族地区建功立业；国家采取各方面措施支持民族地区发展文化、教育、卫生和体育事业；经常、广泛地进行马克思主义民族观和爱国主义教育、社会主义教育。

1 月 14 日，首次由中共中央、国务院共同召开的中央民族工作会议在北京开幕。李鹏总理主持会议，江泽民总书记作了重要讲话。56 个民族的 350 多名代表参加了会议。江泽民同志的讲话共分四个部分：一、我国民族工作的巨大成就；二、充分认识民族工作的长期性、复杂性、重要性；三、20 世纪 90 年代民族工作的主要任务；四、进一步加强党对民族工作的领导。

3 月 15 日，国家教委、国家民委联合召开的全国民族教育工作会议在北京开幕。

4 月 8 日，国家教委发布《关于加强少数民族与民族地区职业技术教育工作的意见》。

10 月 20 日，国家教委、国家民委印发《关于加强民族教育工作若干问题的意见》。《意见》指出，少数民族和民族地区的经济振兴，必须依靠科技和教育，从培养民族人才、提高少数民族劳动者的素质入手。要重视和发挥民族地区高等院校在当地经济和社会发展中的重大作用，要特别重视培养少数民族地区迫切需要的大专层次的经济、科技、管理方面的人才。

11 月 14 日至 19 日，第五次全国民族理论学术讨论会和民族理论学会第四次顾问座谈会在广西北海和南宁召开。共有来自全国 19 个省、自治区、直辖市的 19 个民族的 140 多名代表参加了会议。

11 月 25 日至 29 日，国家民委在北京召开全国民族理论研讨会。全国人大常委会副委员长费孝通，全国政协副主席程思远、司马义·艾买提等出席了开幕式。此次会议共有来自全国 20 多个省、自治区、直辖市和计划单列市的近 200 名代表参加，为新中国成立以来规模最大的民族理论研讨会。

12 月 18 日至 21 日，全国民族工作经验交流会在广西南宁召开。各省（市）、自治区民委主任和中央有关部办委局负责人共 170 多人参加了会议。全国政协副主席、国家民委主任司马义·艾买提在会上作了题为《贯彻落实党的十四大精神，在改革开放和现代化建设事业中不断把民族工作推向前进》的长篇发言。

1993 年

6 月 5 日至 9 日，由中共中央统战部、中共中央组织部、国家民委联合召开的"全国培养选拔少数民族干部工作座谈会"在北京召开，各省、自治区、直辖市的统战部、组织部及民委的领导同志出席了会议。6 月 8 日中共中央政治局常委、书记处书记胡锦涛参加会议并发表了题为《高度重视，切实做好少数民族干部的培养选拔工作》的重要讲话，强调要高度重视培养和选拔少数民族干部。

8 月 17 日至 20 日，国家民委在大连东北民族学院举行民委系统组织人事工作会议。

12 月 30 日，中共中央组织部、中共中央统战部、国家民委联合发布《关于进一步做好培养选拔少数民族干部工作的意见》。

1994 年

7 月 20 日至 23 日，中共中央、国务院在北京召开第三次西藏工作座谈会。江泽民号召全国各地方和中央各部门都要大力支持西藏的建设，都要从党的工作全局和经济社会发展的全局，从增强中华民族凝聚力的高度，深刻认识中央关于全国支援西藏的决策的深远意义，从人才、资金、技术、物资等多方面做好支援工作。

8 月，韦世强以优异的成绩从中国科技大学博士后科研流动站出站，成为仫佬族历史上第一位博士后。

11 月，蒙古语言文学国家文科基础学科人才培养和科学研究基地获教育部批准建设。

本年，国家教委民族教育司司长韦鹏飞在全国民族地区汉语教学改革研讨会上的讲话中指出，要充分重视发挥民族高等院校和中专学校培养民族合格人才的作用，不断提高办学质量和办学效益。

1995 年

8 月 29 日，《中华人民共和国体育法》颁布，第六条规定，国家扶持少数民族地区发展体育事业，培养少数民族体育人才。

本年，中央民族大学中国少数民族语言文学学院设立少数民族文学系，成为国内第一个民族文学系，专门培养少数民族文学研究方面的高级人才。

本年春、夏两季，山东省民委联合山东农业大学和济南市劳动培训中心，分别举办了全省少数民族养殖、种植技术培训班和清真厨师培训班，培训种植、养殖技术员 40 名，二级清真厨师 20 名，缓解了少数民族实用技术人才不足的矛盾。学员回去后，大多成为科技脱贫的带头人和示范户。

截至本年，少数民族人才总量为 289 万人，比 1980 年增长了 4 倍。

1996 年

7 月，原北京西藏中学首届高中毕业生，已在北京完成大学学业的 15 名藏族大学生，全部回藏参加家乡建设。

7 月 8 日至 11 日，由中央民族大学民族教育研究所、《民族教育研究》编辑部主办的第三届全国民族教育理论与管理研讨会在北京召开。

1997 年

11 月，藏族青年女作家央珍的第一部长篇小说《无性别的神》出版。这是藏族文学史上第一部由女作家创作的长篇小说。

11 月 17 日，全国第五届少数民族文学创作颁奖大会在北京举行，形成我国 56 个民族都有作家作品获过奖的好局面。

11 月 21 日，大连民族学院正式挂牌成立，这是国家在沿海经济开发区建立的唯一的民族高等学校。

1998 年

1 月，云南怒江 8 名女青年以优异的成绩通过考核，正式上船工作，成为我国第一代傈僳族女海员。

截至本年，云南省已拥有各类少数民族人才 254181 人，占全省人才总量的 25.16%，其中，大专以上文化程度的有 61765 人，占少数民族人才总数的 24.3%，中专文化程度的有 113542 人，占少数民族人才总数的 44.67%；副高以上专业技术职称的有 2532 人，中级职称的有 29997 人，初级职称的有 109957 人；有 106 人获省有突出贡献的优秀专业技术人才称号，有 134 人享受国务院特殊津贴，有 18 人入选省中青年学术技术带头人队伍。

1999 年

1 月，由内蒙古大学牵头，联合内蒙古工业大学、内蒙古农业大学共建的内蒙古地区国家大学生文化素质教育基地获教育部批准建设，并于 2003 年通过验收，正式挂牌。这是我国少数民族地区唯一的国家大学生文化素质教育基地（全国 32 个）。

9 月 30 日，国务院办公厅转发教育部、国家民委等部门发布《关于进一步加强少数民族地区人才培养工作意见》，提出进一步办好内地西藏班（校）、内地高等学校少数民族预科班和新疆班。抓紧落实开办内地新疆高中班，进一步调整民族高等学校的人才培养结构与办学模式。

从本年开始，云南省各民族自治州及省级民族事务管理部门在民族自治地方及民族事务管理机关招考公务员时，单独设立专门的少数民族岗位，定向少数民族招考，这些岗位只允许少数民族甚至是特定的少数民族进行报名，保证了（特定）少数民族的录用。

2000 年

7月31日，国家民委、教育部下发《关于加快少数民族和民族地区职业教育改革和发展的意见》。

9月1日，首届内地新疆高中班同时在北京、上海等12个城市举行开学典礼。这批学生共1000人，主要是少数民族农牧民的子女。

2001 年

5月19日，分别来自全国56个民族的59名代表抵港，参加"民族干部综合经济管理研修计划"的实施。该计划由国家民族事务委员会、全国展望计划办公室、香港行政及公务人员研修基金会联合举办。

10月14日，教育部部长陈至立在全国教育援藏工作会上提出，全国教育系统要担负起教育援藏这项"义不容辞的责任和义务"，加速推进西藏自治区"两基"进程，促进各类教育健康、协调发展，大力培养西藏建设急需的高层次人才，努力实现西藏教育事业跨越式发展。

11月20日，中共中央组织部副部长李铁林在"西部地区和其他少数民族地区挂职干部培训班座谈会"上指出，根据中共中央组织部新近制订的一项计划，东西部地区干部交流规模将扩大。从2002年起，在10年内，对西部地区的干部交流将达到进一万，出一万。

12月16日，全国民委主任会议在北京召开。会议提出，认真做好民族文化教育工作，推动民族地区社会发展；加大对各人口较少民族发展的扶持力度是本年民族工作的重要内容。具体工作将从政策、法制、团结、培养少数民族干部、深入开展调查研究等五个方面着手，全面推进"兴边富民行动"。

本年，中国人民大学等8所高校以单独考试、单独录取的形式，每年在西藏自治区定向招收120名左右在职干部攻读研究生的首次报名工作开始。

2002 年

1月9日，教育部在北京举行西藏、青海、甘肃、四川、云南5省区新编藏族中小学《汉语》教材座谈会。

3月4日，经教育部批准，中南民族学院正式更名为中南民族大学。

3月10日，中共中央统战部、全国人大民族委员会、国家民委、全国政协民族和宗教委员会在人民大会堂宴会厅举行全国人大九届五次会议、全国政协九届五次会议少数民族代表、委员茶话会。江泽民、李鹏、朱镕基、李瑞环、胡锦涛、尉健行、李岚清等党和国家领导人出席，铁木尔·达瓦买提同志主持，王兆国同志代表四部委讲话。出席"两会"的少数民族代表、委员和有关部委负责同志参加。

3月25日至27日，新千年中国少数民族风采展示大赛决赛在深圳举行。来自全国21个省、自治区、直辖市的31位少数民族选手进入了总决赛。3月25日，国家民委委属院校招生工作暨成人教育工作会议在北京召开。

6月15日至30日，第一期全国民族自治县党政主要领导干部经济管理研讨班在深圳举行。

7月26日至27日，教育部、国家民委召开的第五次全国民族教育工作会议在北京举行。国务院副总理李岚清出席会议并讲话。

11月16日，国家民委举办"在京少数民族代表人士学习党的十六大精神座谈会"。全国人大常委会副委员长布赫、国务委员司马义·艾买提、全国政协副主席赵南起等领导同志出席。在京部分少数民族专家学者及文艺界知名人士共60余人出席了座谈会。

11月28日，由中央组织部、中央统战部和国家民委联合召开的2002年西部地区和其他少数民族地区挂职锻炼干部学习贯彻党的十六大精神座谈会在北京举行。

2003 年

1月19日，新华社报道，新疆少数民族干部队伍日益壮大，各级少数民族干部占新疆干部总数的51.8%，96个县市区主要领导岗位中有85%由少数民族干部担任。

9月1日，中国少数民族文化艺术促进会在北京成立。促进会成立后举办的第一项活动"首届中国56个民族青少年艺术人才大赛"也于同日启动。

9月7日，国家民委、国家体育总局联合在宁夏回族自治区银川市召开全国民族体育先进集体、先进个人表彰大会。共有49个单位被授予全国民族体育先进集体称号，35人被授予全国民族体育先进个人。

12月23日至25日，由中央组织部、中央统战部和国家民委共同举办的"2003年西部地区和其他少数民族地区挂职锻炼干部培训班"在中央民族干部学院举行。来自全国20个省区的439名挂职干部参加了这次培训。

本年，新疆大学招收、培养的第一位博士后研究人员艾尼·吾甫尔顺利通过答辩，成为新疆第一个出站的博士后。

2004 年

3 月 11 日，新疆维吾尔自治区政府与教育部签署了共建新疆大学协议，新疆大学由此成为教育部在西部地区实施的第一所省部共建高校。

4 月，首期国家级骨干教师及新疆双语骨干教师培训班正式开学，它标志着国家支援新疆汉语教师方案的主体部分正式启动。中央投资 6000 万元，新疆配套 1600 万元，计划培养培训教师 6000 名，安排支教教师 2000 名。

5 月 23 日，来自全国 10 个省、自治区、直辖市 40 所民族中学的校长，在中南民族大学召开为期两天的"首届民族地区中学校长论坛"。此次论坛的主题是：共同探讨如何为少数民族地区培养更多的急需优质人才。为民族教育与民族发展架起一座相互联系、沟通的桥梁。

9 月，中共中央政治局委员、中央书记处书记、中央党校校长曾庆红在中央党校召开的纪念新疆民族干部培训班创办 50 周年座谈会上强调，做好少数民族地区和边疆地区的工作，关键是建设一支能够担当重任、经得起风浪考验的高素质的各族干部与人才队伍，尤其要大力培养和造就一大批德才兼备的少数民族优秀干部。

截至本年，云南 25 个少数民族都有了厅级干部，少数民族领导人才培养选拔取得历史性突破。

截至本年，西藏已建成各级各类学校 2556 所，形成了较为完善的现代民族教育体系。

2005 年

4 月 22 日，宁夏回族自治区和教育部共建宁夏大学签字仪式在宁夏大学举行。宁夏回族自治区和教育部共建宁夏大学，是教育部落实西部大开发战略、坚持科教兴国、推进教育改革和高等教育创新的又一重大举措。旨在加快宁夏大学改革、建设与发展的步伐，使之成为我国西部少数民族地区高素质人才培养重要基地之一。

12 月，国家民委和兰州市人民政府签署协议，决定合作建设西北民族大学，为西北少数民族地区提供源源不断的人才和智力支持，为西北少数民族地区的经济发展、民族团结作出积极贡献。

本年，西藏大学 102 名工科本科毕业生已圆满完成学业并将顺利毕业，奔赴西藏各地，投入西藏的经济建设中去。这标志着西藏大学工科本科人才实现了从无到有的突破，它改变了西藏地区无自己培养的工科本科人才的历史，这对于西藏地区的经济发展和社会进步将产生深远的意义。

截至本年，内蒙古自治区少数民族干部已达 19 万人，占全自治区干部总数的 1/4 强，这个比例明显高于占自治区总人口 21% 的少数民族人口比例。内蒙古自治区贯彻民族区域自治政策，培养壮大民族干部队伍。

2006 年

6 月 27 日，人事部、教育部、科技部、财政部、农业部、卫生部、新疆维吾尔自治区人民政府发出《关于继续开展新疆少数民族科技骨干特殊培养工作的通知》。

11 月 9 日，中国少数民族教育学会成立大会暨第一届会员代表大会在北京隆重召开。

2007 年

2 月 27 日，国务院办公厅发布《少数民族事业"十一五"规划》。《规划》提出，"十一五"期间要努力提高少数民族教育科技水平；大力发展少数民族文化事业；切实加强少数民族人才队伍建设等十一项主要任务。

4 月 13 日，由宏梦卡通学院主办的"民族动漫人才培养高峰论坛"在长沙举行。此次高峰论坛的宗旨是，共同探讨民族动漫人才培养的全新模式，创新民族动漫人才培养的教育理念和教学方法，研究新形势下民族动漫人才培养与产业发展的策略，推动我国动漫教育事业的快速发展。

12 月初，教育部基础教育司分别对有关省区上报的蒙古族、藏族、维吾尔族和哈萨克族、朝鲜族、彝族学科教育资源及专题教育资源建设项目计划书作出同意编译开发的批复。以上 6 个少数民族文字版本教育资源和少数民族学习汉语资源开发费用全部由国家投资，共投入 2200 万元。

2008 年

6 月，为使汶川大地震灾区的少数民族考生有更多进入高等学校深造的机会，国家民委和教育部研究决定，国家民委所属中央民族大学等 6 所院校将向四川、甘肃延考地区追加 80 名少数民族预科招生名额，主要用于录取北川羌族自治县、阿坝藏族羌族自治州、甘南藏族自治州等民族自治地方的少数民族考生。

7 月 28 日至 31 日，"北京 2008 中国民族民间艺术青少年人才推选活动、第三届中国青少年艺术节"开幕式、闭幕式暨颁奖晚会在北京举行。

8 月 8 日，2008 年北京奥运会开幕，有 42 名蒙古族、回族、苗族等少数民族运动员参加本届奥运会，壮族运动员、著名体操名将李宁点燃奥运主火炬。苗族运动员龙清泉荣获男子举重 56 公斤级的世界冠军；侗族运动员陆永荣获男子举重大级别的世界冠军；蒙古族青年张小平荣获男子拳击 81 公斤级别的世界冠军。

截至本年，国家财政已投入新疆内高班各类办学经费 4 亿多元；新疆补助内高班学生生活、医疗及交通费 1.87 亿元。9 年来，新疆内高班年招生人数由 1000 人扩大到 5412 人，办班城市及学校由开办之初的 12 个城市 13 所学校增加至 28 个城市 50 所学校，2008 年内高班农牧民子女招生录取比例达到了 68%。

2009 年

1 月 14 日，国家民委、教育部组织召开全国民族院校大学生思想政治教育工作会议，并于 3 月下旬联合制定发布《关于进一步加强和改进民族院校大学生思想政治教育的若干意见》。

4 月 13 日，国务院新闻办公室发表我国首份《国家人权行动计划（2009—2010年)》。《计划》指出，未来两年，国家将从立法、民族区域自治和少数民族参政议政、教育、人才培养、语言文字、文化、经济等 7 个方面保障各少数民族的合法权益。

9 月 29 日，国务院第五次全国民族团结进步表彰大会在北京举行。中共中央总书记、国家主席、中央军委主席胡锦涛出席大会并发表重要讲话。大会表彰了全国民族团结进步模范集体 739 个、模范个人 749 人。中共中央政治局委员、国务院副总理回良玉宣读了《国务院关于表彰全国民族团结进步模范集体和模范个人的决定》，胡锦涛等党和国家领导人为受表彰的模范集体和模范个人代表颁奖。

2010 年

1 月 18 日至 20 日，中共中央、国务院第五次西藏工作座谈会在北京举行。胡锦涛、温家宝发表重要讲话，贾庆林作总结讲话。温家宝总理在讲话中强调，西藏要加大人才培养力度，培养更多当地急需的各类专业人才。落实西藏干部职工特殊工资政策，完善津贴实施办法，并按全国规范津贴补贴的平均水平相应调整西藏特殊津贴标准。加大对口支援力度，继续坚持分片负责、对口支援、定期轮换的办法，进一步完善干部援藏和经济援藏、人才援藏、技术援藏相结合的工作格局。

1 月 26 日，国家民族事务委员会和中国建设银行在北京隆重举行"少数民族地区大学生成才计划"启动仪式。中共中央政治局委员、国务院副总理回良玉出席并为"成才计划"揭牌，向优秀少数民族大学生代表颁发了奖学金。

2 月 8 日，国家发改委社会发展司、国家民委教育科技司联合在北京召开民族院校建设工作会议，研究进一步推动民族高等教育发展，改善民族院校办学条件，提高办学水平和办学质量，部署支持民族院校发展建设项目的具体工作。全国 13 所民族院校的校长、主管基建工作的副校长和基建处处长，广西、云南、内蒙古等 8 省区的发改委社会事业处处长等参加会议。

3 月 4 日上午，贾庆林参加了全国政协十一届三次会议少数民族界委员联组会。他强调要坚决落实胡锦涛总书记在党的十七届四中全会、国务院第五次全国民族团结进步表彰大会和中央第五次西藏工作座谈会上的重要讲话中明确提出的新形势下民族工作的主要任务和总体要求，其中包括"要坚定不移地做好培养少数民族干部、人才和代表人士的工作"。

5月6日，由国家民委所属6所民族院校组成的"中国民族高等院校文化教育交流团"在美国完成各项预定任务后回国。作为此次活动的直接受益者，6所院校的校长们表示，期待以活动为契机，在与美方院校和委属兄弟院校的交流与学习中，不断提高办学水平，提高人才培养质量，更好地为少数民族和民族地区服务"。

5月21日，中宣部、国家民委、解放军总政治部和云南省委共同举办的龚曲此里同志事迹报告会在北京人民大会堂举行。龚曲此里是翻身农奴的后代，参军入伍后，在党和军队的关心培养下，从一名普通的藏族青年一步步成长为领导干部。他把报答党的培育之恩作为毕生追求。2008年11月2日，他由于过度劳累，突发"急性心肌梗塞"倒下，经抢救无效于2009年2月5日去世。

6月4日，中国科协召开的第二季度新闻发布会向媒体提供的资料显示，在我国少数民族聚居区和西部地区，目前共有164支少数民族科普工作队。这些特殊的科普队伍有编制，有专职人员，有现代化的设备，长年在少数民族地区开展科普宣传、科技培训等工作。

6月8日，由文化部主办的全国少数民族文化管理干部培训班在中央文化管理干部学院开班。培训班为期5天，来自全国各地的43名少数民族文化管理干部参加培训。

5月31日至6月9日，人力资源和社会保障部、国家民委在北京联合举办第二期全国民族语文翻译工作业务骨干高级研修班。来自全国13个省、自治区、直辖市包括蒙古、藏、维吾尔、哈萨克、朝鲜、彝、壮、汉、苗、侗、傣、景颇、拉祜等13个民族的50位民族语文翻译工作业务骨干参加了此次培训。

10月21日，西藏及四川、云南、甘肃、青海4省藏区民委主任培训班在中央民族干部学院开班，43名民委主任和民族宗教局局长将参加为期10天的培训。

10月21日，中共中央党校召开座谈会，纪念西藏民族干部培训班创办30周年，中共中央政治局常委、中央书记处书记、中央党校校长习近平出席座谈会并讲话。他强调，贯彻落实党的十七届五中全会精神，更好更快地推动民族地区经济发展与社会进步，必须继续大力培养和造就德才兼备的少数民族优秀干部，必须进一步做好少数民族干部培训工作。

12月1日，为全面贯彻落实中央新疆工作座谈会和全国教育工作会议精神，教育部、国家民委、新疆维吾尔自治区人民政府在新疆乌鲁木齐市联合召开内地高校支援新疆第六次协作计划会议，部署2011~2015年内地高校支援新疆培养少数民族人才工作。

2011 年

3 月 18 日上午，兰州军区第二期藏语培训班在西北民族大学举行开学典礼。国家民委副主任吴仕民在讲话中阐述了培养优秀军地两用人才的重要作用和意义，同时对各位学员提出了殷切的期望。

3 月 29 日上午，国家民委党组书记杨传堂到中央民族干部学院，与青海省民族中小学校长培训班学员代表就如何加快青海民族教育发展进行座谈交流。

4 月 19 日至 4 月 28 日，由人力资源和社会保障部、国家民委联合举办的第 3 期全国民族语文翻译工作业务骨干高级研修班在北京举办。国家民委党组书记、副主任杨传堂、国家民委副主任吴仕民分别出席开班式和结业式并讲话。

6 月 25 日至 6 月 27 日，"2011 年民族地区职业院校学生才艺展示活动"在天津举行。中共中央政治局委员、国务委员刘延东，中共中央政治局委员、天津市委书记张高丽出席并观看展示活动。

6 月 20 日，由共青团中央、全国学联主办的以"认知中华民族，立志报效祖国"为主题的全国少数民族大学生社会实践和社会观察活动启动仪式在中南民族大学学术会堂举行。来自全国 15 所民族院校、34 个民族的 500 名优秀大学生将在湖北省的大别山、武陵山、荆州等地展开为期十天的社会实践与社会观察活动。

8 月 2 日上午，3300 多名来自祖国各地参加服务西部计划的大学生志愿者，满腔热情奔赴新疆天山南北进行志愿服务。加上延长服务期的 900 多名志愿者，新疆境内的西部计划志愿者规模达到 4200 多人。

8 月 20 日，根据教育部政府网站信息，经国务院同意，教育部、国家发改委、财政部决定在内地部分省市举办内地新疆中等职业教育班，该班从 8 月 21 日起开始招生，学制为 3 年。据悉，这是我国首次开办内地新疆中职班。

10 月 10 日，教育部办公厅下发《关于下达 2012 年少数民族高层次骨干人才研究生招生计划的通知》，明确指出，作为国家定向培养专项招生计划，少数民族高层次骨干人才研究生招生计划在全国研究生招生总规模之内单列下达，不得挪作他用。2012 年计划招生 5000 人，其中，博士研究生 1000 人，硕士研究生 4000 人，可招收不超过 10% 的汉族考生，各招生单位要严格执行汉族考生招生比例要求，不得超比例录取。

12 月 17 日，教育部、中央统战部、中央政法委、国家民委在北京联合召开内地民族班管理工作视频会议。内地民族班自举办以来，已形成涵盖初中教育、高中教育、职业教育、本专科教育和研究生教育的办学新格局，累计招收学生 41 万人，为少数民族地区培养和输送了 30 余万名优秀人才。我国 55 个少数民族都有了本民族的本科生和硕士研究生，绝大多数少数民族有了本民族的博士研究生。

参考文献

［1］国家民族事务委员会经济发展司、国家统计局国民经济综合统计司编《中国民族统计年鉴》
（1949～1994 年卷，1996～2000 年卷，2001～2003 年卷，2004 年、2005 年、2006 年、2007 年、
2008 年、2009 年卷），民族出版社。

［2］民族图书馆编《中华人民共和国民族工作大事记》（1949～1983），1984。

［3］《民族政策文件汇编》，人民出版社，2010。

［4］国家民委官方网站，http：//www. seac. gov. cn/gjmw/index. htm。

［5］新华网，http：//news. xinhuanet. com/ziliao/2003 - 01/21/。

［6］中国民族宗教网，http：//www. mzb. com. cn/。

［7］东方民族网，http：//www. e56. com. cn/minzu/nation_ stat/。

［8］民族网盟，http：//www. minzunews. net/。

［9］中国西藏新闻网，http：//www. chinatibetnews. com/。

［10］新疆天山网，http：//www. tianshannet. com. cn/。

［11］内蒙古新闻网，http：//www. nmgnews. com. cn/。

体育人才篇[*]

1949 年

10 月 26 日至 27 日，中国全国体育总会第一届代表大会在北京举行。参加会议的有原中华全国体育协进会的理事，北京、上海等 24 个省市体育界的代表和解放军、全国总工会、全国妇联等有关部门和少数民族的代表共 180 余人。会议决议改组中华全国体育协进会为中华全国体育总会，通过了体育总会委员名单，并推选冯文彬为主任，马约翰、吴蕴瑞、徐英超、荣高棠为副主任，荣高棠兼秘书长。

1950 年

7 月 1 日，《新体育》杂志创刊。毛泽东主席为《新体育》题刊头。朱德副主席为《新体育》题词："提倡国民体育"。

8 月 14 日至 9 月 11 日，中国学生男子篮球、排球队由领队吴功俊率领，参加了在捷克斯洛伐克布拉格举行的世界学生第二次代表大会体育比赛。

1951 年

5 月 4 日至 18 日，全国篮、排球比赛大会在北京举行。这是新中国成立后举行的第一次全国性比赛。在这次比赛中选拔了 1951 年度全国篮、排球选手 55 名（含候补选手 5 名）。

12 月 1 日至 9 日，全国足球比赛大会在天津举行。在这次比赛中选拔出 1951 年度全国足球选手共 29 人，华北足球队获得冠军。

---

* 编写者：廖彦罡，男，首都经贸大学体育部讲师，研究方向为体育教育与运动训练。

1952 年

2 月，中共中央组织部和共青团中央发出关于《选拔各项运动选手集中培训的通知》，中华全国体育总会决定成立"中央体训班"，着力开始为国家培养优秀运动员。

6 月 10 日，毛泽东主席为中华全国体育总会第二届代表大会题词——"发展体育运动，增强人民体质"。朱德副主席题词——"普及人民体育运动，为生产和国防服务"。

6 月 20 日至 24 日，中华全国体育总会第二届代表大会在北京举行。参加会议的有六大行政区体总分会的代表、中央各有关部门和群众团体的代表共 140 余人。会议选举了体育总会委员，并一致推选中央人民政府朱德副主席为体育总会名誉主席，马叙伦为主席，韦悫、萧华、刘宁一、李德全、荣高棠、马约翰为副主席，荣高棠兼秘书长，黄中为副秘书长。

7 月 29 日至 8 月 7 日，中国体育代表团（包括游泳、篮球、足球队）40 人，由团长荣高棠，副团长黄中、吴学谦率领，在芬兰赫尔辛基参加第十五届奥林匹克运动会。因我代表团受阻迟到，仅游泳运动员正式参加比赛。

8 月 1 日至 11 日，中国人民解放军"八一"建军节二十五周年体育运动大会在北京举行，有 70 多万人观看了各项比赛。

11 月 8 日，华东体育学院（1956 年改名为上海体育学院）在上海成立。这是我国历史上第一所体育学院，为全国培养中等学院体育教师和其他体育人才。

11 月 15 日，中央人民政府委员会第 19 次会议批准成立中央人民政府体育运动委员会，任命贺龙为中央人民政府体育运动委员会主任，蔡廷锴为副主任。

1953 年

3 月 20 日至 4 月 6 日，中国乒乓球队由领队晏福民率领，参加了 3 月 20 日至 29 日在罗马尼亚布加勒斯特举行的第二十届世界乒乓球锦标赛。这是我国运动员第一次参加世界乒乓球锦标赛。男队被评为一级第十名，女队二级第三名。中华全国体育总会代表晏福民等 3 人，还参加了同期举行的国际乒乓球联合会代表大会。

6 月 15 日，我国著名运动员吴传玉和河北师范学院体育系副教授张文广在中华全国民主青年联合会第二次代表大会上当选为全国青联委员，北京市第九女子中学体育教师孙淑芳当选为候补委员。

6 月 30 日，毛泽东主席在接见中国新民主主义青年团第二次代表大会主席团时，号召全国青年做到"身体好、学习好、工作好"。

8 月 9 日，在罗马尼亚布加勒斯特举行的第一届国际青年联欢节大学生运动会上，中国 25 岁运动员吴传玉以 1 分 8 秒 4 的成绩夺得男子 100 米仰泳冠军。这是新中国运动员在国际体育比赛中取得的首枚金牌。

9月18日，中央人民政府委员会第28次会议通过任命中央人民政府体育运动委员会委员，包括政务院各部和解放军的有关负责人，以及个别体育界知名人士等决议。

11月1日，中央体育学院（后改名为北京体育大学）在北京成立，它是中华人民共和国体育运动委员会直属的一所高等体育学院，也是一所全国重点高等学校，其主要任务是为全国培养中等学校体育师资和其他体育人才。它成立不久便设立研究部，聘请苏联体育专家凯里舍夫为研究生讲课和指导，培养出新中国的第一批体育理论研究生。

1954 年

1月1日，人民体育出版社在北京成立。

1月16日至21日，中央人民政府体育运动委员会第一次全体委员会议在北京举行。参加会议的还有各大行政区体委负责人，各大军区政治部主任和中央各有关部门的代表。中央人民政府朱德副主席、政务院郭沫若副总理到会作出重要指示。

6月16日至26日，中央体委在北京召开体育干部短期训练工作会议，主要研究体育干部短期训练工作的方针、训练形式、内容和方法等问题。

9月15日至28日，中华人民共和国第一届人民代表大会在北京隆重举行，马约翰、荣高棠、吴传玉当选为全国人民代表大会代表，贺龙兼中华人民共和国体育运动委员会主任。

11月21日至27日，青年团中央在北京召开第一次全国军事体育工作会议。会议确定各省、市（包括省辖市）团委应建立和健全军事体育部，并配备一定数量的专职干部；团的基层组织也应设立军事体育委员。

1955 年

10月2日至9日，全国第一届工人体育运动大会在北京举行，这是我国历史上第一次工人体育运动大会。运动会设有田径、举重、自行车、篮球、排球、足球等比赛项目，来自全国各产业工会的1700多名运动员参赛，并在田径、举重和自行车项目中创造了三项全国最好成绩。

1956 年

2月7日，北京体育学院举行全国第一次体育科学研讨会，这是新中国成立后举行的第一次体育科学讨论会。

6月7日，在上海举行的中国人民解放军和上海市联队同来访的苏联队的举重比赛中，陈镜开以 133 公斤的成绩，打破最轻量级挺举世界纪录，成为新中国打破世界纪录的第一人。

10 月 7 日，国家体委公布第一批 49 名运动健将名单。

1957 年

1 月 7 日，国家体委公布第一批 150 名国家级裁判员名单。

5 月 1 日，在广州市庆祝"五一"国际劳动节游泳表演赛上，戚烈云以 1 分 11 秒 6 的成绩打破男子 100 米蛙泳世界纪录，成为我国第一个男子 100 米蛙泳世界纪录的创造者。

11 月 17 日，在北京田径赛场上，郑凤荣以 1.77 米的成绩打破由美国运动员 M. 麦克丹尼尔保持的女子跳高世界纪录，成为我国第一位打破世界纪录的巾帼英雄，也是自 1936 年以来亚洲第一位打破田径世界纪录的运动员。

1958 年

3 月，人民体育出版社出版发行毛泽东的《体育之研究》一文。该文最早刊登在 1917 年 4 月《新青年》第三卷 2 号上，以"二十八画生"（即毛泽东三字繁体共二十八画）署名。该文详尽阐述了体育对人才培养的重要性，这是中国近代史上不可多得的一份体育文化珍宝，也是迄今为止发现的毛泽东公开发表的最早的文章。

9 月 18 日，北京体育科学研究所成立（现名国家体育总局体育科学研究所）。

9 月 19 日，中共中央批转国家体委党组关于体育运动 10 年规划的报告。批语中指出："体育运动的根本任务是增强人民体质，为劳动生产和国防建设服务。"

9 月 21 日，耿桂芳、赫建华、崔秀英在北京以 9.81 米的成绩，打破女子日间 1000 米集体定点跳伞世界纪录。

1959 年

4 月 5 日，在联邦德国多特蒙德举行的第 25 届世界乒乓球锦标赛上，中国运动员荣国团战胜匈牙利的西多，获得新中国第一个世界冠军。

7 月 7 日，中国男女混合登山队的 33 名运动员，登上我国新疆境内的慕士塔格山（7546 米）顶峰。这是世界登山运动集体安全登上 7500 米以上高山人数最多的一次。其中，8 名女运动员创造女子登山高度的世界纪录。

8 月 1 日至 17 日，教育部和国家体委在保定召开全国高等体育院校和高等师范院校体育系科负责人会议。会议着重研究体育人才的培养目标、系的设置、教育计划等问题，交流了教学经验。

9 月 13 日至 10 月 3 日，第一届全国运动会在北京举行。毛泽东、刘少奇、朱德、周恩来等党和国家领导人出席了开幕式，贺龙致开幕词。这届运动会有 7 人 4 次打破 4 项世界纪录；664 人 844 次打破 106 个单项全国纪录；闭幕式上，首次向 10 年来打破世界纪录和获得世界冠军的 40 多名运动员颁发"体育运动荣誉奖章"。

1960 年

5 月 25 日，我国登山队队员王富洲、贡布（藏族）和屈银华成功登上海拔 8882 米（当时高度）的世界第一高峰——珠穆朗玛峰，实现了人类历史上第一次从北坡登上珠穆朗玛峰的创举。

11 月 5 日，中国人民解放军体育学院在广州成立。解放军体育学院是唯一的兼有体育和通信两种专业的综合性学院，肩负着培训部队体育干部、院校体育教员和陆军通信初级指挥军官的双重任务。

1961 年

3 月 6 日至 15 日，国家体委在北京召开北京、上海、西安、武汉、沈阳、成都等 6 个体育学院院长座谈会。会议讨论了编写体育院校教材问题，成立体育院校教材编审委员会。

4 月 4 日至 14 日，第 26 届世界乒乓球锦标赛在北京举行。中国男队获团体冠军，女队获团体亚军；庄则栋和邱钟惠分别获得男、女乒乓球单打世界冠军。

1962 年

12 月 5 日至 12 日，国家体委在北京召开全国体育工作会议。会议强调了要加强优秀运动队的思想教育与二线队员的培养，提出要完善青少年业余体校，因地因人制宜开展体育活动等具体措施。

1963 年

2 月 21 日，王金玉、罗致焕在第 57 届世界男子速度滑冰锦标赛上，打破男子速度滑冰全能世界纪录。罗致焕在 1500 米比赛中获得世界冠军。

4 月 11 日，女子射箭选手李淑兰和男子选手徐开财在广州举行的全国七单位射箭通讯赛中，共打破 7 项世界纪录。

5 月 10 日，中华人民共和国体育运动委员会公布"中华人民共和国教练员等级制度"和"关于中华人民共和国教练员等级制度的说明"。

5 月 30 日，中华人民共和国体育运动委员会公布"各项运动全国最高纪录审查及奖励制度"。

10 月 10 日，中华人民共和国体育运动委员会公布新的《中华人民共和国运动员等级制度》、《中华人民共和国裁判员等级制度》和 34 个项目的运动员等级标准，并决定从 10 月 15 日在全国施行。

11 月 10 日至 22 日，第一届新兴力量运动会在印度尼西亚举行，中国运动员共参加了 14 个项目的比赛，获得 66 个第 1 名，56 个第 2 名，46 个第 3 名，打破举重、射箭两项世界纪录。

1964 年

1 月 30 日，全国体总第四次代表大会在北京举行。会议讨论修改了全国体总章程，选举了全国体总第四届委员会，委员共 147 人，选举马约翰为主席。

2 月 11 日，国家体委公布第一批 43 名围棋手段位称号。

5 月 2 日，中国登山队 10 名运动员首次登上在西藏境内的希夏邦马峰（8012 米），征服了世界上最后一座海拔 8000 米以上的处女峰。

5 月 18 日，陈镜开以 151.5 公斤的成绩，打破次轻量级挺举的世界纪录。这是他第九次打破举重世界纪录。

11 月 2 日，第一届全国体育科学报告会在北京举行，与会者 126 人。会上宣读了有关运动训练、体育教育、运动生理、运动医学等方面论文 109 篇。

12 月 4 日，国家体委在上海召开全国训练工作现场会，会上要求各地贯彻从难、从严、从实战出发，进行大运动量训练的训练原则。

1965 年

1 月 11 日至 2 月 11 日，国家体委在北京召开全国体育工作会议。在贺龙副总理亲自领导下，会议学习了 1 月 12 日毛泽东主席对"徐寅生同志对国家女子乒乓球队的讲话"的重要批示，结合体育工作的实际，进行了深入的讨论。

3 月 11 日，国家体委发出《关于青少年体育锻炼标准（草案）的通知》，并颁发《青少年体育锻炼标准条例（草案）和青少年体育锻炼标准少年级、一级、二级项目标准（草案）》。

4 月 15 日，中国乒乓球队在第 28 届世界乒乓球锦标赛中，荣获男、女团体，男、女双打和男子单打 5 项世界冠军，4 项亚军，7 个第三名。

9 月 11 日至 28 日，第 2 届全运会在北京举行。毛泽东、刘少奇、周恩来、朱德、邓小平等领导人出席开幕式，刘少奇、周恩来、朱德、邓小平等领导人出席了闭幕式。这届运动会有 24 人 10 次打破 9 项世界纪录。

1966 年

4 月 1 日，国家体委在北京举办全国业余体校田径、体操、游泳、举重、足球、篮球、排球、乒乓球教练员训练班，800 多人参加。

11 月 5 日至 12 月 10 日，第一届亚洲新兴力量运动会在柬埔寨金边举行，中国体育代表团一行 311 人由团长黄中率领参加。中国运动员共获得 113 枚金牌，59 枚银牌，36 枚铜牌，2 人 2 次破 2 项举重世界纪录。

1968 年

5 月 12 日，中共中央、国务院、中央军委、中央文革联合发出命令，对全国体育（包括国防体育俱乐部）系统实行军事接管（1979 年 2 月，中央批准撤销"五·一二"命令）。

1969 年

6 月 9 日，中共中央政治局委员、国务院副总理、国家体委主任贺龙同志在北京逝世。

1970 年

11 月 8 日，田径运动员倪志钦在湖南长沙市劳动体育场以 2.29 米的成绩打破男子跳高世界纪录。

1971 年

3 月 28 日至 4 月 7 日，由团长赵正洪率领的中国乒乓球代表团一行 60 人参加了在日本名古屋举行的第 31 届世界乒乓球锦标赛，毛泽东主席对中国运动员庄则栋主动同美国运动员科恩接触一事表示赞赏，中国邀请美国乒乓球队访华，"乒乓外交"叩开了中美关系的大门。

7 月 8 日，中央任命王猛为国家体委革命委员会主任。

11 月 3 日至 14 日，亚非乒乓球友好邀请赛在北京举行，叶剑英、李先念、郭沫若等领导人出席开幕式，共有 49 个国家和地区的运动员参加了比赛，周恩来总理出席闭幕式。

1972 年

4 月 18 日，以庄则栋为团长的中国乒乓球代表团访问美国，尼克松总统在华盛顿白宫亲切接见了中国乒乓球代表团。

5 月 4 日至 7 日，亚洲乒乓球联盟筹备会议在北京召开。参加会议的有来自亚洲 16 个国家和地区的乒乓球代表团。

11 月 20 日至 30 日，全国农村体育工作座谈会在芜湖召开，214 人参加会议。

1973 年

6 月 1 日至 12 日，国家体委在长沙召开全国职工体育座谈会。会上拟定了《关于进一步开展职工体育活动的意见》。

8 月 17 日至 23 日，国家体委在烟台召开全国青少年儿童体育工作座谈会，153 人参加。会议主要讨论了在全国建立健全业余训练网、试行《国家体育锻炼标准》和建立青少年儿童竞赛制度等问题。

1974 年

1 月 4 日，邓小平在对国家体委负责同志谈话中指出"要把学校体育工作搞好，要发展少年儿童业余训练"。

8 月 8 日，邓小平在接见我国参加亚运会的队伍时说："毛主席向来主张，体育方面主要是群众运动，就叫发展体育运动，增强人民体质，就是群众性问题。当然，这就是广泛的群众体育运动。体委应该主要在这方面要搞好。"

9 月 1 日，中国体育代表团参加在德黑兰举行的第 7 届亚运会，共获得 33 枚金牌、46 枚银牌、27 枚铜牌，这是中国第一次参加亚运会。

11 月 1 日至 8 日，国家体委在上海召开全国重点少年儿童业余体校工作座谈会，120 多人参加。会员研究、草拟了《关于办好重点少年儿童业余体校的意见（草案）》。

1975 年

5 月 5 日，经国务院批准，国家体委公布的《国家体育锻炼标准条例》开始在全国实施。

9 月 6 日，邓小平等党和国家领导人在北京亲切接见参加第 3 届全运会的台湾省体育代表团全体成员。

9 月 12 日至 28 日，第三届全运会在北京举行。朱德、邓小平、李先念等领导人出席开、闭幕式，共有 1 队 4 人 6 次打破 3 项世界纪录；2 人 2 次平 2 项世界纪录；49 队 83 人 197 次打破 62 项全国纪录。

1976 年

6 月 25 日，全国体总台湾省体育联络处在北京成立。

1977 年

7 月，北京国际足球友好邀请赛在北京举行，中国青年队获得冠军。7 月 30 日晚，邓小平出席闭幕式并观看比赛。这是邓小平复出后第一次公开在群众场合露面。

11 月 30 日至 12 月 10 日，国家体委在北京召开座谈会，修订《全国体育科学技术规划（草案）》。

1978 年

7 月 13 日，国家体委下发了《〈关于认真办好体育学院的意见〉的通知》，对于体育人才的培养规格、专业设置、学制，以及教学、教材、科研等方面作出明确的规定和要求，并提出了规划和发展的阶段性目标。

8 月 26 日，国家体委、教育部、卫生部联合发出《关于进行"中国青少年、儿童身体形态、机能、素质的调查研究"的通知》。

10 月 12 日，经国务院批准，国家体委命名国家乒乓球队为"又红又专、勇攀高峰运动队"。

11 月 8 日，国家体委举行发奖大会，向全国各省、自治区、直辖市评选出来的 301 名优秀业余体校教练员颁发奖状和奖品。

12 月 9 日，第 8 届亚运会在泰国曼谷举行，中国共获金牌 56 枚，银牌 60 枚，铜牌 51 枚。

1979 年

3 月 5 日，全国体总四届三次会议在北京召开。选举钟师统为体总主席，调整增补了副主席，正副秘书长和委员，批准了田径、篮球等 29 个单项运动协会的领导人。

3 月 14 日，国家体委下发《大力提高教育质量，充分发挥体育学院在发展我国体育事业中的作用》的文件，要求各体育学院采取有力措施，大力提高教学质量，创造条件，逐步把体育学院办成教学、训练和科研的中心。

9 月 8 日，中国参加在墨西哥举行的第 10 届大学生运动会，陈肖霞获女子 10 米跳台跳水冠军，这是中国运动员在世界大学生运动会上赢得的第一枚金牌。

9 月 15 日至 30 日，第四届全运会在北京举行。本届运动会共有 34 个比赛项目，共有 5 人 5 次打破 5 项世界纪录；3 人 3 次平 3 项世界纪录；36 队 203 人 376 次破 102 项全国纪录。

10 月 25 日，国际奥委会执委会在日本名古屋举行会议，作出了恢复中华人民共和国在国际奥委会中的合法权利的决议。

11 月 26 日，国际奥委会经过全体委员的通讯表决，以 62 票赞成、17 票反对，批准了执委会 10 月在日本名古屋作出的关于中国代表权的决议。中华人民共和国奥林匹克委员会的名称为"中国奥林匹克委员会"，它的旗和歌使用中华人民共和国的国旗和国歌。中国运动员在几十年的等待后，重返奥林匹克大家庭。

12 月 9 日，在第 20 届世界体操锦标赛中，15 岁的马燕红获高低杠冠军。这是中国体操运动员第一次在世界体操锦标赛中获得冠军。

12 月 28 日，中央人民广播电台、中央电视台、《中国青年报》、《体育报》联合评选出本年度十名全国最佳运动员。他们是：陈肖霞、陈伟强、葛新爱、吴数德、容志行、聂卫平、栾菊杰、邹振先、宁晓波、吴忻水。自此开始了每年度的评选十佳运动员的活动。

1980 年

1 月 7 日至 23 日，全国体育工作会议在北京召开，共 163 人参加。会议总结了建国 30 年来体育工作的基本经验，为 20 世纪 80 年代的体育改革奠定了思想基础。会议提出要适应国民经济调整时期和我国参加奥运会后的新形势，提高人民健康水平和运动技术水平，更多更快地培养体育人才。

2 月 12 日至 24 日，中国体育代表团参加在美国普莱西德湖举行的第 13 届冬季奥林匹克运动会，这是中国运动员首次参加冬季奥运会。

8 月 29 日，中国乒乓球队参加在香港举行的第 1 届世界杯男子单打乒乓球赛，郭跃华获得冠军。

1981 年

4 月 13 日，中国乒乓球队参加在南斯拉夫举行的第 36 届世界乒乓球锦标赛，获得全部 7 项冠军，创世界乒乓球赛 55 年历史的新纪录。

10 月 1 日，中国奥委会副秘书长何振梁当选为国际奥委会委员。

11 月 7 日，中国女子排球队在日本举行的第 3 届世界杯女子排球赛中获得冠军，这是我国在三大球中首获世界冠军。袁伟民获"最佳教练员"奖，孙晋芳获"最佳运动员"、"优秀运动员"和"最佳二传手"奖，郎平获"优秀运动员"奖。

11 月 15 日，国家体委颁发《体育运动全国纪录审批制度》、《运动员技术等级制度》和《裁判员技术等级制度》。

12 月 1 日，国家体委授予中国女排"勇攀高峰运动队"称号。

1982 年

1 月，《中国大百科全书·体育卷》编写工作完成，这是我国第一次编写体育方面的百科全书。

5 月 4 日，国务院常务会议通过任免事项，任命李梦华为国家体委主任。

10 月 22 日，中国体操运动员李宁在南斯拉夫举行的第 6 届世界杯体操赛中，独得 6 枚金牌。

11月1日，中国伤残人体育代表团首次参加在香港举行的第3届远东和南太平洋地区残疾人运动会，获得6个冠军、12个亚军和7个第三名。李成刚创1项伤残人游泳世界纪录。

11月19日至12月4日，中国体育代表团一行444人参加在印度新德里举行的第9届亚洲运动会。中国运动员获金牌61枚、银牌51枚、铜牌41枚，赢得金牌和总分第一。跳高运动员朱建华被评为亚运会"最佳运动员"。

1983 年

9月16日，国际奥委会授予荣高棠银质"奥林匹克勋章"，这是中国人首次获得"奥林匹克勋章"。

9月18日，第5届全运会在上海举行，2人3次打破2项世界纪录，全运会期间还召开了群众体育工作先进集体、先进工作者表彰大会。

10月20日至21日，全国伤残人体育工作者和运动员代表会议在天津召开。会上正式成立了中国伤残人体育协会。

10月23日，在第22届世界体操锦标赛中，中国体操队首次获得男子团体冠军。

1984 年

2月4日，国际奥委会决定授予中国奥委会主席钟师统银质"奥林匹克勋章"。

2月8日至19日，中国体育代表团参加了在南斯拉夫举办的第14届冬季奥运会，这是海峡两岸中国选手第一次同时参加奥运会。

5月1日，阎红、徐永久在挪威卑尔根举行的国际竞走邀请赛中，分别以21分40秒3和21分41秒的成绩打破女子5公里竞走世界纪录。阎红还在丹麦哥本哈根体育协会竞走公开赛中以45分40秒的成绩打破女子10公里竞走的世界纪录。

5月7日，中国羽毛球队在马来西亚吉隆坡举行的国际羽毛球团体锦标赛中，首次获得女子团体冠军（尤伯杯）。

6月10日，中国运动员朱建华在联邦德国举行的埃伯斯塔特国际跳高比赛中以2米39的成绩刷新世界纪录，这是他在12个月内第三次打破男子跳高世界纪录。

6月17日，中国伤残人体育代表团首次参加在美国举行的国际伤残人奥运会，21名男女运动员参加田径、游泳、乒乓球三个项目的比赛。

7月28日至8月12日，中国体育代表团在美国洛杉矶举行的第23届奥运会上共获15枚金牌、8枚银牌和9枚铜牌。金牌数列第四位，奖牌数列第六位，总分列第七位。射击运动员许海峰为中国获得奥运会第1枚金牌。

10月9日，新中国成立35年来的50名杰出教练员、运动员颁奖大会在北京隆重举行。

12 月 31 日，国家体委重新修订颁发《体育运动强国纪录审批制度》和《运动员技术等级制度》，自 1985 年 1 月 1 日起执行。

1985 年

1 月 9 日，国家体委、教育部公布全国 105 所中小学为 1984 年全国体育传统项目学校先进集体。

3 月 15 日，中国青年足球队在第 24 届亚洲青年足球锦标赛暨 1985 年世界青年足球锦标赛亚洲赛区预选赛中首次获得冠军，取得参加世界青年足球锦标赛决赛资格。

6 月 3 日，国际奥委会中国委员何振梁在东柏林举行的第 90 届国际奥委会代表大会上当选国际奥委会执行委员会委员。这是中国代表首次当选国际奥委会执委。

7 月 9 日，国际体委批准授予乒乓球、羽毛球、田径、举重 4 个项目的 42 名运动员国际运动健将称号。这是我国第一批国际级运动健将。

7 月 31 日，首届国际足球 16 岁以下柯达杯世界锦标赛在北京、天津、上海、大连四个赛区举行。在此期间，邓小平同志指示"我们中国足球运动要搞上去，要从娃娃和少年抓起"。

9 月 7 日，第二届全国工人运动会在北京举行。其间，对 276 个全国职工体育先进工作单位和 977 名先进个人进行了表彰。

9 月 9 日，国家体委、国家教委、卫生部、中国青少年儿童体质研究组的《中国青少年儿童身体形态、机能、素质的研究》获国家级科技进步奖 2 等奖。

10 月 6 日，第一届全国青少年运动会在郑州举行。

11 月 4 日，国际运动医学学术会议在北京举行，17 个国家的 264 名专家学者参加了会议。

1986 年

1 月 24 日，国际奥委会奖给中国两名最佳男、女运动员郎平和童非各一枚奖章，以表彰他们在 1985 年为世界体育运动发展所做的贡献。

2 月 10 日，国际奥委会决定授予中国国务院副总理万里金质"奥林匹克勋章"，授予黄中银质"奥林匹克勋章"，授予中国奥委会"奥林匹克奖杯"。

3 月 15 日，全国体总常委会、中国奥委会执委会在北京召开联席会议，会议选举李梦华为全国体总主席和中国奥委会主席。

4 月 22 日，中国羽毛球队在第 14 届汤姆斯杯和第 11 届尤伯杯世界羽毛球团体锦标赛中，男女队均获冠军。

8 月 31 日，中国伤残人体育代表团参加在印度尼西亚举行的远东及南太平洋地区伤残人运动会，获 64 枚金牌、21 枚银牌、3 枚铜牌。

9月2日，中国女子排球队参加在捷克斯洛伐克举行的第10届世界女子排球锦标赛，获得冠军，至此，中国女排创"五连冠"历史纪录。

9月20日至10月5日，中国体育代表团514人（其中运动员384人）参加在汉城举行的第10届亚运会，共获94枚金牌、82枚银牌、46枚铜牌，金牌总数列第一位。

1987 年

2月11日，国际奥委会决定授予李梦华、陈镜开银质"奥林匹克勋章"，李宁当选为国际奥委会运动委员会委员，成为唯一的亚洲委员。

4月22日至26日，首届国际奥林匹克电影节在突尼斯举行，中国彩色纪录片《民族体育之花》获国际体育电影电视联合会大奖。

5月1日，全国拳击比赛在南京举行，108名运动员参加了12个级别的比赛。这是中断27年后举办的新中国成立以来规模最大的一次比赛。

5月18日，第5届世界羽毛球锦标赛在北京举行，中国队荣获男、女单打，男、女双打和混合双打5项冠军。

6月4日，联合国教科文组织授予上海体院教授张汇兰"体育教育和运动荣誉奖"。

8月22日至28日，全国体育发展战略研讨会在北京密云召开，172人参加本次会议。会议制定了以青少年为重点的全民健身战略与以奥运会为最高层次的竞技战略的实践协调发展的方针。

10月30日，中国女子举重队在美国举行的首届世界女子举重锦标赛中，获得22枚金牌、4枚银牌、1枚铜牌，夺得团体总分第一名。

11月20日至12月5日，第6届全运会在广州举行。本届运动会共19次打破和超过16项世界纪录；67次打破和超过37项亚洲纪录；14次创10项亚洲最好成绩；174次打破82项全国纪录，是历届全运会成绩最好的一次。

12月25日，首届全国高等学院优秀教材评审会在北京举行。由国家体委组织编写，人民体育出版社出版的全国体育院、系通用《乒乓球》和《排球》两本教材，分别获得全国高等学校优秀教材特等奖和优秀教材奖。

1988 年

2月13日，李琰在第15届冬季奥运会上，夺得表演项目短道速度滑冰女子1000米金牌、500米和1500米铜牌，并打破女子1000米、1500米短跑道速度滑冰世界纪录。

4月，《当代》杂志发表赵瑜的报告文学《强国梦》，在文坛和体育界引起强烈反响。《强国梦》从整体上反思了中国体育特别是中国体育体制问题，打破了此前体育报告文学只是歌颂已有成绩的运动队或个人的模式。

5月5日，中国、日本、尼泊尔1988年珠穆朗玛/萨迦玛塔峰联合登山队12人登上了顶峰，并实现了会师、双跨越的壮举。12名登顶队员中有中国的次仁多吉、李致新、大次仁、仁青平措4人，次仁多吉创造了在顶峰停留98分钟的最高纪录。

7月9日，邓小平受聘为中国桥牌名誉主席。

9月10日，第36届军事五项锦标赛在北京举行，中国队获得冠军，并打破了由联邦德国保持了8年之久的团体总成绩纪录。

9月17日至10月2日，第24届奥运会在汉城举行，中国选手共获得28枚奖牌，其中金牌5枚、银牌11枚、铜牌12枚。

10月9日，首届全国农民运动会在北京举行，会上对第二批80个先进体育县和2147名农村体育积极分子进行了表彰。

10月11日，中国首届国际武术节在杭州举行，33个国家和地区的500多名武术健儿参加了这次盛会。

10月15日，第8届伤残人奥运会在汉城举行。中国获得17枚金牌，17枚银牌，10枚铜牌。

12月2日，中国女子举重队在第2届世界女子举重锦标赛暨第1届亚洲女子举重锦标赛中夺得9个级别中的26枚金牌，并有9人打破21项世界纪录

12月29日，国家主席杨尚昆任命伍绍祖为国家体委主任。

1989 年

4月15日，中国奥委会全体委员会在北京召开，选举何振梁为中国奥委会主席。

5月3日，世界杯跳水赛在美国举行，中国队共获得9个项目中的7枚金牌，2枚银牌，1枚铜牌。

8月29日，中国奥委会主席、国际奥委会执委何振梁在第95届国际奥委会大会上当选为副主席。何振梁是当选为国际奥委会副主席的第一位亚洲人。

1990 年

2月21日，江泽民总书记为体育工作题词："发展体育运动，振兴中华。"

4月13日，中国兴奋剂检测中心以优异成绩通过国际奥委会的资格考试，成为国际奥委会批准的世界第一流实验室。

9月22日至10月7日，第11届亚洲运动会在北京举行。中国体育代表团共获得341枚奖牌，其中金牌183枚、银牌107枚、铜牌51枚，金牌和奖牌总数、总分均列第一位，并创造一项世界纪录、30次亚洲纪录和96次亚运会纪录。

9 月 27 日，在第 11 届亚洲运动会自行车 1000 米计时赛中，周玲美以 1 分 13 秒 899 的成绩创造了新的世界纪录，成为中国这一自行车大国 41 年来第一位打破自行车世界纪录的人。

10 月，世界女子国际象棋冠军赛八强赛在苏联举行，中国选手谢军获得第 1 名，这是中国棋手在世界大赛中取得的最好成绩。

12 月 6 日，国家体委公布《国家体委关于公派援外教练人员若干问题的暂行规定》。

1991 年

1 月 3 日至 13 日，第 6 届世界游泳锦标赛在澳大利亚佩斯举行。中国代表团共获 8 枚金牌，其中游泳 4 枚，跳水 4 枚，这是中国运动员首次获得游泳世界冠军。

1 月 25 日，北京体院副院长田麦久、中国游泳队教练员张雄和上海体院教师张耀辉在中宣部、人事部、国家教委、国务院学位委员会联合召开的表彰大会上，分别获得"全国有突出贡献的回国留学人员奖"和"全国有突出贡献的硕士、博士学位获得者奖"。

2 月 26 日，中国奥委会全体会议在北京人民大会堂举行，会议决定中国向国际奥委会申请在北京举办 2000 年第 27 届奥林匹克运动会。

5 月 9 日，第 11 届亚运会组委会的 30 名中国高级官员获国际奥委会"奥林匹克贡献奖"。

5 月 9 日至 12 日，全国"亿万农民健身活动"先进乡（镇）表彰会议在北京召开。农业部、国家体委、中国农民体协为全国 122 个先进乡（镇）颁发了奖牌。

9 月 26 日，世界女子国际象棋冠军赛决赛在菲律宾举行，中国选手谢军战胜苏联棋手马亚·奇布尔达尼泽，打破苏联女棋手垄断 41 年的局面，成为我国第一位国际象棋世界冠军。

11 月 10 日，第 4 届全国少数民族运动会在广西南宁举行。运动会设 9 个比赛项目和 120 个表演项目。

1992 年

2 月 8 日至 23 日，中国代表团派出 35 名男女选手参加了在法国阿尔贝维尔举行的第 16 届冬季奥运会，获得银牌 3 枚，取得了奖牌"零"的突破。叶乔波在比赛中带伤上阵，夺得 500 米和 1000 米两项速滑的银牌。李琰在短道速滑比赛中获得了 1 枚银牌。

3 月 9 日，"世界体育奖"创立 100 周年纪念、颁奖仪式在美国洛杉矶举行，中国游泳运动员林莉获此奖项。

4 月 7 日，世界水下活动联合会执委会决定，将第一枚世界优秀运动员奖章授予多次创造蹼泳世界纪录的中国运动员郑世玉。

5 月 3 日，国家体操队李春阳被共青团中央授予"全国优秀共青团员"称号。

5 月 30 日，江泽民主席签发中央军委命令，授予速滑运动员叶乔波"体坛尖兵"荣誉称号。

7 月 13 日，第 25 届奥运会奥林匹克运动科学大会在西班牙举行。陈英杰代表我国领取"国际奥林匹克运动委员会主席奖"。

7 月 17 日，国际奥委会副主席、中国奥委会主席何振梁，在巴塞罗那举行的国际奥委会执委会和国际奥委会第 99 届全体委员会议上，当选国际奥委会第一副主席。

7 月 24 日，第 25 届奥运会在西班牙巴塞罗那举行。中国体育代表团参加了本届奥运会 25 个项目中 20 个项目的比赛，获得 16 枚金牌、22 枚银牌、16 枚铜牌。

10 月 6 日，第 3 届"中国十大杰出青年"评选揭晓典礼在北京举行，速滑运动员叶乔波名列"十杰"之首。

10 月 4 日，国际军体理事会军事五项赛颁奖仪式在瑞士布莱姆卡顿举行，中国男女选手获得男女团体、个人全部 4 项冠军，创造了我国参加国际军事五项锦标赛 12 年最辉煌的纪录，也是该赛事历史上第一支包揽全部冠军的队伍。

11 月 11 日至 17 日，全国体委主任座谈会在广东中山召开。会议确定"以足球改革为突破口"，探索竞技体育改革的道路。这次会议在体育战线的改革发展过程中，有着转折性、历史性的意义，后被称为"中山会议"。

1993 年

3 月 29 日，国家主席江泽民签署中华人民共和国主席令（第 2 号），任命伍绍祖为国家体委主任。

5 月 9 日至 18 日，第 1 届东亚运动会在上海举行。中国队 307 人参加 12 个项目的比赛，获 105 枚金牌、74 枚银牌和 34 枚铜牌。

5 月 11 日，国际奥委会授予伍绍祖、张百发、张彩珍等银质"奥林匹克勋章"。

7 月 5 日，中共中央总书记、国家主席江泽民为第 7 届全国运动会题词："发展体育运动，为建设有中国特色的社会主义服务。"

8 月 25 日，中共中央总书记、国家主席江泽民在大连接见第 4 届民办田径锦标赛的中国田径队，对马俊仁教练率领的辽宁女子中长跑队"坚忍不拔，锲而不舍，艰苦奋斗，勇攀高峰"的精神给予高度评价。

9 月 4 日至 15 日，第 7 届全运会在北京举行。45 个代表团的 10510 名运动员参加比赛，共有 4 人 4 次创 4 项世界纪录，54 人 1 队 93 次创 34 项亚洲纪录，130 人 14 队 27 次创 117 项全国纪录。

1994 年

2 月 1 日，第 14 届杰西·欧文斯国际奖颁奖仪式在美国纽约举行，中国女子田径运动员王军霞获此殊荣，她是亚洲和中国第一位获此奖者。

2 月 4 日，国家体委下发《社会体育指导员技术等级制度》。

3 月 4 日，经中央机构编制委员会批准，国家体委乒乓球管理中心成立，相继成立了冬季运动管理中心，航空无线电模型、射击射箭、自行车、摩托运动、水上、足球、网球、武术、棋类、登山、拳击、桥牌等运动管理中心和社会体育指导中心，这是国家体委实行体育体制改革的重大举措。

5 月 7 日，中国跳水名将、1984 年洛杉矶奥运会跳水冠军周继红入选国际游泳联合会评选的"国际水上名人堂"。她是第一位获此荣誉的中国人。

9 月 20 日，中国奥委会全委会在北京召开，国家体委主任伍绍祖当选为中国奥委会主席。

10 月 2 日至 16 日，第 12 届亚洲运动会在日本举行，42 个国家和地区的 6824 名运动员参加。中国运动员获 125 枚金牌、83 枚银牌和 58 枚铜牌。亚运会后发生了 11 名中国运动员尿样呈阳性的事件，极大地损害了我国体育的形象。

10 月 20 日，首届世界太极拳修炼大会在北京举行。36 个国家和地区的 1200 多人参加。

11 月 4 日，国家人事部、国家体委下发《体育教练员职务等级标准》和《关于〈体育教练员职务等级标准〉若干问题的说明》的通知。

1995 年

2 月 10 日，中国选手孙彩云在德国国际室内田径赛上先后以 4 米 12、4 米 13 和 4 米 15 打破室内撑竿跳高世界纪录。

3 月 5 日至 14 日，第八届全国人民代表大会第三次会议在北京人民大会堂召开，全民健身计划首次在政府工作报告中被提及。

3 月 9 日至 13 日，世界花样滑冰锦标赛在英国伯明翰举行，中国选手陈露获女子单人滑冠军，这是中国首次获得花样滑冰世界金牌。

5 月 1 日至 14 日，第 43 届世界乒乓球锦标赛在天津举行。国家主席江泽民出席，并受国际乒联主席邀请宣布世乒赛开幕。来自 99 个国家和地区的 634 名运动员参加了比赛，中国队获全部 7 枚金牌。

5 月 15 日，国际奥委会主席萨马兰奇向全国政协副主席霍英东、原中国奥委会副主席栗树彬、著名跳高运动员郑凤荣授予银质"奥林匹克勋章"。

6 月 14 日至 18 日，第 1 届世界龙舟锦标赛在湖南岳阳举行，14 个国家和地区的

39 支队伍参加比赛，中国队获 9 枚金牌。

9 月 12 日，中国体育科学学会第 4 次代表大会在西安召开，会议修改了学会章程，选举了第 4 届理事会、常务理事会正副理事长和秘书长，国家体委副主任袁伟民当选理事长。

12 月 5 日至 8 日，国际乒乓球联合会执委会会议和执行局会议在塞浦路斯举行，国家体委副主任、国际乒联副主席徐寅生出席并被确认为国际乒联主席。

12 月 29 日，国家体委、国家教委联合表彰奖励 100 所体育传统项目学校并授予先进称号。

1996 年

2 月 4 日，第 3 届亚洲冬季运动会在哈尔滨举行，中共中央总书记、国家主席江泽民出席并宣布运动会开幕，中国代表团以 15 枚金牌列金牌总数第一位。

3 月 14 日至 17 日，体育院校、研究所学位与研究生教育改革研讨会在云南昆明体育电子设备所举行，本次研讨会探讨了高层次人才培养质量和办学效益的提高等问题。

6 月 14 日至 15 日，国际龙舟联合会第五次代表/执委暨理事会会议在马来西亚槟城召开。国家体委副主任刘吉再次当选为国际龙舟联合会主席。

7 月 20 日，第 26 届奥运会在亚特兰大举行，中国体育代表团获得 16 枚金牌、22 枚银牌、12 枚铜牌、金牌榜上排名第 4 位。

8 月 15 日，第 10 届伤残人奥运会在亚特兰大举行，中国代表团获得 16 枚金牌、13 枚银牌、10 枚铜牌、并破 11 项世界纪录，金牌榜名列第 9 位。

9 月 18 日，经全国哲学社会科学规划领导小组批准，体育学被正式纳入由国家统一规划、管理的哲学社会科学学科领域，列为国家一级学科。

10 月 18 日至 22 日，全国优秀运动队职业教育研讨会在天津市召开。会议交流了优秀运动队开展职业教育的情况，探讨了在市场经济下优秀运动队职业教育良性循环的运行机制。

1997 年

1 月 21 日，中国农民体育协会第三届全国会员代表大会暨十周年庆祝大会在北京举行，来自全国 30 个省区市及总参的近 200 名代表参加。国务院副总理姜春云担任新一届农民体协名誉主席；肖鹏担任主席。会议还表彰了李·巴特尔、马友泉等 54 名为发展农民体育事业作出突出贡献的先进个人。

4 月 30 日，国家体委下发《关于加速优秀中青年专业技术人才培养工作的意见》的通知。

5月14日，"国家成年人体质监测中心"在国家体委科研所正式挂牌，这标志着我国成年人体质监测网络正式启动。

6月1日，香港"亚洲飞人"柯受良在50米宽的黄河瀑布处驾驶汽车成功飞越黄河。

7月1日，中国海帆船拉力赛举行。这是香港回归后首次由内地选手和香港选手同时参加的体育赛事，总航程2200海里。

7月4日，新疆"达瓦孜"传人阿地力徒步走钢丝绳跨越长江三峡，打破吉尼斯世界纪录，受到国务院委员李铁映、国家民委主任司马义·艾买提的接见。

7月6日，香港武术联合会等5个体育组织联合举行3000人武术大会演，这是香港武术史上最大的一次表演活动。

8月8日至17日，第5届世界运动会在芬兰体育名城拉赫蒂市体育中心举行。来自世界75个国家和地区的约1900名选手参赛。我国首次派运动员参赛，共夺得19枚金牌、12枚银牌和7枚铜牌，并刷新3项女子举重世界纪录，列奖牌总数第二。

9月，国家体委党组作出决定，对国家队运动员试行伤残保险制度。

10月14日，全国群众体育先进表彰大会在上海举行，2994个单位获全国群众体育先进集体称号，1987人获全国群众体育先进个人称号。

11月27日，中国奥委会在北京为《中国体育》杂志社记者卜凡舟完成"奥林匹克世纪之行"举行庆祝会。他从现代奥运发源地希腊雅典开始，骑自行车15000公里抵达2000年奥运会举办地悉尼，历时一年零四个月，国际奥委会主席萨马兰奇发来贺电，称之为"奥林匹克百年纪念活动中独具特色的创举"。

1998 年

2月1日，国际奥委会决定授予李铁映、徐寅生银质"奥林匹克勋章"。至此，中国共有19人获"奥林匹克勋章"。

3月10日，根据国务院机构改革方案，国家体委改组为国家体育总局，4月6日正式挂牌。

3月24日，霍震霆当选中国香港业余体协会长暨奥委会主席。

4月21日，北京大学登山队唐元新、张春柏、高永宏一举登上海拔8201米的世界第六高峰——卓奥友峰，实现了国内大学生攀登8000米高峰"零的突破"。

7月1日，香港特区政府宣布香港回归以来首份授勋名单，运动员黄金宝和吴小清名列其中。

7月18日至8月2日，第4届友好运动会在美国纽约举行，共有60个国家和地区的1500名选手参加了15个项目的比赛。中国体操运动员桑兰在友好运动会上受重伤，运动员伤残问题引起各方面关注。

8月，范志毅、孙继海、杨晨、李金羽等足球运动员相继进入欧洲高水平足球赛场。大连万达队第四次获得全国足球甲A联赛冠军。

9月11日，第46届军事五项世界锦标赛在北京举行，其规模超过以往任何一届。中国队摘取4项桂冠，并打破男女团体，女子个人3项世界纪录。

10月12日，中国女队谢军、诸宸、王频、王蕾在第33届国际象棋奥林匹克赛中首次获得团体冠军。

10月15日，由万名太极拳爱好者组成的方阵在天安门广场表演了24式太极拳，并首次通过卫星向世界转播，成为中国武术史上最壮观的一幕。

12月6日至20日，第13届亚运会在泰国曼谷举行。本届亚运会共设36个大项、377个小项，中国体育代表团获得129枚金牌、78枚银牌和67枚铜牌的成绩，实现了金牌总数和奖牌总数两个第一的目标。中国香港特别行政区取得5枚金牌，中国台北选手获得19枚金牌。

1999 年

2月28日，国家羽毛球队队员孙俊和张宁在文莱举行的世界大奖赛总决赛中分别获得男、女单打比赛冠军，孙俊成为该赛事开赛以来第一位蝉联男单冠军的球员。

3月7日，中国男女短道速滑队参加在美国举行的短道速滑世界团体锦标赛，双双获得团体冠军。这是中国男队首次获得团体世界冠军，也是中国男女队首次同时获得团体世界冠军。

3月14日，叶钊颖参加全英羽毛球公开赛获得女子单打冠军，成为20世纪90年代以来第一位连续3次获得女单冠军的运动员。

6月20日，山西吉县青年农民朱朝辉成功地驾驶摩托车飞跃黄河壶口，成为世界上第一位驾驶摩托车飞跃黄河的人。

8月30日，"新中国体育五十星"评选活动在北京揭晓，许海峰等50名为新中国体育事业作出杰出贡献的运动员当选。

9月6日，经党中央、国务院批准，由国家体育总局、北京市人民政府和国务院相关部门组成北京2008年奥运会申办委员会，申办大幕正式拉开。北京2008年奥运会申办委员会由76人组成，刘淇任主席，伍绍祖任执行主席。袁伟民、刘敬民为常务副主席，何振梁为顾问，张发强、于再清、李志坚、林文漪、汪光焘、张茅任副主席，屠铭德、王伟任秘书长。

9月25日，国家体育总局和国家民委联合在北京召开表彰大会。北京市海淀区人民政府等55个单位获得全国民族体育模范集体称号，丁刚等35人被授予全国民族体育模范个人称号。

11月13日，香港选手黄金宝参加在乌拉圭举行的世界自行车锦标赛（B级），获男子 40 公里场地记分赛冠军，这是香港自行车运动史上首位世界冠军。

12 月 18 日，"世纪之星"中国最佳运动员评选在广东省揭晓。邓亚萍和李宁获"世纪之星"中国最佳运动员称号，香港特别行政区帆板运动员李丽珊获"世纪之星"中国最佳运动员特别奖。郎平、李玲蔚、伏明霞、王军霞、容国团、许海峰、陈镜开和朱建华获得提名奖。

2000 年

2 月 23 日，国际奥委会评出首届女子体育运动杰出成就奖，中国国家女子足球队作为亚洲代表荣获该奖。

2 月 23 日，曾培养出李小双、李大双、杨威、郑李辉等体操名将的湖北省仙桃市，被命名为中国第一个"体操之乡"。

3 月 6 日，国际奥委会第 2 届世界女子体育运动大会在法国巴黎国际会议中心举行，中国国家女子足球队荣获国际奥委会 2000 年"妇女与体育"奖杯。

3 月 10 日至 12 日，世界短道速滑锦标赛在英国谢菲尔德举行，中国名将杨扬成功卫冕女子个人全能金牌，成为该赛事历史上第一位连续四年获得桂冠的运动员。

4 月 10 日，中国特殊奥林匹克运动员贾思蕊，被国际特殊奥林匹克委员会授予 2000～2001 年"国际特奥会全球友好使者"称号。

4 月 11 日，武汉大学法学教授黄进当选国际体育仲裁庭仲裁员，这是中国首位法学人士获此殊荣。

4 月 18 日，中共中央、国务院对国家体育总局领导班子作出调整，袁伟民任国家体育总局局长、党组副书记；李志坚任国家体育总局党组书记、副局长。

6 月 20 日，国际武术联合会第 12 次执委会在吉隆坡召开，中华全国体育总会主席李志坚当选国际武联主席。

7 月 13 日，"国家国民体质监测中心"在北京举行挂牌仪式，标志着我国国民体质监测网络正式启动。

8 月 10 日，北京体育大学教师张健经过 50 小时 22 分钟徒手泅渡 123.58 公里，成功横渡渤海海峡，创造了男子横渡海峡最长距离的世界纪录。

9 月 13 日，国际奥委会第 111 次全会在悉尼举行，中国奥委会副主席、国家体育总局副局长于再清当选国际奥委会委员，后于 2004 年 8 月雅典国际奥委会第 116 次全会当选执委。

9 月 15 日至 10 月 1 日，第 27 届奥运会在澳大利亚悉尼举行，中国运动员共有 3 人 12 次创 8 项世界纪录，6 人 11 次创 11 项奥运会纪录，夺得 28 枚金牌、16 枚银牌、15 枚铜牌，在金牌榜和奖牌榜均排在第 3 位，取得历史性突破。

11 月 15 日，国际体操联合会第 73 届代表大会在摩洛哥落幕，国家体育总局体操中心主任高健高票当选为首次设立的国际体联理事会理事，肖光来和燕呢喃分别当选为国际体联男子和女子技术委员会委员，这是中国人第一次双双进入男女技术委员会。

12月11日，国际排联在墨西哥公布了20世纪排球运动最佳评选结果，中国女排和郎平分别获得女队特别贡献奖和女子运动员特别贡献奖。

12月12日，20世纪最佳男女运动员和年度世界足球先生评选在意大利罗马揭晓，中国的孙雯和美国的阿克斯同时分享世纪最佳女球员。

2001 年

1月3日，国家体育总局授予沈钢等340人荣誉社会指导员称号。

4月，国家男子篮球主力球员王治郅赴美加盟达拉斯小牛队，代表该队参加2000～2001赛季NBA季后赛，这是中国有史以来，也是亚洲第一位赴美参加世界篮坛最高水平的NBA比赛的球员。

5月26日至28日，由全国妇女联合会和国家体育总局主办的首届"亿万妇女健身活动"展示大赛在石家庄举行，来自全国26个省、自治区、直辖市及港澳台的1000多人参加比赛和观摩。

7月13日，国际奥委会第112次全体会议在莫斯科举行，2008年奥林匹克运动会将在中华人民共和国北京举办，申奥成功。中国体育迎来了前所未有的发展机遇，申奥成功也极大地推动着体育事业的巨大进步。

8月3日，国际龙舟联合会第8届代表大会在美国费城举行，国家体育总局副局长张发强当选联合会主席。

8月22日至9月1日，第21届世界大学生运动会在北京举行。来自169个国家和地区的3939名运动员参加比赛，中国队获得54枚金牌、25枚银牌、24枚铜牌，名列金牌和奖牌总数第一。

9月3日至7日，由国家体育总局主办、湖北省体育局承办的首届西部省区群体干部培训班在武汉举行，来自全国12个省区的群众体育管理干部参加了培训，国家体育总局计划在5年内培训400名群体干部。

10月7日，中国男子足球队在第17届世界杯预选赛亚洲区决赛阶段比赛中，以优异的成绩提前两轮取得参加第17届世界杯决赛的资格，实现了"冲出亚洲，走向世界"的誓言，为中国足球运动写下了历史的新篇章。

10月25日，国家体育总局、教育部会同有关部门在人民大会堂召开了2000年国民体质监测结果新闻发布会，这是我国首次进行的规模最大、范围最广、监测样本最多、统计数据最详细的一次监测，填补了我国在这一领域的空白。

11月28日至12月3日，第1届世界女子拳击锦标赛在美国斯克兰顿举行，中国运动员张毛毛获 57 公斤级金牌。

12 月 13 日，第 29 届奥林匹克运动会组织委员会在北京正式成立，刘淇任主席。

2002 年

2 月 8 日至 24 日，第 19 届冬季奥运会在美国盐湖城举行，中国代表团的 71 名选手参加了 4 个大项、38 个小项的比赛，获 2 枚金牌、2 枚银牌和 4 枚铜牌，实现了冬奥会金牌"零的突破"。短道速滑运动员杨扬成为中国第一位夺得冬奥会金牌的运动员。

3 月 1 日至 10 日，第 19 届利纳雷斯国际象棋公开赛在西班牙举行，共有 35 个国家的 129 名选手参加，中国国际象棋特级大师张鹏翔 6 胜 4 和获得冠军，这是中国棋手在这一传统赛事中首次获得冠军。

3 月 18 日至 24 日，2002 年世界花样滑冰锦标赛在日本举行，中国选手申雪、赵宏博夺得双人滑金牌，这是中国人获得的第一个双人滑世界冠军。

3 月 20 日，国家体育总局体育社会科学重点研究基地揭牌仪式在清华大学举行，清华大学作为唯一的非体育类别的综合性学校由此成为国家体育总局体育社会科学重点研究的六个基地之一。

4 月，109 岁的重庆著名武术家吕紫剑荣获武术九段段位，成为我国首位获得中国武术最高段位的民间武术家。

5 月，中国前乒乓球运动员邓亚萍入选劳伦斯世界体育科学学会，成为加入该学会的第一位中国运动员。

5 月 15 日，中华全国总工会授予国家体育总局训练局"全国五一劳动奖状"，这是体育界首次获此殊荣。

6 月 27 日，中国篮球运动员姚明被美国休斯敦火箭队封为 2002 年"选秀状元"，成为 NBA 历史上第一个以"选秀状元"身份加盟的外国选手。

8 月 17 日至 24 日，世界击剑锦标赛在里斯本举行，谭雪获得女子佩剑冠军，为中国夺得第一个击剑世锦赛冠军。

8 月 17 日至 31 日，2002 年世界青年台球（斯诺克）锦标赛在里加举行，中国选手丁俊晖取胜，成为第一个获得世界顶级台球赛事冠军的中国选手。

8 月 22 日至 24 日，新中国成立以来第一次由国务院召开的全国体育工作会议在北京举行，共 264 名代表参加会议，94 名运动员和 69 名教练员获体育运动荣誉奖章。

8 月 24 日至 9 月 1 日，第 10 届女子曲棍球世界冠军杯赛在澳门举行，中国队获得冠军，成为中国球类集体项目继中国女排之后的第 2 支世界冠军队。

9 月 21 日至 23 日，国际排球联合会第 28 届大会在阿根廷布宜诺斯艾利斯召开，中国的马启伟教授等三位资深排球界人士被国际排联授予银质勋章，这是国际排联第一次进行这项表彰。

9 月 25 日至 30 日，世界场地自行车锦标赛在丹麦哥本哈根举行，中国选手李娜获得女子凯林赛冠军，实现了中国自行车运动世锦赛金牌零的突破。

9 月 29 日至 10 月 14 日，在韩国釜山举行的第 14 届亚洲运动会上，中国体育代表团共获得 150 块金牌、84 块银牌和 74 块铜牌，金牌和奖牌总数均位列第一，从而在连续六届亚运会上保持金牌总数第 1 位。

10 月 1 日，"华北制药" 2002 中日友好卓奥友峰女子联合登山队成功登上海拔 8201 米的世界第六高峰卓奥友峰，这是世界上首次由女子组队登上海拔 8000 米以上的高峰。

10 月 20 日至 26 日，国际毽球联合会第 3 届执委会在德国哈根举行，中国毽球协会主席王钧当选为国际毽联主席。

11 月 12 日至 17 日，2002 年网球大师赛在上海举行，这是中国第一次举办这一世界最高水平的男子网球赛事。

12 月 5 日，《中国群众体育现状调查结果报告》正式公布。调查结果显示，我国的体育人口占可统计的 7～70 岁总人口的 33.9%，比 1996 年提高 2.5%。

12 月 12 日，中国乒乓球运动员刘国梁、田径运动员曲云霞、跳水运动员伏明霞首获吉尼斯世界纪录证书。

2003 年

4 月，上海体育学院运动科学系陈佩杰教授撰写的《强化训练，引起机体神经内分泌机能紊乱和免疫力下降》的学术论文被 SCI 收录的美国生命科学类学术期刊全文刊登，另一文章被 SCI 收录的国际学术期刊运动医学和体质学杂志录用，这是我国体育系统首次以第一作者身份和代表本单位发表论文进入 SCI 的学者。

5 月 10 日，原国家跳水队主教练徐益明在美国佛罗里达接受颁奖，正式入选世界游泳名人堂，成为中国游泳教练中获此殊荣的第一人。

5 月 21 日至 22 日，包括 4 名业余登山者在内的中国珠峰登山队 10 名队员成功登上世界最高峰——珠穆朗玛峰，这是中国业余登山运动员首次成功登顶珠穆朗玛峰。

8 月 5 日，清华大学经济管理学院与悉尼科技大学商学院联合在北京宣布，双方合作开设的体育管理硕士项目正式启动并开始面向社会招生，这是当时国内唯一偏重于大型体育赛事经营管理的高级学位教育项目，也是国内唯一由中外合作推出的体育管理硕士。

9 月 9 日至 10 日，全国外派体育技术人员工作会议在南昌举行，来自全国 27 个省区市体育局、6 所体育院校和国家体育总局等单位的 56 名代表参加。

11 月 15 日，在日本举行的第 9 届世界杯女子排球赛中，中国队 11 战全胜获得冠军，这是中国女排在时隔 17 年后再次成为世界冠军。

11 月 22 日至 25 日，首批国家级体育传统项目学校命名大会在天津召开，全国有 100 所学校获此殊荣，这是发现、培养和输送高素质体育后备人才的有力保障。

12 月 26 日，天津市体育局、天津市劳动和社会保障局联合向 31 名社会体育指导员颁布国家职业资格证书，标志着我国第一批职业社会体育指导员在天津诞生。

2004 年

3 月 18 日，首届"中国十佳劳伦斯冠军奖评选"揭晓，姚明、李小鹏、赵蕊蕊、申雪、赵宏博、刘翔、罗雪娟、张怡宁、杨扬、郭晶晶、王楠获此殊荣。

3 月 25 日至 26 日，国家体育总局系统人事工作会议在北京举行，国家体育总局局长袁伟民作了题为《实施"人才强体"战略，为体育事业全面、协调和可持续发展提供强有力的人才支持》的重要讲话。

4 月 2 日至 5 日，我国首次社会体育指导员师资培训班在武汉举行。来自全国 30 个省、区、市和行业体协的 130 名群体干部、体育院校教师参加培训。

4 月 21 日，全国首届全民健身万人行活动启动仪式在北京举行。

5 月 9 日，国际羽毛球联合会第 65 届年会在雅加达举行，前国际羽联主席吕圣荣被授予"国际羽联终生荣誉副主席"称号，李玲蔚当选国际羽联理事，并获得国际奥委会颁发的"妇女和体育贡献奖"。

6 月 17 日，中国首届体育产业 MBA 班在北京开课，首批学员均为中国奥委会和体育系统的中高级管理人员。

8 月 14 日至 29 日，第 29 届奥运会在希腊首都雅典举行，中国代表团取得新的历史突破，共获得 32 枚金牌，金牌总数仅次于美国，排在第二位。

11 月 21 日，上海体育运动技术学校的刘翔当选为第 15 届"中国十大杰出青年"。

12 月 9 日，中共中央决定刘鹏任国家体育总局局长、党组副书记，免去袁伟民国家体育总局局长、党组副书记职务。

2005 年

1 月 5 日至 16 日，第 20 届聋人奥运会在澳大利亚墨尔本举行，中国队获得 5 枚金牌、8 枚银牌、4 枚铜牌，期间召开的第 39 届世界聋体联合会，中国聋奥会执行主席杨洋当选执委会执委，这是中国聋人首次担任该组织要职。

2 月 4 日，中国女子排球队运动员冯坤获第 5 届中国十大女杰荣誉称号，成为获奖者中唯一一名体育界运动员代表。

3 月 15 至 21 日，中国选手李妮娜在芬兰世界自由式滑雪锦标赛女子空中技巧项目中获得冠军，这是中国选手第一个在该项赛事中夺金。

3月27日至4月3日，世界职业台球（斯诺克）巡回赛中国公开赛在北京举行，丁俊晖为中国首获世界级斯诺克赛事冠军。

4月，国务院学位委员会第21次会议一致通过并批准自2005年起在我国设立体育硕士专业学位。

5月16日，2005年劳伦斯世界体育大奖评选在葡萄牙埃斯托里尔揭晓，中国运动员刘翔获得年度最佳新人奖。

5月19日，国际奥委会决定，将2004年国际奥委会"体育与公平竞争"奖杯授予中国男子花剑队，表彰他们在雅典奥运会上的高超技艺和高尚品质。

7月1日，全国第一所足球学院——北京体育大学足球学院正式成立，国家体育总局副局长王钧为足球学院揭牌。

7月11日至15日，国家体育总局在杭州召开国家高水平体育后备人才基地学校校长会议，共有27个省、区、市的260名代表参加。这是体育总局在年初正式命名212个国家高水平体育后备人才基地后召开的第一次全体会议。

7月20日，中国法学会体育法学研究会在北京成立，国家体育总局副局长段世杰当选研究会会长。

8月2日至14日，世界女子保龄球锦标赛在丹麦举行，中国选手杨穗玲获得精英赛冠军，成为中国保龄球历史上第一位世界冠军。

8月4日至7日，世界现代五项锦标赛在波兰华沙举行，中国选手钱震华获得男子个人冠军，成为中国获得现代五项世锦赛个人冠军的第一人。

8月11日至21日，第23届世界大学生运动会在土耳其伊斯米尔举行，首次由教育部负责组团参赛的中国队获得21枚金牌、16枚银牌、12枚铜牌。来自清华大学的"眼镜飞人"胡凯以10秒30的成绩夺得男子100米冠军。

8月19日至23日，中国滑雪协会在上海举办全国首批高山滑雪指导员培训班，首次公布中国滑雪场所管理规范和中国滑雪指导员晋级考核标准。

9月16日至19日，中国队获得荷兰世界蹦床锦标赛男、女蹦床团体，男子单跳团体、个人4枚金牌。这是亚洲选手第一次夺得该赛事团体世界冠军。

9月25日至27日，全国首届体育行业职业技能鉴定考评员培训班在北京举行，共有7个试点省市16个项目共139人参加。

10月13日，全国群众体育先进表彰大会在江苏省会议中心举行，共表彰2403个先进单位、2009个先进个人、301个全民健身好家庭、12个优秀体育公园、10个优秀全民健身活动中心，100个优秀青少年体育俱乐部和484个优秀群众体育健身活动站（点）。

11月13日至20日，第13届世界拳击锦标赛在四川绵阳举行，中国运动员邹市明在48公斤级比赛中，为中国获得首个世界拳击冠军。

11 月 18 日至 19 日，国际残疾人奥林匹克委员会大会在北京举行，中国残联主席、北京奥委会执行主席邓朴方被授予"国际残奥会勋章"，成为首位获此殊荣的中国人。

12 月 16 日，中国"7 + 2"南极登山探险队到达南极点，王勇峰、次落、刘建等 5 人经过 18 年艰苦攀登，终于站在了南极点上。登上世界七大洲最高峰并到达世界南、北两个极点，这是中国登山史上的一个新纪录。

2006 年

1 月 27 日，中国选手郑洁、晏紫在澳大利亚网球公开赛获得女双冠军，为中国获得历史上第一个网球大满贯赛事冠军。7 月 10 日，她们在温布尔登网球公开赛上再夺女双冠军，第二次捧得大满贯赛事冠军奖杯。

2 月 10 日至 26 日，第 20 届冬奥会在意大利都灵举行，中国队获得 2 枚金牌、4 枚银牌、5 枚铜牌，韩晓鹏获男子自由式滑雪空中技巧冠军，实现了中国男子项目和中国雪上项目在冬奥会上的突破。

5 月 10 日至 20 日，第 4 届世界帆船运动会在奥地利举行，陈秋滨为中国首次获得女子帆板金牌，实现中国在该运动会上金牌"零"的突破。

6 月 9 日至 24 日，第 8 届世界桥牌锦标赛在意大利维罗纳举行，中国选手福中、赵杰获得公开双人赛冠军，这是中国桥牌史上第一个世界冠军。

6 月 12 日，国务院学位委员会体育学科评议组授予北京体育大学王凯珍教授 2005 年度全国百篇优秀博士论文奖，授予北京体育大学全国百篇优秀博士论文突破奖，授予论文导师任海教授全国优秀博士论文指导奖，标志着我国体育学科研究生培养质量和科研水平有了质的突破。

6 月 26 日至 7 月 10 日，温布尔登网球公开赛在伦敦全英俱乐部举行，中国女双选手郑洁、晏紫为中国夺得温网历史上首个冠军。

7 月 12 日，中国选手刘翔在瑞士洛桑举行的田径超级大奖赛上以 12 秒 88 打破沉睡 13 年之久的男子 110 米栏的世界纪录。

8 月 5 日，中国选手徐莉佳在美国加利福尼亚举行的激光雷迪尔级帆船锦标赛上获得冠军，这是中国开展帆船运动 26 年来获得的第一个世界冠军。

8 月 10 日，由中国残奥运动中心和西安体育学院共建的"中国残奥体育科研中心"正式成立并挂牌，这是全国第一家以残疾人体育训练科学化为主攻方向的科研中心。

9 月 10 日至 26 日，第二十届冬奥会在意大利都灵举行，中国队以 2 金、4 银、5 铜名列奖牌榜第 14 位。王蒙在女子 500 米短道速滑、韩晓鹏在自由式滑雪男子空中技巧比赛中获得金牌。

9 月 25 日至 10 月 1 日，第 27 届世界摔跤锦标赛在广州举行，中国队获得 2 枚金牌、3 枚银牌，李岩岩获得男子古典式 66 公斤级金牌，实现了中国男子古典式摔跤金牌"零"的突破。

10 月 18 日，由张楠、程菲、庞盼盼、周卓茹和何宁组成的中国女子体操队在丹麦阿胡斯世界体操锦标赛女子团体决赛中夺得冠军。这是中国体操队成立 53 年来获得的第一个女子团体世界冠军，中国男子体操队也在世锦赛上夺得男子团体冠军。

11 月 9 日至 12 日，亚洲体育记者联盟第 13 届代表大会在韩国首尔举行，中国体育记者协会主席、国家体育总局宣传司长张海峰当选新一届亚记联副主席，中国体育记者协会顾问何慧娴被授予特别贡献奖，并被聘为主席顾问。

12 月 1 日至 15 日，第 15 届亚运会在卡塔尔首都多哈举行，中国体育代表团以 165 枚金牌再次荣登金牌榜首位，这也是中国 24 年来在亚运会金牌榜上连续第 7 次占据榜首位置。

12 月 8 日，国际龙狮运动联合会会员代表大会在印度尼西亚举行，国家体育总局副局长胡家燕当选联合会主席。

12 月 23 日，全国学校体育工作会议在北京召开，国务委员陈至立出席会议并宣布全国亿万学生阳光体育运动全民启动。

2007 年

1 月 14 日至 21 日，台球斯诺克温布利大奖赛在英国伦敦举行，中国选手丁俊晖在揭幕战中打出单杆 147 分的满分，创造该项赛事第二个满分奇迹，成为历史上最年轻的单杆 147 分选手。

2 月 1 日至 10 日，第 16 届冬季聋奥会在美国盐湖城举行，中国队首次参加。中国男子冰壶队获得铜牌。其间，在国际聋人体育联合会第 40 届代表大会上，中国聋人乒乓球运动员史册荣获"2005 年度最佳女运动员"奖，她是中国唯一获此殊荣的聋人运动员。

3 月 31 日，"2006 年影响华人盛典"在北京大学举行，体育界的田径运动员刘翔和斯诺克台球选手丁俊晖当选。

4 月 22 日，2007 年世界杯山地自行车赛首战比赛在比利时乌法利举行，中国选手任成远获得冠军，实现了中国山地自行车运动的历史性突破。

7 月 12 日，次仁多吉、边巴扎西和洛则 3 名中国登山运动员成功登上第十一高峰——海拔 8068 米的迦舒布鲁木 I 峰，"中国西藏攀登世界 14 座海拔 8000 米以上高峰探险队"成为世界上首支集体登完 14 座高峰的登山队。

8 月，北京体育大学体育学一级学科正式被列为国家级重点学科，这是我国体育学科建设中具有里程碑意义的阶段性成果。

10 月，东北电力大学国家社会体育人才培养基地正式挂牌，这是国家体育总局首次在大学设立社会体育人才培养基地，也是中国正式挂牌成立的第一个社会体育人才培养基地。

12 月 28 日，中国举重学校在北京顺义体育中心揭幕，这是中国唯一一所国家级举重学校。

2008 年

3 月 9 日，刘翔在巴伦西亚世界室内田径锦标赛男子 60 米栏决赛中以 7 秒 46 的佳绩称雄，成为中国田径史上首位室内世锦赛男子冠军。

8 月 5 日至 7 日，国际奥委会第 120 次全会在北京举行，国家体育总局副局长于再清当选国际奥委会副主席，成为继何振梁之后第二位担任这一职务的中国人。

8 月 8 日至 20 日，第 29 届奥运会在北京举行，参赛国家和地区有 204 个，参赛运动员有 11438 人。中国队以 51 枚金牌、21 枚银牌、28 枚铜牌创造了新的历史。

8 月 25 日，国际奥委会在北京饭店举行授奖仪式，北京奥组委主席刘淇获得"奥林匹克金质勋章"；副主席刘延东、陈至立，执行主席刘鹏、邓朴方等 14 人获得"奥林匹克银质勋章"，被授予北京市奥林匹克奖杯。

10 月 3 日至 8 日，首届世界智力运动会在北京举行，这是世界上第一次将桥牌、国际象棋、围棋、国际跳棋和象棋这五个智力运动项目放在一起举办的综合性运动会，共有 143 个国家和地区的 3000 余名运动员参加比赛。在全部 35 个项目中，中国代表团获得 12 枚金牌。

12 月 17 日，国家体育总局公布《2007 年中国城乡居民参加体育锻炼现状调查公报》。《公报》显示，2007 年全国有 3.4 亿城乡居民参加体育锻炼，全国经常参加体育锻炼的人数比例为 28.2%。

2009 年

2 月 18 日至 28 日，第二十四届世界大学生冬季运动会在中国哈尔滨举行，这是中国第一次承办世界大学生冬季运动会。中国代表团以 18 金、18 银、12 铜的佳绩笑傲群雄，创造历史最好成绩。

7 月 30 日，张琳在罗马游泳世锦赛男子 800 米自由泳决赛中以 7 分 32 秒 12 夺冠并打破世界纪录，实现中国男子游泳历史性突破。

8 月 8 日，首个全国"全民健身日"在北京启动，全国各地群众以各种富有当地特色的健身活动来庆祝这一天的到来。

8 月 23 日，白雪在柏林田径世锦赛以 2 小时 25 分 15 秒夺得中国马拉松世锦赛历史首金。

10月16日至28日，第十一届全国运动会在山东举行，共有10900多名运动员参加33个大项、362个小项的比赛，有7人9次创超5项世界纪录。

12月5日至13日，第五届东亚运动会在中国香港举行，这是香港回归祖国后首次承办国际性综合赛事，共有来自9个国家和地区的约2300名运动员参与角逐。

2010 年

1月22日，国家体育总局任命原水上项目管理中心主任韦迪为足球运动管理中心主任，同时免去原足球运动管理中心主任南勇、副主任杨一民的职务。公安部3月1日证实，南勇、杨一民因操纵足球比赛涉嫌收受贿赂犯罪，被依法逮捕。前足球运动管理中心主任、中国足协副主席谢亚龙，原国家足球队领队蔚少辉以及原足协裁判委员会主任李东升等在9月也被公安机关立案侦查，并于10月被依法执行逮捕。

1月26日、27日，中国女将郑洁和李娜分别晋级澳大利亚网球公开赛女子单打四强，这是大满贯百余年历史上首次有两名中国球员同时进入半决赛，中国金花绽放澳网。

2月10日，中国男足国家队在东亚四强赛与韩国队的比赛中，凭借于海、郜林和邓卓翔的进球，3比0完胜韩国，一举让持续了32年的"恐韩症"成为历史，这场胜利为在反赌中陷入低谷的中国足球注入了一针"强心剂"。

2月12日至28日，第21届冬季奥运会在加拿大温哥华举行，史上最大规模的中国代表团以5金、2银、4铜的成绩排名第7位，首次进入奖牌榜前8名。申雪、赵宏博打破俄罗斯选手对于花样滑冰双人滑比赛46年的垄断夺取金牌，中国女子短道速滑队成为首支包揽4金的队伍，王濛夺得女子500米、1000米个人和3000米接力三块金牌，成为中国冰雪运动史上夺得冬奥会金牌最多的运动员。

8月29日，在法国巴黎进行的2010年羽毛球世锦赛上，中国选手在男子单打、女子单打、男子双打、女子双打、男女混合双打五个项目中包揽5金，自1987年后再度成功包揽。特别是陈金在男单决赛中击败陶菲克，证明了中国羽毛球中生代"后继有人"。

9月15日，国家体育总局排管中心宣布俞觉敏接替王宝泉执掌中国女排，任期至伦敦奥运会结束。本年3月25日接替蔡斌上任的天津籍主帅王宝泉执掌帅印刚满161天，成为中国女排历史上任期最短的主教练。

10月12日，中国男篮在河南许昌与巴西队热身赛中，因中国队主帅邓华德被逐出场而爆发群殴，最终导致巴西队退赛。篮协最终对邓华德罚款5万元，对朱芳雨、丁锦辉和苏伟分别罚款3万元，其他参与者被罚款2万元，无人禁赛，该决定宣布后一度引起大家热议。

11月12日至27日，第16届亚运会在广州举行，45个国家和地区，9704名选手角逐 42 个大项，其参赛规模创历届之最。中国军团以 199 金、426 枚奖牌创新高，连续第八次蝉联奖牌榜首。

11 月 24 日，刘翔在广州亚运会男子 110 米栏决赛中以 13 秒 09 实现亚运"三连冠"，创下伤愈复出后的最好成绩，也是亚运会历史上的新纪录。

12 月 25 日，在土耳其安塔基亚举行的 2010 年女子国际象棋世锦赛上，年仅 16 岁的中国棋手侯逸凡成为国际象棋历史上第 13 位女子世界冠军并自动获得男子特级大师称号，同时打破了奇布尔达尼泽在 1978 年创造的 17 岁夺得世界棋后的年龄纪录成为国际象棋历史上最年轻的世界棋后。侯逸凡也是继谢军、诸宸和许昱华之后夺得世界棋后桂冠的第 4 位中国棋手。

2011 年

6 月 4 日，李娜夺得法网女单冠军，成为第一位获大满贯单打冠军的亚洲选手。

7 月 20 日，姚明在上海召开新闻发布会，宣布正式退役，结束了 16 年职业篮球生涯，姚明的退役被世界篮坛形容为"一个时代的终结"。

7 月 31 日，在上海游泳世锦赛上，孙杨打破尘封十年的男子 1500 米自由泳世界纪录，这是中国男泳首次登顶奥运项目，同时孙杨也成为中国男泳第一位双冠王。有"梦之队"之称的中国跳水队，首次包揽全部 10 枚金牌。

8 月 4 日，国家体育总局冬季运动管理中心宣布：由于短道速滑队在青岛集训期间发生严重内部冲突，名将王濛违反队规，被撤销国家队队长职务，取消国家队队员资格。

8 月 12 日至 23 日，第 26 届世界大学生夏季运动会在深圳举行，这是大学生运动会历史上规模最大的一届，中国大学生体育代表团以 75 金、39 银、31 铜的优异成绩位居榜首。

参考文献

［1］刘鹏主编《改革开放 30 年的中国体育》，人民体育出版社，2008。

［2］傅砚农主编《中国体育通史》第 5 卷，人民体育出版社，2008。

［3］唐炎、朱维娜：《体育人才学》，西南师范大学出版社，2006。

［4］郝勤主编《中国体育通史》第 6 卷，人民体育出版社，2008。

［5］曹守和主编《中国体育通史》第 7 卷，人民体育出版社，2008。

［6］韩春利编著《体育人力资源开发与管理》，复旦大学出版社，2005。

［7］潘晨光主编《中国人才前沿 No.5》，社会科学文献出版社，2010。

博士后人才篇*

1983 年

1983 年 3 月和 1984 年 5 月，李政道先生两次致信邓小平同志，建议在我国科研和教育体制改革的背景下，实行博士后制度。李政道提出，中国作为世界大国，必须培养自己的科技带头人。取得博士学位只是培养过程中的一环，青年博士必须在科研条件比较好、学术气氛活跃的环境里再经过几年的锻炼，才能逐渐成熟。因此，应在一些高等学校和科研机构中设置特殊职位，挑选一些新近获得博士学位的人员在那里从事一个阶段的博士后研究，以拓宽知识面，进一步培养独立工作的能力，进一步探索、明确发展方向，使之成为具有较高水平的专业人才。该建议引起了有关部门以及科技界、教育界，特别是邓小平同志的高度重视。

1984 年

5 月，邓小平同志在人民大会堂会见李政道先生，高度肯定了李政道先生关于在中国设立博士后流动站、实行博士后制度的建议。邓小平指出："成百上千的流动站成为制度，是培养使用科技人才的制度。培养和使用相结合，在使用中培养，培养和使用中发现更高级的人才。"并对我国实行博士后制度的目的、意义、发展方向以及具体措施等作了明确指示。

1985 年

5 月，国家科委、教育部、中国科学院征求了一些部门和地方的意见，在吸收各方面专家和留学博士的建议，并同财政部、国家计划委员会、公安部、劳动人事部、

---

* 中国博士后制度始建于 1983 年，故相关政策从该年度开始整理。该文系整理者在《博士后工作文件资料汇编（1985～2007）》之《博士后制度发展历程大事记》的基础上，补充整理而成。

编写者：袁媛，女，中国社会科学院博士后管委会办公室，研究方向为人力资源管理。

商业部等有关部门反复磋商之后，向国务院提交了《关于试办博士后科研流动站的报告》。

7月，国务院向各地区、部委和直属机构下发了《国务院批转国家科委、教育部、中国科学院关于试办博士后科研流动站报告的通知》，这标志着我国博士后制度开始正式实施。

7月，博士后流动站管理协调委员会召开第一次会议。会议正式宣布了博士后流动站管理协调委员会组成人选，国家科委副主任滕藤出任全国博士后流动站管理协调委员会主任，聘任李政道先生担任管委会顾问。会议决定将先在物理、化学、生物、地理学、数学、天文学和一些技术科学设立第一批流动站，积极有效地开展试点工作。会议还研究确定了设立博士后科学基金的方式、基金来源和管理办法，并通过了投入1000万元建造博士后专用公寓的计划。

8月和11月，国家科委分别下发了《关于试办博士后科研流动站申请办法的通知》和《关于建立博士后科研流动站若干问题的通知》，对流动站申请办法和审批条件作出了明确规定。

10月，博士后流动站管理协调委员会第二次会议决定成立由21名专家组成的专家委员会，同时批准设立了经专家评审的第一批102个流动站，共涵盖6个学科门类。

1986 年

1月1日，瑞士留学博士洪志良进入复旦大学电子学与通信专业流动站从事博士后研究工作。他成为国务院批准实行博士后制度后第一个正式进站的博士后研究人员。此后，各设站单位招收的博士后研究人员陆续进站开展工作。

2月，博士后流动站管理协调委员会第三次会议通过了《博士后研究人员管理工作暂行规定》，对博士后研究人员的招收、培养和使用以及经费、工资福利待遇、住房、工作分配等一系列问题作出了原则规定。

6月，商业部、国家科委联合下发了《关于博士后研究人员配偶和子女商品供应的通知》，以解决博士后研究人员及其家属在流动及随迁期间粮油和副食品供应问题。

10月，博士后流动站管理协调委员会第四次会议通过了《国家博士后科学基金试行条例》，明确了设立国家博士后科学基金的目的，即鼓励和支持博士后研究人员中有科研潜力和杰出才能的年轻优秀人才，为他们提供比较优厚的条件，以便顺利开展科研工作，使其迅速成长为高水平的专业人才，为四化建设做出贡献。《条例》还对基金来源及资助金额、申请审批程序、使用及管理办法等内容作出了明确规定。基金资助金额分为两个等级，A等为人民币1万元和外汇2000美元，B等为人民币5000元和外汇1000美元。

1987 年

3 月，博士后流动站管理协调委员会第五次会议审批通过了首批博士后科学基金获得者，中国科学院盛宏志等 12 人获得该批基金。会议还通过了《博士后经费管理使用暂行规定》，对博士后研究人员的日常经费、博士后科学基金以及博士后公寓的管理和使用作出了明确规定。

8 月，中央职称改革工作领导小组转发了《关于博士后研究人员专业技术职务评审和任职的原则意见》，规定了在站期间较好地完成博士后研究课题，并取得较大成绩的博士后研究人员，可不受资历的限制，离站前允许其申请高级专业技术职务；出站时，出站评审委员会可根据博士后研究人员的德才表现提出是否符合评聘高级职称的意见。

12 月，博士后流动站管理协调委员会第六次会议研究决定，为造就一大批高水平的专业人才，应在国家财力允许的情况下，适当扩大招收博士后研究人员的规模，允许各设站单位自筹经费招收博士后研究人员。同时，允许外籍人员申请来华做博士后研究。

当年，在费孝通先生的建议下，经批准，北京大学社会学开始招收社会学博士后研究人员的试点工作。

1988 年

5 月，全国第一次博士后工作会议在北京召开。会议广泛交流并充分肯定了前一阶段博士后工作的经验和取得的成绩；对存在的博士后职称、住房、日常经费的使用以及博士后研究人员的科研工作考核等问题进行了讨论。

5 月，博士后流动站管理协调委员会第八次会议决定，除东北、西北、西南地区的博士后日常经费标准仍保持每人每年 1.5 万元不变外，其他地区博士后研究人员日常经费标准从每年 1.2 万元提高到 1.5 万元。

6 月，根据国务院机构改革方案的决定，博士后管理工作由原国家科委科技干部局划转人事部。程连昌同志出任全国博士后管理委员会主任。

1989 年

2 月，博士后流动站管理协调委员会第九次会议决定将设站工作改为在适当时机集中申请和集中审批，同时决定对留学博士回国做博士后给予优惠政策。3 月，人事部和国家教委下发了《关于争取优秀留学博士回国做博士后的通知》，优秀留学博士回国申请进站可不受设站单位招收名额及进站单位是否设站的限制。

3 月，人事部下发《关于博士后研究人员工资问题的通知》，规定今后凡国家安排提高专业技术人员工资，博士后研究人员均可比照同类人员，享有同样待遇。

1990 年

5 月，中国博士后科学基金会正式成立。该基金会是在中华人民共和国民政部注册的非营利机构，具有独立法人地位，受全国博士后管委会领导。理事会是博士后科学基金会的直接领导机构。理事会设理事长 1 人，副理事长 2 ~ 3 人，由未担任政府行政职务的专家担任。理事长、副理事长和理事均由全国博士后管理委员会聘任。著名物理学家、诺贝尔奖获得者李政道先生受聘为理事会名誉理事长，沈克琦任基金会理事长，庄毅任基金会秘书长。

10 月，人事部、全国博士后管理委员会下发了进行博士后工作管理体制改革试点通知，批准吉林省为第一个博士后管理体制改革试点省，负责本地区博士后的日常管理工作。

1991 年

6 月，经全国博士后管委会第十二次全体会议批准，确定在全国 91 个高等学校和科研机构新增设博士后流动站 117 个，设站学科扩大到理、工、农、医等学科门类。

1992 年

9 月，人事部、全国博士后管委会下发了《关于在部分省市进行博士后管理工作体制改革试点的通知》，决定扩大改革试点范围，在辽宁、黑龙江、上海、广东、湖北五省市同时进行试点，同时制定印发了《博士后工作管理体制改革试点暂行办法》。

11 月，人事部、全国博士后管委会下发了《关于批准北京大学等十三个单位在社会科学领域设立博士后流动站的通知》，决定在社会科学领域开展博士后工作，在北京大学、中国社会科学院等十三家单位设立 16 个博士后流动站进行试点。此次设站，以经济学为主，加上法学、中国语言文学、外国语言文学和历史学，共 5 个一级学科。

为进一步推动我国博士后事业的发展，解决博士后研究人员住房紧张问题，1992年至 1995 年，国家计委拨付 2000 万元，在北京、上海、南京、武汉、杭州、西安、长春和哈尔滨等 8 个城市兴建博士后公寓。

1993 年

6 月，"中国博士后首届学术大会"在北京清华大学召开，李政道教授担任此次大会的名誉主席和顾问专家委员会名誉主席。会议聘请了 12 位科学家担任大会顾问，同时还由 42 位中国科学院学部委员及博士生导师组成了专家组。大会共入选论文 520

篇。除了学术报告外，会议还邀请部分在京青年科学家，举办学术沙龙、访问高校等活动。共有 500 多名博士后参加了此次学术盛会。

9 月，中国博士后科学基金会重新修订并颁布实施了《中国博士后科学基金资助条例》，对基金额度、申请程序及要求、评审方式、基金使用管理及成果管理等问题进行了新的规定。

9 月，公务员军转干部安置工作小组、公安部、人事部、总政治部等四部门联合下发通知，明确了军队博士后流动站和现役军人博士后研究人员管理的有关问题。

11 月，为表彰和奖励在科学、教育事业和经济建设中做出突出贡献的博士后研究人员，中国博士后科学基金会设立"国氏"博士后奖励基金。"国氏"博士后奖励基金评奖工作自 1994 年开始至 1998 年共进行了五年，每年评选 10 人，共有 50 人获得此项奖励。每位获奖者除被授予荣誉证书外，还获得奖金 1 万元（后提高至 1.5 万元）。

12 月，全国博士后管理委员会正式向完成研究工作、期满出站的博士后统一印制和签发《博士后证书》。

1994 年

5 月，人事部、财政部下发了《关于提高博士后日常经费标准的通知》，决定将博士后研究人员每人每年 1.5 万元的日常经费标准提高到 2 万元。

10 月，全国博士后管委会办公室下发通知，批准上海宝山钢铁（集团）公司成立我国第一个博士后科研工作站。企业博士后科研工作站的建立，是我国博士后事业发展史上的重大事件，也是我国博士后工作向前发展的重要尝试。自此，高等院校、科研院所开始与企业联合培养博士后，对推动产学研结合，加强学术交流和促进人才流动，加速科研成果的产业化，推进我国现代化企业的建设，发挥了积极的作用。

1995 年

2 月，经全国博士后管委会第十五次全体会议批准，确定在全国 99 所高等学校和科研单位增设 130 个博士后流动站。同时，按照已有博士学位授予权的单位为设站单位的原则，对中国社会科学院和中国工程物理研究院设立的博士后流动站进行调整。

1995 年适逢我国博士后制度建立十周年，李岚清副总理出席纪念会并讲话。江泽民同志为纪念活动题词："实施科技兴国战略，建设高水平的科技队伍。"

10 月 4 日，我国博士后制度实行十周年之际，人事部、全国博士后管委会在北京召开了庆祝中国实行博士后制度十周年大会，江泽民、李鹏、乔石、李瑞环等党和国家领导人为大会题词。同时还举办了全国博士后科技成果展览会，李政道、雷洁琼、宋平等亲临会场。

1996 年

2 月，人事部、全国博士后管委会批准在军事学科设立博士后流动站，以有利于军队系统通过博士后制度吸引和培养高级科技人才，满足国防现代化建设的迫切需要。

11 月，全国博士后管委会第十六次会议决定对各单位的博士后工作进行检查和评估，引入竞争机制，督促设站单位开展好流动站建设和博士后工作。这是我国实行博士后制度以来开展的首次检查评估，由全国博士后管委会办公室负责研究、制定检查评估指标体系，周密部署和实施检查评估工作。检查采取自查与抽查相结合、定性与定量考评相结合、社会化评估与专项检查相结合的方式进行。

1997 年

2 月，博士后管理工作信息化建设启动。全国博士后管理委员会办公室与清华大学合作研制的"博士后管理工作信息系统"开始在全国部分设站单位试点使用。该系统于 2006 年在全国推广使用，实现了博士后进出站申报的网上办公。

10 月，为了促进产、学、研结合，培养和造就适应国民经济发展的高层次科技和管理人才，推动我国博士后工作为经济建设服务，人事部、经济贸易委员会和全国博士后管委会决定，在以前对企业博士后工作开展的三年试点探索的基础上，扩大企业博士后工作。人事部、全国博士后管委会印发了《企业博士后工作管理暂行规定》，对企业博士后的招收、管理、经费及工资福利待遇、研究成果归属等内容作出明确规定。企业博士后工作步入规范化、制度化的轨道。

1998 年

2 月，全国博士后管委会办公室发文，要求加强对博士后研究人员思想品德素质的考察。

5 月，人事部、全国博士后管委会开始实施"中韩青年科学家交流计划"，每年互派博士后人员 10 名。目前，中、韩两国共互派博士后研究人员 79 人。项目的实施开拓了博士后研究人员国际交流渠道，成为中外博士后研究人员交流的重要组成部分。

8 月，人事部设置专业技术人员管理司，下设 6 个职能处，其中博士后处负责推行完善博士后制度和综合管理协调全国博士后工作。

1999 年

9 月，人事部、全国博士后管委会决定设立"中国优秀博士后奖"（该奖的前身为"国氏"博士后奖励基金），对在科学技术、教育事业和经济建设中有创新思维、创新能力并做出突出贡献的博士后研究人员进行奖励。

"九五"期间，国家发改委划拨2亿元投资兴建了2000套博士后公寓，地方和设站单位配套建设了3750套博士后公寓。

2000 年

当年，中国博士后科学基金会和中国科学技术协会共同主办了"中国博士后学术大会"。全国政协副主席朱光亚、罗豪才，人事部部长宋德福，以及李政道先生出席了开幕式并作了精彩的报告。大会在全国各地设置了11个分会场。约2000名博士后研究人员参加了会议，共发表学术论文1214篇。

10月，中国博士后科学基金会组织部分博士后研究人员携带科研成果参加了第十届深圳高新技术交易会。自此，组织博士后研究人员广泛开展各种科技成果推广和社会咨询活动蔚然成风，形式愈来愈多样。

12月，人事部、全国博士后管委会下发《关于印发〈博士后公寓建设立项管理办法〉的通知》，着手组织建造2000套博士后公寓，以解决博士后研究人员住房紧张问题。通知明确了各省市必须遵循"三个一部分"原则，即国家投入一部分，地方或部门投入一部分，设站单位投入一部分，落实公寓建设配套经费。

2001 年

4月，人事部在北京隆重召开全国博士后工作会议。会议讨论通过了《博士后管理工作规定》及《博士后工作"十五"规划》。

7月，人事部、财政部决定将博士后研究人员每人每年2万元的日常经费标准提高到每人每年3万元。

7月，《博士后工作"十五"规划》出台。规划提出"十五"期间要通过改革创新，基本建立起政府宏观调控、分级分类管理、运转高效灵活的，适应社会主义市场经济发展要求的，具有中国特色的博士后管理体制和运行机制，营造更加有利于博士后发展的环境和条件。

2002 年

当年，财政部批复同意改革博士后基金资助拨款方式，将以本金运作收益作为博士后基金资助金的方式改为国家财政年度拨款，并确定将随着博士后人数的增加逐年递增。

2003 年

当年，中国博士后科学基金会首次组织引荐博士后研究人员到各地方政府任职。海南省引调了 10 名博士后研究人员到市县级政府任职。

2004 年

3 月，为了加强对北京地区博士后公寓的管理，人事部办公厅印发了《人事部北京地区博士后公寓管理暂行办法》。

10 月，全国博士后管理协调委员会召开第十七次会议。会议提出，今后一段时间，要进一步改进和完善博士后制度，重在提高质量，重点抓好宏观性、战略性和跨学科领域博士后研究人员的培养，加强博士后流动站、工作站建设。

当年，网络版"全国博士后管理工作信息系统"研制成功，并开始在全国试运行。

2005 年

1 月，为进一步规范和完善博士后管理制度，人事部、全国博士后管委会在全国开展了博士后工作评估。参加评估的 927 家流动站及 660 家工作站中，运行状况良好的流动站占 99.7％，工作站占 89.2％。评估坚持"以评促建，以评促改"的原则，对评估不合格的博士后科研工作站和流动站进行了黄牌警告、限期整改，并撤销了问题严重、不符合设站条件的 21 家工作站。博士后工作评估的开展标志着博士后管理工作步入科学化的发展轨道。

10 月，人事部、全国博士后管委会召开了全国优秀博士后表彰暨博士后工作会议，隆重纪念博士后制度实行 20 周年。大会表彰了 127 名优秀博士后研究人员、73 个优秀博士后科研流动站、22 个优秀博士后科研工作站和 30 名优秀博士后管理工作者。温家宝、曾庆红、贺国强、路甬祥、华建敏、陈至立、徐匡迪等同志亲切接见了受表彰的同志和单位代表。温家宝总理发表重要讲话。他指出，20 年的经验说明，博士后制度是完全正确的。要培养造就现代化建设所需的高层次创新人才，必须具备四个条件：一是要有好的制度；二是要有正确的方法；三是要有大批优秀的教师队伍；四是要有活跃的学术气氛。强调要努力为博士后的成长创造良好的环境。贺国强在讲话中指出，博士后工作要坚持以邓小平理论和"三个代表"重要思想为指导，全面贯彻落实科学发展观，健全完善制度，稳定扩大规模，注重提高质量，造就创新人才，切实加强博士后研究人员能力建设，努力形成一支跨学科、复合型、战略型和创新型的博士后人才队伍。李政道先生发表了题为《在世界物理年祝福中国博士后制度》的演讲。

2006 年

9 月，人事部、财政部决定提高博士后科学基金资助比率和资助强度，博士后科学基金的面上资助强度由原来的 1 万元、2 万元、3 万元三个档次调整为 3 万元、5 万元两个档次。

10 月，人事部、全国博士后管委会出台了《博士后工作"十一五"规划》，提出"十一五"期间博士后工作要全面贯彻落实科教兴国和人才强国战略，创新完善制度，稳步扩大规模，注重提高质量，造就创新人才，加快培养造就一支适应社会主义现代化建设需要，具有自主创新能力的跨学科、复合型和战略型博士后人才队伍，为建设创新型国家，实现全面建设小康社会的宏伟目标提供人才支持。《规划》提出，要坚持博士后工作服务于经济社会发展的需要，坚持培养和使用相结合，产学研相结合，政府主导与充分发挥设站单位作用相结合，以达到完善与社会主义市场经济相适应的博士后管理体制，提高培养质量，稳步扩大设站规模和招收数量，提高博士后研究人员整体素质，健全完善多层次、多元化的投入机制，加大对博士后事业的投入的发展目标。

11 月，人事部、财政部联合下发了《关于调整博士后日常经费标准的通知》，决定根据国家经济发展情况和博士后研究人员工作、生活需要，将博士后日常经费标准由每人每年 3 万元提高到每人每年 5 万元，并进一步规范了博士后日常经费的开支结构和使用范围。

12 月，人事部、全国博士后管委会重新修订并印发了《博士后管理工作规定》。

2007 年

6 月，人事部、全国博士后管委会组建了第六届博士后专家组。

8 月，人事部、全国博士后管委会批准增设了 434 个博士后科研流动站，涵盖了 12 大学科门类 88 个一级学科。

2008 年

3 月，中国博士后科学基金会制定并印发了《中国博士后科学基金资助规定》，在开展中国博士后科学基金面上资助的基础上设立特别资助，对取得自主创新研究成果和在研究能力方面表现突出的博士后，给予 10 万元的特别资助经费。特别资助每年进行一次，采取设站单位、省（市）人事厅（局）组织专家从在站博士后中选拔推荐人选，中国博士后科学基金会以按学科组织专家评审的方式确定获资助人员。

2009 年

11 月，中国社会科学院成立"中国社会科学院博士后管理委员会"，由副院长担任主任，加大了博士后工作的管理及协调力度。

2010 年

3 月，为进一步健全和完善博士后管理工作，加强博士后科研流动站和工作站建设，人力资源和社会保障部和全国博士后管理委员会对全国 935 个博士后科研流动站和 541 个博士后科研工作站进行了综合评估。11 月，根据评估结果，人力资源和社会保障部和全国博士后管理委员会对其中 148 个优秀博士后科研流动站、56 个博士后科研工作站和 60 名博士后管理工作者进行了通报表扬。此次评估中，有 79 个博士后科研工作站被评为不合格，16 个已丧失设站条件的工作站被撤销。

11 月，作为"中非科技伙伴计划"的一项重要内容，"接收非洲国家科研人员来华开展博士后研究"项目正式启动。该项目由科技部负责总体协调，人力资源和社会保障部负责组织和实施，中国博士后科学基金会具体承办，自 2010 年 11 月至 2012 年的 3 年内，每年接收 35 名非洲科研人员来华开展为期一年的博士后科研工作。该项目旨在支持和鼓励非洲国家优秀科研人员来华开展博士后研究，加强中非科技交流与合作，并通过高层次人才往来进一步推动中非双方未来的科技合作，推动中非友好合作关系的长远发展。

2011 年

7 月，新版"全国博士后管理信息网络系统"正式启用。"全国博士后管理信息网络系统"一期自 2004 年 6 月运行以来，已成为开展博士后工作的重要服务平台。为适应博士后工作的变化，二期开发工作于 2010 年启动，2011 年 4 月在天津试运行，7 月在全国范围内推广，这也标志着博士后工作的信息化建设步入一个新阶段。

8 月，人力资源和社会保障部、全国博士后管委会制定并印发了《博士后工作"十二五"规划》，提出"十二五"期间博士后工作要全面贯彻落实科教兴国和人才强国战略，改革完善制度，着力提高质量，优化布局结构，鼓励多元投入，健全服务体系，造就创新人才，加快培养造就一支跨学科、复合型和战略型博士后人才队伍，为提高我国自主创新能力、建设创新型国家、为实现全面建设小康社会的奋斗目标提供强有力的人才支撑和智力支持。《规划》提出，要坚持扩大规模和提高质量相统一，坚持培养和使用相结合，坚持流动站和工作站发展相协调，坚持完善制度和强化服务相促进的原则，通过采取一系列政策措施，达到进一步扩大博士后研究人员招收规模、提高高校和科研院所博士后工作覆盖面等目标。

9月，为有效利用内地与香港的人才资源和研究资源优势，努力造就世界一流科技人才，共同促进国家科技和社会经济发展，全国博士后管委会办公室与香港学者协会共同实施联合培养博士后研究人员计划，即"香江学者计划"。该计划初期每年选派50名内地博士到香港指定大学，资助和支持其开展为期两年博士后研究。

参考文献

［1］人力资源和社会保障部、全国博士后管理委员会编《博士后工作文件资料汇编（1985～2007）》，中国人事出版社，2008。

［2］潘晨光、袁媛、方虹：《中国博士后制度的发展与创新》，《中国博士后创新论坛论文集》，清华大学出版社，2009。

［3］中国社会科学院人事教育局编《中国社会科学院博士后管理工作手册》，2009。

出国留学人才篇[*]

1949 年

12 月 6 日，政务院批准政务院文化教育委员会成立"办理留学生回国事务委员会"，（以下简称"回国委"），统一办理留学生及学者回国事宜。

12 月 13 日，办理留学生回国事务委员会召开第一次全委会议并通过《办理留学生回国事务委员会简则》。

12 月 28 日，政务院总理周恩来通过北京人民广播电台，代表中共中央和中国政府邀请海外学子回国参加建设。

1950 年

年初，"回国委"制定处理有关留学生回国事务的《（六条）工作原则》并先后在北京、上海、广州、武汉、沈阳等地设立"归国留学生招待所"。

1 月，毛泽东主席访问苏联期间，对捷克斯洛伐克国家代表提出接受中国留学生的建议很感兴趣，并约定请捷克政府对此提出更详细的建议。

1 月，波兰驻华使馆代办华罗奇向中国外交部表示，波兰方面准备与中国交换留学生。

1 月，李四光一家辗转瑞士、意大利经香港回国。此前李四光于 1949 年 10 月得知新中国成立决定立即从英国启程回国，受到国民党当局在境外势力的阻挠与恐吓。

2 月 18 日，毛泽东主席访问苏联期间接见 40 年代末以来陆续被中国共产党派往苏联留学的中共高级干部子女时表示，希望大家努力学习，艰苦奋斗，锻炼好身体；

---

* 因篇幅限制，中外合作办学（不出或少出国门的留学）、国际教育展和中外签署相互承认高等教育学历、学位证书协议的内容未收录；未在各年度收录当年派遣留学人员统计数据，仅在 1965 年、1978 年和 2008 年分别收录了三个阶段性的统计数据。

编写者：苗丹国，男，教育部调研员，研究方向为中国出国留学人才政策。

周恩来总理则题写了"艰苦奋斗、努力学习"相赠。

2月，在美国讲学的著名数学家华罗庚教授举家回国，途经香港时发表了著名的《致中国留美同学的公开信》。

4月12日，捷克斯洛伐克驻华大使表示，捷克斯洛伐克政府建议于1950年秋季开始接受100名中国留学生。

6月25日，周恩来主持召开会议，决定与捷克斯洛伐克（10名）、波兰（10名）、罗马尼亚（5名）、匈牙利（5名）、保加利亚（5名）、朝鲜（5名）等六国进行交换留学生计划的筹备工作。

9月，外交部向蒙古政府提出派遣留学生计划，并于1951年派出5人。这是新中国向周边国家派出的第一批出国留学生。1954年至1956年期间，共派出17人，其中8人是学习蒙古语言的大学生。

9月6日，新中国第一批25名国家公派出国留学生启程，分别前往波兰、捷克斯洛伐克、罗马尼亚、匈牙利、保加利亚5国，每国各5名，主要互换学习语言、历史等专业科目。赴朝鲜留学计划于1954年朝鲜战争结束后开始实施，多是学习朝鲜语言。

9月12日，教育部会商外交部拟订并向政务院文化教育委员会呈报《1950年度派往东欧新民主主义国家的交换留学生暂行管理办法》。

10月，"回国委"制定《回国留学生招待办法》和《对接济国外留学生返国旅费暂行办法》。

12月28日，新中国第二批10名国家公派留学生出国。10人分别由重工业部和燃料工业部从干部中遴选，其中5名赴捷克斯洛伐克学习兵工专业，5名赴波兰学习煤矿专业。本年派出的35名留学生开辟了中华人民共和国派遣留学生的先河。

12月，根据"回国委"统计，当时在国外的中国留学生以及已经就业的教授、学者或专门人才共有5600多人，主要分布在美国（约3500人）、日本（约1200人，其中2/3属台湾省赴日留学生）、英国（443人）、法国（197人）、德国（50人）等国家。少量在奥地利（14人）、瑞士（16人）、丹麦（20人）、加拿大（20人）、印度（10人）、荷兰（3人）、意大利（7人）、菲律宾（35人）、瑞典（5人）、比利时（15人）、南非（1人）、澳大利亚（5人）等国家。

本年，在日中国留学生利用各种机会分批回国，其中1950年约300人。

本年，外交部先后与捷克斯洛伐克、波兰、罗马尼亚、匈牙利和保加利亚5国达成互派语言类和历史类留学生，以及单向派遣技术类留学生的协议。

1951 年

1月26日，毛泽东与印度驻华大使在印度大使馆举办的该国国庆晚会上谈及中印两国互换留学生问题。印方于不久后答复同意，并表示当年可先交换 2 名研究生。其后于 1952 年至 1956 年期间，中国向印度派遣了 10 名留学生。

1 月前后，中央人民政府秘书长任弼时通过其在苏联学习的侄女任湘转达对于中国留学生选择专业志愿的意见：根据以往的某些经验和教训，不主张中国派往苏联的留学生学习政治和文科类专业，而应该学习工科、学习工业；因为过去中国到苏联学习政治的人往往犯教条主义的错误，而事实证明中国在政治方面已经成熟，不需要让苏联培养政工干部。

2 月 22 日，周恩来总理审批并以中共中央名义转发《争取留学生回国工作组的报告》，提出"年内至少争取 1000 人回国，重点放在美国"的方针。

4 月 3 日，政务院文化委员会批复同意"回国委"制订的《争取国外留学生回国（五项）原则》。据"回国委"统计，1949 年 8 月至 1950 年 6 月的 10 个月内有700～800 人回国；仅到"回国委"报到登记的回国人数就有 409 人，其中留美的有 310 人、占 75.79%，留英的有 50 人、占 12.22%，留法的有 17 人、占 4.15%，留日的有 14人、占 3.42%，留学其他十余个国家的有 18 人、占 4.40%。

6 月 30 日，外交部办公厅函复教育部同意实施《教育部关于中国出国留学生使用各兄弟、友好国家奖学金暂行规定（初稿）》。

7 月 6 日，教育部印发《急速选拔留学生的指示》。

8 月 13 日和 8 月 19 日，新中国首批向苏联派遣的 375 名留学生起程，其中包括 136 名研究生。此前周恩来总理在会见上述 375 名留学生时表示，目前国家很困难，但下决心送你们出去学习，是为了将来回国参加建设。

10 月 3 日，林伯渠赴苏联考察数月后给刘少奇和周恩来写信反映：鉴于首批赴苏留学生有 95% 不懂俄语，建议以后再派留学生去苏联学习，须先在国内进行俄语教育 6 个月或者更多时间；应在大使馆添设管理留学生的人员，以专责成。周总理批示于 1952 年成立"留苏预备部"，附设在北京俄文专修学校（1955 年改为北京俄语学院），1959 年 1 月并入北京外国语学院。

10 月 15 日，中国驻苏联大使张闻天向周恩来总理提交《关于留苏学生的报告》。《报告》建议，根据工作量加大和其他国家的做法，亟须在大使馆内增设留学生管理处；并提出留学生管理处的七项任务。

12 月，根据"回国委"统计，新中国成立后有大批留学生、学者从欧、美、日等国回国，截至 1951 年回国人数已达 2000 余人。

1952 年

2 月 21 日，教育部印发《关于选拔 1952 年度赴苏留学生的指示》。《指示》指出，根据上一年度选派经验，个别政治上有问题的学生起了不好的政治影响，因此要严格审查政治条件。

3月31日，第一批419名留苏预备生开始在留苏预备部集中。

4月15日，教育部报送周恩来总理《1952年第二批留苏预备生选拔计划》。《计划》报告称，过去两次选拔留苏学生工作太仓促，工作受到一定损失。计划1953年8月拟派赴苏联留学生1000人。估计在留苏预备部学习一年后，可能有一部分被淘汰，所以拟招收1100名，其中50~80名为研究生，600~700名为大学生，50~80名为中等技术学校学生，200~300名为实习生。

6月5日，政务院发布《派送出国留学生暂行管理办法》。同日，教育部印发《公费出国留学生书报供给暂行办法》和《留学生守则》。

7月29日，中央军委总干部部印发《关于选拔1952年第二批留苏学生问题》的文件。该文件根据中央政府下达的1000名留学苏联派遣计划，向军队系统各军种分配200个名额。

8月9日，中苏两国政府签订的《关于中华人民共和国公民在苏联（军事院校以外）高等学校学习之协定》。《协定》确定了中国向苏联大量派遣留学生事务的基本原则与方针，并规定苏方支付中方留学生的生活费和学费，中方则需要偿还苏方支付中方留学生费用的50%。

本年，中国政府分三次向在日中国留学生提供了不附加任何条件的救济金5万美元，资助人数约为560人。

本年，赴苏留学生的选拔数量调整至220人，比上一年度减少了155人。1951年至1952年派赴苏联的595名留学生中，大学生有147人，其余448人为研究生，约占75.30%。1953年至1955年派赴苏联的留学生，是以大学生为主。1954年制订的留苏预备生计划为1700人，其中研究生180名，大学生1520名；1955年制订的留苏预备生计划为2650人，其中研究生350名，大学生2300名。

本年，周恩来总理批示，自1953年起，中国每年拟派1000名学生前往苏联学习；今后五年内，即拟按照这个计划进行。1954年至1956年内派出留学生人数最多，每年都达到千人，甚至2000人以上，占1951年至1956年赴苏留学生总数的80%以上，占1951年至1960年期间派遣留学生总数的65%以上。1954年至1956年是新中国成立初期向苏联大量派遣留学生政策的最主要和最重要的实施阶段。由于中苏关系之间逐渐出现障碍等原因，1957年后向苏联派遣留学生的数量逐渐减少，如当年的派出数量锐减为483人。

1953 年

2月，毛泽东主席在中国政协一届四次会议上说，"向苏联学习，不仅要学马恩列斯理论，还要学先进的科学技术以建设我们国家。"

5 月 26 日，教育部、高教部和人事部联合印发《关于 1953 年选拔留苏预备生的指示》。计划录取 1700 名留苏预备生，并计划在 1954 年上半年陆续派往苏联。

7 月 25 日，周恩来总理在高教部于北京中南海怀仁堂举行的"欢送赴苏联及各国学习的留学生晚会"上发表讲话，向出国留学生提出了"出国学习要身体好、学习好、纪律好"的希望。

本年，刘少奇在北京俄语专修学校留苏预备部看望出国前的留苏学生并谈及政治、经济和学业时表示，"国家经济建设迫切需要各方面的人才，许多专业在国内不能培养。国家决心派你们到苏联留学，这是社会主义建设的需要"；并请大家记住"国家在经济十分困难的情况下，要支出很大一部分钱，派一个人的留学费用相当于 25 到 30 户农民的全年收入"（每月 500 卢布并备够 5 年用的四季衣物、文具）；他勉励大家"出国学习要取得好成绩，最好是五分，四分还勉强，回来好为祖国服务；如果考 3 分，用不着领导谈话，你自己就打铺盖回国算了"。周恩来总理向留苏预备人员提出了"责任重大、任务艰巨、努力学习，为国争光"的要求。中国驻苏联大使张闻天提出，要留苏学生"立场坚定、业务精通、作风正派、身体健康"。

本年，在日中国留学生自愿分批回国；1953 年至 1955 年约有 300 多人回国，1956 年至 1957 年约有 100 多人回国。

1954 年

4 月 19 日，高教部印发《留学生注意事项》。

5 月 19 日，高教部呈报政务院文化教育委员会《1954 年派赴东欧及亚洲各人民民主国家留学生的名额与专业分配方案》。方案计划总数为 150 人；其中民主德国 50 人，波兰 20 人，捷克斯洛伐克 29 人，匈牙利 14 人，保加利亚 12 人，罗马尼亚 14 人，阿尔巴尼亚 2 人，朝鲜 5 人，蒙古 4 人；留学专业的重点主要是所在国的语言、历史和艺术等特有文化，其次为该国科技特长。5 月 26 日，政务院批示"同意"。

5 月 26 日，中国代表团发言人黄华在日内瓦召开的"印支国际会议"上向新闻媒体发表"关于美国无理扣压中国留学生问题"的谈话。后经中美双方五次非正式会谈，美方宣布对中国留学生进行"复查"后可自由离境。

11 月 19 日，外交部和高教部联合印发《派赴苏联各人民民主国家留学生暂行管理办法》。

12 月 23 日，高教部印发《关于 1955 年度由机关干部中选拔留苏预备研究生的指示》。计划 1956 年 8 月派出。

12 月 23 日，高教部和教育部联合印发《关于由 1955 年度高中毕业生中选拔（4500 名）留苏预备生的指示》。计划 1956 年 8 月派出。

12 月 23 日，高教部印发《关于 1955 年度选拔（181 名）赴各人民民主国家留学生的指示》。计划 1955 年 8 月派出。

12 月 24 日，高教部和教育部联合印发《关于 1955 年度选拔（700 名）留学预备研究生的指示》和《1955 年度选拔（700 名）留学预备研究生选拔办法》。计划 1956 年 8 月派出。

12 月 27 日，高教部与民主德国高教总署签订《关于交换研究生和留学生议定书》。

1955 年

2 月 28 日，教育部印发《关于 1955 年度选拔高等学校教师赴苏联进行短期专业研究的通知》，决定从 1955 年开始选拔高校在职教师中的部分优秀骨干人员，到苏联的高等学校或研究机构进行短期的专业进修。9 月，首批 33 名高等学校教师启程赴苏联短期进修，开启教育系统内"不攻读学位、不统一固定时间、不脱离原单位管理、不与原工作内容脱节"出国留学形式的先河。此后，此类留学人员一般被统一称为"进修人员"或"进修生"，以区别于严格意义上的留学生；两者又被统一称为"留学人员"。

6 月 10 日，高教部印发《关于改善国外留学生健康情况的指示》。

8 月 1 日，中美两国在日内瓦举行大使级会谈，中方以释放 11 名美国飞行员战俘为条件要求美方不再阻挠钱学森等中国留美人员回国。两个月后，钱学森抵达香港后随即搭乘火车转往内地。从此，钱学森投身祖国的科技事业，成为新中国科技事业和国防事业最重要的组织者和奠基人之一。

12 月 23 日，高教部印发《关于从资本主义国家回国留学生的分配工作和接待、管理工作的改进意见》，提出"发挥专业特长、照顾个人志愿、简化分配手续、丰富文化生活、提高接待标准、药费实报实销"等意见。

本年，中央政府根据国内高校本科生和研究生培养计划完成的情况，提出"增加派遣研究生、减少派遣本科留学生"的要求。

本年，中国向埃及派出 7 名留学生，主要学习对方国家的语言、文学和历史等专业。

本年，中国于第一次派遣 3 名学生赴越南学习，1956 年又向越南派遣了 2 名留学生。

1956 年

1 月至 2 月，高教部印发《关于 1956 年度选拔（100 名）高等学校教师赴苏联短期专业研究的通知》、《关于 1956 年选拔留学预备研究生的指示》和《关于 1956 年由机关干部选拔留学预备研究生的通知》；高教部和教育部印发《关于削减 1956 年暑期从高级中学毕业生中选拔留苏预备生名额的通知》。

2月21日，高教部为落实周恩来总理关于"1956年至少应争取一千名在资本主义国家的留学生回国参加社会主义建设"的指示，拟订了《关于争取尚在资本主义国家的我国留学生回国工作的通知》；其中称，据初步了解，尚在资本主义国家工作或学习的中国留学生有7000余人，其中美国5000多人，英国700多人，日本1000多人，法国300多人；并且提出了争取他们回国工作的意见和办法。

4月，高教部曾在《1956年工作计划要点》中提出了"根据中央关于派遣留学生应多派大学生出国做研究生，多派进修教师、少派高中生出国当大学生，并且以理工科为重点的方针"进行了1956年、1957年的选拔工作。此后，选派留学生政策即改为以派研究生、进修生为主，除语言类专业继续派遣大学生外，只在自然科学领域的某些缺门或薄弱专业方面继续派遣少量的高中生出国当大学生。1956年留苏预备生计划将研究生数量增加到700人，本科生计划锐减为600人。

6月26日，根据党中央关于"对在资本主义国家的我国留学生，均应普遍争取，但主要的是争取在美国、加拿大、英国、法国、意大利、瑞士、西德、日本和澳大利亚的我国留学生，以及曾在这些国家大学毕业而转往其他地区的高级知识分子"的要求，高教部、公安部、外交部和内务部名义联合制定了《关于争取尚在资本主义国家留学生工作的几个问题》的文件，就留学生的身份界定、协助内容、资助范围、工作分配以及政治待遇、国籍和出入境管理、家属安置等问题，提出了一系列政策原则。《通知》规定，对已加入美国籍的中国留美学生，在申请回国时可不必事先声明脱离或放弃美籍，以免遭受对方的迫害留难；他们回国后可以不必经过任何手续，政府仍承认他们是中国公民，平等享受一切公民权利；如他们回国后仍愿保留美籍，政府也不加干涉，可由本人自由抉择等。

6月，外交部和高教部向国务院提交《关于向资本主义国家派遣留学研究生的请示报告》并获得国务院副总理陈毅批准。《报告》提出，根据外交、文化、对外贸易等部门及对外文化联络局对派遣留学生的要求，1956年至1957年拟派往各资本主义国家留学生50人。

8月，教育部印发《关于派遣出国教师（留学）的规定》。此后，这种派遣高校在职教师或科研院所科研人员出国短期学习和研究的方式被称为"出国进修"，并成为中国出国留学活动中一种经常被采纳的重要形式和主要内容。

11月，国务院决定将争取在资本主义国家的留学生回国的工作，由高教部转交国务院专家局办理。

本年，教育部门提出向民族独立国家派遣"非通用语种"留学生的计划，其中派往印度8人、印度尼西亚3人、缅甸3人、埃及3人、阿富汗3人、叙利亚3人、巴基斯坦3人。根据该计划选拔的留学生于1957年派出，其中大多数国家如约接受了中国派出的留学生。

本年，中国和波兰签订《关于派遣中国公民到波兰人民共和国学习和派遣波兰公民到中华人民共和国学习的协定》。

1957 年

5 月 10 日，周恩来在北京市留美学生家属联谊会举办的联欢晚会上发表讲话，指出，对在海外的中国留学生和学者"不管回国先后，一视同仁，并且来去自由"。

8 月 6 日，高教部印发《关于供给留学生学习参考资料等问题的通知》。

1958 年

1 月 10 日，高教部、外交部印发《关于管理派赴各国留学生的规定》，并废止原有的留学生暂行管理办法。《规定》明确各驻外使馆在管理留学生工作方面的任务，确定高教部征得外交部同意后可在驻外使馆内设留学生管理处或派专职干部或由使馆指定专人负责留学生管理工作。

2 月 27 日，国家科学技术委员会和教育部印发《关于进行选拔 1959 年度留学研究生、进修生和实习生的通知》。《通知》指出，所谓（出国）进修生，是指出国进修的教师；所谓（出国）实习生，是指科学研究人员出国实习。

3 月 19 日至 25 日，教育部在莫斯科召开苏联及东欧各国（片）留学生管理工作会议。9 月 25 日，经国务院第二办公室批示，教育部向中国各驻外大使馆转发《关于在莫斯科召开苏联及东欧各国（片）留学生管理工作会议的报告》。

3 月 24 日，教育部呈报国务院《关于 1958 年选派赴苏联进修教师工作计划的报告》。《报告》认为，实践证明派遣教师出国进修的政策对于提高教师教学和科研水平的效果是比较明显的，因而派遣在职教师出国短期进修是派遣出国留学人员的一种好方法。4 月 26 日，国务院批复指出："凡是国内能够培养的，或者和其他部门重复的，应尽量不派。"

4 月 15 日至 24 日，中共中央召开全国教育工作会议。会议讨论了教育方针问题，批判了教育部门的教条主义、照搬苏联的保守思想以及教育脱离生产劳动和社会实践的问题。会议之后，针对与苏联开展教育交流项目的问题，中国开始实施"少而不断"的政策，即仍继续维持一定规模的交流关系。随着肃清苏联教育制度的影响，开始实行逐步压缩派出留学生总量的政策。如 1957 年至 1965 年期间，中国公费派往苏联的各类攻读学位的留学生总数为 1821 人，仅为 1951 年至 1956 年期间 6570 人的 27.72%。

1959 年

4 月 13 日至 5 月 9 日，国家科委、外交部和教育部联合召开（第一次）留学生工作会议，40 余名各部门负责人出席。会议对中华人民共和国建立 10 年以来的出国留学政策进行了全面的梳理、研究与综合性评价，对完善出国留学政策以及相关事务具有承前启后的作用。会议在工作报告中将新中国成立后派出留学生政策划分为三个基本阶段：即 1950 年至 1953 年执行"严格选拔，宁缺毋滥"政策的阶段；1954 年至 1956 年执行"严格审查，争取多派"和"以理工科为重点兼顾全面需要"政策的阶段；1957 年至 1959 年执行"多派研究生，一般不派大学生"政策的阶段。会议提出了"在保证质量和密切结合国内需要的前提下，力争多派出国留学人员"的方针。会议认为，留学人员"在国外的表现基本上是好的，绝大多数能够刻苦学习，成绩优良；整个出国留学工作取得了很大的成绩"，也指出了选派政策中存在的"质量不高，专业不全，缺乏长期规划，对基础理论专业重视不够"等主要问题。会议公布了出国留学工作 10 周年有关数据：1949 年至 1958 年期间，中国共派出各类留学人员（包括与苏联援建的工业项目相关联而派出的实习人员，即进修生）有 1 万多人，已经学成回国的留学人员也已经达到了 9000 多人；其中约 91% 是派往苏联的留学人员，约 8% 是派往其他社会主义国家的留学人员，约 1% 被派往其他国家；留学生出国就读的专业大致有 2/3 属于理工科类，其他约 1/3 属于文科和社会科学类。会议讨论了在外留学生的政治思想教育、国外的管理以及回国后的分配使用等诸多政策问题，并作出了若干相应的规定。会议决定由国家科学技术委员会统一领导出国留学生事务，教育部和中国科学院等有关部门分工负责各自的分口工作。

1960 年

9 月 13 日至 21 日，国家科委党组、教育部党组和外交部党委联合召开第二次留学生工作会议。10 个驻外使馆（8 个社会主义国家和 2 个资本主义国家）的留学生管理干部以及中央 13 个部门的主管负责人共 36 人出席会议。会议总结了 1949 年以来出国留学工作的基本情况，11 年共派出各类留学人员 9822 人，学成回国 5468 人。会议根据当时中苏关系恶化的现状和复杂形势，提出"减少数量，提高质量，宁缺（少）勿滥"的原则。根据该原则，中国于 1961 年、1962 年、1963 年三年中共派出 300 名留学生，平均每年仅 100 人。其中 1963 年只派出 62 人，是除 1950 年外，新中国成立以来至 1966 年期间派出留学生数量最少的一年。12 月 30 日，三部委根据会议内容上报《关于今后一个时期的留学生工作的意见》，其中第五条"关于领导归口问题"指出，根据国际国内形势和国务院周恩来总理的指示，国内外主管部门须加强集中领导，把好口子。

10 月，中共中央批准成立主持回国留学生工作的领导小组。教育部部长蒋南翔任组长、国家科委副主任范长江任副组长，该机构负责研究、安排和协调与休假和回国相关的事务性工作。该机构利用留学生回国在国内休假的机会，先后组织了数千名留学生进行政治学习和国情教育。

1961 年

1 月 23 日，中共中央批复并转发国家科委党组、教育部党组和外交部党委《关于今后一个时期的留学生工作的意见》。《批复》指出："留学生工作，在加速我国社会主义建设、赶上世界先进科学技术水平的历史任务中，是一项重要工作。同时这也是外事工作的一个组成部分，对加强同兄弟国家的友好团结和其他国家的文化交流有着重要意义。今后派遣留学生采取减少数量、提高质量的方针。"

3 月 31 日，国家科委、教育部和外交部印发《关于今后留学生工作分工问题的通知》，详细规定了三个部委在留学生管理工作中的"领导归口问题"。

4 月 15 日，教育部印发《关于 1961 年选拔（300 名）留学研究生、进修教师工作的通知》。

1962 年

5 月 16 日，周恩来批示留学生管理机构"宜集中不宜分散"。6 月 26 日，教育部将附设在北京外国语学院的"归国留学生办公室"并入"留苏预备部"并更名为"留学生培训部"。

8 月 25 日，教育部印发《关于 1961 年选拔（120 名）留学研究生、进修教师工作的通知（不含实习生名额）》。

10 月 21 日，周恩来对国家科委提交的 1963 年选派计划批示：凡不符合要求的一律不派，国内学校已能解决的也不派，研究生应在工作中表现突出的人员中选派，总名额只许减少不许超过。

1963 年

6 月 22 日，教育部印发《关于 1963 年选拔（140 名）留学生工作的通知》。

12 月 16 日，国务院 137 次会议宣布将教育部分设教育部和高教部。1964 年 3 月，两部正式分开办公。

1957 年至 1963 年，中国共派出进修教师和科研实习人员 692 人，占该时期各类留学人员总数 2261 人的 30.61%，多于同期派出的本科留学生的数量。

1961 年至 1963 年，在实行大量减少派出留学人员政策时期，出国进修教师和科研实习人员的数量却占有较大的比例。如，1963 年虽仅派出留学人员 62 人，但其中

50％是进修教师和科研实习人员，即进修生和实习生。

1964 年

3 月 5 日，国务院外事办公室和高教部向中央（政府）提交《关于解决当前外语干部严重不足问题的应急措施的报告》。《报告》提出，由于国际形势发展很快，对外事翻译干部需求急剧增加的矛盾尖锐，因此必须采取一些常规办法以外的紧急措施，其中之一是"大量派遣留学生"。国务院外事办公室同意高教部关于 1964 年至 1966 年派遣留学生的三年计划。计划在三年内共派出 1750 名留学生，其中大学生 1550 人，进修生 200 人，培养英、法、德、西班牙、阿拉伯等 10 余个语种的高级外语师资和翻译。包括派遣高中毕业生到资本主义国家留学。3 月 12 日，中央（政府）批转上述《报告》，并请各省部级单位"立即认真按照办理"。

3 月 9 日，中共中央批准试行由高教部和外交部起草的《中华人民共和国派往国外留学生管理工作的暂行规定（草案）》和附件《留学生守则》。

3 月 10 日，教育部印发《关于 1964 年选拔（625 名）留学生工作的通知》。《通知》规定，"除了可向苏联、东欧等社会主义国家继续派出外，还开辟了向英、法、瑞典、丹麦等资本主义国家派遣留学生的途径，对一些目前尚未和我国建交的日本、西德等资本主义国家，今后也有派出的可能性"。

3 月 12 日，中共中央批准并转发国务院外事办公室和高教部党组《关于解决当前外语干部严重不足问题的应急措施的报告》。据教育部门统计，到 1966 年初时，中国在国外的留学生总数仅为 1221 人，分布在 36 个国家和地区，学习 34 种外国语言，只有少数是学习科学技术学科的留学生。由于 1966 年中国开始了"文化大革命"运动，致使第三批外语类出国留学生未能派出，经中共中央和国务院批准，并由五部委、办联合制订的《外语教育七年规划纲要》中派遣语言类留学生的 3 年计划也未能完成。

11 月 14 日，中共中央和国务院批准《外语教育七年规划纲要》。《纲要》中"派遣留学生"的事业发展指标确定为：1964 年至 1966 年计划派出外语留学生 1926 人，其中大学生 1547 人，进修生 379 人；其中法语留学生的计划最多为 470 人，其次为西班牙语 272 人，葡萄牙语 103 人，阿拉伯语 99 人，朝鲜语 95 人，英语 90 人。1964 年至 1965 年先后按计划派出两批共计 1000 余名留学生。由于 1966 年开始"文化大革命"，第三批外语出国留学生未能如期派出。

1965 年

1 月 31 日，高教部印发《关于 1965 年选拔（340 名）自然科学留学生工作的通知》。

3 月 25 日，周恩来总理率中国党政代表团在中国驻罗马尼亚大使馆会见全体中国留学生并发表讲话。

7 月 15 日，中华人民共和国政府和德意志民主共和国政府签订《关于互派大学生、研究生和进修生的协定》。

据教育部门统计，1950 年至 1965 年期间，经过教育部（高教部）选派，中国共向苏联、东欧、朝鲜、古巴等 29 个国家和地区派遣留学生、进修生等 10698 人，同期回国 8013 人。在派出人员中，大学生（本科生）6834 人，占 63.88%；研究生 2526 人，占 23.61%；进修生 1116 人，占 10.43%；教学实习生和翻译 222 人，占 2.08%。其中向苏联派遣留学生 8320 人，约占派出留学生总数的 78%。江泽民、李鹏、邹家华、宋健等党和国家领导人都是留苏学生或实习生；李铁映是在捷克斯洛伐克学习的留学生。该时期我国也向意大利、比利时、瑞士、瑞典、挪威、丹麦等国家共派出 200 余名留学生，绝大部分学习外语，其中学习自然科学留学生仅 21 名。如果将截至 1958 年前后因与苏联援建的工业项目相关联而派出的 6000 多名技术性实习人员（技术实习生）和军事留学生计算在内的话，中国于 1950 年至 1965 年期间共派出留学人员 1.6 万多人。在此期间，陆续完成学习计划后先后回国的上述各类留学人员超过 1.5 万人。2007 年一项统计显示，留学苏联和东欧的各类人员中先后有 200 多人成为科学院院士或工程院院士，许多人担任了重要的技术职务，成为诸多领域的学科带头人和专家学者，有的则成为知名艺术家。另外，在赴苏联和东欧留学人员中产生一批相继担任中国国家领导人和省部级负责人的领导群体：一名国家主席、一名国务院总理、多名国务院副总理或国务委员、200 多位正副部长及省部级官员、100 多位将军和军队领导；还有很多人走上省部级以下各级领导岗位。

1966 年

4 月 15 日至 5 月 5 日，高教部召开第三次出国留学生管理工作会议。会议讨论了如何进一步贯彻留学生工作方针并加强留学生思想政治工作，研究了选拔派遣、业务学习和生活管理方面的问题，检查和修订了在外留学生管理工作的暂行规定。根据会议统计，当时中国在外的留学生仅还有 1221 人，分布在 36 个国家和地区；主要是学习 34 种语言和少量学习科学技术的留学生。

1967 年

1 月 18 日，教育部、外交部向中国驻外使领馆印发《关于（在）国外留学生回国参加文化大革命运动的通知》。《通知》要求，"在国外的留学生除科技进修生有特殊需要或个别有其他特殊情况的，可以在国外继续学习外，都要回国参加文化大革命运动。1965 年出国的留学生，应向校方交涉休学半年。1964 年出国的留学生，一般应提前毕业，即在 2 月 10 日前回国。回国后不再出去。"1967 年 11 月前后，所有回国参加"文化大革命"的出国留学生，均由国家统一分配了工作；主管部门未再安排留学人员返回国外高校继续学习。

1972 年

9 月 15 日，根据中共中央批准外交部《关于中法贸易和文化交流若干项目的原则请示》中有关向法国派遣留学人员的内容，国务院教科组印发《关于向法国派遣（20名）学习法语进修生的通知》。为"达到时间短、收效大"的目的，要求"选派政治条件好、有一定法语基础、身体健康、年龄在 33 岁以下（教师可以到 35 岁）的青年翻译干部和教师出国进修"，并规定留学、进修时间为 2 年，不允许攻读学位。

本年，中国开始恢复派遣留学人员；本年内共派出 36 名语言类专业进修生，其中 20 人去法国留学，16 人到英国留学。

1974 年

8 月 27 日，国务院科教组、外交部印发并通知试行《出国留学生管理制度（草案）》和《出国留学生守则（草案）》。

9 月 20 日，国务院科教组、外交部上报国务院《关于改进和加强出国留学生选派、管理工作的请示报告》。《报告》总结了 1972 年至 1973 年期间恢复派遣留学生的工作；提出要坚持无产阶级政治挂帅、体现"文革"的成果，要立足自己培养，确需派出者应是成年留学生，以专业上的提高和进修为主、注意选送有实践经验的在职人员和外语院校应届毕业的工农兵学员，特别注重现实政治表现并要有一定的业务水平和培养前途；要向中国留学生较多的国家派出留学生专职管理干部，原则上，朝鲜、阿尔巴尼亚、越南、罗马尼亚等国派出一名，其他国家，有 20 名以上留学生的国家派出一名，有 40 名以上留学生的国家派出 2 名。10 月 16 日，国务院批准印发该《报告》。

1975 年

6 月 12 日，教育部、财政部和外交部印发《派往国外教师、留学生经费开支的暂行规定（试行）》。

1976 年

2 月 21 日，教育部印发《1976 年派遣出国留学人员的计划》。计划选派 200～300名语言类进修生和少量的科技进修生。《计划》要求，选派的出国进修生必须是应届或历届毕业的工农兵大学生，或具有同等学历的外语专业人员；进修专业即培养目标主要是外语口译人员和外语教师。

12 月 4 日，国务院批准教育部和外交部提交的《关于 1977 年接受和派遣留学生计划的报告》。12 月 20 日，教育部根据上述《报告》的原则，印发了《关于 1977 年选派（200 名左右）出国留学生的通知》；《通知》要求，从有实践经验的在职青年、外语教师、翻译人员和高等院校外语系应届毕业的工农兵学员中选派出国进修人员。

1978 年

1 月 31 日，教育部和外交部向国务院提交《关于向国外派遣语言留学生和进修教师等问题的请示》，并获得国务院批准；报告称，自 1972 年底以来已先后向 50 个国家派出 1162 名语言留学生，并已有 704 人结业回国；拟于 1978 年至 1980 年期间每年派遣（语言类）留学人员 300 名左右。

3 月 7 日，教育部、国家科委和外交部联合向国务院提交《关于 1978～1979 年向国外派遣科技生问题的请示》，并获得国务院批准；报告称，自 1973 年以来已先后向 8 个国家派出 90 名科技生，并已有 48 人结业回国；拟于 1978 年至 1979 年期间每年派遣科技生 200 名左右。

6 月 23 日，邓小平听取关于清华大学工作汇报并谈到派遣留学生问题时表示："我赞成留学生的数量增大，主要搞自然科学。留学生的管理方法也要注意，不能那么死。跟人家搞到一块，才能学到东西。这是五年快见成效，提高我国水平的重要方法之一。要成千成万地派，不是只派十个八个。我们要从外语基础好的高中毕业生中选派一批到国外进大学。今年三四千，明年万把人。这是加快速度的办法。"

1978 年 7 月 11 日至 1979 年 8 月 6 日，教育部向国务院连续提交五份涉及加大选派留学生数量和改进出国留学工作等问题的报告或请示，提出了"广开渠道，择优选拔，保证质量，力求多派"的出国留学选派方针；并就出国留学生的选派原则、选派方式和选派规模等具体事项作出新的规划，同时开始通过行政手段安排考试选拔出国留学预备生。

8 月 4 日，教育部根据中央指示印发《关于增选出国留学生的通知》，提出 1978 年出国留学生的名额要增至 3000 名以上，主要学习理、工、农、医等专业；除原已选派的 500 人以外，尚需增选 2500 人以上。8 月 31 日，教育部印发《关于选拔出国留学预备生的通知》，要求各地从当年高考生中选拔 2000 名理、工、农、医科的优秀者，作为出国留学预备生。经过全国性外语统考，教育部从 13383 名考生中录取 3348 名留学预备人员。其中进修人员或访问学者 2456 人，占 73.4%；出国研究生 367 人，占 10.9%；出国本科生 525 人，占 15.7%。

8 月 7 日，教育部、卫生部和财政部印发《关于出国留学生体检问题的通知》和《出国留学生健康检查暂行标准》。

8 月 21 日至 9 月 7 日，教育部、外交部、国家科委在北京联合召开部分驻外使馆文化参赞会议，研究落实扩大派遣出国留学人员的工作。会议提出了保证质量、不能充数、力争多派和步子要稳等意见。

9月19日，中共中央组织部印发《关于选调管理出国留学生干部的通知》，提出两年内要选调110名不同级别的留学生管理干部到国外工作。

10月7日至22日，中国教育代表团访问美国期间签订《中华人民共和国和美利坚合众国关于互换留学人员的口头谅解》；其中表明中方希望在1978年至1979学年期间派出500~700名学生和学者。

12月26日，教育部从2800多名留学预备人员中选出改革开放初期第一批50名持J-1签证的公派留学人员启程赴美，同行的还有2名北京大学单位公派赴美留学人员。临行前方毅副总理在人民大会堂会见50位国家公派留美人员。按照中美两国主管机构之间的协议，50名留学人员先赴美国乔治敦大学和美利坚大学学习语言；待他们熟练掌握英语后，再转至美国其他大学进修科学技术。

1972年至1978年期间，中国派遣出国留学人员的数量不断增加，主要是通过政府间教育交流渠道向非通用语种国家派遣留学生；共向49个国家派出1977名留学进修生，包括教育部公费派出或国外政府（机构）奖学金派出进修生，年均近300人；其中绝大多数（即90%以上）是被派往发达国家并学习所在国语言的留学人员；同期毕业后回国人员计963人。在此期间，接受中国留学生最多的发达国家依次为：英国276人、法国164人、加拿大93人、澳大利亚45人、日本42人、意大利22人；接受中国留学生最多的发展中国家依次为：墨西哥62人、朝鲜40人、伊拉克26人、马耳他18人、罗马尼亚15人。上述11个国家接受中国留学生的数量约占中国在这一时期派出留学生总数的66%。

1979 年

1月，邓小平访问美国，数日前抵美的中国留学人员代表到机场迎接并参加美国总统卡特举行的欢迎仪式。邓小平在与美国总统卡特所签协议中，将中美关于派遣留学生的口头谅解作为正式协议加以签署。

1月，教育部和中国科学院工作组前往美国57所大学走访了450多名该项目中国留学生。截至1986年底，该项目已招收近700名中国研究生。

6月3日，经国务院批准，教育部、国家科委和外交部印发《出国留学人员管理教育工作的暂行规定（试行）》和《出国留学人员守则（试行）》。

8月6日，教育部、外交部、国务院科干局联合向国务院上报《关于改进出国留学人员工作的请示报告》，获国务院批准。

8月8日，国务院批准教育部、财政部、国家科委和外交部印发《出国留学人员经费开支规定（国外经费部分）》。

12 月 20 日至 29 日，教育部和国务院科干局联合在北京召开出国留学人员工作会议。会议提出了确保质量、根据需要、广开渠道、力争多派的方针，会议确定了以培养高校师资为主、以自然科学为主、以技术科学为主、以进修人员和研究生为主的原则。

本年，由李政道教授倡导的中美合作培养物理研究生项目（CUSPEA），推荐了 5 名研究生赴哥伦比亚大学学习，哥伦比亚大学提供留学所需的资助。这开了中美合作选送留美研究生的先河。

1980 年

1 月 21 日，教育部印发《关于选拔 1979～1981 学年出国留学预备人员的通知》。《决定》根据国务院批准的《关于改进出国留学人员工作的请示报告》精神，在 1979 年至 1981 年的两个学年内再选拔 4000 名出国留学人员，其中以进修生和研究生为主，同时选派少量本科大学生。

1 月 26 日，教育部发布《关于增设出国留学生预备部并加快建设的意见》。

5 月 13 日，教育部和中国科学院印发《关于推荐学生参加赴美研究生考试的通知》。《通知》要求有关单位推荐人选准备参加当年秋季美国 40 多所大学物理系联合在华招收研究生考试。

9 月 15 日，国务院印发《关于修改出国留学人员、访问学者所获得的奖学金和资助费实施办法的通知》。

10 月 28 日至 11 月 8 日，教育部、外交部、国务院科干局、财政部、文化部和中国科学院联合召开出国留学人员管理工作会议。会议提出或重申的派遣方针有：突出重点、统筹兼顾、保证质量、力争多派、保持稳定；重视基础科学和技术科学、以自然科学为主、适当增加社会科学类名额；从以进修人员和研究生为主逐步做到以研究生为主、高校师资不少于派出总数的 60%。1981 年 3 月 13 日，上述六部门向国务院提交了《关于出国留学人员管理工作会议的报告》、《关于出国留学人员管理教育工作条例》和《关于出国留学人员国外经费开支若干问题的意见》。1981 年 7 月 16 日，国务院印发了《批转教育部等六个部门关于出国留学人员管理工作会议情况的报告的通知》，表示同意上述六部门的三个文件，并转发各单位贯彻执行。

12 月 31 日，财政部、教育部和外交部发布《关于部分出国留学人员、访问学者所获得奖学金和资助费交由本人支配后有关财务结算办法的具体规定》。

1981 年

1 月 14 日，国务院批转教育部、外交部、公安部、财政部、国家人事局、国务院科干局和国家劳动总局等七个部门联合印发的《关于自费出国留学的暂行规定》。《规定》指出，自费出国留学是我国留学工作的组成部分，自费留学是培养人才的一条渠道；对自费留学人员和公费留学人员在政治上应一视同仁。

2月26日，教育部印发《关于做好留学人员回国工作的通知》。

3月24日，美籍华人吴瑞教授致信教育部长蒋南翔，建议仿效李政道教授倡导的中美合作培养物理研究生项目，举办"中美生物化学和分子生物学研究生（CUSBM-BEA）考试项目"。随后，教育部印发了《关于招考赴美生物化学及分子生物学研究生的通知》，决定在华招收60~70名研究生，分别安排在美国46所大学学习，并由美方提供奖学金。

5月11日，教育部考试中心中国国外考试协调处（后更名为海外考试处）与美国教育考试服务处达成协议并签署《会谈纪要》，规定双方合作自1981年12月开始在中国大陆举行英语托福考试（TOEFL）和研究生成绩考试（GRE）。

7月29日，教育部印发《关于1981年（攻读硕士学位）出国预备研究生代选、代培工作的通知》。

7月29日，国家人事部、国家劳动总局、财政部、教育部和国务院科干局联合印发《关于出国留学生回国以后的工资待遇问题的通知》。《通知》规定，出国留学生毕业回国后的工资待遇按国内同等学历毕业生的标准执行。

8月，教育部召开出国留学预备人员培训工作会议。

8月7日，根据美国哈佛大学著名化学教授威廉·多林的建议，教育部印发《关于成立中美化学研究生培养规划（CGP）中方工作小组的通知》。首批选派40人赴美攻读博士学位。该项目连续执行了6年。

9月8日，教育部印发《关于在校研究生自费出国留学问题的通知》。《通知》明确规定在读研究生不得申请自费出国留学。

12月7日，教育部印发《关于1982年出国预备研究生招生计划的通知》。

12月31日，教育部印发《关于安排研究生、大学生回国休假的通知》。

1982 年

1月13日，教育部印发《关于加强出国留学预备人员培训工作的意见》和《出国留学预备人员培训工作部管理教育工作暂行规定》。

1月21日，教育部与国家人事局、国家劳动总局和财政部印发了《关于自费出国留学生在国外学习期间工资待遇问题的处理意见》。

3月31日，中共中央印发《关于自费出国留学若干问题的决定》。

4月2日，教育部印发《关于1982年试行选拔出国攻读博士学位研究生的通知》。《通知》指出，经国务院批准，出国留学人员的选派将逐步改为以派遣出国攻读学位的研究生为主；作为探索拟从本年开始试行选派80名直接攻读博士学位的研究生出国留学。1983 年 3 月 21 日，教育部印发《关于 1982 年试选出国攻读博士学位研究生的（补充）通知》。

5 月 6 日，根据丁肇中教授的建议，教育部印发《关于选拔赴美物理研究生的通知》。《通知》决定，每年选派 3～5 人赴美攻读实验物理研究生。该项目连续执行了 6 年。

5 月 19 日，中央组织部印发《关于自费出国留学人员登记工作的通知》。

7 月 16 日，国务院批转教育部、公安部、外交部和劳动人事部印发重新制定的《自费出国留学的规定》。

1983 年

1 月，包玉刚出资设立"包兆龙中国留学生奖学金"。同年成立"包兆龙中国留学生奖学金管理委员会"。截至 1992 年底，有 179 人先后获奖并出国到 14 个国家留学；同期有 34 人先后回国工作。

3 月 30 日，根据著名数学家陈省身教授的建议，教育部印发《关于选拔赴美数学研究生的通知》。该项目连续执行了 5 年。

7 月 20 日至 9 月 11 日，教育部和中国科学院派遣赴欧洲看望留学人员小组，前往欧洲 8 个国家 27 个城市，看望了 1215 名在外国留学人员。

9 月 13 日，劳动人事部、教育部、公安部和财政部印发《毕业留学生分配派遣暂行办法》。

11 月 23 日，胡耀邦总书记访问日本期间在中国驻日使馆接见中国留学生代表并发表讲话。

12 月 10 日，教育部印发《关于留学人员国外管理工作的若干补充规定》。

12 月 21 日，国务院批准教育部、财政部和外交部上报的《关于修改出国留学人员获得国外奖学金和资助费处理办法的请示》，并请各单位遵照执行。

1983 年 12 月 21 日至 1984 年 2 月 10 日，教育部派遣看望留学人员慰问团，前往美国、加拿大和日本的 66 个城市，看望慰问了 6083 名在外留学人员。

12 月 22 日，教育部印发《关于补发"文化大革命"前出国留学生学历证明书的通知》。

12 月 24 日，经中央书记处同意，中共中央办公厅转发中共教育部党组《关于留学人员工作中几个具体政策的请示》，提出对留学人员中发生的问题要进行实事求是的调查研究，区别情况慎重处理。

1984 年

4 月至 9 月，根据中央"对自费留学，要坚决大胆放开"的指示精神，教育部牵头组成自费留学问题调研小组，会同公安部、国家科委、外交部、财政部和劳动人事部，分析了自费留学人员的状况，检查了自费留学的政策，并对 1982 年印发的《自费出国留学的规定》进行了修改。随后，国务院印发了修改后的《国务院关于自费出国留学的暂行规定》。

7 月 19 日，民政部、教育部和外交部印发《关于出国留学生办理婚姻登记的暂行规定》。

9 月 3 日，教育部印发《关于部门、地方自行选派出国留学人员的通知》。

11 月 30 日，中央召开全国引进国外人才和出国留学人员会议。

1984 年 12 月 19 日至 1985 年 2 月 10 日，教育部派遣慰问留学人员代表团亚太组，前往澳大利亚、新西兰、朝鲜和日本的 26 个城市，看望慰问了 2266 名在外留学人员。

1985 年

4 月 18 日，教育部印发《关于部属高等院校自行选派留学人员审批办法的通知》。

5 月 2 日，根据国务院 1981 年 9 月 25 日印发的《关于驻外、援外人员在国外牺牲、病故善后工作的暂行规定》的有关原则规定，教育部印发了《关于留学人员在国外发生意外事故处理意见的通知》。

6 月 26 日，财政部、国家教委和外交部联合印发《关于公费出国留学人员经费开支规定》。

7 月 7 日至 12 日，《人民日报》连载由国家教委留学生司政策研究处撰写的《自费出国留学问答》。

7 月 23 日，中美两国政府在华盛顿签订两国之间交换留学生与学者的《中华人民共和国政府和美利坚合众国政府教育交流合作议定书》，有效期为五年，并取代 1978 年 10 月双方协议达成的《中华人民共和国和美利坚合众国关于互换留学人员的谅解》。

9 月 26 日，中德（民）两国政府签订《中华人民共和国政府和德意志民主共和国政府关于交换和接受进修生、研究生和大学生的协定》，有效期为五年，并取代 1965 年 7 月 15 日双方签订的《互派大学生、研究生和进修生的协定》。

1986 年

5 月 4 日，中共中央、国务院印发《关于改进和加强出国留学人员工作若干问题的通知》。《通知》提出，公派出国留学工作要做到"按需派遣，保证质量，学用一致"；要加强对出国留学人员的"管理、教育、服务"工作；努力创造条件，充分发挥留学回国人员的作用。5月7日至13日，国家教委召开出国留学人员工作会议，学习领会并研究讨论如何贯彻改进和加强派遣留学人员工作的方针和政策。会议提出，要长期坚持派出政策，总结经验改进问题，高级专门人才的培养应基本立足于国内。

5月24日，中国国家教委和联邦德国德意志科技交流中心签订《关于联合培养中国博士研究生的协议》。随后，国家教委印发《关于与联邦德国联合培养博士生的通知》。

6月9日，中英两国政府及包玉刚爵士基金会签署有关"中英友好奖学金项目"的谅解备忘录。中共中央总书记胡耀邦出席签字仪式。该计划规定，三方按照2∶1∶2比例共同出资3500万英镑，分10年运用，为中国赴英留学人员提供奖学金；每年选派350～420人到英国留学或研究。

7月15日，文化部和教育部印发《关于艺术院校学生、教师出国留学的审批原则》。

7月24日，邓小平接见获得"有突出贡献的中青年专家"称号的优秀留学回国人员马颂德博士等人。

10月24日，国家教委印发《关于出国留学人员毕业回国后工作分配问题的通知》。

12月13日，国务院印发《批转国家教育委员会〈关于出国留学人员工作的若干暂行规定〉的通知》。《关于出国留学人员工作的若干暂行规定》于1987年6月11日在《人民日报》全文刊出。这是我国第一个公开发表、级别最高、全面阐述出国留学整体工作的政策性文件。为了帮助理解和执行上述文件中的相关政策，1987年1月28日，国家教委印发了涉及不同管理内容的五个《出国留学人员工作管理细则》；1987年10月7日，国家教委和国家科委联合印发了《回国留学人员工作安排暂行办法》，对各类留学人员的管理和回国安排工作，提出了具体的措施；1987年12月29日，中国人民解放军总参谋部、总政治部和总后勤部联合印发《关于军队留学人员工作的若干问题的通知》；1988年1月12日，国家教委、劳动人事部和公安部联合印发《关于公派出国研究生配偶申请出国探亲假等事项的管理细则》；1995年6月5日，国家教委印发《关于执行〈关于出国留学人员工作的若干暂行规定〉有关规定的解释函》。

12月，《瞭望》周刊发表《李鹏谈改进派遣留学工作》的文章。

1987 年

2月19日，国家教委印发《关于公派赴美访问学者攻读研究生事宜的通知》，要求对转读学位的申请，要严把审批关。

2月20日，国家科委印发《关于申报对非教育系统回国留学人员科研资助经费问题的通知》和《关于对非教育系统回国留学人员择优资助经费的使用与管理暂行办法》。

3月30日至4月4日，国家教委召开出国留学人员经费管理工作会议。会议讨论和研究了《驻外使领馆出国留学人员经费管理的暂行规定》和《关于出国留学人员开展宣传工作专项经费开支的暂行规定》等文件。

4月23日，国家教委向中国驻外使领馆印发《关于做好自费留学人员工作的通知》，要求各使领馆要充分认识到做好自费留学生的管理和服务，是培养人才和争取人心的重要工作，应将其列入使领馆的议事日程。

4月11日，国家教委印发《关于加强公派出国留学人员政治审查工作的通知》，提出对出国留学人员进行"政审"的原则、程序和标准。

5月，以在外留学人员为主要读者对象的《神州学人》杂志创刊（时为双月刊后变为月刊），邓小平题写刊名。

6月2日至14日，中国教育代表团访问美国，其间，与美国新闻总署举行会谈，就中国赴美公派留学人员问题进行商谈，并发表了《中美教育会谈新闻公报》。10月12日，国家教委印发了《关于我公派留学人员不得擅自转美问题的通知》。

7月8日，国家教委、财政部和外交部联合印发《关于国家公派出国留学人员经费管理的暂行规定》。

7月31日，国家教委印发《我国赴苏联及东欧国家公费留学人员费用管理的补充规定》。该规定是根据《驻外使领馆出国留学人员经费管理的暂行规定》并结合实际情况提出的补充意见。

8月15日，国家教委和外交部联合印发《关于加强对赴苏联、东欧国家留学人员教育管理工作的通知》和《关于加强对赴苏联、东欧国家留学人员教育管理工作的若干规定》。通知和规定提出了"积极稳妥、逐步发展、形式多样、讲求实效"的派遣工作方针。

8月21日，国家教委和公安部联合印发《关于国内外组织和个人不得擅自在我国招收自费出国留学人员的通知》。

10月10日至14日，国家教委经商外交部、公安部、国家科委和中组部召开有关出国留学人员工作的座谈会。12月30日，国家教委印发了《关于进一步贯彻中央出国留学人员工作方针的通知》，强调派出留学人员不能过分集中于一个国家以及公派留学人员有义务按期回国等政策原则。

10月12日，国家教委印发《关于第一期赴日研究生结业回国工作的通知》。10月30日，国家教委外事司发布《关于赴日研究生留学期限及结业回国后待遇等问题的暂行规定》。

12月5日，国家教委和司法部联合印发《关于签订〈出国留学协议书〉的通知》。

12月9日，国家教委印发《关于（1988年度）与欧洲共同体合作培养博士研究生的通知》，确定从中国人民大学等 31 所高校在读博士生中遴选 20~30 名出国留学博士的候选人。

本年，王宽诚教育基金会与中国科学院开始合作并先后设立"中国科学院王宽诚教育基金会奖贷学金"、"中国科学院王宽诚科研奖金"、"卢嘉锡学术交流基金"、"中国科学院王宽诚博士后工作奖励基金"、中国科技大学"王宽诚育才奖"、紫金山天文台"王宽诚行星科学人才培养基金"等项目，使近 2500 名科技人员得到资助，为培养创新科技人才、引进海外高层次人才发挥积极作用。

1988 年

1 月，国家教委在天津召开出国留学工作会议。

2 月 16 日，国家科委、国家教委和中国社会科学院联合印发《关于报送留学生学位论文的通知》，要求出国留学期间取得硕士、副博士或博士学位的人员，必须向国家报送学位论文副本。

3 月 12 日，国家教委印发《关于加强与加拿大国际开发署和联合国机构合作项目派出留学人员管理工作有关事项的通知》。

4 月 2 日，国家医药管理局印发《国家医药管理局关于出国留学人员工作的若干规定（暂行）》。

4 月 5 日，国家教委专职委员黄辛白发表有关出国留学政策的《答新华社记者问》。黄辛白表示，派遣留学人员是中国的长期政策，没有改变，也绝不会改变；所谓大大减少留学生特别是去美国留学生数量是没有事实根据的。

5 月 10 日，国家教委印发《关于保证公派出国进修人员、访问学者选派质量的通知》。

7 月 6 日，国家教委印发《关于加强对代招或推荐出国留学生管理教育工作的通知》。

9 月 12 日，邓小平表示：我们的留学生有几万人，如何创造他们回来工作的条件，很重要。有些留学生，回来以后没有工作条件，也没有接纳他们的机构，有些学科我们还没有。可以搞个综合的科研中心，设立若干专业，或者在现有的一些科研机构和大学里增设一些专业，把这些人放在里面，攻一个方面，总会有些人做出重大贡献。否则，这些人不回来，实在可惜啊。

10 月 5 日，国家教委印发《关于我向美方提供公派留美人员名单的情况说明》，说明此举系应美国新闻署要求，既符合美国有关法律规定，也符合国际公认准则和中国留学政策要求。

10 月 6 日，国家教委和人事部联合印发《关于赴苏联、东欧国家留学获得博士、副博士学位人员工龄计算的通知》。

10 月 7 日，国务委员兼国家教委主任李铁映会见美国美中学术交流委员会主席柯·阿兰博士时表示，我国将根据需要继续派遣出国留学人员，以加快人才的培养和增加与世界各国的交流与合作。

10 月 28 日，国家教委召开第 13 次全体委员会议研究和部署进一步改进出国留学工作的问题。

12 月 3 日，国家教委在人民大会堂召开有 53 名留学回国人员代表参加的座谈会。杨尚昆、李鹏、宋任穷、严济慈、宋健、方毅、钱学森等接见了他们。国务委员兼国家教委主任李铁映主持会议并听取了他们的意见和要求。

1989 年

2 月 25 日，国务院侨办和国家教委联合印发《关于对申请自费出国留学的归侨、侨眷不收"培养费"等问题的通知》。

3 月 31 日，中国（教育部）留学服务中心成立。该中心的前身是国家教委出国人员北京集训部。

4 月，国家教委设立"资助优秀年轻教师基金"并印发了《资助优秀年轻教师基金试行办法》，资助对象包括在国内高校任教的留学回国人员。

5 月，国家教委撤销外事局并分别设立留学生司和国际合作司。

5 月至 6 月，中国（教育部）留学服务中心组建招聘工作组赴西欧国家招聘留学人员。

7 月 26 日，国家教委发言人就出国留学人员的有关问题回答记者提问。

8 月 4 日，国家教委留学生司印发《关于在日留学人员管理工作中若干问题的实施办法（试行）》。

10 月 6 日，江泽民等党和国家领导人在中南海怀仁堂接见留学回国人员代表并举行座谈。

10 月，国家教委在法国召开西欧地区留学生工作会议。随后，国家教委印发了《关于对西欧留学人员管理工作中若干问题的实施办法（试行）》。

11 月 18 日，国家计划生育委员会和国家教委联合印发《关于出国留学人员计划外生育问题的通知》，规定应向留学人员宣传我国计划生育政策，同时应允许其回国后为在国外超生子女申报户口。

1990 年

1 月 1 日，《煤炭系统留学回国人员科技基金的使用管理暂行办法》开始实施。

1 月 4 日，国家教委在北京召开全国自费出国留学工作会议。

1 月 17 日，中共中央办公厅印发《关于印发〈中共中央政治局常委会议讨论出国留学问题纪要〉的通知》。《通知》要求"要热情做好学成回国人员的安置工作，为他们回国后的工作和生活创造必要条件，充分发挥他们的作用。要制定特殊的政策，吸引更多的优秀拔尖人才回国服务。国家教委可在每年留学人员总经费中安排的经费用于做好留学人员回国的安置工作，解决其科研和住房问题"。根据《纪要》的要求，国家教委于当年设立"留学回国人员科研资助费"项目。

1月19日，国家教委、劳动部和人事部联合印发《关于博士生和在职人员考取硕士生学习期间工龄计算问题的通知》，其中涉及出国留学人员回国后的工龄计算问题。

1月25日，国家教委印发《关于具有大学和大学以上学历人员自费出国的补充规定》。《规定》明确规定大专以上学历人员在相应的服务期时不得申请自费出国留学；并对国家公费培养的自费留学人员开始严格执行国内服务期规定。在留学回国工作方面，要求国家和单位公费留学人员必须履行回国服务义务，同时采取特殊措施吸引优秀拔尖人才回国服务。国家教委每年从留学经费中拿出20%用于资助留学回国人员科研启动，对优秀拔尖人才给予重点资助，采取一系列具体措施来争取和吸引在外留学人员回国工作。

2月8日，国家教委印发《具有大学和大学以上学历人员自费出国留学审核办法及注意事项》。

2月23日，国家教委印发《关于调整高级访问学者费用标准的通知》和《关于调整国家公费留学人员费用标准的通知》。

3月20日，李鹏在全国人大七届三次会议上所作政府工作报告中指出，派遣留学生出国学习，是执行对外开放政策的组成部分。今后要在总结经验的基础上，根据德才兼备、按需派遣、保证质量、学用一致的原则，改进和完善派遣工作，并努力为留学生学成回国工作创造必要的条件。

4月11日，国家教委印发《关于下达1991年国家公费与日本合作培养博士生名额的通知》。《通知》确定主要选拔以日本史、日本经济和中日关系为研究方向的在读优秀博士生。

5月29日，国家教委印发《关于1990年度与国外合作培养博士生工作的通知》。

5月30日，《人民日报（海外版）》刊登中国驻美国大使馆发言人的谈话，重申中国向海外派遣留学生以及关于自费留学生的政策不会改变。

6月13日，国家教委留学生司印发《赴苏联、东欧地区公费留学人员管理工作中若干问题的处理办法》。

6月30日至7月8日，国务委员兼国家教委主任李铁映访问日本期间会见留日学生代表，鼓励他们刻苦学习、增长才干，为祖国、为人民服务；他强调向国外派留学生的政策是中国改革开放总方针、总政策的一个重要组成部分，不会改变。李铁映在日中友好会馆为留日学生书写了"今日万里求学，明日百年报效"的赠言。

7月18日，根据国家教委留学生司与《人民日报（海外版）》达成的协议，《人民日报（海外版）》和《神州学人》杂志社合办的"中国留学生之页"出刊。国家教委副主任何东昌为首刊撰文《向留学人员致以最好的祝愿》。《中国留学生之页》每周三在《人民日报（海外版）》第2版刊出；后变更为《海外学子》专版，每周出刊一版。《人民日报（海外版）》与《神州学人》杂志属于在海外留学人员中有一定影响的中国大陆报刊。

9月14日，国家教委印发《关于出国留学生回国学习有关问题的通知》。

9月27日，国家教委印发《关于开展表彰在工作中做出突出贡献的回国留学人员活动的通知》。

9月28日，国务委员兼国家教委主任李铁映，国家教委副主任何东昌、滕藤在人民大会堂会见了回国参观第十一届亚洲运动会的留学生代表。

10月27日，国家教委和人事部联合印发《关于获得苏联、东欧国家副博士学位人员回国后待遇的通知》。

11月15日，国家教委、人事部和劳动部就已辞职的自费留学人员回国后工作安排、工龄及待遇等问题请示国务院办公厅，经批准同意后印发"答记者问"。12月21日，《人民日报（海外版）》全文刊登这篇"答记者问"。

11月16日至22日，国家教委、人事部在北京举办首届全国留学回国人员科技成果展览会。

12月10日，国家教委印发《国家教育委员会海外考试考务管理规则》。

12月26日，国家教委留学生司印发《关于使用留学人员回国工作资助费用有关问题的通知》，设立并开始实施对具有博士学位的留学回国人员资助科研启动经费的项目。《通知》指出，留学人员回国工作资助费是在国家经济还比较紧张的情况下为使留学人员回国后有一个较好的工作和生活条件，更好地发挥作用而设立的。

1991 年

1月24日，国家教委和人事部印发《关于表彰在工作中做出突出贡献的回国留学人员的决定》。

1月25日，中宣部、人事部、国家教委、国务院学位委员会联合召开全国有突出贡献博士硕士学位获得者、回国留学人员和优秀大学毕业生表彰大会。

1月24日，卫生部印发《卫生部公派出国留学管理暂行办法》。

2月7日，外交部照会各国驻华大使馆：《外国组织和个人不得擅自在华招收留学生》。

4月29日，公安部三局、六局印发《关于我国留学人员在国外所生子女回国落户有关手续的通知》。

3月12日至4月2日、10月23日至11月18日、11月21日至12月15日国家教委与中国科学院、上海市、陕西省和大连市等20个单位组成联合招聘组，先后赴日本、英国、法国、德国、荷兰、比利时和瑞士等国家招聘在外中国留学博士生回国工作。

6月16日，中英友好奖学金计划委员会第六次年会在香港举行。

6月至9月，国内十几个省、市、区遭受严重水涝灾害，在外留学人员捐款76万美元。

7月9日至12日，国家教委在天津召开有部分院校和单位参加的改进公费出国留学试点工作会议。8月7日，国家教委印发《关于在部分院校、单位改进公派出国留学工作的意见》，提出公派留学要坚持"按我之需，取人之长，精选精派，定人定向，保质保回"的原则。

8月7日至11日，国家教委在长春召开出国留学预备人员培训部会议。9月16日，国家教委印发了《关于进一步加强出国留学预备人员培训工作的通知》。

9月3日，中国高等教育学会出国留学工作研究专业委员会（又称全国出国留学工作研究会）成立，并在天津召开成立大会。

10月11日至13日，国家教委在北京召开国家公费出国留学选派工作会议。11月12日，国家教委印发了《关于改进国家公费出国留学人员选派工作的意见》和《关于做好1992年国家公费出国访问学者选拔工作的通知》。

10月16日，国务院、中央军事委员会授予20世纪50年代从美国回国的著名科学家钱学森"国家杰出贡献科学家"荣誉称号。

10月18日，留美回国博士、北京大学生物系青年教授陈章良荣获联合国教科文组织颁发的1991年贾乌德·侯赛因青年科学家奖。

10月，教育部留学服务中心组织首届日本留学说明会。

11月15日，国家海洋局发布《国家海洋局关于留学人员待遇等若干问题的暂行规定》。

12月4日，国家教委党组印发《关于做好出国留学人员政治考核工作的意见》。

12月7日，国家教委印发《关于国家计划选派非通用语种出国留学生回国补发毕业文凭并授予相应学位的通知》。

1992 年

1月25日，邓小平视察广东珠海留学人员高科技企业时表示，"希望所有出国学习的人回来。不管他们过去政治态度怎么样，都可以回来，回来后妥善安排。这个政策不能变。告诉他们（指中国在外留学人员），要做出贡献，还是回国好。希望大家通力合作，为加快发展我国科技和教育事业多做实事"。

3月14日，李鹏在"全国科技工作会议"上表示，对近年出国的留学人员，国家从政策上保证他们来去自由，往返方便。国务委员宋健要求各级政府和科技界，要理解和关心海外学人，加强交流并坚决实行"来去自由"的方针。

3月20日，李鹏在全国人大七届五次会议上所作政府工作报告中表示，海外留学人员是国家的宝贵财富，不管他们过去的政治态度如何，都欢迎他们回来报效祖国，回来后要妥善安排。

6月16日，人事部印发《关于"文革"前赴苏联、东欧国家留学的本科生学习期间工龄计算问题的通知》。

8月12日，国务院办公厅印发《关于在外留学人员有关问题的通知》。《通知》指出，欢迎留学人员回国工作；公派在外学习人员有义务在学成之后回国服务；所有在外学习的人员，不论他们过去的政治态度如何，都欢迎他们回来。

8月12日，人事部制定并印发《非教育系统留学回国人员择优资助经费有偿使用暂行办法》。

8月，国家自然科学基金委印发《资助留学人员短期回国工作讲学专项基金的施行办法》和《海外青年学者合作研究基金管理办法》。

8月8日，国家自然科学基金管理委员会印发《留学人员短期回国工作讲学专项基金实施办法》。

8月18日，人事部和国家教委联合印发《关于进一步争取优秀留学博士回国做博士后的通知》。

8月23日，海关总署印发《关于对在外留学人员回国携带进境行李物品给予优惠的通知》。

8月23日，国务委员兼国家教委主任李铁映参加中国长春电影节期间，在与长春高校师生座谈时就出国留学工作发表了一系列看法，并首次提出我国留学工作的总方针应该是："支持留学，鼓励回国，来去自由。"

8月29日，公安部印发了《关于执行〈国务院办公厅关于在外留学人员有关问题的通知〉应注意事项的通知》。

10月12日，江泽民在中国共产党第十四次全国代表大会报告中指出："我们热情欢迎出国学习人员通过多种形式关心、支持和参加祖国的现代化建设。不论他们过去的政治态度如何，都欢迎回来参加社会主义建设，给予妥善安排，并实行出入自由，来去方便的政策。"

10月24日，人事部、公安部、商业部联合印发《关于出国留学人员工作单位调整有关问题的通知》。

1993 年

1 月 15 日，国家教委有关负责人在记者招待会上表示，我国将继续贯彻"支持留学，鼓励回国，来去自由"的方针，进一步放宽自费出国留学的政策，改进公费出国留学的选派工作，动员更多的留学人员回国工作。

1 月 17 日，国家教委在北京举行留学回国人员春节联欢会。江泽民、胡锦涛、李铁映等党和国家领导人及社会各界知名人士与留学回国人员共 400 余人出席。李铁映代表党中央、国务院致辞，向留学回国人员和在国外学习的留学人员致以节日问候。江泽民主席即席发表谈话时表示，"祖国山河壮，故乡月更明；祖国和人民热忱欢迎更多的留学生学成归国，殷切期望大家事业有成"。

2 月 1 日，司法部印发《关于鼓励留学归国人员从事律师工作的通知》。

2 月 13 日，中共中央、国务院印发《中国教育改革和发展纲要》，首次公开提出，应根据"支持留学，鼓励回国，来去自由"的方针，继续扩大派遣留学生。

3 月 15 日，李鹏在第八届全国人民代表大会政府工作报告中提出，对出国留学人员要实行"支持留学，鼓励回国，来去自由"的政策，欢迎他们采取多种方式参加祖国建设。

3 月 16 日，国家教委留学生司就出国留学政策问题召开座谈会。

6 月，教育部留学服务中心开发和创办留学人才和技术项目供需信息网络系统并开始运行；1997 年更名为"中国留学网"；2003 年 7 月拓展为由"留学政策、出国留学、留学回国和来华留学"四个子网组成的网站群。

6 月 24 日，国家教委留学工作负责人就美国实施"1992 年中国学生保护法"一事，向中国国际广播电台发表谈话，阐述中国政府对法案的原则态度。

7 月 10 日，国家教委印发《关于自费出国留学有关问题的通知》，对国家教委1990 年《关于具有大学和大学以上学历人员自费留学的补充规定》进行重要修改，规定未完成服务期的大专以上学历人员在交纳相应"高等教育培养费"后可申请自费出国留学。

7 月 27 日至 31 日，国家教委在山东青岛市召开全国自费出国留学工作会议。

9 月 2 日，国家教委留学生司印发《关于使用"留学回国人员科研资助费"有关问题的通知》。

10 月 8 日，国家教委留学服务中心印发《留学人员回国工作和办理有关派遣手续的实施办法》。

10 月 23 日，"欧美同学会"举行成立 80 周年庆祝大会。江泽民主席出席大会并表示，"许多仍在海外的留学人员时刻关心祖国的建设和改革，在勤奋攻读的同时，也在通过各种方式为祖国的发展做着有益的工作。我们要继续执行'支持留学，鼓励回国，来去自由'的方针，把各项留学工作做得更好。党和人民热忱欢迎更多的留学人员回国服务"。

11月14日，中国共产党第十四届三中全会通过《关于建立社会主义市场经济体制若干问题的决定》。其中首次以中共中央文件的形式确立了"支持留学、鼓励回国、来去自由"的出国留学工作方针。

12月30日，国家教委主任朱开轩在《中国教育报》上发表题为《刻苦学习　报效祖国》的对海外留学人员的讲话。

1994 年

2月1日，国家教委在北京举行慰问留学回国人员新春文艺晚会。党和国家领导人胡锦涛、李岚清在晚会前接见24位有突出贡献的留学回国人员代表。李岚清代表党中央、国务院在晚会上讲话。

2月17日，国家自然科学基金委印发《资助留学人员短期回国工作讲学专项基金管理办法》。

3月12日，公安部印发《关于办理出国留学人员户口登记问题的通知》。

7月11日，国务院印发《关于〈中国教育改革和发展纲要〉的实施意见》。《意见》提出，要建立国家留学基金管理委员会，使来华与出国留学生的招生、选拔和管理工作走上法制化的轨道。

9月，中国大陆第一个留学人员创业园——金陵海外学子创业园在南京成立。

10月14日，人事部印发《资助留学人员短期回国到非教育系统工作暂行办法》。

11月21日，为便于已加入外国籍或取得国外永久居留权的海外高层次留学人才回国工作，国务院办公厅转发人事部、财政部印发的《关于来华定居工作专家工作安排及待遇等问题的规定》。

1995 年

1月9日，《神州学人》杂志创办电子版。

1月20日，国家教委、国务院宗教局和公安部联合印发《关于严格控制外国宗教组织在华招收自费留学生有关问题的通知》。

1月26日，国家教委外事司印发《关于加强〈留学回国人员证明〉管理有关问题的通知》。

3月26日，人事部、国家教委和外交部联合印发《关于回国（来华）定居专家工作有关问题的通知》。

4月4日，国家教委决定设立"国家教委留学基金管理委员会"，印发《改革国家公费出国留学选拔管理办法的方案》，并决定在江苏、吉林两省先行试点。

4月20日，教育部留学服务中心成立留学人员投资事务处，为留学人员回国投资、引资及引进技术和项目创造条件并提供有关咨询服务。

6月2日，国家教委印发《关于在美留学人员申办豁免事宜的通知》。

7月10日至14日，国家教委在北京召开部分驻外使领馆教育参赞工作会议。会议研究和交流了在外留学人员工作的问题，并着重研究了如何做好留学人员回国服务的问题。14日，李岚清副总理在中南海与参加会议的教育参赞进行座谈。

11月14日至16日，人事部在北京召开全国人事系统留学回国人员工作会议。国务委员李贵鲜出席会议并发表讲话。人事部部长宋德福发表《充分开发利用留学人才资源》的讲话。

1996 年

1月22日至24日，国家公费出国留学选派工作会议在北京举行。国家教委公布国家公费出国留学人员选派管理改革方案，并决定于年内在全国试行。

2月6日至8日，国家教委和人事部举办"全国留学回国人员代表成果汇报暨慰问活动"。

2月29日，国家教委印发《关于做好1996年国家公费出国留学人员选派办法改革全面试行工作的通知》。《通知》决定实施"个人申请，专家评审，平等竞争，择优录取，签约派出，违约赔偿"的选派工作方针。

4月25日，国家教委外事司设立旨在鼓励和适当资助在外高层次留学人员短期回国工作或服务的"春晖计划"项目，并印发《资助海外留学人员短期回国工作专项经费实施办法》。

6月13日，文化部印发《文化部优秀海外留学归国人才专项专业技术职务岗位限额管理办法》。

6月20日，中央机构编制委员会办公室批准设立国家留学基金管理委员会。国家教委副主任韦钰兼任国家留学基金管理委员会主任，委员由国家教委、财政部、国家计划委员会、人事部、中国科学院、中国工程院、国家自然科学基金委、外国留学生教育管理学会和出国留学工作研究会等部门的代表组成；国家留学基金委下设秘书处，负责日常事务工作。

7月23日至25日，欧美同学会在北京召开"21世纪中国：新一代留学生"研讨会。截至2009年，欧美同学会每年或隔年在世界不同城市连续举办了十届以发挥留学人员作用为主要内容的"21世纪中国：新一代留学生"系列研讨会。

8月21日，人事部印发《"九五"期间人事系统留学人员工作规划》。《规划》指出，人事系统留学人员工作在全国开展得还不平衡，有的地方和部门还比较薄弱；留学人才资源还没有得到充分开发和利用，特别是吸引在外优秀留学人才回国工作或为国服务方面还缺乏有效措施；留学人员管理机构和管理手段有待完善和提高等；留学人员工作面临的任务还十分艰巨。

9 月 30 日，经党中央、国务院批准，中央组织部、中央宣传部、中央统战部、人事部、教育部、科学技术部隆重表彰 311 名在我国各个领域、各条战线做出突出贡献的留学回国人员和 22 个先进集体，并分别颁发"留学回国人员成就奖"和"留学回国人员先进工作单位奖"。

10 月 2 日，1996 年国家公费出国留学工作改革试行的第一次全国范围内的选拔录取工作结束。首批录取全国 700 多个单位的国家留学基金资助出国留学人员 1399人。随后，1996 年度国家公费出国留学人员名单在《光明日报》公布，这是新中国成立以来首次通过媒体向全社会公布公费出国留学人员名单。

10 月，国家留学基金委制订《资助出国留学协议书》，并与司法部公证司联合印发《〈资助出国留学协议书〉公证的通知》。

10 月 29 日，国家留学基金管理委员会第一次全体委员会议在北京举行。会议讨论并原则通过了《国家留学基金管理委员会章程（草案）》。

12 月 23 日，国家教委印发《关于做好国家公费留学改革后派出人员国外管理工作的通知》以及《国家留学基金资助人员国外管理若干问题的规定》。

1997 年

1 月 21 日至 23 日，国家教委和人事部联合召开全国留学回国工作会议。

2 月 23 日，第一位以国家留学基金资助方式派出的留学人员景志华从英国学成归来。

7 月至 8 月，国家教委、甘肃省政府和中国驻法使馆教育处策划并由 25 名留法学者组成的"留法学者参加西部建设小组"在甘肃进行科技项目对口洽谈与交流活动。

8 月 20 日，国家教委印发《关于进一步加强国家留学基金资助留学人员国外管理工作的通知》。

9 月 12 日，江泽民在中共十五大报告中表示，要鼓励留学人员回国工作或以适当方式为祖国服务。

10 月 20 日，国家留学基金委设立留学回国人员科研资助费项目。1998 年 5 月，国家留学基金委印发《关于批准胡海岩等 49 名留学回国人员获得科研资助费的通知》。该项目约一年后因重复设置被撤销。

11 月 17 日，欧美同学会联合国家教委和共青团中央共同举办纪念毛泽东主席接见留苏学生讲话 40 周年会议。

本年，人事部建立"中国留学人才信息网"。

1998 年

2 月 26 日，国家有关部委与江苏地方政府宣布联合共建苏州留学人员创业园。

5 月 26 日至 27 日，人事部流动调配司与山东省人事厅在烟台举办的留学回国人员工作站首届联谊会。会议透露，自 1994 年南京市在全国率先创办"金陵海外学子科技工业园"以后，上海、北京、天津、河南、烟台、苏州、淄博、佛山等地已相继创办留学人员高科技创业园区。随后，人事部办公厅印发了《留学回国人员工作站联谊会纪要》。

6 月 22 日，国家留学基金委召开座谈会，纪念邓小平关于扩大派遣留学生讲话 20 周年。

7 月 27 日至 29 日，首届中华学人与 21 世纪上海发展国际研讨会举行。其后约每年举行一次"中华学人与 21 世纪上海发展"系列国际研讨会。

7 月 31 日，教育部印发《关于在美留学人员申办豁免有关问题的通知》。

8 月 4 日，教育部启动"长江学者奖励计划"并印发《高等学校特聘教授岗位制度实施办法》，资助海外优秀留学人员回国短期工作或竞聘高等学校特聘教授岗位，参与中国高等院校建设。

9 月 16 日，为进一步加强留学回国人员科研启动基金的管理，提高使用效益，教育部国际合作与交流司印发《（教育系统）留学回国人员科研启动基金管理规定》。

11 月 24 日，教育部部长陈至立在记者招待会上就出国留学工作发表谈话时表示："教育的改革开放是我国改革开放政策的重要组成部分。20 年来，我们已经派出了近 30 万名留学人员。从 1995 年开始，我们对留学生派遣工作进行了较大改革，改变了过去由单位推荐派遣的办法，实行全国性的考核考试，然后择优选派。"她说："留学人员回国起到了很重要的作用，在很多大学、科研单位、政府部门都有留学回国人员。我们将继续坚持'支持留学，鼓励回国，来去自由'的政策，欢迎海外学子学成回国。"

12 月 28 日至 30 日，广州市政府策划并创办的第一届中国留学人员广州科技交流会举行。其后每年的 12 月 28 日至 30 日如期举行。教育部、科技部、人事部和中国科学院等国务院部委先后被列为共同主办单位。

本年，国务院侨办支持创建武汉留学生创业园，并于 2000 年确定为"国侨办引智引资重点联系单位"。

1999 年

1 月 13 日，国务院批转教育部开始实施《面向 21 世纪教育振兴行动计划》。《计划》将出国留学工作安排在比较重要的位置。

2 月 3 日至 4 日，全国留学回国成果汇报会在北京举行。会议代表均是在科研、教学、产业、管理等方面作出突出成绩的优秀留学回国人员代表。与会的留学回国人员代表就如何面向国家经济建设的主战场，在科教兴国、迎接知识经济时代到来的新形势下，积极投身到国家大中型企业或创办实业，把自己在国外所学的知识、实践的经验以及国外发展科技产业的成功模式运用到国内，以创造较大的经济效益和社会效益，促进国家的经济发展等方面，交流了各自的经验。

5 月 21 日，教育部印发《国家留学基金管理委员会章程》。

5 月 25 日，教育部印发《关于调整国家公派留学人员在部分国家的奖学金资助标准的通知》。调整的国家有：美国、加拿大、墨西哥、澳大利亚、新西兰、西班牙、丹麦、日本和土耳其。

6 月 17 日，经国务院同意，教育部、公安部和国家工商行政管理局联合制定并印发《自费出国留学中介服务管理规定》。

7 月 15 日，教育部印发《自费出国留学人员偿还的高等教育培养费管理使用办法》。

7 月，科技部火炬高技术产业开发中心和人事部专业技术人员管理司召开海外学人科技创业园工作座谈会。会议决定每年举办一届全国留学人员创业园网络年会。

8 月 24 日，教育部印发《自费出国留学中介服务管理规定》和《自费出国留学中介服务管理规定实施细则》。

12 月 3 日，国家宗教事务局印发《关于转发〈中国基督教选派及培训神学毕业生出国留学试行办法〉的通知》；该《试行办法》由中国基督教三自爱国运动委员会和中国基督教协会联合制定，目的在于有计划地培养较高层次的爱国爱教基督教神学人才。

12 月 16 日，九届全国人大华侨委员会举行第十一次全体委员会议，听取教育部关于我国派出留学和留学人员为国服务情况的报告。

2000 年

1 月 3 日，教育部印发《关于妥善解决优秀留学回国人员子女入学问题的意见》。

1 月 13 日，教育部办公厅印发《关于进一步加强"长江学者奖励计划"海外宣传力度及协助做好有关特聘教授受聘后管理工作的通知》。

1 月 17 日，国务院学位委员会和教育部联合印发《关于同意"教育部留学服务中心"和"全国学位与研究生教育发展中心"开展外国学位证书认证咨询工作的通知》。

1 月，李涛、孙敏等主编的《中华留学教育史录：1949 年以后》出版。全书辑录了 1949 年至 1993 年期间有关留学教育的重要文献、政策和规定，约 115 万字。

2月22日至23日，教育部召开第一次全国教育外事工作会议。会议总结了改革开放20年来出国留学工作的成绩并确定了今后5年出国留学工作的基本内容。

3月，国务院决定实施西部大开发战略。其中要求各地各部门采取或制定相应措施，吸引、鼓励、推动和支持在外留学人员特别是尖子人才积极参与西部大开发，在西部创业。

5月17日，江泽民接受美国《科学》杂志专访，充分肯定改革开放以来出国留学人员的贡献。

6月8日，中共中央和国务院批准人事部印发《关于鼓励海外高层次留学人才回国的意见》。

6月21日，科学技术部、人事部和教育部联合印发《关于组织开展国家留学人员创业园示范建设试点工作的通知》。

7月17日，教育部印发《关于调整国家公派留学人员在英国等国家的奖学金资助标准的通知》，决定调整赴英国8个国家的公派留学人员奖学金资助标准。

7月31日，公安部印发《关于为高科技人才、投资者等外籍人员提供入境、居留便利的通知》；同期，外交部印发《关于为来华外籍专业人才提供入出境方便的暂行办法》和《关于进一步简化外籍专业人才来华手续的规定》，对回国服务的留学人员中的外籍高科技、高层次管理人才提供入出境便利做出了规定，主要内容是可申办5年长期居留和多次往返签证。

10月11日，党的十五届五中全会通过的《中共中央关于制定国民经济和社会发展第十个五年计划的建议》中提出，采取多种措施吸引和聘用海外高层次人才；继续实行"支持留学，鼓励回国，来去自由"的方针，鼓励留学人员回国工作或以适当方式为祖国服务。

10月26日，科学技术部、人事部和教育部联合印发《关于确定北京、上海等（11家）留学人员创业园为国家留学人员创业园示范建设试点的通知》。

10月26日至27日，科技部火炬高技术产业开发中心策划的第一届全国留学人员创业园网络年会召开。截至2009年，已连续举办10届"留创园网络年会"。

10月20日，教育部印发《关于调整国家公费留学人员在哥伦比亚奖学金资助标准的通知》。

10月，国家留学基金委秘书处开展与青海、湖南等中西部地区的地方合作项目，设立贵州省国家留学基金获得者赴法国攻读博士学位计划。

11月13日，教育部办公厅印发《关于进一步加强"长江学者奖励计划"海外宣传力度及协助做好有关特聘教授聘后管理工作的通知》。

11月13日，教育部印发《关于设立"春晖计划"海外留学人才学术休假回国工作项目的通知》以及《"春晖计划"海外留学人才学术休假回国工作项目实施办法》。

2001 年

1 月 15 日,人事部印发《留学人员创业园管理办法》。《办法》公布当时全国已建成创业园 40 多个,入园留学人员企业 1500 多家。

3 月 5 日至 15 日,国务院总理朱镕基在九届全国人大四次会议政府工作报告中表示,吸引聘用海外高级专门人才,鼓励留学人员回国工作或以适当方式为祖国服务;并在记者招待会上再次强调,要从海外中国留学生中吸引和利用人才,引进这些人才的重点是那些开放程度越来越大、竞争越来越强烈的部门。

4 月,国家留学基金管理委员会设立西部地区人才培养特别项目。

4 月 6 日,人事部印发《留学人员科技活动项目择优资助经费申请与管理办法》。同时宣布此前陆续印发的《关于非教育系统留学回国人员科技活动择优资助经费管理办法(1990 年)》、《非教育系统留学回国人员择优资助经费有偿使用暂行办法(1992 年)》、《资助留学人员短期回国到非教育系统工作暂行办法(1994 年)》、《关于重点资助优秀留学回国人员开展科技活动的通知(1995 年)》等 4 个文件予以废止。

5 月 14 日,人事部、教育部、科技部、公安部和财政部联合印发《关于鼓励海外留学人员以多种形式为国服务的若干意见》。

5 月 20 日至 23 日,全国出国留学工作研究会在北京召开 2001 年年会暨十周年纪念会。

6 月 8 日,科技部、人事部、教育部和国家外专局联合印发《关于确定天津、沈阳等(10 家)留学人员创业园为国家留学人员创业园示范建设试点的通知》。至此,三部一局与 14 个省、市政府共建留学人员创业园达到 21 个。

7 月 26 日,教育部印发《全国教育事业第十个五年计划》,其中提出要扩大派出留学人员的规模。

7 月,教育部国际司编辑的《出国留学工作手册(2001 年版)》由北京语言文化大学出版社出版发行。该书收录了 1986 年至 2000 年期间涉及有关出国留学工作主要问题的政策性文件 79 篇;全书 230 多页,约 13 万字。

9 月 19 日,朱镕基在第六届世界华商大会举行的"中国经济论坛"发表演讲时表示,中国今后改革开放的重点不是吸引资金,而是吸引人才和技术。

11 月 30 日,国家外国专家局在深圳创办中国国际人才交流大会。大会设有留学人员项目推介和海外人才招聘会等板块以及国际人才论坛;截至 2008 年 11 月 30 日已连续举办七届。

12 月 23 日至 27 日,共青团中央、全国青联、欧美同学会和中国留日总会联合组织的科技创业、报效祖国——海外学人回国创业周活动举办。

本年,教育部国际司和财务司联合启动并委托北京大学和中山大学开展改革开放以来公派留学效益研究课题。该课题成果《留学教育的成本与效益：我国改革开放以来公派留学效益研究》由教育科学出版社出版，全书约35万字。

2002 年

2月23日，江泽民在会见全军军事留学工作会议代表时表示，培养和造就大批高素质的新型军事人才，是加强我军质量建设的紧迫需要，是全面提高我军战斗力的关键所在。

3月16日，朱镕基在九届人大五次会议上所作的政府工作报告中表示，进一步采取有效措施，吸引和聘用海外高级人才，鼓励留学人员回国创业。

4月29日，国务院办公厅转发公安部、外交部、教育部、科技部、人事部、劳动和社会保障部、外经贸部、国务院侨办和国家外国专家局3月26日联合制定的《关于为外国籍高层次人才和投资者提供入境及居留便利的规定》；规定对已加入外籍的海外高层次留学人才回国工作或为国服务的可获批2至5年长期多次签证或居留证件。

5月7日，中共中央办公厅和国务院办公厅印发《2002~2005年全国人才队伍建设规划纲要》，其中首次提出实施"人才强国战略"。《纲要》第七节为"海外和留学人才的吸引与使用"。其中除重申了已有的工作内容和有关政策原则之外，特别强调要"按照充分信任、放手使用的原则，抓紧研究制定选拔优秀留学回国人员担任领导职务的具体办法"。

5月23日，人事部、科技部、教育部、财政部、国家发展计划委员会、国家自然科学基金委员会、中国科学技术协会等7部门联合印发《新世纪百千万人才工程实施方案》。选拔对象包括回国工作的海外高层次留学人员。

5月至12月，教育部委托并资助北京师范大学完成了《留学回国人员科研启动基金项目评估报告》。随后，教育部国际司批准教育部留学服务中心重新修订《留学回国人员科研启动基金管理规定》。

7月3日至5日，教育部召开全国教育外事工作会议。国家公派留学改革、规范留学中介等问题是会议的主要议题。

7月，教育部留学服务中心首次通过中国留学网向社会公布中国留学生较多的26个国家的中13000多所国外正规院校名单。

8月26日，人事部印发《人事部与地方人民政府共建留学人员创业园的意见》。

9月20日，国家留学基金委与西部地区有关省区合作设立的"西部地区人才培养特别项目"签约仪式举行。

9月28日至30日，中华海外联谊会和欧美同学会联合召开第一届海外留学人员团体负责人代表座谈会。

10月17日，教育部办公厅印发《关于吸引海外留学人员为西部服务，支持西部建设有关工作的函》。

10月17日，教育部召开留学回国人员学习中国共产党十六大精神座谈会。

10月17日，教育部办公厅印发了《关于（利用"春晖计划"）吸引国外留学人员为西部服务、支持西部建设有关工作的函》。

10月25日，教育部、公安部和国家工商行政管理总局联合印发《关于进一步规范自费出国留学中介活动秩序的通知》。

11月1日，国务院颁布《关于取消第一批行政审批项目的决定》；其中被取消的行政审批项目第77项为"简化对大专以上学历人员自费出国留学的审批手续"，即彻底取消执行13年的"自费出国留学培养费"政策。

2003 年

1月18日，人事部印发《关于开展高层次留学人才回国资助试点工作的意见》。

1月23日，《中国留学生创业》杂志（月刊）创刊。

3月20日至4月18日，国家博物馆举办《求学海外建功中华——百年留学历史文物展》，这是新中国成立以来举办的第一个以近现代留学历史为题材的大型展览。

3月21日，国家人口和计划生育委员会办公厅印发《对〈关于出国留学人员、华侨身份界定及相关问题的请示〉的批复》。

4月10日，教育部国际司编印《留学回国工作文件汇编》。该书收录了1986年至2003年4月期间有关留学回国工作和为国服务等方面的政策性文件180余篇；全书390多页，约70万字。

7月16日，教育部部长专题办公会审议并批准通过"高级研究学者"、"研究生选派项目"和"国家优秀自费留学生奖学金"三个项目的立项。

9月30日，中共中央组织部、中共中央宣传部、统战部、教育部、人事部和科技部在人民大会堂隆重表彰311名留学回国人员和22家留学工作单位。胡锦涛主席出席表彰会并发表重要讲话。

9月30日，中共中央组织部、中共中央宣传部、统战部、人事部、教育部和科技部联合召开"全国留学回国人员先进个人和先进工作单位表彰大会"。胡锦涛出席大会发表讲话并向受表彰的先进个人和先进工作单位表示热烈祝贺；曾庆红发表题为《充分发挥广大留学人才在全面建设小康社会中的独特历史作用》的讲话。

10月8日，欧美同学会成立90周年庆祝大会在北京举行。

10月8日，欧美同学会·中国留学人员联谊会举行第一届中国留学人员回国创业与发展论坛。

10月12日至16日，2003年"西部地区人才培养特别项目"研讨会在贵阳召开。

期间，国家留学基金委与西藏自治区签署"西部地区人才培养特别项目"协议书。至此，国家留学基金委与西部 13 个省、市、自治区及新疆生产建设兵团的签约工作全部完成并陆续启动。该项目每年为西部 13 个省（区）培养留学生 300 人左右。

11 月 18 日，教育部批准在教育部留学服务中心设立港澳台地区学历学位认证办公室。

11 月，人事部设立"海外高层次留学人才引进专项经费"项目。

12 月 26 日，中共中央、国务院印发《关于进一步加强人才工作的决定》。《决定》第 14 条为"加大吸引留学和海外高层次人才工作力度"。《决定》指出，随着全球范围内人才争夺战日益加剧，人才流失的风险也大幅度增加。

本年，公派留学作出两项重要调整：一是为充分发挥国家留学基金效益，确定重点支持的七大领域；二是对留学人员类别进行了调整，设立"高级研究学者"，并将传统的"普通访问学者"和"高级访问学者"合并为"访问学者"。

本年，国家留学基金委在财政部支持下，对赴 85 个国家的公派留学人员奖学金标准进行较大幅度提高。

2004 年

2 月 5 日，教育部公布 270 家自费出国留学中介机构资质情况。

2 月 9 日，中国科协启动"海外智力为国服务行动计划"。

2 月 29 日至 3 月 2 日，中共中央宣传部、人事部、教育部、科技部联合举办"中国留学人员回国创业成就展"。

3 月 26 日，教育部和国家工商总局联合印发《自费出国留学中介服务委托合同》示范文本并在全国推广使用。

5 月 7 日至 10 日，温家宝总理访问英国期间与中国留英尖子人才座谈；中英两国签署设立高层次人才联合奖学金联合声明。

5 月 15 日至 6 月 3 日，教育部组织"中国留学人员创业园孵化器考察团"赴印度、爱尔兰和英国考察。

6 月 10 日，教育部印发《高等学校"高层次创造性人才计划"实施方案》和有关实施办法。

9 月 1 日，"国家优秀自费留学生奖学金"项目试点工作开始实施。该项目资助对象为在学 40 岁以下并正在读取博士学位的自费出国留学生，每人可以获得 5000 美元的一次性资助。2005 年 8 月 25 日，经教育部批准，国家留学基金委印发《国家优秀自费留学生奖学金实施细则（试行）》。

9 月 28 日，部分留学回国人员在中共上海市委组织部支持下创建民办中国（上海）留学生博物馆。

12 月 20 日，中华全国青联留学人员联谊会在北京成立并举行 "2004 海外学人回国创业论坛" 等活动。

2005 年

1 月 9 日，国家留学基金委举行 "青年骨干教师出国研修项目" 签约仪式。

3 月 22 日，人事部、教育部、科技部和财政部会同全国留学人员回国服务工作部际联席会议成员单位联合印发《关于在留学人才引进工作中界定海外高层次留学人才的指导意见》。

3 月 25 日，中日签署关于 "日本政府对华文化无偿援助东北师范大学中国赴日本国留学生预备学校" 的政府换文。

3 月 28 日，教育部在北京举行 "2004 年度长江学者特聘教授、讲座教授受聘仪式" 和部分长江学者座谈会。

4 月 16 日，中美富布赖特在华项目 25 周年纪念大会在北京举行。该项目实施 25 年来，共有 591 名中方学者到美国学习或进修。

7 月 3 日，中央统战部与欧美同学会·中国留学人员联谊会在福建省联合召开全国留学人员团体工作研讨会。

8 月 19 日，第二届海外留学人员团体负责人代表座谈会召开，会议期间启动了海外留学人员为国服务团的 "东北、西部行活动"。

12 月，教育部国际司有关处室编纂的《自费出国留学指南》出版发行。

本年，中央人才工作协调小组印发《2005 年工作要点》。《要点》提出，要加大吸引留学和海外高层次人才工作力度；开展调查研究，提出对策措施；制定出台选拔优秀留学回国人员担任领导职务的意见、国有企事业单位和国家机关选聘外籍高层次人才有关问题的意见；研究制定引进海外杰出人才暂行办法，加强海外引才引智工作。

2006 年

2 月 9 日，国务院印发《国家中长期科学和技术发展计划纲要（2006～2020年)》，其中第十部分 "人才队伍建设" 中提出，要加大吸引留学和海外高层次人才工作的力度。

3 月 17 日，《中华人民共和国国民经济和社会发展第十一个五年计划纲要》公布，其中提出，要鼓励和引导海外留学人员回国工作、为国服务；积极引进海外高层次人才。

3 月 23 日，中法双方创立中法联合博士生学院。

4 月 5 日，中英两国教育部启动 "中英卓越奖学金计划"。

4月17日，国家留学基金委与黑龙江省教育厅签署开展高层次人才海外培养合作项目协议。

6月16日，国家留学基金管理委员会成立十周年庆典在北京举行。

7月17日，教育部联合科技部创办每年一届的"春晖杯"中国留学人员创新创业大赛项目。

7月19日，中国科学院印发《关于引进国外杰出人才和招聘海外知名学者的管理办法》。

9月12日，教育部通过教育部教育涉外监管信息网和中国留学网新增公布意大利、奥地利、比利时、保加利亚、匈牙利、俄罗斯、西班牙、乌克兰、波兰、埃及、菲律宾、泰国12个中国公民主要留学国家的部分学校名单。

11月15日，人事部印发《留学人员回国工作"十一五"规划》。

本年，古巴政府单方奖学金项目设立并开始实施。该项目在中国12个省、区、市招收攻读学士学位留学生，项目设置西班牙语、旅游、教育学、医学和护理学等五个专业。

2007 年

1月5日，国务院批准设立"国家建设高水平大学公派留学研究生项目"。

1月8日，2007年度国家科技奖励大会在北京召开。从美国回国的留学人员闵恩泽获本年度国家最高科技奖。

1月30日，欧美同学会·中国留学人员联谊会留日分会举行《留日百年巡礼——纪念中国留学生留日110周年》摄影图片集出版发布会。

2月15日，人事部、教育部、科技部、财政部、外交部、国家发改委、公安部、商务部、人民银行、国务院国资委、国务院侨办、中国科学院、国家外专局、海关总署、税务总局、工商总局等16个留学人员回国服务工作部际联席会议成员单位以及有关部门共同制定并联合印发《关于建立海外高层次留学人才回国工作绿色通道的意见》。

3月2日，教育部印发《关于进一步加强引进海外优秀留学人才工作的若干意见》。

4月9日，中国留学人才发展基金会在北京召开成立大会。

4月16日，人事部与湖南省政府宣布共建中国长沙留学人员创业园。

4月27日，第十届全国人大常委会第二十七次会议决定任命留德回国人员万钢为科技部部长。

5月11日，教育部留学服务中心主办的中国留学人才市场成立，并开通帮助留学回国人员求职的双向选择信息服务平台——中国留学英才网。

6月18日至20日，科技部等10部委与福建省联合举办第五届中国·福建项目成果交易会，辟有留学人员成果展区。

6月28日，留学人员武平创办的"展讯通信有限公司"作为中国大陆第一只3G概念股在纳斯达克上市。

7月7日，《人民日报（海外版）》开办"海归创业版面"。

7月16日，教育部和财政部联合印发《国家公派出国留学研究生管理规定（试行）》。

7月20日至21日，欧美同学会·中国留学人员联谊会在美国休斯敦举办"21世纪中国：留学人员与构建创新型社会"研讨会。

8月20日，欧美同学会·中国留学人员联谊会在北京召开第三届海外留学人员团体负责人代表座谈会。

8月28日，中国教育发展战略学会教育中介机构工作委员会成立大会在北京召开，会议通过《章程》，产生第一届理事、常务理事、会长、副会长以及秘书长。教育部党组成员、副部长章新胜到会发表讲话，中国教育发展战略学会会长郝克明、副会长李仁和莅临大会祝贺并指导工作。会员代表、理事以及专家学者等200多人出席会议。

10月14日至16日，科技部火炬高技术产业开发中心在南昌召开第八届全国留学人员创业园网络年会。

10月19日，欧美同学会·中国留学人员联谊会在南昌召开全国省、区、市留学人员团体秘书长工作座谈会。

10月27日至29日，第二届中国博士后和留学人员徐州科技项目对接洽谈会在江苏省徐州市举行。

11月30日至12月1日，第六届中国国际人才交流大会在深圳举行。交流大会辟有"留学人员项目推介"和"海外人才招聘"板块。

12月23日，国家留学基金委与国内93所高校签署合作开展"青年骨干教师出国研修项目（2008～2010年）"协议书。

2008 年

2月5日，中央组织部办公厅印发《关于印发〈中央人才工作协调小组2008年工作要点〉的通知》。《要点》提出，要加强吸引凝聚海外高层次人才和创新团队工作，完善关于引进海外人才和智力的政策措施，实施吸收凝聚海外高层次科技人才专项工程。

12月23日，中共中央办公厅转发《中央人才工作协调小组关于实施海外高层次人才引进计划（即"千人计划"）的意见》。

本年，中央组织部等部门先后印发《引进海外高层次人才暂行办法》、《关于为海

外高层次人才提供相应工作条件的若干规定》和《关于海外高层次引进人才享受特定
生活待遇的若干规定》。

本年，教育部统计并公布的数据显示，2008 年内各类出国留学人员总数约为
17.98 万人，其中国家公派留学人员约 1.14 万人，单位公派留学人员约 0.68 万人，
自费留学留学人员约 16.16 万人；2007 年内各类留学回国人员总数约为 6.93 万人，
其中国家公派留学回国人员约 0.75 万人，单位公派留学回国人员约 0.50 万人，自费
留学留学回国人员约 5.68 万人；从 1978 年到 2008 年，各类出国留学人员总数约为
139.15 万人，留学回国人员总数约为 38.91 万人；与 2007 年的数据比较，2008 年内
出国留学人员数量约增加 3.52 万人，增长了 24.43%，留学回国人员数量增加 2.49
万人，增长了 55.95%，

2009 年

2 月 13 日，留学人员回国服务工作部际联席会议在北京召开。联席会议组长、中
共中央组织部副部长、人力资源和社会保障部部长尹蔚民出席会议并指出，自 2003
年成立联席会议以来，我国留学回国人员总数由 17 万人发展到 37 万人。

3 月 27 日，教育部批准 305 名在外自费留学博士生为"2008 年国家优秀自费留
学生奖学金"获奖者，奖励金额每人 5000 美元。截至 2008 年底共资助 1400 余人，资
助范围涉及 32 个国家的中国自费留学博士生。

4 月 12 日，国务委员刘延东访问美国期间会见留学生代表时表示，中美应大力加
强"人文交流"。

4 月 15 日，国务委员刘延东出席中国驻美国大使馆 2008 年度"国家优秀自费留
学生奖学金"颁奖仪式。

4 月 16 日至 17 日，中美两国教育部、科技部分别签署《关于推动高等教育交流
与合作的联合声明》和《关于中美暑期青年学者交流计划》。

4 月 25 日，国务委员刘延东在中国驻新加坡大使馆会见留学生和学者代表。

4 月 30 日，中越签署《中越关于相互承认高等教育学历和学位的协定》。

5 月 7 日，教育部宣布古巴政府奖学金项目纳入中国高考招生系统，并面向国内
12 省、区、市招收 700 名高考生赴古攻读学士学位。该国家公派留学项目始于 2006
年夏季，截至 2009 年 5 月已派出 2228 人，并仍有 1830 人在古巴学习，部分留古巴学
生已学成回国。

6 月 8 日，中国教育发展战略学会教育中介机构工作委员会会长王庆林就制定和
试行自费出国留学中介服务行业规范有关情况，向教育部郝平副部长进行专题汇报。
郝平副部长听取汇告后指出，中介工委成立以来做了大量的很有成效的工作，特别是
聘请了一批长期从事外事工作、富有经验的回国教育参赞担任专家顾问，抓行业规范

建设，抓住了关键，体现了行业组织的重要作用。他指出，阳光留学服务理念很好，要完善留学服务系统，发挥行业协会的评估作用，将信誉好、服务质量高的留学中介向社会公布。他还提出中介工委要配合国际司在教育涉外监管网的基础上进一步建设阳光留学信息服务网络。

8月17日，中共中央政治局委员、中央书记处书记、中组部部长李源潮参加欧美同学会·中国留学人员联谊会举办的海外留学人员座谈会，听取他们对人才工作的意见。李源潮指出，海外留学人员是我国现代化建设的特需资源。要进一步放开视野、广揽人才。对回国创新创业的海外留学人员特别是高层次人才，要一视同仁、充分信任、放手使用、有所优待。要进一步完善政策和配套设施，妥善解决引进人才在工作和生活中遇到的困难。引进人才的关键是引心。要加强情感沟通，为海外留学人员成就事业、报效国家、实现理想搭建舞台。

2010 年

1月19日，人力资源和社会保障部、科技部、教育部、财政部、国家发改委、国家自然科学基金委和中国科协联合公布2009年"新世纪百千万人才工程"国家级人选806人名单，其中留学回国人员有170人，占21.1%。

2月17日，美国国家工程学院公布68位新增院士名单，其中有三位华裔教授：毕业于华中理工大学后赴美留学的麻省理工学院微纳米工程实验室主任陈刚教授，毕业于南京大学后赴美留学的加州大学伯克利分校纳米科学和工程中心主任张翔教授，毕业于香港大学后赴美留学的斯坦福大学管理资讯科学学院及商学院李效良教授。

3月12日，教育部公布2009年全年出国留学规模达到22.9万人，比2008年度增长27.5%，其中，国家公派出国留学人数达到1.2万人；自费留学出国人数达到21万人，同比增长30%。2009年各类留学回国人员10.8万人，同比增长56.2%。

4月15日，人力资源和社会保障部印发《留学人员回国服务工作部际联席会议2010年工作要点及任务分工》，提出五项共42条工作内容。

5月21日，"圆梦·中国"——"千人计划"入选者归国心路座谈会举行，9位"千人计划"入选者代表施一公、陈十一、蔡申瓯、林安宁、李学龙、李东升、黄晓庆、郭屹、樊功生应邀出席并发言。截至5月，已有三批662名海外高层次人才进入"千人计划"，其中科技创新人才509名，约占76.9%，科技创业人才153名，约占23.1%。

5月24日，新华网发表文章《让人才的活力竞相迸发——2003年全国人才工作会议以来我国人才工作蓬勃发展纪实》。纪实介绍，77%的教育部直属高校校长、84%的中国科学院院士、75%的中国工程院院士、80%的国家863计划首席科学家、62%的博士生导师和71%的国家级教学研究基地（中心）主任，都有过出国留学或海外工作经历。

5月24日，新华网发表的《我国创新型科技人才队伍建设巡礼》文章介绍，据从科技部政策法规司提供的信息中了解到：在承担国家重大专项的项目负责人中，1/3具有海外工作学习经历；全国56个国家高新区，凝聚了一批高端创新创业领军人才，截至2009年底，累计吸引海外留学生3.6万人，留学生创办企业超过12733家。

5月25日，中美人文交流高层磋商机制成立仪式暨第一次会议在北京举行。国务委员刘延东在致辞中说，中方将启动未来4年公派万名学生赴美读博计划；美国国务卿希拉里·克林顿说，美方希望看到两国互派留学生数量持续增加，增进两国青年的相互了解和友谊。刘延东和希拉里·克林顿分别代表两国政府签署《关于建立中美人文交流高层磋商机制的谅解备忘录》；双方将每年轮流在两国召开人文交流与合作高层磋商会议。

5月29日，中国（无锡）海归创新创业峰会召开，1000多名海归创新创业高层次人才出席；中共中央政治局委员、中央书记处书记、中共中央组织部部长李源潮出席峰会、发表讲话并与留学回国人员座谈。

5月，毕业于清华大学的北京交通大学会计系讲师姚立杰博士，以其《强制采用IFRS的资本市场流动性效应研究》的论文获得2010年度"国际会计最佳博士学位论文奖"，是全球华人在该奖项于1984年设立以来首次获此殊荣。

6月底，中组部公布全国第四批"千人计划"引进人才名单，共有163名高层次人才入选。至此，该计划前四批共引进825人，其中，创新人才620人，创业人才205人，具有外国国籍的552人，具有中国国籍的250人，非华裔外国人23名。

8月3日，中国—东盟教育部长首届圆桌会议暨第三届中国—东盟交流周在贵阳开幕，中共中央政治局委员、国务委员刘延东在开幕式上发表主旨演讲时表示，积极落实"双十万学生流动计划"，推动实现2020年东盟来华和中国赴东盟留学生都达到10万人左右的目标。

8月20日，财政部和教育部联合印发《关于调整国家公派留学人员奖学金资助标准的通知》，决定自2010年9月1日起大规模提高公派留学人员的奖学金标准。

9月20日，国家公派留学研究生项目选派工作会议在大连召开。据悉，国家建设高水平大学公派研究生项目自2007年实施以来，共计录取18482人，其中攻读博士学位研究生7189人，联合培养博士生11293人。

10月12日，由欧美同学会举办的"留学生在国家建设中的作用"国际研讨会召开，来自亚、欧、非及拉美共16个国家的50余位国际学生联合会代表参加；全国人大常委会副委员长、欧美同学会会长韩启德出席并发表演讲。

10月23日，《人民日报（海外版）》发表文章《"千人计划"如何走得更远——记一场关于海外人才引进战略的讨论》。据文章介绍，我国的人才流失现象也比较突出；此前不久，全国政协副主席、科技部部长万钢在"海联论坛——海外高层次人才与国家发展战略研讨会"上透露，有关资料显示，1985年以来，清华高科技专业的毕业生80%去了美国，北大去了76%；2002年在美国获得科学和工程博士学位后，到2009年仍滞留美国的外国留学生比例，中国为92%，印度为81%，韩国为41%，日本为33%，巴西为31%，泰国为7%。

10月，英国帝国理工学院机械工程系无损检测中心的中国留学博士后范峥助理研究员的论文《钢板焊缝中传播的弹性导波》，获得英国物理学会（IOP）每两年颁发一次的"英国物理博士论文奖"，范峥成为第一位获得这一殊荣的华人。

11月4日至5日，胡锦涛主席访问法国，中法双方发表的《加强中法全面战略伙伴关系的联合声明》提出，要进一步推进两国教育交流，增加互派留学生；胡锦涛主席与萨科齐总统会谈时提出，至2015年将中国留学生数量从目前的3万多人增加到5万；法国总统萨科齐在欢迎胡锦涛主席的国宴上致辞时"称赞三万名在法中国留学生成绩突出"，并希望把来法的中国留学生增加一倍。

11月15日，美国国际教育研究所发布《2010门户开放》报告，统计数据显示在2009/2010年度内新增127628名中国大陆学生在美国大学注册就读，比上一学年度增长近30%，使中国大陆再度超过印度成为留美学生最多的国家。

12月7日，《人民日报（海外版）》发表文章，介绍自1996年国家留学基金委成立以来至2009年，国家公派出国留学共选派78524人，按期回国率达97.81%。从1996年的不足2000人增至2009年的12769人。2010年内截至11月30日共录取13021人，其中攻读博士学位研究生和联合培养博士生5958人，占录取总数的45.76%。

12月19日，全国人才工作座谈会召开；中共中央政治局委员、中央书记处书记、中组部部长李源潮出席会议并强调，要深入实施"千人计划"，积极引进和用好海外高层次人才。

12月20日至22日，第13届中国留学人员广州科技交流会举行。中共中央政治局委员、中央书记处书记、中组部部长李源潮出席"优秀留学人员代表座谈会"时表示，希望广大青年海外人才弘扬"留学报国"精神，积极响应祖国召唤，抓住祖国日新月异发展的历史机遇，踊跃回国创新创业，把人生抱负和报国理想融入祖国发展大业，为祖国繁荣富强贡献智慧和力量。

2011 年

1月，此前由中央人才工作协调小组批准通过的《青年海外高层次人才引进千人计划》开始实施，计划从2011年开始至2015年，分5年引进2000名左右优秀海外青年人才，每年引进400名左右。

1月15日，"千人计划"专家联谊会第一次大会在北京召开。会议披露"千人计划"实施两年多来已引进海外高层次人才1143人；其中，创新人才880人，约占77%；创业人才263人，约占23%。

1月19日至20日，国家主席胡锦涛对美国进行国事访问期间，中美两国在华盛顿发表联合声明。声明指出，中美两国一贯支持开展更加广泛深入的人文交流，这也是双方建设相互尊重、互利共赢中美合作伙伴关系的一部分。双方同意采取切实步骤加强人文交流。声明说，中美两国同意采取切实措施，加强两国青年之间的对话与交流；美方热忱欢迎更多中国学生赴美留学，并将继续为他们提供签证便利。芝加哥市长戴利和夫人玛吉举行欢迎胡锦涛主席盛大晚宴期间，宣布设立一项百万美元的艺术奖学金，以帮助未来数代中国青年学生到芝加哥艺术学院（Art Institute of Chicago）留学。

2月23日，经中央人才工作协调小组同意，中组部、人保部联合印发《关于支持留学人员回国创业的意见》。

3月3日，教育部公布2010年度我国出国留学与留学回国人员统计数据：各类出国留学人员28.47万人，比上一年度增加5.54万人；各类留学回国人员13.48万人，比上一年度增加2.65万人；从1978年到2010年底，各类出国留学人员总数190.54万人，其间先后有63.22万留学人员学成后回国发展；截至2010年底，以留学身份出国的我国留学人员有127.32万人，其中94.64万人正在国外进行专科、本科、硕士、博士等阶段的学习以及从事博士后研究或学术访问等。

3月10日，教育部、外交部印发《关于进一步做好在外留学人员工作的意见》。

3月24日，教育部批准并公布"2010年国家优秀自费留学生奖学金"名单。该项目2010年在29个国家实施，获奖者所学专业涵盖11个学科，涉及60个专业方向；获奖者506人，奖励金额每人5000美元。

4月28日，中国与马来西亚签署《关于相互承认高等教育学历和学位的协定》。

4月至12月，由教育部和科技部共同主办中国留学服务中心承办的第六届"春晖杯"中国留学人员创新创业大赛举行。

5月4日，美国科学院第148届年会宣布，1984年赴美留学的著名华人学者、哈佛大学化学与化学生物学系讲席、北京大学生命科学学院"长江学者奖励计划"讲座教授谢晓亮当选美国科学院院士。谢晓亮教授是单分子生物物理化学和相干拉曼散射显微成像的开拓者之一，在这些新兴交叉学科和领域做出了创造性贡献。

5月25日，国家特聘专家专题培训班暨证书颁发仪式在中央党校举行。中共中央政治局委员、中央书记处书记、中共中央组织部部长李源潮出席并为参加培训班的248名国家特聘专家颁发证书。"千人计划"实施两年半来，国家层面已引进1143名海外高层次人才。为方便他们回国后工作和生活，中央决定建立国家特聘专家制度。首批有600多名全职回国的"千人计划"专家被授予国家特聘专家称号。

5月28日，全国留学人员统战工作经验交流会暨留学报国现场会在大连举行。会议全面总结了进入新世纪以来留学人员统战工作的经验，并对今后工作进行部署和安排。

6月29日至7月6日，"2011中国海外学子创业周（总第12届）"在大连举行。创业周期间共接待1600多名留学人员参会，签约项目682项，签约金额约20.2亿元人民币。

7月6日，首批131名西班牙语专业的中国留学生从哈瓦那大学全部毕业。自2006年开始，中国先后派出3000多名青年学生赴古巴留学，此前已有1500多名学生通过在古巴一年的语言强化训练学习后回国。

8月22日至23日，全国留学人员回国服务工作会议在北京召开。

8月25日，欧美同学会北京论坛暨第六届中国留学人员创新创业论坛举办。全国人大常委会副委员长、欧美同学会·中国留学人员联谊会会长韩启德出席并致辞。

8月，人力资源和社会保障部印发《留学人员回国工作"十二五"规划》，提出在"十二五"期间留学回国人员新增人数将达到50万人以上。

9月1日，教育部办公厅印发《关于加强留学人员统计调研工作的通知》。

9月13日，中共中央政治局委员、国务委员刘延东在"中法语言年"开幕式上致辞时说，中国目前有在法留学生逾3万人。

9月28日，"2012年国家公派出国留学选派工作会议"在长沙召开，会议宣布从2012年起，面向全国选拔出国攻读博士学位研究生并允许在外优秀自费留学生申请，提高在读自费出国留学研究生国家奖学金金额，扩大国家公派留学选派规模至16000人，设立国家公派优秀本科生出国交流项目等。

9月28日，北京海外人才交流大会暨第二届北京海外论坛举行。

10月26日至27日，第四届中国留学人员南京国际交流与合作大会举行。

11月4日至5日，第十届中国国际人才交流大会在深圳举行；中共中央政治局委员、国务院副总理张德江出席并发表讲话。

11月14日，美国国际教育协会、美国国务院教育和文化事务局发布报告指出，在2010/2011学年度，美国招收的国际留学生人数达到723277人，增加5%，为历年最多。其中主要是来自中国大陆留学生人数的较多增长，共有157558名中国大陆学生在本年度内到美国大学留学，比上一学年度增长23%。如加上来自中国台湾的近2.5万名留学生和来自中国香港的8000多名留学生，本年度内新增在美留学的中国留学生超过19万人，遥遥领先于排列第二位印度的10.4万人。

12月17日，全国人才工作座谈会在北京召开。中共中央政治局委员、中央书记处书记、中组部部长李源潮出席会议并讲话，他指出，要加大引进海外高层次人才力度，深入实施"千人计划"，进一步吸引和用好海外高层次人才。

12 月 19 日，新华社报道，中华人民共和国中央军事委员会主席胡锦涛日前签署命令和通令，给 1 个单位和 2 名个人授予荣誉称号；给 6 个单位和 12 名个人记一至三等功。其中有立一等功者为留学回国人员。

12 月 19 日至 21 日，第 14 届中国留学人员广州科技交流会暨第三批海外高层次人才创新创业基地揭牌仪式举行。来自 29 个国家和地区的近 2200 名留学人员和高层次人才参加；据不完全统计，共有 10 万人次进场参观洽谈，现场累计洽谈人数 2.5 万人次，洽谈项目 6500 项次，岗位应聘 1.5 万人次；达成落户或合作意向的海外人才项目和创博会项目分别达 905 项和 102 项，累计投资额近 360 亿元。中共中央政治局委员、中央书记处书记、中组部部长李源潮，中共中央政治局委员、广东省委书记汪洋出席开幕式。李源潮在开幕式致辞中指出，中国正处在快速发展和转型进程中，人才发展的机遇很多，我们将进一步加大引才力度，完善引才政策，优化人才服务，为海外留学人才回国创新创业创造更好的环境和条件。

12 月 28 日，由共青团中央、中华全国青年联合会、欧美同学会、中共河北省委、河北省人民政府共同主办的"2011 海外学人回国创业周——青年力量·创业河北"对接洽谈会在石家庄举行。

本年度，由新疆维吾尔自治区政府设立的"2011 年度新疆籍优秀自费留学生奖学金"颁奖仪式先后在中国驻日本、埃及、俄罗斯、韩国、德国、土耳其等国的大使馆或总领事馆举行。

参考文献

[1] 张健：《中国教育年鉴》(1949～1981)，中国大百科全书出版社，1984。

[2] 国家教委留学生司：《出国留学大事记（1988.12～1993.7）》，1993。

[3] 国家教委留学生司：《出国留学工作文件汇编（1978～1991）》，1992。

[4] 金铁宽：《中华人民共和国教育大事记 1～3 卷》，山东教育出版社，1995。

[5] 何东昌：《中华人民共和国重要教育文献》，海南出版社，1998。

[6] 国家教委外事司：《教育外事工作历史沿革及现行政策》，1998。

[7] 李滔：《中华留学教育史录——1949 年以后》，高等教育出版社，2000。

[8] 苗丹国：《出国留学工作手册》，北京语言文化大学出版社，2001。

[9] 于富增：《教育国际交流与合作史》，海南出版社，2001。

[10] 教育部国际司：《留学回国工作文件汇编（1986～2003）》，2003。

[11] 载潘晨光主编《中国人才前沿 No.2》，社会科学文献出版社，2006。

[12] 国家留学基金委秘书处：《国家留学基金委大事记（1996～2006）》，《神州学人》2006 年第 6 期。

[13] 《留学 30 年大事记》，千龙网，http://report.qianlong.com/33378/2008/10/23/1060@4716254.htm。

第三部分
专题制度篇

人才法律制度篇[*]

1978 年

10 月，中共中央正式转发《1978～1985 年全国科学技术发展规划纲要》，《纲要》提出了"全面安排，突出重点"的方针，确定了 8 个重点发展领域和 108 个重点研究项目。同时，还制定了《科学技术研究主要任务》、《基础科学规划》和《技术科学规划》。规划实施期间，邓小平同志提出了"科学技术是生产力"以及"四个现代化，关键是科学技术现代化"的战略思想，为发展国民经济和科学技术的基本方针和政策奠定了思想理论基础。这是我国第一个国家科技计划，为我国科技人才培养指明了方向。

1980 年

10 月 29 日，国务院颁布实施《外国文教专家工作试行条例》。这是向外国学习，开展对外科学、技术、文化交流，加速建设社会主义现代化强国的一项重要政策。《条例》要求聘请单位应当与外国专家商量，制订好外国专家的工作计划，把专家的主要精力用在为我国培养人才，帮助开设新学科新专业；组织好专业对口人员学习外国专家的专长。

1981 年

4 月 23 日，中共中央办公厅、国务院办公厅颁布并实施《科学技术干部管理工作

---

* 1949 年中华人民共和国的成立，开启了中国法治建设的新纪元。从 1949 年到 20 世纪 50 年代中期，是中国社会主义法制的初创时期。但是 20 世纪 50 年代后期以后，特别是"文化大革命"十年动乱，中国社会主义法制遭到严重破坏。直到我国实施改革开放政策，才明确了一定要靠法制治理国家的原则。因此，本部分内容始于改革开放的 1978 年。

编写者：季桥龙，男，中国社会科学院法学研究所博士后，研究方向为民商法学。

试行条例》。《条例》指出，我国广大的科学技术干部，经过党的长期培养教育和锻炼，正在努力自觉地为社会主义事业服务。成为党的依靠力量，是党和国家的宝贵财富。对科学技术干部必须贯彻执行党的干部政策和知识分子政策，做到人尽其才，才尽其用。

1983 年

7月13日，国务院发布《国务院关于科技人才合理流动的若干规定》，要求抽调科技人员任务的单位必须顾全大局，为中小城市和科技力量薄弱的单位或地区补充科技人员，支持被抽调的科技人员按期到达工作岗位。对去边远省、自治区工作的科技人员给予适当的优惠待遇，鼓励他们长期留下为建设边疆多作贡献。

1984 年

3月12日，中华人民共和国第六届全国人民代表大会常务委员会第四次会议通过《中华人民共和国专利法》，该法保护专利权人的合法权利，成为我国各类人才维护其发明创制的重要法律。

12月26日，国务院发布《国务院关于自费出国留学的暂行规定》，自费出国留学是培养人才的一条渠道，也是贯彻对外开放政策、引进国外智力的重要方式。

1985 年

3月13日，中共中央发布《中共中央关于科学技术体制改革的决定》，要求按照经济建设必须依靠科学技术、科学技术工作必须面向经济建设的战略方针，尊重科学技术发展规律，从我国的实际出发，扭转对科学技术人员限制过多、人才不能合理流动、智力劳动得不到应有尊重的局面。逐步推行技术合同制，试行科学基金制，积极开展国际学术交流，支持优秀的科学技术人员参加国际合作研究，增加派遣出国学习、进修、实习和考察人员，聘请外国专家、学者来我国工作。改革科学技术人员管理制度，积极改善科学技术人员的工作条件和生活条件，构建人才辈出、人尽其才的良好环境。

5月27日，《中共中央关于关于教育体制改革的决定》发布，要求坚决实行简政放权，扩大学校的办学自主权，调整教育结构，提高各类人才素质，使教育事业在经济发展的基础上有一个大的发展。基础教育按照地方负责、分级管理的原则实施，同时，我国实行九年制义务教育，并努力发展幼儿教育和特殊教育；采取增加技术类师资、实行"先培训，后就业"等切实有效的措施，调整中等教育结构，大力发展职业教育。高等学校则担负着培养高级专门人才和发展科学技术文化的重大任务，要着力扩大高等学校的办学自主权，改革计划招生制度和毕业生分配制度。

11 月 22 日，中华人民共和国第六届全国人民代表大会常务委员会第十三次会议通过《中华人民共和国外国人入境出境管理法》，该法为我国的人才交流提供重要保障，根据相应国际条约赋予外国人对等的国民待遇，人身自由不受非法限制，保护在华外国人的合法权利和权益。为他们提供居留、旅行等生活便利，力求吸引更多的国际优秀人才来华，以此实现我国人才素质的提高，增强国际竞争力。

1986 年

2 月 18 日，国务院发布并实行《关于实行专业技术职务聘任制度的规定》。《规定》实行专业技术职务聘任制度，是对专业技术人员管理工作的一项重大改革，专业技术职务是根据实际工作需要设置的有明确职责、任职条件和任期，并需要具备专门的业务知识和技术水平才能担负的工作岗位，不同于一次获得后而终身拥有的学位、学衔等各种学术、技术称号。

7 月 9 日，国务院发布《关于促进科技人才合理流动的通知》，以充分发挥科技人员的作用为目的，地方各级人民政府和国务院各部门要加强对科技人员合理流动工作的领导，努力创造人尽其才的环境，大力发掘科技人才资源。

12 月 13 日，国家教育委员会发布《关于出国留学人员工作的若干暂行规定》，规定分别对出国留学工作的组织管理、公派人员甄选、休假及配偶探亲和自费出国作出规定。明确出国留学工作应从我国社会主义现代化建设的实际出发，以解决科研、生产中的重要问题和增强我国培养高级人才能力为目标。

1987 年

2 月 7 日，国家教委发布《普通高等学校函授教育暂行工作条例》，对高中毕业以上文化程度的在职人员、应届高中毕业生和具有同等学力的社会青年和大专以上学历的在职人员实施函授教育，包括本科、专科、单科进修以及大学后的继续教育，以函授形式对各类人才实施高等教育，扩大了我国接受高等教育的人才范围。

6 月 23 日，国务院发布《国家教育委员会关于改革和发展成人教育的决定》，要求对具有大学专科以上学历和中级以上职称的专业技术人员和管理人员经常地进行扩展知识，以保持他们知识结构的先进性，帮助他们吸收先进科学技术、现代管理知识和科学技术的新成果，广泛地开展岗位培训、专业培训和实践培训，制定相应的政策措施，充分调动地方和企业事业单位举办成人教育的积极性，大力发展成人教育，不断提高亿万劳动者的思想道德素质和科学文化素质。

6 月 23 日，第六届全国人民代表大会常务委员会第二十一次会议通过《中华人民共和国技术合同法》。该法为各类人才就技术开发、技术转让、技术咨询和技术服务所订立的确立民事权利与义务关系的合同提供了法律依据。

10月27日，国家经委、国家科委等颁布《企业科技人员继续教育暂行规定》。《规定》指出，继续教育是对科技人员进行知识更新和补缺，加速智力开发的教育，是深化企业改革的一项重要措施，关系到企业的生存发展和科技人员的切身利益。加强对科技人员学习的管理和考核，表彰和奖励成绩优异的单位和个人，逐步建立企业高级人才培训制度。

12月4日，国家科委发布《关于科技人员业余兼职若干问题的意见》，科技人员在完成本职工作的前提下，可以在其他单位业余兼职，业余兼职应当按照《技术合同法》的规定，与兼职单位以书面形式订立技术合同，从事技术开发、技术转让、技术咨询和技术服务等利用科学技术为经济建设服务的工作。合理规范科技人员业余兼职的若干问题有利于发挥现有科技队伍的潜力，促进人才和知识的流动，推动科学技术为经济建设和社会发展服务。

12月15日，国家教委、国家科委、国家经委、劳动人事部、财政部、中国科协发布《关于开展大学后继续教育的暂行规定》，要求为适应社会主义现代化建设和社会发展对人才素质的要求，使受教育者的知识和能力得到扩展、加深和提高，逐步建立和完善大学后继续教育制度。

1988 年

4月9日，国家教委颁布《成人高等学校设置的暂行规定》，确定成人高等学校的办学形式，加强成人高等教育的宏观管理，保证成人高等学校的质量，促进成人高等教育协调发展，进一步扩大人才培养的形式。

5月16日，国家教育委员会发布《广播电视大学暂行规定》。广播电视大学面向全社会实施开放教学，采取视听、自学、函授、面授辅导相结合的教学形式，以视听和自学为主，为高等教育自学考试及社会各界的职业技术教育、岗位培训、专业培训、继续教育提供教学服务，为我国人才培养提供了多种形式。

1989 年

4月19日，农业部、人事部、中国科学技术协会发布《农业专业技术人员继续教育暂行规定》，为提高农业专门人才素质，农业继续教育以具有中专以上文化程度或初级以上专业技术职务，从事农业生产、技术推广、科研、教育、管理及其他专业技术工作的在职人员为对象，使受教育者的知识、技能不断得到补充、更新和加深，以保持其先进性，更好地满足岗位职务的需要。

1990 年

9月7日，第七届全国人民代表大会常务委员会第十五次会议通过《中华人民共和国著作权法》，对中国公民、法人或者非法人单位作品享有著作权及对著作权的保护作出规定，为我国人才的艺术及科学创新提供法律保障。

9月8日，人事部发布《全民所有制事业单位专业技术人员和管理人员辞职暂行规定》，以完善全民所有制事业单位的人事管理制度，促进人才合理流动，充分发挥人才的作用为目的，规定要求相关人员辞职应遵循有利于人才的分布与国民经济发展；有利于更好地发挥人才作用；鼓励和支持人才到边远地区、贫困地区、少数民族地区等地区的原则。

10月31日，国家教育委员会发布《普通高等学校教育评估暂行规定》，增强高等学校主动适应社会需要的能力，发挥社会对学校教育的监督作用；根据一定的教育目标和标准，通过系统地搜集学校教育的主要信息对学校办学水平和教育质量作出评价，从而督促高等学校提高办学水平，提升人才素质培养。

11月17日，广播电影电视部发布《关于科技人员实行继续教育证书制度的暂行规定》。为了建立和完善专业技术人员的继续教育制度，促进继续教育工作的开展，为适应广播电影电视事业发展的需要，对专业技术人员进行继续教育，颁发证书，并以此作为科技人员考核、晋升和续聘专业技术职务的主要依据，从而提高专业技术人员的素质。

11月10日，人事部印发《企事业单位评聘专业技术职务若干问题暂行规定》。全国改革职称制度、实行专业技术职务聘任制，在国务院领导下，由人事部负责指导、组织和协调，完善专业技术职务聘任制度。企事业单位因自然减员、调动、解聘等原因出现岗位人员空缺时，可根据工作需要进行补缺；引导专业技术人员努力做好本职工作，注重工作实绩，为优秀中青年人才脱颖而出创造条件，为人才的选拔提供公平机制。

1991 年

10月4日，国家教委、国家外国专家局发布《高等学校聘请外国文教专家和外籍教师的规定》，为保证高等学校聘请外籍教师的工作更好地为社会主义高等教育服务，规定要求贯彻以我为主，按需聘请，择优选聘，保证质量，用其所长，讲求实效的原则，以顺利引进外籍教师，加强我国人才对外国知识的学习和交流。

10月17日，国务院发布《关于大力发展职业技术教育的决定》，明确发展职业技术教育，努力办好现有各类职业技术学校；广泛开展短期职业技术培训；在普通教育中积极开展职业指导；重视并积极发展对在职人员进行职业技术培训的成人教育。职业技术教育对各行业就业人员实施技术教育，提高人员职业技术水平，对各行业产品质量、经济效益和发展速度具有重要作用。

12月20日，人事部发布《全国专业技术人员继续教育"八五"规划纲要》，纲要以加强专业技术人员继续教育工作，提高专业技术人员的政治素质和专业水平，开发专业技术人员的创造力为总目标；以保证专业技术人员接受继续教育的时间，加强继续教育宣传，建立健全继续教育统计制度，逐步完善继续教育工作管理体系为主要任务，对我国专业技术人员完善知识结构、提高专业技术水平具有重要作用。

1992 年

3月1日，国家建筑材料工业局发布《建材行业专业技术人员继续教育规定》，以建材行业大、中专以上文化程度或具有初级以上专业技术职务的在职专业技术人员和管理人员为对象进行继续教育，使建材行业专业技术人员的知识、技能不断提到补充、更新、拓宽和加深，提高业务水平和创造能力。

9月4日，第七届全国人民代表大会常务委员会第二十七次会议《关于修改〈中华人民共和国专利法〉的决定》对1984年《中华人民共和国专利法》作出第一次修正，以适应我国经济发展的需要，进一步保障专利权人的权利，鼓励发明创造，同时更好地解决专利纠纷，保障专利技术的有效实施。

1993 年

1月7日，国家教委发布《关于进一步改革和发展成人高等教育的意见》，意见动员社会各方面的力量大力支持、积极兴办多种形式、多种层次、多种规格的成人高等教育，要求把高等层次岗位培训、大学后继续教育作为成人高等教育的重点，建立分级管理、分级负责的管理体制，形成科学的管理、调控制度。同时，国家教委支持有条件的地区对成人高等教育的改革进行更广泛的综合试点，强化成人高等学历教育质量控制机制，合理调整成人高等学校的设置和布局，为我国各行业人才建设提供更为全面规范的教育机制。

2月4日，国家科委发布《国家工程技术研究中心暂行管理办法》，组建工程中心应在某一技术领域具有雄厚的科研实力；具有技术水平高、工程化实践经验丰富的工程技术带头人；基本具备工程技术试验条件和基础设施；拥有较雄厚的科研资产和经济实力并且已初步形成自我良性循环的发展机制。培训中心根据国民经济、社会发展和市场需要，培训某行业或领域需要的高质量工程技术人员和工程管理人员。结合人才分流、结构调整，进一步转变科技工作运行机制，有重点地、分期分批地支持一批科技水平高、对经济和社会发展有重大贡献的科研机构，使之成为我国推动科技成果商品化、产业化和国际化，攀登科学技术高峰，出成果、出人才的主力军。

10月31日，第八届全国人民代表大会常务委员会第四次会议通过《中华人民共和国教师法》，为保障教师的合法权益，该法规定实施教师资格制度，对教师的政治思想、业务水平、工作态度和工作成绩提出要求，并应进行考核，规定教师资格的取得、任用，定期开展学术培养和业务培训，明确教师应享有获得工资、报酬、奖励、进修、学术交流等权利，以及权利被侵犯时的救济办法。

1994 年

2 月 22 日，劳动部、人事部共同发布了《职业资格证书规定》，对我国从业人才提出资格要求，规范各行业人才的用人标准。职业资格包括从业资格和执业资格，是对从事某一职业所必备的学识、技术和能力的基本要求，是求职、任职、独立开业和单位录用的主要依据。

7 月 5 日，第八届全国人民代表大会常务委员会第八次会议通过《中华人民共和国劳动法》，该法为人才在就业过程中维护自身权益，解决劳动关系纠纷提供重要法律依据。

8 月 30 日，中共中央组织部、人事部发布《加快培育和发展我国人才市场的意见》，强调充分开发利用我国的人才资源，使人才根据社会经济发展的需要，合理流动，合理配置，合理使用，为经济建设和各项事业的发展服务。加大改革力度，有计划有步骤地进行，逐步实现人才闲置与人才短缺向市场交流、调剂余缺、合理配置转变。深化企事业人事制度改革，在企事业单位实行专业技术人员和管理人员聘用制，使单位和人才在平等、自愿的基础上建立聘用关系，确立人才与单位在人才市场中的主体地位。

1995 年

2 月 28 日，第八届全国人民代表大会常务委员会第十二次会议通过《中华人民共和国法官法》，对法官在审判过程中的行为进行了规范，并要求法官有计划地进行理论培训和业务培训，以提高法官的素质，加强对法官的管理，保障法官依法履行职责，保障司法公正。

2 月 28 日，第八届全国人民代表大会常务委员会第十二次会议通过《中华人民共和国法官法》（根据 2001 年 6 月 30 日第九届全国人民代表大会常务委员会第二十二次会议关于修改〈中华人民共和国检察官法〉的决定》修正），对检察官的职责、权利与义务作出规定，加强对检察官的管理，保障人民检察院实施法律监督，依法独立行使检察权，同时要求检察官应当有计划进行理论培训和业务培训，提高检察官的素质，保障检察官依法履行职责，保障司法公正。

2 月 28 日，第八届全国人民代表大会常务委员会第十二次会议通过《中华人民共和国警察法》，为维护国家安全和社会治安秩序，保护公民的合法权益，加强人民警察的队伍建设。

3 月 18 日，第八届全国人民代表大会第三次会议通过《中华人民共和国教育法》，该法规定国家保障教育事业优先发展；公民依法享有平等的受教育机会；帮助各少数民族地区、边远贫困地区发展教育事业；对发展教育事业做出突出贡献的组织和个人给予奖励；国家实行九年义务教育制度；受教育者在入学、升学、就业等方面依法享有平等权利；依法为儿童、少年、青年学生的身心健康成长创造良好的社会环境。该法对我国的人才储备起到积极的促进作用，保障人才资源的合理利用。

4月28日，人事部、国家科委、国家教委、财政部发布《关于培养跨世纪学术和技术带头人的意见》，要求提高对培养跨世纪学术和技术带头人的认识，认真研究优秀人才的成长规律；贯彻德才兼备的方针，力争在实际工作中发现和掌握一批政治思想好，专业知识基础雄厚、能力较强的优秀青年专业技术人才；逐步增加对人才培养工作的资金投入，努力为青年专业技术人才脱颖而出创造良好的工作和生活条件，积极支持他们出国研修、开展国际学术和技术交流活动；最终能在各学科领域为国家培养一大批有较高学术造诣、成绩显著、起骨干作用的学术和技术带头人后备人才。

5月6日，中共中央、国务院发布《关于加速科学技术进步的决定》，要求积极、全面地推进科技体制改革，全方位、多渠道开展国际科技合作与交流，充分发挥广大科技人员的积极性、创造性，动员全社会的力量，全面推进科技进步；尊重知识、尊重人才，创造人尽其才、人才辈出的社会环境，切实改善农业技术推广人员的工作和生活条件。同时，加强发达地区在技术、信息、人才、资金等方面对贫困地区的支援，组织以中青年人才为骨干的精锐队伍，协同攻关，力求取得重大突破和创新，建设高水平的科技队伍以推动社会发展领域的科技进步。

9月23日，国务院发布《中华人民共和国注册建筑师条例》，加强对我国注册建筑师的管理，提高建筑设计质量与水平。国家实行注册建筑师全国统一考试制度，注册建筑师考试合格，取得相应的注册建筑师资格。

9月27日，人事部发布《人事部关于重点资助优秀留学回国人员开展科技活动的通知》，通知以促进留学回国人员的成长，从留学回国人员中培养造就一批能进入世界科技前沿的跨世纪学术和技术带头人为目标，结合留学回国人员科技活动择优资助工作实际，重点资助优秀留学回国人员开展科技活动。优秀留学回国人员的遴选应与培养跨世纪学术、技术带头人工作相结合，并且具备坚持四项基本原则，热爱祖国，有强烈的事业心和奉献精神，学风端正；研究成果对学科、专业发展有重大贡献，社会效益显著等条件。

11月1日，人事部发布《全国专业技术人员继续教育暂行规定》。为了推动继续教育事业发展，提高专业技术人员素质，以适应科技、经济、社会协调发展的需要，规定要求继续教育对事业、企业单位从事专业技术工作的在职专业技术人员按需施教，使专业技术人员的知识和技能不断得到增新、拓展和提高。

12月12日，国务院发布《教师资格条例》。为了提高教师素质，加强教师队伍建设，条例规定专门从事教育教学工作的人才，应当依法取得教师资格。不具备教师法规定的教师资格学历的，申请获得教师资格，应当通过国家举办的或者认可的教师资格考试。教师资格考试科目、标准和考试大纲由国务院教育行政部门审定，具备教师法规定的学历或者经教师资格考试合格的公民，可以依照本条例的规定由本人申请认定其教师资格。

12月14日，人事部发布《事业单位工作人员考核暂行规定》，规定要求对各级国家行政机关所属事业单位的各级各类职员、专业技术人员和工人进行考核，正确评价事业单位工作人员的德才表现和工作实绩，激励督促事业单位工作人员提高政治业务素质，认真履行职责，并为其晋升、聘任、奖惩、培训、辞退以及调整工资待遇提供依据。

1996 年

1月22日，劳动部、外交部、外经贸部《外国人在中国就业管理规定》，规定对没有取得定居权的外国人在中国境内就业并获取劳动报酬的方法，在中国就业的外国人的工作时间、休息、休假劳动安全卫生以及社会保险按国家有关规定执行。此规定为外国人才在中国就业的待遇提供依据，有利于鼓励外国人才到中国就业。

4月8日，国家教委颁布《高等学校教师培训工作规程》，高等学校教师培训是为教师更好地履行岗位职责而进行的继续教育，培训以提高教师的基础知识和专业知识为主，以提高应用计算机、外语和现代化教育技术等技能的能力为辅。培训根据助教、讲师、副教授等教师职务的不同，分别确定培训形式和规范要求。对高校教师进行继续教育，督促高校教师完善知识结构，关注专业理论前沿，及时更新知识积累，对我国高素质人才的培养起到非常重要的作用。

5月15日，第八届全国人民代表大会常务委员会第十九次会议通过《中华人民共和国职业教育法》，该法规定国家推进职业教育改革，提高职业教育质量；鼓励并组织职业教育的科学研究；采取措施发展农村职业教育，扶持少数民族地区、边远贫困地区职业教育的发展；帮助妇女、失业人员、残疾人接受职业教育；鼓励通过多种渠道依法筹集发展职业教育的资金。该法对实现我国人才资源的多样化，应对行业需要提高各行业人才的职业能力起到积极作用。

5月15日，第八届全国人民代表大会常务委员会第十九次会议通过《中华人民共和国律师法》（根据2001年12月29日第九届全国人民代表大会常务委员会第二十五次会议《关于修改〈中华人民共和国律师法〉的决定》修正，2007年10月28日第十届全国人民代表大会常务委员会第三十次会议修订），为规范律师执业行为，保障律师依法执业，发挥律师在社会主义法制建设中的作用，该法规定了律师执业应具备相应条件，取得执业许可以及律师的业务、权利和义务。

5月15日，第八届全国人民代表大会常务委员会第十九次会议通过《中华人民共和国促进科技成果转化法》。该法鼓励研究开发机构、高等院校等事业单位与生产企业相结合，联合实施科技成果转化；对科技成果转化活动实行税收优惠政策，鼓励设立科技成果转化基金或者风险基金，有利于促进科技成果转化为现实生产力，规范科技成果转化的活动，加速我国科学技术进步，也有利于鼓励科技人才的创新积极性。

8月12日，人事部发布《全国专业技术人员继续教育"九五"规划纲要》。继续教育"九五"规划以完善继续教育法规制度，逐步建立科学化、制度化、网络化的管理体系和政府调控、行业指导、单位自主、个人自觉的机制为总体目标。促进产、学、研单位在人才培养方面的联合，加强师资队伍建设，师资队伍的培养，坚持专兼职结合、以兼职为主、兼职德才备的方针，实行奖励制度，鼓励单位和个人为继续教育作贡献。同时，多渠道解决经费问题，建立师资信息库，形成相对稳定的骨干教师队伍以此促进中西部地区发展和扶贫攻坚任务的落实。

7月6日，人事部发布《国家公务员培训暂行规定》，规定要求参加培训是国家公务员的权利与义务，国家公务员培训期间的学习成绩和鉴定作为任职、定级和晋升职务的重要依据。由行政学院作为国家公务员培训施教机构的主体，管理干部学院或其他培训机构经过批准，可以承担国家公务员培训任务，有利于督促国家公务员提高政治和业务素质，以适应国家行政机关高效能管理的需要。

10月30日，劳动和社会保障部、国家经济贸易委员会（已更名）发布《企业职工培训规定》，对我国境内的企业和职工按需施教、学用结合、定向培训，要求企业建立健全职工培训的规章制度，将职工培训列入本单位的中长期规划和年度计划，结合劳动用工、分配制度改革，建立培训、考核与使用、待遇相结合的制度，从而规范企业职工培训工作，提高职工队伍素质，增强职工的工作能力。

12月2日，中共中央组织部、人事部发布《流动人员人事档案管理暂行规定》，规定通过建立健全流动人员人事档案管理的内部规章制度，维护人事档案的真实性、严肃性、完善人才流动社会化服务体系，加强流动人员人事档案工作，不断提高流动人员人事档案管理的效率和质量，促进人才的合理流动。

1997 年

5月27日，建设部发布《建设继续教育管理规定》（试行），规定要求建筑业、房地产业和市政公用事业等建设企事业单位中从事专业技术和管理工作的在职专业技术人员参加和接受继续教育，以不断提高建设行业专业技术人员的素质，加速科技成果的转化，促进建设事业科技进步，使专业技术人员继续教育工作尽快纳入到规范化、科学化和制度化的轨道。

9月1日，《外国文教专家工资和生活待遇管理办法》实施，为了促进我国文化、教育和科技事业的发展，维护聘用外国文教专家单位和在我国工作的外国文教专家的合法权益。

10 月 21 日，铁道部发布《铁路专业技术人员继续教育暂行规定》，要求铁路企事业单位根据现代科学技术发展和现实需要以及专业技术人员的知识结构、业务水平的实际状况，为实施"科教兴路"战略目标和适应铁路改革发展的需要，建立和完善铁路专业技术人员继续教育制度，以继续教育统计、评估和奖励制度促进技术人员素质的提高。

12 月 9 日，卫生部继续医学教育委员会发布《继续要学教育实行办法》。继续药学教育的目的是提高药学技术人员素质，使药学技术人员在整个专业生涯中，保持高尚的职业道德，跟上药学科学的发展，促进药学教育工作的开展。

12 月 10 日，全国注册建筑师管理委员会发布《注册建筑师继续教育实施意见（暂行）》。注册建筑师继续教育旨在使建筑师适应建设事业的发展，及时了解和掌握国内外建筑设计技术，使其知识和技能不断得到更新、补充、拓展和提高。

1998 年

1 月 8 日，国家教育委员会（已更名）发布《教师和教育工作者奖励规定》，为鼓励我国广大教师和教育工作者长期从事教育事业，奖励在教育事业中作出突出贡献的教师和教育工作者，设置"全国模范教师"、"全国教育系统先进工作者"和"全国优秀教师"、"全国优秀教育工作者"荣誉称号，由国务院教育行政部门会同有关部门颁发奖章和证书，作为考核、聘任、职务和工资晋升的重要依据。

1 月 23 日，农业部、人事部发布《关于加强乡镇企业专业技术人员继续教育工作的意见》，要求乡镇企业继续教育从实际出发，采取区别情况、分类指导的方针，注重开发人才的创造性思维和创造力，不断完善知识结构，提高专业技术水平，激发专业技术人员勇于探索创新的积极性和主动性，加大对社会化开放式乡镇企业教育培训服务体系的建设，逐步增强乡镇企业市场竞争能力。继续教育以企业各层次技术和管理岗位上的人员以及后备人员为教育对象，根据不同类型专业技术人员的特点，结合不同岗位业务的需要，按照初、中、高三个层次，开展相应的培训。积极采取多形式和多渠道开展继续教育，不断完善用人育人一体化的机制，努力创造一个有利于人才成长、吸引人才、使用人才、保护人才的环境和机制。

6 月 26 日，第九届全国人民代表大会常务委员会第三次会议通过《中华人民共和国执业医师法》，严格限定取得执业医师和执业助理医师资格的条件；国家实行医师执业注册制度并明确注册和注销的标准；受县级以上人民政府卫生行政部门委托的机构或者组织对医师的业务水平、工作成绩和职业道德状况进行定期考核，以加强医师队伍的建设，提高医师的职业道德和业务素质，保障医师的合法权益。

8月24日，教育部发布《自费出国留学中介服务管理规定》，规定要求申办中介服务业务的机构应为法人资格的教育机构或教育服务性机构；熟悉我国和相关国家自费留学政策并拥有从事过教育服务性业务的工作人员；已与国外教育机构建立稳定的合作与交流关系；有必备的资金，能在学生经济利益受损时保障其合法权益，按协议予以赔偿，以保护自费出国留学当事人的合法权益，加强对自费出国留学中介服务的管理。

8月29日，第九届全国人民代表大会常务委员会第四次会议通过《中华人民共和国高等教育法》，该法规定国家制定高等教育发展规划，举办高等学校，帮助少数民族和经济困难的学生接受高等教育，鼓励企业事业组织、社会团体及其他社会组织和公民等社会力量依法举办高等学校，以培养具有创新精神和实践能力的高级专门人才，通过学历教育、非学历教育以及严格实行高校教师资格制度确保教育质量。

1999 年

1月5日，卫生部继续医学教育委员会发布《公共卫生与预防医学继续教育试行办法》。预防医学继续教育以提高公共卫生与预防医学专业技术人员素质，促进预防医学教育工作开发为目标。参加预防医学教育，既是广大预防医学专业技术人员应享有的权利，又是应尽的义务。学习形式以短期和业余为主，其中自学形式最为重要。交流活动形式包括：学术会议、学术讲座、专题讨论会、专题调研和考察、技术操作示教、短期或长期培训等。

11月18日，科技部、教育部、中国科学院、中国工程院、中国科协共同发布《关于科技工作者行为准则的若干意见》，对科技工作者提出了具体的要求，并指出科技工作者是先进生产力的开拓者，是科技知识和现代文明的传播者。

2000 年

4月25日，科学技术部，财政部发布《中央级科研院所科技基础性工作专项资金管理暂行办法》，规范科技基础性工作专项资金的管理，提高专项资金的使用效益，促进中央级科研院所科技基础性工作的开展。

6月16日，国家中医药管理局发布《中医药继续教育登记办法》，为保证中医药专业技术人员继续教育质量和健全中医药继续教育制度，对从事中医药专业技术工作的中医药专业技术人员，登记参加继续教育活动的项目名称、实施时间、实施形式、考核结果等。

9月23日，教育部发布《〈教师资格条例〉实施办法》，为具体实施教师资格制度，要求在各级各类学校和其他教育机构中专门从事教育教学工作的人才，应当具备教师资格。

11月3日，教育部发布《关于设立"春晖计划"海外留学人才学术休假回国工作项目的通知》，为贯彻国家留学工作方针，支持我国在外留学人员以多种方式报效祖国并为其创造必要条件，教育部对高等学校执行海外留学人才学术休假回国工作项目提供一定数额的奖励津贴、补助经费和往返国际旅费。招聘对象是在国外著名大学或大学强项学科任助理教授以上专业技术职务，并在本专业取得国内外同行公认重要成就的我海外留学人才。

12月29日，卫生部发布《远程继续医学教育教学管理暂行规定》。远程继续医学教育实行行业管理，教学计划应满足社会需求和适应学科专业的构成比例，各级教学站、网站努力创造条件，通过各种方式、手段为学员提供良好的教学服务，满足学员多方面的学习需求。远程继续医学教育是医学领域人才及时更新知识结构，提高专业水平的有益补充。

2001 年

1月20日，科学技术部发布《国家科技计划管理暂行规定》，适用于涉及国家科技计划体系中以中央财政投入为主的国家高技术研究发展计划（863 计划）、科技攻关计划、基础研究计划、研究开发能力条件建设计划、科技产业化环境建设计划和根据国民经济与社会发展需要而新设立的国家科技计划等。

5月14日，人事部、教育部、科技部、公安部、财政部发布《关于鼓励海外留学人员以多种形式为国服务的若干意见》，国家鼓励海外留学人员在国内高校、科研院所、国家重点实验室、工程技术研究中心及各类企业、事业单位受聘兼任专业技术职务、顾问或名誉职务；鼓励海外留学人员利用先进科学技术、设备和资金等条件，与国内高等学校、科研院所、企业单位进行合作研究；鼓励海外留学人员依托海外的科研、教育、培训机构等条件，与国内有关单位合作或接受委托，帮助国内用人单位培养人才；支持各地区、各部门和用人单位为海外留学人员为国服务创造良好工作和生活条件。充分开发海外留学人才资源，鼓励在海外学习和工作的留学人员以多种方式为祖国服务，促进我国经济、科技等各项事业的发展。

6月19日，中央办公厅、国务院办公厅发布《关于加强专业技术人员队伍建设的若干意见》，要求通过体制创新，政策创新、观念创新、培养引和用好人才；进一步营造尊重知识、尊重人才，鼓励创新和创业的社会氛围，改革户籍管理制度，健全社会保障体制，建立和完善人才市场体系，坚持效率优先公平的原则，建立以人才评价、培养、激励、流动为主要内容的人才政策体系，加强专业技术人员培训工作；

9月4日，国务院办公厅发布《2001～2005 年国家级专业技术人员培训纲要》，纲要确立培训在公务员队伍建设中的基础性地位；坚持理论联系实际的马克思主义学风；依法培训，规范管理，加强公务员培训工作的法制建设，依法开展公务员培训工作；

层次，确保质量；与时俱进，改革培训工作。以提高公务员的思想政治素质和职业道德水平、业务素质和行政管理能力、学历层次、依法行政能力为主要任务。建立统一、规范、配套的教材体系，保证公务员培训经费投入，推进公务员培训信息化建设，健全有中国特色的科学高效的公务员培训机制，为改革开放和社会主义现代化建设服务。

9月11日，人事部发布《人才市场管理规定》，规定以建立和完善机制健全、运行规范、服务周到、指导监督有力的人才市场体系人才市场活动应当遵守国家的法律、法规及政策规定，坚持公开、平等、竞争、择优的原则，实行单位自主用人，个人自主择业制度。对违反本规定，未经政府人事行政部门授权从事人事代理业务的或者未经批准擅自组织举办人才交流会的，由县级以上政府人事行政部门责令立即停办，情节严重的，责令停业整顿、个人违反本规定给原单位造成损失的，由本人承担赔偿责任。

10月27日，第九届全国人民代表大会常务委员会第二十四次会议通过《中华人民共和国职业病防治法》，为了预防、控制和消除职业病对劳动者的危害，防治职业病，保护劳动者健康及其有关权益，该法规定国家实行职业卫生监督制度；劳动者依法享有职业卫生保护的权利；用人单位应当建立、健全职业病防治责任制，必须依法参加工伤社会保险；职业病病人依法享受国家规定的职业病待遇，依照有关民事法律，有权向用人单位提出赔偿要求。通过前期预防，劳动过程中的防范与管理保障各行业人才的合法权益。

12月10日，人事部发布《留学人员科技活动项目择优资助经费申请与管理办法》，对各类留学人员，特别是回国的留学人员科技活动进行经费资助，并规范留学人员科技活动项目择优资助经费，鼓励留学人员回国工作或为国服务。

2002 年

1月29日，劳动与社会保障部发布《关于加强职业培训教师队伍建设的意见》，要求建立科学、规范、有效的继续教育和培训制度，对职业培训教师开展政治理论培训、上岗资格培训和业务提高培训；大力推进教师资格证书制度和职业培训教师上岗资格证书制度，组织教学观摩、开展教学成果评比和教学方法经验交流，全面提高教师授课能力；发挥高等职业**技术**师范院校的作用，为职业培训机构培养"一体化"教师，开辟多元化师资来源渠道；定期对职业培训教师综合素质进行岗位考核，结合当地职业培训事业发展需要，制定教师队伍建设规划，充分发挥优秀教师在当地职业培训教改教研活动中的带动和辐射作用。

3月26日，公安部、外交部、教育部、科技部等共同发布《关于为外国籍高层次和投资者提供入境及居留便利的规定》，为更好地吸引外国籍高层次人才和投资者来我国服务和投资，规定了多项入境及居留便利措施。

5月7日，中共中央办公厅、国务院办公厅发布《2002～2005年国人才队伍建设规划纲要》，提出2002～2005年人才队伍建设的总体目标是：人才总量有较大增加，人才结构与经济结构基本适应，人才队伍的整体素质明显提高。坚持以人才资源能力建设为主题；以调整和优化人才结构为主线；以改革创新为动力；以培养和选拔党政领导干部、企业家、学科带头人为重点；以为经济和社会发展提供人才支持为根本出发点。在提高思想政治素质、加强职业道德建设的同时，使人才的知识水平和能力素质有较大提高。

6月13日，科学技术部、教育部、中国科学院、中国工程院、国家自然科学基金委员会发布《关于进一步增强原始性创新能力的意见》，意见以鼓励冒险，宽容失败，勇于创新，敢为人先，营造有利于原始性创新的文化环境，制定有效的人才激励政策；鼓励学术民主，倡导创新文化，保障不同学术观点的公开发表和充分讨论为指导思想。继续推进科技管理制度改革，以人事制度和分配制度改革为重点，探索实行理事会制，全面推行聘用制、实行课题制。树立"人才资源是第一资源"的思想，把培养、引进和稳定杰出人才作为加强原始性创新能力建设的目标之一，鼓励引进杰出人才和优秀科学家团队，加强基础研究和高技术前沿研究的国际交流与合作，培养和造就一批高水平的优秀科学家研究团队。

6月29日，第九届全国人民代表大会常务委员会第二十八次会议通过《中华人民共和国中小企业促进法》，为专门人才创业提供便利条件，一定程度上鼓励了各专门人才积极创业。

7月1日，实施新的《中医药继续教育暂行规定》，要求是受聘初级（师）以上专业技术职务从事专业技术工作的中医药专业技术人员终身参加和接受继续教育，同时该法对中医药继续教育的组织管理、内容及形式、实施和考核以及经费的处理方式作出规定，保障了中医药专业技术人员继续教育权利的实现，也能有效督促其提升专业素质。

7月8日，教育部发布《关于加强高校网络教育学院管理提高教学质量的若干意见》，要求根据科技、经济和社会发展的需要，结合网络教育的特点，科学制定并不断改进课程设置和教学内容，通过加强师资队伍建设，激励优秀教师主持网络课程，保证授课质量。支持西部教育，试点高校应创造条件在西部地区的地级以上城市设置校外学习中心，西部地区根据当地的人才需求和生源情况，制订相应规划，引导网络教育校外学习中心合理布局，使其尽量覆盖所有地级以上城市。高校网络教育学院以在职人员的继续教育为主，为在职人员更新知识、增强技能、不断学习、不断提高提供良好服务。

8月24日，国务院发布《关于大力推进职业教育改革与发展的决定》，积极鼓励和支持民办职业教育发展，引进国外优质职业教育资源，扩大职业学校的办学自主权，增强其自主办学和自主发展的能力；根据经济结构调整职业学校和职业培训机构的专业设置，加强实践教学和教师队伍建设，提高受教育者的职业能力；坚持学历教育与职业培训并重，实行灵活的办学模式和学习制度；重点发展农村和西部地区职业教育，加强东部地区和西部地区、大中城市和农村的学校对口支援工作；多渠道筹集资金，增加职业教育经费投入，严格实施就业准入制度，加强职业教育与劳动就业的联系。

10月24日，人事部发布《2003~2005年全国专业技术人员继续教育规划纲要》，"十五"时期是我国实施科教兴国战略和人才强国战略，加快经济和社会发展的关键时期，应抓住机遇加快专业技术人员知识更新的步伐，全面提高专业技术人员政治素质、业务水平和创新能力，为建设一支高素质、社会化的专业技术人员队伍提供有力的继续教育支持。继续教育必须考虑专业技术人员职业生涯设计的需要，以能力建设为重点；紧密联系专业技术人员的工作实际，根据行业科技发展特点、岗位要求和专业技术人员的能力水平，开展继续教育活动。重点培养高层次人才，加快急需紧缺人才培养，突出农业技术人员和企业专业技术人员的继续教育，加强对外合作与交流，构筑终身教育体系，创建学习型社会。

12月2日，教育部、国家经贸委、劳动部发布《关于进一步发挥行业、企业在职业教育和培训中作用的意见》，充分依靠行业、企业发展职业教育和培训，以企校合作作为企业发展职业教育和培训的重要途径，落实行业、企业的办学自主权，鼓励更多的企业根据实际需要，单独、联合或参与举办职业学校或职业培训机构。发挥行业主管部门作用，培养大批从事经营的管理人员、专业技术人员和生产服务一线的技术、技能劳动者，高度重视技术工人特别是高级技工的培训。"十五"期间使我国职工队伍的整体素质有明显提高。

12月28日，第九届全国人民代表大会常务委员会第三十一次会议通过《中华人民共和国民办教育促进法》，规定国家机构以外的社会组织或者个人，利用非国家财政性经费，可以面向社会举办学校及其他教育机构的活动；国家积极鼓励、大力支持、正确引导、依法管理民办教育；规范民办教育的设立条件、性质和审批机关；明确民办学校的教师、受教育者与公办学校的教师、受教育者具有同等的法律地位，受教育者在升学、就业、社会优待等方面享有与同级同类公办学校的受教育者同等权利。

12月28日，第九届全国人民代表大会常务委员会第三十一次会议通过对1993年7月2日《中华人民共和国农业法》的修订，以巩固和加强农业在国民经济中的基础地位，深化农村改革，发展农业生产力，推进农业现代化，维护农民和农业生产经营组织的合法权益，提高农民科学文化素质。

2003 年

3 月 1 日，科学技术部发布《国家科技计划项目评估评审行为准则与督查办法》，对国家科技计划项目评估评审行为实行规范化管理，有利于鼓励科技人才积极申报科技计划，一定程度上促进我国科技的进步。

3 月 14 日，教育部办公厅发布《现代远程教育校外学习中心（点）暂行管理办法》，要求设立校外学习中心（点），向学生提供试点高校的教育资源，支持学生以多种形式实现有效的学习，支持教师、学生在互联网上搜索和传递信息，进一步规范现代远程教育教学支持服务活动。

11 月 18 日，人事部发布《国家公务员通用能力标准框架》，标准分别从政治鉴别能力、依法行政能力、公共服务能力、调查研究能力、学习能力、沟通协调能力、创新能力、应对突发事件能力和心理调适能力作出规定。要求公务员具有一定的政治敏锐性和洞察力，正确把握时代发展要求，科学判断形势；准确运用与工作相关的法律、法规和有关政策；牢固树立宗旨观念和服务意识，诚实为民，守信立政；坚持群众路线，掌握科学的调查研究方法；拓宽学习途径，向书本学、向实践学，向他人学；坚持原则性与灵活性相结合，营造宽松、和谐的工作氛围；正确认识和处理各种社会矛盾，善于协调不同利益关系。

12 月 10 日，人事部发布《事业单位试行人员聘用制度有关问题的解释》，《解释》分别对聘用制度实施范围、招聘、解聘、聘用合同期限和经济补偿作出规定。事业单位将首次实行人员聘用制度，可以按照竞争上岗，择优聘用的原则，优先从本单位现有人员中选聘符合岗位要求的人员签订聘用合同，也可以根据本单位的实际情况，在严格考核的前提下，采用单位与现有在职职工签订聘用合同的办法予以过渡。事业单位公开招聘必须在本地区发布招聘公告，采用公开方式对符合报名条件的应聘人员进行考试或考核，对考试或考核结果及拟聘人员应进行公示。

12 月 20 日，国务院通过《国务院关于修改〈国家科学技术奖励条例〉的决定》，对 1999 年 5 月 23 日《国家科学技术奖励条例》作出修订。为了奖励在科学技术进步活动中做出突出贡献的公民、组织，调动科学技术工作者的积极性和创造性，加速科学技术事业的发展，国家科学技术奖每年评审一次。国家对在当代科学技术前沿取得重大科研突破的科学技术工作者，运用科学技术知识做出重大技术发明，推广先进科学技术成果完成重大科学技术工程、计划、项目的人才给予奖励，能有效地调动科技人才创新及成果转化的积极性。

12 月 26 日，中共中央、国务院发布《关于进一步加强人才工作的决定》，加快构建现代国民教育体系、终身教育体系，坚持改革创新，努力形成科学的人才评价和使用机制；建立以公开、平等、竞争、择优为导向，有利于优秀人才脱颖而出、充分施展才能的选人用人机制；建立、完善人才市场体系，促进人才合理流动，进一步消除人才流动中的城乡、区域、部门、行业、身份、所有制等限制；完善分配激励机制，坚持精神奖励和物质奖励相结合的原则，大力开发人才资源，走人才强国之路。

2004 年

2月25日，国务院通过《中华人民共和国民办教育促进法实施条例》，为了促进我国民办教育事业的发展，条例规定国家机构以外的社会组织或者个人可以利用非国家财政性经费举办各级各类民办学校；国家扶持西部、边远贫困地区和少数民族地区举办的民办学校，对于捐资举办民办学校表现突出或者为发展民办教育事业做出其他突出贡献的社会组织或者个人，由县级以上人民政府给予奖励和表彰。鼓励民办教育的发展，为我国人才的培养提供多种途径，为各地区人才培养的平衡起到积极作用。

7月30日，科学技术部、财政部、中编办共同发布《部门属社会公益类科研机构体制改革工作评估验收指导意见（试行）》，分别对指导思想、验收的主要内容和工作程序作出规定。评估验收按照国家有关文件精神和改革方案的要求，对非营利性科研机构、企业化转制和其他方式改革的科研机构，从结构调整、人才分流、制度创新和能力绩效等方面进行综合评价。推行全员聘用制，改革收入分配制度，建立开放的机制并完善科研机构管理体制。工作程序。

9月3日，科技部发布《关于在国家科技计划管理中建立信用管理制度的决定》，国家科技计划信用管理坚持实事求是的原则，以事实为基本依据，做到客观记录和公正评价，充分尊重科技活动自身规律；以参与和执行国家科技计划的相关主体作为管理对象；目的是提高国家科技计划管理水平，提高政府科技资源分配的公正性和有效性，增进国家科技计划相关主体的信用意识与信用水平，从机制上约束和规范国家科技计划相关主体的行为，从源头上预防和遏制腐败。重视国家科技计划信用信息的收集、记录与使用，加强管理，积极稳妥地推进国家科技计划信用制度建设。

9月14日，教育部、国家发改委、财政部、人事部、劳动保障部、农业部、国务院扶贫办共同发布《关于进一步加强职业教育工作的若干意见》，意见要求切实加快技能人才培养，为新型工业化提供人力资源支持；大力加强农村职业教育，为解决"三农"问题提供服务，深化办学体制改革，促进多元办学格局的形成；完善就业准入制度和职业资格证书制度，积极推进职业院校学生职业资格认证工作；加快职业教育实训基地建设，切实提高学生职业技能，深化职业院校人事制度改革；加强"双师型"教师队伍建设，多渠道增加投入，为职业教育的改革与发展提供坚实的条件保障。

2005 年

3月2日，财政部、科技部发布《科技型中小企业技术创新基金项目管理暂行办法》，申请创新基金支持的项目应符合国家产业、技术政策；技术含量较高、创新性强；项目产品有较大的市场容量、较强的市场竞争力；无知识产权纠纷等条件。科学技术部每年年初发布创新基金项目的年度重点支持范围，项目推荐单位和管理中心采取公开方式受理申请，并由专家应依据评审、评估工作规范和审查标准，对申请项目进行全面审查，提出各自的审查意见，保证科技型中小企业技术创新基金管理工作的顺利开展。

4月27日，第十届全国人民代表大会常务委员会第十五次会议通过《中华人民共和国公务员法》，为了规范公务员的管理，保障公务员的合法权益，加强对公务员的监督，建设高素质的公务员队伍，促进勤政廉政，提高工作效能，对国家对公务员实行分类管理和职务分类制度；公务员依法履行职务的行为，受法律保护，非因法定事由、非经法定程序，不被免职、降职、辞退或者处分；公务员对涉及本人的人事处理不服的可以依法申诉控告；坚持精神奖励与物质奖励相结合、以精神奖励为主的原则；通过实行公务员交流制度提高公务员队伍的行政能力，根据经济社会发展水平提高公务员福利待遇，建立公务员保险制度。

10月28日，国务院发布《关于大力发展职业教育的决定》，大力发展职业教育，加快人力资源开发，坚持以就业为导向，深化职业教育教学改革，推进职业教育办学思想的转变，合理调整专业结构；大力推行工学结合、校企合作的培养模式，逐步建立和完善半工半读制度；积极开展城市对农村、东部对西部职业教育对口支援工作，加强基础能力建设，努力提高职业院校的办学水平和质量；建立职业教育贫困家庭学生助学制度，资助接受中等职业教育的贫困家庭子女。

11月24日，劳动和社会保障部发布《关于进一步做好职业培训工作的意见》，结合地区经济社会发展需求和就业再就业工作需要，实施"新技师培养带动计划"，加快高技能人才培养，带动技能劳动者队伍素质整体；实行"下岗失业人员技能再就业计划"，深入推动再就业培训，对有创业愿望并具备一定创业条件的人员实施创业能力培训，提供政策、资金、技术、信息等一条龙服务；实施农村劳动力技能就业计划，积极开展农村劳动力转移培训，提高转移就业效果；加强职业院校学生职业资格认证工作，结合技能操作考核，帮助学生获得相应的职业资格证书，加强职业技能鉴定质量管理，规范业务流程，提高鉴定工作质量。

2006 年

1月14日，人事部、国务院发布《2006～2010年全国干部教育培训规划》，提出

"十一五"时期不断开创干部教育培训工作新局面，推动学习型政党、学习型社会建设，大规模落实干部培训的战略任务，提高广大干部的理想信念、党性修养以及科学文化素质和业务素质。抓好党政干部、企业经营管理人员和专业技术人员的教育培训；加强基础建设，为干部教育培训提供有力保障；坚持统筹兼顾，促进干部教育培训工作全面协调发展，围绕推进西部大开发、振兴东北地区等老工业基地、促进中部地区崛起、鼓励东部地区率先发展的战略，为实现"十一五"时期经济社会发展目标提供思想政治保证、人才保证和智力支持。

1月19日，人事部办公厅、信息产业部办公厅发布《信息专业技术人才知识更新工程（"653"工程）实施办法》。建设信息技术发展和信息专业技术人才队伍以提高自主创新能力为核心，着力提高信息专业技术人才的科技水平和专业素质，不断加快我国信息专业技术人才知识更新的步伐。建立广泛合作机制，与各相关行业、协会合作开展高层次人才培养工作，有目的、有计划地培训相关行业领域的专业技术骨干，推进项目、资金、人才培养的一体化建设。推动"产、学、研"技术合作，积极结合高等院校和职业院校的教育资源优势，从而提高队伍的整体素质和创新能力。

1月26日，中共中央、国务院发布《关于实施科技规划纲要增强自主创新能力的决定》，要充分发挥国家科研机构的骨干和引领作用，发挥大学的基础和生力军作用，发挥高等院校学科综合、人才荟萃、教学科研紧密结合等优势。建立以企业为主体、市场为导向、产学研相结合的技术创新体系，支持中西部地区加强科技发展能力建设，促进各类先进适用技术在农村推广应用，从而增强我国自主创新能力，推动科学技术的跨越式发展。

2月9日，国务院发布《国家中长期科学和技术发展规划纲要（2006～2020年）》，提出要加快培养造就一批具有世界前沿水平的高级专家，进一步破除科学研究中的论资排辈和急功近利现象；充分发挥教育在创新人才培养中的重要作用，加强职业教育、继续教育与培训，培养适应经济社会发展需求的各类实用技术专业人才；支持企业培养和吸引科技人才，多方式、多渠道培养企业高层次工程技术人才；加大吸引留学生和海外高层次人才工作力度，健全留学人才为国服务的政策措施；构建有利于创新人才成长的文化环境，倡导学术自由和民主，鼓励敢于探索、勇于冒尖，大胆提出新的理论和学说。

3月29日，国务院、人事部发布《干部教育培训工作条例（试行）》，条例以推进干部教育培训工作科学化、制度化、规范化，培养造就高素质的干部队伍为目标。干部教育培训实行登记管理，遵循以人为本，按需施教激发干部学习的内在动力和潜能，增强干部教育培训的针对性和实效性；创造人人皆受教育、人人皆可成才的条件，大规模培训干部，大幅度提高干部素质；坚持干部队伍革命化、年轻化、知识化、专业化方针和德才兼备原则，以政治理论、政策法规、业务知识、文化素养和技能训练等为基本教学内容,建立健全干部在职自学制度,鼓励干部利用业余时间参加学习培训。建立干部教育培训机构评估制度,评估其办学方针、培训质量、师资队伍、组织管理、基础设施、经费保障等。

3月31日,人事部办公厅、农业部发布《农业专业技术人才知识更新工程("653"工程)实施办法》,从2006年至2010年,在我国现代农业领域开展大规模的专业技术人员继续教育活动。坚持以提高自主创新能力为核心,紧密结合我国农业专业技术人才队伍建设实际需求,以中高级专业技术人才为重点,优先培训急需紧缺专业的技术业务骨干;每年举办一定数量的专业技术人才高级研修班和学术技术交流论坛,培养复合型、骨干性人才;充分利用农业系统教育培训资源,有计划、分层次地对农业专业技术人员开展培训,依托重大农业项目、重点工程和重大课题培训农业领域的专业技术骨干,推进项目、资金、人才培养的一体化建设。

4月29日,人事部办公厅中国机械工业联合会、中国轻工业联合会发布《现代制造领域专业技术人才知识更新工程("653"工程)实施办法》,从2006年至2010年,现代制造领域科技发展和专业技术人才队伍建设按照振兴装备制造业、走新型工业化道路的要求,重点培训中高级专业技术人才。在电子制造、新材料、重大装备、精密仪器、汽车工程、系统集成等重点专业技术领域,广泛开展信息化、机电一体化、计算机辅助设计等面向现代制造领域的关键技术、共性技术的培训活动;以珠三角、长三角、东北地区老工业基地等制造业、装备业比较发达的地区为重点,推进项目、资金、人才培养的一体化建设,实现人才与产业发展的紧密结合,提高现代制造领域专业技术人才队伍的整体素质和创新能力。

6月11日,中共中央办公厅、国务院办公厅发布《关于进一步加强高技能人才工作的意见》,高技能人才工作的目标任务是,加快培养一大批数量充足、结构合理、素质优良的技术技能型、复合技能型和知识技能型高技能人才。建立高技能人才校企合作培养制度,以企业行业为主体,开辟高技能人才培养的多种途径,增强企业对高技能人才培养工作重要性的认识,充分发挥企业培养高技能人才的主体作用;健全和完善高技能人才考核评价制度,坚持公开、公平、公正的原则,进一步完善符合高技能人才特点的业绩考核内容和评价方式;对作出突出贡献的高技能人才进行表彰和奖励,以政府奖励为导向,企业奖励为主体,辅以必要的社会奖励。

6月19日,全国总工会、财政部、国家发改委、教育部、科技部等十一个部门共同发布《关于企业职工教育经费提取与使用管理的意见》,提出全面提高职工队伍素质,加强人力资源能力建设,实施人才培养工程是实现"十一五"规划的关键。企业职工教育培训是我国教育和人才工作的重要组成部分,是实施科教兴国战略、人才强国战略和加强人力资源能力建设的重要途径,建立健全企业职工教育培训经费提取和使用的规章制度,面向全体职工开展教育培训,特别是要加强各类高技能人才的培养。鼓励各企业建立职工个人学习与培训账户制度，切实维护职工的学习权利，督促企业履行对职工的培训义务。

7月3日，人事部办公厅、国家林业局发布《林业专业技术人才知识更新工程（"653"工程）实施办法》，从2006年到2010年在林业领域开展较大规模的专项继续教育活动。结合实际、按需施教，以中高级人才为重点，优先培训紧缺急需专业人才，带动整个林业专业技术人才队伍继续教育工作的开展；依托林业重点学科、重点实验室和重大项目开展各类继续教育活动，培训相关行业领域的专业技术骨干；加强中国林业培训网建设，面向全国特别是西部地区的林业专业技术人才实施远程教育；实行林业专业技术人才知识更新登记制度、培训情况统计制度和证书制度，建立评估检查、项目论证发布制度。

7月19日，劳动和社会保障部发布《中外合作职业技能培训办学管理办法》，鼓励在国内新兴和急需的技能含量高的职业领域开展中外合作办学，引进体现国外先进技术、先进培训方法的优质职业技能培训资源，实施职业技能培训，提供我国各行业就业者的职业技能。

7月31日，科技部、财政部发布《国家科技支撑计划管理暂行办法》，支撑计划是面向国民经济和社会发展需求，重点解决经济社会发展中的重大科技问题的国家科技计划，分设项目和课题两个层次。计划坚持需求牵引，突出重点；展现企业技术创新主体地位，促进产学研结合；统筹协调，联合推进；权责明确，规范管理的原则。积极发展支撑计划带动人才、基地发展，实施机制合理，产学研结合。

8月3日，人事部办公厅、中国继续工程教育协会、中国电力企业联合会发布《电力行业专业技术人才知识更新工程（"653"工程）实施办法》，从2006年至2010年，在电力行业开展大规模的专业技术人才继续教育活动，紧密结合电力技术发展趋势和专业技术岗位需求，以能力建设为核心，突出新理论、新知识、新技术、新方法的培训，提高专业技术人才的科技水平和创新能力。以中高级电力行业专业技术人才为重点，优先培训急需紧缺技术业务骨干，在电网技术、水电技术、火电技术、核电技术、电力环保技术、电力市场技术、可再生能源发电技术等主要领域，开展电力专项继续教育活动。

8月14日，人事部发布《石油石化领域专业技术人才知识更新工程（"653"工程）实施办法》，从2006年至2010年，在我国石油化工行业开展大规模的专业技术人员继续教育活动，实行统计登记制度、项目论证发布制度和质量评估、监督检查制度。坚持将解决当前急需与满足事业持续发展相结合，增强人才培训的前瞻性和系统性，不断创新继续教育培训内容、施教模式和管理方式，提高继续教育的质量和效益。加强施教机构建设，广泛调动各企业培训机构、专业培训基地和高校等社会资源，建设一批高质量、示范性、社会化的石油化工专业技术人才继续教育基地。

9 月 14 日，科学技术部通过《国家科技计划实施中科研不端行为处理办法（试行）》，加强国家科技计划实施中的科研诚信建设，查处科学技术部归口管理的国家科技计划项目的申请者、推荐者、承担者在科技计划项目申请、评估评审、检查、项目执行、验收等过程中发生的科研不端行为，并规定了对科研不端人的处罚。

2007 年

1 月 5 日，劳动与社会保障部发布《高技能人才公共实训基地建设试点工作指导意见》。建设公共实训基地，是提高职业培训和技能人才培养评价水平的有效手段，是新时期加快高技能人才队伍建设的创新举措。通过搭建高层次公共实训平台，可以解决高技能人才培养评价服务手段不足和水平不高等问题。发挥公共实训和技能鉴定的核心功能，技能实训项目以企业和培训机构无力开展的高新技能实训项目为主；合理规划和布局，形成公共实训基地与企业、院校高技能人才培训基地功能互补、特色发展的工作格局；切实发挥公共服务职能，免费开展公共实训鉴定服务，极争取政府公共财政投入，规范资金的使用管理。

3 月 14 日，劳动与社会保障部发布《高技能人才培养体系建设"十一五"规划纲要（2006～2010 年）》。高技能人才培养体系建设要以邓小平理论和"三个代表"重要思想为指导，全面贯彻落实科学发展观；大力实施人才强国战略，以职业能力建设为核心，完善高技能人才培养体系建设，加快培养一大批结构合理、素质优良的技术技能型、复合技能型和知识技能型高技能人才；推动行业企业建立和完善现代企业职工培训制度，改革培养模式，建立高技能人才校企合作培养制度；充分调动劳动者个人积极性，走技能成才之路，鼓励广大职工学习新知识和新技术。"十五"时期，我国高技能人才工作的战略地位得到确立，高技能人才成长环境逐步改善，数量稳步增长，技能人才评价体系初步形成。

6 月 25 日，国家环境保护总局发布《环境影响评价工程师继续教育暂行规定》，进一步提高环境影响评价专业技术人员素质，保证环境影响评价工作质量，适应环境影响评价工程师岗位的实际需要，规定要求环境影响评价工程师管理实行继续教育制度，工程师所在单位保证其接受继续教育的时间、经费和其他必要条件，从而更新和补充其专业知识，以达到不断完善知识结构，拓展和提高业务能力的目的。

6 月 29 日，第十届全国人民代表大会常务委员会第二十八次会议通过《中华人民共和国劳动合同法》，以《中华人民共和劳动法》为立法基础，更加明确了劳动合同双方当事人的权利和义务，完善劳动合同制度，重点保护劳动者的合法权益。本法规定了适用劳动合同法的双方主体，指导订立劳动合同的程序和条款；对合同无效、部分无效、履行、变更、解除和终止等情况的处理作出规定；把劳动合同分为固定期限劳动合同、无固定期限劳动合同和以完成一定工作任务为期限的劳动合同；由劳动行政部门负责监督管理劳动合同制度的实施，提供多种途径救济劳动者的损失从而更加具体的保障劳动者权利。

6月30日，人事部、教育部、科学技术部、财政部发布《关于加强专业技术人员继续教育工作的意见》，要求紧紧围绕经济社会发展的需求，以能力建设为核心，以高层次创新型专业技术人才为重点，不断加大工作力度和经费投入，逐步实现专业技术人员全员继续教育，使他们得到与科技进步。加快实施专业技术人才知识更新工程，大力开展高层次创新型人才的继续教育，完善继续教育登记制度。建立继续教育考核和激励机制，完善专业技术人员高级研修制度，把专业技术人员参加继续教育情况作为对其考核评价和岗位聘用的重要依据。加强西部、东北地区等老工业基地和中部地区专业技术人员继续教育工作。

8月6日，教育部、国家发改委、财政部、人事部、科技部和国资委共同发布《关于进一步加强国家重点领域紧缺人才培养工作的意见》，要求坚持统筹规划，加快学科专业结构调整和人才培养体制和机制的改革，积极推进产学研合作教育，鼓励企业积极参与国家重点领域紧缺人才培养工作。开展国际合作与交流，加大与国外高水平大学和跨国公司合作培养人才的力度，探索利用国外优质教育资源培养国家紧缺人才的有效途径。充分发挥国家奖助学金、国家助学贷款的政策导向作用，引导和鼓励学生学习国家最需要紧缺的专业、毕业后主动到艰苦行业和基层单位就业。

10月8日，国家中医药管理局发布《中医药继续教育基地管理办法》，对各级各类中医药专业技术人员进行继续教育，培养中医药继续教育师资，根据中医药事业发展和中医药人才需求情况，鼓励探索建设不同类别的继续教育基地，确定基地的类别和任务。建立继续教育基地评估制度，对继续教育基地实行动态管理，实行年度自查自评制度。

8月30日，第十届全国人民代表大会常务委员会第二十九次会议通过《中华人民共和国就业促进法》，为了促进就业，促进经济发展与扩大就业相协调，促进社会和谐稳定，国家把扩大就业放在经济社会发展的突出位置，规定劳动者依法享有平等就业和自主择业的权利；国家倡导劳动者树立正确的择业观念，提高就业能力和创业能力；鼓励劳动者自主创业、自谋职业，各级人民政府和有关部门对在促进就业工作中作出显著成绩的单位和个人，给予表彰和奖励；国家建立健全失业保险制度、就业援助制度，实行城乡统筹的就业政策，发展职业教育开展职业培训，创造公平就业的环境，消除就业歧视。

12月29日，第十届全国人民代表大会常务委员会第三十一次会议修订通过《中华人民共和国科学技术进步法》，规定国家鼓励科学探索和技术创新，保护科学技术人员的合法权益；全社会都应当尊重劳动、尊重知识、尊重人才、尊重创造，注重培养受教育者的独立思考能力、实践能力、创新能力；国家设立自然科学基金，资助基础研究和科学前沿探索，逐步提高科学技术经费投入的总体水平，培养科学技术人才。

12月29日，科学技术部、财政部发布《关于加大对公益类科研机构稳定支持的若干意见》，公益科研以向全社会提供公共技术和公益服务为主要任务，稳定公益类科研机构应坚持发展与改革相结合；注重优化投入结构；鼓励有序竞争；加强创新绩效管理的原则。做到继续深化公益类科研机构的分类改革，着力转变运行机制，加大科研装备和基础设施投入，鼓励各类科研机构开展公益科研活动，加强公益科研成果的推广和转化。深化人事与分配制度改革，健全科研管理制度，加速建立和完善现代科研院所制度，培养造就高水平的工艺科研领军人才和创新团队。

2008 年

6月27日，国家公务员局发布《公务员培训规定（试行）》，为推进公务员培训工作科学化、制度化、规范化，建设高素质的公务员队伍，规定要求公务员培训应当根据经济社会发展和公务员队伍建设需要，按照职位职责要求和不同层次、不同类别公务员特点进行，分为初任培训、任职培训、专门业务培训和在职培训。全体公务员有接受培训的权利和义务，由中共中央组织部主管全国公务员培训工作，培训实行登记管理。推行公务员自主选学，坚持、完善组织调训制度，并将公务员的培训情况、学习成绩作为公务员考核内容、任职、晋升的依据之一。

8月11日，中央组织部发布《关于2008~2012年大规模培训干部工作的实施意见》，整体推进党政干部、企业经营管理人员、专业技术人员的教育培训，建设高素质干部队伍，使广大干部的理想信念更加坚定，推动科学发展、和谐发展、和平发展的本领不断增强，科学文化素质、业务素质明显提高。加大东部地区与中西部地区、东北地区干部教育培训的合作力度，切实抓好对高水平学科带头人、科技领军人才等高层次人才的形势与政策教育，科学精神、民族精神、时代精神、创业精神的教育。充分发挥党校、行政学院和干部学院在干部教育培训中的主渠道作用，进一步明确其功能定位和职责分工。建立健全考核激励机制，开展干部教育培训机构教学质量评估，形成专兼结合、对外开放的干部教育培训师资队伍，推进培训资源优化整合。

2009 年

3月24日，科技部、教育部、国务院国有资产监督管理委员会、中国科学院、中国工程院、国家自然科学基金委员会、中国科学技术协会联合发布《关于动员广大科技人员服务企业的意见》，积极鼓励广大科技人员带技术和成果到企业去，加快现有先进适用技术、成果在企业的推广应用和产业化步伐，积极参与企业关键技术攻关，企业完善研发体系，构建技术创新平台，引导企业提高管理水平，提供经济、法律等方面的咨询，并组织各类专家深入企业提供咨询指导，强化科技计划对科技人员服务企业的支持，充分利用科研院所、高等院校等方面的优势资源，充分尊重知识产权和科技人员的创造性劳动。

4月16日，国家科技部重大专项办公室制定《国家科技重大专项管理暂行规定》，利用重大专项，积极开展平等、互利、共赢的国际合作活动，形成一支产学研结合、创新能力强的科技队伍，完善有利于重大专项实施的配套政策和良好环境。

8月27日，第十一届全国人民代表大会常务委员会第十次会议通过《中华人民共和国武装警察法》，规定人民武装警察的职责、义务和权利，规范和保障人民武装警察部队依法履行职责，以维护国家安全和社会稳定，保护公民、法人和其他组织的合法权益。

9月9日，公安部、海关总署、人力资源和社会保障部发布《关于海外高层次留学人才回国工作绿色通道有关入出境及居留便利问题的通知》，分别对已加入外国籍来华工作的高层次留学人才和来华定居专家办理永久居留手续，居留许可、多次签证手续和进出境物品通关免税手续等问题作出规定。

2010 年

2月26日，第十一届全国人民代表大会常务委员会第十三次会议通过《关于修改〈中华人民共和国著作权法〉的决定》第二次修正。为了保护文学、艺术和科学作品作者的著作权，以及与著作权有关的权益，鼓励有益于社会主义精神文明、物质文明建设的作品的创作和传播，规定了享有著作权的主体、范围和条件；明确了著作权的权利归属以及相应的人身权和财产权，列明邻接权的种类和内容；作者的署名权、修改权、保护作品完整权的保护期不受限制，著作权的许可使用和合同转让应遵守诚实信用和效率原则；对侵犯著作权和邻接权的行为给予民事、行政或刑事的处罚，保护权利人的智力成果。

6月6日，教育部、人力资源和社会保障部发布《国家中长期人才发展规划纲要（2010～2020年）》，为了更好地实施人才强国战略，坚持党管人才原则，坚持人才优先、以用为本、创新机制、高端引领、整体开发，到2020年，培养和造就规模宏大、结构优化、布局合理、素质优良的人才队伍，确立国家人才竞争比较优势，进入世界人才强国行列，为在21世纪中叶基本实现社会主义现代化奠定人才基础。依托大型骨干企业（集团）、重点职业院校和培训机构，建设一批示范性国家级高技能人才培养基地和公共实训基地，围绕社会主义新农村建设，以提高科技素质、职业技能和经营能力为核心，以农村实用人才带头人和农村生产经营型人才为重点，着力打造服务农村经济社会发展、数量充足的农村实用人才队伍。加快形成我国人才竞争比较优势，逐步实现由人力资源大国向人才强国的转变。

7月1日，科学技术部、国家发展和改革委员会、财政部、国家知识产权局发布《国家科技重大专项知识产权管理暂行规定》，规定以充分运用知识产权制度提高科技创新层次，保护科技创新成果，促进知识产权转移和运用，解决经济社会发展重大问题提供知识产权保障为目标。运用专业人才和信息资源优势，加强对重大专项知识产权工作的业务指导和服务，将知识产权管理纳入重大专项实施全过程，掌握知识产权动态，保护科技创新成果，明晰知识产权权利和义务。鼓励项目责任单位将获得的自主知识产权纳入国家标准，并积极参与国际标准制定，对重大专项知识产权的发明人、设计人或创作者予以奖励。认真履行职责，最大限度地保护国家利益和委托人利益。

7月29日，教育部、人力资源和社会保障部发布《国家中长期教育改革和发展规划纲要（2010～2020年）》，提出积极实施科教兴国战略和人才强国战略，优先发展教育，完善中国特色社会主义现代教育体系，树立多样化人才观念，尊重个人选择，鼓励个性发展，不拘一格培养人才，把育人为本作为教育工作的根本要求。到2020年，基本实现教育现代化，基本形成学习型社会，进入人力资源强国行列。努力达到基本普及学前教育；巩固提高九年义务教育水平；普及高中阶段教育，毛入学率达到90%的目标。形成惠及全民的公平教育，坚持教育的公益性和普惠性，全面加强和改进德育、智育、体育、美育，保障公民依法享有接受良好教育的机会。

8月17日，中共中央办公厅发布《2010～2020年干部教育培训改革纲要》，干部教育培训是建设高素质干部队伍的先导性、基础性、战略性工程，应以邓小平理论和"三个代表"重要思想为指导，围绕推进马克思主义学习型政党建设，优化整合部门、行业干部教育培训机构，建立健全中国特色干部教育培训体系。坚持服务大局、以人为本，坚持改革创新、竞争择优，坚持联系实际、学用结合，坚持质量第一、注重实效的基本原则，构建更加开放的干部教育培训格局。

10月20日，国务院办公厅发布《国务院关于加强职业培训促进就业的意见》，要求完善制度、创新机制、加大投入，大规模开展就业技能培训、岗位技能提升培训和创业培训，切实提高职业培训的针对性和有效性；统筹利用各类职业培训资源，建立以职业院校、企业和各类职业培训机构为载体的职业培训体系；根据就业需要和职业技能标准要求，深化职业培训模式改革，推行与就业紧密联系的培训模式；加大职业培训资金投入，落实企业职工教育经费，加强职业培训资金监管，从而全面提高劳动者职业技能水平和就业创业能力，加快技能人才队伍建设。

11月15日，住房和城乡建设部发布《注册建造师继续教育管理暂行办法》，对注册建造师通过继续教育掌握工程建设有关法律法规、标准规范，增强职业道德和诚信守法意识，熟悉工程建设项目管理新方法、新技术，总结工作中的经验教训，不断提高综合素质和执业能力。

2011 年

6 月 27 日，为实现全面建设小康社会宏伟目标，更好实施人才强国战略，建设宏大的高素质专业技术人才队伍，根据《国家中长期人才发展规划纲要（2010～2020年)》的总体要求，《专业技术人才队伍建设中长期规划（2010～2020 年)》公布实施。该规划对人才队伍建设的指导思想、发展目标和总体要求作出规定，并提出 2010年至 2020 年人才队伍建设的主要任务及完成主要目标的重要举措，为人才队伍建设作出细致规划，指引着专业技术人才建设的发展方向。

人才选拔任用篇 *

1949 年

11 月 14 日，毛泽东指示彭德怀及西北局：在一切工作中除坚持民族平等和民族团结的政策外，各级政权机关应按民族人口多少，分配名额，大量吸收少数民族能够和我们合作的人参加政府工作；大批培养少数民族干部。

11 月，政务院发出《政务院关于任免工作人员的暂行办法》。

1951 年

11 月，《中央人民政府任免国家机关工作人员暂行条例》对中央人民政府委员会和中央人民政府政务院的干部任免权限和范围作了进一步调整。

1952 年

2 月 3 日，中共中央发出《关于"三反"运动应和整党运动结合进行的指示》，要求对所属干部作一次深刻的考察和了解，坚决清除贪污蜕化分子，撤换那些严重的官僚主义分子和居功自傲、不求上进、消极疲沓、毫不称职的分子的领导职务，大胆地提拔一批德才兼备的优秀分子到各种工作的领导岗位上来。

1953 年

4 月 6 日，中共中央组织部发出《关于政府干部任免手续的通知》。

11 月至 12 月，中共中央发出《关于分期分批调配工业干部的通知》、《关于统一调配干部，团结、改造原有技术人员及大量培养训练干部的决定》、《关于加强干部管

---

* 编写者：马文斌，男，中国社会科学院农村发展研究所博士后，重庆师范大学经济与管理学院副教授，研究方向为人力资源管理、技术创新管理。

535

理工作的决定》及《关于加强干部文化教育工作的指示》。同时，各级党委还根据"德才兼备"的标准，大胆地、大量地从先进的技术工人和青年知识分子中，提拔了一批文化程度较高、年龄较轻、有培养前途的新干部，为满足大规模经济建设和国家各项事业发展的需要，提供了组织上的重要保证。

1960 年

11 月 10 日，"五人小组"提出《关于中央一级机关抽调万名干部下放基层情况的报告》，初步确定从中央机关抽调 10176 名干部下放农村基层，分别担任县、社、队干部和从事其他工作，支援农业生产。

1962 年

2 月 22 日，中共中央批转中央精简小组《关于各级国家机关、党派、人民团体精简的建议》。

4 月 27 日，中共中央根据扩大的中央工作会议的精神，发出《关于加速进行党员、干部甄别工作的通知》。中央认为，甄别平反工作要加强领导，加速进行。"凡是在拔白旗、反右倾、整风整社、民主革命补课运动中批判和处分完全错了和基本错了的党员、干部，应当采取简便的办法，认真地、迅速地加以甄别平反"。

1977 年

5 月 24 日，邓小平在同中央办公厅负责人谈话时指出："靠空讲不能实现现代化，必须有知识，有人才"；"一定要在党内造成一种空气：尊重知识，尊重人才"。

1978 年

1 月 28 日，中共中央组织部召开中央、国家机关 26 个部、委副部长座谈会，讨论给待分配干部尽快安排工作问题。

2 月 21 日至 4 月 24 日，中共中央组织部分三次召开了中央、国家机关和部分省、市研究疑难案件座谈会。胡耀邦提出落实干部政策工作的要求和标准：一是没有结论的，应该尽快作出结论，结论不正确的，要实事求是地改正过来；二是没有分配工作的要适当分配工作，年老体弱不能坚持正常工作的，要妥善安排；三是已经去世的，要作出实事求是的结论，把善后工作做好；四是受株连的家属、子女问题要解决好。总的方针是实事求是，方法是群众路线。

4 月 5 日，中共中央就在中央各部委和国家机关中建立党组和党委的问题发出补充通知：中央一级国家机关和人民团体中的党组，可以领导直属单位的党组织，可以管理干部和审批所属单位干部的任免。地方各级国家机关和人民团体中的党组可以参照上述原则办理。

8月16日至9月21日，中共中央组织部分三批召开选拔优秀中青年干部汇报会。胡耀邦在会上强调选拔优秀中青年干部是个战略问题，要走群众路线才能选好。

1979 年

7月29日，邓小平同志在海军党委常委扩大会议上作了题为《思想路线政治路线的实现要靠组织路线来保证》的讲话。邓小平指出，解决组织路线问题就是要解决年轻人的接班问题，还要解决机关臃肿和退休制度的问题。

9月22日，中共中央组织部召开全国组织工作座谈会。会议研究了《关于加强领导班子建设的几点意见》、《关于干部教育工作的通知》、《关于干部制度改革的意见》等重要文件。

9月5日至10月7日，全国组织工作座谈会在北京召开。会议提出要把加强领导班子建设，培养选拔中青年干部，改革干部制度作为当前最迫切的任务来抓。

11月2日，邓小平同志在中央党政军机关副部长以上干部会上作了题为《高级干部要带头发扬党的优良传统》的报告。报告指出，我们要改革现行的干部工作制度，建立有利于提拔年轻干部的制度。

1980 年

1月21日，国务院批转1979年11月全国人事局长会议纪要。会议学习了中央文件，研究了人事工作如何适应全党全国工作着重点转移和国民经济调整的需要问题，确定新时期人事工作的根本任务就是要做好对干部的考核、调配、调整、录用、培训、奖惩和工资福利等工作；协助党委组织部门做好干部制度、干部队伍结构的改革工作，发现、选拔各行各业的优秀人才，充实到岗位上来；提高干部的积极性和创造性，为"四化"建设作出贡献。

2月5日至2月12日，第五届全国人大常委会第十三次会议在北京召开。会议根据《中华人民共和国全国人民代表大会和地方各级人民代表大会选举法》的有关规定，通过了《关于县级直接选举工作问题的决定》。

4月23日，中共中央政治局通过《中共中央关于丧失工作能力的老同志不当十二大代表和中央委员候选人的决定》。这是废除实际上存在的干部职务终身制和逐步更新领导班子的一个重要步骤。

5月5日，民政部发布《干部调配工作暂行规定》。《规定》强调，干部调配工作要切实贯彻执行任人唯贤的干部路线，做到知人善任，用其所长，调配得当。《暂行规定》还对调配的方法、手续和纪律作出了规定。

7月14日，国务院发出《关于成立国家人事局的通知》。国家人事局的工作任务是：按照干部管理权限和范围，负责干部的管理、调配、调整、培训、考核和晋升工作；承办国务院依照法律规定任免干部的工作；吸收录用干部；负责军队转业干部安置工作；承办国家行政机关工作人员奖惩工作；负责国家机关、事业单位工作人员的工资福利工作；负责干部的退休退职工作；对各地区和国务院各部门的人事工作进行业务指导。

8月18日至8月23日，中共中央政治局扩大会议在北京召开。18日，邓小平在会上作题为《党和国家领导制度的改革》的讲话。讲话指出，改革党和国家领导制度及其他制度，是为了充分发挥社会主义制度的优越性，加速现代化建设事业的发展。为此，组织上，迫切需要大量培养、发现、提拔、使用坚持四项基本原则的、比较年轻的、有专业知识的社会主义现代化建设人才。

8月30日至9月10日，全国人民代表大会五届三次会议在北京举行。这次大会在推进国家领导体制改革、废除领导职务终身制方面迈出了重要一步。

9月29日，五届全国人大常委会第十六次会议通过了《国务院关于老干部离职休养的暂行规定》。国务院于10月7日公布。规定指出，根据党和国家关心、爱护老干部的传统，让年老体弱、不能坚持正常工作的老干部离职休养，在政治上予以尊重，在生活上予以照顾，这是改革和完善我国干部制度的一项重要举措，也是社会主义制度优越性的体现。

10月28日，《人民日报》发表特约评论员文章《党和国家领导制度的一项重要改革》。文章说，党的十一届五中全会提出，要废止实际存在的干部领导职务终身制，这是对我们党和国家领导制度和干部制度所作的一项重要改革。

12月16日至12月25日，中共中央在北京召开工作会议。陈云强调，干部队伍的革命化、年轻化、知识化、专业化、制度化，仍然是我们在干部政策上的大方针。25日，邓小平作《贯彻调整方针，保证安定团结》的讲话，强调改善党的领导，最主要的，就是加强思想政治工作；要有步骤地和稳妥地实行干部离休、退休制度，废除实际上存在的干部领导职务终身制。

1981 年

5月28日至6月8日，国家人事局召开全国人事局长会议。会议指出，人事部门要在党委统一领导下，协同组织部门做好选拔培养优秀年轻干部、妇女干部和少数民族干部，做好老干部离休退休及知识分子和非党干部等方面的工作，人事部门要加强自身建设，成为"干部之家"。

7月1日，庆祝中国共产党成立60周年大会在北京隆重举行，胡耀邦发表重要讲话并强调，要把更多德才兼备、年富力强的干部选拔到各级领导岗位上来。

7月2日至7月4日，中共中央召开省、市、自治区党委书记座谈会。陈云在讲话中再次强调，必须成千上万地提拔中青年干部。邓小平在讲话中指出，选拔培养中青年干部是个战略问题，是决定我们命运的问题。他要求把这个问题当作第一位的任务来解决。

9月12日，《人民日报》发表民政部部长程子华的《关于全国县级直接选举工作的总结报告》。《报告》指出，全国县级直接选举工作，经过1979年下半年和1980年上半年两次试点，于1980年下半年全面铺开；到1981年8月全国2756个县级单位中，已有2368个单位完成了选举工作。

11月30日，在第五届全国人大四次会议上，国务院在政府工作报告中指出，最近，国务院根据中共中央的建议，对克服官僚主义的问题又进行了多次研究和讨论，决心采取果断措施，坚决改变部门林立、机构臃肿、层次繁多、互相扯皮、人浮于事、副职虚职过多、工作效率很低这类不能容忍的状况，以便有效地领导现代化建设工作。

1982 年

1月11日至13日，中共中央政治局召开会议，讨论中央机构精简问题。邓小平在会上作题为《精简机构是一场革命》的讲话。他指出，实现干部的革命化、年轻化、知识化、专业化，是革命和建设的战略需要，也是我们老干部的最光荣最神圣的职责。

2月20日，中共中央作出《关于建立老干部退休制度的决定》。4月10日，国务院发布《关于老干部离职休养制度的几项规定》。

3月6日，五届全国人大常委会第二十二次会议通过了《关于国务院机构改革问题的决议》，原则批准国务院机构改革初步方案。按此方案，国务院各部、委和直属机构将由现有的98个，裁减、合并为52个。

5月6日，劳动人事部召开成立大会，万里副总理讲话指出，劳动人事部的任务是搞好三项改革，即人事制度改革、领导制度改革、工资制度改革，为两个文明建设即精神文明和物质文明建设服务，为实现"四化"服务。

6月28日，中共中央印发《中央党政机关机构改革第一阶段总结和下一阶段打算》。中央认为，在新的形势下，必须着手进行党政机构和政治、经济体制的改革。改革的第一步就是精简机构，调整领导班子，紧缩编制，以克服官僚主义，提高工作效率。

6月底，据统计，中共中央和国务院经过精简机构，国务院所属部委、直属机构和办公机构，由100个裁并为60个，工作人员总编制缩减三分之一左右。机构臃肿、人浮于事、领导班子老化的现象得到初步改善。

7月4日，邓小平在军委座谈会上讲体制改革问题时强调：重要的是选拔人才，要使好的比较年轻的干部早点上来，好接班。这件事要放在我们经常的日程中。不解决选拔人才的问题，我们交不了班。

7月26日，邓小平在同国家计委负责人谈"六五"计划和长期规划问题时指出：解决好领导班子，选出"明白人"组成领导班子。这一条可能比第一条更重要。没有"明白人"出来当家，一个单位搞不出什么成绩出来。衡量一个单位改革是否见效，不仅看它定了什么规章制度，更重要的是看它选的人好不好，这是问题的核心。

7月30日，邓小平在中共中央政治局扩大会议上提出：设顾问委员会是废除领导职务终身制的过渡办法，是我们干部领导职务从终身制走向退休制的一种过渡。在这个过渡阶段，必须认真使干部队伍年轻化，为退休制度的建立和领导职务终身制的废除创造条件。陈云也在会上作题为《干部队伍的交接班问题是党的一件大事》的重要讲话。

9月1日，中国共产党第十二次全国代表大会政治报告提出，改革领导机构和干部制度，实现干部队伍革命化、年轻化、知识化、专业化，消除权力过分集中、兼职副职过多、机构重叠、职责不明、人浮于事等弊端，克服官僚主义，提高工作效率。

9月1日至11日，中国共产党第十二次全国代表大会在北京举行。在开幕词中，邓小平第一次提出了"建设有中国特色的社会主义"这一崭新命题。我们要抓紧"进行机构改革和经济体制改革，实现干部队伍的革命化、年轻化、知识化、专业化"。

9月29日，劳动人事部印发《关于吸收录用干部问题的若干规定》。《规定》指出，国家机关、事业、企业单位因工作需要和生产需要，在编制定员内补充干部，应先由人事部门或主管机关在本地区、本部门现有干部和国家统一分配的军队转业干部中调配，或从大中专毕业生中调派解决；解决不了的，可以从工人中吸收和从社会上录用，也可从社会上招聘。

10月3日，中共中央、国务院作出《关于中央党政机关干部教育工作的决定》。《决定》规定，今后中央党政机关的所有干部都要分期分批参加轮训，要求中央党政机关的干部教育工作经常化、正规化、制度化，力争在三五年内使干部队伍的政治、业务水平得到明显提高，以适应社会主义现代化建设的需要。

12月20日，劳动人事部发出《关于建立国家行政机关工作人员岗位责任制的通知》。《通知》指出，实行岗位责任制，是克服官僚主义，改善机关领导，转变机关作风，提高工作效率的一项重要措施。

1983 年

1月18日，中共中央组织部作出《关于机构改革中各级干部必须遵守的几项规定》。

5月3日，中共中央印发《中共中央关于实现党校教育正规化的决定》。《决定》

提出，争取从"七五"计划期间开始逐步做到：凡是担任省、地两级党政主要领导职务的干部，必须经过中央党校培训；担任县级党政主要领导职务的干部，必须经过省、市、自治区党校培训；地市县级党委所管主要领导干部也必须经过地市县委党校的培训。

7月16日至7月20日，中共中央组织部在北京召开全国组织工作座谈会。座谈会提出，今后一个时期组织工作的主要任务是：以改革的精神加速领导班子的革命化、年轻化、知识化、专业化建设，改善领导班子的结构，提高干部队伍的素质，改革干部制度，认真搞好全面整党，进一步加强和改善党的领导，提高党组织的战斗力。

9月8日，中共中央组织部发出《关于任免国家机关和其他行政领导职务必须按照法律程序和有关规定办理的通知》。《通知》指出，凡依法应由各级人民代表大会选举产生或由人大常委会决定任命以及由国务院和地方各级人民政府任命的领导职务，必须遵照组织法的有关规定，严格按照程序办理。法律规定有任期的职务，在任期未满前，非有特殊情况，不要轻易调动；必须调整时，应按规定程序履行调动、任免手续。

10月5日，中共中央组织部印发《关于领导班子"四化"建设的八年规划》、《关于改革干部管理体制若干问题的规定》、《关于建立省部级后备干部制度的意见》等三个修订稿。关于领导班子"四化"建设，指导思想是，必须适应社会主义现代化建设的要求，切实搞好新老干部的合作与交替，选拔一大批确属德才兼备、文化程度较高、真正懂行、有闯劲、能开创新局面的优秀中青年干部担任领导工作，使领导班子形成梯形年龄结构和合理的知识结构、专业结构，真正成为领导社会主义现代化建设事业的坚强核心。关于干部管理体制的改革，要本着管少、管活、管好的精神，在党委统一领导下，实行组织部门的统一管理和分部分级管理相结合的原则。各级各部门要明确职责，减少层次，提高效率，管好领导班子，管好后备干部，搞好对干部的考察了解、培养教育和选拔使用，全面做好干部管理工作。关于后备干部制度的建立，要根据后备干部的条件，搞好后备干部的选定、培养、考核和管理，使新老干部的交替有雄厚的后备力量。

12月1日，中共中央、国务院发出《关于县级党政机关机构改革的通知》。同日，中共中央批转中共中央组织部省、市、自治区机构改革指导小组《关于调整省地两级领导班子的工作报告》。省、地两级领导班子经过调整，普遍人数减少，平均年龄下降，文化程度提高，向革命化、年轻化、知识化、专业化前进了一大步。

1984 年

1月10日至20日，中共中央组织部和劳动人事部举行全国党政机关实行岗位责任制座谈会。会议提出，党政机关、群众团体、事业单位要普遍建立岗位责任制。指出建立岗位责任制是深入进行机构改革必不可少的一个重要步骤。

4月26日，中共中央发出《关于任免国家机关领导人员必须严格依照法律程序办理的通知》。

6月30日，中共中央组织部、劳动人事部联合发出《关于逐步推行机关工作岗位责任制的通知》。《通知》提出，推行岗位责任制，必须从实际出发，讲求实效。

7月14日，中共中央组织部发出《关于修订中共中央管理的干部职务名称表的通知》。《通知》指出，工作中要坚决执行干部队伍革命化、年轻化、知识化、专业化的方针，认真负责地把所管干部的任免、调动、考核、培养、审查、晋级、奖惩等各项工作做好。各地各部门要明确分管职责，减少审批层次，简化手续，提高工作效率。

9月12日，中共中央批转中央组织部《关于各省、自治区、直辖市调整县级领导班子的情况报告》。调整后的县委常委和正副县长中，具有大学文化程度者，由原来的10.8%提高到45%；有专业技术职称者占15.4%；除北京、上海外，平均年龄都在45岁以下；班子人数减少了18%。

12月29日，中共中央批转中央组织部、中央宣传部《关于加强干部培训工作的报告》，指出大规模地、正规化地培训在职干部，提高干部队伍的政治、业务素质和经营管理水平，是实现干部队伍革命化、年轻化、知识化、专业化的根本途径之一。

1985 年

4月9日至13日，中共中央组织部在北京召开部分省市、部委第三梯队建设工作座谈会。会议指出，第三梯队的建设，要进一步做好两方面的工作：一是继续抓好第三梯队成员的选拔、充实和培养、提高；二是发扬勇于改革的精神，逐步建立和健全有助于大批年轻优秀干部源源不断地涌现，并及时得到选拔、培养和使用的制度，以创造一种适宜于大批优秀人才脱颖而出的环境。

9月18日至23日，中国共产党全国代表会议在北京举行。会上，邓小平肯定了一批老同志带头为废除领导职务终身制，推进干部制度的改革所起的作用，指出干部的新老交替，是从组织上保证我们党的政策的连续性。陈云在讲话中强调，干部队伍要保持梯队结构。

1986 年

1月6日和9日，中共中央书记处在北京召开中央机关干部大会。会上宣布，中央书记处决定成立中央机关端正党风领导小组，由乔石任组长。

1月28日，中共中央发出《关于严格按照党的原则选拔任用干部的通知》。《通知》指出，当前在干部选拔任用工作中存在着突出的问题：有些领导干部，不遵守党的原则，违反组织人事纪律。为此，中央特作如下通知：领导干部必须在用人方面模范地遵守党的原则，维护组织人事工作纪律；选拔领导干部必须严格按照规定的程序办事，充分走群众路线，由党委集体讨论决定；严格禁止擅自增设机构、提高机构规格和增加领导干部职数；等等。

4 月 30 日至 5 月 7 日，全国劳动人事厅局长会议在北京召开。会议指出，"七五"计划期间，我国劳动、工资、人事制度改革的重点要放在企业的工资制度改革、用工制度改革和做好国家机关机构改革的有关工作上，为建立一套适应有计划的商品经济需要的社会主义劳动、工资、人事制度奠定基础。

11 月 18 日，中共中央办公厅转发中央组织部《关于领导班子年轻化几个问题的通知》和《关于调整不胜任现职领导干部职务几个问题的通知》。两个通知提出：必须坚持领导班子年轻化这项具有战略意义的改革，在年龄结构上保持干部新老交替的正常格局；要以改革的精神，坚决实行干部职务能上能下、能下能上的原则，逐步从制度上保证德才兼备、具有开创精神的干部能够脱颖而出。

1987 年

4 月 13 日，中共中央、国务院发出《关于制止机构、编制和干部队伍膨胀的通知》。《通知》指出，为保证政治体制和经济体制改革的顺利进行，避免给今后的机构改革和干部人事制度改革增加困难，必须坚决制止机构、编制、领导职数和干部队伍的盲目膨胀。

5 月 16 日至 20 日，中共中央组织部和劳动人事部在北京召开全国控制编制调整干部结构工作会议。会议指出，这次调整干部结构的原则是：适当加强政法和经济监督调节等部门，缩减经济管理部门；统筹安排，保证重点，首先满足政法部门增加干部的需要；坚持调整与控制相结合，在调整过程中，严格控制干部总数的增长。

5 月 20 日，中央政治体制改革研讨小组听取干部人事制度改革专题组汇报认为，在我国建立国家公务员制度的考虑基本可行。

5 月 23 日，中共中央书记处和国务院决定，调整干部分布结构，充实和加强政法和经济监督调节部门。

10 月 20 日，中国共产党十二届七中全会在北京举行，全会原则同意《政治体制改革总体设想》。《设想》提出要在我国建立和推行国家公务员制度。

10 月 25 日，中国共产党第十三次全国代表大会通过的政治报告指出，"凡进入公务员队伍，应当通过法定考试，公开竞争；他们的岗位职责有明确规范，对他们的考核按法定的标准和程序进行，他们的升降奖惩应以工作实绩为主要依据；他们的培训、工资、福利和退休的权利由法律保障"。

10 月 31 日，劳动人事部发布经国务院批准的《国家行政机关工作人员职级奖惩暂行处理办法》。该办法对升级奖励、升职奖励、降级处分、撤职处分、开除留用察看处分的具体标准和做法分别作了明确规定。

1988 年

3月23日，中央组织部、劳动人事部发出《关于政法、税务、工商行政部门和银行、保险系统招收干部实行统一考试的通知》。《通知》指出，在全国建立国家公务员制度之前，要在选拔干部方面尽量增加透明程度、开放程度和群众参与程度，对政法部门和综合、监督等部门招收干部的工作，可采取公开招考，择优录用或聘用的办法。根据这个精神，招收干部应坚持面向社会，公开报名，统一考试，德智体全面考核，择优录用或聘用的原则。

3月25日，第七届全国人民代表大会第一次会议在北京召开。国务院代总理李鹏作《政府工作报告》。《报告》提出："要在改革政府机构的同时，抓紧建立和逐步实施国家公务员制度，尽快制定《国家公务员条例》，研究制定《国家公务员法》，开办行政学院，培养行政管理人员。今后各级政府录用公务员，要按《国家公务员条例》的规定，通过考试、择优选拔。"

3月28日，国务委员宋平在七届全国人大一次会议上对《国务院机构改革方案》作说明时指出，为了适应党政职能分开后干部人事制度改革的要求，推行国家公务员制度，强化政府的人事管理职能，组建人事部。

4月9日，七届全国人大一次会议原则批准国务院机构改革方案，人事部正式成立。

6月25日至7月1日，中共中央组织部在北京召开全国组织工作会议。中共中央组织部部长宋平在会上指出，组织战线在新形势下要解决的主要问题，一是从严治党，把党的基层组织和党员队伍建设好；一是深化干部人事制度的改革，加强干部队伍和领导班子的建设，在宏观管理上下功夫，以保证党的基本路线的贯彻执行。

8月24日，中共人事部党组决定成立人事部推行公务员制度领导小组。

8月25日，中共中央组织部、人事部发出《关于认真执行干部退离休制度有关问题的通知》。《通知》要求达到规定退休年龄的干部，都应及时办理退休手续，不需本人提出申请。少数身体健康、具有专长的干部，在达到规定的退休年龄时，如工作确实需要的，可以在办理退休手续后，由需用单位按照政策规定予以聘用，但不列为在编人员。

11月4日，国务院发布《关于干部管理有关问题的通知》。根据中央决定，原由中央管理的部分干部移交国务院管理。《通知》具体列举了国务院管理干部的单位，并对国务院管理干部的任免程序作了规定。

1989 年

1 月 5 日，中共中央组织部、人事部发出《关于国家行政机关补充工作人员实行考试办法的通知》。《通知》强调，从 1989 年起，国家行政机关补充工作人员，要贯彻公开、平等、竞争的原则，通过考试、考核、择优录用，把好"进口"关，为今后全面推行公务员考试录用制度创造条件。

2 月 5 日，中共中央办公厅、国务院办公厅发出《关于清理党和国家机关干部在公司（企业）兼职有关问题的通知》，要求在公司（企业）兼职的党和国家机关干部，必须在当年 3 月底以前辞去公司（企业）职务，或辞去机关职务。

2 月 25 日，中共中央组织部、人事部联合发出《关于实行中央国家机关司处级领导干部年度工作考核制度的通知》。

3 月 20 日，人事部向被确定为推行公务员制度试点单位的审计署、海关总署（含系统）、国家税务局、国家环保局、国家统计局、国家建材局发出《关于印发〈中央国家行政机关国家公务员制度试点总体方案〉的通知》。

4 月 25 日，人事部与监察部、审计署、国家统计局、国家环保局、国家建材局、国家税务局共同举行六部门补充工作人员联合考试新闻发布会。至 6 月中旬，联合招考工作人员的考试如期进行。参加考试的 859 人，经过笔试、面试和严格的政治思想品德考核，有 185 人进入录用候选人名册，127 人办理了录用手续。

7 月 15 日，公安部发布《关于公安机关辞退公安干警的规定》。《规定》指出，实行辞退制度是公安机关解除公安干警身份的行政措施，不具备惩戒性质，并对辞退的条件和程序及被辞退干警的待遇作了规定。这是我国国家行政机关中的第一个规定辞退的规章。

7 月 16 日，中共中央、国务院发布《关于省级以上党政机关不直接从高等学校应届毕业生中吸收干部的通知》。《通知》要求各部门根据自己的工作性质、任务和干部革命化、年轻化、知识化、专业化的要求，在国家规定的编制限额内，按照有关部门批准当年增加干部的指标，从基层经过实践锻炼、具有大专以上文化程度的干部中择优挑选。

10 月 25 日，人事部发出《关于搞好职位分类准备工作的通知》。《通知》要求各地各部门确定负责职位分类工作的人员，学习宣传职位分类的基本原理和实施职位分类的目的、意义。

11 月 4 日，人事部发出《关于国家行政机关工作人员培训工作的通知》。《通知》提出，国家行政机关根据经济社会发展的需要，按照人事制度改革的要求，在党的路线方针政策的指导下，对工作人员有计划有目的地组织培训，是人事管理工作的重要组成部分。《通知》还就岗位培训、入门培训、晋升资格培训和公务员制度的培训提出了具体的要求。

1990 年

1 月 14 日，中共中央、国务院发布《关于组织党政机关干部下基层的通知》，要求各级党政机关的干部，分期分批组成各种形式的工作小组和调研小组，到基层去，到工厂去，到农村去，到学校去，到街道去，了解民情，广交朋友，多做实事。

2 月 16 日至 19 日，全国省、自治区、直辖市党委组织部长会议在北京举行。会议的中心议题是讨论研究如何继续全面深入地搞好干部考察工作，切实加强各级领导班子建设；确保党和国家的各级领导权牢牢掌握在忠于马克思主义的人手里。

2 月 26 日，人事部印发《人事部门廉政建设暂行规定》，对干部考试录用、考核、任用、工资晋级、机构编制和增干增资指标的确定、干部调配、专业技术职务评聘、军官转业安置等工作提出了具体的廉政行为规范。

7 月 7 日，中共中央作出《关于实行党和国家机关领导干部交流制度的决定》。《决定》指出，实行这个决定，是对中国干部制度的一项重要改革。

1991 年

3 月 11 日，全国人事厅局长会议在北京开幕。赵东宛部长作了题为《认真贯彻落实党的十三届七中全会精神，把人事工作稳步推向前进》的报告。赵东宛提出要积极稳妥地做好建立和推行国家公务员制度的工作。

3 月 13 日，李鹏总理接见全国人事厅局长会议代表，并召开座谈会。李鹏总理就机构改革、工资制度改革、人事制度改革等作了重要讲话，强调公务员制度的建立必须适合中国国情。

4 月 27 日，人事部发出《关于加强行政惩戒工作管理的通知》。

6 月 4 日至 6 月 8 日，中国公务员考试录用制度国际研讨会在西安召开。

8 月 20 日，人事部印发《关于新进入国家行政机关的工作人员初任培训教学指导方案》。《方案》对初任培训的对象、目的、时间、内容、教材等作了规定。

10 月 21 日，李鹏总理在中央机构编制委员会会议上强调，机构改革要与建立公务员制度联系起来。公务员制度势在必行。

1992 年

1 月 18 日至 2 月 21 日，邓小平视察武昌、深圳、珠海、上海等地，发表著名的南方谈话。邓小平提出，正确的政治路线要靠正确的组织路线来保证。中国的事情能不能办好，从一定意义上说，关键在人。中国要出问题，还是出在共产党内部。对这个问题要清醒，要注意培养人，要按照"革命化、年轻化、知识化、专业化"的标准，选拔德才兼备的人进班子。

10 月 12 日，中国共产党第十四次全国代表大会在北京开幕。江泽民同志在政治报告中指出，要下决心进行行政管理体制改革和机构改革，切实做到转变职能、理顺关系、精兵简政、提高效率。

1992 年第六期《中国经济体制改革》杂志发表李鹏同志文章《积极推进县级机构改革》。文章提出，县级机构改革总的方向是走"小机构，大服务"的路子，减少对企业和基层的行政干预，进一步发展服务体系。要通过人才分流的道路，妥善地安置机构精简后的多余人员，实现人力资源的合理配置。

1993 年

3 月 5 日至 7 日，中国共产党十四届二中全会在北京举行。全会审议通过《关于党政机构改革的方案》。

4 月 24 日，国务院第二次常务会议通过《国家公务员暂行条例》，自当年 10 月 1 日起实行。

7 月 2 日，中共中央发出 7 号文件，印发《关于党政机构改革的方案》和《关于党政机构改革方案的实施意见》。

7 月 21 日至 25 日，全国机构改革工作会议在北京召开。国务委员、中央机构编制委员会副主任罗干作了题为《适应社会主义市场经济的发展全面推进地方机构改革》的报告，提出，机构改革要同干部人事制度改革、工资制度改革结合起来，配套进行。要在各级机关各部门"定职能、定机构、定编制"之后，推行国家公务员制度，并按统一规定进行工资制度改革。

8 月 14 日，李鹏总理签发国务院第 125 号令，发布《国家公务员暂行条例》，自 1993 年 10 月 1 日起施行。《条例》为公务员制度的全面推行提供了法律依据，标志着建立和推行公务员制度的工作进入了一个新的阶段。

8 月 20 日，人事部部长宋德福在《人民日报》发表文章《勇于改革不合时宜的人事制度》。文章指出，公务员制度的建立标志着具有中国特色的国家行政机关新的人事管理制度的初步确立。

1994 年

4 月 2 日，国务院、中央军委批转《国务院军队转业干部安置工作小组、人事部、总政治部关于做好 1994 年军队转业干部安置工作意见的通知》。

5 月 31 日，江泽民在省部级主要领导干部第四期理论研讨班结业会上指出：党在新时期所处的地位和肩负的历史任务，要求各级干部尤其是领导干部比过去任何时候都要更加重视理论学习，加强理论修养。

6 月 16 日，《国家公务员录用暂行规定》颁布实施，标志着公务员录用步入规范化、制度化轨道。此前，全国已有 29 个省、市、区和国务院 63 个部门，试行考试择优录用。从 47 万余名报考者中择优录用 37.1 万余人。

8 月 18 日，吉林省审计厅率先把竞争机制引入公务员任命工作。在参加竞争上岗的 21 人中，经演讲、答辩、评委评分、群众投票、组织考核，挑选 7 人任命为正、副处长。

11 月 10 日，中共中央组织部发出《关于坚决防止和纠正选拔任用干部工作中不正之风的通知》。《通知》指出，在选拔任用干部工作中，有些地方、部门和单位程度不同地存在着不正之风，有的还比较突出，如果任其发展下去，必将严重危害领导班子和干部队伍的建设，损害党群关系，影响改革开放和社会主义现代化建设事业。《通知》要求各地区各部门对近年来的干部选拔任用工作进行一次认真检查，切实纠正存在的问题，并制定改进措施。

11 月 30 日至 12 月 3 日，全国组织工作会议在北京举行。会议着重研究和部署培养选拔德才兼备的领导干部、加强各级领导班子建设的工作。胡锦涛在会上作题为《抓紧培养选拔德才兼备的领导干部，把各级领导班子建设成为贯彻党的基本路线的坚强领导集体》的报告，提出要把全面提高县以上党政领导干部的素质，作为今后干部工作的一个重点。江泽民在会上讲话强调：当前和今后一个时期，干部队伍建设必须着重完成两项战略任务：一是全面提高现有领导干部的素质，把县以上各级领导班子建设好；二是抓紧培养选拔优秀年轻干部，努力造就大批能够跨世纪担当重任的领导人才。这是当务之急，是全面推进党的建设这个新的伟大的工程的关键性工程。

1995 年

2 月 9 日，中共中央发出关于印发《党政领导干部选拔任用工作暂行条例》的通知。《条例》共 11 章 54 条。总则中规定，选拔任用党政领导干部，必须坚持党管干部的原则；德才兼备、任人唯贤的原则；群众公认，注重实绩的原则；公开、平等、竞争、择优的原则；民主集中制的原则和依法办事的原则。

4 月，辽宁、北京、天津等 17 个省、市，改革单一指令性军转干部安置办法，引入竞争机制，扩大供需见面，实行双向选择的范围，引导更多的军转干部进入人才市场，更好地发挥他们的才智和作用。

4 月 6 日，中央国家行政机关首批新录用的 292 名公务员，按照公务员条例规定，进行为期一个月的初任培训。国务委员李贵鲜勉励新录用公务员，树立一代公务员"具有现代意识、崇尚中华文明、善于科学管理、勤政廉政"的新形象。

4 月 22 日，中共中央组织部召开全国培养和选拔年轻干部工作经验交流会，胡锦涛同志到会作了重要讲话。

5 月 13 日，人事部部长宋德福主持中央国家机关实施公务员制度经验交流会。国务委员李贵鲜在会上强调，能不能建立一支高素质的公务员队伍，事关改革开放和现代化建设大业的成败。

5 月 17 日，中央、国家机关宣布将面向全社会公开招聘 495 名工作人员和国家公务员。这是干部人事制度改革的重大举措，标志着考试录用工作上了一个新台阶。

6 月 30 日，中共中央组织部在北京召开大会，表彰 100 名优秀县（市）委书记。江泽民在大会上发表讲话，要求县以上领导干部在坚持正确的政治方向、增强全局观念、加强理论学习、全心全意为人民服务等方面有一个大的进步。

11 月 7 日，中央机构编制委员会和人事部联合召开全国事业单位机构和人事制度改革工作会议。

1996 年

6 月 21 日，中共中央纪念中国共产党成立 75 周年座谈会在北京举行。江泽民在会上发表题为《努力建设高素质的干部队伍》的重要讲话。江泽民指出，党领导的事业要取得胜利，不但必须有正确的理论和路线，还必须有一支能坚决贯彻执行党的理论和路线的高素质干部队伍。

7 月 22 日，人事部召开电话会议，对全面推行国家公务员轮岗制度作出部署。

1997 年

3 月 28 日，中共中央印发《中国共产党党员领导干部廉洁从政若干准则（试行）》，这是党中央加强党风廉政建设和党员领导干部思想作风建设的又一措施，对于社会主义市场经济条件下的反腐倡廉具有重要的指导意义。

8 月 18 日，人事部发布《人事争议处理暂行规定》，并成立人事仲裁厅，全面推行人事争议仲裁制度，加强人事执法监督。

9 月 12 日至 18 日，中国共产党第十五次代表大会在北京举行。江泽民向大会作《高举邓小平理论伟大旗帜，把建设有中国特色社会主义事业全面推向 21 世纪》报告。报告强调，要深化人事制度改革，引入竞争激励机制，完善公务员制度，建设一支高素质的专业化国家行政管理干部队伍。

12 月 21 日至 24 日，全国组织工作会议在北京召开。胡锦涛指出，当前要以领导干部为重点，推动全党兴起理论学习新高潮；以思想政治建设为重点，全面加强领导班子建设；以培养选拔优秀年轻干部为重点，大力建设高素质干部队伍；以提高素质、增强党性为重点，大力抓好党员队伍建设。

1998 年

1 月 20 日至 22 日，中共中央纪律检查委员会第二次全体会议在北京举行。会议强调，党风廉政建设和反腐败工作必须标本兼治，要坚持从领导机关、领导干部抓起，尤其要加强对各级领导干部的管理和监督。

3 月 12 日，经党中央批准，中共中央纪律检查委员会发布《关于对〈中国共产党党员领导干部廉洁从政若干准则（试行）〉第五条第二款的补充规定》。

11 月 21 日，中共中央发布《关于在县级以上党政领导班子、领导干部中深入开展以"讲学习、讲政治、讲正气"为主要内容的党性党风教育的意见》。

1999 年

1 月 11 日，《人民日报》就干部人事制度改革 20 年发表消息指出，中国人事制度已发生深刻变化，整体性人才资源开发蓬勃发展，国家公务员制度基本建立，人事管理开始进入法制轨道，人事工作融入经济社会发展的大循环，一个适应市场经济的人事管理体制新框架基本形成。

6 月 28 日，江泽民在纪念中国共产党成立七十八周年座谈会上发表讲话指出，在全国县级以上党政领导班子和领导干部中，集中一段时间，以整风的精神深入开展讲学习、讲政治、讲正气的"三讲"教育，是当前党的建设的重中之重。

8 月 30 日，全国专业技术人员与事业单位人事制度改革会议在天津召开。国务委员、国务院秘书长王忠禹在会上强调，要加快事业单位人事制度改革步伐，建立充满生机和活力的人才管理体制，努力建设一支能够满足经济和社会发展需要的、具有较强国际竞争力的高素质社会化的专业技术人才队伍。

2000 年

4 月 27 日，由中共中央组织部召开的全国培养选拔年轻干部工作座谈会在北京举行。胡锦涛在座谈会上强调指出，抓紧培养选拔年轻干部，造就一大批能够跨世纪担当重任、始终坚持"三个代表"要求的领导人才，是我们党适应新形势，迎接新挑战，全面推进社会主义现代化建设事业的必然要求；是关系老一代无产阶级革命家开创的社会主义事业代代相传、党和国家长治久安的战略大计；一定要充分认识这项任务的重要性和紧迫性，抓紧做好新形势下培养选拔年轻干部的工作。

6 月 9 日，中共中央总书记、国家主席、中央军委主席江泽民在全国党校工作会议上就加紧培养适应新世纪要求的中青年领导干部问题发表重要讲话。他强调，历史和现实都表明，一个政党，一个国家，能不能不断培养出优秀的领导人才，在很大程度上决定着这个政党、这个国家的兴衰存亡。

6月23日，中共中央办公厅印发《深化干部人事制度改革纲要》的通知。

7月10日，《人民日报》报道，党的十四大以来，组织人事部门大力推进干部人事制度改革，积极探索公开选拔领导干部，取得了巨大成绩。5年来，全国公开选拔县处级以上干部7700余人。

10月22日，《人民日报》报道，在全国范围内首次公开招考选拔国际职员后备人员170名，标志着我国国际职员制度改革深入发展，逐步向国际惯例靠拢。

12月16日至17日，全国"三讲"教育工作总结会议在北京召开。会议以"三个代表"重要思想为指导，对两年来的"三讲"集中教育工作作了总结。这次教育在提高领导干部思想素质方面发挥的积极作用，对党和国家跨世纪发展产生的深远影响，将会随着时间的推移和实践的发展进一步显示出来。

12月28日至30日，全国组织部长会议在北京举行。胡锦涛代表党中央在会上讲话提出，我们党的干部队伍正处在整体性新老交替的重要时期，要适应新形势新任务的要求，进一步加强领导班子和干部队伍建设，不失时机地抓紧做好培养选拔优秀年轻干部的工作。

2001 年

5月1日，中共中央纪律检查委员会和中共中央组织部发出《关于坚决防止和查处干部选拔任用工作中的不正之风和违纪违法行为的通知》。《通知》要求严明组织人事纪律，按照规定的原则、标准和程序选拔任用干部；加强对干部选拔任用工作的监督检查，及时发现和纠正存在的问题；加大查处力度，严厉惩处干部选拔任用工作中的违纪违法行为；教育干部党员加强党性修养，提高遵守组织人事工作纪律的自觉性；深化干部人事制度改革，从源头上防止和克服用人上的不正之风和违纪违法行为。

5月10日，中共中央发出《关于印发〈2001—2005年全国干部教育培训规划〉的通知》。

7月1日，中共中央在北京人民大会堂隆重举行庆祝中国共产党成立80周年大会。江泽民在大会上发表重要讲话。在谈到干部人事制度时他强调，必须全面贯彻干部革命化、年轻化、知识化、专业化的方针和德才兼备的原则，深化干部人事制度改革，努力建设一支高素质、担重任、经得起风浪考验的干部队伍；必须坚持党要管党的原则和从严治党的方针，各级党组织必须对党员干部严格要求、严格教育、严格管理、严格监督，坚决克服党内存在的消极腐败现象。

2002 年

2月10日，中共中央办公厅、国务院办公厅发出《关于印发〈西部地区人才开发十年规划〉的通知》。

7月9日，中共中央印发《党政领导干部选拔任用工作条例》。22日，胡锦涛在全国学习贯彻《条例》电视电话会议上强调，该条例是中国共产党关于党政领导干部选拔任用工作的基本规章，也是从源头上预防和治理用人上不正之风的有力武器。

2003 年

4月1日，国务委员兼国务院秘书长华建敏到人事部调研并看望干部职工时强调，一要深化干部人事制度改革；二要深化分配制度改革；三要完善公务员制度；四要发挥人事部门职能作用，配合教育部门，为大中专毕业生就业创造条件，搞好服务；五要把安置好军转干部当作大事抓好。

5月23日，中共中央政治局召开会议，研究部署进一步加强人才工作等问题。会议认为，我们党在新世纪新阶段人才工作的紧迫任务是：适应全面建设小康社会的需要，抓住培养、吸引、使用人才三个环节，着力建设党政人才、企业经营管理人才和专业技术人才三支队伍，重点培养一批适应社会主义现代化建设和改革开放要求的高层次人才，创新人才工作机制，努力创造人才辈出、人尽其才的良好局面，把各类优秀人才聚集到党和国家的各项事业中来。

6月9日，经中央批准，中央人才工作协调小组成立，负责统一指导协调全国的人才工作和人才队伍建设。

7月17日至18日，中共中央组织部、人事部联合在四川省成都市召开党政机关考试录用公务员与公务员培训工作会议。

8月13日，纪念《国家公务员暂行条例》颁布十周年座谈会在北京召开。中共中央政治局委员、书记处书记、中共中央组织部部长贺国强作题为《以"三个代表"重要思想为指导，开创公务员制度建设和队伍建设新局面》的重要讲话。贺国强要求，一是制定公务员法，健全公务员管理体系；二是完善管理机制，促进优秀人才脱颖而出；三是坚持执政为民，加强公务员的作风建设；四是围绕能力建设，打造学习队伍；五是深化工资改革，稳定吸引人才。

12月19日至20日，全国人才工作会议在北京召开。

12月26日，中共中央、国务院发布《关于进一步加强人才工作的决定》。《决定》共分八个部分，23条，1万余字。八个部分可以分为三个方面内容。第一方面内容即第一部分，提出大力实施人才强国战略是新世纪、新阶段人才工作的根本任务，阐明了实施人才强国战略的科学内涵、指导思想、根本原则和基本要求。第二方面内容是第二到第七部分，阐明了人才工作的具体任务和战略抓手，包括人才培养、人才评价和使用、人才市场体系建设、人才激励和保障、高层次人才队伍建设、人才工作协调发展等，对当前和今后一个时期的人才工作进行了全面部署。第三方面内容即第八部分，提出党管人才原则是开创人才工作新局面的根本保证，阐明了党管人才的重大意义、科学内涵、工作要求和工作格局。

2004 年

2月2日，中共中央颁布《中国共产党党内监督条例（试行）》和《中国共产党纪律处分条例》。

2月4日，中共中央组织部、人事部召开贯彻落实全国人才工作会议精神座谈会。中共中央政治局委员、书记处书记、中共中央组织部部长、中央人才工作协调小组组长贺国强在座谈会上指出，各级党委、政府要大力加强高层次人才队伍建设，使高层次人才创业有机会，干事有舞台，发展有空间，社会有地位。

3月29日，胡锦涛主持召开政治局会议，审议通过《公开选拔党政领导干部暂行规定》、《党政机关竞争上岗工作暂行规定》、《党的地方委员会全体会议对下一级党委、政府领导班子正职拟任人选和推荐人选表决办法》、《党政领导干部辞职暂行规定》和《关于党政领导干部辞职从事经营活动有关问题的意见》五个干部人事制度改革文件。随后，中共中央办公厅印发了这五个文件。此前，经中央同意，中共中央纪律检查委员会和中共中央组织部联合下发《关于对党政领导干部在企业兼职进行清理的通知》。这六个文件的颁布是中央从整体上不断推进干部人事制度改革的重要举措。

4月4日，中共中央组织部颁布《党政领导干部公开选拔和竞争上岗考试大纲》，对公开选拔党政领导干部和党政机关竞争上岗考试的科目、测评要素、内容、方式方法及实施程序等作出了明确规定。

6月7日，中共中央组织部、人事部在辽宁省大连市召开振兴东北地区老工业基地人才工作会议。

2005 年

4月27日，十届全国人大常委会第十五次会议通过《中华人民共和国公务员法》。这是我国第一部干部人事管理的法律，是干部人事管理科学化、法制化的重要里程碑。

2006 年

1月1日，《中华人民共和国公务员法》正式施行，《国家公务员暂行条例》同时废止。

2月9日，国务院发布《国家中长期科技发展规划纲要》。《纲要》指出，人才资源已成为最重要的战略资源，要实施人才强国战略，切实加强科技人才队伍建设。

4月2日，中共中央发出《关于认真做好今明两年省、自治区、直辖市党委换届工作的通知》。《通知》指出，要按照"明确方向、积极稳妥、突出重点、分步到位"的原则，在精简领导班子职数、减少副书记职数、适当扩大党政领导成员交叉任职等方面取得实质性进展。

4月9日，中共中央、国务院下发《关于印发〈中华人民共和国公务员法〉实施方案的通知》，同时附发了五个附属文件，即《公务员范围规定》、《公务员登记实施办法》、《公务员职务与级别管理规定》、《综合管理类公务员非领导职务设置管理办法》、《参照〈中华人民共和国公务员法〉管理的单位审批办法》。

6月30日，庆祝中国共产党成立85周年暨总结保持共产党员先进性教育活动大会在北京举行。胡锦涛发表重要讲话，在谈到干部队伍建设时强调，要全面贯彻干部"四化"方针和德才兼备原则，不断深化干部人事制度改革，扩大干部工作中的民主，扩大群众对干部工作的知情权、参与权、选择权、监督权，健全干部选拔任用和管理监督机制，严格遵守干部选拔任用的规定和程序，不断加强各级领导班子建设。

2007 年

1月4日，中共中央组织部、人事部下发《公务员考核规定（试行）》。

1月14日，中共中央印发《2006～2010年全国干部教育培训规划》，要求各地区各部门结合实际认真贯彻执行。

1月16日，经中央批准的2006年度14个省区党委换届选举顺利完成。换届工作充分发扬民主，优化班子结构，推进配套改革，提高选举差额比例，大幅度精简副书记。

4月4日，国务院第173次常务会议通过《行政机关公务员处分条例》，随后，中华人民共和国国务院令第495号公布，自2007年6月1日起施行。

10月9日，中央机关及所属事业单位人事争议仲裁委员会在北京成立，并召开了第一次全体会议。会议审议通过了《中央机关及所属事业单位人事争议仲裁委员会章程》。

11月6日，人事部下发《公务员录用规定（试行）》。

2008 年

1月3日，中共中央纪律检查委员会和中共中央组织部联合召开严明换届纪律做好选举工作视频会议，明确提出"十个严禁"的要求。为加强对换届选举工作的督导，中共中央组织部会同中共中央纪律检查委员会派出20个换届选举工作督导小组。

1月4日，中共中央组织部、人事部下发《公务员奖励规定（试行）》。

2月18日，中共中央总书记胡锦涛在全国组织工作会议上强调，要继续加大制度建设和创新力度，把民主集中制度更好地落实到党的领导制度、组织制度、选举制度、工作制度、监督制度等方面。各级党委要把提高领导班子和领导干部的开拓创新能力作为一项紧迫的重要任务来抓，加强学习和实践锻炼，加强领导班子制度建设，完善选人用人机制，营造创新氛围。要坚持正确的用人导向，真正把那些政治上靠得住、工作上有本事，作风上过得硬、人民群众信得过的干部选拔到各级领导岗位上来。要真正把组织部门建设成为高举中国特色社会主义伟大旗帜，深入贯彻科学发展观的模范部门，把组工干部队伍建设成为讲党性、重品行、作表率的过硬队伍。

2月25日至27日，中共十七届二中全会在北京召开，会议通过《关于深化行政管理体制改革的意见》和《国务院机构改革方案》。

2月29日，中共中央组织部、人事部下发《公务员调任规定（试行）》、《公务员职务任免与职务升降规定（试行）》。

3月31日，按照《国务院机构改革方案》，经国务院批准，人力资源和社会保障部正式挂牌运行，原人事部、原劳动和社会保障部的职责整合划入该部。人力资源和社会保障部的主要职责是，统筹拟定人力资源管理和社会保障政策，健全公共就业服务体系，完善劳动收入分配制度，组织实施劳动监察等。

6月10日，《公务员培训规定》颁布实施。

2009 年

6月30日，中共中央办公厅、国务院办公厅印发《关于实行党政领导干部问责的暂行规定》。该规定是加强反腐倡廉法规制度建设、完善领导干部行为规范的重要举措，对于加强党政领导干部的管理和监督，增强党政领导干部的责任意识，更好地贯彻落实科学发展观，不断提高党的执政能力和执政水平，具有重要意义。

9月8日，中共中央组织部颁布修订后的《党政领导干部公开选拔和竞争上岗考试大纲》。

9月15日至18日，中共十七届四中全会在北京召开，全会通过《中共中央关于加强和改进新形势下党的建设若干重大问题的决定》，对新形势下深化干部人事制度改革，建设善于推动科学发展、促进社会和谐的高素质干部队伍作出了全面部署，强调"坚持民主、公开、竞争、择优，提高选人用人公信度，形成充满活力的选人用人机制，促进优秀人才脱颖而出，是培养造就高素质干部队伍的关键"。

10月29日，中共中央办公厅印发《关于建立促进科学发展的党政领导班子和领导干部考核评价机制的意见》。同时，为了深入贯彻落实《意见》，经中央批准，中央组织部制定了《地方党政领导班子和领导干部综合考核评价办法（试行）》、《党政工作部门领导班子和领导干部综合考核评价办法（试行）》、《党政领导班子和领导干部年度考核办法（试行）》。这些考评办法与《意见》一起形成促进科学发展的党政领导班子和领导干部考核评价机制。

12 月 9 日，中央印发《2010～2020 年深化干部人事制度改革规划纲要》，对未来十年深化干部人事制度改革作出全面规划。

12 月 17 日，中共中央组织部印发《地方党政领导班子和领导干部综合考核评价办法（试行）》、《党政工作部门领导班子和领导干部综合考核评价办法（试行）》、《党政领导班子和领导干部年度考核办法（试行）》。

2010 年

3 月 9 日，中央办公厅印发了《党政领导干部选拔任用工作责任追究办法（试行）》。中共中央组织部同步印发《党政领导干部选拔任用工作有关事项报告办法（试行）》、《地方党委常委会向全委会报告干部选拔任用工作并接受民主评议办法（试行）》、《市县党委书记履行干部选拔任用工作职责离任检查办法（试行）》的通知。这三个《办法》与《责任追究办法》，共同构成事前要报告、事后要评议、离任要检查、违规失责要追究的监督链条，为防治用人上的不正之风提供了有力武器，为提高选人用人公信度提供了制度保障。

8 月 20 日，中共中央组织部印发《关于防止县乡领导干部任职年龄层层递减的意见》，要求规范县乡领导干部任职年龄。指出对不同年龄层次的干部，都应合理使用，不得把换届的年龄要求、领导班子建设的主体年龄要求和以往机构改革时提前退岗年龄规定，作为干部提拔年龄和任职年龄界限。

12 月 21 日，中共中央纪律检查委员会、中共中央组织部联合印发《关于严肃换届纪律保证换届风清气正的通知》，明确提出"5 个严禁、17 个不准"的纪律要求，用铁的纪律保证换届风清气正。从 2011 年开始，全国省、市、县、乡四级党委将进行新一轮换届，地方各级人大、政府和政协换届工作也将陆续展开，该《通知》的印发，就是为了保证换届工作平稳、健康、有序开展。

2011 年

1 月 21 日，中共中央组织部会同中共中央纪律检查委员会召开严肃换届纪律、保证换届风清气正视频会议，对严肃换届纪律工作作出全面部署，再次强调"5 个严禁、17 个不准"的纪律要求。

3 月 7 日，中共中央组织部机关召开处长以上干部会议，对深入推进"讲党性、重品行、做表率"活动进行部署。中共中央组织部常务副部长沈跃跃在讲话中强调，中共中央组织部机关要认真贯彻落实李源潮同志在全国组织系统视频会议上的讲话要求，以更高标准、更严要求加强党性、作风和纪律建设，努力在"讲党性、重品行、做表率"活动中走在前头，为全国组织系统带好头、做表率。

4 月 11 日，中共中央组织部会同中共中央纪律检查委员会在北京召开严肃换届纪律新闻发布会。中共中央纪律检查委员会和中共中央组织部有关负责同志从严密组织、严明纪律、严肃教育、严格监督、严厉查处、严加考核等 6 个方面，介绍了严肃换届纪律、确保风清气正的有关举措。

7 月 24 日，中共中央办公厅印发了《关于加强市（地、州、盟）党政正职管理的若干规定》，并发出通知，要求各地结合实际认真贯彻执行。《规定》指出，市（包括地、州、盟，以下统称市）在党和国家工作全局中处于承上启下的重要位置，市党政正职是党治国理政的重要骨干力量，在推进改革发展稳定中担负重要责任、发挥关键作用，必须加强重点管理。《规定》着重从选好配强市党政正职、健全选拔任用机制、强化教育培训、健全和改进考核机制、加强管理和监督等 5 个方面，提出了加强市党政正职管理的 19 条具体措施。

11 月 3 日，中共中央组织部印发《关于加强对干部德的考核意见》。这是贯彻落实德才兼备、以德为先用人标准，选准用好干部，树立正确选人用人导向的重要举措，对于保持党的先进性，建设高素质干部队伍，提高选人用人公信度具有重要意义。

11 月 14 日，中共中央办公厅转发了《中央组织部关于加强和改进基层干部教育培训工作的意见》，并发出通知，要求各地区各部门结合实际认真贯彻执行。

参考文献

［1］程子华：《关于全国县级直接选举工作的总结报告》，《人民日报》，1981 年 9 月 12 日。

［2］赵东宛：《建立有中国特色社会主义的国家公务员制度》，《求是》1990 年第 8 期。

［3］邓小平：《邓小平文选》（第三卷），人民出版社，1993。

［4］李鹏：《积极推进县级机构改革》，《中国经济体制改革》1992 年第 6 期。

［5］宋德福：《勇于改革不合时宜的人事制度》，《人民日报》，1993 年 8 月 20 日。

［6］李源潮：《公开选拔、竞争上岗成为干部选拔任用的重要方式》，《求是》2009 年第 23 期。

人才流动篇*

1977 年

9 月 19 日，邓小平在同教育部主要负责同志谈话时提出了人才流动的思想。他说："今后我们要很好地研究科研和教育如何协调、人员如何经常交流的问题。人员不流动，思想就会僵化。外国科研机构很注意更新科研队伍，经常补充年轻的、思想灵活的人进来，我们也要逐步实行科研人员流动、更新的制度。"

1978 年

7 月，国家劳动总局向国务院务虚会议提交的《关于劳动工资的汇报提纲》中提出："建议在大中城市组建劳动服务公司，统一管理社会劳动力，统一调节职工余缺。"

12 月 25 日，国务院批转国家科委、外交部《关于加强引进人才工作的请示报告》。《报告》指出我国科学技术力量严重不足，应采取积极争取、大量吸收的方针，从国外引进人才。

1979 年

4 月 5 日，中共中央召开工作会议，国务院副总理李先念在会上提出，要拨出一点资金，在大中城市办好劳动服务公司，解决好劳动力安排问题。

6 月 18 日，国务院总理华国锋在第五届全国人民代表大会第二次会议上作《政府

---

* 本部分内容涵盖的领域主要包括：人才流动、人事代理、人事档案管理等。改革开放以前，我国执行的是由国家统一计划、培养、使用的人才制度，人才为单位所有，很难流动。因此，本部分内容始于改革开放前夕的 1977 年。

编写者：张君，男，中国社会科学院人事教育局助理研究员，研究方向为人力资源管理；王安然，女，首都经济贸易大学劳动经济学院，研究方向为人力资源管理。

工作报告》，进一步明确"要拨出一些资金，在全国大、中城市办好劳动服务公司，通过多种形式，陆续把待业人员全部组织起来进行就业训练和劳动服务"。

11 月，北京外企服务集团有限责任公司（FESCO）成立，它是我国人力资源服务行业具有开创意义的第一家企业。

1980 年

4 月 16 日，中共中央组织部发布《干部档案工作条例》。《条例》对干部档案应包含的内容、档案材料的收集及归档、档案的查阅与转递、档案的分级分类管理权限等多个方面作了详细的规范，是有关干部档案工作的重要法规性文件。

8 月 2 日至 7 日，中共中央在北京召开全国劳动就业工作会议。会议指出，解决劳动就业问题的根本途径是解放思想，放宽政策，发展生产，广开就业门路，实行在政府统筹规划和指导下，劳动部门介绍就业、自愿组织起来就业和自谋职业相结合的方针。"三结合"的就业方针，实质上是党的十一届三中全会提出的多种经济形式并存的经济政策在就业工作上的具体体现，是我国就业理论和就业政策的重大突破，标志着我国开始了就业管理体制的改革。

11 月，国家人事局在北京西郊五里坨某部召开部分省市人事局专业技术干部处处长座谈会，提交讨论《关于人才流动的暂行办法》，研讨在专署以上人事部门设立人才服务公司。最终因争议很大，《办法》未能出台，但"人才需要交流"的观念已初露端倪。

12 月 23 日，国务院科学技术干部局印发经国务院批转的《关于加强争取科技专家回国长期工作的请示报告》。

1981 年

1 月 17 日，国家人事局发出《关于继续做好用非所学专业技术人员调整归队工作的通知》。《通知》要求各级人事部门对前一段专业技术人员调整归队工作进行一次复查，统筹安排，进一步落实专业对口的问题。

10 月 17 日，中共中央、国务院联合发布《关于广开门路、搞活经济、解决城镇就业问题的若干决定》。《决定》在之前提出的"三结合"就业方针（即在全国统筹规划和指导下，实行劳动部门介绍就业、自愿组织起来就业和自谋职业相结合的方针）的基础上，进一步明确了多渠道解决就业问题的政策。

1982 年

3 月 15 日，国务院科技干部局制定了《聘请科学技术人员兼职的暂行办法》和《实行科学技术人员交流的暂行办法》。

9月15日，劳动人事部发出《〈关于劳动服务公司若干问题的意见〉的通知》，以进一步办好劳动服务公司，充分发挥其在组织和指导劳动就业工作中的作用。

1983 年

1月12日，沈阳市人事局率先成立沈阳市人才服务公司。这是我国第一家专门为人才流动提供中介服务的人才交流机构，是我国首次将人才与用人单位拉到一起进行选择，标志着市场配置人才资源的雏形已经形成。

2月，广东省成立了人才交流机构，冠名为"人才交流服务中心"。广东最早的人才市场是20世纪80年代初以"星期六工程师"的初级形式出现的，它对当时珠江三角洲乡镇企业的发展起了积极作用。随着人才的流动，其对传统的人才部门（单位）所有制和统包统配的人事制度带来很大冲击。

2月22日，劳动人事部发布《关于积极试行劳动合同制的通知》。《通知》提出，今后无论全民所有制单位还是县、区以上集体所有制单位，在招收普通工种或技术工种的工人的时候，用工单位与被招用人员都要订立具有法律效力的劳动合同，规定双方当事人的权利与义务。

7月13日，国务院颁布《关于科技人员合理流动的若干规定》。《规定》对用非所学、用非所长或在本单位不能发挥作用的科技人员，按照合理的流向，可以安排到能够发挥专长的单位。

1984 年

5月28日，劳动人事部发出《关于成立全国人才交流咨询服务中心的通知》，全国人才交流咨询服务中心建立。

6月6日，全国人才交流咨询服务中心在北京复兴路23号某部礼堂二楼大厅开业，这是劳动人事部组织的第一个全国性人才服务机构。

7月17日至21日，国务院召开全国科技干部管理改革座谈会，着重研究科技人才的流动问题，提出了对科技人员实行聘任制的办法。

10月22日，邓小平在中央顾问委员会第三次全体会议上谈到中央《关于经济体制改革的决定》时指出："这个文件一共十条，最重要的是第九条……第九条，概括地说就是'尊重知识，尊重人才'八个字。事情成败的关键就是能不能发现人才，能不能用人才。"为解决迫切需要的人才问题，他提出必须改革人事制度，实行人才流动。此外，还要求加紧培养拔尖人才，并逐步实现人才年轻化。

1985 年

3月13日，中共中央发布《关于科学技术体制改革的决定》，拉开了我国科技体制全面改革的序幕。《决定》提出，改革的主要内容是转变科技工作运行机制、调整科学技术系统的组织结构、改革科技人员管理制度等。这一阶段以改革研究机构的拨款制度、开拓技术市场为突破口，使科学技术机构增强自我发展的能力和主动为经济建设服务的活力，鼓励科技人员以多种方式创办、领办企业等，努力造就人才辈出、人尽其才的良好局面。

1986 年

7 月 9 日，国务院发布《关于促进科技人员合理流动的通知》。《通知》要求各地领导为人才合理流动创造条件，在优先保证国家重点建设工程和重大科研项目人才需要的前提下，鼓励科技人员到工农业生产第一线，鼓励企事业单位通过实行横向联合与技术经济协作，促进人才合理流动。

7 月 12 日，国务院发布《国营企业实行劳动合同制暂行规定》，规定从 1986 年 10 月 1 日起，企业在国家劳动工资计划指标内招用常年性工作岗位上的工人，除国家另有特别规定者外，统一实行劳动合同制；国家机关、事业单位和社会团体在常年性岗位上招用的工人，应当比照该规定执行；按照国家政策实行统一分配的人员，如国家统一分配的大中专毕业生、由国家统一安置的复员转业军人等均不实行劳动合同制，在该《暂行规定》实施以前招用的固定工人，仍然维持固定工制度。集体所有制企业招用的工人，个体劳动者招用的帮工、带的学徒、私营企业招用的雇员以及"三资"企业招用的职员、雇员，不适用该暂行规定中劳动合同制。但是在《暂行规定》实施以后，一些省、自治区、直辖市人民政府相继规定，城镇集体所有制单位新招工人，也参照国务院发布的上述规定实行了劳动合同制。

1987 年

4 月 20 日，广东省第一个劳务市场——广州市越秀区劳务市场开业。

5 月，沈阳市率先在全国开放人才市场。

7 月 12 日，国务院发布关于改革劳动制度的四项暂行规定，即《国营企业实行劳动合同制暂行规定》、《国营企业招用工人暂行规定》、《国营企业辞退违纪职工暂行规定》、《国营企业职工待业保险暂行规定》，并决定从当年 10 月 1 日起实施。这四个文件规定劳动服务公司负责劳动合同制工人待业期间的管理，负责待业职工的登记、转业训练、安置、救济，负责待业保险基金的征集、管理、发放、使用。由此，劳动服务公司增加了新任务，将为劳动就业服务和为劳动制度深化改革服务紧密结合，这是劳动服务公司在整个劳动制度改革中深化提高的标志。

9 月 5 日，中华人民共和国主席令第五十八号发布了经第六届全国人民代表大会常务委员会第二十二次会议通过的《中华人民共和国档案法》。该法全文分六章，于

1988 年 1 月 1 日起施行，主要内容包括国家档案管理的范围、档案工作的基本原则、档案机构及其主要职责、档案的管理、利用与公布等，是我国第一部建设和发展档案事业的根本法。

1988 年

1 月 18 日，国务院办公厅转发国家科委《关于科技人员业余兼职若干问题意见的通知》。《通知》指出，科技人员在完成本职工作的前提下，可以到其他单位业余兼职。此外，《通知》还对科技人员业余兼职的条件、劳动报酬、取得的科技成果如何处理、兼职单位与本职单位的技术权益关系等作了明确具体的规定。

5 月 3 日，国务院发布《关于深化科技体制改革若干问题的决定》。《决定》提出，要充分发挥科技人员的作用，促进人才合理流动，重视科技人才和各类专业技术人才的培养和选拔等。

12 月 1 日，为进一步贯彻执行人事档案管理方面的法规、政策，妥善保管流动人员的人事档案，中共中央组织部、国家人事部联合发出《关于加强流动人员人事档案管理工作的通知》。《通知》指出，流动人员的人事档案管理是人事管理工作的组成部分，必须坚决执行国家的保密制度，遵循分级管理的原则，按照人事管理权限统一由党委组织部门、政府人事部门及其所属的人才流动服务中心等机构负责。

1989 年

1 月 25 日，劳动部发布《关于劳动服务公司发展和建设中若干问题的意见》。《意见》要求，地、市、县（区、县级市）设立的劳动服务公司举办职业介绍机构，开展劳务交流、职业介绍、信息咨询和就业指导，促进劳务市场的形成和发展，为劳动力供求双方实现相互选择提供服务。

5 月，人事部在山东省召开了第一次全国人才流动工作会议，会议明确提出了建立人才流动市场机制的思路，人才市场开始起步。

8 月 24 日，国家科委、人事部印发《关于国家科委有关人才方面的业务和机构划转人事部的通知》。《通知》提出，根据机构改革理顺关系的要求，经国家科委和人事部领导具体商定，"国家科委科技体制与人才研究所"中与人才业务有关部分，即中国人才研究会、中国人才资源开发基金会及其所属的《中国人才报》等单位，从 8 月起正式划转人事部。

11 月 3 日，中共中央组织部、人事部发出《关于进一步加强流动人员人事档案管理的补充通知》，纠正流动人员人事档案管理中的混乱现象，进一步规范人才流动中的人事档案管理工作。

1990 年

1 月 16 日，劳动部发布《职业介绍暂行规定》，充分发挥职业介绍在劳动就业服务工作中的作用。

9 月 8 日，人事部印发《全民所有制事业单位专业技术人员和管理人员辞职暂行规定》，规范全民所有制事业单位专业技术人员和管理人员的辞职程序，促进人才的合理化流动。

11 月 22 日，国务院发布《劳动就业服务企业管理规定》，规范有关劳动就业服务企业的管理工作，促进城镇劳动就业工作的有序开展。

1991 年

3 月 28 日，为完善人才招聘管理政策，确保人才招聘工作的健康发展，人事部制定下发了《关于加强人才招聘管理工作的通知》。《通知》指出，招聘工作要坚持公开、平等、竞争的原则有组织有领导地进行，按照国家规定的人才合理流向和实际工作需要，合理确定招聘对象，注重挖掘本地区、本部门的人才潜力，避免造成新的人才积压和浪费，以利于充分发挥人才作用。

4 月 2 日，中共中央组织部、国家档案局联合印发修订后的《干部档案工作条例》。《条例》决定将干部档案工作纳入全国档案工作管理体系，干部档案的具体管理和干部档案工作的领导与指导，仍以各级党委组织部门为主，各级档案行政管理部门按《中华人民共和国档案法》等有关规定，进行宏观管理和协调工作。

5 月 31 日，人事部发布《关于执行〈全民所有制事业单位专业技术人员和管理人员辞职暂行规定〉中有关问题的通知》，用以解决全民所有制事业单位专业技术人员和管理人员辞职时遇到的一些具体问题。

1992 年

2 月 25 日，劳动部发出《关于扩大试行全员劳动合同制的通知》，旨在进一步贯彻落实中央工作会议精神，深化劳动制度改革，促进企业经营机制的转变。

4 月 3 日，第七届全国人民代表大会第五次会议通过了《中华人民共和国工会法》。《工会法》是国家制定的确定工会组织在国家政治、经济和社会生活中的法律地位、性质与任务、权利与义务以及为工会活动提供法律准则和法律保障的重要法律。

6 月 9 日，劳动部、国家档案局发布《企业职工档案管理工作规定》，规范企业职工的档案管理，使企业职工档案工作纳入全国档案工作管理体系。

8 月 27 日，国家科委、国家体改委联合下发了《关于分流人才、调整结构、进一步深化科技体制改革的若干意见》。《意见》提出，坚持"经济建设必须依靠科学技术，科学技术工作必须面向经济建设"的基本方针，按照努力攀登科学技术高峰的战略要求，加快步伐，加大力度，推进科技系统的人才分流和结构调整。同时，尊重知识，尊重人才，充分调动和发挥广大科技人员的主动性、积极性和创造性。

10月16日，人事部发布《全民所有制事业单位辞退专业技术人员和管理人员暂行规定》，指导、规范全民所有制事业单位辞退专业技术人员和管理人员的有关事宜。

1993 年

4月，人事部提出了人才政策的改革目标："争取在2000年以前，在全国范围内初步建成职能完善、机制健全、法规配套、指导及时、服务周到的人才市场体系，使各类人才能够合理流动、合理配置、合理使用。"

9月，经市委、市政府批准，北京市人才交流服务中心正式更名为北京市人才服务中心，在全国范围内，率先实现了行政职能与市场职能的剥离，将人才服务推向市场。

10月2日至5日，首届全国人才市场人才技术交流大会在北京展览馆举行，这是人事部门为适应市场经济体制的要求、建立双向选择的用人机制而进行的一次重要尝试。

10月6日，全国人才流动工作会议在北京召开，会议集中研究今后人才流动工作的基本思路和总体规划，着力促进人才市场体系建设。

11月14日，党的十四届三中全会通过了《中共中央关于建立社会主义市场经济体制若干问题的决定》。《决定》首次明确提出劳动力市场的概念，指出要改革劳动制度，逐步形成劳动力市场，把开发利用和合理配置人力资源作为发展劳动力市场的出发点，形成用人单位和劳动者双向选择、合理流动的就业机制，这就从理论上解决了在市场经济条件下我国劳动就业工作的发展方向问题。

1994 年

7月5日，中华人民共和国主席令第28号公布了经第八届全国人民代表大会常务委员会第八次会议通过的《劳动法》，规定自1995年1月1日起施行。《劳动法》是新中国成立以来第一部专门保障劳动者合法权益的基本法律，是劳动保障法制建设中一个重要的里程碑。它从法律的层面上确认了人才流动的合法性——对包括国有企业在内的所有不同性质的企业实行劳动合同制，确立了雇佣双方主体的地位和劳动合同之间的关系，使得双向选择的劳动关系有了法律根据。

8月30日，中共中央组织部、人事部联合下发《加快培育和发展我国人才市场的意见》，在政策上确认了国家对市场经济体制下人才制度的认可。

9月16日，人事部同沈阳市政府共同组建了全国第一家国家级区域性人才市场——中国沈阳人才市场。

1995 年

1 月 8 日，"全国高校毕业生就业市场（上海市场）"诞生，标志着大部分高校毕业生将通过就业市场，在国家政策指导下实行双向选择就业。此外，国家今后将组建若干区域性就业市场，以满足毕业生择业的需要。

12 月 18 日，在全国人事厅局长会议上，人事部部长宋德福指出，要创新管理制度，并强调建立人事仲裁制度、实行人事代理制度、发展人才测评事业。这是人事部首次明确提出推行人事代理制，并使之规范化、法制化，预示着人事代理将促进人才产业化，最终使人事管理变成一种公众服务。此外，他还提出了实现人事工作"两个调整"的思路，即把适应计划经济的人事管理体制调整到与社会主义市场经济相配套的人事管理体制上来，把传统的人事管理调整到整体性的人才资源开发上来，从而确立人才市场化配置方向。

1996 年

1 月 9 日，人事部发布《国家不包分配大专以上毕业生择业暂行办法》。《办法》提出，毕业生可通过人才市场在多种所有制范围内自主择业，可以从事专业技术工作、管理工作，也可在其他岗位上工作。

1 月 29 日，为促进人才资源的市场化配置，规范市场行为，推动人才市场健康发展，人事部发布《人才市场管理暂行规定》。《规定》的发布不仅标志着我国人才市场管理向规范化、法制化迈出了重要一步，也确认了民营人才服务机构的合法性。

4 月 8 日至 11 日，国务院办公厅在江苏省镇江市召开全国职工医疗保障制度改革扩大试点工作会议，决定试点工作将由镇江、九江扩大到全国。会议提出了建立职工社会医疗保险制度的十项基本原则，即为城镇全体劳动者提供基本医疗保障；国家、单位和职工三方合理负担医疗费用；职工享受的基本医疗保障制度待遇与个人对社会的贡献适当挂钩；有利于减轻企事业单位的社会负担；建立对医患双方的制约机制，遏制浪费；逐步实现卫生资源的优化配置与合理利用；公费、劳保医疗制度要按照统一的制度和政策同步改革；实行政事分开，保证资金的合理使用；职工医疗保险基金纳入国家预算管理，专款专用；实行属地原则，行政、企业、事业单位都应参加所在地的社会医疗保险，执行当地统一的缴费标准和改革方案。

7 月 5 日，《全国人民代表大会常务委员会关于修改〈中华人民共和国档案法〉的决定》由第八届全国人民代表大会常务委员会第二十次会议通过并颁布施行。

7 月 17 日，中国第一家人事档案管理中心——长沙市人事档案管理中心在长沙挂牌。

7月24日，中国西安人才市场在陕西工业展览馆隆重开业。这一人才市场的建成，标志着我国区域性人才市场整体布局的完成。国务院总理李鹏为中国西安人才市场题词："建设西安人才市场，为振兴西北经济服务。"

11月22日，人事部印发《国务院所属部门成立人才市场中介机构审批暂行办法》、《国务院所属部门成立的人才市场中介机构年审暂行办法》及《全国性人才交流会审批暂行办法》，进一步加强人才市场管理，维护人才市场秩序，促进人才市场健康发展。

12月2日，中共中央组织部、人事部发出《关于印发〈流动人员人事档案管理暂行规定〉的通知》，进一步规范流动人员人事档案的管理，维护人事档案的真实性、严肃性，完善人才流动社会化服务体系，促进人才的合理流动。

12月19日，上海市第十届人民代表大会常务委员会第三十二次会议通过了《上海市人才流动条例》，这是上海第一个涉及人才的地方性法规，为人才流动的两个主体、中介机构和政府行为作出了明确规范。

1997 年

1月8日，人事部、公安部、国家粮食储备局联合发布《高等学校毕业生就业后调整办法》，用来做好高等学校毕业生就业后的工作调整，达到合理配置、合理使用、充分开发高等学校毕业生人才资源。

6月20日，人事部发布《1996~2010年中国人才资源开发规划纲要》，强调人才资源开发要根据经济社会发展需要，统筹规划，确保人才资源总量、素质和结构与国民经济和社会发展相协调、与可持续发展战略相适应。在"人才资源开发的政策措施"部分，提到"建立人才流动机制。逐步打破人才流动中不同所有制和不同身份的界限，促进人才在不同地区、部门、行业之间合理流动"。

8月8日，人事部印发《人事争议处理暂行规定》，以公正及时处理人事争议，保护单位和个人的合法权益。

12月16日，全国人事厅局长会议在北京召开。国务委员李贵鲜到会讲话，人事部部长宋德福作报告。会议强调要继续推进人事制度改革和人才资源开发，健全法制，建立机制，改进管理，加强监督，进一步完善人才开发制度。

1998 年

2月，国务院总理朱镕基在天津考察再就业工作时指出，劳动力市场建设要科学化、规范化、现代化。这一重要指示，为劳动力市场的发展指明了方向。

1999 年

5 月 5 日，国务院批准修订后的《中华人民共和国档案法实施办法》。

9 月 6 日，人事部发出《关于印发〈人事争议处理办案规则〉和〈人事争议仲裁员管理办法〉的通知》。《通知》提出加强人事争议仲裁工作队伍建设，确保及时、公平、合理地处理人事争议。

9 月 15 日，教育部发布《关于当前深化高等学校人事分配制度改革的若干意见》，要求推行高等学校教师聘任制和全员聘用合同制，构建高校人才交流服务体系，建立高校教职工合理流动机制。

10 月，人事部在青岛召开了全国人才流动与人才市场建设工作会议，提出了"三个转变"的发展思路：全力推进人才资源市场配置的进程，实现资源配置由计划和市场并存向市场起基础性作用转变；全面提高人才中介社会化服务水平，实现市场中介服务由粗放型向集约型转变；加强人才市场的法制管理，实现人才市场由政策规范向法制规范转变，在全国范围内形成统一开放、竞争有序的人才市场。

2000 年

3 月 30 日，中共中央组织部、人事部、科学技术部联合印发《关于深化科研事业单位人事制度改革的实施意见》。《意见》提出，科研机构实行固定岗位和流动岗位相结合的用人方式，促进科研人员的合理流动。对实行聘用制以后的未聘人员，要坚持以单位内部消化为主，采取多种方式妥善安置，并积极探索各种有效的社会化安置方式。鼓励他们按照国家的有关规定进入市场。

9 月 11 日，国务院发出《国务院关于加强出入境中介活动管理的通知》，明确由劳动和社会保障部负责规范管理境外就业中介市场，同时对出入境中介机构成立的条件、经营要求、监管措施、部门的职责和清理整顿等有关问题提出了要求。

10 月 9 日至 11 日，中国共产党第十五届中央委员会第五次全体会议在北京举行。会议提出，人才是最宝贵的资源，要把培养、吸引和用好人才作为一项重大的战略任务切实抓好。为此，要建立和完善机制健全、运行规范、服务周到、指导监督有力的人才市场体系，促进人才合理流动。

2001 年

5 月 8 日，《中外合资中外合作职业介绍机构设立管理暂行规定》经劳动和社会保障部第 7 次部务会议通过，经商对外贸易经济合作部同意后于 10 月 9 日发布，用以规范中外合资、中外合作职业介绍机构的设立，保障求职者和用人单位的合法权益。

5 月 15 日，亚太经合组织（APEC）人力资源能力建设高峰会议在北京召开，国家主席江泽民出席并作重要讲话，提出人力资源是第一资源、能力建设是第一建设的观点，同时就 APEC 人力资源能力建设提出五点主张，这对于人才市场全面实施人才战略，创造让人才脱颖而出的良好市场环境，加快国内人才市场的建设起到了重要的推动作用。

5月27日，农业部、人事部联合发出《关于进一步鼓励人才向乡镇企业流动的通知》，鼓励各类人才向乡镇企业合理流动，适应当时乡镇企业发展的需要。《通知》指出，鼓励科研院所、大专院校、国有企业的管理人员、技术人员到乡镇企业任职，其档案可由当地政府人事部门批准的人才交流机构管理，并按有关规定办理档案工资调整、工龄计算、专业技术职务评聘等手续。

6月6日，人事部印发《人事人才发展"十五"规划纲要》。《纲要》指出，"十五"期间人事人才发展的主要任务包含"促进地区间人才资源合理布局"和"优化产业间人才资源配置"。为此，需要采取的措施之一是加快发展和完善人才市场，大力推进和规范人事代理工作。

6月19日，中共中央办公厅、国务院办公厅发布《关于加强专业技术人才队伍建设的若干意见》。《意见》提出，改革户籍管理制度，健全社会保障体制，建立和完善人才市场体系，制定双向兼职、短期工作、项目合作等灵活多样的人才流动政策，为人才合理有序流动创造条件；制定人才市场管理法规，加强人才市场法制化建设，建立完善人才市场许可证制度和年审制度，加强人才市场管理执法监督检查，规范人事代理行为，建立人才中介服务标准体系，鼓励创办为人才资源开发提供服务的各类中介组织。

9月11日，人事部、国家工商总局发布《人才市场管理规定》。《规定》共分五章，主要对人才中介服务机构的设立条件、设立程序、开展业务（特别是人事代理、人才招聘业务）作了具体的要求，此外它还对外资进入中国人才服务业作了原则性规定。这一文件的制定，顺应了我国因加入世界贸易组织而急需提高人才服务业竞争力的需要，符合人才市场自身的发展需求，同时也有助于确保人才市场的健康发展。

2002 年

5月7日，中共中央办公厅、国务院办公厅发出《关于印发〈2002－2005 年全国人才队伍建设规划纲要〉的通知》。《通知》指出，《纲要》是我国第一个综合性的人才队伍建设规划，是今后几年全国人才工作的指导性文件。加强人才队伍建设，对于做好我国加入世界贸易组织后的各项应对工作，实现"十五"计划确定的宏伟目标，把建设有中国特色社会主义事业不断推向前进，具有十分重要的意义。《纲要》提出，要建立和完善人才市场体系，提高人才市场的社会化服务水平，建立和完善促进人才流动的有关制度，引导人才合理流动。

5 月 14 日，劳动和社会保障部、公安部、国家工商行政管理总局联合颁布《境外就业中介管理规定》。《规定》明确了由劳动和社会保障部负责规范管理境外就业中介市场，同时对出入境中介机构成立的条件、经营要求、监管措施、部门的职责和清理整顿等有关问题提出了要求。这一文件是规范境外就业中介市场的重要行政规章，是在我国加入世界贸易组织和经济全球化的大背景下积极实施"走出去"战略在促进境外就业领域的具体体现。它的实施，对理顺我国境外就业管理体制、建立境外就业中介市场机制、扩大境外就业以及切实维护境外就业人员的合法权益具有十分重要的意义。

6 月 24 日，劳动和社会保障部办公厅发布《关于贯彻实施〈境外就业中介管理规定〉有关问题的通知》，要求制定具体措施贯彻落实好《境外就业中介管理规定》。

2003 年

4 月 16 日，国务院第五次常务会议讨论通过了《工伤保险条例》。《条例》有助于及时救治和补偿受伤职工，保障工伤职工的合法权益，分散用人单位的工伤风险。

9 月 4 日，人事部、商务部、国家工商行政管理总局颁布《中外合资人才中介机构管理暂行规定》，专门用于对中外合资人才中介机构的管理，建立境外人才机构和组织进入我国人才市场的准入制度。

11 月 28 日，中国人才交流协会国家机关人才交流机构分会在北京召开成立大会，人事部人才流动开发司司长毕雪融提出，我国人才流动与人才市场正面临新的形势：一是市场化趋势，市场经济要求人才机构更大程度地在人才市场中发挥配置作用；二是国际化趋势，中国加入世贸组织后，人才竞争更加激烈，人才市场中人才机构的竞争也不可避免，新形势要求人才机构必须提高中介组织能力，利用好国内、国际两个市场。

2004 年

1 月 20 日，劳动和社会保障部发布《集体合同规定》，用以指导和规范集体协商、集体合同签订及协调处理集体合同争议。

2 月 16 日，人事部发布《关于加快发展人才市场的意见》。《意见》主要分三部分：第一部分阐述加快发展人才市场是实施人才强国战略的迫切要求；第二部分指出加快发展人才市场的指导思想、总体目标和主要思路；第三部分提出加快发展人才市场的主要政策和措施。与过去相比，《意见》突出了人才市场建设的系统性、人才市场发展的创新性和人才市场发展的开放性。

2005 年

3 月 22 日，人事部、国家工商行政管理总局联合发布《关于修改〈人才市场管理规定〉的决定》，对 2001 年 9 月 11 日出台的《人才市场管理规定》进行了修改。此次修改主要是为落实《行政许可法》精神和国务院有关规定的要求，对原《规定》中有关行政许可的内容进行了修改，进一步规范了行政许可的程序、期限等要求，同时进一步规范了人才市场管理行为。

11 月 18 日，为适应人才市场发展的需要，完善人才市场管理的政策法规体系，人事部发布《国务院所属部门人才中介服务机构管理办法》和《全国性人才交流会审批办法》。

2006 年

11 月 3 日，中共中央组织部、人事部、国务院西部开发办联合举办西部地区人才队伍建设座谈会。中共中央政治局委员、中共中央组织部部长贺国强讲话，强调要全面落实科学发展观，扎扎实实做好西部地区人才工作，充分发挥各方面人才的作用，加快西部地区发展。

2007 年

3 月 19 日，国务院发布《关于加快发展服务业的若干意见》。《意见》提出要发展人才服务业，完善人才资源配置体系，为加快发展服务业提供人才保障；要扶持一批具有国际竞争力的人才服务机构，鼓励各类就业服务机构发展，完善就业服务网络。《意见》还第一次将"人才服务业"正式写入国务院文件。

6 月 25 日，人事部发出《关于规范人才招聘会管理改进人才招聘服务的通知》，进一步规范人才招聘会管理，改进人才招聘服务，切实维护求职人才和用人单位的合法权益。

6 月 29 日，《中华人民共和国劳动合同法》经第十届全国人民代表大会常务委员会第二十八次会议通过。

8 月 13 日至 14 日，全国人事人才公共服务体系建设研讨会暨 2007 年人事科研年会在吉林省长春市召开，会议就加强人事人才公共服务体系建设这一主题进行了讨论。

8 月 30 日，第十届全国人民代表大会常务委员会第二十九次会议通过了《中华人民共和国就业促进法》，首次在国家法律层面明确提出"人力资源市场"的概念，规定"县级以上人民政府培育和完善统一开放、竞争有序的人力资源市场，为劳动者就业提供服务"。

10 月 15 日，中国共产党第十七次全国代表大会在北京召开，胡锦涛总书记作了题为《高举中国特色社会主义伟大旗帜，为夺取全面建设小康社会新胜利而奋斗》的报告。在报告中，他对人事人才工作提出了新的目标和任务，即"更好实施人才强国战略"、"建设人力资源强国"和"建立统一规范的人力资源市场"。

11 月 16 日，人事部、商务部、国家工商行政管理总局发布《关于〈中外合资人才中介机构管理暂行规定〉的补充规定》，旨在促进香港、澳门与内地建立更紧密经贸关系，鼓励香港服务提供者和澳门服务提供者在内地设立人才中介机构。

2008 年

1 月 1 日，《中华人民共和国劳动合同法》和《中华人民共和国就业促进法》开始施行。《劳动合同法》的正式实施，对规范双方当事人的权利和义务、保护劳动者的合法权益发挥了重要的作用，标志着我国劳动关系进入了一个新的发展阶段。《就业促进法》从保障劳动者的平等就业权、设立公共就业服务机构等多方面阐述了我国在促进劳动者就业方面的立场、观点和方法，劳动者的权益得以更好地得到保护，职业建设中的诸多问题得到解决。

5 月 1 日，《中华人民共和国劳动争议调解仲裁法》正式实施，它对原来的劳动争议处理制度进行了修改、补充和完善，为劳动者维权提供更为全面、便捷、有效的服务与保障，还扩大了劳动仲裁适用范围，在提高劳动者维权意识的同时，也降低了劳动者维护权益的成本。

9 月 18 日，国务院公布施行《劳动合同法实施条例》，对《劳动合同法》实施过程中的一些分歧予以澄清，使其更具操作性。

2009 年

2 月 19 日，人力资源和社会保障部部长尹蔚民在全国人力资源和社会保障工作会议上的工作报告中谈到，为全力确保就业局势稳定，今年要重点做好的七项工作之一是，建立统一规范的人力资源市场，整合人才市场和劳动力市场，完善人力资源市场监管体系，加强职业中介机构管理和市场运行监测，制定人力资源市场发展规划。此外，要加大引进国外智力工作力度，在引进高层次和紧缺人才方面取得突破，还要加强高层次人才队伍建设，加强职业培训和技能人才队伍建设。

8 月，《中国人力资源管理者职业水平标准》（企业版）正式发布，这一标准的颁布推动了中国人力资源管理行业标准与国际通用标准的衔接，有助于促进人力资源管理者的职业化，同时解决了人力资源管理者的角色问题。

10 月 9 日，人力资源和社会保障部会同中央机构编制委员会办公室发布《关于进一步加强公共就业服务体系建设的指导意见》，明确了公共就业服务体系的性质、职能、机构和保障制度，明确了整合原人事、劳动公共就业服务机构的具体要求，为完善公共就业服务体系奠定重要基础。

12月22日，国务院第九十三次常务会议讨论通过《城镇企业职工基本养老保险关系转移接续暂行办法》，并决定于2010年1月1日起实施。该办法的主要内容有：包括农民工在内的参加城镇企业职工基本养老保险的所有人员，其基本养老保险关系可在跨省就业时随同转移；在转移个人账户储存额的同时，还转移部分单位缴费；参保人员在各地的缴费年限合并计算，个人账户储存额累计计算，对农民工一视同仁。

12月30日，人力资源和社会保障部发布《关于推进公共就业服务信息化建设工作的指导意见》。《意见》提出，要成立中国就业促进会公共就业服务专业委员会，为推进公共就业服务体系建设搭建专业化服务平台。

2010 年

6月6日，《国家中长期人才发展规划纲要（2010～2020年）》颁布。这是我国第一个中长期人才发展规划，是当前和今后一个时期我国人才发展的纲领性文件。其中，在人才导向政策方面，该《纲要》实施引导人才向农村基层和艰苦边远地区流动政策。

10月3日至10日，世界技能组织（WorldSkills International）在牙买加召开2010年世界技能组织大会，并于当地时间10月7日表决中国正式加入世界技能组织，人力资源和社会保障部作为中国代表派团出席了会议。中国正式加入世界技能组织，可以构建同业技术交流国际平台，有利于学习借鉴世界各国促进技能培训和开展技能竞赛的经验。

2011 年

2月23日，中共中央组织部、人力资源和社会保障部联合下发《关于支持留学人员回国创业的意见》，对留学回国人员创业进行了界定，并提出要积极为留学人员回国创业提供政策支持，进一步加大海外留学人才引进工作力度。

4月19日，人力资源和社会保障部出台《关于加强留学人员回国服务体系建设的意见》，从国家层面对加强留学人员回国服务体系建设作出详细的规定。

6月，中共中央组织部、人力资源和社会保障部发布了《专业技术人才队伍建设中长期规划（2010～2020年）》。这是我国第一个专业技术人才队伍建设发展规划，是当前和今后一个时期我国专业技术人才工作的纲领性文件。《规划》提出，到2015年，我国专业技术人才总量将达到6800万人左右，专业技术人才流动的体制性和政策性障碍将基本得到解决，评价、使用、激励保障制度趋于完善，人才公共服务体系以及中国特色的专业技术人才工作法律法规体系框架初步建立，人才成长发展环境得到明显改善。

7月1日，胡锦涛总书记在"七一"重要讲话中进一步强调了做好人才工作的重要性，对培养造就、集聚用好人才提出了明确要求。

参考文献

[1] 徐颂陶、孙建立主编《中国人事制度改革三十年》，中国人事出版社，2008。

[2] 潘晨光主编《中国人才发展报告 No.2》，社会科学文献出版社，2005。

[3] 《中华人民共和国劳动人事法规全书（含相关政策 2009）》，法律出版社，2009。

[4] 中共中央组织部编《走人才强国之路：人才工作辉煌 60 年》，党建读物出版社，2010。

[5] 《我国人力资源市场发展大事记》，《中国人才》2009 年第 21 期。

[6] 周俊奎：《改革开放中的人才交流》，中国劳动保障新闻网，http://www.clssn.com/html/report/38132 - 1. htm。

[7] 鲍云帆：《2001：北京人才市场的来龙去脉》，新华网，http://news.xinhuanet.com/china/2001 - 12/10/content_ 155624. htm。

[8] 董宏君：《改革开放 30 年人才工作发展记事：铸就人才强国基石》，新华网，http://news.xinhuanet. com/politics/2008 - 11/13/content_ 10349822_ 3. htm。

[9] 中共中央文献研究室、新华通讯社编《改革开放三十年大事记》，人民网，http://finance.people. com. cn/GB/1045/8720065. html。

功勋荣誉制度篇 *

1950 年

"全国劳动模范"称号和"全国先进工作者"称号。党中央、国务院决定设立"全国劳动模范"称号，授予对象是在社会主义建设事业中做出重大贡献者。第一届全国工农兵劳动模范代表会议于 1950 年 9 月 25 日至 10 月 2 日在北京举行。该奖每隔 5 年评选一次，在每五年后的 5 月 1 日，中国都要以国家的名义奖励"劳模"，颁发"全国五一劳动奖章"等，该奖的目的是号召全国人民向他们学习，为国家做贡献。形式分为：召开表彰大会、工作会议、零散表彰等。

1952 年

"特级英雄"称号。5 月 9 日，中国人民志愿军领导机关为杨根思追记特等功，授予其"特级英雄"称号，并将其生前所在连队命名为"杨根思连"，所在排命名为"杨根思排"。

1953 年

"模范团员"称号。3 月，中国人民志愿军部队党委追授黄继光同志"模范团员"称号，根据他生前的申请，追认他为中国共产党党员。6 月，中国人民志愿军领导机关为他追记特等功，并授予"中国人民志愿军特级英雄"称号。

1955 年

八一勋章和八一奖章。2 月 12 日，全国人民代表大会常务委员会设立八一勋章，

---

* 编写者：潘晨光，男，中国社会科学院人力资源研究中心研究员，研究方向为人才建设与人力资源管理。王灿发，男，中国传媒大学电视与新闻学院教授。李军，男，中国铁道报记者。王艳，女，中国社会科学院博士研究生。肖潇雨，女，中国传媒大学电视与新闻学院硕士研究生。

由中华人民共和国主席授予土地革命战争时期（1927年8月1日至1937年7月6日）参加革命战争有功而无重大过失的人员。一级授予当时的师级以上干部；二级授予当时的团级和营级干部；三级授予1935年10月20日前参加中国工农红军第一方面军、1936年9月30日前参加中国工农红军第二方面军和第四方面军、1935年9月30日前参加陕北红军和红军第25军、1937年7月6日前坚持各地游击战争和参加东北抗日联军的连级以下人员。2月12日，国务院批准设立八一奖章，由国防部长授予在1937年7月6日前参加中国工农红军的上述人员以外的人员。

独立自由勋章和独立自由奖章。2月12日，全国人民代表大会常务委员会设立独立自由勋章，由中华人民共和国主席授予抗日战争时期（1937年7月7日至1945年9月2日）参加革命战争有功而无重大过失的人员。一级勋章授予八路军时的旅级和相当于旅级以上干部、新四军时的支队级和相当于支队级以上干部、1945年9月2日前在八路军、新四军中和抗日游击队中相当于军级的纵队和新四军师级以上干部；二级授予当时的旅级、团级及其相当干部；三级授予当时的营级、连级及其相当干部。独立自由奖章授予参加八路军、新四军或脱产参加中国共产党领导的抗日游击队2年以上，或参军虽不满2年但因作战负伤致残的排级以下人员。

解放勋章和解放奖章。全国人民代表大会常务委员会决定设立解放勋章，由中华人民共和国主席授予在解放战争时期（1945年9月3日至1950年6月30日）参加革命战争有功而无重大过失的人员。一级解放勋章授予当时的军级以上及其相当干部；二级解放勋章授予当时的师级及其相当干部；三级解放勋章授予当时的团级、营级及其相当干部。解放奖章是由国务院批准，由国防部长授予当时参加中国人民解放军2年以上，或参军虽不满2年但因作战负伤致残的连级以下人员。

1960 年

全国"三八"红旗手和"三八"红旗集体称号。3月5日，全国妇联设立全国"三八"红旗手和"三八"红旗集体称号，授予对象是在中国各条战线上为社会主义物质文明和精神文明建设做出显著成绩的妇女先进人物和妇女先进集体。它是我国妇女界的主要荣誉称号，一般每4～5年集中评比表彰一次。"文化大革命"期间，全国"三八"红旗手（集体）的评选表彰工作曾一度停止。1979年，这一工作重新得到恢复。

1962 年

大众电影百花奖。5月22日，《大众电影》杂志编辑部设立大众电影百花奖，授予对象是为繁荣中国电影艺术，促进电影产业化建设的优秀中国电影作品和电影创作人员。大众电影百花奖是我国历史最为悠久和官方代表最有群众基础的电影奖，百花奖是观众奖，是经中共中央批准的一项常设全国性文艺大奖，该奖是我国最高艺术水准的电影奖项。

1963 年

全国连环画创作奖。12 月 26 日，中国美术协会、文化部设立全国连环画创作奖，授予对象是优秀的连环画工作者。在第一届全国连环画创作评奖中，有 53 部美术作品获绘画奖，27 部文学脚本获脚本奖，14 位连环画工作者获连环画工作劳动奖。

1981 年

中国电影金鸡奖。5 月，中国电影家协会设立中国电影金鸡奖，授予对象是优秀影片和成绩卓著的电影工作者。金鸡奖每年评选一次，评奖委员会由电影专家组成，因此又被称为"专家奖"。它是经中共中央批准的又一项常设全国性文艺大奖，也是中国电影界专业性评选的最高奖。金鸡奖评选宗旨：学术、争鸣、民主。

茅盾文学奖。10 月，中国作家协会设立茅盾文学奖，每三年评选一次，参与首评而未获奖的作品，在下一届以至将来历届评选中仍可获奖。首届茅盾文学奖于 1982 年颁发，现在每四年评选一次。"茅盾文学奖"是中国第一次设立的以个人名字命名的文学奖，是中国长篇小说的最高文学奖项之一。

全国少数民族文学创作奖——骏马奖。中国作家协会、国家民族事务委员会共同设立骏马奖，授予对象是为民族文学交流作出贡献的作者。每三年评选一次，全国少数民族文学创作奖设有以下奖项：长篇小说、中篇小说集、短篇小说集、诗集、散文集、报告文学集、评论、理论集、翻译、新人新作。全国少数民族文学创作奖——"骏马奖"是一个国家级文学奖。

1982 年

1 月 17 日，国家人事局发出《关于发布国家行政机关人员升级奖励试行办法的通知》。《通知》要求对于按照《国务院关于国家行政机关工作人员的奖惩暂行规定》应当给予升级奖励的工作人员，要给予升级奖励。受到该奖项的人员必须是坚决拥护和执行党的十一届三中全会以来的路线方针政策，在工作中尽职尽责，有显著成绩的。给予升级奖励一般是在原有级别基础上提升一级，对于有特殊贡献的人员也可以提升两级。

1983 年

中国戏剧梅花奖。5 月，中国戏剧家协会设立中国戏剧梅花奖，授予对象是中国戏剧界优秀中青年演员，每年评选一次。自 2005 年起改为两年评选一次，2007 年更名为"中国戏剧奖·梅花表演奖",是中国戏剧界优秀中青年演员的最高奖项。首届推出了包括刘长瑜、李维康、李雪健等人在内的 15 朵鲜艳的"梅花",在全国产生了很大的影响。自第 11 届起增设二度梅,自第 14 届起由中国文联和中国戏剧家协会共同主办,自第 17 届起增评民间职业剧团的演员,自第 19 届起增设梅花大奖并评出了第一位获得者尚长荣,自第 23 届起梅花奖的评选工作按照《全国性文艺新闻出版评奖管理办法》的通知,由一年一届改为两年举办一次,目的是为了使戏剧表演艺术重新焕发青春,表彰和奖励优秀戏剧表演人才,繁荣和发展社会主义戏剧事业。

中国金鹰电视奖。中国文学艺术界联合会和中国电视艺术家协会设立中国金鹰电视奖,授予对象是为中国电视事业作出贡献的电视艺术工作者,自第 16 届起改名为"中国电视金鹰奖",2000 年第 18 届开始,经中宣部批准,"中国电视金鹰奖"全面升级为规格更高的"中国金鹰电视艺术节",每年在长沙举行。自 2005 年起,改为每两年举办一次。

吴玉章人文社会科学奖。中国人民大学设立吴玉章人文社会科学奖。这是为纪念无产阶级革命家、教育家、历史学家、语言文字学家吴玉章先生而设立的奖项。

1985 年

孙冶方经济科学奖。6 月,中国社会科学院设立孙冶方经济科学奖,授予对象是为经济科学作出突出贡献的集体和个人,该奖每两年评选、颁发一次,是迄今为止中国经济学界的最高奖。

赛克勒中国医师年度奖。10 月,美国友人赛克勒博士与我国卫生部共同建立赛克勒中国医师年度奖,授予对象是我国每年在某一专业临床工作中做出优异成绩的中青年医师。中国医学论坛报社受美国赛克勒基金会委托,组织该奖项评选工作,每年在全国范围内评选 1~3 个专业的 2~3 名在临床工作中做出优异成绩的中青年医师,授予赛克勒中国医师年度奖奖牌,并由赛克勒基金会出资,安排获奖人前往美国等先进国家进行为期两周的学术交流。原名为"中国医学论坛报医师年度奖",赛克勒逝世后更名为"赛克勒中国医师年度奖"。它的设立旨在鼓励我国德才兼备的青年医师在临床实践中不断创新、做出突出成绩以及促进中外医学学术交流。该奖项的设立为促进中青年医师成长和推动我国相关医学专业发展起到了积极作用。

夏鼐考古学研究成果奖。由中国社会科学院考古研究所负责管理,授予对象是中国考古学做出突出成绩的中国境内的中国籍学者,以推动中国考古学研究和考古学事业的发展。夏鼐考古学研究成果奖一般每 3 年或 4 年评选一次,聘请国内知名专家组成评奖委员会,负责评奖和颁奖。以夏鼐先生捐赠的 3 万元稿费作为基金,以基金利息作为奖金。1994 年,考古所另行筹集 7 万元,使奖励基金增加至 10 万元人民币颁发给对中国考古学作出突出贡献的国内学者。

1986 年

全国先进班组。9 月 18 日，国家经委和中华全国总工会共同设立全国先进班组，授予对象是在社会主义建设中有突出贡献的班组。中华全国总工会和国家经委于 1986 年 9 月 18 日作出决定，首次集中授予 296 个班组为"全国先进班组"，并由中华全国总工会颁发"五一劳动奖状"，以表彰他们在社会主义现代化建设中作出的卓越贡献。

毕昇印刷技术奖。中国印协设立毕昇印刷技术奖，授予对象是在印刷及印刷设备、器材研究开发、经营管理、教育等领域作出过卓越贡献者。下设"毕昇印刷杰出成就奖"和"毕昇印刷优秀新人奖"。该奖项每两年举办一次，杰出成就奖每次获奖不超过 8 人，优秀新人奖每次获奖不超过 12 人，授予证书、奖章和奖金。

鲁迅文学奖。中国作家协会设立鲁迅文学奖，授予对象是所有致力于创作优秀中短篇小说、报告文学、诗歌、散文、杂文、文学理论和评论作品及优秀国外文学翻译作品的作者，鲁迅文学奖是我国具有最高荣誉的文学大奖之一，每两年评选一次。

全国优秀儿童文学奖。由中国作家协会主办，授予对象是创作出优秀儿童文学的作者。凡在评选年度内出版的个人创作的儿童文学作品集均可参加评选。该奖每三年评选一次。它是我国具有最高荣誉的文学大奖之一，也是我国唯一的纯文学性的儿童文学奖项。该文学奖的设立为鼓励优秀儿童文学创作，推动我国儿童文学的发展、繁荣，为我国少年儿童提供更多更好的精神食粮起到了积极作用。

王力语言学奖。北京大学设立王力语言学奖，授予对象是对汉语或中国境内其他语言的现状或历史的研究有贡献的中国学者。推荐论著必须是在规定的评选日期前一年至五年之内公开发表的。该奖项每两年评选一次。每次获奖名额不超过五人（集体著作按一人计）。奖金数额暂定为特等奖 6000 元，一等奖 4000 元，二等奖 2000 元。

1987 年

中国物理学会奖。5 月，由中国物理学会设立中国物理学会奖，授予对象是为发展中国物理学事业，在科学和技术上作出突出贡献的中国物理学工作者。下设四项奖项：胡刚复物理奖用来奖励实验物理技术领域的优秀成果；饶毓泰物理奖用来奖励光学、声学、原子物理和分子物理学领域的优秀成果；叶企孙物理奖用来奖励凝聚态物理学领域的优秀成果；吴有训物理奖用来奖励在原子核物理和核子物理学领域的优秀成果。该奖每两年评选一次，每次评奖不超过两项，每项奖的获奖者不超过 3 人。每项奖颁发荣誉奖状一份，奖金若干，每位获奖者授予奖章一枚。

"鲁班奖"全称为"建筑工程鲁班奖"。11 月 28 日，由中国建筑业联合会设立建筑工程鲁班奖，授予对象是优秀的建筑工程人才，它是中国建筑业工程质量的最高荣誉，由建设部、中国建筑业协会颁发。这个奖项是行业性荣誉奖，属于民间性质。

1996 年 7 月，根据建设部"两奖合一"的决定，将 1981 年政府设立并组织实施的"国家优质工程奖"与"建筑工程鲁班奖"合并，奖名定为"中国建筑工程鲁班奖"，每年评选一次，奖励数额为每年 45 个。"鲁班奖"有严格的评选办法和申报、评审程序，并有严格的评审纪律。该奖项主要目的是为了鼓励建筑施工企业加强管理，搞好工程质量，争创一流工程，推动我国工程质量水平普遍提高。

金岳霖学术奖。金岳霖学术基金会设立金岳霖学术奖，主要奖励逻辑学和现代哲学方面的优秀成果，正式出版或者发表的研究金岳霖思想的著作和论文。由金岳霖学术基金会学术委员会中的部分专家组成评选委员会。该奖设一、二、三等奖，向获奖者颁发荣誉证书；向获奖者赠送金岳霖著作。评奖办公室设在中国社会科学院哲学研究所。

1988 年

庄重文文学奖。10 月，由中华文学基金会主办庄重文文学奖，授予对象是近年来在文学创作和文学评论中取得优异成绩，年龄在 40 岁以内的青年作家，每两年颁发一次，对获奖者颁发奖励证书、奖品和奖金。设立该奖的目的是为了弘扬中华民族文化，提高中华民族文化素质，促进国际间的文化交流。它对推动中华文学事业的繁荣和发展，特别是在鼓励、推进青年文学的创作方面，功绩卓著，彪炳千秋。

中国漫画金猴奖。中国美术家协会漫画艺术委员会设立中国漫画金猴奖，授予对象是数十年来为中国漫画事业作出突出贡献的漫画家。"中国漫画金猴奖"是我国漫画界最高奖，至今已举办了四届，每一届都要颁发荣誉奖和作品奖。

红星功勋荣誉章。7 月 3 日，中央军事委员会设立红星功勋荣誉章，授予对象是部分军队离休优秀干部。1988 年"八一"建军节前后开始授予。分一级和二级两等，均为金银合金制作，图案为红星和星火，象征在中国共产党领导下，工农革命之火呈燎原之势。根据 1988 年 7 月 1 日第七届全国人民代表大会常务委员会第二次会议批准、1988 年 7 月 3 日公布的《中华人民共和国中央军事委员会关于授予军队离休干部中国人民解放军功勋荣誉章的规定》，一级红星勋章授予 1937 年 7 月 6 日以前入伍或参加革命工作，并在 1965 年 5 月 21 日以前曾被授予少将以上军衔或者曾任省、部级以上领导职务的军队离休干部。二级红星勋章授予下列人员：1937 年 7 月 6 日以前入伍或者参加革命工作，并在 1965 年 5 月 21 日以前曾被授予大校以下军衔或者未被授予军衔的军队离休干部；1937 年 7 月 6 日以前入伍或者参加革命工作，并在 1965 年 5 月 21 日前曾被授予少将军衔或者曾任省、部级以上领导职务，但在 1965 年 5 月 22 日以后受降职、降级或者撤职处分的军队离休干部。

独立功勋荣誉章。7 月，中央军事委员会设立独立功勋荣誉章，授予对象是 1937 年 7 月 7 日至 1945 年 9 月 2 日期间入伍或者参加革命工作的军队离休干部。图案为长城，象征中国人民为民族独立而筑成抗日的坚固长城。

胜利功勋荣誉章。7月，中央军事委员会授予胜利功勋荣誉章，授予对象是部分优秀离休干部。1988年"八一"建军节前后开始授予。图案为天安门和旗海，象征新中国的诞生和人民欢庆胜利。根据《中华人民共和国中央军事委员会关于授予军队离休干部中国人民解放军功勋荣誉章的规定》，胜利勋章授予1945年9月3日至1949年9月30日期间入伍或者参加革命工作的军队离休干部。

1989 年

李四光地质科学奖。1月，"李四光地质科学奖"委员会设立李四光地质科学奖，授予对象是在野外地质工作中取得杰出成就的人员，在地质科学研究领域作出重要贡献的人员，长期从事地质教育工作，在为人师表、教书育人方面表现突出，并在教学和科研工作中取得优异成绩者和有特殊贡献的地质工作者。该奖下设李四光野外地质工作者奖、李四光地质科学研究者奖、李四光地质教师奖和李四光特别奖。李四光地质科学奖是中国地质行业最高层次的荣誉奖，每两年评定一次，一人只能被授予一次，并作为终身荣誉奖。每次奖励人数控制在15人左右，其中野外工作者获奖人数不得少于50%。由"李四光地质科学奖"委员会负责颁奖，奖品包括证书、奖章和奖金，奖金额度由委员会确定。

1990 年

周培源国际科技交流基金奖。中国物理学会、周培源国际科技交流基金会设立周培源国际科技交流基金奖，授予在国际民间科技交流活动中作出重要贡献的中国科技人员。周培源国际科技交流基金设大奖、交流奖和鼓励奖，1992年又增设专项国际交流奖。

中国兵工学会青年科技奖。中国兵工学会设立，授予对象是在兵器及国防系统科研、生产、教学、管理等科技工作中做出优异成绩并具有优良科学道德和学风的优秀青年科技工作者，年龄在40周岁以下。本奖每两年评选一次（与中国青年科技奖评选工作同步进行），每届授奖人数不超过12人。对同一个人不重复授奖。本奖是兵器行业青年最高科技荣誉，以精神奖励为主，并进行适当的物质奖励。在适当时机举行颁奖仪式，对获奖者予以表彰，由常务理事会向获奖者颁发荣誉证书及奖金，并下发文件通报各推荐单位、获奖者及其所在工作单位。该奖设立目的是为了激励国防工业和兵器行业的青年科技工作者奋发进取，积极投身国防现代化建设伟大事业，培养和造就兵器及其相关行业的青年学术和技术带头人。

全国企业管理现代化创新成果奖。全国企业管理现代化创新成果审定委员会设立，授予对象是在管理创新的实践中取得的经验并提高、上升为科学成果的企业，该奖是国家经贸委与中国企联共同开展的一项全国性重要活动，是国家经贸委认可的唯一一项不属于涉及企业评比，而保留继续开展的项目。各地方经贸委和企协（联），各部主管司局与行业联合会（企协）基本上都开展了省、部级管理成果的审定工作，并在此基础上向全国企业管理现代化创新成果审定委员会推荐。

全军优秀体育奖。解放军报主办，授予对象是在国内外赛场上取得优异成绩的解放军运动员、教练员、运动队，设置有最佳男运动员、最佳女运动员、最佳教练、最佳新秀、非奥项目、最佳团队、年度突破奖以及突出贡献奖。

冰心奖。冰心奖组委会设立冰心奖，鼓励新作者及儿童文学作品的创作出版。该奖每年举办一次，分为冰心儿童图书奖、冰心儿童文学新作奖、冰心艺术奖、冰心作文奖、冰心摄影文学奖 5 个奖项，全世界华文文章都参与评比，获奖者遍布全世界。历届获奖者不仅有港、澳、台地区的作家，还包括美国、瑞士、新西兰、新加坡的华人作家。该奖是我国唯一的国际华人儿童艺术大奖。

1991 年

中国新闻奖。12 月 10 日，中华全国新闻工作者协会设立中国新闻奖，授予对象是有全国统一刊号的报纸、通讯社，经国家正式批准的广播电台、电视台，经国务院新闻办公室批准的、由新闻宣传主管部门和新闻单位主办的具有登载新闻业务资质的新闻网站（不含网络版、电子版），在年度内首次刊播登载的新闻作品，有全国统一刊号的报刊、图书年度内首次刊载的新闻论文。该奖设 28 个评选项目，该奖每年评选一次。该奖设立目的是，检阅我国新闻工作年度业绩，展示新闻战线"三项学习教育活动"成果，发挥优秀新闻作品的示范引导作用，推动新闻媒体与新闻工作者坚持正确舆论导向，落实"三贴近"要求，提高作品质量；促进新闻媒体多出精品，多出人才；推进新闻事业更好地为人民服务、为社会主义服务、为全党全国工作大局服务。

安子介国际贸易研究奖。对外经济贸易大学设立安子介国际贸易研究奖，授予从全国各地选送的大批由专家、教授、研究员编著出版的国际贸易领域的优秀著作、优秀论文和全国各有关院校推荐的大批优秀青年学生的优秀著作和论文。"安奖"现设的奖项有："安子介国际贸易优秀著作奖"、"安子介国际贸易优秀论文奖"和"安子介国际贸易学术鼓励奖"。该奖设立目的是为促进祖国经济贸易领域的科学研究，为国际贸易战线培养出更多的杰出人才，进而推动祖国对外经济贸易事业的顺利发展。

中国国家友谊奖。国家外国专家局设立中国国家友谊奖，授予对象是在中国现代化建设和改革开放事业作出突出贡献的外国专家。该奖用以感谢和表彰外国专家在我国社会发展和经济、技术、教育、文化等建设事业以及人才培养中所做出的突出成绩。每年的"十一"，该年度的获奖者将应邀来到北京，出席"友谊奖"的颁奖仪式，受到中国党和国家领导人的亲切会见，并参加在北京举行的国庆活动。这是中国政府对贡献突出的外国专家给予的最崇高荣誉。该奖每年评选一次。

文华奖。中国文化部设立文华奖，授予对象是专业舞台表演艺术工作者，是中华人民共和国文化部主办的专业舞台艺术政府最高奖，每年举办一次评奖活动。获文华大奖的话剧有 8 台，获新剧目奖的有 40 台。自 2004 年第 11 届文华奖起改为三年一届，与"中国艺术节奖"两奖合一，放在艺术节上评选。多年来，文华奖评奖坚持为人民服务、为社会主义服务的方向和"百花齐放、百家争鸣"的方针；坚持弘扬主旋律，提倡多样化；坚持导向性、权威性、公正性的原则。该奖的设立对于调动广大文艺工作者的积极性，增强艺术院团凝聚力，促进全国艺术创作，繁荣社会主义文艺事业，发挥着十分重要的积极作用。

华罗庚数学奖。11 月 4 日，湖南教育出版社、中国数学会设立华罗庚数学奖，授予对象是长期以来对发展中国数学事业作出杰出贡献的我国数学家。获奖人年龄在 50 岁至 70 岁之间。每两年评奖一次，每次评选两名获奖人，由湖南教育出版社捐资。获得这一奖励的数学家都具备较高的学术水平，引起了国内外数学界的瞩目，对促进我国数学研究起到了积极作用。

1992 年

"五个一工程奖"。中共中央宣传部设立"五个一工程奖"，授予对象是各省、自治区、直辖市和中央部分部委，以及解放军总政治部等单位组织生产、推荐申报的精神产品中五个方面的精品佳作，并对组织这些精神产品生产成绩突出的省、自治区、直辖市党委宣传部和部队有关部门，授予组织工作奖。最初每年评奖一次，从 1997 年开始每两年评选一次，1998 年后又改为每三年评选一次，对获奖单位与入选作品，颁发获奖证书与奖金。1995 年度起，将一首好歌和一部好的广播剧列入评选范围，"五个一工程"的名称不变。从 2006 年开始，"五个一工程奖"评选不再设理论文章奖项。

国家图书奖。10 月 10 日，国家新闻出版署设立国家图书奖，国家图书奖参加评选的图书包括各种书籍、教材和画册。该奖设国家图书奖荣誉奖、国家图书奖和国家图书奖提名奖三种奖项。每两年评选一次，每次授奖额为 30 个，不分档次，另设提名奖 50 个。从 2007 年开始，"国家图书奖"更改为"中国出版政府奖"之"图书奖"，每次授奖额为 60 个，不分档次，另设提名奖 120 项，仍为每两年评选一次。其目的是为了繁荣与发展出版事业，鼓励和表彰优秀图书的出版，促进图书出版业从数量规模型向质量效益型的转变。

1993 年

全国优秀公安局。中华人民共和国公安部设立全国优秀公安局，授予对象是为全国县（市、旗）公安局，城市公安分局，铁道、交通、民航、森林公安机关和海关缉私部门相当县级公安机关的建制单位，每年评选一次。精神鼓励与物质奖励相结合，以精神鼓励为主。奖励由低至高依次为：嘉奖、记三等功、二等功、一等功，授予荣誉称号。

中国分析测试协会科学技术奖。中国分析测试协会设立中国分析测试协会科学技术奖，授予获得高水平的分析测试结果的集体和个人。该奖每年评选一次。是我国分析测试领域唯一的国家正式承认的社会力量设立的科学技术奖。下设：一等奖，若干项；二等奖，若干项；三等奖，若干项；必要时，可设特等奖。获奖成果由中国分析测试协会发给证书和奖金，并在中国分析测试协会年报上刊登成果摘要。其目的是为鼓励会员单位在分析测试领域的创造性工作，促进分析测试技术水平的提高，以奖励高水平的分析测试结果，受到会员单位的重视和广大分析测试工作者的欢迎。

国际科学技术合作奖。7月，国家科学技术奖励委员会设立国际科学技术合作奖，授予对象是在与中国科技合作和交流中，为推进科技进步，增进中外科技界合作与友谊，为中国科学技术事业作出重要贡献的外国科学家、工程技术人员和科技管理人员及组织。该奖每年评审一次，由国务院颁发证书，奖项不分等级。

特级教师。由中华人民共和国教育部设立特级教师，授予对象是普通中学、小学、幼儿园、师范学校、盲聋哑学校、教师进修学校、职业中学、教学研究机构、校外教育机构的教师。特级教师享受特级教师津贴，每人每月300元（具体数额各地市不同），退休后继续享受，数额不减。中小学民办学校的教师评选为特级教师的，享受同样津贴，所需经费由教育事业费列支。

全国中小学外语教师园丁奖（含三"十佳"）。中国中小学幼儿教师奖励基金会、国家基础教育实验中心外语教育研究中心设立全国中小学外语教师园丁奖，授予对象是全国从事中小学（含中师、职业学校，下同）外语教学工作的外语教师和教学研究工作的各省（自治区、直辖市）、市（地、州、盟）、县（市、区、旗）级外语教研员。本奖项不受学历、年龄、技术、专业、职务等限制，每两年评选一次，每次奖励金额50万元，操作金额50万元，共100万元。三"十佳"教师全国"十佳"小学英语教师、全国"十佳"初中英语教师、全国"十佳"高中英语教师各10名，共30名。三"十佳"教师的评选与全国中小学外语教师园丁奖评选同时进行。候选人由各省（自治区、直辖市）教研部门推荐，在当届园丁奖获得者中产生。该奖旨在促进我国中小学外语教学质量的逐步提高和外语教改工作的进一步深化，激励广大中小学外语教师热爱本职工作，不断提高业务素质，确保《教师法》和九年义务教育新大纲、新教材和新课程计划的实施。

1994 年

曹禺戏剧文学奖。中国文联、中国戏剧家协会设立曹禺戏剧文学奖，授予对象是创作出优秀剧本的作者，其前身是中国戏剧家协会于 1980 年创办的全国优秀剧本奖，1994 年更名为曹禺戏剧文学奖，每年评选一次，每届评出 10 个正式奖和 10 个提名奖。它是专就剧本创作所进行的全国性评奖，代表了中国戏剧文学创作最高水准。这项国家级戏剧文学大奖，对当代戏剧文学创作和发展，产生了重大影响。已故的曹禺、于伶、黄佐临等戏剧大师，都曾是该项奖的评委。

中国青年科技创新奖。中国青年科技工作者协会（承办）、全国青联、共青团中央、科技部设立中国青年科技创新奖，授予对象是在改造传统产业结构，创办和管理高科技企业，加速科技成果产业化等方面取得突出成绩，创造出显著经济效益和社会效益的青年科技人才，其前身为"中国杰出（优秀）青年科技创业奖"，该奖每两年评选一次，分杰出奖和优秀奖，其中杰出奖 10 名，优秀奖 90 名。各省级团委、青联原则上限报候选人 3～4 名，中央国家机关团工委、青联可适当多报。该奖项的设立为深入贯彻党的十五大和全国技术创新大会精神，激励青年积极投身科教兴国的伟大实践，不断推进中国青年科技创新行动，树立创新精神，提高创新能力，培养高素质青年人才发挥了积极作用。

国际科技合作奖。国家科学技术奖励工作办公室设立国际科技合作奖，授予对象是对中国科学技术事业作出重要贡献的外国公民或者组织。国际科技合作奖每年评审一次，不分等级。国际科技合作奖获奖者，由国务院颁发证书，不发奖金。国家每年都为国际科技合作奖的获奖人举行颁奖仪式。颁奖仪式一般在国内举行，必要时，也可在国外举行。

吴阶平医学研究奖—保罗·杨森药学研究奖。美国强生公司所属的西安杨森制药有限公司与我国医药卫生界联合设立吴阶平医学研究奖—保罗·杨森药学研究奖，授予对象是在医学、药学研究工作中，努力钻研并取得重大成绩的中青年医药工作者，评委会每两年颁奖一次，并公布下一年度设奖专业，由全国性学术团体在全国范围内推荐获奖候选人，报评委会审议、评定，它是我国医药界非官方的高层次医药研究奖项。

白求恩奖章。卫生部设立白求恩奖章，授予对象是在医疗卫生战线上作出突出贡献的医疗卫生工作者。在先进工作者评选条件的基础上，该评选突出强调具有全心全意为人民服务的优秀品质和高尚的医德医风。该奖项不定期评选。对评选出的白求恩奖章获得者授予"白求恩奖章"，颁发证书。凡获得"白求恩奖章"者，同时接受荣誉证书和通报表彰，并享受省、部级劳动模范待遇。它是对全国卫生系统模范个人的最高行政奖励。

全国人口科学优秀成果奖。国家人口计划生育委员会、中国人口学会设立全国人口科学优秀成果奖，参评人为中国人口学会会员或团体会员。从 2006 年开始增设"全国优秀青年人口学者奖"，评选对象为年龄 45 岁以下人员；中国人口学会会员；坚定学术道德、理论联系实际、在人口科学研究领域做出突出贡献的人员。该奖每届评选 10 名。三年评选一次，设专著（含教材）、论文、研究报告（包括内部报告）、译文四类，奖项设一等奖、二等奖、三等奖和优秀奖。

1996 年

光华工程科技成就奖。中国工程院光华工程科技奖励办公室设立光华工程科技成就奖，授予对象是居住在台、港、澳及侨居他国的所有中国籍工程师和科学家，工程科学技术及管理领域做出重要贡献和杰出成就的人才，该奖由全国政协副主席、两院院士朱光亚先生，台湾实业家陈由豪先生、杜俊元先生和尹衍木梁先生共同捐资，由中国工程院负责评奖的具体工作。该奖每两年评选一次，每次产生一名的"光华成就奖"得主将获得百万元人民币的奖金，其目的是为了振兴中华，促进中国工程科学技术事业发展。

光华工程科技青年奖。中国工程院光华工程科技奖励办公室设立光华工程科技青年奖，授予对象是在工程科学领域做出过重要贡献和成就的青年，该奖由全国政协副主席、两院院士朱光亚先生，台湾实业家陈由豪先生、杜俊元先生和尹衍木梁先生共同捐资，由中国工程院负责评奖的具体工作。该奖每两年评选一次，每次产生一名"青年奖"，奖金为 10 万元。该奖项旨在对工程科技及管理领域取得突出成绩和重要贡献的中国工程师、科学家给予奖励，激励其从事工程科技研究、发展、应用的积极性和创造性，促进其工作顺利开展，以取得更大成果。

蔡冠深行星科学奖。蔡冠深基金会设立蔡冠深行星科学奖，奖励在天文科技领域取得卓越成就的集体与个人。每两年颁奖一次。根据蔡冠深先生的建议，对中科院紫金山天文台长期从事行星科学研究成绩显著的张家祥、杨捷兴和汪琦 3 位老专家授予特别奖。

中国青年科学家奖。共青团中央、中国科学院、中国工程院、全国青联设立中国青年科学家奖，授予对象是在数理科学（含天文、力学）、化学、生命科学、地球科学、信息科学、技术科学、管理科学 7 个学科任一领域内有新的重大科研成果的 45 周岁以下（1963 年 1 月 1 日以后出生）的中华人民共和国公民。该奖每两年评审一次。其目的是为实施"科教兴国"战略，深化"跨世纪青年人才工程"，推动"中国青年科学家奖"评审活动深入持久地开展下去。

中国舞蹈荷花奖。6 月 2 日，中国文联、中国舞协设立中国舞蹈荷花奖，授予对象是成绩突出的舞蹈创作与表演人员，活跃舞蹈理论与舞蹈评论。"荷花奖"舞蹈比赛原则上每两年举办一次，舞剧、舞蹈诗比赛每三年举办一次。鉴于规范国家级文艺性评奖的需要，中央在原 300 多个奖项减少至 30 多个的情况下，增设了舞蹈专业"荷花奖"，该奖与戏剧梅花奖、电影金鸡奖、百花奖在同一级别，具有较强的权威性。该奖的设立旨在推动我国舞蹈艺术事业健康发展。

蒋一苇企业改革与发展学术基金奖。中国社科院设立蒋一苇企业改革与发展学术基金奖，授予对象是对我国企业改革和企业管理做出突出贡献的理论工作者和企业家。蒋一苇奖偏重于应用经济方面成果，办事机构设在中国社科院工业经济研究所。该奖是国家企业管理最高学术成果。

地球奖。9 月 20 日，中国环境新闻工作者协会设立地球奖，授予对象是在环境领域做出突出贡献的国内新闻工作者、教育工作者、社会各界人士及青少年集体。该奖是目前我国覆盖领域最多，单项个人奖励最高的环境奖项，每年评选一次，设新闻、教育、综合、青少年集体四个类别，每个类别评出 10 名获奖者，共评出 40 名获奖者，每名获奖者获得奖杯、证书和奖金。该奖项旨在弘扬社会环境教育的敬业精神，激励更多的新闻、教育和各界人士投身到社会公众环境教育中去。

1997 年

中国杰出（优秀）青年卫士。共青团中央、中央社会治安综合治理委员会办公室、最高人民法院、最高人民检察院、公安部、司法部、财政部、中国人民银行、国家税务总局、国家工商行政管理局、海关总署、武警部队总部授予中国杰出（优秀）青年卫士，授予对象为我国政法战线及社会治安综合治理相关部门，包括财税、金融等战线上的在本职岗位上勤奋敬业，秉公执法，勇于奉献，为维护社会稳定、保护国家和人民群众生命财产安全做出了突出贡献的优秀青年。该奖每两年举办一次。曾获"中国杰出青年卫士"荣誉的，不再参加本届评选；曾获"中国优秀青年卫士"荣誉的，经推荐仍可以作为本届"中国杰出青年卫士"候选人参加评选。该奖项旨在树立和表彰先进典型，大力弘扬社会正气，激励广大青年敬业爱岗、忠于职守，积极维护社会稳定，促进依法治国宏伟目标的实现。

中国青年"五四"奖章。5 月 4 日，共青团中央、全国青联设立，授予对象为我国改革开放和社会主义现代化建设实践中涌现出来的各行各业表现突出，做出重大贡献的先进青年。每年表彰人数在 200 人左右。不定期颁发"中国青年五四奖章集体"，主要授予在社会主义现代化建设中事迹突出、社会影响广泛、典型示范作用强、以青年为主要成员的先进集体。设立该奖项旨在树立和宣传当代青年的先进典型，引导和激励广大青年积极投身改革开放和社会主义现代化建设，在夺取全面建设小康社会新胜利的伟大实践中建功立业、健康成长。

1998 年

全国模范教师。人事部和教育部设立，授予对象为在全国教育系统从事教育教学、科学研究、管理服务等工作五年以上，取得突出成绩的各级各类学校专任教师。该项评选每三年进行一次。奖励工作坚持精神奖励和物质奖励相结合、重在精神奖励的原则。

全国教育系统先进工作者。人事部和教育部设立，授予对象是全国教育系统在教育管理和提高办学水平等方面做出突出贡献的先进工作者。该项评选三年进行一次。奖励工作坚持精神奖励和物质奖励相结合、重在精神奖励的原则。

全国优秀教师。教育部设立，授予对象为在全国教育系统从事教育教学、科学研究、管理服务等工作五年以上，取得突出成绩的各级各类学校专任教师。该项评选每三年进行一次。奖励工作坚持精神奖励和物质奖励相结合、重在精神奖励的原则。

全国优秀教育工作者。教育部设立，授予对象为全国教育系统在教育管理和提高办学水平等方面做出突出贡献的学校校长、教育行政部门干部和其他教育机构管理人员。该项评选每三年进行一次。奖励工作坚持精神奖励和物质奖励相结合、重在精神奖励的原则。

长江学者奖励计划。8 月，中华人民共和国教育部和李嘉诚基金会主办长江学者奖励计划，授予对象为科学道德高尚、年龄在 50 岁以下、主要在自然科学领域取得国际公认领先水平的重大科研成果或者突破性进展的杰出华人学者。包括特聘教授、讲座教授岗位制度和长江学者成就奖。该奖项每年计划评选一等奖 1 名，奖励人民币 100 万元，二等奖 3 名，每人奖励人民币 50 万元，奖金由李嘉诚基金会全额捐赠。其宗旨在于通过特聘教授岗位制度的实施，延揽大批海内外中青年学界精英参与我国高等学校重点学科建设，带动这些重点学科赶超或保持国际先进水平，并在若干年内培养、造就一批具有国际领先水平的学术带头人，以大大提高我国高校在世界范围内的学术地位和竞争实力。同时，通过特聘教授岗位制度的实施，对于推动我国高等学校的用人制度和分配制度改革，打破人才单位所有制、职务终身制，改变分配中存在的平均主义等弊端将起到有力的促进作用。

中国武警忠诚卫士。武警部队党委设立，授予对象为凝聚着人民军队听党指挥、服务人民、英勇善战光荣传统的武警部队官兵。该奖每年评选一届，每届评选 10 人。在"中国武警十大忠诚卫士"评选活动开展十周年之际，中共中央总书记、国家主席、中央军委主席胡锦涛题写了"中国武警忠诚卫士"奖章名。

郭沫若中国历史学奖。中国社会科学院、郭沫若基金会设立郭沫若中国历史学奖，授予对象为评选年之前四年里出版的中国历史研究领域，包括通史、断代史、专史（含科技史）、考古学、古文字学和古人类学方面的优秀学术专著。郭沫若中国历史学奖被确定为相当于部委级别的科研成果奖，并拨专款予以扶持。评委都是在业内非常有名望的学者，而且严格排除非学术标准。奖金主要来源是中国社会科学院院长基金和郭沫若子女的捐赠，包括《郭沫若全集》稿酬。该奖项每四年评选一次。

1999 年

老舍文学奖。北京市文联和老舍文艺基金会设立老舍文学奖，授予对象是京籍作者的创作和在北京出版、发表的优秀作品。该奖每2~3年评选一次。老舍文学奖的奖项有：长篇小说、中篇小说、戏剧剧本、电影电视剧和广播剧。第三届新增了新人佳作奖。老舍文学奖是北京市文学艺术方面的最高奖励，与茅盾文学奖、鲁迅文学奖、曹禺戏剧文学奖并称中国四大文学奖。老舍文学奖的评选工作全面贯彻党的文艺方针，鼓励作家树立精品意识，关注现实生活，体现时代精神，遵循文艺"为人民服务、为社会主义服务"的方向，创作出更多的优秀文学艺术作品。2000年首次颁奖。

"两弹一星"功勋奖。9月18日，党中央、国务院、中央军委设立"两弹一星"功勋奖，授予对象是为我国"两弹一星"事业做出突出贡献的科技专家。1999年9月18日党中央、国务院、中央军委隆重表彰为我国"两弹一星"事业做出突出贡献的23位科技专家，并授予他们"两弹一星功勋奖章"。

全国群众体育先进奖、进步奖。5月14日，国家体育总局设立全国群众体育先进奖、进步奖。先进奖授予对象是在一个周期内在群众体育工作方面做出突出贡献（未获当届先进奖）的省、自治区、直辖市，进步奖授予对象是在一个周期内在群众体育工作方面的成绩进步较大的省、自治区、直辖市，两个奖项的评选均为四年一次，在全国运动会举办年进行评选和颁奖。评委会通常由9或11人组成，由国家体育总局领导任主任，国家体育总局群众体育司司长任副主任，设委员若干。

高等学校优秀青年教师。4月，中华人民共和国教育部设立，授予对象是在教学和科研领域取得突出成就的高等学校优秀青年教师，每年评审一次，每次奖励人数一般为100名，发给奖金并奖励资助专项经费。每年奖励每位获奖者5万~10万元，连续支持5年。年度奖励经费中1.5万元用于支付个人奖金，其余部分用于支持教学和科研工作。其宗旨是立足国内培养造就一批优秀拔尖人才、年轻的学术带头人。教育部"高校青年教师奖"具有"德才兼备、教研并重、奖助结合、鼓励创新"的特点。

中华预防医学会科学技术奖。中华预防医学会设立中华预防医学会科学技术奖，授予对象是在预防医学基础研究、应用基础研究、应用研究和开发研究中取得优秀成果的个人和集体，分设基础研究类、技术发明类、应用研究类、国际科学技术合作类奖项，聘请有关专家、学者和卫生管理专家组成中华预防医学会科学技术奖励委员会和评审委员会，设立一等奖、二等奖、三等奖三个等级，每两年评审一次，授奖一次，它是公共卫生领域首设的专门科技奖。

詹天佑奖，全称为"中国土木工程詹天佑大奖"。中国土木工程学会、詹天佑土木工程科技发展基金会联合设立詹天佑奖，授予对象是我国在科技创新和科技应用方面成绩显著的优秀土木工程建设项目。本奖评选要充分体现"创新性"（获奖工程在设计、施工技术方面应有显著的创造性和较高的科技含量）、"标志性"（反映当今我国同类工程中的最高水平）、"权威性"（学会与政府主管部门之间协同推荐与遴选）。詹天佑奖每两年评选一次，每次评选综合大奖若干。首届"詹天佑奖"颁发于新中国成立 50 周年之际，共有桥梁、隧道、房建、铁路、公路、港口、市政等 21 项工程获此荣誉，囊括了 86 个参建的设计、施工和科研单位。"詹天佑奖"公布后，中国土木工程学会、中国科学技术发展基金会、詹天佑土木工程科技发展基金将向获奖单位颁发"詹天佑奖"金像和奖牌、荣誉证书。设立该奖的主要目的是为了推动土木工程建设领域的科技创新活动，促进土木工程建设的科技进步，进一步激励土木工程界的科技与创新意识。该奖是中国土木工程设立的最大奖。

2000 年

国家最高科学技术奖。国家科学技术奖励委员会设立国家最高科学技术奖，授予对象是在当代科学技术前沿取得重大突破或者在科学技术发展中有卓越建树、在科学技术创新、科学技术成果转化和高技术产业化中创造巨大经济效益或者社会效益的科学技术工作者。国家最高科技奖是中国科技界的最高荣誉，每年评审一次，报请国家主席签署并于次年年初开会公布结果，颁发证书和奖金，每年授予人数不超过 2 名，奖项不分等级。它包括国家最高科学技术奖、国家自然科学奖、国家技术发明奖、国家科学技术进步奖和中华人民共和国科学技术合作奖共五大奖项。

国家自然科学奖。国家科学技术奖励委员会设立国家自然科学奖，授予对象是在数学、物理学、化学、天文学、地球科学、生命科学等基础研究和信息、材料、工程技术等领域的应用基础研究中，阐明自然现象、特征和规律、做出重大科学发现的中国公民。国家自然科学奖不授予组织，每年评审一次。由国务院颁发证书和奖金，分为一、二等奖两个等级。

国家技术发明奖。国家科学技术奖励委员会设立国家技术发明奖，授予对象是在运用科学技术知识做出产品、工艺、材料及其系统等重大技术发明的中国公民。奖励范围包括各种仪器、设备、器械、工具零部件及生物新品种等；工艺包括各领域的各种技术方法；材料包括用各种技术方法获得的新原料；系统是指产品、工艺和材料的技术综合。科学发现、科学理论不属于国家技术发明奖的奖励范围，但是，将科学发现成果应用于生产、生活等实践，将新的发现体现在工艺、产品中，也可以推荐为技术发明奖。如新发现的一种化学物质，虽为客观存在，但如果将其开发为一种新药品或转化为一项技术发明，则符合技术发明奖的奖励范围。仅依赖个人经验和技能、技巧，而别人又不能根据所提供的方案将其重现的技术，不属于技术发明奖的奖励范围，如各种个人拥有的特技。国家技术发明奖不授予组织，该奖每年评审一次。由国务院颁发证书和奖金，分为一、二等奖两个等级。

国家科学技术进步奖。国家科学技术奖励委员会设立国家科学技术进步奖，授予对象是在技术研究、技术开发、技术创新、推广应用先进科学技术成果、促进高新技术产业化，以及完成重大科学技术工程、计划等过程中做出创造性贡献的中国公民和组织。国家科技进步奖候选人和候选单位所完成的项目可以根据其性质和范围，分为技术开发、社会公益、国家安全、重大工程等四类项目。该奖每年评审一次，由国务院颁发证书和奖金，分为一、二等奖两个等级。

长江小小科学家奖。中华人民共和国教育部、李嘉诚基金会设立长江小小科学家奖，授予对象是近年来有优秀科技创新和科学发明成果，品学兼优的中国内地及香港、澳门特别行政区的初中、高中（包括中等师范学校、中等专业学校、职业中学、技工学校）的在校学生及其所在学校。该奖设一等奖 1 名，奖励学生个人 5 万元人民币，奖励其所在学校 20 万元人民币；二等奖 25 名；三等奖 50 名；提名奖 100 名。该奖旨在培养青少年的创新精神和创新能力，奖励优秀的青少年科技爱好者，从而推动广大青少年学习科学知识和科学方法、树立科学思想和科学精神，进一步促进青少年科技教育活动蓬勃发展。当前在减轻中小学生过重的课业负担，加强青少年素质教育的新形势下，开展"长江小小科学家"奖励活动也为广大中学生科技爱好者提供了一个展示风采的舞台。"长江小小科学家"奖评选过程十分严格，李嘉诚基金会与教育部合作，共同推进。

贝利马丁奖。贝利马丁基金会设立，授予对象是在中国为艾滋病教育、预防、治疗和关怀做出突出贡献的医务工作者或医疗机构，基金会每年颁发数额不等的奖金即"贝利马丁奖"，奖励名额一般仅为 1 人。

冯牧文学奖。1 月 19 日，中华文学基金会冯牧文学专项基金会设立冯牧文学奖，授予对象是为促进文学事业繁荣的中青年作家、评论家。其中青年批评家授予年龄为 40 周岁以内；军旅文学创作奖授予年龄为 50 周岁以内；文学新人奖现尚未规定具体年龄。该奖项每年评选一次，每届每一奖项获奖者均不超过 3 人。冯牧文学奖的初选工作采用评审委员会推举方式。该奖是为纪念中国文学界的卓越组织者、文学评论家、散文家冯牧，完成其扶植新人、促进文学事业繁荣发展之遗愿而设。冯牧文学奖坚持文学"为人民服务，为社会主义服务"的方向，坚持"百花齐放、百家争鸣"的方针，尊重文学创作规律，以"公开、公平、公正"的原则，按不同的奖项，遴选富于创见的青年批评家、潜质优秀的文学新人以及对军旅文学发展有突出贡献的中青年作家予以奖励，以体现冯牧生前对此类文学工作的突出关注，为繁荣社会主义文学做出应有的贡献。

春天文学奖。1月，人民文学出版社设立春天文学奖，授予对象是一位30岁以下的文学创作成就显著的青年作者，该奖每年评选一次，在春天文学奖颁奖的同时出版"春天丛书"，专门出版年度得奖者和获得提名者的作品集。春天文学奖是继鲁迅文学奖、茅盾文学奖、冯牧文学奖之后，中国文坛的又一项重要的文学奖。设立该奖的目的是为了更好地培养文学新人，鼓励青年作者的创作。

文艺评论奖。中国文联设立文艺评论奖，授予对象为公开出版的报纸、杂志、书籍上发表的优秀文艺评论文章。它涵盖了文学、戏剧、电影、美术、音乐、舞蹈、杂技等12个艺术门类。奖项分优秀理论文章奖（第四届起增设）、优秀评论文章奖，分别设一、二、三等奖，必要时设特等奖，另设组织工作奖。2008年起每两年举办一次。

2001 年

梁思成奖。经国务院批准，以我国近代著名的建筑家、教育家梁思成先生命名的中国建筑设计国家奖。授予对象是在建筑设计创作中拥有重大成绩和贡献的杰出建筑师。首届"梁思成奖"授予了新中国成立五十年来在建筑设计创作中对我国建筑设计发展具有突出贡献的10名建筑师。自2001年起，该奖每两年评选一次，每次设梁思成建筑奖2名，梁思成建筑提名奖2～4名。每位获奖人员将得到10万元人民币奖励。"梁思成奖"被提名者，必须是中华人民共和国一级注册建筑师和中国建筑学会会员，在中国大陆从事建筑创作满20周年。除此之外，其作品还必须得到普遍认可并具有较好的社会、经济和环境效益，对同一时期的建筑设计发展起到一定引导和推动作用，同时在建筑理论上有所建树并有广泛影响，有较高的专业造诣和高尚的道德修养，一般还应在国内或国际获得过重要奖项。其目的是为了激励我国建筑师的创新精神，繁荣建筑设计创作，提高我国建筑设计水平。

拜耳青年科学家奖及项目启动奖。中国科学院、拜耳公司设立拜耳青年科学家奖及项目启动奖，授予对象是从国外大学学成归国的优秀博士后人员。使其能在中科院的附属研究机构建立自己的科研小组。同时基金还设立了一个资助杰出博士后、中科院科学家及学术带头人的奖励计划。根据双方签订的协议，从2001年到2005年的5年时间内，拜耳将向中科院提供50万美元的专项基金。这笔基金专用于推动拜耳与中科院所属科研机构的科学研究项目，并向有杰出贡献的中国科学家提供资助。

中国机械工业科学技术奖。中国机械工业联合会、中国机械工程学会设立中国机械工业科学技术奖，授予对象是在机械工业科技领域做出创造性贡献，为推动机械工业科技进步，提高经济效益和社会效益做出突出贡献的组织或个人。中国机械工业科学技术奖每年评审一次，奖励分一、二、三等，对获奖项目颁发奖状、证书，并在评审基础上择优推荐申报国家奖。其宗旨是为更好地贯彻《国家科学技术奖励条例》和组织社会力量支持我国的科学技术事业，进一步调动机械工业广大科技人员的积极性和创造性，促使科技更好地与经济建设相结合，加快高新技术和产品的推广，促进机械工业科技进步与振兴。

中国电力科学技术奖。国家电力公司科技管理部门设立中国电力科学技术奖，授予对象是在电力科学研究和技术开发中，在应用推广先进科学技术成果，完成重大科学技术项目等方面，做出突出贡献的单位和个人。该奖每年评审一次，由国家电力公司颁发证书，奖励费用由国家电力公司筹集。

中国石油和化学工业科学技术奖。中国石油和化学工业协会设立中国石油和化学工业科学技术奖，授予对象是在石油和化学工业科技工作中在技术发明、科技进步等方面做出突出贡献的科技人员和单位，科技奖奖项分别为技术发明奖和科技进步奖。奖励重点为对石油和化工经济建设、社会发展以及科学技术进步有重大促进作用，具有重大经济、社会、环境保护效益的科技成果；自主创新和拥有知识产权的科技成果；以企业为主体研究、开发，并对企业提高经济效益和市场竞争力产生重大作用的科技成果。科技进步奖奖励范围包括：研制、开发的新技术和新工艺，应用和推广的先进科学技术成果，完成的重大科学技术工程、计划和项目。技术发明奖奖励范围包括：运用科学技术知识在产品、工艺、材料及其系统研究中的重大技术发明。该奖每年评审一次，奖金额度分三等，奖金由获奖项目所在单位兑现。其目的是为促进石油和化学工业科技进步，调动广大科技工作者的积极性和创造性。

中国音乐金钟奖。中国文联、中国音协会设立中国音乐金钟奖，授予对象是在创作、表演、教育、理论、评论、编辑出版等方面，有突出成就的音乐家。该奖项每年评选一次，设荣誉奖、单项成就奖及必要时的特别奖。获奖者将被授予相应的奖章、证书和奖金，荣誉奖获得者将被授予"终身荣誉勋章"（24K纯金），同时获得荣誉证书。

金彩成就奖。中国文联、中国美协设立金彩成就奖，授予对象是85岁以上美术大家。王朝闻、华君武、张仃、李剑晨、罗工柳、彦涵、蔡若虹、黎雄才等8位曾获得此荣誉，该奖每两年评选一次，是国家级美术最高奖，全国共有千余画家参选。

中华医学科技奖。3月24日，卫生部、科技部设立中华医学科技奖，授予对象是在医学科学技术领域有杰出贡献的个人和集体，内容涉及广泛，包括医药领域里的自然科学、技术发明、科学技术进步、国际科学技术合作等，设一、二、三等奖，每年评选、授奖一次，中华医学科技奖评审专家委员会对推荐项目采取形式审查、初审和终审的评审程序，并以无记名投票方式评出获奖项目和奖励等级。自2005年起，国家科学技术奖励工作办公室批准中华医学会可以直接推荐国家科学技术奖。

全国质量管理奖。中国质量协会设立全国质量管理奖，授予对象是实施卓越的质量管理并取得显著的质量、经济、社会效益的企业或组织。全国质量管理奖每年评审一次，由中国质量协会按照评审原则、当年质量管理实际水平，适当考虑企业规模，以及国家对中小企业的扶植政策确定授奖奖项。其目的是为了鼓励企业深化全面质量管理，加强技术进步，不断提高质量水平和竞争能力，满足用户需求，坚持走质量效益型企业发展道路。根据《中华人民共和国产品质量法》的有关规定，表彰在推行全面质量管理方面取得突出成效的企业，特设立此奖。

中国人居环境奖和中国人居环境范例奖。中华人民共和国建设部设立中国人居环境奖和中国人居环境范例奖，授予对象是在改善城乡环境质量，提高城镇总体功能，创造良好的人居环境方面做出突出成绩并取得显著效果的城市、村镇和单位。"中国人居环境奖"和"中国人居环境范例奖"采取申报制，该奖每年评选一次，申报截止时间为每年 4 月 30 日。

2002 年

中国电视体育奖。1 月，中央电视台主办，中央电视台体育节目中心和中视体育推广公司承办，授予对象是在当年国际正式比赛或相当级别国际大赛上打破纪录或取得冠军的中国运动员以及在当年国际大赛中指挥队员夺得冠军或率集体项目运动队获得前三名的教练员。"中国电视体育奖"的评选工作于每年 1 月正式开始，3 月揭晓，每年举行一次。该奖设专业奖和群众奖两大类共 10 个奖项。8 个专业奖项由 50 名体育专家和 300 名资深体育记者组成的专家评委会共同选出，群众奖则由群众直接投票选出，所有奖项得主都将只收获荣誉，而没有高额奖金。2005 年后改为中国体坛风云人物奖。设立该奖旨在更全面地展现当今中国体育的发展与成就，展现体育人物的光辉形象。

中国青少年科技创新大赛奖。中国科协、教育部、科技部、国家发展改革委、环保部、国家体育运动总局、共青团中央、全国妇联和自然科学基金委员会设立中国青少年科技创新大赛奖，授予对象是在中国青少年科技创新大赛中脱颖而出，具有创新精神、实践能力和较高科技素质的青少年。每年举办一次，包括青少年科技创新成果竞赛和优秀科技教师评选。终评决赛时间为每年 8 月。竞赛活动由主办单位进行表彰和奖励。展示系列活动由大赛组委会进行表彰和奖励。创新大赛接受有关企业和社会机构设立的专项奖励。根据专项奖设立原则，评选出专项奖获奖项目，予以奖励。创新大赛前身为创办于 1982 年的"全国青少年科技创新大赛"和 1991 年"青少年生物和环境科学实践活动"，2002 年八家主办单位将两个比赛整合为每年一届的"全国青少年科技创新大赛"。其目的是为适应时代的发展，使青少年科技教育活动更加适应未来后备人才培养的需要，更大限度地发挥现有教育资源的作用。

中国少年儿童海尔科技奖。9 月，全国少工委、海尔集团设立中国少年儿童海尔科技奖，授予对象是具有科学创新精神、实践能力与综合素质、科学素养的少年儿童。该项评奖不以少年儿童小发明、小制作、小论文、小研究报告的成绩、成果、获奖情况为唯一依据，而是更加强调在取得这些成绩、成果的过程中，少年儿童是否培养了科学精神，逐步确立科学的意识和态度，是否基本掌握了科学思维方式和方法，为形成科学的行为习惯奠定坚实的基础。该奖每两年举办一次，2002、2004 年设创新、优秀、希望奖，2006 年改设三等奖和活动优秀组织奖、活动园丁奖、奥运创新奖。该奖项旨在促进我国少儿科普教育，激发、培育少儿的科学精神和创新能力，推动全民族科技素养的不断提高。

中国公路学会科学技术奖。中国公路学会设立中国公路学会科学技术奖，授予对象是在公路交通科学技术进步中做出突出贡献的个人和组织，每年奖励一次。中国公路学会科学技术奖奖励委员会对获奖项目、获奖等级进行审定、批准，以中国公路学会的名义颁发奖状和证书。它的设立，有力地促进了科技成果的转化和实现高新技术产业化进程，促进了公路交通科学事业的发展。

中国航海学会科学技术奖。3 月 11 日，中国航海学会设立中国航海学会科学技术奖，奖励范围和授予对象为：航海领域（包括交通、海军、海洋、渔业）中对决策和管理提供理论和实践依据与方法的软科学研究；应用于航海领域现代化建设的优秀科学成果、标准化和科技情报研究成果；在航海领域的技术改造、重大工程设计、建设和运输、安全生产中推广、采用、消化、吸收国内外已有的先进科学技术成果中做出成绩的个人和组织。该奖每年评选一次，下设荣誉奖、一等奖、二等奖、三等奖。

中国高校人文社会科学研究优秀成果奖。教育部设立中国高校人文社会科学研究优秀成果奖，授予对象是在高校人文社会科学研究中做出突出贡献的研究人员，评奖的学科范围包括：管理学、马克思主义/思想政治教育、哲学、逻辑学、语言学、中国文学、外国文学、艺术学、历史学、经济学、政治学、法学、社会学、新闻学与传播学、图书、情报、文献学、教育学、心理学、统计学等。其目的是为鼓励中国高校研究人员积极探索勇于创新。

中华环境奖。中华环境保护基金会设立中华环境奖，授予对象是为中国环境保护事业做出重大贡献和取得优异成绩的个人或集体。中华环境奖是中国环境保护的社会性奖励，是一个常设奖项，首届和第二届为两年进行一次评选，设立了 5 个中华环境奖，另设立若干提名奖。从第三届起改为每年进行一次评选，每项另设立 4 名绿色东方奖。从 2007 年开始，中华环境奖被冠以"中华宝钢环境奖"。该奖的设立旨在提高全民族环境意识，促进中国环境保护和可持续发展。

2003 年

中国医师奖。中国医师协会设立中国医师奖，授予对象是医师队伍中做出突出贡献的优秀代表，它是我国医师行业最高奖，该奖每年评选一次，推荐单位按分配名额推荐候选人，中国医师奖组委会评审组审查资格并进行评选。2008 年设有中国医师提名奖。其宗旨是通过表彰奖励来展示当代医师救死扶伤、爱岗敬业、乐于奉献、文明行医的精神风貌。

航天英雄称号。11 月 7 日，中共中央、国务院、中央军委设立"航天英雄"荣誉称号、"航天功勋奖章"。授予对象是在我国载人航天飞行任务中做出突出贡献，为我国航天事业建立功勋的宇航员。2003 年和 2008 年分别授予杨利伟和翟志刚"航天英雄"荣誉称号，并颁发"航天功勋奖章"。

姚雪垠长篇历史小说奖。中国作家协会中华文学基金会设立姚雪垠长篇历史小说奖，授予对象是"新时期"（1979 年）以来经国内出版社正式出版的长篇历史小说，题材范围限于辛亥革命以前，单部作品字数不得少于 20 万字。该奖每四年评选一次，每届限 2～3 部。该奖的评奖宗旨是：力求以历史科学与小说艺术的有机结合为基准，要求获奖作品必须具备深刻的思想性、严肃的历史性和高超的艺术性。该奖以奖励作品为主，同时参照作者在长篇历史小说创作领域的成就。已经过世的（以参评截止日期为限）作者的作品不在此列。

华语文学传媒大奖。3 月 3 日，《南方都市报》设立华语文学传媒大奖，授予对象是年度最优秀的华语文学作品和文学人物，该奖是国内首个由大众媒体设立的文学大奖，一年一次，共设"年度杰出成就奖"、"年度小说家"、"年度诗人"、"年度散文家"、"年度文学评论家"、"年度最具潜力新人"6 个奖项。第二届单项最高奖金仍为 10 万元，但奖金总额上升至 20 万元，是国内年度奖金最高的文学大奖。设立该奖旨在为华语文学的发展找到新的出路。

中国消除贫困奖。5 月 14 日，中国扶贫基金会主办中国消除贫困奖，授予对象是每年在各行各业扶贫典型人物十名，以引起全社会对扶贫的关注和参与。该奖共设成就奖、国际奖、创新奖、捐赠奖、机构奖、项目奖、政策奖、奋斗奖、奉献奖、义工奖等 10 个奖项，每个奖项每届授予一个机构或个人。该奖每两年举办一届，一年评选表彰，一年宣传推广。中国消除贫困奖评选表彰活动目的是通过建立权威性的组织机构，科学系统的评选标准，严密透明的工作程序，精心广泛的宣传，以实现昭彰社会扶贫慈善公德和改进、发展扶贫工作技巧的双重目标，从而推进中国反贫困事业的健康发展。

2004 年

中国十佳劳伦斯冠军奖。5 月 31 日，国家体育总局、中国体育报业总社和北京二十家新闻媒体，中国体育记者协会和中国劳伦斯冠军委员会设立中国十佳劳伦斯冠军奖，授予对象是每年在国内外赛场上取得卓越成绩或表现出坚强意志和信念的中国运动员、教练员。其前身是开始于 1979 年的中国体育"十佳"运动员评选活动。中国十佳劳伦斯冠军奖是中国体育的最高荣誉，每年评审一次，共设立十个奖项，由中国体育记者协会提供候选人名单，群众可通过手机、网络投票参与评选，获奖名单在颁奖晚会现场揭晓。冠军委员会的宗旨是致力于推动中国体育事业的发展、促进中国与世界体育文化交流。通过中国十佳劳伦斯冠军奖和中华慈善总会十佳冠军基金工程，关爱青少年的成长，帮助弱势群体，利用体育的感染力号召更多的人投入到慈善事业中来，倡导民众积极向上的健康生活方式。

2005 年

中国体育广播杰出贡献奖。5 月，中央人民广播电台和中华全国体育总会宣传部联合主办中国体育广播杰出贡献奖，授予对象是推动中国体育广播不断进步和发展的优秀广播工作者和创造优异运动成绩和具有顽强拼搏精神的杰出的体育运动员，组委会提供 30 名候选人，群众可通过报纸、电话、网络、短信进行投票评选。

全国优秀乡村医生。卫生部评选全国优秀乡村医生，授予对象是连续在村医疗卫生机构从事预防、保健和基本医疗服务工作十年以上的乡村医生代表，每年一次，名额为 200 人，候选人由地方卫生行政部门逐级推荐，省级卫生行政部门按 1∶1 的比例向卫生部推荐，卫生部审核认定并授予全国优秀乡村医生荣誉称号，颁发奖牌和证书，奖励每名优秀乡村医生 5000 元人民币。奖励资金由中国医药卫生事业发展基金会捐助。

宋庆龄儿科医学奖。宋庆龄基金会与卫生部妇幼保健与社区卫生司共同发起，由宋庆龄基金会在"宋庆龄儿科医学研究奖励基金"的基础上设立的一个永久性的奖项——宋庆龄儿科医学奖，授予对象是每年在儿科医学领域的杰出科研成果，每年评审一次，每年的 5 月组织召开颁奖大会并颁发奖金、奖章奖杯及荣誉证书，奖励名额原则上为 5~10 项。设立管理委员会，由管理委员会组织的专家评审委员会负责具体管理和评审工作，评审专家委员会根据我国儿科医学的发展状况，并结合全国儿童卫生保健工作重点确定每年的奖励领域。

人文医学荣誉奖、医院人文管理荣誉奖。中华医学会医学伦理学分会设立人文医学荣誉奖、医院人文管理荣誉奖。人文医学荣誉奖授予对象是具有执业医师资格，在临床一线工作 15 年以上的医生或具有注册护士资格，在临床一线工作 10 年以上的护理人员，要求具有良好的职业化素质和良好的人文修养；医院人文管理荣誉奖授予重视文化管理，医患关系良好的医院，每年举办一次，人文医学荣誉奖由各医院推荐候选人，评选委员会审定评选；医院人文管理荣誉奖采取医院申报、组织推荐、各界评议与专家审定相结合的办法，在全国各级各类医院中产生。

高等学校教学名师奖。1 月，中华人民共和国教育部、财政部设立高等学校教学名师奖，授予对象为普通高等学校（经教育部正式批准）中承担本科、高职高专教学任务的专任教师。已获得第一届、第二届、第三届教学名师奖的教师不再参加评选。该奖每年评选一次。教育部向获奖者颁发"第四届高等学校教学名师奖"证书、奖章和奖杯。设立该奖的目的是鼓励教授上讲台，奖励长期在教学第一线教书育人，在教学改革、师资队伍建设上做出突出贡献的教师，从而带动高等学校加强教学队伍建设，深化教学改革，从根本上提高教学质量。从第三届高等学校教学名师奖评选开始，加大了对从事高等职业教育教师的表彰力度，引导高等职业教育教师队伍建设的正确导向，以推动高等职业教育改革，提高教育教学质量，促进高等职业教育健康快速发展。

长江韬奋奖。中国记协设立长江韬奋奖，长江韬奋奖授予对象是有正式刊号、公开发行的报纸，国家通讯社，经正式批准的广播电台（站）、电视台和其他新闻机构从事记者工作连续 10 年以上，在评选年度不超过 50 周岁，人品、文品俱佳的现专职中青年记者（含新闻节目主持人、新闻播音员）和在有正式刊号、公开发行的报纸，国家通讯社，经正式批准的广播电台（站）、电视台和其他新闻机构从事新闻编辑、新闻评论员、新闻性节目制片人、通联、校对等连续 10 年以上，人品、文品俱佳的现专职新闻工作者。原分别为范长江新闻奖和韬奋新闻奖，2005 年根据中央关于《全国性文艺新闻出版评奖管理办法》的精神，将两奖合并为长江韬奋奖。该奖每年评选一次，每届评选获奖者 20 名（其中长江系列 10 名，韬奋系列 10 名），评选条件与合并前基本相同。开展这项评选活动的目的是为了表彰和鼓励广大新闻工作者学习和继承范长江、邹韬奋同志献身人民新闻事业的崇高精神，推动新闻界多出精品、多出人才，检阅和提高我国新闻工作者的政治思想素质和业务水平，培养和造就一支政治强、业务精、纪律严、作风正的新闻队伍。

联合国教科文组织孔子扫盲奖。8 月 11 日，中国联合国教科文组织全国委员会秘书长向总干事提出设立联合国教科文组织孔子扫盲奖，授予对象是那些在为农村成年人、辍学青年，尤其是妇女和女童等的扫盲工作中表现突出的个人、政府机构和非政府组织（NGOs）。作为对"提高能力的扫盲行动（LIFE）"的具体支持，中国政府提议以中国学圣孔子之名设立这一扫盲奖项并为该奖项提供资金，以体现中国对扫盲的重视和支持终身学习的悠久传统。按照有关章程草案与财务条例中华人民共和国每年将出资 150000 美元，由联合国教科文组织总干事掌握，用于该奖及相关费用。该奖每年颁发一次，首期为五年，本奖项的目标与联合国教科文组织的政策一致，并与联合国教科文组织追求的"全民教育"的计划相关。这些令人称道的努力旨在加强联合国教科文组织在"提高能力的扫盲行动（LIFE）"和"联合国扫盲十年"框架内的工作。

2006 年

任长霞式公安局长称号。中华人民共和国公安部设立，授予对象为全国县（市、旗）公安局、城市公安分局的局长（政委），铁道、交通、民航、森林公安机关和海关缉私部门相当县级公安机关建制单位的局长（政委）。该奖以精神鼓励与物质奖励相结合，以精神鼓励为主。奖励由低至高依次为：嘉奖，记三等功、二等功、一等功，授予荣誉称号。

张培刚发展经济学研究优秀成果奖。9 月，华中科技大学设立以张培刚先生命名的非公募基金会——"张培刚发展经济学研究基金会"。基金会的两项重要公益活动就是设立"张培刚发展经济学研究优秀成果奖"（简称张培刚发展经济学奖）和举办中国经济发展论坛。设立张培刚发展经济学奖，授予对象是为发展经济学及其研究做出突出贡献的学者。其目的是为了推动我国对发展经济学的研究和传播，立足中国，面向世界，以严谨的科学态度，不断探索我国和发展中国家如何有效地实现工业化和现代化的理论和政策。该奖每两年评选一次，每次评出 3~5 个项目。

2007 年

"全国道德模范"荣誉称号。9 月 20 日，中央文明办、全国总工会、共青团中央、全国妇联发出《关于表彰全国道德模范决定》，决定设立"全国道德模范"荣誉称号。授予对象为自觉践行社会主义荣辱观，模范遵守公民基本道德规范，在助人为乐、见义勇为、诚实守信、敬业奉献、敬老爱亲方面表现突出，社会形象好、群众认可度高的公民。中央文明办、全国总工会、共青团中央、全国妇联决定在第五个"公民道德宣传日"评选表彰全国道德模范。该奖每年评选一次。全国道德模范分为"助人为乐模范"、"见义勇为模范"、"诚实守信模范"、"敬业奉献模范"和"孝老爱亲模范"五项。

2008 年

抗震救灾医药卫生先进集体和先进个人。7 月 28 日，卫生部、国家食品药品监督管理局、国家中医药管理局、总后勤部卫生部发出《关于组织开展抗震救灾医药卫生先进集体和先进个人评选工作的通知》，决定表彰一批抗震救灾先进典型，分别授予汶川特大地震灾害中奔赴灾区、救死扶伤的英雄集体和模范个人"抗震救灾医药卫生先进集体"称号和"抗震救灾医药卫生先进个人"称号，颁发奖牌和证书。其目的是为了弘扬伟大的抗震救灾精神，牢固树立全心全意为人民健康服务的理念，鼓舞医疗卫生工作者的士气，夺取抗震救灾工作的全面胜利。

全国抗震救灾英雄集体、全国抗震救灾模范。10 月 8 日，中共中央、国务院、中央军委颁布《关于表彰全国抗震救灾英雄集体和抗震救灾模范的决定》，授予对象是在抗震救灾一线解救被困群众、救治伤病人员、安置受灾群众、抢修损毁基础设施、加强卫生防疫、降低次生灾害威胁、抓紧灾后恢复重建、加强对抗震救灾款物分配使用监管、维护灾区社会稳定、做好宣传报道等方面做出突出贡献的集体和个人。其目的是为大力弘扬万众一心、众志成城，不畏艰险、百折不挠，以人为本、尊重科学的伟大抗震救灾精神，激励广大干部群众团结一心夺取抗震救灾斗争的全面胜利，激励全党、全军、全国各族人民奋力推进改革开放和社会主义现代化建设事业。

抗震救灾英雄少年和优秀少年。6月，抗震救灾英雄少年和优秀少年由中央文明办、教育部、共青团中央、全国妇联授予，授予对象为在四川汶川地震灾害中表现出超常的勇气和力量，临危不惧、坚强勇敢、勇于救人的少年英雄。主要范围是四川、甘肃、陕西、重庆4个受灾严重的省（市）地震灾区高三年级以下的未成年人。授予林浩等20名同学"抗震救灾英雄少年"称号，授予马小凤等30名同学"抗震救灾优秀少年"称号。其目的是为了大力表彰灾区少年儿童在抗震救灾中所表现出的英雄行为和高尚品质，用他们的感人事迹激励广大未成年人奋发向上、健康成长。

2010 年

"基础建设模范中队"荣誉称号。8月，国务院总理温家宝、中央军委主席胡锦涛签署命令，授予武警吉林省总队吉林市支队三大队九中队"基础建设模范中队"荣誉称号。武警吉林省总队吉林市支队三大队九中队，自1948年组建以来，历经5次改编、9次换防，连续60多年保持无事故无案件。这个中队坚持全面搞建设、接力打基础、创新谋发展，从1994年开始连续16年被总队树为基层建设标兵中队，荣立一等功1次、二等功4次、三等功4次，1994年、1999年被武警部队分别授予"弘扬人民军队优良传统模范中队""基层建设标兵中队"荣誉称号，2009年被表彰为全军先进基层单位。为表彰先进，国务院、中央军委决定，授予武警吉林省总队吉林市支队三大队九中队"基础建设模范中队"荣誉称号。

"水下发射试验先锋艇"荣誉称号。长城200号艇，1964年9月下水服役，1982年首次水下成功发射运载火箭。近年来，全艇官兵不畏艰险，克服困难，勇于创新，创造了海军潜艇史上服役时间最长、发射导弹最多等多项纪录。先后3次被海军评为先进舰连标兵，3次荣立二等功，2009年被"四总部"表彰为全军先进基层单位。为奖励先进，中央军委决定，授予长城200号艇"水下发射试验先锋艇"荣誉称号。

2011 年

"爱军精武模范士官"荣誉称号。1月，中央军委主席胡锦涛签署命令，授予何祥美同志"爱军精武模范士官"荣誉称号。中央军委向何祥美颁授一级英模奖章和证书。

"党支部建设模范连"荣誉称号。1月，中央军委授予济南军区某师"红一连""党支部建设模范连"荣誉称号，命名大会在河南省洛阳市举行。会上，宣读了中央军委主席胡锦涛签署的授予"红一连"荣誉称号的命令。"红一连"是诞生于秋收起义的红军连队。"三湾改编"时毛主席亲自在这个连进行"支部建在连上"试点。新形势下，这个连继承发扬优良传统，扎实抓训练，全面搞建设，连续20年被评为军事训练先进单位，19次被集团军树为基层建设标兵连，党支部6次被表彰为全国、全军先进基层党组织；先后圆满完成长江抗洪抢险、中俄联合军演、汶川抗震救灾、国庆60周年首都阅兵等重大任务，荣立一等功1次、二等功8次、三等功13次。

参考文献

［1］华晓晨：《国家行政奖励体系研究》，《中国人才》2004年第7期。

［2］苏玉堂：《建国以来我国国家奖励体系演变》，《北京党史》2004年第2期。

［3］张剑：《未能当选学部委员的首届中央研究院院士名单考》，《史林》2002年第2期。

［4］张树华、王秀玲：《国内外功勋奖励制度研究路径简述》，《中国人才发展报告No.5》，社会科学文献出版社，2008。

［5］张学慧：《行政奖励制度研究》，硕士学位论文，山西大学，2005。

［6］左高山：《论国家功勋奖励制度的内涵与结构》，《科技进步与对策》2007年第7期。

图书在版编目（CIP）数据

中国人事人才纪事：1949~2011 / 潘晨光主编 . —北京：社会科学
文献出版社，2013.1
ISBN 978 - 7 - 5097 - 4053 - 8

Ⅰ. ①中…　Ⅱ. ①潘…　Ⅲ. ①人事管理 – 大事记 – 中国 – 1949~2011
②人才管理 – 大事记 – 中国 – 1949~2011　Ⅳ. ①D630. 3

中国版本图书馆 CIP 数据核字（2012）第 289368 号

中国人事人才纪事（1949~2011）

主　　编／潘晨光
副 主 编／李晓琳

出 版 人／谢寿光
出 版 者／社会科学文献出版社
地　　址／北京市西城区北三环中路甲 29 号院 3 号楼华龙大厦
邮政编码／100029

责任部门／经济与管理出版中心（010）59367226　　责任编辑／王玉山
电子信箱／caijingbu@ ssap. cn　　　　　　　　　　责任校对／师旭光
项目统筹／恽　薇　　　　　　　　　　　　　　　　责任印制／岳　阳
经　　销／社会科学文献出版社市场营销中心（010）59367081　59367089
读者服务／读者服务中心（010）59367028

印　　装／北京鹏润伟业印刷有限公司
开　　本／787mm×1092mm　1/16　　　　　　印　　张／38.25
版　　次／2013 年 1 月第 1 版　　　　　　　　字　　数／782 千字
印　　次／2013 年 1 月第 1 次印刷
书　　号／ISBN 978 - 7 - 5097 - 4053 - 8
定　　价／198.00 元